U0903940

资本金融学

刘纪鹏 著

人民东方出版传媒
東方出版社

图书在版编目（CIP）数据

资本金融学／刘纪鹏 著．—北京：东方出版社，2017.8
ISBN 978-7-5060-9863-2

Ⅰ．①资…　Ⅱ．①刘…　Ⅲ．①金融学—研究　Ⅳ．①F830

中国版本图书馆 CIP 数据核字（2017）第 205301 号

资本金融学

（ZIBEN JINRONGXUE）

作　　者：刘纪鹏
责任编辑：李文婷
出　　版：东方出版社
发　　行：人民东方出版传媒有限公司
地　　址：北京市东城区东四十条 113 号
邮　　编：100007
印　　刷：三河市金泰源印务有限公司
版　　次：2017 年 10 月第 1 版
印　　次：2017 年 10 月第 1 次印刷
开　　本：710 毫米×1000 毫米　1/16
印　　张：37.25
字　　数：532 千字
书　　号：ISBN 978-7-5060-9863-2
定　　价：65.00 元
发行电话：（010）85924663　85924644　85924641

专家评语

从哲学的观点讲，有涨潮就有落潮。金融危机、欧债危机对中国是一次难得的机遇。今后30年到50年，世界将出现一些与美国平起平坐的国家，英国的今天就是美国的明天；今后50年到100年，世界将出现一批与美国平起平坐、一些超美的国家，意大利的今天就是美国的后天；100年以后，世界将出现一批超美的国家，希腊的今天就是美国的大后天。而中国，目前已是金融大国——金融硬实力迅速崛起；但还不是金融强国——金融软实力差距还很大。从金融硬实力平面扩张的金融大国变成金融软实力立体提升的金融强国，纪鹏先生的《资本金融学》或有启发；而其中的"金融战争是没有硝烟的软战争，事实上成为现代战争的主要形式""国家最高权力机构要像指挥枪那样指挥金融，要像成立中共中央军事委员会那样成立国家金融委员会"等观点，振聋发聩。

——中国光大（集团）总公司董事长 **唐双宁**

纪鹏在本书自序中宣称，他不是从书斋里走出来，而是在中国金融战场前线打仗近二十年并进行科研教学的教授，因而形成注重联系实际的特点和偏好，这就不能不使我这个金融业数十年的从业者刮目相看了。我历来崇尚实事求是，鄙弃照抄照搬，奉陈云"不唯上，不唯书，只唯实"为圭臬，故而对纪鹏的努力成果十分首肯，期望本书既能体现理论探索的学术价值，又能成为金融实践的操作指引。

——中信改革发展研究基金会理事长、中信集团公司原董事长 **孔 丹**

亚洲金融危机和此次世界金融危机告诉我们一个道理，中国经济的可持续增长也对我们提出了一个根本要求，即必须推进和完善要素市场化进程，尤其是其中的资本、货币等金融市场化。金融市场化的滞后一方面使金融资本时代最重要的要求难以有效运用，另一方面使权钱交易的寻租成为普遍。刘纪鹏教授的这本《资本金融学》讨论的正是如何处理这一难题，读下来会有启迪和收获。

——中国人民大学校长 **刘 伟**

本书回顾了大国崛起的资本之路，历史的经验证明，一个国家唯有掌握好资本、利用好资本、发挥好资本的功能才能矗立于世界强国之林。我们经历了三十多年的改革开放，资本市场已具规模，刘纪鹏教授这本《资本金融学》深度剖析了我国资本市场的发展历程、当前特征与优势，从理论和操作两个层面对未来资本金融的发展进行了展望，确是一部不可多得的佳作。

——中国人民银行副行长 **陈雨露**

20世纪80年代末，我在从事金融改革工作中结识了刘纪鹏先生。那时，他就在潜心研究并参与我国资本市场改革工作。二十多年过去了，我国资本市场取得了长足的发展。

随着我国经济的发展和改革的不断深入，以资本市场为主的直接融资在社会经济发展中的作用越来越重要。刘纪鹏先生结合自己二十多年的资本市场实践经验和十多年的金融理论教学经历，开创性地提出了资本金融概念，从全新的角度，清晰地阐述了资本金融学的理论框架和现实应用范畴。特别是书中提出的建设我国股票市场新文化理论、我国发展资本金融的战略意义等观点，值得我们做进一步的探讨和研究。《资本金融学》一书为金融从业者及经济金融专业学生认识和研究我国的资本市场，提供了一个独特的切入点和方法论。

——中国银行业监督管理委员会原副主席　**蔡鄂生**

本书表现了刘纪鹏教授力求推动中国企业自觉利用资本市场加速发展和创新的初衷，在总结大量实践经验的基础上，加以系统化和理论化，力求使中国资本市场发展完善。同时，作者还站在全球视野下观察和思考金融风暴带来的启迪，力求在金融安全问题上把握规律，避免陷阱，争取国家发展的战略主动权。这些研究都是非常有益的探索，这本《资本金融学》的确值得一读。

——中国上市公司协会副会长　**李小雪**

实体经济、虚拟经济现在已成为大家经常谈论的两个词。但究竟何为实体经济，又何为虚拟经济，实在是需要厘清概念的。看了纪鹏先生这本书，也许会从不同角度有新的启发和收获。

——中国工商银行原行长　**杨凯生**

刘纪鹏教授这部《资本金融学》颇有新意，他在探讨现代金融发展理论和实践的基础上，提出了资本金融的概念及其学科体系框架。他把现代金融区分为以商业银行间接融资为主的货币金融和以资本市场直接融资为主的资本金融两个体系，肯定了资本金融是现代金融的发展方向。他冷静、客观地分析了资本金融，分析了金融过度虚拟和无节制衍生带来的风险，指出要对其加强监管，防止金融衍生风险失控的恶果。

——中国政法大学校长　**黄　进**

中国经济的奇迹离不开一大批有理想、有抱负、有责任感、有能力的经济、金融学的研究者。刘纪鹏教授就是这个群体中突出的一员。长期以来，他不仅深入研究中国资本市场的运行，更是为之奔走呼号，为中国资本市场的诞生、发展和改革不遗余力，堪称中国资本市场的设计师和工程师级别的学者。我很高兴地看到，他多年的研究心得凝聚升华成《资本金融学》这本学术专著，我尤其赞同书中“大国崛起需要强大的资本市场的支撑”和“资本市场不是赌场，而是一个多赢的市场，是经济增长的推动器”的观点。这些论述将引发社会各界对资本市场的深入思考，进一步推动中国资本市场的改革和发展。

——清华大学经管院金融系主任 **李稻葵**

序　言
要重视对资本金融的研究

资本金融是当今世界现代金融发展的新领域。从中国走过的三十多年改革实践看，它既是股份制改革和发展的延伸，也是从传统货币金融单一的间接融资向以资本市场直接融资为主的现代金融发展的方向。

三十多年前，即1980年4~5月，在中共中央书记处研究室和国家劳动总局召开的劳动工资座谈会上，我提出了在中国实行股份制改革的建议，当时还仅仅是为了扩大就业，特别是为了安置回城知识青年就业，因为在我看来，通过股份集资兴办企业，投资多了，就业人数也会增加。实际上，在我提出股份制改革建议的同时，社会上已经出现群众集资组成的股份制企业，我只不过是理论界较早提出这一改革建议的学者之一而已。

1986年春季，针对有些同志当时提出的价格“闯关”，我指出：中国的经济体制改革可能因价格改革的失败而失败。而中国经济体制改革的成功必定取决于所有制改革的成功，也就是取决于企业改革的成功。这里所说的企业改革，就是实行股份制。1988年，在国家体改委组织的“三五八”改革方案中，我又系统地提出以企业改革为主线的中国经济改革思路，将规范的股份制作为所有制改革的目标模式。进入20世纪90年代之后，中国正式拉开了推行企业股份制改革的序幕。

与此同时，上海、深圳两家证券交易所相继成立，这标志着中国资本市场和资本金融正式起航。从20世纪90年代初至今所走过二十多年的道路看，资本市场对中国经济和社会发展做出了重要贡献。

第一，以资本市场为基础的现代金融体系推动了中国经济的高速成长。

第二，资本市场对中国的企业改革起了很大的作用，它积极地推动了中国国有企业和民营企业的转型，建立了现代公司制度。

第三，资本市场的发展改变了中国传统金融体系，四大国有商业银行在2004年启动的股份制改革和上市后，不仅市值在世界上名列前茅，而且完成了现代公司制度的构建。

第四，它还培育了大批以资产管理为核心的诸如证券公司、信托公司等非银行金融机构，由此，中国现代金融体系的架构初步建立。

第五，资本市场开辟了直接融资渠道，扩大了利用民间资金和外资的融资新渠道，使我国的融资体系和融资方式日益完善。

大力发展资本金融对中国具有现实意义。中国现代化应重视两个问题：一是城镇化的推进，二是自主创新和产业升级。这都需要资金支持。资金从哪儿来？土地财政模式已走到尽头，地方融资平台也步履维艰，这恰恰是资本市场和资本金融大显身手的时机。通过发行股票和债券筹集民间资金，可以加速中国城镇化的进程。新经济就是“技术进步+证券市场”。大力发展创投行业，给创业者注入资金，使其依靠资本市场做大做强，这是促进新兴产业发展的助推器，是中国成为创新型社会的关键所在。

我认识刘纪鹏已经二十多年了。他是我的老朋友蒋一苇先生的学生，蒋先生是一位对中国企业改革做出突出贡献的学者，他不仅在理论上有很深的造诣，而且尤其注重实践。80年代初，我们经常在一起就股份制改革进行交流。1986年夏季，张劲夫同志看到了我对有关股份制改革的建议后，将其推荐给当时的国务院领导。1986年秋季，我随胡启立同志到四川考察，准备在那里进行股份制改革。这时，蒋一苇也陪同张劲夫同志在四川帮助嘉陵集团进行股份制改革试点。刘纪鹏和我的一些学生都参加了。

1989年以后，中国的经济理论界有过一段时间的沉寂，却有一批年轻人，坚持从事中国的证券市场和股份制的设计，这批年轻人就包括王波明、刘纪鹏、李青原、高西庆、章知方等人。他们当时成立了一个机构，称作“全国证券市场研究设计联合办公室”（简称“联办”）。他们不仅设计上海、深圳两地的证券交易所方案，而且也参加了当时国家体改委《股份公司规范意见》的起草，并把定向募集股份公司法人股在STAQ系统（全国证券交易自动报价系统）挂牌交易，探索中国证券市场发展道路。

1996年2月，我到广西玉林的玉柴公司考察股份制企业的发展情况。玉柴公司正是刘纪鹏、王波明等人帮助股改并先后融资2.4亿元人民币和5000万美元在北京STAQ系统和美国上市的。短短几年时间内，这家企业通过资本市场焕发了青春。我看到玉柴通过股票融资获得显著成功，非常高兴，即席给玉柴人写下了这样两句话：“玉雕精美多谢名师造就，柴火焰高全靠众人拾来。”

两句的第一字就是玉柴，称赞股份制给玉柴带来了新生。这里所说的“名师”就是刘纪鹏、王波明等人。应该说，当时他们这批青年人在20世纪90年代股份制和证券市场的建立和发展中是做了贡献的。这里所说的“众人”，不仅指玉柴公司的全体职工，而且也包括了所有为中国的资本金融改革贡献了智慧和力量的同志。

刘纪鹏这部著作，在探讨现代金融发展理论和实践基础上，提出了资本金融的概念和学科体系框架，这与他二十年来从事我国资本市场建设以及相关理论研究的经历是分不开的。我感到此书以下三个观点尤其值得关注。

第一，股票市场是不是赌场？投资者行为是不是零和游戏？长期以来，这个问题困惑着中国股市的投资者和监管者，使得股民得不到尊重，投资行为得不到保护。本书首次提出了建立股市新文化，指出了股市不是赌场的理由，并开创性地阐述了股市的基本功能，论证了股市不是零和游戏、股市具有增值功能以及股市增值从何而来。这将对中国资本市场正本清源，保护股民的权利具有重大意义。

第二，本书在理论上把现代金融分为以商业银行间接融资为主的货币金融和以资本市场直接融资为主的资本金融两个体系，指出以投行金融为主导，以资本市场为基础，以流动性和交易为主要特征的资本金融是现代金融的发展方向，应予高度重视。此外，本书还系统阐述了发展资本金融对于中国的现实意义，指出最近两次金融危机对中国不是灾难而是机遇，而中国要在未来新的国际经济秩序与分工中占据有利态势，就必须大力发展以资本金融为主的现代金融体系，在未来的国际金融竞争中掌握主动权，这也是中国经济崛起、实现强国战略的必由之路。

第三，本书客观地分析了资本金融，分析了过度虚拟和无节制衍生带来的风险。金融创新和金融泡沫常常相伴而生。2008 年美国次贷危机的爆发和 2010 年发生并愈演愈烈的欧洲主权债务危机，正是金融衍生风险失控的恶果。因此，如何监管好资本金融这个“调皮的孩子”同样重要，把这个问题说清楚了，对于中国今后的金融创新和监管工作，意义重大。

我始终认为：经济学的观点正确与否需要时间来检验，经济学的创新与争鸣密切相连，但无论如何它是经济学繁荣的必由之路。应该说，这本书是在对现代金融理论和实践认真总结的基础上写成的，也是借鉴国际规范、结合中国国情、大胆进行创新的一次有益尝试，值得一读。

2012 年 6 月 6 日

再版自序
资本金融时代的机遇与挑战

一、现代金融体系中的资本金融

（一）中国经历的三个金融时代

新中国成立以来，经历了三个金融时代的演变。

一是财政金融时代。1979 年改革开放前，中国实行以财政金融为主的金融体制，这一时期，银行与其说是金融企业，不如说是财政的一级机构，主要承担财政出纳的功能，这一时期可以被称为财政金融时代。

二是货币金融时代。1980 年中国财政金融体制开始实行“拨改贷”政策，工、农、中、建四大专业银行开始履行向企业发放商业贷款的功能，银行开始靠赚取存贷息差获利。中国商业银行金融业开始发展，中国金融由此进入货币金融时代。

从世界范围来看，传统商业银行的信贷模式对存款人还本付息刚性和借贷人还款弹性的特点，决定了商业银行体系存在着系统性风险。从中国的实情看，频繁宏观调控的政策环境并未使中国市场经济中经济过热现象更少发生。经济增长过热背后隐藏的是在间接融资模式下银行的系统性风险。以间接融资为主的货币金融不可能单腿支撑社会融资的重任。储蓄如蓄水，投资如泄洪，一个社会没有足够的泄洪渠道，商业银行储蓄越高，风险越大，这也是货币金融时代的危机所在。混业经营的现代金融集团中存贷与投融资业务相结合，商业银行业务将高端储户变成授权投资者，投资银行业务则是吸纳投资者资金制造上市公司产品并在资本市场挂牌。以商业银行为主的货币金融和以投资银行为主的资本金融两种业态在现代金融中相辅相成，有效控制了单纯依赖存贷款的间接融资模式的系统性风险。

从中国国情看，要实现经济结构和经济增长方式的合理化，关键是实现社会融资模式的合理化，即从以商业银行间接融资的货币金融时代向以投行金融直接融资为主的资本金融时代演变。

三是资本金融时代。1991年前后，我国相继组建了深沪两家证券交易所，开始了以直接融资为表现形式的资本金融时代的进程。在大规模组建证券公司、信托公司、基金公司等非银机构的同时，商业银行也开始大力拓展中间业务和部分投资银行业务，这表明，中国金融业开始从分业经营向混业经营转型。此后，以股票和债券为主的直接融资发展迅速，截至2016年年底，我国沪深股市已有3047家上市公司挂牌，资本市场累计直接融资达7.2万亿元之多。无论从证券金融机构，还是从上市公司规模和累计直接融资总额看，中国正在跨入资本金融时代。

（二）现代金融“三驾马车”的共同使命

金融是现代经济的心脏，心脏的健康与否既是经济发展的动力所在，也是危机爆发的根源所在。现代金融由货币金融和资本金融组成，其中尤以银行、证券、保险为主，三者互相平衡，综合发展，构成现代金融的核心。在通过社会融资推动社会经济发展的进程中，三者被形象地比喻为“两个轮子一根轴”，“两个轮子”是指间接融资形式的商业银行融资和直接融资形式的证券融资；“一根轴”则是指保险业，它既是商业银行重要的资金来源，又是证券与资本市场的重要投资力量。

从海外成熟市场国家的经验数据判断，在承担社会融资重任的进程中，商业银行的间接融资和资本市场的直接融资平分天下，直接融资甚至更强。而目前我国的金融体系却是以商业银行为主，占了社会融资总额的80%；而来自资本市场的直接融资则不足20%。资本市场被弱化、直接融资被边缘化的现状不仅与快速发展的中国市场经济不相适应，而且还会延误中国经济快速崛起的进程。更重要的是，会连累商业银行系统陷入困境，最终使金融风险难以避免。

因此，大力发展以直接融资为主的资本金融是现代金融“三驾马车”的共同使命。

二、投行成为资本金融时代的主力军

（一）广义资本金融与狭义资本金融

从内涵上看，资本金融有广义资本金融与狭义资本金融之分。

广义资本金融与传统的货币金融相区别，它涵盖了所有非商业银行体系的相关内容。现代金融组织体系大体上可以划分为商业银行体系和非商业银行体系两大块。所谓非商业银行体系主要是指除商业银行之外的其他金融机构，包括：证券与期货公司、信托公司、保险公司、基金公司、金融租赁公司、财务公司、投资银行等，而这些机构以及它们所经营的业务、涉及的投资主体、客体和第三方中介机构，都是资本金融研究的对象，也都包含在广义资本金融的概念中。

狭义的资本金融主要指投行金融。投行金融从事的是为企业提供股票或债券发行的直接融资、证券经纪、并购重组和资产管理等业务。投资银行是资本金融时代的主力军，投资银行业也可被称为金融制造业，即通过IPO（首次公开募股）制造一个个上市公司产品并在资本市场挂牌。以投行金融为主导，以资本市场为基础，以流动性和交易为主要特征的资本金融是现代金融的发展方向。正因为投行金融处于现代金融高端的特性，也就使其成为资本金融学研究的重点。

（二）投资银行对资本金融的掌控

如果说商业银行信贷业务是现代金融的低端业务，对储户保本付息的特点决定了其必须强调稳健，那么投资银行业务则是高端业务，投资者自担风险的特点使其开发了令人目不暇接的高风险与高收益并存的金融产品。其在金融创新的同时，也在不断地制造金融泡沫，而欧美国家自由市场理念下政府监管手段的弱化，更导致了投行对资本金融的操控，使得金融风险加剧。

由美国次贷危机引发的全球金融危机，与现代投行不断制造金融衍生品泡沫及所谓风险控制模型下的高杠杆率密切相关，现代投行变成了一把“双刃剑”，其在引导社会创新繁荣的同时，也成为金融危机的肇事者和自戕者。

2008年爆发的美国金融危机，五大投行中仅存的两家——高盛和摩根士丹利也由投行转型为传统的银行控股公司，风光了半个多世纪的华尔街现代投行几乎全军覆没，然而这只是华尔街投资银行为了生存暂时逃遁的权宜之计。一旦经济复苏，时机成熟，没有人相信华尔街现代投资银行不会卷土重来。

当现代金融迈入资本金融时代，投资银行成为资本金融时代的主力军是必然的，而管好这个“调皮的孩子”不让其闯祸，同样重要。认识到这一点，对资本金融发展还相对落后，投资银行创新及监管亟待提高的中国来说，意义重大。

三、资本金融中的公司利益

资本金融是当今世界经济博弈中的战略制高点，而以股票、权证、汇率和利率期货等产品为代表的资本市场交易主体正是以投资银行业务为主的金融公司。资本市场所具有的虚拟经济的特点，使信息成为人们进行买卖交易的主要依据；而交易数字化则是投资者的主要交易手段，没见过黄金的人可以购买成百上千盎司的黄金，没见过原油的人也可以购买成千上万桶原油，没见过某企业产品的人亦可以购买该企业的巨额股票。如果说买股票等金融产品就是买未来的话，那么对市场未来走势的重要分析和预测则普遍是由投行首席经济学家和分析师提供的。

石油从每桶147美元瞬间跌到35美元又涨回到120美元，难道都是由市场供求决定的？上证综指在短短的几个月里从6100点就跌到1600点，难道都是由宏观经济形势决定的？资本经济是信心经济，那么，这种信心又是如何建立或缺失的？其奥秘究竟在哪里？

由于资本市场是社会财富在市场经济公平交易的旗帜下重新配置的重要场所，因此通过价格的周期性波动和高抛低吸的资本运作，就成了瞬间攫取财富的重要手段，而这是需要通过信息引导市场大多数人的投资行为和理念才能实现的。难怪投资银行无一不设首席经济学家和研究部门，从而通过他们的声音和报告来争夺市场竞争中的话语权。

虽然多数投行分析人员起到了促使市场有效、优化信息资源配置的作用，并引导资金进行价值投资，但在各国资本市场的发展史中，也颇有一些有背景的投行。无论是在一级市场上帮助中国的银行进行整体上市并以近乎面值的价格寻找外国战略投资者，还是在影响政府和监管部门的决策和动员中国的金融机构去买欧美发达国家危机爆发前金融机构的股权，无疑都与其参与资本市场的巨大商业利益密切相关。

以希腊主权债务危机为例，其始作俑者正是美国最大的投行高盛公司，它为希腊政府设计了复杂的金融产品以掩盖财政赤字，使其符合欧盟的相关规定，从中获取高额的回报。高盛在发现资产风险加大后，又通过购买信用违约掉期（CDS）等产品进行规避，这一系列的金融创新手段使得高盛从中获利，但却将希腊甚至整个欧洲推入了主权债务的旋涡中难以自拔。这充分证明了资本金融中潜藏的公司利益，也暴露出投行贪婪的一面。对此，无论是政府决策者和资本市场监管者，还是投资者，都应对资本金融中投资银行逐利的本性有清醒的认识，不要轻易被其“忽悠”。投资银行永远将其公司的商业利益置于首位，这种逐利动机远远超过了它们对客户应当承担的责任，哪怕是在面对希腊这样的文明古国时，它们也毫不手软。

外国投资银行为中国工、农、中、建四大国有银行一步实现整体上市模式的设计同样反映了它们追求公司利益贪婪的一面。工、农、中、建四大商业银行的股本规模堪称世界资本市场之最，但从上市之日起，四大银行就进入了“股市恐龙”的窘境，股价长期低迷，市场难以承受，再融资的食物链难以为继，根本原因是一步实现整体上市的不佳模式所致。难道各大投行的高手们不懂得为四大银行设计分步实现整体上市的资本运作技巧？不。只是面对世界最大IPO项目带来的巨额承销费的诱惑，各大投行最终把自身逐利放在了首位。

四、资本金融与强国崛起

（一）资本金融中的国家利益诉求

现代经济中，国家既是现代金融活动的监管者和调控者，也是国家与国家金融竞争中的参与者和各国利益的代表者。以美国为例，美国是全球经济一体化的积极倡导者，但美国又始终把其国家利益置于他国之上。中国是美国第一大债权人，当中国政府要求美国政府应保证中国在美金融资产安全时，美国一方面声称“在美国的资产最安全”，另一方面又利用美元主导货币的霸主地位转嫁经济危机。美联储利用两次量化宽松的货币政策往“美元猪肉”中“注水”，通过美元贬值掠夺他国财富。以2016年年底中国外汇储备3万亿美元计，其中美元资产约占66%，美元每贬值1个点，中国就将损失200多亿美元，用金融战争来形容此类国与国之间财富的迅速转移毫不为过。

中国经济崛起既取决于历史性机遇同时还取决于抓住机遇的能力，二者缺一不可。从2008年美国的次贷危机到2010年发生并愈演愈烈的欧洲主权债务危机，中国未卷入欧美金融危机的旋涡中。事实上，这两场国际金融危机为中国提供了百年难遇的重要发展契机，对中国来说机遇大于挑战。中国必须意识到，应尽早结束在当今国际竞争中处于制造业低端、给发达国家打工挣血汗钱的时代，要在未来新的国际经济秩序与分工中占据有利态势，就必须大力发展以资本金融为主的现代金融体系，在未来的国际金融战中掌握主动权。

（二）国家经济安全与资本金融战争

在金融和资本经济高度发达、国际经济一体化的现代世界，运用军事手段实现财富转移的传统方式越来越被金融和货币等竞争手段所取代，这往往被人们称为金融战争。无论是石油还是黄金，无论是货币的债权还是资本的股权，都能在瞬间以货币或资本金融及其衍生品的方式把几十亿、上百亿甚至上千亿美元的财富悄悄转移，从而用最小的代价、最短的时间完成用强力取胜的军事手段都难以实现的战略目的。因此，金融战争也被人们称为没有战火硝烟的软战争。事实上，它已成为现代战争的主要形式。这种软战争可能导致的风险一点也不亚于军事战争带来的危险，缺乏这种软战意识，本身就是国家安全的重大隐患。

因此，如何成为金融强国，并在现代金融战争中把握主动已成为我国当前决策的关键。在未来世界经济格局中，金融危机和财务危机的连续打击，必将使美国和欧洲经济与金融实力下滑；而中国在这个时期的相对优势，将为中国构建金融强国打下坚实基础，从传统工业制造业的低端向现代金融服务业的高端拓展是中国经济崛起强国战略的必由之路。鉴于此，如何从中国国家的整体战略和利益出发，形成自有的金融战略和技术规划就显得异常重要。

要想打赢这场软战争，就必须从国家战略高度上认识到金融交易的重要意义，熟悉金融市场的规律和特点。鉴于金融技术是可以实现国家政治目标的，因此，必须从国家的战略决策去考虑，要有战略大格局的构思，决不能忽略科学的决策程序，简单照搬照抄美国或中国香港等国家或地区的规则和“打法”，按照别人的意愿去打金融战。

从国家安全的角度看，金融大权不能旁落，无论是战略指挥系统，还是金融人才和干部队伍的调配以及培养，都应有国家的统一部署，国家最高权力机构要像指挥枪那样指挥金融，要像成立中共中央军事委员会那样成立国家金融委员会。某些大国设立以金融和军事战略专家组成的软战研究室，其核心就是从军事角度研究世界金融战的新格局，我国也可考虑在国防部下设软战研究室，在总参下设金融情报与分析室，高度重视国内外的资本市场和金融市场财富转移及对该国国家权力的影响，对国际大投行的动态保持密切关注，对最新的金融工具（武器）进行跟踪研究，保持有利态势，保证国家安全，及时向国家提示可能对经济与金融安全产生的重大隐患；并对金融软战进行及时评估和预测。

五、揭开资本金融的面纱

世界第一强国总是伴随着世界金融中心的转移而形成，无论是前天的荷兰、昨天的英国还是今天的美国都证明了这一点。明天的世界第一强国同样需要在现代金融的货币战和资本战的较量中才能胜出。

资本金融是现代金融的核心，也是中国崛起为金融强国的支柱，但是传统的现代金融理论只注重货币金融，忽视了资本金融。当前中国金融的落后，正是过分重视货币金融而忽视资本金融的结果。

尽管资本金融已在现实金融市场发展中被大量应用，日益成为主导的金融业态，但至今，无论国际还是国内，都还没有一本有独立体系和框架的资本金融学著作，其原因恰恰在于现代投行在实践中大量应用资本金融理论牟取暴利的同时，却不愿意揭开资本金融的面纱。资本金融的概念在实践中早已存在，但是在理论上却始终没有人进行系统归纳，因为在全面阐述资本金融理论时，专业人士都会遇到以下三方面困难：

第一，资本金融实践创新层出不穷，为理论研究增加了难度。在迈入资本金融时代的今天，资本金融实践动态多变，发展出现太快、太新、太多的现象。证券金融家和投行家利用各种模型和工具，在基础产品之上进行一重乃至多重的衍生和虚拟，创造出了大量的金融产品，其中不乏糟粕，这为资本金融理论的研究带来了困难，理论体系和框架也难以确立。

第二，虚拟经济与实体经济互相渗透，使得金融活动本身日益复杂。虚拟经济本应服务于实体经济，但是现实中很多人却把虚拟经济当作主要盈利手段，很多中国公司在产业资本和金融资本的结合中，丧失了以实体为主、金融为辅的宗旨和金融为实体经济服务的本质，导致了虚拟成分的过度扩大。与此同时，混业经营、产融结合、衍生品高度发达等一系列金融活动，也使得虚拟经济与实体经济之间的关系更加复杂。

第三，资本市场若干基本理论问题尚未完全解决。资本金融强大的基础是资本市场的强大，要总结资本金融的理论体系就必须对资本市场的根本属性和运行规律进行透彻的分析和认识。但从目前人们对资本市场的认知水平看，许多基础理论尚存争议，例如，人们投资股市的盈利从何而来？做大的蛋糕是虚还是实？股市是不是零和游戏的赌场？这些无法再用传统经济学理论和分析方法来证明人们的资本金融投资行为，因此，在经济学论著中鲜有对资本金融的完整和深刻的阐述，以致资本金融学缺乏完善的基础理论体系。

自 2008 年以来，次贷危机和欧债危机使欧美国家的经济陷入低迷，对中国而言本是难得的发展机会，但是由于缺乏对资本金融的正确认识和对国际形势的准确判断，最终却一次次错失良机。因此，系统总结资本金融的经验教训，创立资本金融学已是刻不容缓。

从 20 世纪 90 年代初起，我就参与了中国资本市场的早期创建，作为股份制和公司问题专家，二十多年来，我主持了国家电力公司、海尔集团、海南航空、中铝公司等 270 多家企业的股改上市、公司战略、并购重组及投融资方案设计，被业内称为“企业股改第一人”。我也有幸与中国改革开放的三十七年相伴，并始终在资本金融理论和现代大公司组织与战略创新的理论和实践中打拼。

2005 年以来，我在高校开设了资本金融学课程，受到学生们的欢迎和喜爱。无论是在他们求职的过程中，还是在走上工作岗位后，都从此课程中受益良多。这说明无论是实践中还是理论研究上，都对资本金融有迫切需求，这促使我产生了将多年的资本金融实践与教学研究感受进行系统归纳的想法，于是便有了《资本金融学》一书。

这是一本揭示资本金融本质，揭开资本金融面纱的实战之书。它既可作为有意从事资本经营和资本运作，实现产融结合企业的重要参考；也可作为金融实务工作者了解资本金融的实践指南；同时也可以作为经济、金融类专业学生了解资本金融理论与实务的中国第一本经典资本金融学教科书。

六、如何定义资本金融学

在现代金融中，提出资本金融学概念的时机和环境均已成熟：首先，以资本市场为主的直接融资已经在社会经济发展中发挥了较为重要的作用，资本金融的重要性已经开始彰显。其次，2001 年，中国人民银行推出了社会融资总量的概念，已经开始将直接融资纳入其中，表明以“一行三会”为代表的金融监管机构已经开始重视和研究资本金融学的相关内容。

再次，从学术论证的角度来看，对金融工程学和金融行为学的研究与反思的逐步深化，也有力支撑了资本金融学的概念。同时，在经历了2008年美国次贷危机和2010年以来的欧洲主权债务危机后，各国加强了对资本金融监管所采取的一系列措施，也使得人们对资本市场、衍生品、金融监管等相关理论研究具有了更加深厚的现实基础。

在国内，我首先提出了资本金融学，首创资本金融概念，究竟该如何定义这一学科呢？我认为，资本金融学是从投资和融资两个维度出发，研究资本金融在现代市场经济中的地位和作用，以及资本金融活动中的主体、行为、理念、工具、场所、监管环境等各方面要素的综合性学科。投资和融资是贯穿资本金融理论体系的两条主线。从融资看，其边界应该包括企业的资本运作、融资上市、并购重组、产业资本和金融资本相结合等一系列内容；从投资看，则包括资本市场中的基础产品和金融衍生品、投资行为分析、股市新文化等问题。

七、本书的体系与创新

自2012年《资本金融学》出版至今，世界与国家宏观经济形势及我国资本金融市场均发生了巨大变化。随着新三板市场的成熟，中国的多层次资本市场逐步完善；证券、银行、保险业混业经营、统一监管的趋势使得资本金融体系随之深入发展；《证券法》的修订以及股票发行注册制的改革对资本市场产生多样化的影响。与此同时，我对资本金融领域的理解与研究也在教学与实践中不断深入，在此背景下，决定改版，以飨读者。

本次改版结合当前资本金融市场发展现状进行了大量的内容修订与数据更新工作，以保证时效性，也选取了最近几年资本市场中的典型案例，如“华谊兄弟股改上市”“阿里巴巴湖畔合伙人协议”等，希望读者可以更为直观、清晰地理解资本金融的内涵。值得一提的是，本次改版添加了金融交易学的内容。针对传统经济学对于资本市场解释力缺乏、预测力不足的问题，我始终认为发展金融交易学势在必行，也致力于这方面的研究。本书首次将金融交易学的理论框架呈现于公众面前，供社会各界的同仁品评。

从学科体系看，资本金融学可以被划分为两个层次：第一层次为理论层次，主要包括资本金融基础理论、资本金融的交易主体、交易产品，市场监管、交易文化与资本市场研究等内容，其中对交易产品和市场监管的研究尤为重要；第二层次为操作层次，主要包括企业股份制改造、公司融资上市、二级市场操作的一般理论介绍等内容。

本书内容涵盖资本金融的内涵、外延、特征及框架体系、资本市场结构、金融监管体系、金融衍生产品、股市新文化等各方面，全面系统地对中国金融机构和监管机构体系进行梳理，介绍国际国内金融监管制度及其对当前金融创新和金融风险控制的意义。同时，对从初级的 IPO 融资到神秘的新浪 VIE（可变利益实体）上市模式，从直接上市到间接买壳、借壳上市、融资并购等实战问题进行了详细剖析，并对金融工程学和金融行为学等前沿理论及其相互关系进行了介绍。

其中，对股市新文化和资本金融边界的探讨尤为本书特色。

我曾与前证监会主席尚福林在探讨股改后中国资本市场要做些什么时，谈及了关于股市新文化的建立问题。我提出，如果说股权分置改革解决了中国资本市场的一道难题，那么提出股市新文化并回应“股市是不是赌场”的争论，将解决一个世界性难题。我在本书中论证了股市不是赌场的几大理由，阐述了股市的基本功能、交易行为、动机、股市泡沫、股灾、股权文化和股市文化等理论和概念，论证了股市不是零和游戏、股市具有增值功能以及股市的增值从何而来。本书对股市新文化的提出、对资本金融学与金融工程学和金融行为学之间的联系和区别、对人们投资行为的理性和非理性之间的关系等内容的阐述，应该是值得读者关注本书的创新之处。

资本金融创新到底有无边界？是不是所有的证券类创新衍生产品都是合理的？我之所以在书中提出这样的疑问，正是因为在现实中出现了某些文化产品交易所将字画作为标的进行证券份额化交易的案例，而这又与曾经的南海泡沫、郁金香泡沫何其相似，发人深省。艺术品证券化并没有创建在企业法人股份的基础上，而仅仅停留在一件艺术品上，这样的产品就其本质属性来说，到底是股票类投资品种还是债券类投资品种实难界定。我们能看见的，仅仅是它具备股票证券类投机买卖赚取价差的属性，却没有股票本身可以带来自益权和他益权、收益权和表决权的特征，更没有创造利润的功能，而这样的艺术品证券化在现实中却大量地产生，它们该如何监管？是否可将其纳入资本金融的范畴？这类现实中的敏感问题都亟待资本金融学基础理论予以回答，这也是我为什么在多年实践与研究基础上，要努力将这门学科的定义和框架确定下来的主要原因。

严格来说，我并不是一位从书斋里走出来的教授，而是一个在中国金融战场前线有近二十年“打仗”实践和科研教学经验的教授。也正因为这样的背景，形成了我理论研究的特点及注重联系实际进行教学的偏好。当然，无论是资本金融学的定义还是框架体系都还需要不断完善，不是一蹴而就的。如果说读者能够体会到此书理论密切联系实际、善于捕捉金融前沿问题，并提出解决思路的特点给予赞扬的话，那么也希望读者能对本书未尽学术规范和不尽如人意之处予以理解，并提出宝贵建议。

中国政法大学商学院院长、中国政法大学资本金融研究院院长

刘纪鹏

2017 年 7 月

目　录

第一章　资本金融学导论 …………………………………… 001

第一节　强国崛起与世界金融中心转移 ………………… 003

一、“海上马车夫”——荷兰 ………………………… 003

二、“日不落帝国”——英国 ………………………… 005

三、当代霸主——美国 ………………………………… 007

四、中国崛起，路在何方 ……………………………… 010

第二节　现代金融的范畴与特点 ………………………… 011

一、金融的本质 ………………………………………… 011

二、从传统金融到现代金融的演变 …………………… 013

三、现代金融的范畴 …………………………………… 015

四、现代金融中的公司利益 …………………………… 017

五、现代金融中的国家诉求 …………………………… 025

第三节　现代金融中的资本金融 ………………………… 029

一、资本金融的内涵与特征 …………………………… 029

二、资本金融对传统货币政策的挑战 ………………… 030

三、对资本金融的双向思考——天使还是魔鬼 ……… 034

四、资本金融与实体经济的关系 ……………………… 043

第四节　资本金融与资本金融学 ………………………… 046

一、创立资本金融学刻不容缓 ………………………… 046

二、资本金融的广义与狭义之分 ……………………… 047

三、资本金融学的内涵意义 …… 049
四、资本金融学与金融工程学 …… 050
五、资本金融学与金融行为学 …… 056
六、资本金融学与交易学理论 …… 060
本章小结 …… 077

第二章 股市新文化建设 …… 079

第一节 研究股市新文化建设的必要性 …… 081
一、中国股市的文化困局 …… 082
二、股市新文化建设与资本生态改善 …… 083
第二节 股市旧文化批判 …… 084
一、上市公司：侵害股东权益 …… 084
二、中介机构：造假与不造假的两难 …… 090
三、监管机构：有形之手与无形之手错位 …… 094
四、股民：投资理念扭曲 …… 100
五、赌场化的股市用语 …… 101
第三节 几个有待厘清的股市认识问题 …… 104
一、股市是否具有增值功能 …… 104
二、如何看待股市的泡沫和“非理性繁荣” …… 110
三、如何认识股灾 …… 117
四、如何认识股市中的投机行为 …… 127
第四节 股市的八个基础功能 …… 131
一、资源优化配置功能 …… 131
二、强化公司治理功能 …… 132
三、晴雨表功能 …… 133
四、融资功能 …… 133
五、投资功能 …… 134

六、价值发现功能 …… 134
七、定价功能 …… 135
八、增值功能 …… 136
第五节　股市新文化建设路径 …… 136
一、思想建设——市场主体教育 …… 136
二、文化建设——科学、理性的投资理念 …… 141
三、道德建设——诚信为本 …… 142
第六节　在股权文化基础上完善公司治理 …… 146
一、股权文化是股市文化的基石 …… 146
二、公司治理完善是股权文化的制度保障 …… 150
本章小结 …… 154

第三章　资本市场的金融机构 …… 157

第一节　资本市场金融机构概述 …… 159
一、金融机构的含义 …… 159
二、金融机构的功能 …… 160
三、金融机构的分类 …… 160
第二节　中国资本市场中的金融机构 …… 161
一、中国主要金融机构 …… 161
二、货币金融体系（银行类）金融机构 …… 163
三、资本金融体系（非银行类）金融机构 …… 168
四、对中国金融业混业经营趋势的思考 …… 178
本章小结 …… 181

第四章　资本金融监管体系 …… 183

第一节　资本金融监管的理论基础 …… 185

一、资本市场具有潜在的负外部性 …… 185
二、资本市场具有不完全竞争性 …… 186
三、信息的不完备性和不对称性 …… 186
四、法律的不完备性 …… 187
第二节 国际资本金融监管体系概述 …… 189
一、发达国家的资本金融监管体系 …… 189
二、资本金融监管的国际合作 …… 199
第三节 中国的资本金融监管体系 …… 205
一、中国资本金融监管体系概述 …… 205
二、中国证监会 …… 206
三、其他监管机构 …… 212
四、对我国资本金融监管体制的思考 …… 226
本章小结 …… 230

第五章 资本金融产品 …… 231

第一节 资本金融产品概述 …… 233
一、资本金融产品的概念 …… 233
二、资本金融产品的分类 …… 233
第二节 基础资本金融产品 …… 234
一、股票 …… 234
二、债券 …… 238
第三节 衍生资本金融产品 …… 243
一、金融衍生产品概述 …… 243
二、金融远期合约 …… 247
三、金融期货合约 …… 249
四、金融期权 …… 253
五、金融互换 …… 263

六、结构化金融衍生产品 …… 268
第四节 投资基金 …… 269
一、投资基金概述 …… 269
二、证券投资基金 …… 275
三、股权投资基金 …… 279
第五节 股权众筹 …… 287
一、股权众筹的定义 …… 287
二、股权众筹产生的原因 …… 289
三、股权众筹的特征 …… 290
四、中国股权众筹的现状 …… 290
五、股权众筹的监管问题 …… 294
本章小结 …… 297

第六章 多层次资本市场体系 …… 299

第一节 多层次资本市场概述 …… 301
一、多层次资本市场的内涵 …… 301
二、多层次资本市场的演进 …… 302
三、多层次资本市场的划分 …… 305
四、资本市场的主要交易机制 …… 307
第二节 海外多层次资本市场的发展 …… 314
一、美国 …… 314
二、英国 …… 321
三、中国香港 …… 323
四、其他国际资本市场简介 …… 327
第三节 中国多层次资本市场的演变与现状 …… 329
一、中国多层次资本市场的演变 …… 329
二、主板市场 …… 332

三、中小板市场 …… 343
四、创业板市场 …… 345
五、场外交易市场 …… 351
本章小结 …… 361

第七章　公司改制与融资上市 …… 363

第一节　企业融资上市概述 …… 365
一、企业融资上市的意义 …… 365
二、资本运作的本质 …… 366
三、企业融资上市过程中资本的三级放大 …… 375
第二节　股份公司和股份制改造 …… 381
一、股份公司概述 …… 382
二、股份制改造概述 …… 386
三、企业股份制改造和融资上市的模式选择 …… 388
第三节　公司股票发行上市 …… 392
一、境内股票发行上市体制 …… 392
二、企业境内融资上市的基本条件 …… 399
三、公司股票发行上市程序 …… 400
四、公司股票定价与发行 …… 404
五、招股说明书解读 …… 407
六、融资上市的时间、费用及参与的中介机构 …… 408
七、企业境内间接上市 …… 411
本章小结 …… 419

第八章　企业境外融资上市 …… 421

第一节　企业境外融资上市概述 …… 423

一、我国企业境外融资上市概述 …… 423
二、企业境外融资上市的意义 …… 424
三、我国企业境外融资上市存在的问题 …… 425
四、企业境外融资上市现状对我国资本市场改革的启示 …… 430
第二节　企业境外融资上市的模式 …… 432
一、境外直接上市 …… 433
二、境外买壳上市 …… 438
三、境外造壳上市 …… 439
四、境外存托凭证上市 …… 445
五、VIE 模式上市 …… 449
本章小结 …… 462

第九章　上市公司并购重组 …… 463

第一节　上市公司并购重组概述 …… 465
一、并购重组的概念 …… 465
二、并购的分类 …… 466
三、上市公司并购动因 …… 478
四、中国上市公司并购重组的特点 …… 487
第二节　上市公司并购程序 …… 490
一、前期准备阶段 …… 490
二、并购策略设计阶段 …… 494
三、谈判签约阶段 …… 502
四、交割和整合阶段 …… 503
第三节　上市公司反并购策略 …… 504
一、反并购的概念及动因 …… 504
二、事前策略 …… 504
三、事后策略 …… 509

本章小结 …… 510

第十章 证券投资分析 …… 513

第一节 证券投资分析概述 …… 515
一、证券投资主要分析方法和策略 …… 515
二、证券投资分析的信息来源 …… 517
第二节 基本面分析 …… 518
一、基本面分析的基本方法及主要内容 …… 518
二、宏观经济分析 …… 518
三、行业分析 …… 522
四、公司分析 …… 526
第三节 技术分析 …… 532
一、技术分析的基础理论 …… 532
二、形态技术分析理论及应用 …… 536
三、指标技术分析理论及应用 …… 549
本章小结 …… 554

后 记 …… 556
参考文献 …… 558

第一章

资本金融学导论

第一节　强国崛起与世界金融中心转移

纵观历史，世界第一强国的更替往往伴随着世界金融中心的转移。从17世纪的荷兰到18世纪的英国，再到19世纪开始崛起并繁荣至今的美国，贸易带来的巨大利润和战争造成的财富转移固然是这些国家迅速发展的重要原因，但国际金融中心的转移才是霸权交接的核心因素。也正是在这一过程中，人们发现了金融那既强大又神奇的力量，也目睹了从货币金融到资本金融逐步演变的清晰历程。

从整体上看，从荷兰、英国，再到美国，这三大强国的发展初期虽然都是从银行业开始，但货币金融的局限性决定了它们必须要向资本金融的高端扩张。从阿姆斯特丹交易所到今天的纽交所，从罗斯柴尔德家族到今天的摩根、高盛等大型金融集团，金融牢牢地把控着投资和融资两条主线，主导着人类的经济活动和财富创造，而资本金融更是成为决定市场竞争特别是金融竞争的高端领域。我们以史为鉴，正是要在理顺历史脉络的同时，为中国崛起寻找正确的发展方向。

一、“海上马车夫”——荷兰

如果从地理条件看，荷兰是一个地域狭小且并不富饶的国家，至今荷兰仍有三分之一的国土位于海平面以下。但是荷兰却在17世纪成为世界经济中心，并将自己的势力延伸至全球，享有“海上马车夫”的美誉。高效而又健全的金融体系，为荷兰海上霸权的建立立下了汗马功劳。第一个真正意义上的国际金融中心，正是荷兰的首都——阿姆斯特丹。

先进的银行体系是荷兰金融业繁荣的基础。作为经济重镇，阿姆斯特丹借助位于大西洋沿岸的地理优势，成为欧洲最大的商业港，也成为世界商品集散地。1609 年，阿姆斯特丹汇兑银行（Amsterdam Exchange Bank）成立，在票据交换及国际结算领域有着重大的影响。按照当时的规定，商人们所有面值超过 600 盾的票据都必须经由汇兑银行支付和结算，也正因如此，越来越多的荷兰商人在阿姆斯特丹汇兑银行开立账户。随着阿姆斯特丹汇兑银行信誉的不断提高，没有荷兰人参与的国际商业交易也越来越多地用阿姆斯特丹汇兑银行的票据进行支付，使其发展成为 17 世纪的世界票据结算中心。

不仅如此，阿姆斯特丹银行还执行着重要的贵金属贸易功能。1683 年，阿姆斯特丹汇兑银行创立了一个以贵金属为抵押发放贷款的制度，并取得了巨大的成功。这一制度的建立确保了阿姆斯特丹 18 世纪世界首要贵金属货币市场的地位，而繁荣的贵金属交易也确保了阿姆斯特丹汇率的稳定，进一步巩固了其在国际贸易中的主导地位。

同时，阿姆斯特丹还有另外一个非常重要的金融机构——贷款银行（Banken van Leenning）。该银行成立于 1614 年，是由几家官方承认的高利贷商改造而来。贷款银行主要通过发行付息的债券和信用债券筹集资金，再以较低的利率向一般的商人放贷，通常贷款额度都在 100 盾以下。贷款银行的建立，使得阿姆斯特丹的融资体系更为健全，有效推动了商业的发展。

更为重要的是，阿姆斯特丹是现代证券业的摇篮，世界上第一家证券交易所正是诞生于此。为了发展海外贸易，以国家特许经营为法律背景、规模巨大的股份公司——荷兰东印度公司于 1602 年成立。在成立后的 10 年中，公司从未分配过红利，人们之所以愿意持有公司的股票，是因为这些股票可以随时在市场上兑换。正是在这种背景下，1609 年，世界上第一家证券交易所在阿姆斯特丹成立并迅速发展；到 1750 年，阿姆斯特丹交易所不仅交易 25 种荷兰的公共债券与 3 家荷兰公司的股票，而且还交易 13 个外国政府债券和 3 家英国公司的股票。繁荣发达的资本市场，为阿姆斯特丹的商业系统提供了源源不断的资金支持，并加速了荷兰货币的流通。随着阿姆斯特丹交易所的影响力不断扩大，荷兰货币也成为世界商贸中广受人们信赖的货币，而在货币上的主导权，也使得荷兰在国际贸易中享有了独一无二的金融控制力。

如果说银行体系的建立帮助荷兰打开了国际贸易的大门，那么资本市场的快速发展则将荷兰推向了世界经济与金融的巅峰。正是凭借着由银行、证券公司以及有限责任公司共同构成的有机体系，阿姆斯特丹将积聚的巨额商业资本转化为金融领域的优势，将金融体系和商业体系互相贯通，最终带来了财富的迅速增长，成为欧洲乃至世界金融中心。也正是因为有了金融力量的全面支持，荷兰才能够在激烈的竞争中迅速崛起，实现了“小国大业”的壮举。

二、“日不落帝国”——英国

随着英国和法国等国海上贸易的崛起，荷兰引以为豪的对外贸易大国地位在 18 世纪被英国和法国所取代，金融业的发展也大受影响；而伴随着工业革命的不断深入，荷兰经不起英国的挑战，最终在与英国的竞争中以失败而告终。进入 18 世纪后，以伦敦为中心的英国金融体系就已经趋于完善，从 18 世纪后期开始，伦敦逐渐取代了阿姆斯特丹，成为新的世界金融中心。

但是，荷兰衰落后英国的崛起也并非一帆风顺。为了争夺政治经济的主导地位和殖民地，英法两国进行了长达百年的争霸战争。最后，在战争初期人口更多、资源更为丰富、军队更强大的法国反而落败，成就了英国一代霸主的国际地位。而英国之所以能够在逆境中取胜，与英国金融业的迅速崛起密不可分。

在英国金融崛起之路上，17 世纪末开始的金融革命（Financial Revolution）成为关键的转折点，而组建世界第一家央行——英格兰银行——正是此次金融革命的主要内容之一。1694 年，股份制公司形式的英格兰银行正式成立。虽然英格兰银行是私人银行，但是它作为政府银行负责管理公共债务，其利润主要来自发行银行券的特权。英格兰银行成立的条件是要将其全部的资本金 120 万英镑永久性贷给英国政府，换回有保证的每年

8%的利息。这种做法很快被其他几家大型公司效仿，到 1712 年，新东印度公司、南海公司等几大机构共同向政府放贷 1580 万英镑。

大银行向政府放贷，使英国政府获得了大量资金，同时也极大地推动了伦敦证券市场的发展。在伦敦证券市场建立之初，股份制公司股票和短期政府债券的交易并不活跃。但由于有政府信用作为还款保障，向政府放贷的几家公司的股票备受投资者追捧，其交易迅速活跃起来。1704 年，东印度公司和英格兰银行股票的交易额达到 180 万英镑，这对于伦敦证券市场的影响是十分巨大的。众多投资者开始有组织地定期进行证券买卖，使得稳定的证券市场在伦敦开始逐渐形成。与此同时，伦敦证券市场也为有闲置资金要运用的商人和银行服务，吸纳了很多私人银行的闲散资金入市，进一步促进了证券市场的快速发展。1773 年，英国的第一家证券交易所在伦敦柴思胡同的乔纳森咖啡馆成立。1802 年，交易所获得英国政府正式批准，伦敦的证券市场开始迈入规范发展的轨道，为英国经济和社会的发展提供了强大的推动力。

19 世纪初，英国的金融行业迎来又一个关键的转折点——罗斯柴尔德家族开始崭露头角，不仅大大促进了伦敦金融业的发展，也为英国的发展和扩张提供了强大助力。罗斯柴尔德家族先后在法兰克福、伦敦、巴黎、维也纳和那不勒斯建立了自己的银行产业链，伦敦罗斯柴尔德银行在短时间内迅速崛起，到 1815 年，它几乎与当时欧洲最大的银行巴林兄弟银行并驾齐驱。同时，通过向普鲁士等国发放战争贷款，伦敦很快成为外国贷款发行之都，并创造了一笔贷款在法兰克福、柏林、汉堡和阿姆斯特丹等地同步发行的制度，大大推进了政府债券国际市场的建立，也极大地提高了伦敦的国际影响力。而随着外国政府债券市场的成长，伦敦证券交易所也逐渐变得多元化，不但交易公司股票，也形成了独立市场来满足外国政府债券交易的需要。资本市场的深化发展，让英国在金融领域独领风骚，伦敦成为新的国际金融中心。

不仅如此，罗斯柴尔德家族还支援惠灵顿的军队、开发苏伊士运河、资助铁路等，让英国政府受益颇多。从 1818 年 10 月开始，罗斯柴尔德家族开始以其雄厚的财力做后盾，在欧洲各大城市悄悄吃进法国债券，法国债券渐渐升值。然后，从 11 月 5 日开始，他们又突然在欧洲各地同时放量抛售法国债券，造成市场的极大恐慌。这场国债收购战的胜利对法国造成了严重的打击，也帮助英国在英法百年争霸中笑到了最后。

同时，在获取了足够的金融优势后，英镑的强势逐渐显现。1814 年，英国制定《金本位制度法案》，在世界上首先实行了金本位制。1844 年的《英格兰银行条例》赋予英格兰银行货币发行的垄断权力；1872 年，英格兰银行开始承担“最后贷款人”责任，成为世界上第一个真正意义上的中央银行，这标志着现代银行体系在英国的正式建立。在金本位制和现代银行体系的双重保障下，英镑币值保持了高度的稳定。同时，英国通过其军事和金融优势，对很多国家的货币制度施加影响，最终促成了国际金本位制度于 19 世纪 70 年代正式建立。该体系的建立标志着英国真正成为金融世界霸主，各国的货币体系开始与伦敦金融市场紧密地联系在一起。英国也因此紧紧把握住了其他国家的经济命脉，在很大程度上控制着世界货币的供给，也在实质上主导着国际货币政策。金融上的统治地位是英国最终战胜法国的法宝，也成为英国称霸世界的坚实后盾。

三、当代霸主——美国

19 世纪中期，英国虽然依然是西方第一经济强国，但美国已经初露峥嵘，并最终在 20 世纪前中期彻底超越了英国，成为新的世界霸主。在美国的崛起之路上，金融同样扮演着至关重要的角色，华尔街这个举世瞩目的金融帝国更是起着举足轻重的作用。

华尔街的发展历史颇具传奇色彩：这片大陆最早由荷兰人登陆，并将其命名为新阿姆斯特丹；1652 年首次英荷大战爆发后，荷兰统治者为防止英军从陆路进攻，便在城市的北部建立一道防御城墙。1664 年，新阿姆斯特丹最终被英军攻破，并更名为纽约（New York），这道城墙也于 1698 年被拆除，遗留下的空地就形成了今天的华尔街。它见证了荷兰的衰落与英国的崛起，又成为美国走向世界的起点。

1790年，为解决货币不统一和独立战争遗留的债务问题，美国第一任财政部长汉密尔顿推出了“旋转门计划”，发行新币取代旧币，并发行以新币计价的国债。如果说此时汉密尔顿对金融的应用还仅限于解决现实问题，那么华尔街则将金融的力量彻底释放，缔造了先进的资本市场，也缔造出了一个强大的美国。

一方面，华尔街的发展是美国金融业不断壮大的缩影。今天的美国拥有世界上最先进的证券市场，但这一切却发源于两百多年前的一棵梧桐树下。1792年，21个经纪商和3家经纪公司在华尔街68号外的一棵梧桐树下，签订了著名的《梧桐树协议》(*The Buttonwood Agreement*)；25年后的1817年，纽约证券交易所正式成立。1825年，伊利运河的开通使得纽约迅速成为有史以来最大的新兴城市，也引发了当时美国对运河概念债券的狂热，华尔街的交易量开始迅速增加。经过近两百年的发展，纽交所已成为美国乃至全世界全国性证券交易所中规模最大、管理机制最完善的证券交易所，而美国也形成了由纽约证券交易所（NYSE）、纳斯达克证券市场（NASDAQ）和全美证券交易所（AMEX），以及美国场外柜台交易市场（OTCBB）共同构成的多层次资本市场。截至2014年年底，纽交所上市公司数量达到2466家，总市值约19.3万亿美元，纳斯达克证券市场上市公司数量达到2782家，总市值约7万亿美元；同时，华尔街上摩根、高盛等世界知名金融机构林立，其分支机构也遍及世界，影响深远，使华尔街成为名副其实的世界金融中心。

另一方面，金融实力的不断提升也为美国自身的发展注入了强大动力。南北战争期间，华尔街开始发挥金融市场的作用，革命性地向公众发售战争债券，帮助北方政府进行了大规模的战争融资，并最终打败了陷入财政困境的南方政府，实现了国家的统一。以约翰·皮尔庞特·摩根为代表的华尔街人在国家建设中也发挥了巨大的作用：他们帮助美国在工业化中筹措大量资金，推动了由修建铁路带来的第一次工业化浪潮；他们屡次在危机中扮演最后贷款人的角色，拯救美国于崩溃和混乱的边缘。同时，他们还在战争期间筹措大量战争贷款，帮助美国获得巨大的经济利益：第一次世界大战爆发后，1915 年英国派代表来到华尔街筹措战争贷款，贷款成功后，其他国家也纷纷效仿；到战争结束之时，欧洲国家对美国政府的欠债已经达到 100 亿美元，美国一跃成为世界上最大的债权国，其优势地位不言而喻。

在国内经济的发展上，华尔街同样贡献卓著。制度大于技术，资本决定制度。美国能够保持持续的经济增长，发达的科技创新能力非常关键，而这一能力的形成又直接得益于美国发达的资本市场体系。由于拥有健全、多层次的资本市场，美国的高新科技企业能够及时获得资金支持，尤其是纳斯达克证券市场组建后，对新兴科技类企业的支持作用更加明显，孕育出了苹果、微软等一系列现代商业巨擘，同时还有像 Facebook（脸书）这样代表新兴商业模式的网络新宠，也通过纳斯达克证券市场进行巨额融资以谋求更大发展。可以说，美国在崛起之路上每迈出一步，都有华尔街的力量如影随形。

在强大的经济实力基础上，美元霸权也是美国维持其霸主地位的重要工具。1900 年，美国通过了金本位法案，美元开始登上国际舞台，与英镑争夺世界货币中的主导地位。“二战”还未结束，英美两国就已经开始筹谋重整国际金融体系，而此时的英国虽不想一家独霸，却也试图争取与美国分庭抗礼。但是，经过百余年的发展，英美两国的金融实力已经发生了变化，当年的“日不落帝国”已经日趋没落，而美国则手握世界黄金储备总量的 70%。1943 年，美国与英国分别发表了“怀特计划”与“凯恩斯计划”，双方在货币战场的争霸趋于白热化。最终，美国凭借其强大的实力迫使英国接受了自己的方案，并在布雷顿森林会议上通过了以“怀特计划”为蓝本的《布雷顿森林协定》，建立起了美元与黄金挂钩、各国货币与美元挂钩的国际货币制度。

根据该协定，各国确认 35 美元 1 盎司的黄金官价，每 1 美元的含金量为 0. 888671 克黄金；其他国家货币与美元挂钩，各国政府规定各自货币的含金量，通过含金量的比例确定同美元的汇率。这一体系的建立，标志着美国在金融战场上取得了全面胜利，也使得美国可以在不动用黄金储备的前提下，通过发行美元购买别国的资源和劳动力，为战后美国的高度繁荣奠定了基础。虽然今天布雷顿森林体系已经解体，但是美国依然在货币上拥有着主导权，并享受着货币主导权带来的种种利益。

尽管在近几年，美国连续经受了次贷危机和财政危机的冲击，但是短时间内，其世界经济霸主地位依然难以撼动。华尔街的强大与美元的强势，正是其所依仗的坚实后盾。美国的崛起之路，再一次见证了金融神奇而又伟大的力量。

四、中国崛起，路在何方

从上述分析中，我们已经能够清晰地看到，大国欲崛起，金融必先行。中国的崛起不可能仅靠制造业，必须与现代金融产业的发展比肩前行。虽然中国现在 GDP（国内生产总值）总量已经高居世界第二位，但从总体上看，无论是产业结构还是经济增长方式，都存在着诸多问题，与欧美发达国家间还有着较大的差距。尤其是金融行业的落后，更是中国发展的最大隐忧之一。在金融危机前的 2007 年，我国金融行业增加值占 GDP 比重只有 4%左右，而美国金融业增加值占 GDP 比重则高达 8%；如果再以两国当年的 GDP 值（中国 3.4 万亿美元，美国 14 万亿美元）为基数做一下简单的测算，中国金融业增加值只有 1360 亿美元，而美国则高达 11200 亿美元，两者之间的巨大差距显而易见。

无论是银行体系的不健全，还是监管制度的不完善；无论是资本市场的持续低迷，还是政策选择的频频出错，都是中国走向世界强国之路上的桎梏。今天我们面对的股市低迷和影子银行等一系列问题，正是这些不足在现实中的反映。随着市场经济的深入发展，建立现代金融体系不仅是被发达国家的实践所证明的强国之路，也是我国金融改革的发展方向。因此，中国要保持持续的经济增长并在世界经济一体化的竞争格局中占据强有力的竞争地位，就必须建立一个强大的金融体系；而在整个金融体系的建设中，资本市场的健康发展尤为重要。

从 2008 年的次贷危机到后来愈演愈烈的欧债危机，国际经济大环境始终处在动荡之中。在这一背景下，我们更需认清国际形势，批准自身定位。事实上，这一系列的危机对中国而言不是灾难，而是机遇。由于发达国家金融一体化的特点，欧美的一系列危机对发达国家影响颇深，但由于中国在货币体系、资本市场体系及商业银行体系上都相对独立，与欧美发达国家并不直接相关，使得我国并未受到国际金融形势波动过多的影响。同时，由于中国的宏观和微观经济基本面尚好，且财政和金融状况良好，并具备庞大的内需市场开拓潜力，国际舆论普遍把中国当成世界经济衰退“沙漠中的绿洲”，希望中国担当新的领跑者，许多跨国公司也普遍将中国作为避风港和最佳投资地。因此，这一系列的危机对中国而言，不仅不是灾难，反而是重要的历史机遇。

要抓住机遇，我们就必须改变中国股市“熊霸全球”的现状，提振资本市场，在资本金融的高端领域掌握“制空权”。如果说欧美金融的问题主要体现在金融虚拟泡沫过多，那么我国金融经济的发展仍是严重不足，特别是在股票、债券等资本市场的基础品种上，还不能承担国民经济发展对直接融资的迫切要求。中国应从给发达国家在制造业低端打工上升到发展金融服务业的高端领域，这也就需要进一步加大资本市场的发展力度，并通过提高金融核心竞争力，谋求新兴市场国家在国际金融新秩序中的主动地位。我们也坚信，现代金融产业尤其是资本金融的蓬勃发展，必将是中国经济全面崛起的伟大标志。

第二节　现代金融的范畴与特点

一、金融的本质

在人类的经济发展史上，人们发现了一种神奇的力量，被称为金融。金融从本质上说是解决资金融通的各种工具与手段，贯穿其中的是人们的融资和投资活动，解决的是“钱从哪来、钱往哪里去”的问题。金融及其所衍生出来的各种制度，在支配着未来，在融资和投资的过程中，演绎着从货币金融到资本金融演变的历史画卷。作为一个与人们息息相关的概念，笔者认为金融具有以下四个特点：

第一，金融的普遍性。金融贯穿于普通自然人、公司法人以及跨越国界的国家之中，可以说涵盖了世界范围内所有经济主体的投资和融资活动。金融在现代市场经济中无所不在，与人们生活的方方面面都发生着密切的联系。

第二，金融的虚拟性。金融的重要体现是货币、股权、债券等虚拟物和权利，它是通过对现实商业活动、权利属性和契约关系等具体的经济活动和法律关系的抽象而来，来源于实体经济的同时也作用于实体经济。

第三，金融的服务性。从本质上看，金融是服务于实体经济的。金融的产生和发展离不开实体经济，没有实体经济的根，金融就成了无源之水、无本之木。如果把金融看作人体的血液，实体经济则是躯干，正所谓“体无血液干巴巴，血液无体无处流”。

第四，金融的主导性。金融是现代社会分工的高端，虽然服务于实体经济，却在事实上主导着人们的利益分配，这也就决定了金融是支配和影响人类市场经济活动最主要的杠杆和力量。

总体而言，金融的本质在于，如何设计出更好的制度，以解决人们在投融资过程中的风险控制、资源配置和交易媒介、信息交换等问题，正是围绕着这些问题，人们在进行金融活动过程中，不断创新金融交易工具，丰富金融交易的主体，完善金融交易的法律，构建金融活动过程中的监管环境。而随着这一系列不断创新发展的金融演进过程，资本金融作为金融的高端也能更好地促进金融本质的实现，从而不断占据现代金融的主导地位。

从前面提及的荷兰、英国、美国三个金融强国的崛起过程看，它们的兴起都是从各国的银行体系开始，从一般的存贷活动到中央银行的设立，都是以间接融资为主导的货币金融作为支撑，但货币金融的局限性在此过程中暴露出的银行体系的风险，导致它们不得不逐步考虑采用创新的金融方式去分散融资和投资之间的风险。随着股份公司、股票交易所等制度的产生，这种以金融市场而不是以金融中介作为配置方式的资本金融模式，逐步成为人们投融资方式的首选。

现代金融是当今世界经济博弈中的战略制高点，而以股票、权证、汇率和利率期货等产品为代表的资本市场的交易主体，是以投资银行业务为主的各类金融证券公司。由于资本金融虚拟经济的特点，信息成为人们进行买卖交易的主要依据，金融工具已经脱离了其赖以存在的基础商品，成为资本运行的主要手段。进行金融产品投资更多的是对未来预期的一种投资，而决定市场未来走势的一个重要信息来源，则是由现代投行首席经济学家和分析师提供的。

按照传统经济学原理，商品价格应当是市场供需关系的反映。然而在现代经济中，无论是石油价格的变化还是股票价格的波动，都难以与市场宏观需求相匹配，其奥秘就在于资本金融是一种信心经济，是一种关于信息交换的经济。由于资本市场是社会财富在市场经济公平交易的旗帜下重新转移和分配的主要场所，因此通过价格的周期性波动和高抛低吸的资本运作，就成为瞬间轻而易举获得财富的重要手段，而这是需要通过信息引导市场大多数人的投资行为和理念才能实现的。

二、从传统金融到现代金融的演变

随着社会的不断发展，金融行业本身也经历了从传统金融到现代金融的演变过程。最初，金融行业以钱庄等朴素的形态出现，从事简单的汇兑、借贷等货币业务；当商业银行出现后，货币金融体系已经发展得较为完善，各种货币业务的功能与交易规则也逐渐明确；而投资银行出现后，金融业迎来了又一次大发展。建立在资本市场基础上的投行业务体系改变了金融业的盈利模式和发展方向，从而使现代金融体制基本确立。

对金融行业从传统到现代的演变，我们可以从四个维度加以解读：

第一，从资金来源分析。金融行业的资金来源呈现出从个体到社会的渐进。在钱庄的运营中，其本金的主要来源是钱庄入股人的自有资金，资金十分有限且风险很高。当发展到商业银行阶段后，银行资金的主要来源变成了吸收社会存款。虽然从范围上看比自有资金有了较大的扩展，但是依然要受到地域等一系列客观条件的限制。当资本市场高度发展并衍生出投行金融体系后，金融业的资金来源有了革命性的变化。通过证券的发行和交易，金融机构能够最大限度地吸收社会闲散资金，实现资金来源的彻底社会化，也正是这样的转变，使得投资银行体系与传统金融之间有了本质的区别。

第二，从法律关系分析。金融行业的发展实现了从债权关系向股权关系的跨越。无论是钱庄还是商业银行，其与客户之间的关系都是一种债权债务关系，是通过传统借贷的方式筹集资金和获得利润，但投资银行体系则有所不同，尤其是股票的出现，彻底改变了这一状况。投资者不再享有债权，而是成为股东，享有股权。一方面，他们变成了自己投资公司的股东，成为公司的所有者和利润的分享者；另一方面，他们不能再要求直接还本付息，投资的收益和风险都要一并自行承担。这种全新法律关系的出现，彻底改变了金融行业产品运营的性质，资本市场和股份运作开始成为金融业务的重点领域，传统的存贷利息差收入方式则逐渐弱化。

第三，从风险承担分析。金融行业的风险也呈现从集中到分散的转变。在钱庄盛行的时代，钱庄经营者以自有资金为基础展开业务并自负盈亏，不但使得风险高度集中，而且其抵御风险的能力也十分有限。商业银行出现后，银行的风险变得相对分散，但是风险的直接承担主体依然是银行。而投资银行体系建立后，凭借资本市场的运作，风险被分散到每个投资者身上，由每个参与投资的主体自负盈亏，这从根本上改变了金融行业的风险配置。

第四，从融资模式分析。传统金融向现代金融的过渡推动了间接融资向直接融资的演变。在钱庄和商业银行的模式下，社会融资以间接融资为主，银行成为支撑社会融资的中坚力量，也成为大部分资金的中转站。这样的融资模式不但成本高、风险大，而且效率低下。伴随着资本市场的不断发展，当投资银行体系逐渐成熟后，通过资本市场直接融资成为新的选择。直接融资能够避免中间环节的资源浪费，将社会闲散资金与需要资金的经济实体直接对接，极大地促进了融资效率的提升，而这样的转变，也正是现代金融体系相比传统金融体系的重大突破之一。

综上所述，传统商业银行的信贷模式由于其对存款人还本付息刚性和借贷人还款弹性的特点，决定了商业银行体系存在着系统性风险；而中国频繁宏观调控的政策环境并未使中国市场经济过热现象更少发生，经济增长过热背后隐藏的是在间接融资模式下银行的系统性风险。以间接融资为主的货币金融不可能单腿支撑社会融资的重任。储蓄如蓄水，投资如泄洪，一个社会没有足够的泄洪渠道，商业银行储蓄越高，风险越大，这也是货币金融时代的危机所在。混业经营的现代金融集团中存贷与投融资业务相结合，商业银行业务将高端储户变成授权投资者，投资银行业务则是吸纳投资者资金制造上市公司产品并在资本市场挂牌。以商业银行为主的货币金融和以投资银行为主的资本金融两种业态在现代金融中相辅相成，有效解决了单纯依赖存贷款间接融资模式的系统性风险。

从中国国情看，要实现经济结构和经济增长方式的合理化，关键是实现社会融资模式的合理化，即从以商业银行间接融资的货币金融时代向以投行金融直接融资为主的资本金融时代演变。

三、现代金融的范畴

（一）现代金融的“三驾马车”

现代金融体系下的银行、证券、保险，三业并举，互相平衡，综合发展，是国家金融产业的发展方向。银行、证券、保险在通过社会融资带动社会经济发展的进程中，被形象地比喻为“两个轮子一根轴”，“两个轮子”是指间接融资形式的商业银行融资和直接融资形式的证券融资；“一根轴”则是指保险业，它既是商业银行重要的资金来源，又是证券与资本市场的重要投资力量。

金融是现代经济的心脏，心脏的健康与否既是经济发展的动力所在，也是危机爆发的根源所在。银行、证券、保险三位一体，构成现代金融的核心。从海外成熟市场国家的经验数据判断，在承担社会融资重任的进程中，银行的间接融资和资本市场的直接融资两分天下。而目前我国的金融体系主要以商业银行为主，商业银行融资则以四大国有商业银行为绝对主力，其信用又是国家信用，直接由国家承担着融资可能带来的坏账风险。股市的极度弱化不仅和快速发展的中国市场经济不相适应，更重要的是，这一车轮的支撑力度不足可能直接导致快速发展的中国经济和金融的“翻车”。2004年，我国商业银行体系实行的“背水一战，只能成功，不能失败”的股份制融资上市改革，就是证明。显然，在现代金融中，股市弱势化、边缘化，不仅使资本市场单一系统蕴含风险，而且会连带商业银行系统陷入困境，最终使金融风险难以避免。

因此，在现代金融进入资本金融时代后，大力发展直接融资为主的资本金融是现代金融三驾马车的共同使命。当然，三者的协调发展也至关重要。在大力发展资本市场的基础上，银行业和保险业的发展同样不容忽视，也只有三者协调发展、共同作用，现代金融才能拥有一个牢固的基础。

（二）现代金融的两大范畴

从整体上看，现代金融主要分为货币金融和资本金融两大范畴。

传统上，金融学、经济学理论更多关注货币金融领域。货币金融以商业银行业务为主，并涵盖利率、汇率、准备金率等以央行为主导的货币政策，主要局限在传统的货币政策区间。

随着现代经济的迅猛发展，商业银行的间接融资体系对市场经济的支撑作用日渐薄弱，资本金融作用日益突显。一方面，商业银行和间接金融自身有着明显的局限，无法回避储蓄人还本付息的刚性和借款人还款受经济周期影响的弹性之间的矛盾；另一方面，在运用货币政策调整经济运行的过程中，多数国家把政策调整集中在货币金融的范围，并且通常采用单择系统，即仅仅依靠个别货币政策制定者决定利率政策的调整，这使得货币金融支撑现代市场经济的能力更显不足。此时，资本金融也就应运而生，并与货币金融共同成为现代金融的两大范畴。

资本金融发展到今天，已经成为现代金融在量的增长上的主力，在银行体系扩张能力有限的情况下，直接融资的发展为投融资双方提供了更加丰富的选择；在国民财富不断积累的情况下，资本金融的规模已经空前增长，承担了现代金融体系的重头戏；同时，资本金融的层次也在不断拓展，新的子市场、交易模式、金融产品不断被开发出来，多数都是资本金融不断外延衍生的结果，这些都为现代金融在质的内容上不断赋予新的含义。可以说，当今现代金融发展的生力军是资本金融，随着社会的发展逐渐从简单资本借贷和股权投资等原始基础上逐渐向外延伸，内容层次上愈加丰富，可谓包罗万象。

资本市场是资本金融的主要依托场所，现代金融本身的层次关系对现代金融的内部切割有着重大的指导性。现代金融的范畴划分有着自己的独特意义。货币金融可以解释为以间接金融市场为主要依托，以银行体系、储蓄存贷机构为主要中介机构，由宏观货币政策为调控手段，主要强调货币、货币等价物、存款等类货币概念产品为主要金融产品的领域；它的概念衍生于货币市场概念，同时又有自身新的解释。货币金融并非完全以期限和流动性作为划分依据，而是在这个基础上强调银行体系的主体作用。而资本金融作为本书阐述的核心内容，则主要依托于直接金融市场，在此基础上又延伸到一国的资本市场体系、政策、法规、机构设置、参与者等多维度的内容，兼容并包，是整个现代金融的核心部分，它比货币金融的内涵更加复杂。综上所述，作者试绘出在货币金融和资本金融两大基础上的现代金融体系框架图（见图 1-1），以便读者理解。

四、现代金融中的公司利益

（一）公司时代的来临

作为迄今为止最有效的经济组织形式，公司的出现被认为是“人类的成就”，尤其是股份公司惊人的崛起和其当前无可争辩的统治地位，被公认为是现代历史中最引人注目的现象之一。公司能扩展一个经济单位所能掌握和支配的资源，分散商业活动的高风险，它凝聚了生命个体，让它具有强大于任何个人的经济动力。公司使得血缘、地缘联系之外的陌生人之

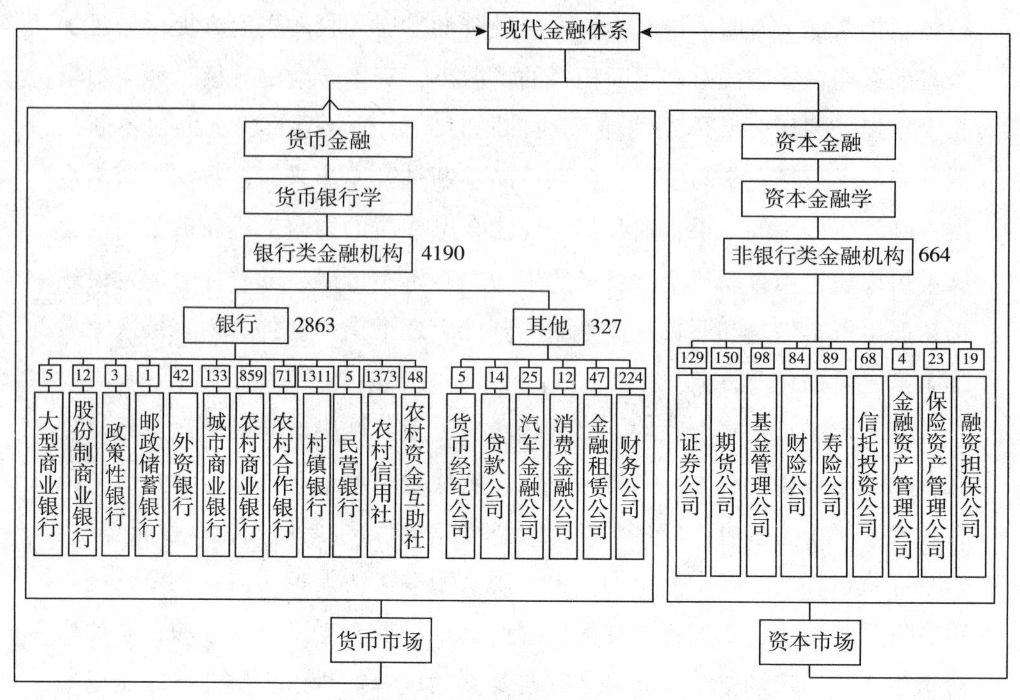

图 1-1　资本金融与货币金融分类比较

注：货币金融体系数据更新至 2015 年年底，资本金融体系的数据更新至 2017 年 6 月。

间的合作成为可能，有效地集中和使用稀缺的经济资源。今天，公司的力量已渗透到人们工作和生活的方方面面，左右着世界的经济运行。国家的发展不能偏离公司的发展，要为公司发展创造理想的环境。同时，公司制度和管理模式的创新决定着一个国家创新的成败。

在过去的 30 年里，随着以中国和苏联、东欧国家推进的经济体制改革迈入市场经济的运行轨道，“公司”一词开始从一个简单的企业组织名称，成为市场经济环境下的微观经济运行载体，它具体有以下两种表现：其一，在以中国和俄罗斯为代表的曾实行计划经济体制的国家，伴随着改革，公司开始取代工厂的组织形态，从一个简单的行政管理组织向具有独立法人特征和自负盈亏的经济主体转变。其二，在西方国家，尤其是进入 21 世纪后，27 个欧盟国家在商品、人员、资本和货币四个方面打破了国家界线，形成欧洲合众国的一体化趋势，而主导这场欧洲国家变革的政治之手的背后正是大公司。这种变革是有利于大公司在更大的市场内追逐利润的必然选择。无论是国家还是民族的概念，在公司资本面前都显得那样软弱无力。

面对全球经济一体化的趋势，无论是在欧洲、美洲还是亚洲，任何一个实行市场经济的国家都必然打开大门，以对资本尊重和保护的姿态，迎接跨国公司的到来。然而，资本灵魂必然要依附在一个有法律外衣的躯体上，这就是公司法人。正是资本之水载着公司之舟行走于天下。

在这过程中，大公司也开始从早期不遗余力地追求利润最大化向追求企业价值最大化演变。在公司法人之后，又进一步引出了企业公民的概念。而就公司制度创新来说，一个时髦的词汇是公司的社会责任和公司法人的公众形象，大公司在适应社会人文和自然环境的同时，也在引领人类向物质文明和精神文明的更高境界迈进。而公司法人正日益成为主宰世界的主角。无论是在经济与政治方面，还是社会与文化方面，人们都越来越感受到公司法人之手的力量，这无疑预示着公司时代的来临。

1. 公司经济

从公司经济的角度来看，世界范围内的贸易活动正在从商品交易过渡到资本交易的新阶段。而一旦发生这样的资本融合，国际经济的一体化和集团化在跨国公司穿针引线的作用下也随即形成。跨国公司正在从制造业向金融业嬗变，不仅从蓝领劳动者的本地化发展到白领经营者的本地化，而且随着资本市场的形成，所有者的本地化也在所有发达国家和大多数新兴国家完成。随着欧洲经济共同体向欧洲合众国演变进程的加速，以及美加墨自由贸易区的深入发展，还有亚洲大中华经济圈与东盟“10+3”模式这种国际经济集团化与区域一体化的日趋形成，跨国公司的超国家竞争力的发展走势也已被人们情愿或不情愿地接受。跨国公司的本土化成为所在国国家竞争力的重要组成，这越来越成为不争的事实。

而对跨国公司来说，在一个更大的市场边界内，攫取廉价劳动力和低成本资源，打破关税、所得税壁垒，以及创造尊重资本与核心技术、品牌保护的法律环境，最终满足其追逐盈利的本质属性，才是生存和发展的至高无上的目标。

随着跨国公司在产品、人员、资本和市场等方面在世界范围的扩大，对一个跨国公司国籍属性的判定正在日益从学术理论上的研究课题演变为现实中的一道难题。当奔驰和克莱斯勒两大汽车公司合并的时候，我们很难判定合并后的公司究竟是美国公司还是欧洲公司；当力拓公司在澳大利亚和英国两地上市的时候，我们也很难再简单地说其是一个澳大利亚的公司。如果说跨国公司的国籍应由其母公司所在国决定，那么当日本的八佰伴公司将母公司从日本迁到中国香港，随后又迁到上海，我们又将依据哪一标准来判断它是一家日本公司呢？更何况，当今世界还有很多一流的上市公司在利用合理避税的规则，将其集团控股公司以壳公司的形式注册在英属维尔京群岛（BVI）或百慕大（Bermuda）这样的避税岛（Tax Heaven）。

显然，公司经济正在国际经济区域一体化、集团化的进程中发挥日益重大的作用。资本之水载着公司之舟乘风破浪驶向世界经济一体化彼岸的大趋势难以阻挡。2016 年《财富》杂志公布的世界 500 强大多是跨国企业，它们在各个领域不同程度地影响着人们的生活。2016 年度美国《财富》杂志世界 500 强排名前十的公司如表 1-1 所示。

表 1-1　2016 年美国《财富》杂志世界 500 强排名前十的公司

排名	公司名称	总部所在地	主要业务	营业收入（亿美元）
1	沃尔玛	美国	一般商品零售	4857
2	中国石化	中国	炼油	4468
3	皇家壳牌石油	荷兰	炼油	4313
4	中国石油天然气	中国	炼油	4286
5	埃克森美孚	美国	炼油	3826
6	英国石油	英国	炼油	3587
7	国家电网	中国	公用事业	3394
8	大众汽车	德国	汽车	2686
9	丰田汽车	日本	汽车	2477
10	嘉能可	瑞士	大宗商品交易	2211

如果将世界最大的十家公司与各国的GDP进行比较，营业收入排名最高的沃尔玛公司可以进入世界各国GDP排名的第25名，排名前九的公司可以进入世界各国GDP排名的前50名，这些公司真正可以称得上是富可敌国。根据2016年世界银行和《财富》杂志公布的世界500强资料显示，排名前50的国家或地区及公司如表1-2所示。

表1-2 2016年世界银行和《财富》杂志公布的排名前50的国家或地区及公司

排名	国家或地区及公司	GDP/营业收入（万亿美元）	入围公司所在国家或地区	行业
1	美国	19.0	—	—
2	中国	12.0	—	—
3	日本	4.3	—	—
4	德国	3.5	—	—
5	英国	3.0	—	—
6	法国	2.5	—	—
7	印度	2.5	—	—
8	巴西	1.9	—	—
9	意大利	1.9	—	—
10	加拿大	1.7	—	—
11	韩国	1.5	—	—
12	俄罗斯	1.4	—	—
13	澳大利亚	1.3	—	—
14	墨西哥	1.3	—	—
15	西班牙	1.3	—	—
16	印度尼西亚	0.95	—	—
17	土耳其	0.79	—	—
18	荷兰	0.77	—	—
19	沙特阿拉伯	0.71	—	—
20	瑞士	0.7	—	—
21	阿根廷	0.57	—	—
22	中国台湾	0.57	—	—

（续表）

排名	国家或地区及公司	GDP/营业收入（万亿美元）	入围公司所在国家或地区	行业
23	尼日利亚	0. 52	—	—
24	瑞典	0. 52	—	—
25	沃尔玛	0. 48	美国	一般商品零售
26	比利时	0. 48	—	—
27	中国石化	0. 45	中国	炼油
28	挪威	0. 43	—	—
29	皇家壳牌石油	0. 43	荷兰	炼油
30	中国石油天然气	0. 43	中国	炼油
31	泰国	0. 41	—	—
32	伊朗	0. 4	—	—
33	奥地利	0. 39	—	—
34	阿联酋	0. 39	—	—
35	埃克森美孚	0. 38	美国	炼油
36	哥伦比亚	0. 36	—	—
37	马来西亚	0. 36	—	—
38	英国石油	0. 36	英国	炼油
39	菲律宾	0. 34	—	—
40	国家电网	0. 34	中国	公用事业
41	南非	0. 33	—	—
42	中国香港	0. 33	—	—
43	以色列	0. 31	—	—
44	新加坡	0. 31	—	—
45	丹麦	0. 31	—	—
46	大众汽车	0. 27	德国	汽车
47	智利	0. 26	—	—
48	丰田汽车	0. 25	日本	汽车
49	芬兰	0. 24	—	—
50	爱尔兰	0. 23	—	—

2. 公司政治

面对这样的趋势，建立在所谓发达国家市场经济基础上的民主政治同样是以政治集团与经济财团相结合为基础。走在市场经济前沿的发达国家的政治家及其集团，除了顺应公司经济的时代潮流外，别无选择。导致这些国家政治人物登上历史舞台的背后，恰恰是大公司和财团的扶持之手。因此，决定政治家决策之手的主要力量是大公司和财团。近十几年以来，每当美国的反华政治势力在人权的问题上大做文章要制裁中国时，其愿望总是无法得逞，这并不是偶然的。部分原因在于决定美国国会那些议员之手背后的力量正是像波音飞机、通用电器、微软和高盛、摩根这样的产业和金融财团的在华利益。那些对中国的贸易制裁最终会使这些大公司的利益受损。当欧洲的12个国家在探讨欧洲合众国的时候，当美国决定向伊拉克开战的时候，几乎无一例外，政治集团决策之手的背后都有大公司和财团的影子。当美国人在探讨“美国是谁的?”的时候，最终无不把目光落在大公司和财团身上。公司政治的影响力已经成为这个时代不争的事实。

3. 公司文化

在公司时代，通过商业广告的大肆传播，公司文化无时无刻不在影响着我们，包括人们吃什么、喝什么、穿什么、用什么，都是由公司法人主导的。公司文化不仅左右了我们的物质领域，而且决定了我们的精神领域，公司商品的品牌通过商业策划成为人们社会地位的象征。公司法人不断地把体育健身活动变成网球、高尔夫、滑雪这样不断升级的休闲娱乐产业，又有谁能想象像打篮球、踢足球这样的健身活动能成为美国和欧洲离不开的体育产业呢?而唱歌跳舞这样的简单活动居然也通过大公司演变成为人们在享受物质文明基础上不可或缺的精神食粮。偶像组合F4（四人团体）出演的一部电视剧《流星花园》在公司商业策划下，成为掏尽中小学生腰包的“杀手”，而浙江卫视的《中国新歌声》也通过商业策划吸引了全国人民的眼球，即便是手握中国媒体自然垄断大权的中央电视台也深感商业竞争的压力。

如果说原始社会是氏族文化，封建社会是家族文化，计划经济是政府文化，那么市场经济则一定是公司文化。而这一文化随着市场经济的发展正日益成为支配我们物质和精神活动的主要文化。

公司时代的来临到底给人类带来的是福还是祸？尽管我们看到公司及股份制产生以来，人类社会取得了巨大的进步，但同时我们也看到了公司丑闻、公司欺诈事件频繁曝光，严重损害了利益相关者的利益。我们不禁要问："公司能自觉维护自身形象吗？公司能对社会的健康发展承担责任吗？"

（二）资本金融中的公司利益

资本金融是当今世界经济博弈中的战略制高点，而以股票、权证、汇率和利率期货等产品为代表的资本市场交易主体正是以投资银行业务为主的金融公司。由于资本市场虚拟经济的特点，信息成为人们进行买卖交易的主要依据，而电子数字化则是投资者的主要交易手段，没见过黄金的人可以买成百上千盎司的黄金，没见过原油的人也可以买成千上万桶原油，没见过某企业产品的人也可以买该企业的巨额股票。如果说买股票等金融产品就是买未来的话，那么决定市场未来走势的重要分析和预测则普遍是由投行首席经济学家和分析师提供的。

石油从每桶 147 美元瞬间跌到 35 美元又涨回到 120 美元，难道都是由市场供求决定的？上证综指在短短的几个月里从 6100 点跌到 1600 点，难道都是由宏观经济形势决定的？资本经济是信心经济，那么这种信心又是如何建立或缺失的？其奥秘究竟在哪里？

由于资本市场是社会财富在市场经济公平交易的旗帜下重新配置的重要场所，因此通过价格的周期性波动和高抛低吸的资本运作，就成为瞬间攫取财富的重要手段，而这是需要通过信息引导市场大多数人的投资行为和理念才能实现的。难怪投资银行无一不设首席经济学家和研究部门，因为可以通过他们的声音和报告来争夺市场竞争中的话语权。

虽然多数投行分析人员起到了促使市场有效、优化信息资源配置的作用，并引导资金进行价值投资。但在各国资本市场的发展史中，也颇有一些有背景的投行，无论是在一级市场上帮助中国的银行进行整体上市并以近乎面值的价格寻找外国战略投资者，还是在影响政府和监管部门的决策和动员中国的金融机构去买欧美发达国家危机爆发前金融机构的股权，无疑都与其参与资本市场的巨大商业利益密切相关。

以希腊主权债务危机为例，其始作俑者正是美国最大投行高盛公司，它为希腊政府设计了复杂的金融产品以掩盖财政赤字，使其符合欧盟的相关规定，从中获取高额的回报。高盛在发现资产风险加大后，又通过购买信用违约掉期（CDS）等产品进行规避，这一系列的金融创新手段使得高盛从中获利，但却将希腊甚至整个欧洲推入了主权债务的旋涡中难以自拔。这充分证明了资本金融中潜藏的公司利益，也暴露出资本金融中投行贪婪的一面。对此，无论是政府决策者、资本市场监管者，还是投资者，都应对资本金融中投资银行逐利的本性有清醒的认识，不要轻易被其“忽悠”。投资银行永远将其公司的商业利益置于首位，这种利益追求远远超过了它们对客户应当承担的责任，哪怕是在面对希腊这样的文明古国时，它们也毫不手软。

外国投资银行为中国工、农、中、建四大国有银行一步实现整体上市模式的设计同样反映了它们追求公司利益贪婪的一面。工、农、中、建四大银行的股本规模堪称世界资本市场之最，但从上市之日起，四大银行就进入了“股市恐龙”的窘境，股价长期低迷，市场难以承受，再融资的食物链难以为继，根本原因是一步实现整体上市的模式所致。很难说各大投行的高手们不懂得为四大银行设计分步实现整体上市的资本运作技巧，但面对世界最大IPO项目带来的巨额承销费的诱惑，各大投行把自身逐利放在了首位。而令人遗憾的是，历史无法通过重复以证伪，以致人们至今都未把中国四大银行今天在股市上的“恐龙式”窘境与外国投行为它们设计的上市模式不佳联系在一起。

五、现代金融中的国家诉求

（一）现代金融是各国国力竞争的主战场

作为现代经济金融活动的监管者和调控者，国家已越来越多地参与到现代金融活动中，由于各国的利益诉求不同，其对金融产生的影响也日渐复杂。

众所周知，美国是全球经济一体化的积极倡导者，但美国人又始终把其国家利益放在至高无上的地位。美元作为世界主要交易和储备货币，和美国的国家主权利益密切联系。中国是美国的第一大债权国，拥有3万多亿美元的外汇储备。在2008年全球金融危机中，当中国政府的领导人要求美国政府保证中国在美金融资产的安全时，美国一方面声称“在美国的资产最安全”，另一方面美联储通过定量宽松政策发行国债并购买有资产抵押的按揭贷款，实质上就是通过无限度地印刷钞票来解决自身的金融危机，而置其他国家的利益于不顾。从发展趋势上看，在未来一段时间内，即使美国经济复苏，随着大宗商品价格的上涨，美元“注水”的恶果终将逐步体现。从长远看，美元的进一步贬值是不可避免的，美国正是利用拥有世界主导货币的地位转嫁经济危机、摆脱危机。如果中国外汇储备以3.8万亿美元计，按美元资产占60%，美元每贬值1个点，中国就将损失200多亿美元，此等财富在国与国之间转移的规模和速度，用发动金融战争掠夺财富来形容毫不为过。

中国的经济崛起取决于历史机遇的出现和抓住机遇的能力，二者缺一不可。面对纷繁复杂的国际经济形势，谁最先走出困局，谁就将在未来新的国际经济秩序与分工中占据有利地位。现代金融的巨大影响和国家诉求性，决定了一个强大的金融体系是突破困局的关键。而建立一个强大的资本市场，又是建立一个强大的金融体系的关键。从2008年美国的次贷危机到2010年发生且愈演愈烈的欧洲主权债务危机，中国未被卷入欧美金融危机的旋涡中。事实上，这两场国际金融危机为中国提供了百年难遇的重要发展契机，对中国来说是机遇大于挑战。中国必须意识到，应尽早结束在当今国际竞争中处于制造业低端、给发达国家打工挣血汗钱的时代，要在未来新的国际经济秩序与分工中占据有利态势，就必须大力发展以资本金融为主的现代金融体系，在未来的国际金融战中掌握主动权。而要抓住这一契机，我们就必须大力发展和健全资本市场，这无论是对正处经济崛起关键时刻的国家发展，还是对妥善引导舆论，恢复市场信心，维护社会稳定，都至关重要。

（二）货币战争与金融战争

从传统工业制造业的低端向现代金融服务业的高端拓展，是中国实施强国战略的必由之路。中国经济结构转型，决定着国际经济重新分工背景下的新秩序的建立与世界资源和财富的再次分配转移。传统的国家间财富转移和分配是靠军事战争来完成的，而现在要靠金融战争来实现。因此，金融战争也被人们称为软战争，它是现代战争的一种表现形式，没有软战意识就没有现代化的国防意识。

中国金融强国目标的实现将打破单极的国际经济秩序，并建立多极的国际经济秩序，这符合我国长远战略利益，也符合世界经济发展的利益要求。如何体现国家的利益，在现代金融战争中把握主动已成为我国当前决策的关键。在未来世界经济的格局中，金融危机和财务危机的连续打击，必将使美国和欧洲各国的经济与金融实力下滑；而中国在这个时期的相对优势，将为中国金融强国的崛起打下坚实基础。因此，如何从中国国家的整体战略和利益出发，形成自己的金融战略和技术规划就显得异常重要。我们必须从金融人才的培养和组织系统的架构上确保金融大权不能旁落，并在金融政策的制定上，对部分外资投行出于自身利益形成的分析报告保持清醒认识。唯有如此，我们才能紧抓国际战略时机，大力发展金融与资本市场，打赢这场没有硝烟却至关重要的货币战争与金融战争。

（三）金融安全是国家经济安全的关键所在

一个国家保持政治和社会安定的前提是经济稳定，而经济稳定的前提则是金融安全。在金融和资本经济高度发达、国际经济一体化的现代社会，运用军事手段实现财富和权力的转移越来越被金融和货币手段所取代。而在国际分工和竞争中，一旦进入金融领域，这种竞争往往被人们形容为货币战争、金融战争和资本战争。无论是石油还是黄金，无论是货币的债权还是资本的股权，都能以金融及其衍生品的方式出现，并能使几十亿、上百亿甚至上千亿美元的财富实现悄悄转移。军事上的信息战和经济上的金融战瞬间即可实现敌对国或竞争国的财富及权力转移，用最小的代价、最短的时间完成用军事手段难以实现的战略任务，实现战争的终极目的。因此，金融战争也被人们称为没有硝烟的软战争，成为现代战争的主要形式。

谁想打赢这场软战争，就必须从战略高度上认识到金融交易的战略意义，熟悉金融市场的规律和特点。鉴于金融技术是可以实现政治目的的，因此，必须在政治基础上培养我们的金融技术专家队伍，必须从国家的战略决策去考虑，要有战略大格局的构思，决不能没有科学的决策程序，简单照搬美国或中国香港的规则和“打法”，按照别人的意愿去打金融战。

从国家安全的角度看，金融大权不能旁落，无论是战略指挥系统，还是金融人才和干部队伍的调配以及培养，都必须由国家的最高决策部门来统一部署。国家最高权力机构要像指挥枪那样指挥金融，要像成立中共中央军事委员会那样成立国家金融委员会。

无论从战争起源、战争目的，还是现代战争信息化、数字化的手段看，金融战和军事战都有异曲同工之处，二者都是以世界资源的重新配置和主体国家财富转移以及财富安全为目标，因此必须从战略和战术的高度来考虑金融战和军事战之间的内在联系，以及彼此在保卫国家经济安全方面的有效分工。金融秩序的紊乱直接导致民众信心的丧失。

某些大国就是根据现代金融主权和国家经济安全的特点，设立以金融和军事战略专家组成的软战研究室，其核心就是从军事角度研究世界金融战的新格局。我国也可考虑在国防部下设软战研究室，在总参下设金融情报与分析室，高度重视国内外的资本市场和金融市场财富和权力转移，以及这种对国家的经济安全和金融安全，对国际大投行的动态保持密切关注，对最新的金融工具（武器）进行跟踪研究，保持有利态势，保证国家安全，及时向国家提示可能对经济与金融安全产生的重大隐患，并对军事战争进行及时评估和预测。

金融战争是一种无形的看不见的战争，这种软战争所产生的风险性一点也不亚于军事战争的危险性。没有这种意识，本身就是国防安全的最大隐患。

第三节　现代金融中的资本金融

一、资本金融的内涵与特征

迄今为止，资本金融作为新兴概念还没有被人们广泛接受，更没有一个受到普遍认同的固定学术定义。但无论从理论还是从实践看，资本金融在现代金融中不仅客观存在，而且发挥着巨大的作用。笔者认为，资本金融在未来经济中必将成为出现最频繁、应用最广泛的金融术语之一。

笔者认为，资本金融可以这样定义：它是建立在资本市场基础上，以投行业务和直接融资为主的新兴金融领域，主要包括三个层面：一是运行环境，即通常所说的资本市场；二是参与主体，包括各类金融机构、金融服务机构和上市公司等；三是投融资工具，包括股票、债券及各类衍生产品等。

资本金融具有四个显著特征：一是交易性，交易是资本金融的核心，所以资本金融注重发行市场的同时，更强调市场的交易。二是份额化，资本金融所涉及的产品一般都具有份额化、权益化的特点，且往往建立在证券化的基础上，与传统大宗商品买卖有着鲜明的区别。三是投资者承担风险，这可以有效使传统金融中的集中风险得到分散。四是投资者对所投资品种的悖立参与，即法律上赋予了投资者参与的主体地位，但现实中却几乎没有投资者的主体地位得到尊重的成功案例。

就资本金融所涵盖的范围来看，笔者认为，在传统的金融分业经营和混业经营问题上，分业经营已经难以适应现代金融的要求，混业经营的优势逐渐显现出来。首先，在混业经营模式下，金融企业可以通过对不同的业务领域进行组合，以有效降低自身风险，提高资金的利用率；其次，金融企业也可以全面掌握整个金融市场的总体状况，使得信息得到更有效的运用；再次，从整体上看，金融企业的资金规模也较分业经营有所增加，抵御风险的能力也相应增强。

当然，混业经营并非完美，尤其是不同种类业务同时经营的风险控制问题一直十分引人关注。但是，混业经营的这一风险并非不可控。目前，混业经营主要有全能银行、银行母公司和金融控股公司三种模式。在前两种模式中，银行业务与其他金融业务依然会发生一定程度的关联，但是第三种模式则不同。在金融控股公司模式下，各种金融业务完全由母公司控股的子公司开展，这些子公司彼此间不发生关联交易；同时，金融控股母公司只负责掌控整个集团的运作，不经营任何实体金融业务。这样，各种不同的业务能在集团间得到明确的划分，通过内部防火墙的建立，混业经营的风险也就得到了有效的控制。

因此，混业经营在资本金融成为主导的时代背景下具有鲜明的优势，而金融控股公司模式也能有效控制混业经营的风险，混业经营理应成为金融企业的最佳选择。

二、资本金融对传统货币政策的挑战

（一）货币政策反思

1. 单择系统的货币政策决策机制

我国货币政策的决策机制是一个单择系统，货币政策委员会在货币政策的出台中占有绝对的主导权。这样的决策机制颇有“精英管理社会”味道，实则极易引发系统性风险。

众所周知，市场是资源配置的有效方式，市场的配置结果往往也是具有效率的。而精英们虽然深谙经济与金融的行业知识，也了解中国的市场情况，但单纯依靠几个人的决策依然无法避免个体理性的局限性。2011年，美国共和党总统参选人佩里在自己的竞选宣言中屡屡攻击美联储，甚至提议取消美联储，正是出于对这种小群体决定货币政策的决策机制的不满。事实上，我们也看到，在应对金融危机等事件的冲击时，我国的货币政策也表现出了极大的不稳定性，产生了一些不良影响，这也正是单择系统决策机制的弊端所在。

因此，如何改变这种单择决策机制对我国货币政策造成的不良影响，是一个亟待解决的难题。

2. 多重目标与单一目标的货币政策选择

西方发达国家普遍把传统的四大宏观经济目标，即币值稳定、充分就业、经济增长、国际收支平衡，作为中央银行的货币政策目标，各国在做出货币政策选择时，对政策目标的选择也不相同。货币政策究竟应该是单一目标还是多重目标，在理论和实践中都存在较大争议。

从各个国家的实践来看，德国、瑞士等国奉行单一目标论，并选择币值稳定作为货币政策的最终目标。而美国、日本、英国奉行多目标论，其中央银行除了负责维持物价的稳定之外，还要考虑其他目标。

笔者认为，不应赋予货币政策过多目标。一方面，货币政策的多重目标间往往存在冲突，难以协调。例如，各国基本上都将币值稳定作为货币政策调整的首要目标，但从短期来看，币值稳定与充分就业间往往会有矛盾：若要降低失业率，增加就业人数，就必须增加货币工资；若货币工资增加过多，则会使其上涨率超过劳动生产率的增长，从而产生成本推进型通货膨胀。因此，赋予货币政策过多的目标，往往难以收到满意的效果。另一方面，对货币政策赋予过多目标，难免会在决策中为顾全整体效果而做出调整，最后导致政策缺乏针对性。这样做不仅不能实现货币政策调整的多重目标，甚至连单一的目标都难以实现。因此，在制定货币政策时，不应赋予货币政策过多目标。

3. 资本政策的提出与应用

正如上文所述，我国的货币政策存在着从决策机制到政策目标选择的一系列问题。而要有效地解决这些问题，就必须在货币政策、财政政策之外提出资本政策，并将这三大政策协同使用，共同解决我国经济发展所面临的种种困境。

一方面，从现实需求看，中国需要推出积极的资本政策解决现有问题。要想保持经济持续增长，中国必须要有一个强有力的资本市场作为发展后盾。与此同时，作为金砖国家之一，中国经济的成长潜力被世界各国看好，大量的资金涌入中国寻求增值机会。而国内的通货膨胀问题也较为严重，存款准备金率的数次调整令银行苦不堪言，然而收效甚微。要想解决这一系列问题，实现资本市场的纠偏并将过剩资金合理利用，就必须在政策上做出调整，将资本市场做强做大。因此，我们需要推出积极的资本政策，保障资本市场的健康发展，并发挥其直接融资的重要作用，通过融资方式的转变实现经济增长方式的转变。

另一方面，从推出时机看，中国推出积极的资本政策的时机也已成熟。首先，我国确实存在着以资本市场为主的直接融资。其次，央行推出的社会融资总量的概念，已经开始将资本政策决定的直接融资纳入其中。再次，从学术论证角度来看，论证和应用资本政策下的直接融资已有较为坚实的理论基础，积极的资本政策已是水到渠成、呼之欲出。

综上所述，在现代金融中，如何处理华尔街和华盛顿、金融市场和政府、有形之手和无形之手的关系，是我们必须要解决的难题。要解决这些问题，资本政策的出台势在必行。在货币政策、财政政策之外，中国需要推出资本政策，并协调好这三者之间的关系。唯有如此，我国的金融行业与资本市场才能又好又快地发展，并助推经济又好又快地增长。

（二）社会融资总量分析

1. 社会融资总量的含义

中国人民银行在2011年正式公布社会融资总量的统计数据，以取代过去单独用银行信贷融资作为衡量金融市场融资额的指标。根据央行关于社会融资总量的介绍，社会融资总量主要包括三个方面：

一是金融机构通过资金运用对实体经济提供的全部资金支持，即金融机构资产的综合运用，主要包括人民币各项贷款、外币各项贷款、信托贷款、委托贷款、金融机构持有的企业债券、非金融企业股票、保险公司的赔偿和投资性房地产等。

二是实体经济利用规范的金融工具，在正规金融市场，通过金融机构服务所获得的直接融资，主要包括银行承兑汇票、非金融企业股票筹资及企业债的净发行等。

三是其他融资，主要包括小额贷款公司贷款、贷款公司贷款、产业基金投资等。

社会融资规模反映的是我国实体经济从境内金融机构获得的融资总量，而外汇占款、外商直接投资属于外部资金流入，因此不应计算在内。本书认为央行的社会融资总量有一个较大的遗漏，就是金融机构自身的融资没有包含在内，比如工、农、中、建等国内大型商业银行在资本市场的直接融资。

2. 社会融资总量的积极意义

首先，社会融资总量有助于政府从整体上有效管理流动性。相比传统的货币供应量和信贷总量等统计数据，社会融资总量是对融资情况更为全面的统计，能够更准确地反映社会融资的实际状况。因此，将社会融资总量作为观测社会融资的主要数据，能够突破往日只能从某一个或某几个领域反映问题的局限性，使我国的货币政策更为科学、合理。

其次，社会融资总量的提出第一次将直接融资与间接融资共同加以考量，体现了我国金融管理和政策思路的转变。随着我国经济持续快速发展，金融业发生巨大变化，金融市场和产品不断创新，直接融资比例逐步加大，非银行金融机构作用明显增强，金融调控面临新的环境和要求，迫切需要确定更为合适的统计监测指标和宏观调控中间目标。较长时期以来，我国货币政策重点监测、分析的指标和调控中间目标是 M2（广义货币）和新增人民币贷款，这显然与我国金融发展的现实相脱节。社会融资总量的提出在一定程度上缓解了这一问题，将直接融资作为社会融资的重要组成部分加以考量。

3. 对社会融资总量的反思

央行提出的社会融资总量的概念比过去单一的信贷总量概念有了重要改进，而如果按资本金融的概念，笔者认为应当从更严格的资本金融和货币金融的角度进行考虑。资本金融方面直接融资应当只包括债券和股票融资，剔除了外币贷款、承兑汇票等项目；而货币金融间接融资则以银行贷款为主体。以2016年年末央行公布的社会融资总量的数据为例，笔者认为应按如图1-2所示的分类方式研究货币金融和资本金融在社会融资总量中的比例问题。

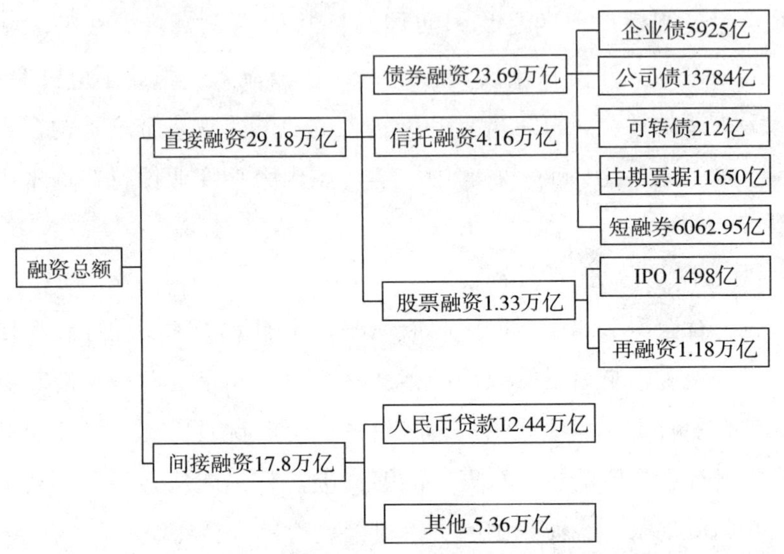

图1-2　2016年中国直接融资和间接融资分布（单位：元）

资料来源：中国人民银行网站、中国证监会网站

一个国家的政策应该紧密围绕资本金融和货币金融两种形态的融资来推进，金融政策应该公布融资总额的总盘子，以及资本金融和货币金融各占的比例。发达国家的直接融资比例一般为65%～75%，中国直接融资应该尽快从目前的21%提高到40%以上。

三、对资本金融的双向思考——天使还是魔鬼

“在西方金融史上，市场时而信心膨胀、目空一切、奢求无限，时而信心殆尽、胆怯如鼠、世界末日将至；金融创新的理念一直是资本市场持续发展的原动力，但它也把人性的弱点在社会经济上的体现放大出来，可使社会富裕、国家昌盛，也可使社会贫瘠、文化衰落。”纪录片《华尔街》

中的这段话，将资本金融的特点描述得淋漓尽致，也深刻地表达了人们对资本金融行业的担忧与反思。

曾经，资本金融是人们眼中创造社会财富的首选工具，资本金融业的繁荣大大加速了财富的积累与社会的发展。然而，2008 年席卷全球的金融危机让世界看到了资本金融狰狞可怕的一面。人们不禁要问，资本金融究竟是天使还是魔鬼，主导人类现代金融之路的资本金融终究会将人类引入天堂还是地狱？

一方面，资本金融业的繁荣大大促进了现代社会的发展，这是我们必须承认的客观事实。从生产的角度看，资本金融打通了社会资金流转的渠道，为实体经济的发展提供了源源不断的“新鲜血液”；而资本金融的发展更是将社会闲散资金的运用再一次升级，通过资本市场集腋成裘、聚沙成塔，在为企业提供融资的同时，也让投资者分享企业发展带来的利润，实现了社会各个主体间的共赢。从生活的角度看，金融也已经与我们的生活密不可分，人们要参与证券市场进行投资，要参投各种各样的保险来保障自己的生活。可以说，金融已经渗透到社会生活的每一个角落，无处不在，无时不有，我们已经难以想象，在一个完全没有金融的世界中该如何生活。从这一点来说，资本金融可谓有将人类带向繁荣与富足的天使的一面。

但另一方面，资本金融也有其魔鬼的一面。首先，各种衍生品和金融工具不加节制的创新，造成了技术性的金融风险叠加。现代投资银行家为逐利而盲目创新，并将风险用各种模型层层包装；而监管者面对晦涩的公式，即便看不懂也不愿承认自己的无能。正是这种创新无度和监管无能相叠加，积累了大量金融风险，一旦爆发就会对社会经济造成严重的破坏，美国次贷危机、欧债危机就是最好的佐证。其次，资本金融的高速发展拉大了贫富差距，易于激化社会矛盾。资本金融在现代经济中的主导性和服务性，使得其在分配领域产生着巨大影响。在社会生活中，资本金融如同一道无形的城墙将人们分隔两端，墙内的人主导着金融创新与财富攫取，墙外的人只能亦步亦趋、被动跟从。当社会可承受的贫富差距临界点到来时，可能就会产生华尔街革命这样的社会问题。这些因素都决定了资本金融有魔鬼的一面，下面将通过3个案例揭示这一点。

案例1-1

希腊债务危机——成也高盛，败也高盛[①]

1. 伪金融创新——货币掉期交易“埋下祸根”

美国纽约曼哈顿百老汇大街85号，一栋褐色办公大楼，除了门牌号码之外，别无其他显著的标志，这是拥有130多年历史的投资银行高盛集团总部所在地，一直以来，高盛低调得甚至有些神秘。而如今，一场危机让这家奉行低调精神的百年老店曝光在全球金融视野之下，这就是希腊债务危机。

早在2001年，希腊为加入欧元区而犯愁，因为根据希腊当时的债务情况，希腊不符合欧元区成员的要求。根据欧共体1992年签署的《马斯特里赫特条约》，欧洲经济货币同盟成员国必须符合两个关键标准：一是预算赤字不能超过国内生产总值（GDP）的3%，二是负债率低于国内生产总值的60%。但是当时的希腊不能满足这两个条件。于是希腊政府找到最负盛名的高盛做其顾问，高盛则通过“金融创新”变戏法一般帮助希腊降低了负债，实现其加入欧盟的意愿。

这种被称为“金融创新”的货币掉期交易[②]（Cross Currency Swap，CCS）的流程是，高盛让希腊的政府债务先用美元等其他货币发行，再在未来某一特定时候交换回欧元债务，债务到期后，高盛再将其换回美元。

---

① 资料来源：徐明棋. 希腊债务危机与高盛扮演的可疑角色［N］. 上海证券报，2010-04-22；曾德金. 希腊债务危机：成也高盛 败也高盛［N］. 经济参考报，2010-04-17。

② 货币掉期交易是指交易双方约定在未来某一时期相互交换某种资产的交易形式。

这里边必然牵涉两种货币之间的汇率，如果按照市场汇率来比兑的话，这里面就无法做手脚。因此，高盛给希腊设定一个优惠的汇率，使希腊获得更多欧元。也就是说，高盛向希腊借贷10亿欧元，约定一个低汇率，希腊还贷期限为10年甚至更长，因此就冲减了希腊政府的公共负债率，不体现在加入欧元区所需要统计的公共负债率里面，使国家公共负债率得以维持在《马斯特里赫特条约》规定的占GDP 3%以下的水平，高盛的这一“帮忙”，让希腊预算赤字从账面上看仅为GDP的1.5%。

该交易之所以不为公众所熟知，是因为它被视为外汇交易，而不是贷款，不用计入资产负债表中的负债。据参与2001年交易的人士称，希腊和高盛之间的交易涉及将价值超过100亿欧元（合136.9亿美元）以美元、日元计价的希腊国债换为欧元，付息时间延续到2019年。这些人士称，后一届希腊政府又将付息时间延长到了2037年。作弊仅仅是掩盖问题，债务本身并不会消失。相反，就像圆一个谎需要撒一个更大的谎一样，希腊不得不制造更多的货币掉期交易掩饰债务、掩饰赤字。这加重了希腊的债务负担，使希腊深陷坏账旋涡而无法自拔。

2. 投行贪婪的本性——信贷违约掉期“火上浇油”

然而，纸是包不住火的，希腊债务炸弹在被隐藏10年后轰然引爆，引线就是全球金融危机。随着全球金融危机导致融资愈加困难，融资成本愈发昂贵，希腊债务链无法延续，2009年10月初，希腊政府突然宣布，2009年政府财政赤字和公共债务占国内生产总值的比例预计将分别达到12.7%和113%，远超欧盟《稳定与增长公约》规定的3%和60%的上限。

一时间，希腊债务链全线崩溃，不仅相关银行被波及，有类似弱点的国家主权债务全部受到影响，希腊债务危机令世界金融市场震荡。当初高盛利用衍生金融工具成功地帮助希腊政府掩盖其赤字真实的情况，通过货币掉期交易的作弊手段使希腊进入欧元区，高盛就看到其风险：到了特定时刻，货币掉期交易将会到期，在希腊自身经济情况不断恶化的情况下，肯定会推升希腊本就已膨胀的赤字。

因此，深谙规避风险之道的高盛为了确保自己对希腊的这笔借贷的资金安全，早就有所准备。这时候，一种在金融危机中声名大震的金融工具“信用违约掉期”[①]（CDS）出场了。高盛在完成与希腊的交易后，向一家德国银行购买了20年期的10亿欧元CDS来分散风险，以便在债务出现支付问题时由承保方补足亏空。高盛此举着实高明，德国是欧元区最大的经济实体，将德国拴在希腊的债务链条上，高盛就能更好地规避风险。一旦希腊政府出现支付危机导致高盛的投资无法收回，出售CDS的德国银行就要支付高盛10亿欧元的亏空。

问题不仅仅在于高盛提前转移风险，高盛还利用它在希腊债务危机中的知情人地位，让旗下基金一边做空债务抵押债券，一边收购廉价的CDS。一旦市场反转，债务抵押债券价格大幅下跌，CDS价格则会大幅上升，从而获取暴利。换言之，高盛就是通过在希腊出现债务危机时唱衰希腊的支付能力，从而使希腊的借贷成本上升。在这个过程中，正是持有和发行希腊债务的高盛和两家对冲基金持有大量的与希腊债务关联的CDS。高盛在希腊未被怀疑有支付能力问题时大量购进希腊债务的CDS，然后再对希腊支付能力信誉发动攻击，在CDS涨到最高点时再抛出。

不管是在希腊出现债务危机之前还是之后，高盛公司总能把握风向标，若把希腊比作一栋房子，高盛则是给这栋房子购买火险同时又是导致其起火的邻居，其中蕴藏着巨大的道德风险。

3. 小结：对资本金融创新的反思

（1）金融监管框架存在漏洞。在希腊债务危机中，高盛确实责无旁贷，但是高盛的行为本身在现有金融监管框架下难以判定违法。很多分析也指出，欧盟在其成员国债务问题监管机制上的漏洞和不足，是高盛之流屡屡得手的原因之一。欧盟当初也一直争取希腊能够加入欧元区，以尽早完成欧洲在政治和经济上的一体化。因此，当希腊不能达到《马斯特里赫

① 信用违约掉期是指债权人通过合同将债务风险出售，合同价格就是保费。购买CDS的一方被称为买家，承担风险的一方被称为卖家。双方约定如果金融资产没有出现违约情况，则买家向卖家定期支付“保险费”，而一旦发生违约，则卖方承担买方的资产损失。

特条约》规定的两项要求时，欧盟也为其感到担忧。此时高盛的出手“相助”，倒成全了这桩“美事”。如此看来，欧盟其实对希腊的债务问题是有所觉察的。事情发生后，前美联储主席伯南克也认为，希腊的掉期合同是在欧盟出台相关监管法令之前进行的，所以难以认定高盛的行为是违法的。但是，事实上，高盛通过眼花缭乱的手段帮助希腊降低债务率的交易是客观存在的，最终造成的严重危害也是不容置疑的。

（2）客观看待金融创新与实体经济的关系。应该清楚认识资本金融为实体经济服务的基础关系，不能颠倒，过度发展的金融衍生产品，很多时候已经脱离了其设计之初的基础标的，最终成为空中楼阁。从此案例我们可以看到，作为金融衍生品的CDS、担保债务凭证（CDO）等产品，在美国次贷危机和欧债危机中都扮演着不可或缺的角色，它们是使得整个金融危机不断蔓延的重要原因，这些复杂的金融创新工具在很大程度上只有个别设计者才知道其真正的交易模式，大多数投资者都被其复杂的设计和可能获利的表象所蒙蔽，最终跌入了因投行的贪婪而设计的陷阱中。资本金融到底是天使还是魔鬼，这些复杂的设计或许在最初像天使拯救了希腊，但现今投行贪婪的本性最终还是像魔鬼一样把希腊甚至整个欧盟推入了深渊。

案例 1–2

金融衍生品的悲剧——中信泰富巨亏事件

1. 案例介绍

中信泰富在澳大利亚有一个西澳最大的总投资约42亿美元的磁铁矿项目（名为SINO-IRON），大部分设备和投入以澳元来支付。为减轻澳元升值带来的外汇风险，从2007年起中信泰富分别与花旗银行、渣打银行等13家银行共签下24份外汇累计期权合约（Accumulator），币种涉及澳元、欧元及人民币，其中多份合约涉及澳元，最大交易金额超过90亿澳元。在签订的多份合约中，澳元累计目标可赎回远期合约亏损最严重。

在澳元累计目标可赎回远期合约中，双方约定的成交汇率为澳元兑美元0.87，中信泰富每月都要买入，即当澳元兑美元汇率高于0.87时，中信泰富可以0.87的汇率购买澳元；当澳元兑美元汇率低于0.87时，中信泰富也必须以0.87的汇率水平向其对家买入澳元；而当汇率低于0.87时，中信泰富必须买入两倍。并且合约规定，每份合约都设定了最大利润点，达到这一利润点时，合约将自动终止；但如果汇率低于0.87，中信泰富必须不断以0.87的汇率接盘，从理论上讲，中信泰富的亏损可能无限大。在每日累计澳元远期合约下，中信泰富需接收最高金额为1.033亿澳元，分每月接收期至2009年9月。在有效期之内的澳元杠杆式外汇合约的加权平均价为1澳元兑0.87美元。即中信泰富所有持有合约最高利润总额为5150万美元，但只要合约不终止，中信泰富所需要购买的澳元总额高达90.5亿澳元，相当于485亿港元。因此，如果澳元兑美元不断贬值，中信泰富就必须不断买入，直到总购买量达90.5亿澳元为止，而且合约的时间跨度长达3年，给澳元的反转留足了时间。也就是说，这种合约只有盈利的上限，但是没有止损点，合约的风险和收益完全不对等。

随着2008年美国次贷危机的进一步扩散，集聚在大宗商品市场的资金撤离，全球大宗商品市场一路走跌。在2008年7月到8月的短短一个月内，澳元持续贬值，澳元兑美元跌幅高达10.8%，几乎抹平2008年以来的涨幅。2008年9月至10月，澳大利亚储备银行连续两次大幅降息，导致澳元大幅贬值。截至中信泰富公布巨亏之日，剩余持有的合约将累积产生147亿港元的亏损，加上之前已经实现的亏损8.07亿港元，中信泰富外汇合约总亏损约155亿港元。

2. 案例启示

（1）企业利用金融衍生品套期保值时要谨防演变为投机交易。

中信泰富签订外汇累计期权合约的目的本为套期保值，但它却超出保值范围演变为金融投机。实体企业为了获取超额利润，开始从事金融衍生品的交易，其交易范围大大超出保值范围，基本上从事了金融投机交易。一旦市场发生逆转，投机企业将会遭受巨大损失，以前的中航油、现在的中信泰富都是实体企业进行金融投机的牺牲品。面对金融投机的巨大诱惑，实体企业的决策者一定要保持清醒的头脑，在套期保值时谨防演变为过度投机交易。

(2) 套期保值要谨慎选择合适的金融衍生品。

中信泰富之所以参与外汇衍生品，其初衷是为了锁定购买澳元的成本，但是其签订的所有外汇衍生品合约对中信泰富来说收益是有限的，但是对风险没有任何约束，这与套期保值锁定风险的原则大相径庭，因此，外汇累计期权合约根本不是用来套期保值的，而是一个标准的投机产品。其实中信泰富利用最简单的金融衍生品，通过期货等普通金融衍生品完全可达到企业特定的套期保值目标，而不必通过复杂、具有投机功能的类似外汇累计期权合约的衍生品。因此，实体企业面临风险进行套期保值时一定要慎重选择金融衍生产品，一旦选择错误，不但不能保值，甚至会陷入巨亏。

(3) 金融衍生品交易要防止投资银行利用信息不对称进行欺诈。

中信泰富巨亏的主观原因是对金融利润的贪婪和金融衍生品的错用，而客观原因是国际银行利用其定价优势恶意欺诈。中信泰富签订的这类合约，在金融学上被称为奇异衍生品，这些产品无论从定价到对冲机制上都很复杂，一般投资者根本不知道产品应如何估值，不知道如何计算与控制风险，因此很容易在高价买进的同时低估其潜在风险。

作为交易对手的国际投资银行或商业银行，拥有大量专业人才，对于衍生品的数学模型有多年研究，充分掌握估值与风险对冲技术。因此，交易双方存在严重的信息不对称。面对这种外汇累计期权合约，很多投资者认为只要价格不会大幅下跌，就可包赚不赔。在牛市末期，投资者通常比较亢奋，风险意识较低，容易上当。

案例 1–3

民众的怒火——“占领华尔街”

2011 年 9 月 17 日，纽约爆发了一场名为“占领华尔街”的民众抗议活动，并蔓延到了洛杉矶、波士顿、芝加哥、华盛顿、英国伦敦、加拿大温哥华等多个城市。金融系统弊病、政府监管不力以及高失业率等社会问题是引发此次抗议活动的直接原因，而抗议的民众也将矛头直指华尔街的贪婪。虽然目前“占领华尔街”运动在祖科蒂公园搭建的营地已经被清除，但这项运动影响深远，甚至连美国总统奥巴马也曾对运动提出的主题进行回应，呼吁“公平机遇”和“公平分配”。很多媒体认为，“占领运动”在 2012 年必将有新的动作。

在次贷危机与财政危机的连续冲击下，美国的经济形势日益严峻，最直接的受害者正是广大民众。他们不得不忍受危机带来的萧条，不得不忍受低就业率带来的拮据。然而，身为危机罪魁祸首的华尔街人却依然高枕无忧。尽管他们创造出的金融衍生品诱发了金融海啸，尽管他们拿着政府的高额救助资金，但他们还是一如既往地享受着高薪。即便在危机最为肆虐的 2008 年，高盛、美林和摩根士丹利三大投行年度的奖金支出总额依然高达 130 多亿美元，占公司薪酬总支出的 1/3 以上。就连亏损 277 亿美元的花旗银行在奖金发放上也不示弱，拿到 100 万美元以上奖金的雇员有 738 人。华尔街的高薪似乎成了一种习惯和传统，华尔街人对此也已经习以为常，似乎他们天生就该心安理得地攫取财富，至于一般民众的生死存亡则与他们毫无关系。

然而，华尔街的贪婪终于点燃了民众的怒火，于是我们看到了这样一场声势浩大的抗议活动。虽然与发生在西亚和北非的革命有所不同，但是“占领华尔街”行动依然为我们敲响了警钟。如果不能解决财富积累过程中的公平问题，如果金融沦为少数人攫取社会资源的工具，如果金融的发展成为贫富分化加剧的根源，那么金融只会成为毁灭一切的恶魔，如何恰当地分配金融创造的财富，将是我们必须要面对的难题。

四、资本金融与实体经济的关系

资本金融与实体经济的基础关系应该是资本金融为实体经济服务，这一关系不能颠倒，实体经济才是第一创造者。现代社会中资本金融是为实体经济服务，然而，它却攫取了大多数利润，不公发展，就本末倒置了。如果离开了这一点，资本金融虚拟经济就成为无源之水、无本之木，所以应当强调其服务性，毕竟在社会产业分类中它始终是第三产业。与此同时，这一特征也应当体现在利润的合理分配上，不能鼓励所有的企业都去搞金融，应当对资本金融进行约束，因为资本金融本身是贪婪的，正如前面分析的，它也具有魔鬼的一面。本部分将着重分析虚拟经济与实体经济以及资本金融与虚拟经济之间的关系，阐述资本金融在虚拟经济中越来越重要的地位，以及虚拟经济为实体经济服务的基础关系。

（一）虚拟经济与实体经济

经济从本质上看是一套价值系统，主要内容包括物质价格系统和资产价格系统。由成本和技术支撑定价的物质价格系统实际上就是实体经济，而以资本化定价方式为基础的一套特定的资产价格体系就是虚拟经济。

实体经济是指物质的、精神的产品和服务的生产、流通等经济活动，包括农业、工业、交通通信业、商业服务业、建筑业等物质生产和服务部门，也包括教育、文化、知识、信息、艺术、体育等精神产品的生产和服务部门。实体经济的发展历史源远流长，从剩余产品出现以后产生的物物交换开始，人类就已经步入了实体经济的发展中。实体经济伴随着人类历史的发展，逐渐从规模和层次上不断扩大丰富，始终是人类社会赖以生存和发展的基础，是社会财富的主体创造方式，也是整个人类社会进步的最基本推动力量。

虚拟经济概念界定则相对复杂。从起源上看，马克思最早提出了虚拟资本（Fictitious Capital），他认为，虚拟资本是在借贷资本和银行信用制度的基础上产生的，包括股票、债券等。虚拟资本可以作为商品买卖，可以作为资本增值，但本身并不具有价值；它代表的实际资本已经投入生产领域或消费过程，而其自身却作为可以买卖的资产滞留在市场上。虚拟经济就是从具有信用关系的虚拟资本衍生出来的。如今我们普遍将虚拟经济解释为相对独立于实体经济之外的虚拟资本的持有和交易活动，核心是信誉信用，可以宽泛地理解为金融业及相关衍生行业；同时把虚拟资本视为市场经济中信用制度和货币资本化的产物，包括信贷信用有价证券、产权、物权及各种金融衍生产品等。虚拟经济是以价值和信誉信用为基础，以金融系统为循环依托的虚拟资本交易并繁衍增值的经济活动，它包括闲置资本、证券市场、金融衍生品市场等；同时，现在的体育经济、博彩业、收藏业也可以纳入广义的虚拟经济体系中。

（二）资本金融在虚拟经济发展中的核心作用

20 世纪 70 年代以来，随着虚拟经济的膨胀，世界经济出现了新的趋势，即经济的虚拟化趋势。产生这样的局面主要源于两方面的原因：一方面，随着各国金融管制的放松，金融衍生工具不断创新发展，金融资产迅速膨胀；另一方面，布雷顿森林体系的瓦解，美国停止对各国中央银行用黄金兑换美元，黄金非货币化，货币在经历实物货币、金融货币、信用货币和纸币等形式后彻底虚拟化了。

20 世纪 80 年代以来，经济虚拟化已经达到非常惊人的水平：世界经济平均每年增长约 3%，国际贸易平均每年增长约 5%，但国际资本流动增加 25%，全球股票总额增加 50%。1997 年，全球虚拟经济总额达到 140 万亿美元，约为世界各国国内生产总值总额的 4 倍之多。2000 年年底，全世界虚拟经济的规模已达到约 160 万亿美元，而各国 GDP 总额约为 30 万亿美元，虚拟经济总量是实体经济总量的 5 倍多。全世界虚拟资本每天的平均流量高达 1. 5 万亿美元以上，约为世界日平均实际贸易额的 50 倍。

世界经济的虚拟化创造出空前庞大的金融财富体系，使其脱离实体经济越来越远。自 1973 年布雷顿森林体系解体以来，据统计，纽约、东京、伦敦三大资本市场一天 24 小时的外汇交易额平均高达 1. 2 万亿美元，相当于全球一年出口总额6万亿美元的20%和各国外汇储备总额1.7万亿美元的70%，而其中只有不到5%与国际贸易或投资相关，其余95%与投机活动有关，90%或90%以上的跨国经济的金融交易不是服务于经济学家所说的经济功能，金融交易不再是跨国贸易和投资的附属品，仅从金融衍生产品交易这一项上看，全球衍生产品的交易规模就已经达到全球GDP的约2.4倍。可以说，国际虚拟资产的交易不论从绝对数量还是从增长率看，都已大大超过实物资产的交易。

（三）虚拟经济应当为实体经济服务

虚拟经济的发展有着必然性，随着世界实体经济规模的不断扩张，资本的流动融通对实体经济的支撑作用日渐显著。虚拟经济本身来源于实体经济，是实体经济在价值创造过程中积累的资本化的价值形态，实体经济是虚拟经济之源，而虚拟经济不应当在完全脱离实体经济的基础上来完成自行创造和循环。然而缺乏虚拟经济的配合，实体经济会长期反复交替出现资金链的断裂和过剩资本的闲置浪费，虚拟经济的发展避免了这一问题的产生，为单个市场主体打通了资本流动的渠道，提高了市场运行的效率，促进了实体经济的壮大发展，为整个经济体的财富积累提高了速度。

经济虚拟化的发展使整个世界的经济结构发生了显著的变化。作为人类社会赖以生存的基础，实体经济所扮演的角色日渐削弱，反而原本为实体经济发展而诞生的虚拟经济开始逐渐独立，以惊人的速度迅速膨胀到了实体经济难以匹配的水平，整个经济体实现了高度虚拟化。

由于虚拟经济在本质上是资本化的定价体系，资本化定价和经济个体的预期因素有着高度的正相关性，因此人们的心理因素将对虚拟经济产生重要的影响。也就是说，虚拟经济在运行上具有较大的内在波动性，高度虚拟化的经济往往处于低稳定性水平；而高度虚拟化的经济往往和金融高杠杆化密不可分，金融杠杆在放大收益的同时，也将使蕴藏的风险进一步扩大。另外，经济高度虚拟化带来的一系列社会问题也日益尖锐，如发达国家过分发展金融服务业而将劳动密集型制造业向外转移，最终导致产业空心化，使得劳动力无法被经济体吸收而致使失业率居高不下；虚拟经济本身是实体经济的助推力量，完全脱离实体经济的虚拟经济本身并不能给社会增加实际财富积累，所以高度虚拟化的经济对国民财富的积累的积极意义实际是在退化。从美国次贷危机就能看出来众多负面效应，高度虚拟化的经济体在金融行业的高杠杆率的叠加作用下，假若一个环节发生断裂就将引发多米诺骨牌效应而导致层层崩塌，最终严重冲击实体经济，拖累整个国家的经济发展进程，带来的负面影响将深重而不可估量。所以，虚拟经济的过度发展会丧失其对实体经济的支撑作用，催生经济泡沫，如不加以控制则会酿成严重后果。

第四节　资本金融与资本金融学

一、创立资本金融学刻不容缓

世界第一强国总是伴随着世界金融中心的转移而形成，无论是前天的荷兰、昨天的英国，还是今天的美国都证明了这一点。明天的世界第一强国同样需要在现代金融的货币战和资本战的较量中胜出。

资本金融是现代金融的核心，也是中国崛起成为世界金融强国的支柱，但是传统的现代金融理论只注重货币金融，而忽视资本金融。当前中国金融的落后，正是过分重视货币金融而忽视资本金融的结果。

尽管资本金融已在现实中被大量应用，并日益成为主导的金融业态，但至今无论是中国还是世界其他国家都没有一本有独立体系和框架的资本金融学著作，其原因恰恰在于现代投行在实践中大量应用资本金融理论牟取暴利的同时，却不愿意揭开资本金融的面纱。资本金融的概念实践中早已存在，但是理论上却始终没有人进行归纳，是因为在阐述资本金融相关理论时，任何专业人士都会遇到以下三个困难：

第一，资本金融实践创新层出不穷，理论体系和框架难以确立，为理论研究增加了难度。在迈入资本金融时代的今天，资本金融实践动态多变，发展出现太快、太新、太多的现象；证券金融家和投行家利用各种模型和工具，在基础产品之上进行一重乃至多重的衍生和虚拟，创造出了大量的金融产品，其中不乏糟粕，这为资本金融理论的研究带来了困难。

第二，虚拟经济与实体经济互相渗透，使得金融活动本身日益复杂。虚拟经济本应服务于实体经济，但是现实中很多人却把虚拟经济当作主要盈利手段，很多中国公司在产业资本和金融资本的结合中，丧失了以“实体为主、金融为辅”的宗旨和金融为实体经济服务的本质，导致虚拟成分的过度扩大。与此同时，混业经营、产融结合、衍生品高度发达等一系列金融活动，也使得虚拟经济与实体经济之间的关系更加复杂。

第三，资本市场若干基本理论问题尚未完全解决。资本金融强大的基础是资本市场的强大，要总结资本金融的理论体系就必须对资本市场的根本属性和运行规律进行透彻认识。但从目前人们对资本市场的认识水平看，许多基础理论尚存争议，如人们投资股市的盈利从何而来？做大的蛋糕是虚还是实？股市是不是零和游戏的赌场？经济学无法用传统经济学理论和分析方法证明人们的资本金融投资行为，因此，在经济学论著中鲜有对资本金融的阐述，以致资本金融学缺乏完善的基础理论体系。

自2008年以来，次贷危机和欧债危机使欧美国家经济陷入低迷，对中国而言，本是难得的发展机会，但是由于缺乏对资本金融的正确认识和对国际形势的准确判断，最终一次次错失良机。因此，系统总结资本金融的经验教训，创立资本金融学已刻不容缓。

二、资本金融的广义与狭义之分

（一）广义资本金融与狭义资本金融

从内涵上看，资本金融有广义资本金融与狭义资本金融之分。

广义资本金融与传统的货币金融相区别，它涵盖了所有非商业银行体系的相关内容。现代金融组织体系大体上可以划分为商业银行体系和非商业银行体系两大部分。所谓非商业银行体系主要是指除商业银行之外的其他金融机构，包括证券与期货公司、信托公司、保险公司、基金公司、投资银行等，而这些机构以及它们所经营的业务、涉及的投资主体、客体和第三方中介机构，都是资本金融研究的对象，也都包含在广义资本金融的概念中。

狭义的资本金融主要指投行金融。投行金融从事的是为企业提供股票或债券发行的直接融资、证券经纪、并购重组和资产管理等业务。投资银行是资本金融时代的主力军，投资银行业也可被称为金融制造业，即通过IPO制造一个个上市公司产品并在资本市场挂牌。以投行金融为主导，以资本市场为基础，以流动性和交易为主要特征的资本金融是现代金融的发展方向。正因为投行金融处于现代金融高端的特性，也就使其成为资本金融学研究的重点。

（二）投资银行对资本金融的掌控

如果说商业银行信贷业务是现代金融的低端业务，对储户保本付息的特点决定了其必须强调稳健，那么投资银行则是高端业务，投资者自担风险的特点使其发展了令人目不暇接的高风险与高收益并存的金融产品。其在金融创新的同时也在不断地制造金融泡沫，而欧美国家自由市场理念下政府监管手段的弱化更导致了投行对资本金融的操控，使得金融风险加剧。

由美国次贷危机引发的全球金融危机，与现代投行不断制造金融衍生品泡沫及所谓风险控制模型下的高杠杆率密切相关，现代投行变成了一柄“双刃剑”，其在引导社会创新繁荣的同时，也成了金融危机的肇事者和自戕者。

2008年爆发的美国金融危机，五大投行中仅存的两家——高盛和摩根士丹利也由投行转型为传统的银行控股公司。这意味着风光了半个多世纪的华尔街现代投行几乎全军覆没，然而这只是华尔街投资银行为了生存暂时遁逃的权宜之计。一旦经济复苏，时机成熟，没有人相信华尔街现代投资银行不会卷土重来。

当现代金融迈入资本金融时代，投资银行成为资本金融时代的主力军是必然的，而监管好这个“调皮的孩子”不让其闯祸，同样重要，认识到这一点，对资本金融发展还相对落后，投资银行创新及监管亟待提高的中国来说，意义重大。

三、资本金融学的内涵意义

当前，提出资本金融学概念的时机和环境均已成熟。首先，以资本市场为主的直接融资已经在社会经济发展中发挥了较为重要的作用，资本金融的重要性已经开始彰显。其次，2011 年中国人民银行推出了社会融资总量的概念，已经开始将资本政策决定的直接融资纳入其中，表明以“一行三会”为代表的金融监管机构已经开始重视和研究资本金融学的相关内容。再次，从学术论证的角度来看，对金融工程学和金融行为学的研究与反思也有力支撑了资本金融学的概念，同时在经历了 2008 年美国次贷危机和 2010 年以来的美欧主权债务危机后，各国加强对资本金融监管所采取的一系列措施，也使得人们对资本市场、衍生品、金融监管等相关理论研究具有了更加深厚的现实基础。

（一）资本金融学内涵

作为一门新兴学科，资本金融跨越了若干传统金融领域，创新内容甚多。究竟该如何定义这一学科呢？笔者认为，资本金融学是从投资和融资两个维度出发，研究资本金融在现代市场经济中的地位和作用，以及资本金融活动中的主体、行为、理念、工具、场所、监管环境等各方面要素的综合性学科。投资和融资是贯穿资本金融理论体系的两条主线。从融资看，其边界应该包括企业的资本运作、融资上市、并购重组、产业资本和金融资本相结合等一系列内容；从投资看，则包括资本市场中的基础产品和金融衍生品、投资行为分析、股市新文化等问题。

从整体上看，资本金融学可以被划分为两个层次：第一层次为理论层次，主要包括资本金融基础理论、资本金融的交易主体、交易产品（特别是衍生品）、市场监管、交易文化与资本市场研究等内容，其中对交易产品和市场监管的研究尤为重要；第二层次为操作层次，主要包括企业股份制改造、公司融资上市、二级市场操作理论等内容。可以说，资本金融学是一个理论与实践的结合体，是可以直接应用于实际操作的系统理论指导。

（二）资本金融学对金融学科体系的完善

作为金融业中的高端领域，资本金融同样需要理论的支撑。令人惋惜的是，传统意义上的金融学更多地关注货币金融领域，对现代投行金融与资本市场的理解和研究均不够深入，而新兴的金融工程学和金融行为学也各有缺憾。金融工程学关注如何使用金融创新工具来分散风险，但其单纯使用数学模型来分析纷繁复杂的金融风险，必然具有一定的局限性；而金融行为理论将心理学与金融学相结合，虽具有积极意义，但其理论体系尚未成熟，尚难以承担指导资本金融发展的大任。

因此，资本金融学的提出意义深远。资本金融学这一全新理论范畴的提出，正是要对金融行业与资本市场中一系列已经提出但还未解决的问题加以探索，从投行金融和资本市场的角度剖析理论与现实中的种种难点，在分析现有理论优缺点的基础上，科学地提出资本金融学理论，甘当金融创新与风险控制两大理论的铺路石。

四、资本金融学与金融工程学

（一）金融工程学简介

金融工程学是20世纪80年代末、90年代初，随着公司财务、商业银行、投资银行与证券投资业务的迅速发展而诞生的一门工程型的新兴交叉学科。作为现代金融学的最新发展，它标志着金融科学走向产品化和工程化。

金融工程学侧重于衍生金融产品的定价和实际运用，它最关心的是如何利用创新金融工具更有效地分散和再分散个体所面临的各种经济风险，以优化它们的风险收益率。具体而言，金融工程是在风险中性的假设条件下，将某种金融证券资产的期望收益率拟合于无风险收益率，从而趋向于一种风险厌恶型的投资。

金融工程学的创设对于推动金融创新、丰富资本金融体系具有较大的积极意义。众所周知，任何事物的发展离不开永不停歇的创新，资本金融的发展也建立在金融创新的基础上，只有不断开展金融创新，资本金融的内容和层次才能不断丰富，才能实现质的飞跃。金融创新从本质上看可以划分为两个层次，一是基础金融工具的创新，二是现代金融制度的创新；然而，制度的创新必须以新型金融工具的诞生为基础，否则凭空创立的制度是没有生存土壤的。所以，金融工具的创新是金融创新的基础，更是虚拟经济内容拓展的根本动力。

要实现金融创新，就需要依据金融工程学的理论基础和市场发展需求，不断创造新型的满足市场需求的金融产品，并围绕新产品的特性建立相应的监管、服务、机构等制度。因此，金融工程学是金融创新的重要理论依据，金融创新带来的金融边界的进一步开拓源于金融工程学的精深研究扩展，金融工程学在资本金融的广袤空间里不断实践的同时，也进一步丰富了资本金融的内容，开辟了新的领域，为资本金融体系的完善不断提供推动力。

（二）科学还是艺术——金融工程学的反思

从金融工程学的定义来看，金融工程学具有较为明显的缺陷，并集中体现在其对数学模型的过度依赖上。金融市场的风险来源是多方面的，既有根据经济规律和市场规律可察的周期性波动，也有突发性事件带来的冲击。社会的纷繁复杂，决定了数学模型在预估风险上的局限性。例如，“9·11”事件、印尼海啸、日本核电站泄漏等，都可能对金融市场造成严重冲击，但想要用数学模型精准地预测这些事件，显然是不可能的，因此，金融工程学究竟是一门严密的科学，还是人类创造出的特殊艺术品，尚有待探讨，而历史上，过度依赖和信任模型造成的悲剧也屡见不鲜。美国次贷危机的爆发和光大“乌龙指事件”就是模型失灵的典型案例，它们都是对金融模型崇拜，仅通过几个变量作为指标来参与和指导金融行为，但由于变量过多，人们不会完全依照模型来行事，一旦出现偏差就会导致巨大的金融风险。

1. 美国长期资本管理公司遭受重创

在大型纪录片《华尔街》中，讲述了这样一个例子：1994年，美国长期资本管理公司成立，诺贝尔经济学奖获得者斯科尔斯和默顿根据数学金融理论，建立了一个电脑自动投资模型，通过自动分析数据寻找套利机会。一旦发现有合适的机会，电脑会立即建立起庞大的债券和衍生工具组合，大举入市赚取收益。这样的投资模式极具诱惑性，吸引了贝尔斯登、美林、瑞士银行等著名金融机构成为长期资本管理公司的创始投资者。

1994~1997年，长期资本管理公司的资产净值从12.5亿美元上升到48亿美元，增长2.84倍，成为万众瞩目的投资神话。但是当时间来到1997年，亚洲金融危机突然爆发。由于国际石油价格下滑，俄罗斯国内经济不断恶化。1998年8月，俄罗斯政府突然宣布推迟偿还短期国债券，卢布贬值，停止国债交易。俄罗斯的金融风暴引发了全球的金融动荡，投资者疯狂抛售发展中国家债券，转而持有美国、德国等少数风险小、质量高的债券品种。

这种情况与长期资本管理公司的模型预测完全相反。电脑自动投资系统面对国家债券违约这种原本被忽略不计的小概率事件，错误地不断放大金融衍生产品的运作规模。公司从5月俄罗斯金融风暴到9月全面溃败，短短的150天资产净值下降90%，出现43亿美元的巨额亏损，走到了破产的边缘。

2. 金融衍生品的悲剧——次贷危机

作为金融行业的新兴产品，在各种模型和工具的包装下，金融衍生品显得神秘而又强大。然而，2008年一场席卷全球的金融海啸却将金融衍生品拉下神坛，人们开始重新审视这个被无数金融精英推崇备至的产品，开始思索资产证券化中模型的计算是否真的能够将风险控于股掌之中。

在美国，低收入者或金融信用不高的人群数目庞大。按美国原来严格的住房抵押贷款审查程序，他们是不太可能获得购房贷款的。于是从20世纪80年代开始，美国一些从事房屋信贷的机构，开始运作降低贷款门槛的业务，不仅将贷款人的收入标准调低，甚至没有资产抵押也可得到贷款买房，进而形成了比以往信用标准低的购房贷款，次级贷款（Subprime Mortgage Loan，简称“次贷”）也因此得名。“9·11”事件后，美国开始实行宽松的货币政策，2000~2004年，美国连续25次降息，联邦基金利率从6.5%一路降到1%，房地产市场交易迅速变得活跃，次贷开始风行美国。

由于次贷本身的特点导致其具有较高的风险，聪明的银行家们自然不会坐等信用风险爆发。于是，他们想到了资产证券化，通过层层的打包和虚拟，将次贷变成了全新的投资产品，赚取巨额利润。

1977年，美国开始出现了以银行等非政府机构代理发行和担保的抵押贷款支持证券（Mortgage Backed Securities，MBS），该债券主要以非优级房贷作抵押，没有政府机构担保，它将违约风险引入了MBS，使MBS成为一种高风险资产。显然，单纯的MBS无法成为具有足够吸引力的投资产品，于是，金融精英们想到了运用CDS和CDO对MBS进行包装。

担保债务凭证（Collateralized Debt Obligation，CDO）是把不同类别的债务信用（如住房抵押贷款、公司债券、资产支持证券、MBS、项目融资等）打包组合在一起，以这些债务的现金流收入为支撑，通过内部信用增级，重新分割投资风险和回报以整体发行的债券。

信用违约掉期（Credit Default Swap，CDS）可以看作是对于存在违约风险的资产的一份保险，这些违约资产可以是贷款、债权或其他衍生品。购买信用违约保险的一方被称为买家，承担风险的一方被称为卖家。双方约定，如果金融资产没有出现违约情况，则买家向卖家定期支付“保险费”，而一旦发生违约，则卖方承担买方的资产损失。一般而言，买家主要是大量持有金融资产的银行或其他金融机构，而卖家是保险公司、对冲基金，也包括商业银行和投资银行。合约持有双方都可以自由转让这种保险合约。

当次贷变身为CDO、CDS等各种产品，人们早已忘记它最初的风险，也忘记了所有被虚拟出的产品全部都被捆绑在了一条以次贷为基础的链条上。在美国房地产市场一片向好的经济形势下，人们预估CDS产品的违约率不过1%左右，于是各种交易便红红火火地展开，似乎任何问题都不存在。然而，泡沫终有破灭的一天，2006 年年底，风光了整整 5 年的美国房地产终于从顶峰重重摔了下来。因为房价下跌，优惠贷款利率的期限到了之后，先是普通民众无法偿还贷款，然后是各种贷款公司倒闭，投资于次贷衍生品的各大投资银行也纷纷亏损，股市大跌。而这样的连锁反应又形成了恶性循环，导致无法偿还贷款的民众越来越多，最终，美国次贷危机终于爆发为全球的金融危机。美国次级抵押贷款的运作如图 1-3 所示。

次贷危机的爆发给沉醉于金融衍生品的人们一次刻骨铭心的教训，也让我们开始重新审视和思考模型的真实作用。在一次又一次的虚拟中，次贷衍生品在模型中的运算风险甚微，然而就是这些被论证为几乎无风险的产品，却实实在在地掀起了滔天巨浪，吞噬了无数的财富。也正是因为次贷模型出自中国人之手，甚至产生了中国才是次贷元凶的说法。适度的虚拟化和发展衍生品的确能够让金融体系更有活力，但是如果这种虚拟毫无边界，肆意为之，带给人类的就只能是灾难。

（三）资本金融学对金融工程学的扬弃

在资本金融学的研究体系中，我们应对金融工程学扬弃地吸收，对它的积极作用应当充分认可。金融工程学虽不是资本金融的独有工具，却对资本金融的发展有着更为显著的意义。相对于货币金融体系而言，资本金融的层次更加复杂、内容更加广阔，可以进行操作创新的地方更为丰富，是金融工程学进行实地应用的肥沃土壤。在货币金融体系里，运用金融工程学进行的金融创新却脱离不了银行体系为环境限制、存贷产品为设计基础，运用范围和影响力都有限；而资本市场包罗万象，股票市场、债券市场、衍生品市场等多个子市场还有着广阔的进一步划分的空间，且这个空间还会随着创新不断扩大。在这样充裕的空间条件下，金融工程学的应用空间是十分巨大的。

与此同时，我们更应当清醒地看到，数学模型并不神秘，也绝非万能，金融工程学也绝对无法消除所有的金融风险。在吸收和借鉴金融工程学的同时，我们更要清醒地认识到它的缺陷和不足，扬长避短、善加利用、避免对模型的盲目迷信。资本金融学虽然吸纳了金融工程学的积极因

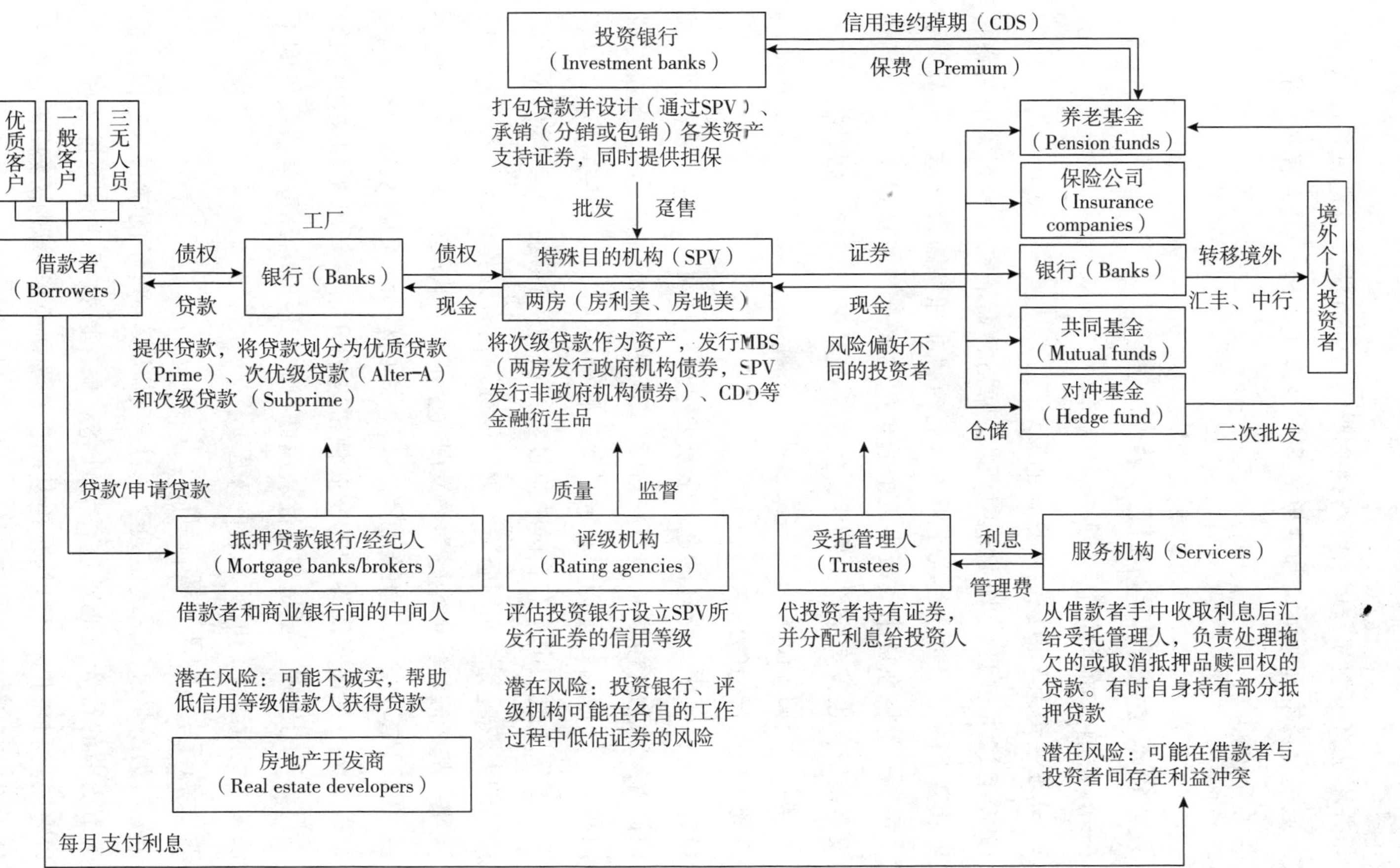

图 1–3 美国次级抵押贷款运作示意图

素，但并不是将模型和数理研究作为主要的研究方法，而是更多地从实际出发，通过对资本金融活动和现象的观察及理论阐释，更为客观、准确地分析相关问题。

五、资本金融学与金融行为学

（一）金融行为学简介

1. 非理性繁荣与传统经济理论的反思

1996 年 12 月 5 日，当时的美联储主席格林斯潘在发表有关中央银行在民主社会中的作用时，首次使用了著名的“非理性繁荣”这一措辞，引发了一场资产价格在货币政策决策中的角色的争论。一直到今天，这场争论仍没有结束，也没有结果。随后，美国金融学家罗伯特·席勒根据这一措辞撰写了著名的金融行为学专著《非理性繁荣》，从而进一步引起了人们对市场非理性行为的思考。

最近二十多年来，全球的金融学家通过他们对现代经济体系的研究发现，他们曾经认为经济学是一门“科学”的假设并不是完美的。经济学成为一门科学，其原因就是因为确定了“理性经济人”这一基本假设。尽管在经济学的发展过程中，有人试图通过实证研究去证伪这一基本假设，但他们持续的失败一度使人们坚信，我们很难发现有证据可以动摇“理性经济人”这一基本假设。但金融学的发展改变了这一状况。

在 20 世纪末，金融学开始成为一门正式的科学，不再从属于经济学，特别是资本金融在现实世界中的发展使得人们开始重新思考相关的问题；而金融行为学的出现，更是将理性、偏好等约定俗成的经济学假设推到了风口浪尖，引发了人们前所未有的深思。

2. 金融行为学的理论基础与特征

金融行为学是一门跨越金融学、社会学以及心理学的学科，它以人们在金融市场中的行为及心理过程为研究对象，以数据收集为重要研究方法，以有限套利和有限理性为理论基础，系统研究了金融市场中的各类主体如何作为以及为何如此作为。

传统意义上的经济学理论一直建立在“理性经济人”的假设之上，“理性经济人”是无限自利的，其决策建立在完全理性的基础上。然而在心理学上，人通常被看作是一个系统，这个系统能够以自觉的方式对已知的信息进行编码，并进行解释；但同时，还存在一些非自觉的因素，包括态度、情绪、感知、记忆等，它们也以某种互动的方式影响人们的决策。金融行为学正是吸纳了心理学的这些研究成果，创造性地从“非纯理性”的角度考量人的行为。

一般认为，金融行为学有两个理论基础：一是有限套利，二是有限理性。

在传统金融学中，套利是一种没有风险、没有成本，却能获得回报的活动。传统的金融学家认为，套利保证了金融市场是一个完全有效率的市场。而金融行为学家认为，套利将会受到许多方面的限制。比如，套利需要套利者付出成本，这些成本有时会很高，甚至使套利者无利可图。

同时，在传统经济学“理性经济人”的假设下，人们不会出现认知上的偏差。但金融行为学家认为，在金融市场中，人们并不是如同完美的机器人一样具有无限生理能力和心理能力，他们在认知和判断上都存在很多局限性，其活动受到自身情绪和心态的影响，投资者的心理会影响他们的投资行为，并进而影响资产定价。因此，他们认为，在金融市场中，总有一些投资者的投资活动受到他们的个人情绪与心态的影响，这些个人情绪和心态并不能完全用信息来解释。完美的“理性经济人”假设是不存在的，有限理性是常态。

自20世纪90年代以来，金融行为学经历了快速发展的20年。尽管不同的学者对金融行为学的理解仍然有所不同，但他们普遍认为，现代金融行为学具有以下三个特点：

一是金融行为学通过利用行为学等社会科学的研究成果，来理解和解释为什么传统的“理性经济人”理论无法解释现实生活中的问题。金融行为学突破传统金融学的研究范式，将社会学和心理学的研究成果运用到金融学的研究中，解决了很多传统金融学无法解释的金融现象。

二是金融行为学将传统的“理性选择”理论作为发展新的关于经济决策与市场平衡的起点。“理性选择”理论是金融学乃至经济学的基础，其对作为投资者的“经济人”具有常规适用性。金融行为学在研究与发展非理性因素在金融市场中的作用时，并没有抛弃“理性选择”这一金融学的理论根基。

三是金融行为学利用数据收集方法研究现实生活中人类的具体实际行动。传统的金融学过于重视模型在资产定价乃至金融市场中的作用，金融行为学在认识到模型重要性的同时，更加关注研究金融市场中活生生的现象，这些现象不能用模型来解释，却经常发生，是一个个投资者实施的具体投资行为，金融行为学利用数据收集方法研究这些发生在金融市场中的现实现象，走出了一味地依赖数学模型解释金融市场的误区。

（二）理性还是非理性——金融行为学的不足与反思

金融行为学试图将心理学的研究方法引入金融领域，并对传统经济学的“理性经济人”假设提出有保留的质疑，似乎是在以一种更为理性的角度来审视金融。但事实上，这种看似严密的“理性审视”同样存在问题，心理学的研究方法虽然比简单的“理性经济人”假设更为先进，但依然无法对金融交易行为做出准确的判断。比如在 2014 年 7 月启动的一轮牛市中，到 2015 年 6 月 12 日，创业板创造了人类历史的“奇迹”，475 家上市公司的平均市盈率高达 147 倍，况且这些公司多为一股独大的家族企业，治理结构极不完善，经营状况也不甚理想，但是人们依然狂热地跟风炒作；而相比较而言，以沪深 300 指数为代表的大盘蓝筹股市盈率只有 17 倍，上证 50 指数为 12 倍，四大银行为 6.4 倍，不管是从盈利能力还是治理结构来看，它们都达到了国际先进水平，但是大盘不起、蓝筹不香的局面却依然延续。那么是什么左右着这种怪异的金融行为？是理性的还是非理性的呢？

一方面，从主体的角度看，从事金融活动的主体具有多样性和复杂性，难以运用统一的工具和标准加以衡量。金融活动的参与者十分广泛，资本金融更是如此，个人、金融机构、中介机构、政府部门都可能参与到资本金融的相关活动中。对个人而言，投资并非是完全理性的行为，人的活动并不单纯受价值判断左右，还要受到诸如信息、情感、偏好等一系列主客观因素的影响。而对各类机构和政府部门而言，不同的决策机制和决策主体，会产生不同的决策结果，这一过程也无法用任何一种理论准确度量。正是主体的多样性和复杂性，使得金融行为学无法从所有主体的行动特性归纳出准确的规律，而统计数据的搜集和处理，也无法弥补这一缺陷。

另一方面，从投资对象的角度看，金融活动的投资对象种类多、数量大、创新快，严重影响金融行为学理论的准确性。在迈入资本金融时代的今天，新型金融产品的开发已经呈现出井喷的趋势；证券金融家和投行家利用各种模型和工具，在基础产品之上进行一重乃至多重的衍生和虚拟，创造出了大量的全新金融产品。在这一背景下，金融行为学理论的准确性就更加有限了。由于金融行为学的研究必须要基于对主体已有行为的观察，因此其理论研究成果仅能对固有的金融产品投资行为加以适用。如果出现了全新的金融产品，由于知识储备、个人偏好、产品宣传力度等种种主客观因素，投资者可能会采取与原有产品完全不同的投资策略和行为，这就必然会导致原有金融行为学理论的失效。

投资主体的理性与工程学和数学、统计学的理性是有差异的。虽然金融行为学试图在承认人非理性的基础上，以更加理性的态度观察金融行为，但是由于种种客观因素的制约，这样的理论创造缺乏灵活性和准确性，也无法对金融活动主体的行为做出准确的判断和解释。我们在看到金融行为学优势的同时，也要冷静地看到它的不足与遗憾，避免盲目的学科崇拜。

（三）资本金融学对金融行为学的扬弃

虽然金融行为学仍有许多不足，但是它能够跳出原有金融学研究的窠臼，从心理学的角度来理解投资主体的投资行为，这一研究理念上的进步是应当被认可的。但是，相较金融行为学，资本金融学对投资主体行为的认识更加本质化，它从动因和理念的深层次上对投资主体的投资行为进行探讨。

从20世纪90年代开始，现代金融提出了一个非常重要的理念：金融交易的核心是预期。在资本市场中，投资者将自己手中的钱交给别人，是因为在他的预期中，把钱交给别人能获取更多的利润，这也正是资本市场最基本的游戏规则。而预期之所以能够推动主体的购买行为，是因为人会产生一种“痛恨遗憾”的心理偏好。人们并不在乎赚了多少钱，而更在乎为什么有了机会却没有赚到；人们最津津乐道的是“假如当初我干了这件事，我现在就怎么样”，而最痛恨的则是“我错过了这个机会”。当投资主体参与进行投资时，又一种“痛恨亏损”的心理偏好随即出现：资本市场会形成一种“围城效应”，场外的人在进场前会笃信自己稳赚不赔，而真正参与场内投资活动后又会觉得自己始终都在亏损想要退出，如果真的退出，事后又觉得自己丧失了获利机会，而这些其实都源于人性中固有的特点。

因此，笔者在对资本金融学的研究中，形成了“股市新文化”的理论体系，在吸收借鉴金融行为学研究成果的基础上，从更深层次的动因角度理解和阐释投资主体的投资行为。同时，“股市新文化”理论将股市文化作为资本环境的重要组成部分，在对股市旧文化进行深刻彻底的认识与批判的基础上，对股市基础理论展开认真严谨的研究探讨，最后形成股市新文化建设的有效路径，实现整体与部分研究的统一，对整个资本市场进行更为深刻和生动的剖析。

六、资本金融学与交易学理论

有位哲人曾经说：“人人都在出卖点儿什么，换取点儿什么，只有流浪汉不买也不卖。”从人类社会诞生那天起，交易便成为人们生活中不可或缺的组成部分，交易的内涵、外延也随之在不断演变。当现代金融发展到资本金融的阶段，交易逐渐地从实体向虚拟蜕变，交易的形式和内容也有了巨大的变化。但交易仍是资本金融的灵魂所在，是资本金融学整个学科体系展开的线索和依托。要研究资本金融，就必须对交易有深刻的了解和认识。

(一)"交易"概念的经济学思想

制度经济学作为研究商品交易学的重要经济学流派，以康芒斯和科斯为典型代表，其研究对象为商品交易行为。

1. 康芒斯的"交易"理论

康芒斯在1934年出版的《制度经济学》一书中指出"交易是所有权的转移"，并将交易概念作为研究的基本单位。交易从此才成为经济学的一般范畴，交易的界定与分类才有了比较明确的经济学意义。

康芒斯认为，传统经济学只重视经济过程中人与自然的关系，忽视了人与人的关系，从而把交易仅仅理解为物资或劳务的转移，忽略了其背后蕴藏着的所有权关系。康芒斯严格区分了"交换"和"交易"，把物资与服务的具体转移称为"交换"，而将物质财富背后的所有权变动称为"交易"。"交易"概念被提升到与传统经济学的"生产"概念相并列的地位。"生产"反映的是人与自然的关系，而"交易"则体现人与人的关系，二者结合构成了人类的全部经济活动。

"交易是所有权的转移"，不同的具体交易合在一起便构成了经济研究上的较大单位——"运行的机构"或制度。"制度"则被视为是无数次交易活动的结果。因此，康芒斯认为，"交易"是制度经济学的基本分析单位，并进一步将其分为3种类型：

(1) 买卖的交易，即在法律上平等和自由的人们之间进行的带有竞争性的自愿交换关系。

(2) 管理的交易，即有权对下级发出命令的上级与下级之间的交易。

(3) 限额的交易，即有权力的参加者将联合企业的利益和负担分派给企业的各个成员所进行的交易。

康芒斯的交易概念及其分类，在经济学发展史上有重要的意义。康芒斯对现代制度经济学的贡献，不仅在于他把社会生活中的人与人之间的关系看作是交易，提出了经济分析研究的逻辑起点和分析单元，而且他还把交易概念进行泛化。这种泛化，也可以说是抽象，对于后来新制度经济学家将市场、企业联系起来，将交易作为二者划分的同一标准单位，具有先驱意义上的指导价值。但在《制度经济学》中，康芒斯在对以交易为基本单位的制度进行分析时所采用的方法主要是哲学、法学、社会学和心理学的方法，而不是经济学的方法。尽管康芒斯对交易的分析内容丰富，显示了非凡的想象力，然而其变幻莫测的思维导致其逻辑体系难称严谨。

2. 科斯的交易理论

以罗纳德·科斯为代表的新制度经济学家继承并发展了康芒斯的交易理论，创造性地提出了交易费用理论，用以解释现实经济生活和社会经济史等现象，影响很大。科斯所讲的“交易”一般是以商品市场交易这一术语出现的，而市场交易指的即是通过价格机制的作用在不同的生产要素所有者之间发生的资源配置过程。此种理解实际上与传统微观经济学所讲的交易基本相同。因为微观经济学所讲的交易是指厂商与消费者在市场上进行的交换。但传统微观经济学认为这一交换仅是无成本的，是在瞬间完成的，并未发现在这一交换过程中所存在的交易费用及其重要性。

科斯对微观经济学的完全信息假设、完全理性假设和交易成本为零假设进行了修正，发现了交易成本，进而研究与交易成本相关的制度结构，并将制度分析与资源配置结合起来，形成了新制度经济学。科斯认为，交易是稀缺性的、可计量的，交易的成本和收益也是可以计量和比较的。因而可以运用新古典经济学方法进行分析并纳入正统经济学的分析框架。科斯未深入研究厂商与消费者的市场交易，而是主要从管理和经营的角度谈商品和服务的交易行为，这对我们研究金融产品的交易具有很好的借鉴意义。科斯继承了康芒斯的“交易”理论，即把交易关系作为法律上所有权转让制度基础，并从资源配置效率的角度来认识“交易”的内涵。但科斯所称“交易”的内涵与康芒斯又有较大的不同，多数情况下，科斯的“交易”主要指较狭小的市场交换或市场交易。

科斯对交易的分析连接了制度分析与资源配置，结合了制度经济学与传统微观经济学。尽管科斯的交易概念不够一般化，却为深入研究介入市场交易与一体化组织之间的中间性组织类型、为契约关系规制理论的发展，提供了另一个必要的理论视角。

（二）“交易”概念的法学思想

“交易”概念在法学中运用广泛，有广义、狭义两层含义。广义的交易是指任何为解决权利纠纷而达成的契约或协议。如《牛津法律大辞典》将交易解释为任何为解决有疑问或有争议的权利要求而达成的协议。狭义的交易则主要指商品市场上的实物交易和有价证券市场上发生的期货、证券以及相关的金融交易。如日本《新法律学辞典》对“交易”一词解释为：商品市场或有价证券市场上的交易。交易的标的物是由法律加以规定的商品或有价证券。随着现代市场经济的发展，法学意义上“交易”一词更多的是指金融与证券市场上股票、期货、债券等金融交易。

“法律交易”在德日等国的民事法律中有着重要的地位，甚至是其民事法律中的核心内容，是理解其民法的一把钥匙。在以德国、日本为代表的大陆法系国家的立法中，“法律交易”主要有以下含义：首先，法律交易制度体现和遵从的是私人自治的原则。法律交易的真正要义在于私人自治，它是民法的基本原则之一，即契约自由得以实现和保障。其次，法律交易对德国民法是一个不可或缺的灵魂概念。对于立法者来说，通过对法律交易这个最一般法律事实及相应法律关系的规范，实际上建立了一个法律秩序下最为重要的一部分规范体系和制度，以实现社会生产和生活的规范化、秩序化和法制化。最后，法律交易理论还意味着行为责任自负原则。一项法律交易之所以能够成为法律予以保护的交易，就体现在它无论是对他人还是对交易人自己都有约束力。

（三）金融交易学是资本金融学的核心

本书开创性地将金融分为货币金融与资本金融两大体系，并对资本金融体系框架进行研究，而金融交易学是资本金融学的核心内容。交易对应的英文词汇有“transaction”和“exchange”。“transaction”有处理、交易的意思，既指商品的交易，有时也指证券或者期货等金融产品的交易[①]。“ex-

---

① 例如，期货交易为 Future Transaction，远期交易为 Forward Transaction，期权交易为 Option Transaction。

change”有交换、互换的意思，交易所一般用的也是“exchange”；至于金融交易学的交易对应的是“exchange”还是“transaction”，目前尚无定论。

1. 与金融交易学相关的概念

（1）流通性溢价。流通性溢价包含了整个流通过程所带来的价差，既包括流通股与非流通股之间的价差，也包括股票上市前后、集合竞价与协议转让、面向公众投资者与小范围募资、未来预期与短期估值、实力不同的此企业家团队与彼企业家团队产生的股票价差。其中，典型的流通性溢价是流通股与非流通股之间的价差。不能流通的股票，其价格基本上在经济学所称的价值即每股净资产附近徘徊，而一旦获得流通性，则往往身价倍增，获得几倍甚至十几倍的价格暴涨。例如，在股权分置改革时期，流通股相对于非流通股存在较大的流通性溢价。非流通的股票在流通前每股价格仅 1 元，而市场上流通股平均每股价格为 12 元。当时非流通的股票在整个中国资本市场所占的比例高达 2/3，如果硬性地让非流通股转换为流通股，市场必定难以接受。这就要求非流通股股东给予流通股股东一定的补偿，补偿的基础就是从不流通到流通之间所产生的流通性溢价。

（2）三维的流通性溢价空间。流通性溢价空间描述了由时间、价格（溢价）和成交量构成的三维空间。特定时间内的流通性溢价需有成交量确认。若因交易产生的溢价超过市场可接受程度，此溢价将无法得到成交量的认可，其溢价空间将会缩窄。因此，成交量的多寡表明市场对该流通性溢价的认可程度。若成交量较大，表明市场通过交易行为对该溢价予以认可；反之，表明市场否认该价格。例如，在二级市场上，股票价格的上涨需要大的成交量配合方才有持续上涨的动力，如果缩量上涨，则该股票的后续上涨空间有限，其流通性溢价的空间将会收窄。

2. 金融交易的特征

（1）流通性。资本市场的流通性是指资产以合理价格变现的能力。流通性是金融交易的生命线，流通性越强，金融产品的交易频率越高，流通性溢价空间越大。流通性的强弱主要受企业能否上市，股票能否进入二级市场流通等因素影响。公司上市的目的是获得流通性溢价。公司发行上市前面值 1 元钱的股票，上市后市盈率动辄二三十倍，股票价格上涨到几十甚至上百元，其“乌鸡变凤凰”的关键在于上市流通，获取流通性溢价。例如股权分置改革时期，国有股从不流通到流通之后，股价水涨船高，其中关键在于股票进入了流通市场。

（2）公开性。一般来说，公开程度越高，投资者进入的门槛越低，参与投资的主体越多，交易的活跃度越高，流通性越强。而公开程度的高低则取决于挂牌场所的选择。我国多层次的资本市场主要分为 7 个层次：主板市场、中小板、创业板、新三板、地方的区域市场、券商的柜台交易市场、股权众筹市场，如图 1–4 所示。

图 1–4 我国多层次的资本市场

从主板市场到股权众筹市场，这 7 个市场的公开程度依次递减。主板市场采用集合竞价的交易方式，每个投资者只要开设了股票账户，直接在手机客户端或计算机客户端就能完成买卖，投资者几乎没有准入的门槛，买卖的最低数额为 100 股，其公开程度最高。而反观新三板市场，目前只有做市商和协议转让两种交易方式，投资者有较高的进入门槛，买卖的最低数额为 1000 股，公开程度严重降低。相较于新三板面向全国的企业和投资者，四板市场局限于特定的区域范围，目前还没有做市商制度，而且协议转让也仅局限于特定地域，所以公开程度较差。

（3）不确定性。金融交易学是研究不确定性的学问，主要包括交易价格的不确定性、交易市场走势的不确定性、交易主体的不确定性、交易影响因素的不确定性等。第一，交易价格的不确定性。无论是大盘还是个股，价格大幅波动都非常常见。有的股票接连涨停直至上涨几十倍，也有的股票接连跌停直至跌破每股面值。第二，交易市场走势的不确定性。市场的走势往往受到诸多因素的影响，忽而走高忽而跌落成为市场的常态。任何人想要把握市场的走势都非常困难。以2015年的中国股市为例，上证综指在2850点到5178点之间大幅震荡，中间发生了股市异常波动。股市异常波动初期，尽管监管层组织了大规模的救市行动，但股指还是没有朝着其预期的方向止跌回升。这说明即使政府也未必能左右市场的走势。第三，交易主体的不确定性。由于金融交易的快速便捷，投资者换手频仍，很多投资者都是短线操作一只股票。长期持有一只股票的投资者并不多见。所以每只股票的投资者往往都会频繁地发生变化。第四，交易影响因素的不确定性。上市公司的股价不仅取决于该公司的经营业绩、管理水平和治理结构等微观内部指标，更取决于外部宏观政治经济环境的变化。而外部宏观环境，甚至包括自然灾害等不可抗力的事件，具有极大的不确定性。

（4）非理性。金融交易投资者的决策，往往既有理性判断的成分，也有非理性投机的成分。不同投资者在选择投资品种和标的时，理性和非理性的程度各不相同，甚至同一投资者在不同的时间节点上，理性与非理性的程度也不相同。从理性的角度来说，投资者可能会按传统经济学的盈利等标准来做出是否买卖股票的决策，如以市盈率为参考指标，买入低市盈率的股票。但是以市盈率高低来判断一只股票的投资价值往往难以获利。在某种意义上，投资者要跳出传统经济学的理念，在某些时候不拘泥于股票一时基本面的好坏，以非理性的投机心态参与到股票的买卖中去。事实上，理性的投资者未必能获利，非理性的投资者未必会亏损。无论是对未来的预期，还是对公司的市场占有率、成长率的判断，都没有一个绝对理性的标准，一个理性的投资者也无法确定地知晓某一公司未来的股价。此时在羊群效应、从众行为的影响下，以非理性价格投资某一只股票的投资者也可能获利。总之，投资者的决策必然会有非理性投机的成分，资本市场也会有大量的非理性行为的存在。资本市场的繁荣究竟是理性繁荣还是非理性繁荣，这是金融交易学要破解的一道难题。

（5）高风险性。金融交易产品往往是高收益与高风险并存。金融交易产品的风险往往高于普通商品的风险。普通商品由于没有在公开市场挂牌，流通性和交易活跃度比较差，不存在流通性溢价。因此价格波动幅度往往比较小，即使发生，风险价格跌落的悬差也不大。而资本金融交易的产品由于存在流通性溢价，其交易价格往往远远高于账面价格。一旦价格从高处下跌，悬差必定很大，自然存在高风险，而且构成金融交易产品风险的因素往往是非常复杂的。导致价格下跌的因素往往既有宏观、微观层面的利空消息，也有庄家利用这些信息来操纵股价等其他因素。因此，普通商品的价格往往围绕账面价格（每股净资产）波动，而金融产品的交易价格则往往会严重偏离其账面价格。

（6）财富分配效应显著。金融交易存在巨大的财富分配效应，无论是国家与国家之间、机构与机构之间，还是投资者与投资者之间，都可能会因此导致财富的两极分化。金融交易发生在一个国际化、高度信息化、计算机化、程序化的资本市场上，瞬间即可完成财富的转移。由于金融产品的高风险、高收益特征，再加上金融产品在交易过程中的杠杆放大效应、杠杆融资效应，具有信息优势、技术优势和市场掌控优势的国家、机构、庄家等在交易中具有巨大的优势，瞬间就可能暴富。中小投资者没有足够的信息、技术、资金，往往会成为市场中被掠夺的对象，甚至因此而倾家荡产。

3. 金融交易学的研究对象

金融交易学的研究对象包括金融行为学所研究的交易行为，金融工程学所研究的交易定价机制与风险控制机制，金融交易文化三大内容。

（1）金融交易行为。金融交易学对金融交易行为的研究和解释需要社会学、心理学、金融学、行为学等多学科理论的支撑。画地为牢地囿于单一学科的局限是无法解释金融交易行为的。因为投资者的决策往往会受到多重因素的影响，其行为不仅是理性分析后的结果，而且容易受到情感、心理等因素的影响。很多投资者并不是传统经济学意义上的理性人，而是非理性的投机者。因此，金融交易学力图用跨学科的视角，有机地融合现有理论研究成果，从多个维度来阐述金融交易行为的内在动因和外在表现，发现资本市场繁荣背后蕴藏的理性抑或非理性。

（2）金融交易定价机制与风险控制机制。对金融交易的定价机制和风险控制机制的研究可以借助工程学、数学、情报学等理论工具，但仅仅靠这些工具是远远不够的，还需要对金融交易市场的独特性进行深入研究。

（3）金融交易文化。金融交易的参与者包括投资者、发行人、监管者，三者是金融交易生态圈的有机组成部分。健康的资本市场生态系统的形成，不仅需要理性的投资者，更要有尽职的发行人与智慧的监管者。因此金融交易学旨在构建股市新文化，摒弃股市旧文化，在推进投资者教育的同时，更加注重对发行人和监管者的教育。

4. 金融交易的强外部性

外部性一般指商品价格中未反映出来的成本或者收益，有负外部性和正外部性之分。在传统的经济学理论中，仅将商品买卖行为视为交易双方的行为，影响范围也限于买卖双方。但金融产品由于其交易的公开性与信号性，大单交易者的买卖行为往往会被市场解读为一种强烈的信号，影响到其他散户的交易行为。此时，大单交易者的交易不仅影响自身的盈亏，还会相应地使跟风买进或者卖出的投资者获利或者遭遇亏损，其行为会产生较大的正外部性或负外部性。羊群效应是典型的例证。在股票市场上，一旦有“头羊”——大单交易者买卖股票，其他“羊”——散户投资者也会不假思索地一哄而上。所以 A 股（人民币普通股）市场常见的坐庄手法中就有以大单交易或在低位吸筹或在高位拉涨，这就充分体现了大单交易行为的外部性。鉴于大单交易行为可能产生的强负外部性，进而导致市场失灵，对大单交易者的监管非常有必要。对大股东、机构投资者的交易行为需要进行严格的监管，特别是对大股东减持股份的行为要施加一定的约束，对内幕交易、操纵股价的行为要加以严惩。

（四）金融交易对经济学的挑战

1. 金融交易全面挑战传统经济学理论

传统经济学理论研究的对象是商品市场，即实体经济；而交易学研究和运用的对象是资本金融市场，即虚拟经济。金融交易行为的出现挑战了传统经济学的基本理论：经济学是静态理论，在商品和对价支付完成时，交易行为即告结束，消费者交易的目的是获得商品的使用价值；但资本金融交易是动态的、持续的，买是为了卖，交易的目的是获得流通性溢价。静态的经济学理论不能解释动态的资本金融交易行为。

如何获得良好的投资收益？经济学和交易学的做法截然不同。在传统经济学意义上，投资收益的获取靠的是产品出售后的利润回报。例如农场主通过购买土地、选择种子、播种、耕耘、收获，最终卖出农产品获得收益；而从事工商业的企业家则需要投资、生产、制造产成品，最终通过销售成品获取利润，获取利润的标准就是通常所说的投资收益率（ROE）。简而言之，这是一种“钱到地头死、钱到工厂尽”的收益获取模式。

而在交易学的意义上，投资收益的获取依靠的是流通性溢价。投资者买股票是为了卖，其投资收益就是买卖股票之间的流通性溢价。因此，金融交易中投资者的收益绝不仅仅建立在每股净资产、股票增值和分红的基础上，朴素的长期投资往往也不是投资者的最佳选择。相反，金融交易中的投资者往往具有更强烈的投机动因，其买入的金融产品必须有良好、便捷的退出渠道，因此短线投资在金融交易中普遍存在。金融交易投资者往往也不仅考虑公司的经营业绩和投资收益率的高低，哪怕一个投资收益率很低的企业，如果有一个良好的价格预期，有更多的投机者接盘，投资者也会买入。总的来说，金融交易的投资者主要考虑以下几个因素：该产品是否便于流通，该产品是否有畅通的退出机制，该产品的价格是否存在良好的预期。至于该产品含有多少净资产、分红则不是投资者考虑的主要因素。

经济学家对资本市场、金融交易者往往会有种种非议，他们将资本市场视为赌场，资本市场一旦上涨就斥之为泡沫，同时将金融交易者视为投机分子。事实上，经济学家对股市和投资者有偏见的根本原因在于其固守传统经济学的思维，不理解交易学的原理和本质。从投资收益来看，金融产品的价差所产生的流通性溢价会远远高于传统经济学所称的投资收益率。流通性溢价给投资者带来的可能是几倍甚至几十倍的收益，而对于传统经济学所解释的实体经济，20%甚至10%的投资收益率就已经比较高了。从投资期限来看，金融交易者热衷于短线操作，持有金融产品几个月已属长者，有的投资者刚投资几天可能就出于获利或者规避风险的目的卖出金融产品。所以，经济学家对金融交易的解释必须超越其固有的经济学思维，应正视金融交易市场内在的特性。

部分从实体经济转型到资本市场的企业家因为不懂交易学，在企业上市时也有不少惨痛的教训。很多企业家在企业上市时，也跟做实业一样，认为公司的规模越大越好，盘子越大越好，股本越大越好。上市以后由于股本结构巨大，投资者炒不动，交易很不活跃，市盈率有的只有六七倍，股价长期走低，投资者对之弃如敝屣。很多央企在上市时都犯了这样的错误。这与截至2015年11月挂牌的483家创业板股票，上市时的股本只有9500万股形成鲜明对比，因为后者的市盈率高达150倍。站在经济学的角度，这一现象难以理解，而站在交易学的角度，从股本结构的角度去分析却如此简单。所以，企业家也需要懂交易学，只有用交易学才能完美地诠释整体上市与分拆上市的利弊，正确地解释金融交易的本质，进而从根本上扭转部分企业家的错误思维。

2. 金融交易对价值理论的挑战

价值理论作为马克思主义政治经济学的核心理论，一直是人们用以理解定价问题的重要理论工具之一。但在金融交易的种种行为面前，价值理论的解释显得苍白无力，无法自圆其说。

“价格是由价值决定”，“交易是为了获得使用价值”，这两点既是马克思主义价值理论的重要结论，也符合一般商品交易的基本原理，但在金融交易出现后，价值理论的两条定律完全失效。

一方面，就"价格是由价值决定"这一观点而言，由于金融产品的定价方法完全无迹可寻，该理论失效。在产品定价方法上，价值决定论的表现是成本加成法，即在产品的生产成本的基础上，根据市场影响、利润指标等因素确定一个加成比率进行定价，但是由于金融产品的成本极难确定，成本加成法的使用也就无从谈起。即便是现代财务管理学中普遍使用的自由现金流定价方法与资本资产定价模型（CAPM），其本身也试图找到股票的价值标杆以确定其价格，但是事实表明，在金融市场中，金融产品的价格长期甚至永久地偏离其应有价值已经成为普遍现象。如表 1-3 所示，工、农、中、建四大行的股价长期徘徊在 6 元左右水平上，而它们本身的盈利能力和分红能力在 A 股市场上均位居前列。但平均股本规模只有 9500 万股的创业板企业，其盈利能力相对四大行较弱，但股价与市盈率却很高（如表 1-4 所示）。由此可见，价值偏离在某些金融产品交易过程中已成常态。

表 1-3　2016 年金融类上市公司比较分析

证券简称	市盈率	总股本 [单位] 亿股	净利润 [单位] 亿元	每股收益 [单位] 元	收盘价 [单位] 元
建设银行	6.56	2500.11	2323.89	0.92	6.13
工商银行	6.38	3564.06	2791.06	0.77	5.00
中国银行	6.46	2943.88	1840.51	0.54	3.61
农业银行	6.02	3247.94	1840.60	0.55	3.43
汇丰控股	11.06	203.76	34.46	0.07	68.90
花旗集团（CITIGROUP）	12.27	27.53	149.75	4.72	63.89
富国银行（WELLS FARGO）	13.24	49.97	220.45	4.03	53.89
美国银行	13.28	99.52	179.06	1.58	23.43

表 1-4 2016 年创业板上市公司比较分析

证券简称	市盈率	总股本[单位]亿股	净利润[单位]亿元	每股收益[单位]元	收盘价[单位]元
日机密封	41.27	1.07	0.98	0.92	38.20
中文在线	261.21	2.85	0.37	0.14	37.28
赛升药业	33.13	2.40	2.58	1.08	33.80
创业软件	92.63	2.43	0.67	0.31	31.64
强力新材	54.97	2.57	1.16	0.46	26.18
金雷风电	25.06	2.38	2.10	1.82	21.98
浩丰科技	76.20	3.68	0.61	0.34	13.19

另一方面，“交易是为了获得使用价值”这一结论对金融交易也失去了解释力。在现代金融领域，人们频繁买卖产品的目的是赚取流通性溢价。也就是说，金融交易不是简单的“买是为了用”，而是“买是为了卖”。就股票买卖而言，股东惰性已经是公司治理领域公认的现象，即便是机构投资者在其买入公司股票后，也往往怠于参与公司决策、实现股东权利，而是寄希望于能够在下一个高位将手中的股票抛出获利。极端的现象诸如 2013 年以来 A 股市场出现的“上市公司+基金”的组合模式下，基金入驻上市公司后，更是以炒作为己任，将高抛低吸的资本运作作为主业，使用价值——行使股东的权利已经成为一纸空谈。

所以，就金融交易而言，价值理论的解释力已经完全失效，金融交易领域亟需一个新的理论加以指导实践。

3. 金融交易对经济学供求理论的挑战

供给—需求理论一直被西方经济学奉为圭臬，并被视为微观经济学的核心理论，但这一看似颠扑不破的理论却无法有效解释资本市场的交易行为。西方供求理论的核心观点为，在供给和需求两股力量的作用下，价格会趋于均衡，市场通过看不见的手实现其价格发现的功能，但是资本市场产生以来的历史使得该理论一再失效，股票不仅没有均衡价格，而且股市“疯牛”和“疯熊”屡屡出现，股价的成倍上涨和断崖式下跌，都使得其长期无法实现价格回归。

再者，传统经济学认为，不同商品的价格反映了它们的稀缺程度，稀缺商品供不应求，价格看涨。但从交易学角度看，金融交易产品的价格并非取决于其稀缺程度，盘子过小的股票难以得到投资者的青睐。金融交易产品的盘子规模要适中，因为金融交易的目的不仅是炒高价格，它还要有顺畅的退出机制。投资者要在炒起来和退出之间寻求最佳的选择，找到股本规模适中的股票来交易。

因此，金融交易的供求规律与商品交易并不相同。金融交易的供给，指的是股票供应的数量，包括市场上挂牌股票数量的多少或某只股票能给市场上供应的多寡。金融交易产品的供给需要在一个有效的区间内，规模要适中，具体到股票就是股本规模不宜过大，也不宜过小。太大的股本规模根本就炒作不起来，例如四大行的股票。盘子越小，价格越容易被炒作，创业板的很多股票就是如此。但如果盘子过小，大的机构投资者很难退出，很少有人接盘。所以适合交易的标的股票需要有适度规模的流通盘，这样才有利于退出。因此，就金融交易来说，股本盘子适中才能提供有效的供求。具体到中国股票市场的情况，很多庄家认为总股本在 3 亿股到 10 亿股，甚至扩大至 5 亿股到 50 亿股之间更能形成有效的供求。股本超过 50 亿的大盘股，其价格不容易被炒上去，股本过小又不利于退出。

总之，商品交易的供给就是商品的供应和消费者需求，而金融交易的供给是股票数量，需求是投资者需求，股票的供应量只有与投资者资金相匹配才能形成有效的供求。其根本原因在于投资者买卖股票不是为了获取使用价值，买是为了卖。这就需要有顺畅的退出渠道，在羊群效应和从众行为的驱使下，只有股本规模适中的股票才能让投资者顺利退出。

4. 金融交易对经济学效用理论的挑战

经济学所指的效用表征满意程度，指的是消费者如何排列不同商品和服务组合的次序。[①] 效用指消费者选择一组商品和服务的主观偏好，且偏好是外生于经济系统的，效用只表征选择的偏好，而不表征这些偏好的强度。尽管金融交易行为与偏好、交易习惯、心理特征等诸多主观性因素密切相关，但经济学的效用理论对金融交易行为缺乏解释力。金融交易与商品交易在交易目的、影响因素、价格的确定性程度等方面都不相同。

第一，商品交易与金融交易的目的不同。通常情况下，商品交易中消费者购买商品的目的是获得其使用价值，而生产者供给商品的目的是赚取加成利润。金融交易中买是为了卖，投资者买入一只金融产品的目的是在未来以预期价格卖出、获得流通性溢价，而其卖出一只金融产品的目的是最大化获取流通性溢价或者最小化因价格下跌产生流通性损失。因此，金融交易的根本目的是获得流通性溢价，它具有很强的投机性；而商品交易的根本目的是满足生产生活需要。

第二，商品交易与金融交易受到的影响因素不同。商品交易中消费者的交易行为主要受收入预算约束，同时也受消费习惯、时间、文化、知识水平等方面的约束。而金融交易受到的首要影响因素是金融产品的流通性，流通性越强的金融产品价格越高。同时，资本金融市场复杂多变，金融产品价格受到投资者掌握的信息和分析信息的能力、宏观经济、军事、突发事件等因素的影响，例如 2015 年 11 月 13 日发生在巴黎的暴恐事件直接影响了国际黄金价格；金融产品价格也受到公司上市概念、包装程度和技巧、股东的名人效应等因素的影响，且发达国家、新兴国家与欠发达国家的金融产品价格存在巨大差异。

第三，商品交易与金融产品交易价格的确定性程度不同。经济学上的价格是由价值决定的，价格围绕价值上下波动，波动幅度不大，而且随着竞争者的进入社会平均利润会逐步形成；但金融产品交易的价格不是由产品的价值（即每股净资产）决定的，也不是由成本加成一定的利润来决定的。金融产品的交易价格除了产品自身的价值之外还包括其他两部分：一

---

① 资料来源：[美] 保罗·萨缪尔森，威廉·诺德豪斯. 微观经济学 [M]. 萧琛，译. 北京：人民邮电出版社，2012：84。

部分是流通性溢价；一部分是人们对未来的预期，主要是对未来收益和风险的预期。金融产品的价格很难用传统经济学价格、价值与成本三者关系去衡量，其跟商品交易的价格不一样。由于金融产品的交易价格远远不是由成本价值这样的概念决定，存在着巨大的主观判断空间和流通性溢价，所以它的交易价格至今没有确定的决定性条件。因此，金融产品的交易价格往往和投机泡沫联系在一起，甚至有过度的包装、炒作、坐庄以及散布虚假信息带来的非理性的交易价格的诞生。因此，经济学家用传统经济学的观点是无法对金融产品的交易价格做出准确判断的，他们看不到金融产品交易价格所包含的流通性溢价和人们对于未来的预期。

5. 金融交易对交易费用理论的挑战

交易费用理论的核心概念即交易成本，也就是阻碍交易双方谈判成功的一切成本，包括三种形式：搜寻成本、谈判成本、执行成本。由于金融交易本身的虚拟性，这三种形式在金融交易中的内涵又各不相同，尤其是搜寻成本和执行成本，其背后的指导意义更与传统新制度经济学中的理论意义相去甚远。从这一角度看，法治金融的建设对中国金融交易市场建设意义尤为重大。

一方面，从搜寻成本看，对于商品交易来说，影响因素主要有两个：标准化与交易集中程度。一般，标准化的商品更容易达成交易，因为交易方无须花费大量的精力去考察比较各个商品间的优劣，而集中的交易场所则为寻找交易对手方提供了方便。一旦实现了这两点，只要保证一个基本的交易秩序和产权的清晰即可。事实上，金融产品一般同时满足以上两种条件，但是现实中其搜寻成本仍然很高。由于金融产品的虚拟性，其价格的影响因素颇为复杂，任何相关的信息都可能影响金融产品的价格，所以投资者的重要工作是信息的搜寻与筛选，这就意味着，投资者要在繁杂的信息中进行大量的筛选工作，更遑论屡见不鲜的金融诈骗事件，所以金融产品的标准化并不足以解决其本身的搜寻成本问题，只有推行法治金融建设，才能真正解决金融交易的搜寻成本问题。

另一方面，从执行成本看，当商品交易并非即时交易时，交易的执行成本往往会比较高。但金融交易只有买进卖出的选择权，是瞬间完成的交易，也不存在执行成本。但与商品交易相比，金融交易的虚拟性决定了其产品的复杂性，而行为金融学的大量研究表明，投资者尤其是散户容易忽视金融产品的高风险特性，却只关注产品的收益，因此极易出现金融欺诈的现象。这意味着对金融交易的监管要求更高。如果监管缺位，权利救济渠道不畅，即便在当时完成了金融交易，而事后投资者求救无门，那么投资者将会逐渐退出市场，第一轮交易的“顺畅无阻”可能意味着下一轮交易的“买卖无门”，执行成本近乎无穷大，所以金融交易的执行成本并不是商品交易环节的合同达成、所有权转移，而是在交易时保证投资者对产品的风险收益配比度有足够的认识、中介机构诚实守信、监管部门执法到位。只有这样，才能真正降低金融交易的执行成本，因此金融交易本身执行成本的滞后性也决定了法治金融建设的重要性。

（五）结语

总之，资本市场的交易逻辑完全不同于商品市场，传统经济学理论无法有效地解释资本市场的金融交易行为。正如牛顿定律只适用于低速、宏观，不适用于高速、微观一样，传统经济学理论同样不适用于瞬息万变、纷繁复杂的资本市场。这就需要破旧立新，创设出顺应资本金融时代发展的金融交易学。

金融交易学旨在揭示金融交易的内在规律，具有强大的理论解释力。在资本市场上只有用金融交易学取代传统经济学，我们的理论才能解释纷繁复杂的金融交易行为，更好地指导金融实践的开展。也只有金融交易学才能真实地揭示所有用经济学解释不了而又始终困惑着人们的金融交易现象。这就是本书作者通过资本金融学揭开目前世界金融史上巨大的空白——金融交易学理论新篇章的初衷。尽管本节对交易学的介绍仅仅是起步，并没有具体阐述交易学的理论框架、交易的具体行为、交易中的工具和技巧等问题，但我们愿意做第一块敲门砖，为金融交易学的创建和发展，为揭示资本市场金融交易及投资者行为等今天仍在困惑我们的巨大谜团奠定第一块基石。

本章小结

世界第一强国的更替往往伴随着世界经济金融中心的转移，从荷兰到英国再到美国，国际金融中心的转移成为霸权交接的核心因素。由此可见，大国崛起必须金融先行，中国的崛起亦须如此。然而，随着社会发展，金融行业经历着从传统金融向现代金融的转变。从中国国情看，要实现社会融资模式的合理化，需从以商业银行间接融资的货币金融时代向以投行金融直接融资为主的资本金融时代演变。

资本金融是当今世界经济博弈中的战略制高点，它可以定义为：建立在资本市场基础上，以投行业务和直接融资为主的新兴金融领域。其具有交易性、份额化、投资者承担风险和投资者对所投资品种的悖立参与等特性。从作用上看，资本金融一方面促进了现代社会的发展，另一方面增加了引发经济危机的风险，并拉大了贫富差距。虚拟经济应该为实体经济服务，资本金融作为虚拟经济发展的核心更应坚持这一原则，虚拟经济的过度发展会丧失其对实体经济的支撑作用，催生经济泡沫。

资本金融学作为全新的理论范畴应与金融工程学和金融行为学相区分，对其研究应建立在交易学理论基础之上。经济学是静态理论，消费者交易的目的是获得商品的使用价值；但资本金融交易是动态的，买是为了卖，必须有适当的退出机制。静态的经济学理论解释不了动态的资本金融交易行为和交易市场。基于此，在资本金融领域，要用交易学取代传统的经济学。

第二章

股市新文化建设

第一节 研究股市新文化建设的必要性

从某种意义上说，自中国股市建立以来，人们对股市的认识问题始终未得到解决，这主要是受中国台湾地区股市旧文化与大陆“股市赌场论”交织产生负面影响的结果。在中国的传统文化中，人们历来对股市存有偏见，再加上我国股市建立初期照搬并借鉴了中国台湾地区的股市文字语言，导致存在明显误导作用的赌场用语在股市上大行其道，如“庄家”“跟庄”“筹码”“发牌”“洗筹”等，这为“股市赌场论”的提出形成了广泛的社会基础，不仅导致股民无法建立正确的投资观，而且让股民产生了在股市上赚的是“不义之财”的观念。社会普遍认为股市是好人不去的地方，股民是赌徒，赌徒是被打击的对象，而不是被保护的对象，具体在解决某一时期股市问题时，如在股权分置改革时，是否需要对股民给予某种形式的对价上，又如在发行制度改革要不要考虑二级市场股民利益、抑制发行环节的“三高超募”时，政策制定者和社会舆论往往都认为股民是投机分子，投机分子在股权分置改革中没必要给予对价补偿，或认为在发行制度改革中，与其控制过高的发行价格让利给二级市场股民，不如留给企业发展生产，因此“三高超募”也不是问题。

事实上，如何看待股市和股民的投资行为问题，已成为理论在影响决策之手是否善待股市、出台何种政策的一个重要因素。股市到底是不是赌场，股民到底是不是赌徒，股民的投资行为到底是不是光荣，是否应该被保护？

显然，我们必须为将成为我国未来经济可持续发展和全民奔小康的重要战场——股市正名，必须为多年来为我国经济改革和国民经济发展做出重大贡献的股民正名，充分论证和宣传股市的增值功能，使其和“赌场”

"老鼠会"区别开。排除"股市赌场论"的干扰、建立股市新文化、树立股民的正确投资观，是我国股市落实科学发展观的一项长期工作。

一、中国股市的文化困局

中国股市经过 20 多年的发展，成绩斐然。20 多年来，它从无到有，从小到大，已日益成为改革开放的主战场，它的作用和意义日益被人们所认知；它的产生发展是我国 30 多年改革发展的丰硕成果和重要的经验总结；它不仅在调整我国的所有制结构、促进国有企业建立现代企业制度、推动民营企业的大发展方面发挥了重要作用，而且极大地完善了我国的社会主义市场经济体系。

然而，中国股市自创立以来便与问题、争议相伴，究其根本原因，乃是中国股市文化的困局所致。中国股市的文化建设远远落后于市场建设。市场发展的非自发性与发展过程的短暂性，决定了我们缺少自然孕育股市文化的基础，导致股市文化的先天不足，进而在不同程度上引发了中国股市的问题与乱象。

首先，在中国股市的发展完善过程中，没有坚持中国改革路径的方法论。强调稳定渐进，尊重历史国情是中国改革得以成功的关键所在。在我国股市建设过程中，不分析基本国情，盲目照搬所谓西方规范的"洋"的情结相当严重，有关中国股市"早产论""推倒重来"的言论一直喧嚣尘上。同时，发轫于旧体制下的监管部门有着根深蒂固的"土"的情结，极度贪恋行政审批权力，专心"选美"却"不抓坏人"，可谓"耕了别人的田，荒了自己的地"。"恋权"和"恋洋"两大情结的客观存在已成为中国股市健康发展的认识障碍。

其次，股市的基础理论研究始终落后于股市的发展实践，股市在我国社会主义市场经济中的作用和地位不但没有论证清楚，反而被某些经济学家和媒体插上"赌场"的负面标签，严重扰乱了人们对于股市功能的正确认识。

再次，对于股市的基本概念和投资技术没有形成良好的系统学习和普及环境。投资者普遍盲目“跟庄”撞大运，“黑嘴”“老鼠仓”盛行，正确的投资理念不能建立，科学的投资方法成为纸上空谈。

最后，更令人遗憾的是，面对以上种种股市文化困局，我们采用了回避争议和矛盾的做法，许多股市重大的理论和政策问题由于缺乏基础理论论证难以解决，而人们对股市的诸多基本概念问题，如对股市功能和“庄家”的概念也缺乏正确认识，这导致中国股市这一以散户为主的投资市场缺少正确的股市文化指引。

因此，从股市基础理论出发，探索建立股市新文化，已成为我国资本市场健康发展和建设的紧迫任务。

二、股市新文化建设与资本生态改善

“自然生态”是指生物群落及其所处地理环境相互作用的自然系统。在一个健康、成熟的生态系统中，生物群落同其赖以生存的物理环境之间进行着永不停息的物质循环和能量流动。这种循环和流动保持着动态平衡，生态系统由此得以存在和发展下去。

作为一个仿生学概念，“资本生态”是由资本市场主体及其赖以存在和发展的资本环境构成的，两者构成了彼此依存、相互影响、共同发展的动态平衡系统。资本市场主体包括直接提供金融产品服务的金融机构和金融中介，制定政策、实施监管的决策监管机构，以及提供资金来源和参与交易的广大投资者；资本环境指市场主体在其中生成、运行和发展的社会经济文化体制制度。

资本生态系统平衡发展的关键是市场主体在责权利一致的基础上，服务于资本生态的本源——投资者（股东），保障股东基于出资人的地位的合法权利和正当收益。

作为资本环境的重要组成部分，股市文化对于资本生态的健康平衡具有重要意义。资本环境由社会文化、法律监管、公司治理构成，这三方面自下而上形成一个金字塔式的结构。处于底层基础地位的是文化层次，具体表现为社会意识、社会道德和社会风气等对资本市场的支持，这是资本市场赖以存在和发展的社会基础。如果股市文化薄弱，法律监管将不尽完善，有效公司治理亦难以形成。因此，以股市新文化建设为依托，着力改善资本生态，对于我国资本市场的健康繁荣和可持续发展具有重要意义。

研究股市新文化和诚信经济的资本生态，重点需要解决以下三个问题：首先是对股市旧文化进行深刻彻底的认识与批判；其次是对股市基础理论展开认真严谨的研究探讨；最后需要形成股市新文化建设的有效路径，特别是在股权文化基础上进一步完善公司治理。

第二节　股市旧文化批判

一、上市公司：侵害股东权益

（一）经理人失控问题

1. “内部人控制”在法理上的误区

日本经济学家青木昌彦在研究转轨经济中的公司治理问题时，提出了“内部人控制”这一命题，意在揭示与批判管理层对于股东权益的侵害。(《对内部人控制的控制——转轨经济中公司治理的若干问题》,《改革》1994 年第 6 期)，但“内部人控制”这一概念对于股东“外部人”身份的认定却违背了《公司法》和股权文化的基本要义。

笔者认为，尽管“保姆当家”“主人离家”是现代股份公司和上市公司治理中面临的一道现实难题，但无论如何不能因此在经济学和法学理论上把“保姆”当成“内部人”，而把股东当成“外部人”。无论是哪一个国家的《公司法》还是哪一个公司的章程，开宗明义谈的都是股东作为公司“主人”的权利和利益保护，主人当然是一个家庭或一个公司的“内部人”。而股权文化的核心同样在于保障股东“家庭主人”的地位，使其担负起“内部人”的责任。无论采用何种治理结构，聘用何种“仆人”和“管家”，他们都是为股东这个“内部人”服务的客体，这一点不能在法学和经济学理论上有丝毫的动摇。如果我们从理论上就试图把股东当作“外部人”，把“仆人”当作“内部人”，那在现代股份公司中不让“内部人”控制，难道还要让“外部人”去控制吗？这样，我们最终会陷入理论和现实的怪圈，越来越难以明辨是非。

解决“内部人控制”的关键，首先就是要颠覆这一概念，代之以本书提出的现代公司治理的关键是防范“经理人失控”，在理论上则用“经理人失控”取代“内部人控制”一词。

2.“经理人失控”的实质

早在1776年，亚当·斯密在《国富论》中就曾警示世人：“要想股份公司董事监督钱财用途，像私人合伙公司那样留意周到，是很难做到的……这样，疏忽和浪费常常是股份公司业务经营上多少难免的弊端。”所有权与经营权分离已经成为现代公司的基本特点，而“经理人失控”问题亦成为公司治理研究的重要内容之一。

“经理人失控”是指所有权与经营权分离之后，所有者丧失对管理层的控制。首先，分散、多元和流动的所有者（股东）在现实中不可能都去参与股份公司的经营与管理，只能将企业委托给专业经理人员经营。其次，现代化大生产需要向社会筹集巨额的社会资本，股东的数量众多导致股权极其分散，任何股东都不足以控制企业，因此必须聘请职业经理人，由此产生了在多元“主人”背景下的单一“仆人”控制的治理格局。法理上股东“主人”的地位现实中则被“仆人”经理人控制所颠覆，《公司法》和公司章程似乎成了约束职业经理人的唯一手段，而监督手段的缺乏和股东代表大会的形式化又往往使得它们成了一纸空文。而职业经理人的专业特长和经营管理能力与经验的擅长使其在工作中掌握了不为股东了解的大量信息，形成信息不对称局面。当对经理人的约束仅仅是靠“仆人”或“保姆”自身的道德品质来保障时，在不成熟的市场经济和公司监管环境下，“经理人失控”这一现象就变得相当普遍，成为当代公司治理的首要难题。

3.“经理人失控”的表现

“经理人失控”主要表现为损害所有者权益和降低企业的经营效率，造成出资人承受机会成本损失等情况。我国的“经理人失控”有其自身特点，主要表现为：

第一，“一股独大”问题严重。“一股独大”在我国国有上市公司和家族上市公司中普遍存在，大股东借助对上市公司的绝对控制权掏空公司。由于公司治理结构不健全，上市公司与控股公司无法做到“资产、人员、财务三分开”，由此，经理人成为控股股东的代理人，上市公司成为大股东的圈钱机器。因此，如果说国际上公司治理的关键是防范“经理人失控”的话，那么在中国，防范“经理人失控”的关键则是规范“一股独大”的大股东。

第二，大股东通过关联交易，转移和隐藏利润。在我国，上市公司与关联股东（主要是与控股股东）之间的关联交易司空见惯、屡禁不止，其实质是关联方违背公开、公平与公正的市场原则，通过决定或影响企业的财务或经营决策，从中谋取不正当利益，损害公司及其他利益相关者的合法权益。

第三，大股东控制的上市公司信息披露不符合及时性、准确性、有效性的基本要求，甚至与庄家的操纵、内幕交易相互配合，造成股价信号传递功能失灵，广大中小投资者深受其害。

（二）财务造假问题

上市公司财务造假是一个全球普遍存在的严重问题。21 世纪初期，美国接连发生的上市公司财务丑闻严重损害了资本市场的信誉，动摇了投资者的信心。同样，中国证券市场的上市公司财务报告舞弊案例也是屡见不鲜。这些财务造假事件引起中国资本市场的巨大震动，并造成了非常恶劣的影响，不仅给投资者造成巨大损失，而且对资源的合理配置和股市的健康发展也具有很大的危害。

1. 财务造假的特征与影响

“财务造假”是指公司管理层突破现有会计规范，蓄意提供虚假会计信息，对投资者或信息使用者的投资决策造成重大、实质性影响的行为。财务造假行为通常具有以下几个特征：以管理层为主体的集体舞弊；以会计数据作为造假的客体；造假不能改变企业的真实盈利状况；通常在几个年度内具有连续的造假行为。

财务造假最终表现为财务报告的造假，即向投资者出具不真实的财务报告，提供虚假的会计信息。财务报告造假不仅会导致整个社会的会计信息失真，危害社会经济的健康发展，而且对相关的机构和人员也会产生严重的经济后果。

首先，削弱市场的资源配置功能。市场资源配置功能的发挥，是以真实与公允的信息为前提的，而造假的会计报表必然会误导市场，导致资源的逆向配置。

其次，侵害投资者权益。投资者根据失实的财务信息往往会做出错误的判断和决策，造成投资损失。例如，美国的安然公司和世通公司财务事件被揭露后，市值分别损失 320 亿美元和 1200 亿美元，给投资者造成巨大损失。而且，证券市场的良好发展是建立在投资者信心的基础之上，投资者信心的丧失必然会危害证券市场的发展。

2. 常见的财务造假手段

上市公司财务造假的手法可谓花样繁多，但最终都要通过财务报表和信息披露来实现。调节利润等数字，既能直接提高业绩，粉饰报表，也可以提高一些反映公司获利能力的指标，信息披露的程度也会影响投资者的决策。

（1）虚构交易事项。虚构交易事项是最为简单和直接的造假方式，包括虚构交易事实和制造经济业务两种类型。

（2）运用不恰当的会计政策。会计制度同任何制度一样都具有局限性，会计准则所固有的估计和专业判断以及会计核算方法的可选择性，给上市公司管理层操纵利润提供了机会。

（3）利用关联交易。关联交易是指企业关联方之间的交易。而判断关联关系的重要标志为是否存在控制和重大影响，其实质是关联方决定或影响企业的财务或经营决策并从中获利。关联交易虽然能够减少交易过程中的不确定性，节省交易费用；但也可能违背公开、公平与公正的市场原则，发生不当的交易，损害公司及其他利益相关者的合法权益。

（4）利用非经常性收益。非经常性收益主要包括：处置资产收益、股权转让收益、债务重组收益、诉讼胜诉、费用减免、税收减免、利息减免、财政返还和补贴收入、新股申购资金利息收入等。对于一个生产经营正常的企业来说，非经常性收益在利润总额中所占的比例应该极小，但相当一部分上市公司却依靠非经常性收益来弥补主营业务带来的巨额亏损。

下面我们借用几个财务造假的案例加以说明。

案例 2-1

安然（Enron）造假案

安然公司成立于1930年，曾是一家位于美国得克萨斯州休斯敦市的能源类公司。在2001年宣告破产之前，安然拥有约21000名雇员，曾是世界上最大的电力、天然气以及电信公司之一，2000年披露的营业额达1010亿美元之巨，公司连续六年被《财富》杂志评选为“美国最具创新精神公司”。然而真正使安然公司在全世界声名大噪的，却是导致这个拥有上千亿美元资产的公司在2002年的几周内破产，持续多年精心策划乃至制度化系统化的财务造假丑闻。

安然公司会计造假的手段包括两大方面：

1. 设置复杂的公司组织结构

（1）通过关联方交易操纵利润。安然公司最终发展出3000多家关联企业，其中，约900家是设在海外的避税天堂。安然公司通过建立复杂的公司体系，拉长控制链条，将债务留在子公司账上，将利润显示在母公司账上，以自上而下“传递”风险，自下而上“传递”报酬。

(2) 利用“特殊目的实体”(Special Purpose Entities, SPE),隐藏企业债务。企业一般是出于经营目的而设立的,而“特殊目的实体”是指企业根据某种特殊目的而设立,并非是为了经营。安然公司不恰当地利用“特殊目的实体”符合特殊条件,可以不纳入合并报表的会计惯例,将本应纳入合并报表的3个“特殊目的实体”排除在合并报表编制之外,导致1997~2000年高估了4.99亿美元的利润,低估了数亿美元的负债。

2. 利用衍生金融工具

安然公司几乎把所有的资产都转化成衍生金融工具,通过衍生金融工具使本来不流通或流通性很差的资产或能源商品“流通”起来。其中一个最大的问题是会计准则对如何估价这些资产并没有明确的规定,在安然原来报告的2000年度14.1亿美元的税前利润中,差不多有一半属于此类获利。

案例2-2

银广夏造假案

ST银广夏(000557),1994年6月上市,有着“中国第一蓝筹股”的美誉。2001年8月《财经》报道了“银广夏陷阱”,虚构财务报表曝光。

2002年5月,中国证监会对银广夏的行政处罚决定书认定,公司在1998~2001年累计虚增利润77156.70万元,其中:1998年虚增1776.10万元,由于主要控股子公司天津广夏1998年及之前年度的财务资料丢失,利润真实性无法确定;1999年虚增17781.86万元,实际亏损5003.20万元;2000年虚增56704.74万元,实际亏损14940.10万元;2001年1~6月虚增894万元,实际亏损2557.10万元。从原料购进到生产、销售、出口等环节,公司伪造了全部单据,包括销售合同和发票、银行票据、海关出口报关单和所得税免税文件。

（三）不分红问题

分红是公司股东大会的自治事项，若要求上市公司强制分红有违法理。但作为投资者实现投资回报的重要形式，现金分红是培育价值投资理念、增强资本市场持久吸引力和活力的重要途径，应该大力倡导。

中国股市历来存在“募集多回报少”的问题。根据 Wind（万得资讯）的统计数据，从沪深两市成立至 2015 年 6 月底，沪深两市 A 股上市公司通过 IPO 募资 2.5 万亿元、增发募资 3.3 万亿元、配股募资 0.5 万亿元，3 项共计募集 6.3 万亿元。截至 2015 年 6 月，A 股上市公司共计现金分红 2.2 万亿元。大部分上市公司的股利政策缺乏连续性和稳定性，许多公司长期不分红或很少分红。2004~2013 年，仅 245 家公司 10 年连续支付股利（2004 年前上市公司为 1285 家），占比仅为 19%。其中更有烽火电子、上海辅仁等 20 多家连续十多年未分红的“铁公鸡”。

股市投资者的储蓄投入企业成为经营资本，然后再通过股利（股息）和资本收益返还投资者。股票市场如果不能给投资者提供合理的回报，这种资本转化机制就会被破坏，最终影响股市功能的正常发挥。虽然监管部门将上市公司的再融资条件直接与现金分红挂钩，以此鼓励上市公司现金分红，但其实际效果依然是“想融资就分红，不想融资就不分红”。

二、中介机构：造假与不造假的两难

（一）中介机构的诚信缺失

信息是信用的基础，而股市对信息具有高度依赖性。股市上的公开信息需要中介机构对其真实性、合法性、准确性、完整性进行鉴定和把关。中介机构是解决信息不对称，维护市场经济秩序，提高经济运行效率，保证经济运行质量的重要力量。恪守“独立、客观、公正”的执业原则是保证所有中介机构发挥应有作用的基础，诚信是中介机构立命之根本。

在大量上市公司信用缺失行为被揭露的同时，中介机构的信用缺失问题也暴露出来。具体表现为帮助企业造假，骗取上市资格；在对上市公司财务审计过程中严重失职；协助上市公司操纵利润，通过增发和配股继续圈钱；与上市公司、庄家相勾结，故意散布虚假信息误导投资者等，从而达到为自身谋利益的目的。我国上市公司与市场中介机构的合谋造假产生的负面影响，不仅使资本市场元气大伤，财务信息公信力下降，同时也动摇了市场中介机构的信誉基础。

中介机构的诚信缺失已成为一个国际性难题。2002 年，美国电信业巨头——环球电讯公司宣布进入破产程序。据美国联邦存款保险公司（FDIC）报告，2001 年美国上市公司的破产数量创下历史新高，达 257 家，比 2000 年增加 46%。令人震惊的是，7 家最大的上市公司中，竟有 5 家宣布破产。这 5 家公司除安然公司外，还包括宝丽莱公司、伯利恒钢铁公司、太平洋煤气电力公司、美国环球航空公司。这些昔日风光无限的公司之所以一下子成为秋风落叶，其中大部分是由于会计信息严重造假。而在这些上市公司财务造假的背后，无不存在市场中介机构信用缺失、严重失职的问题。

（二）中介机构的两难选择

中介机构在帮助上市公司造假的问题上往往面临两难选择。业内有一句名言：做假是找死，不做假是等死。做假找死不一定死，不做假等死必死。究其原因，有以下几个方面：

1. 政府过度干预

从 20 世纪 90 年代起，各级政府对会计服务市场的干预程度不断加强，使得无论是在信息公开呈报的股票市场上，还是在信息不公开披露的其他各类市场上，注册会计师的行为主要是政府的选择而非市场选择的结果。1993 年后，对于新股上市的审批，我国长期采用的“额度管理、计划控制”（现已改为“标准控制”），使得公司上市额度成为一种十分稀缺的资源，对新股发行采用政府确定而非市场自由确定的方法，当地政府为了确保本地企业能取得来之不易的上市额度，只会要求会计师事务所进行全力“配合”。

2. 中介机构恶性竞争

我国的中介机构数量多、规模小，以会计师事务所为例，截至 2015 年年底，全国共有会计师事务所 8374 家，其中总所 7373 家，分所 1001 家，注册会计师人数已逾 20 万，但会计师事务所综合评价前 100 家总共只拥有 2.7 万名注册会计师，不足总数的 14%，由此可见，我国会计师事务所的规模普遍偏小，实力有限。会计师事务所之间往往陷入恶性竞争，相互压价争夺客户。一方面，上市公司要求会计师事务所帮助“造假”，你不做有人做，每做一个上市公司能得到几十万元到几百万元的营业收入，哪个事务所不是争先恐后地抢着做；另一方面，由于“僧多粥少”，上市公司竞相压价，收费减少，事务所和注册会计师在审计中不得不删繁就简，简化工作程序和缩短工作时间，不按审计准则的要求严格执业。因为注册会计师按照规定的审计程序执行可能导致亏损，甚至有些会计师事务所和注册会计师迎合少数上市公司的造假要求，造成审计报告不实。

3. 对造假者处罚偏轻，违规成本低

公司造假，主管部门现行处理办法往往是一罚了之，最终却是广大股民买单，对经营者和管理者毫发未损。自 1981 年 1 月 1 日注册会计师制度恢复至今，从业人员受到“终生不得从事注册会计师行业”处罚的，不过 10 人左右。这种极低的处罚概率和软弱的处罚力度，很难起到以儆效尤的作用。一方面，造假的违规成本十分低廉；另一方面，造假可以骗取上市、骗取配股增发、与庄家联手拉高自己的股票赚取差价，风险小而收益巨大。在违法收益和风险失衡的情况下，造假行为无法得到有效遏制。

下面我们略举两例，说明中介机构协助上市公司造假现象。

案例 2–3

中天勤助银广夏造假案

1. 银广夏造假丑闻曝光之前，中天勤是当时全国最大的会计师事务所。2000 年 7 月，中天勤由天勤和中天两家会计师事务所合并成立。事务所的名称合并后，并没有进行业务管理的实质性的合并，一味追求规模全国第一，而严重忽视了会计师事务所最重要的业务风险管理。

2. 银广夏上市以来一直由中天勤担当审计机构。中天勤的内部管理混乱，审计态度随意，对风险的判断近乎错误，主要表现如下：

(1) 相信银广夏是高科技公司，就应当有高额利润。

(2) 因为银广夏不断进行频繁的关于高科技方面的信息披露，就认为信息是真的。

(3) 因为有众多的各级领导人的视察与合影留念，就相信银广夏真的底气十足。

(4) 审计人员对审计目的、目标、范围以及需要重点关注的问题，多数表达不清。

(5) 内部风险控制制度不健全而且执行不力。

(6) 未履行基本的三级复核制度，审核工作流于形式，审阅与签发均由一人包办。

案例 2–4

安达信助安然造假案

1. 安达信是国际五大会计师事务所之一，2002 年因安然破产倒闭。

2. 安然公司 1985 年由两家天然气公司合并而成，16 年内成长迅速，2000 年总收入达 1008 亿美元，名列《财富》杂志“美国 500 强”第 7 位、“世界 500 强”第 16 位。

安然高管控制诸多合伙公司，安然对外巨额贷款被列入这些公司，不出现在安然的资产负债表上。高达 130 亿美元的巨额债务不为投资者所知。

2001 年 3 月 5 日,《财富》杂志发表了女记者贝萨尼·麦克莱恩一篇题为“安然股价是否被高估?”的文章，安然造假丑闻开始被揭露。

3. 安达信的失职之处在于：初期未能发现安然公司隐瞒的大量债务及逃税，安然公司破产之后私自销毁有关安然公司的审计材料，安然公司丑闻转化为会计丑闻，受到美国司法部的犯罪指控。

4. 2002 年 6 月 15 日，安达信被法院认定犯有阻碍政府调查安然破产案的罪行，从 2002 年 8 月 31 日起停止从事上市公司的审计业务。此后，2000 多家上市公司客户陆续离开安达信，安达信在全球的分支机构相继被撤销和收购。而 2001 年财政年度其全球营业额为 93.4 亿美元，代理着美国 2300 家上市公司的审计业务，占美国上市公司总数的 17%；在全球 84 个国家设有 390 个分公司，拥有 4700 名合伙人、2000 个合作伙伴，专业人员达 8.5 万人。

三、监管机构：有形之手与无形之手错位

（一）监审体系配置失衡

1. 政府监管定位不清，角色混淆

目前，证券监管部门疲于应付证券市场中不断出现的经常性问题，充当“救火队”，缺乏中长期的注重监管的证券市场战略规划研究。在我国现行的资本市场监管结构模式下，监管部门肩负了过多的职能，集审批者、产品创新者、监管者、证券业主管部门、市场稳定者与市场发展推进者等诸多角色于一身，而这些角色之间往往相互冲突。在缺乏必要权力制约机制的状况下，监管部门监管的内容和范围趋于不断自我膨胀与扩张。

同时，在监管手段上，“重审批、轻监管”的现象严重，习惯于将行政管理手段照搬于市场化的证券市场，监管者往往热衷于“种审批的田，而荒了监管的地”，正是在这样的背景下，“自家审批自家监管，责权不清监审不分”，监管部门热衷于替股民选美，从发行到监管总是习惯替股民做价值判断。而精力的分散必然导致疏于“抓坏人”的本职职能，这也致使

监审失衡。

长期以来，中国证券市场监管过于倚重行政手段，不仅缺乏技术上的弹性，导致在具体操作中主观性强、适应力差，变相鼓励了金融市场的“寻租”行为。由于行政审批权易被“俘获”，同时缺乏必要的公众监督机制和途径，导致行政审批权腐败与监管不力低效并存，影响了我国资本市场的公平和稳定。

2. 行业自律监管薄弱

（1）证券交易所监管职能应强化

我国证券交易所无论是在上市审核还是在上市公司监管方面的自治性和自主性均不足，自律监管功能有待强化。我国证券交易所的形成就是强制性的制度供给，其自律管理带有浓厚的行政化色彩，独立性先天不足，因而自律监管被“异化”。在集中统一的监管结构模式下，交易所归证监会管理。交易所成为证监会统一领导下的附属机构，是追求、贯彻和落实政府目标的“雇员”，徒有自律管理之名。同时，交易所监管通常是一种事后和应对式的监管，缺乏监管的主动性，难以及时有效地发现违法违规问题。再加上监管权能的设计缺陷，其通常只能以比较软性的道义劝说、质询、谴责等方式进行，监管的威慑力和有效性严重不足。

从证券交易所的具体监管权限来看，上市条件是法定的，其审核仅仅是形式审查，难以对上市公司的质量本身发表意见，更无权阻止问题公司上市。对于监控权，仅停留在发现问题阶段，没有法律赋予的制裁权利，只能向证监会报告，无法自行处理。

（2）证券行业协会自律监管亟待加强

证券行业协会对证券公司等相关中介机构的自律监管也不到位，无论是从立法者的角度还是从政府监管部门的角度看，在对行政监管过度信赖的同时，缺乏对行业自律监管的重视，特别是发挥证券业协会和上市公司协会的作用严重不足。证券业协会和上市公司协会成了证券监管部门的附属物和“传声筒”，这既不符合我国资本市场在监管上发挥各方有效力量、制约平衡的监管格局，也不符合国际资本市场政府部门与行业自律监管有效分工、平衡制约的监管规范。无论是证券业协会还是上市公司协会，其权力、职责都没有到位，缺少进行行业监督所必需的基本权限，自律监管还停留在法律规定装饰门庭的阶段。

（二）监管责、权、利不统一

20世纪90年代以来，世界上金融危机频频爆发，更是使得各国政府和金融监管部门将监管重点从“合规性”监管转向对金融风险的控制与预防。近年来，我国的金融监管虽然取得了一定的成效，但金融监管距离完善高效的目标还有很大差距；金融监管机构的监管水平仍然较低，监管能力仍较弱，导致监管效果不佳，资本市场监管同样如此。与此同时，相应的监管成效没有纳入对监管部门及个人的评价考核中，相关监管失职案件的责任追究机制未能建立，监管者责、权、利三者并不统一。以2013年年底出台的新股发行制度为例：在迈向注册制的改革中，发审委依然存在，与过去的审批制相比，新的发行制度仍然是多了一个不承担核准责任的发审委，却少了审批制下的责任人，而一旦核准结果出现风险却找不到最终责任人，全部由投资者来承担。

在IPO仍是稀缺资源的情况下，管理层对发行制度的改革并未触及其实质问题，即监审分离问题，尚未将上市审核权下放到交易所。企业最终能否实现IPO，仍主要由证监部门及发审委决定，市场化选择依旧很难落地，其根本原因在于供求并不真实。符合上市条件并申请上市的企业远远超过能审批过关、实现上市企业的数量，千军万马过“独木桥”，每次只给几个“高价宝宝”搞市场化询价，直接导致“三高超募”，市场化成了“伪市场化”。

（三）监管不力，执法不严

长期以来，监管部门对于证券市场中的一些违规行为监管不力，执法不严。“弹性监管”普遍存在，对于市场参与者缺乏有效“硬约束”，于是“顶风违纪”之后寻求“法外通融”的行为屡禁不止，违规造假成本低。对责任人的追究不力严重影响了投资者信心，助长了违规者的机会主义行为，阻碍了证券市场的健康发展。

以上市企业退市问题为例，高度市场化的证券市场不仅能通过其内在机制进行动态调整，不断吸纳优秀的公司上市，同时又能不断淘汰劣质公司，从而为证券市场注入新的生机与活力，使资源得到合理有效的配置。

我国退市制度的执行弹性较大，导致退市机制的实施效果较差。截至2017年5月，A股市场建立以来，真正暂停上市、退到新三板市场的股票只有158只；而沪深两市仅A股挂牌公司总数已达3281家，退市率只有4.8%。我国退市制度规定上市公司连续亏损3年就应直接退市，而现实中有不少公司连续亏损了3年仍然没有最终退出市场。一些连续亏损了3年的公司只是被暂停上市，其间积极寻找重组方等待重回市场，不少公司停牌的时间长达两三年，甚至更长，待公司获得盈利即申请恢复上市。关于一些公司退市问题的处理，监管部门运用了自由裁量权，其理由难以令人信服。

监管不严的重要原因在于市场监管的核心部门——证券监管部门的“一身多任”。在市场发行审核、市场交易监管与信息披露等繁多监管职责的压力下，证券监管部门的监管目标分散，监管力量无法集中。随着证券市场的不断扩大，维持多个目标且监审不分的监管模式，越来越难以适应资本市场新形势的需要。

（四）政策多变，行政调控过多

我国股市受政策影响显著，长期处于一涨就怕、一怕就打、一打就跌、一跌也怕、一怕又托、一托又涨的恶性循环。国家宏观政策过多地干预了股票市场的运行，导致股票市场的频繁剧烈波动。政府干预的范围几乎遍及市场的所有环节，包括股票上市规模、上市节奏和上市资源分配，上市公司的配股、收购、兼并和大规模重组，都得有政府的最后审批。股市的资金流向和资源配置，首先取决于政府的意志，而不是企业和投资者自由选择的结果。其中，政策干预最为常见的情况是：当股票市场出现低迷、股价持续下跌时，政府往往有意识地“托市”，充当“救市主”的角色；当股票市场出现过度投机、股价持续上涨时，又往往有意“打压”市场，这种干预模式导致中国股票市场的波动异常剧烈，并产生了一种特殊的既有“政策博弈”又有“政策依赖”的现象。

同时，我国股市政策调控预期极不规范与透明。以“5·30的半夜鸡叫”① 为例，在未履行任何程序和征求各界意见的背景下，即突然大幅提高印花税税率，这一做法明显有违“三公”原则，严重损害了政府公信力。

（五）盲目市场化改革效果不佳

减少行政干预、强化市场约束机制，是中国证券监管改革的基本方向，但一切均应建立在理解国情、尊重实际的基础之上。否则，盲目的市场化改革只能是事与愿违，造成像创业板初期“三高超募”那样公平与效率的缺失。

以新股发行制度改革为例，本意在于增加上市公司可流通股票比例的老股转让规则，却正中IPO公司的下怀，致使股票市场出现了令人发指的奥赛康事件。奥赛康仅发行了1000多万股，在73元/股的条件下就达到了7亿多元的筹资目标。而在新股达不到25%比例的借口下，老股减持、增加可流通量到25%，这种行为就堂而皇之地登上了套现的大雅之堂。发行人在券商的策划下打着融资、发展生产的旗号上市，结果大股东倒套现了32亿元，是上市公司融资的4倍之多。若非监管层悬崖勒马，紧急叫停，还会有更多的奥赛康出现。出现如此令人震惊的事件，其原因就在于监管层在改革新股发行制度时一味追求市场化，而忽视了中国股市最具特色、同时也是最严重的“一股独大”问题，最终不仅让监管层下不来台，还让中国资本市场再次沦为笑柄。

---

① 2007年5月30日凌晨，由财政部出面发布一项新政，将股票交易印花税税率由原来的千分之一上调至千分之三。由于财政部做出决定已是深夜，大多数第二天出版的报纸已经截稿，因此这一消息未能及时在第二天见报，但它已由早上的广播和电视做出了报道。这一消息犹如给正处于狂热的股市当头浇了一盆冷水，5月30日沪深两地股市开盘后，股指瞬间出现大暴跌，至当天收盘，上证综指下跌281点，跌幅高达6.5%，两市跌停股票数不胜数，流通市值一天蒸发42532亿元，为此许多投资者深套其中。

中国资本市场接下来在推进注册制改革时也必须充分注意到我国投资者以散户为主、集体诉讼机制缺位、事后监管处罚体系尚不健全的特殊国情，不可一步实现跨越，必须采取渐变稳定的方式实现改革。

（六）对二级市场股民利益保护的忽视

1. 投资者保护是证券监管的主要目标

投资者是股市的资金来源，是股市的衣食父母。只有保护投资者的合法权益，树立投资者对市场的信心，才能保障股市的资金流入，才能发挥股市筹资和资源配置的功效。

中小投资者在市场中处于弱势地位，因为他们作为出资人，承担着发行人、融资者的经营风险，而他们在公司治理中处于劣势，当市场失灵或失控的时候，他们通常是最大受害者。保护投资者尤其是中小投资者的合法权益，应当作为监管的主要目标。监管部门要以为投资者服务，替其排忧解难为己任。

2. 我国证券监管的悖立目标

投资者是资本市场的衣食父母，投资者所具有的出资人和风险承担者的双重身份，使得监管部门的最主要监管目标就是保护投资者的权利和利益。因此，落实这一目标并履行好监管职责、保护投资者利益是资本市场证券监管的第一要务。

但我国证券市场制度与政策的制定，却常常与股民投资者权利保护的目标相悖。从早期资本市场要为国企脱困服务到国家股市价减持筹集社保资金为全国人民服务，直到近年在创业板的发行上市中讨论“三高超募”是不是问题时，监管部门的主导意见仍然是“与其让利给二级市场股民投机赚钱，不如留给发行股票的企业发展生产”，这直接导致家族企业一股独大背景下的“三高超募”和发行造富，而二级市场的股民投资者却普遍亏损，保护投资者利益这一监管者应完成的目标变成空话。

而在二级市场上，上市公司侵犯股民投资者利益的现象也屡屡发生。目前，在以政府为主导的证券市场上，对投资者的保护是一种自上而下的保护，没有建立一种“触发”机制，使中小投资者可以根据具体情况而自发地利用某种渠道来维护自己的利益，投资者保护成为一种“被动式”保护，即将投资者保护置于一种相机性的策略之下：是否进行保护、保护多久、保护的程度、保护的力度都服从于国家这个保护人的利益实现状况，其根据证券市场的运行状况进行调控，从而使中小投资者的实际保护处于波动中，而非始终如一地得到执行。

投资者保护成了监管部门的“筹码”，以及实现国家利益的“工具”，不仅证券市场建立之初存在的众多体制性问题至今仍未得到解决：中小股东的投票表决权、剩余分配权、知情权、诉讼追偿权等难以实现，而且在历次政策变动中，股民都成为最终的“买单人”。

令人欣慰的是，证监会负责人在2014年的全国证券期货监管工作会议上旗帜鲜明地提出要把保护投资者尤其是保护中小投资者作为监管的重要目的，“保护投资者就是保护资本市场，保护中小投资者就是保护全体投资者，要把维护中小投资者的合法权益贯穿到监管工作始终”。然而提出口号容易，落实与否就只能有待时间来检验了。

四、股民：投资理念扭曲

（一）重短期操作轻价值投资，重买卖差价轻股利分红

在西方成熟的股票市场上，投资者注重股票的内在价值，以未来预期股利的净值流量为股价分析基础。而在我国，由于上市公司造假丑闻频发，绝大部分上市公司长期采取无股息红利或低股息红利的政策，机构投资者缺位，广大个人投资者一味注重证券价差所带来的收益，不重视股息和红利的分配。许多股民倾向短期操作以博取差价，投资的盲目性比较大，价值投资成为空话，短线赚钱的投机心态成为部分人投资理念的主流。

在这种过度投机的心态下，股民的投资行为很难做到理性。投资者要不就是跟庄，要不就是撞大运。在这种情况下，中国证券市场的不稳定性

和非理性问题非常严重，难符投资之名。据有关数据统计，以流通市值计算，2015 年中国大陆主板换手率①达到 634%、创业板 1257%，而同期纳斯达克交易所换手率为 245%，东京交易所为 133%，香港联交所为 117%，纽约交易所为 64%，印度 NSE 为 45%②。

（二）缺乏自我权利保护意识

在以银行业间接融资为主的中国，长期以来，“储蓄光荣”的口号已经深入人心，但同为投资行为的“炒股”却让广大股民羞于启齿。社会民众对于“炒股”有一种天生的罪恶感，认为“炒股”属于“投机取巧”“图谋暴利”。他们不仅没有认识到作为市场经济条件下的合法行为，股市投资对于国家经济建设具有重要意义，而且在自身权益屡遭侵害的情况下，也不敢或者耻于通过合法抗争来维护自身权利。

每一个投资者都应是自身权益最积极有效的保护者，即基于投资者资格和地位所享有的正当权益及力求使其投资收益最大化或风险损失最小化。但我国的广大股民由于思想认识的偏差和投资理念的扭曲，造成权利观念缺失，自我保护意识淡薄。不仅主动参与公司治理的积极性不高，对自己的股东权利知之甚少，而且在权益受到侵犯时，只知道企盼国家“救市”，不清楚运用包括法律武器在内的各种手段进行有效维权。

五、赌场化的股市用语

在中国的资本市场上，人们对股市的认识极为混乱，这主要是受中国台湾地区股市旧文化与大陆“股市赌场论”的交织产生的负面影响所致。在中国，人们历来对股市存有偏见，这种偏见加上我国股市建立初期借鉴照搬我国台湾地区的股市赌场语言，导致有明显误导作用的“庄家、跟

① 换手率（Turnover Ratio）是在一定时期内股市总成交股数与总流通股数的比率，或一定时期内股市总成交金额与总流通市值的比率。它用于说明股市中股票交易的频繁程度，也可作为衡量股市流通性的指标。

② 资料来源：https：//xueqiu.com/6815845163/74598205，雪球网，最后访问日期 2017 年 8 月 9 日。

庄、筹码”等赌场用语在我国股市大行其道，人们置身股市如临赌场。这些赌场用语应用于股市的基本含义是：

筹码——股票。

吸筹——在股市中庄家（或主力、大户）在某股票的价格处于相对低位时介入该股，一段时间内不断买入的行为，其主要任务是在该区间进行大量的收集廉价筹码。

洗盘与洗筹——吸筹完毕后，市场主力为了将盘面中的中线套牢或者短线跟风的浮动筹码洗出来，必须进行必要的洗盘。洗盘的目的就是减少日后拉升过程中的获利抛压及自己显现拉升后的利润最大化。

出货——庄家高价出售手中持有的股票，进行套现。

与庄共舞——跟随某只股票的控股庄家进行相应的买进卖出操作。

使用这些赌场语言来形容股市带有明显的“赌场文化”误导，使广大投资者置身股市如临赌场，既然是赌场就必然会抛弃价值投资而选择“跟庄”碰运气。其实，出现这样的问题正在于缺乏股市新文化指导下的理论的正确引导。因此，弄清这些概念至关重要。现以“庄家”一词为例进行解析：

在中国股市的现实中，由于我们没弄明白庄家的含义，把机构和大户都当作庄家，似乎是股股有庄，跟庄成风，无庄不成市，既恨庄又爱庄，进而又把庄分为长庄和短庄、白庄和黑庄、善庄和恶庄，其中长、白、善庄是好庄，短、黑、恶庄是坏庄。

而在西方证券市场的有关法规中，与中文“庄家”一词对应的英文词汇有三个：Banker，Market Maker 和 Manipulator。

首先，赌场里的庄家（Banker）这个词是赌场专用语，是指开局设赌者（通常只有赌场才具备这一资格），与闲家（Player）对赌，而把这一术语引入股市中，只有在沪深交易所作为实体也下场参与股票买卖与投资者对博时才成立。显然，这种庄家在中国股市中并不存在。

其次是做市商庄家（Market Maker），我国的港台地区普遍把 Market Maker 翻译为庄家或庄家制，这是一种与目前我国沪深交易所采用的中央报价系统集中报价，按时间优先、价格优先自动撮合的交易制度不同的另一种交易制度。具体是指买卖双方并不直接见面，而是通过买方和卖方分别与庄家进行交易的制度，在我国大陆地区，又把这一制度翻译成做市商制度。这种交易制度通常是指在市场流通性不好的情况下，通过庄家做市商来合规地维护一只股票的流动性和股价稳定性，美国的纳斯达克和中国香港地区的创业板采用的就是这一制度，而中国香港地区就把这一制度翻译成庄家制。显然，这种庄家制度是合规的，而且不同于人们普遍称谓的股市里的庄家。我国此前只有在 1993 年北京改革试验的法人股交易系统（STAQ）曾经全面推行过做市商制度，但这一制度随着 1995 年法人股市场的暂停而终止。直到 2014 年 8 月，做市商制度才重新开始在新三板市场运行。

第三是违法操纵股价者（Manipulator），在西方国家的证券法规中，普遍把那些利用假消息或者内幕消息非法操纵股价的机构投资者或者大户叫作违法操纵股价者。对这些违法行为在各国法律中都是要予以严惩的。从某种意义上说，这种机构和大户就相当于中国股市中的黑庄、恶庄。但是在西方的法律中，并不把他们叫庄家，而是叫违法操纵股价者。

综上所述，在中国，由于沪深交易所并不下场与投资者对博，所以并不存在赌场庄家。人们所谓的“庄家”也并不指代我国新三板即将采用的 Market Maker 这种庄家制，而只是违法操纵股价者。因此，我们必须把庄家和违法操纵股价者分开，让人们从语言上、词汇上一看就知道违法操纵股价者属于严厉打击的对象，而不要让那些违法操纵股价者和庄家这种在中国证券市场中并不存在的中性词汇混在一起，使人们难以分辨。

第三节 几个有待厘清的股市认识问题

一、股市是否具有增值功能

（一）股市当中赚钱人赚的都是赔钱人赔的吗

建立股市新文化的理论基石就是论证股市不同于赌场，赌场是零和游戏，零和游戏的典型特征是赚钱人赚的钱就是赔钱人赔的钱。赌场只有财富的转移功能，没有增值功能；而股市及资本市场则不是。股市不是零和游戏，其最重要的特征就是具有增值功能。尽管股市上赔钱人赔的钱是被赚钱人赚走了，但在股市中，赚钱人赚的钱绝不仅仅是赔钱人赔的钱。它是由四部分组成的：一是赔钱人的损失；二是股票增值，具体包括股票溢价发行、增发及配股到资本公积金的转移价值和企业税后利润提取盈余公积金与结存未分配利润的新增价值；三是股票流通性溢价；四是预期价值(虚拟出来又被社会所承认的价值)。可用以下公式表示：

赚钱人赚的钱=赔钱人的损失+股票增值+股票流通性溢价+预期价值

迄今为止，在世界各主要股市上，绝大多数市场都在股票大盘指数起始点之上运行，从2017年6月16日各国股指情况看，我国上证综合指数的基准点是1990年12月19日的100点，当日是3123多点；深圳成份指数的基准点是1994年7月20日的1000点，当日是10191多点；香港恒生指数的基准点是1969年11月24日的100点，当日是25626多点；纽约道琼斯指数的基准点是1928年10月1日的100点，当日是21384多点；纳斯达克指数的基准点是1971年2月8日的100点，当日是6151多点，股市的运行都没有跌到起始时点的点位，因此从各股市总体上看，总体财富的创造大于总体财富的损失。

而从个股来看，在不考虑除权除息的前提下，有面值的股票只要没有跌到面值，同样说明赚钱人赚的钱大于赔钱人赔的钱。尽管有个别股市或板块存在股指跌破指数起始点（如创业板）和个别股票跌破面值的情况，但这仅是存有严重制度缺陷的极个别市场和严重亏损的个别问题股票，并不是资本市场的普遍规律和现象。因此，并不妨碍我们在探讨股市基础理论时得出“从总量上看，资本市场总体创造的财富大于损失的财富，股市上赚钱人赚的钱要比赔钱人赔的钱多”这一结论。当然，也可能 10 个人赔的钱被一个人赚走，但仍不妨碍我们得出这一结论。

（二）股市是否能创造价值，实现增值

讨论股市是否创造价值，实现增值，不能就股市论股市，因为股市的功能和其他任何市场的功能一样，如果股市没有创造价值的功能，那其他市场也没有创造价值的功能，讨论这一问题将没有意义。因此，讨论股市是否具有增值功能，关键是论证股票是否具有增值功能。而论证股票具有增值功能的关键是从股票的载体——上市公司的资产负债表出发，从上市公司净资产这一环节来看股票的账面价格是否具有增值功能，且弄清楚这种增值是从何而来。

1. 股票的三种价格

众所周知，股票有三种价格：

（1）票面价格，即股票票面上标明的价格。

（2）账面价格，即上市公司净资产除以股份数所得的价格。

（3）交易价格，即股票在二级市场上进行交易的价格。

我们在论证股票的增值功能时，讨论股票的票面价格显然并无意义，而股票的交易价格又不能以自身证自己，尽管上市公司的价值在很多情况下通过股票的市值来反映，但需要指出的是，在股票的市值中由于含有市盈率的预期因素，而每只股票的市盈率水平并不一样，不同的市场中不同的股票也几乎找不到统一的市盈率标准，市值通常含有“良炒”和“恶炒”,“小炒”和“大炒”的因素。因此，若用由交易价格决定的市值来表达股票具有增值功能同样不合理。

唯有通过论证一只股票的账面价格会增值才能论证股票具有增值功能。通常，股票的账面价格被人们称为股票的净资产含金量或股票的本金，一家上市公司的自有资本或股东权益在资产负债表上是通过净资产

（Equity）来表现的，而净资产是由股本、公积金、未分利润组成的，反映在资产负债表的股东权益部分，详见表 2-1 中的股东权益科目。

表 2-1　资产负债简表

A 资产	L 负债
流动资产： 　货币资金 　短期投资 　应收账款 　预付货款 　其他应收款 　存货 长期投资： 固定资产： 　固定资产净值 　在建工程 无形资产及其他资产： 　无形资产 　长期待摊费用	流动负债： 　应付款 　预收款 　未交税金 　预提费用 　职工福利基金 长期负债： 　长期借款 　长期应付款 **E 股东权益** 　股本 　公积金（资本公积+盈余公积） 　未分配利润
资产总计	负债及股东权益合计

说明：股东权益又称所有者权益或企业自有资本或净资产。

如表 2-1 所示：

$$股票账面价格=\frac{净资产}{股份数}$$

$$=\frac{股本+资本公积+盈余公积+未分配利润}{股份数}$$

2. 股票增值的内生变量和外生变量

股票增值功能主要有两个变量：一是内生变量，即税后利润中盈余公积金的提取；二是外生变量，即由 IPO 及增发配股溢出发行前每股净资产价格部分并进入资本公积金的增量。这两个变量直接导致了股票账面价格即每股净资产价值的增加，它们是股票增值并导致股价上涨的重要因素。

（1）股票增值的内生变量。股份公司的利润分配制度决定了其年度实现的税后利润不能吃光分净全部分红，必须先按《公司法》和公司章程规定完成法定盈余公积金和任意盈余公积金的提取（通常法定盈余公积金的提取比例是10%，任意盈余公积金则由公司年度股东会决议)，再加上上市公司通常的税后利润会有部分结转下一财政年度形成未分配利润，这直接导致了上市公司每股净资产含金量或股票本金的提高，证明了股票具有内在的增值功能。我们可以把年度提取的盈余公积金和结转次年的未分配利润作为股票增值的内生变量。

举例来说：

①假如2013年A公司股本为5000万元（股)，另有资本公积5000万元，盈余公积3000万元，未分配利润2000万元。那么，

2013年每股账面价格=(股本+资本公积+盈余公积+未分配利润)/股份数

=(5000+5000+3000+2000)万元/5000万股

=1.5亿元/0.5亿股

=3元/股。

②2014年A公司实现税后利润8000万元；提取盈余公积金2000万元(其中按《公司法》规定提取法定盈余公积金10%即800万元，经股东大会决议提取任意盈余公积金15%即1200万元)；然后按每股0.2元向股东派发现金红利1000万元；剩余为未分配利润5000万元，结转下年。那么，

2014年每股账面价格=(股本+资本公积+盈余公积+未分配利润)/股份数

=(5000+5000+5000+7000)万元/5000万股

=2.2亿元/0.5亿股

=4.4元/股。

（2）股票增值的外生变量。如果我们把盈余公积金的提取当作股票增值功能的内生变量，那么上市公司通过IPO及再融资的增发和配股溢价所产生的资本公积金的增加所导致的每股净资产的增值则是外生变量。外生变量的增值虽然也表现为股票账面价格的上涨和每股净资产含量的提升，但客观地说，它表现的仅仅是新老股东财富再分配所带来的转移价值，而不是该公司通过经营活动实现利润创造的价值。

举例说明：

①假如2013年A公司股本为5000万元（股)，另有资本公积5000万

元，盈余公积3000万元，未分配利润2000万元。那么，

2013年每股账面价格=(股本+资本公积+盈余公积+未分配利润)/股数

=(5000+5000+3000+2000)万元/5000万股

=1.5亿元/0.5亿股

=3元/股。

②2014年A公司以每股11元的价格增发1000万股，股本增至6000（5000+1000）万股，资本公积增至15000（5000+10000）万元。那么，

增发后每股账面价格=(股本+资本公积+盈余公积+未分配利润)/股数

=(6000+15000+3000+2000)万元/6000万股

=2.6亿元/0.6亿股

=4.3元/股。

（3）小结。从以上举例计算中可以看出：

第一，由股票内生变量带来的股票增值是企业税后利润没有吃光分尽而形成的，是该企业新创造的价值。它直接带来企业每股股票本金的上涨，既然股票的本金上涨了，那么该股票交易价格的上涨就必然存在其内在合理性。

第二，由股票外生变量带来的股票增值是由企业IPO和增发配股等再融资的股票溢价部分形成的，如果说由股票内生变量带来的股票增值是企业新创造的价值，那么由外生变量带来的股票增值则是由新股东溢价购买股票的转移价值生成的。

第三，这两个变量从财务分析上能直观看到股票的本金是可以增长的事实，正因为如此，股票的账面价格可以从1元涨到3元也可以从3元涨到5元。而股票账面价格增长导致的本金的增长是其他金融资产如储蓄、债券所不具备的，这成为直接导致股票交易价格上升的合理因素之一。

综上所述，无论由股票内生变量带来的股票新增价值，还是由股票外生变量带来的股票转移价值，都是该只股票增值功能的体现。退一步说，如果我们强调的股票增值功能仅是企业的新增价值的话，那么由股票内生变量带来的股票增值也足以证明。

下面，我们通过一个案例来说明股市的增值功能。

案例 2-5

微软案例——两种变量导致股票增值解析

1975 年微软公司成立时总共有 2 万美元资本，比尔·盖茨 1.2 万美元，占 60%；保罗·艾伦 0.8 万美元，占 40%。

1986 年微软在 NASDAQ 上市，净资产 200 万美元，达最低门槛。年收入 1.62 亿美元，市值近 8 亿美元。上市首日开盘价为每股 21 美元，共筹集资金 6100 万美元。比尔·盖茨所占股份降到 43%。

2004 年，微软收入增至 132 亿美元，增长 83 倍。股票市值达 2800 亿美元，增长 350 倍。

2010 年年底，微软市值 2387 亿美元，年收入 584 亿美元，为全球第五大市值公司。为什么？

主要原因在于：积极的股本扩张和良好的业绩支撑。

1. 1987~2010 年，微软公司进行了 9 次股票分拆[①]送股，其中 7 次 10 送 10，2 次 10 送 5，总股本扩张了 288 倍。

2. 在股本扩张的同时，骄人的业绩才是支撑微软市值高速增长的主要力量。股本的飞速扩张并没有过分稀释其业绩，微软不断扩张股本以来，其每股绩效并未下降，反而一直在稳步增长。1986~2010 年，除 2009 年外，微软营业收入一直保持增长。

从上述数据看，多赢是现实的也是可能的：

1. 1995~2007 年，比尔·盖茨连续 13 年蝉联世界首富。2011 年盖茨以 560 亿美元位居世界排行榜第 2 名。在微软公司，另有两人进入美国全

---

① 股票分拆是指通过发行额外新股来削减当前股票价格。股票分拆只会改变股票持有者的股份数量，但不会影响所持股票总价值，也不会直接影响公司市值。

球富豪榜前50位：保罗·艾伦（创始人）、史蒂夫·鲍尔默（CEO）。持有价值百万美元的股票期权的员工超过一万名。

2. 一位股民如果在1986年以1万美元购买了微软股票的话，2010年的估计价值将超过280万美元。

二、如何看待股市的泡沫和“非理性繁荣”

（一）股市是虚拟经济，必然会有泡沫

1. 何为“泡沫”

到目前为止，经济学界还没有一个公认的关于泡沫的定义。最著名的论述是查尔斯·金德尔伯格在《帕尔格雷夫经济学大辞典》中的表述：“一项资产或者一系列资产的价格，在一个连续的过程中，陡然上升，最初的上升将产生进一步上升的预期，吸引新的买主，通常投机者只对从资产交易中获得的利润感兴趣，而不是对它的用途和获利能力感兴趣。”也就是说，当价格不是以资产的内在价值为基础，而是以连续上涨的预期为基础时，泡沫就会出现。

2. 泡沫是股市存在的前提

虚拟经济是市场经济发展到一定阶段的产物。伴随着货币的产生及其虚拟化，以及信用制度的产生与发展，虚拟经济便应运而生。而作为比货币更高层面上的虚拟，资本市场中的股票只是一种权益的持有凭证。作为一种金融产品，它们具有独立于真实经济的运动规律。股票是一种预期的未来收入的代表，它的市场价格并不完全由其现实价值决定。这种资本收入的预期性使股票的市场价格可能将与其实际价值发生偏离，从而出现资产价格泡沫。

股票实际价值（账面价格）与市场价格（交易价格）的背离，是股市存在的前提。就像酿造啤酒要有泡沫，蒸馒头要用“面起子”，就像市场经济自从有了货币（一般等价物）这个符号就存在了通货膨胀的可能一样，资产价格泡沫与资本市场、虚拟经济相伴相生，股市运行的周期就是泡沫从产生—成长—放大—缩小（或破灭）—再成长—放大无限循环的生

命周期。

（二）理性泡沫和非理性泡沫

1. 对泡沫研究的 3 个阶段

（1）17 世纪初至 20 世纪 90 年代，以对泡沫的描述和定性分析为主，其核心是大众投机行为。以“博傻理论”为代表，其认为：由于市场上存在着信息不对称和不完全，导致投资者预期偏离理性，进而引导投资者为牟利而追逐买卖价差，即使股价已经很高了，仍继续购入股票，从而促成股票价格的抬高，导致股市泡沫的产生。

（2）从 20 世纪 70 年代末起，随着理性预期理论的发展，经济学家开始用数学模型来描述泡沫的运行机制。在投资者的理性预期下，股票价格从长期来看，将与其理论价格相等；但从短期看，却有可能偏离理论价格，形成泡沫。理论价格是依据价格形成、运行理论和成本理论，运用现代数学模型和电子计算机计算出来的一种观念形态上的价格。理论价格区别于实际价格，它不受商品供求变化、流通中货币量变化以及国家政治经济政策变化的影响。

（3）自 20 世纪 80 年代以来，金融资产价格长期偏离宏观经济基础并最终崩溃的现象对传统理论提出了挑战，学者开始对传统金融理论严格的“理性经济人”假设、一般均衡分析框架等提出质疑和批评。金融行为学理论基于投资者非完全理性假设，通过分析投资者非理性心理和行为，对股市泡沫问题给出诸多解释，而且分析过程更加符合现实状况，为股市泡沫研究提供了新思路。其中“噪声交易者理论”逐步与理性预期理论融合，几乎可以解释价格对价值偏离的所有现象。其认为：依据价格对基本价值的偏离，泡沫分成三种类型：成长性泡沫、时尚泡沫和信息泡沫。成长性泡沫对应于理性投机泡沫；时尚泡沫是由于某种社会或心理力量引发的资产价格对基本价值的偏离，具有均值回复性质；信息泡沫是由于包含在资产价格中的信息不完全，或交易者在异质信息下对经济运行体制有不同看法形成的泡沫。

2. 理性泡沫

理性泡沫是活跃股票市场的必需品，也是虚拟经济不可避免的产物。

20 世纪 70 年代，基于有效市场假说，在投资者理性预期的假设下，经济学家认为资产价格应当反映其基本价值，即资产价格只取决于该资产当前和未来收益；如果资产价格偏离了其基本价值，表明市场出现了非理性现象。理性投机泡沫模型在不违背理性预期前提下提出了对有效市场假说的挑战。

布兰查德（Blanchard）和沃森（Watson）(1982）则证明：在理性预期假设下，资产价格中仍然有可能出现超过基本价值的部分——泡沫成分，且泡沫成分可以有不同的形式。相应地，这类泡沫模型被称为理性预期泡沫，或理性投机泡沫（Rational Speculative Bubbles)。这是理论界对资产泡沫的首次类别划分，奠定了资产泡沫类别划分的基础。

3. 非理性泡沫

非理性泡沫如果急剧膨胀而得不到控制，最终必然破裂而导致股价急挫，发生股灾，甚至引发金融危机。

在现实市场上，信息不对称和投资者的异质期望等因素将导致理性预期不成立，使得资产价格有可能出现对基本价值的长期偏离，从而形成非理性泡沫。凯恩斯（1936）曾用选美比赛来描述金融市场：共有 10 个姑娘参加选美比赛，人们要投票选出 6 个最美的，而且答案与最终评选结果最接近的投票者将会受到奖励。在这种情形下，人们不是选出自己认为最美的选手，而是选出别人也会认为最美的选手。从个人决策的角度看，投票者的行为符合理性要求，但最终结果有可能造成最美丽的姑娘落选。金融市场上也是如此，人们要购买的不是真正具有投资价值的资产，而是别人认为有投资价值并准备购买的资产，因此，价格上涨的资产不一定有投资价值，价格下跌的资产也并非没有投资价值。投资者个体的理性只是市场达到整体理性和有效的必要条件，而非充分条件。

链接

格林斯潘的“非理性繁荣”

“非理性繁荣”——1996年12月5日，当时的美联储主席格林斯潘在发表有关中央银行在民主社会中的作用时，首次使用了著名的“非理性繁荣”这一术语，引发了一场资产价格在货币政策决策中角色的争论。一直到今天，这场争论仍没有结束，也没有结果。

当时，成为争论焦点的资产价格是股票价格。很多格林斯潘的批评者后来抱怨说，在提出了可能存在股价泡沫这一问题以后，格林斯潘及其同事在泡沫破灭导致2001年美国经济衰退之前，并没有为缩小泡沫做出足够的努力。2006年1月底，格林斯潘在执掌美联储18年之后全身而退，类似地，对他的指责又到了房地产领域。在这个领域，下滑的建筑业、下降的销售额和房价，正在给美国经济增长蒙上浓重的阴影。

（三）流动性价值与预期的价值，理性和非理性的结合

1. 流动性价值

流动性（Liquidity）是指资产以合理价格迅速转让给交易对方的能力，它是任何一个市场的“灵魂”。缺乏流动性的资产通常暗含两类成本，一类是在非流动资产持有期内承受资产贬值的成本（因为该资产无法通过对冲方式进行套期保值）；一类是无法将非流动资产迅速转换成资本进行再投资的机会成本。

公司内在价值只有通过交易过程才能实现，而流动性是影响股票或金融资产价格溢价水平的重要因素。当公司流动性较弱的权益性实物资产转变成公司股票时，公司资产从实物资本形态质变到虚拟资本形态，资产的流动性实现质的飞跃。在资产流动性得到大幅提高的过程中，公司资产的价值也随之大幅度增加，这部分价值增值就是流动性价值，又可以称为流

动性增加值（Liquidity Value Added，LVA）。

人们将流动性视为一种有价值的资产：它可以给人们带来灵活性，并可以用来作为一种满足意外现金流需要的手段。因此，家庭部门、工商企业以及政府通常都希望其持有资产的流动性高于其负债，并愿意为达到这一状态而支付相应的费用。

2. 预期的价值

股票的价格不仅反映了其内在价值，也包含了对其未来价值的预期。首先，人们对股票未来价格的估计偏差有时候为正，有时候为负，但前者比后者多，这种单边误差的持续形成了泡沫。其次，投资者在知道泡沫存在破裂风险的前提下，会把泡沫破裂遭受损失的风险加入对股票价格的预期之中，风险越高，则期望收益也越高。股票的价格不断被推高，从而偏离其内在价值。最后，由于股市中“羊群效应”的存在，引发人们对某只股票的狂热追求，不断拉动公众对其未来业绩的预期，并愿意支付远高于其内在价值的价格。

3. 理性与非理性的结合

现代金融理论的发展已经证明资产市场的非线性[①]。第一，投资者的偏好和效用函数都是非线性的。第二，尽管投资者对风险的态度不一，但都知道在金融市场上只有承担风险才有可能获得超常收益。第三，投资者都希望金融市场是随机的，但又希望存在某种内在的规律。

股票市场充斥着“理性”的套利者和“非理性”的噪声交易者[②]，两者甚至在同一投资者身上矛盾统一。正是因为异质交易者的存在以及互动，广大投资者对于同一信息、同一股票的判断才会有差异区分，并形成不同的预期价值，进而出现股票价格与其基础价值（账面价格）的偏离。

---

① 线性关系是互不相干的独立关系，非线性则是相互作用，而正是这种相互作用，使得整体不再是简单地等于部分之和，而可能出现不同于“线性叠加”的增益或亏损。

② 噪声交易者是指由于信息不对称，非理性地在噪声（基本面无关的消息）的基础上进行交易的投资者。

当市场存在信息不对称和异质投资者时，某些投资者的行为——如证券市场上小投资者的“跟庄行为”——从社会角度看是非理性的，但从个体角度看则是理性的。但是个人投资者的局部理性不能保证市场的整体理性。

（四）从人为刺破泡沫到利用泡沫

1. 泡沫是把双刃剑

如前所述，泡沫是股市存在的前提，但过多的泡沫会带来巨大的破灭风险。追逐泡沫导致的股市虚涨，是一种不可持久的虚假繁荣。首先，这种股价虚涨不是建立在公司业绩基础上，股价越高，泡沫成分越多，风险越大。此时股市出现暴跌是股市强制性、突出性自我调整的需要。其次，随着股价虚涨，市场供求关系必定会发生急剧变化。股市资金供给量始终是有限的，当股市虚涨需要的资金量超过资金供给量时，股价下跌是供求关系调整的需要。最后，股价虚涨造成了股价与其他商品比价极不合理，从而引起资金过多流入股市，使其他各业的正常生产经营受到影响。因此，追逐泡沫促使股票价格虚涨，最终都会出现股价暴跌，从而引发股灾。股灾不仅破坏股市自身发展，引发或加剧金融危机，甚至会导致经济衰退或经济危机，引起社会动荡。

2. 股市泡沫的考量

股市市盈率（R=P/E）可以用来度量市场泡沫和风险。市盈率越低，股票投资价值越高；市盈率越高，股市出现泡沫的可能性越大。成熟股票市场的市盈率通常在15~20倍左右，市盈率过高往往是股市发生崩溃的前兆。但在判断新兴资本市场的股市泡沫时，考虑到新兴经济体的增长潜力（即国家宏观经济增长和企业微观成长性的综合考虑），其股市合理市盈率范围也较高。

$$\underset{\text{(P/E Ratio)}}{\text{市盈率}} = \frac{\text{股价（Price）}}{\underset{\text{(Earnings Per Share)}}{\text{每股收益}}}$$

考虑到各国不同的GDP增长速度，可以将股市市盈率调整为R=（P/E）×G（G：国家宏观经济增长和企业微观成长性的综合考量）。

$$\underset{(\text{P/E Ratio})}{\text{市盈率}} = \frac{\text{股价（Price）}}{\underset{(\text{Earnings Per Share})}{\text{每股收益}}} \times \underset{(\text{Growth})}{\text{成长性}}$$

例如，假定美国股市的平均市盈率为 10，GDP 增速为 2.5%。中国股市的平均市盈率为 40，中国经济以平均每年 10%的速度连续 30 年增长，中国的上市公司作为中国经济发展的生力军具有良好的成长性。再以美国股市为参考，判断中国股市市盈率是否超出合理范围，存在泡沫时，需要考虑两国不同的经济情况，中国的 GDP 增速为美国的 4 倍，则经过调整后的中国股市市盈率为（P/E）′=40/4=10，仍属合理范围。

3. 应对股市泡沫的两种思路

当股市可能出现泡沫时，为了避免可能出现的泡沫破灭风险，可以提前采取必要措施。根据市盈率（P/E）的计算公式，可以提出缩小股市泡沫的两种不同思路：

（1）缩小分子：打压股票价格至合理范围。从理论上来说，股票基本价值是判断是否出现泡沫的基准，但实践中很难确定。在股市泡沫无法准确测度的前提下，盲目通过外部政策干预，人为打压股票价格。由于挤压力度不好把握，极易导致股市急挫，破坏股市自身机理，并且引起法律纠纷和社会动荡。

（2）扩大分母：提升上市公司业绩，扩大每股收益。此举可以提高企业的微观成长性，保护广大股民的合法权益。同时，市盈率（股市融资能力）作为资本市场竞争力的标志，对于在金融全球化时代下吸引外国优秀上市公司具有重要意义。这一思路可以实现上市公司、投资者以及资本市场的多赢。而依据全球股市发展历史来看，所有泡沫自然发展的结果并不一定会走向破灭，破灭的泡沫仅是极少数，这一点可以从人类资本市场史上股灾发生的次数得证。股灾绝不是股市运营的常态。大多数情况下股市处于一个“泡沫”不断产生、成长、放大、缩小、再放大的不规则循环往复过程，并随着上市公司业绩的提升和整个社会实体经济的增长所导致的股票内在价值的提高，绝大多数股市泡沫转入由大到小、从危险到安全的新的良性生命周期。

三、如何认识股灾

（一）股灾的界定

股灾（The Stock Market Disaster），亦称股市灾害或股市灾难，是指股市大量日常风险没有得到及时有效释放并经过一定时期累积到极大的程度时，或股市日常风险累积到较大程度但股市运作的社会经济条件发生急剧变化时，在某个偶然因素的影响下，突然爆发的股价暴跌及其引起社会经济巨大动荡并造成社会经济巨大损失的异常现象。

对于股灾，学界暂无明确的定量研究，行业人士的共识是：在成熟的股市中（大盘股、机构投资者占主导地位），股市累计跌幅超过20%则为熊市，一次暴跌20%，或累计跌幅超过40%即可被认定为股灾；在新兴市场中，股市累计跌幅超过30%则为熊市，一次暴跌30%，或累计跌幅超过50%即可被认定为股灾。

依据这一标准，中国在这20多年间发生了3次股灾：

1. 2001年6月14日，上证综指达到2245点，随后快速跌落。2005年6月6日，上证综指跌破1000点，最低位998.23点，4年内跌幅55.55%。

2. 2007年10月16日，上证综指冲到6124点的历史高位，随后10个月里一路下滑，于2008年10月28日创下1664.93的年内最低点，1年内跌幅72.81%。

3. 2015年6月15日，上证综指达到5178点，随后在短短的72天时间里，于2015年8月26日跌至2850点，跌幅高达45%。

作为资本市场第一大国的美国，在过去的100多年间共发生了11次严重的股灾，详见表2-2。

表2-2　1901~2009年美国发生的11次股灾

起止时间	持续时间	道指期初值	道指期末值	总跌幅（%）
1901.06~1903.11	2年4个月	57	31	46
1906.01~1907.11	1年10个月	75	39	49
1916.11~1917.12	1年	110	66	40

（续表）

起止时间	持续时间	道指期初值	道指期末值	总跌幅（%）
1919. 11 ~ 1921. 08	3 年	120	64	47
1929. 09 ~ 1929. 11	2 个月	381	199	48
1930. 04 ~ 1932. 01	1 年 8 个月	294	41	86
1937. 03 ~ 1938. 03	1 年	194	99	49
1939. 09 ~ 1942. 04	2 年 7 个月	156	93	40
1973. 01 ~ 1974. 12	1 年 10 个月	1052	578	45
2000. 01 ~ 2002. 10	2 年 9 个月	11793	7286	38
2007. 10 ~ 2009. 03	1 年 5 个月	14198	6470	54

资料来源：http://money.163.com/09/0309/22/540E6K130025340J.html.网易财经. 2009 年 3 月 9 日。

（二）股灾的特点

从 1720 年世界第一次股灾发生算起，200 多年来，几乎每一个有股市的国家或地区都发生过股灾。1720 年，法国密西西比股灾和英国南海股灾是世界上发生最早的股灾；1929 年和 1987 年都起源于美国的股灾，是波及范围最广的世界性股灾；日本、中国台湾和中国香港是世界上股灾发生最频繁的国家或地区。

股灾不同于一般的股市波动，也有别于一般的股市风险。一般来说，股灾具有以下特点：第一，突发性。世界各个国家和地区发生的每次股灾，几乎都有一个突发性暴跌阶段。第二，破坏性。股灾毁灭的不是一个百万富翁、一家证券公司和一家银行，而是影响一个国家乃至世界的经济，使股市丧失所有的功能。一次股灾给人类造成的经济损失，远远超过火灾、洪灾或强烈地震的经济损失，甚至不亚于一次世界大战的经济损失。第三，联动性。首先是经济链条上的联动性，股灾会加剧金融、经济危机；其次是区域上的联动性，一些主要股市发生股灾，将会导致区域性或世界性股市暴跌。第四，不确定性。在股灾发生之前，人们很难准确预测或判断股灾会在什么时候发生，股市暴跌幅度有多大和持续时间有多长，也很难预期股灾对金融和经济乃至人们的社会心理将产生多大的负面影响。引发股灾的不确定因素很多，就如同地震一样难以准确预测。

（三）股灾的成因

每次股灾的发生都不是由单一原因造成的，而是众多因素共同促成的结果。

1. 市场违规

首先，市场违规的当事人为了获取暴利，大肆炒作使股票暴涨。由于这种暴涨不是建立在价值发现的基础上，而是建立在价格严重偏离价值的基础上，因此，这种暴涨构成了日后暴跌的前提。其次，市场违规从动机到目的都有违股市作为一个信用市场的本质特征，它愚弄了广大不知内情的投资者。一旦投资者识破市场违规的假象后，投资信心就会受到无情的沉重打击。在投资者失去信心的情况下，股市就失去了赖以生存和发展的市场基础，作为信用市场的股市必跌无疑。

2. 过度投机

投机是股票市场的本质特征。投机有适度投机和过度投机之分。适度投机是建立在理性的、合法的和价值发现的基础之上的，是有利于股市发展的。过度投机则不同，容易导致股灾。过度投机在行为上表现为盲目性和狂热性，从而引起追逐泡沫，导致股市虚涨——非理性的繁荣。

3. 经济衰退

综合考察历次股灾发生的时机，除因欺诈引起股市狂涨并在欺诈披露后导致股市大跌从而引起股灾外，世界各个国家和地区的大多数股灾都发生在经济周期从高涨到衰退转变的前后，股灾既是经济衰退的反应，更是加剧经济衰退的导火线。

4. 监管乏力

世界各个国家和地区发生的股灾，都可以从市场监管上找到原因。监管机构的有法不依，执法不公，严重影响了监管的有效性，未能及时防范股灾风险。

（四）股灾的善后措施

鉴于股灾可能导致的严重后果，政府不应对股灾采取放任态度，而是要积极采取措施减少股灾所造成的损失，并在事后完善立法，堵塞监管漏洞，防止股灾的再次发生。

1. 采取应急措施，防止股灾持续蔓延

总结各国应对股灾的经验，笔者归纳了以下几种应对股灾的紧急措施。这些措施大部分都是“压冰块”的治标之策，但对于防范股市风险蔓延，防止系统性风险的发生有着重要的作用。

（1）平准基金。平准基金是指政府通过特定的机构以法定的方式建立的基金。这种基金可以通过对证券市场的逆向操作，比如在股市非理性暴跌、股票投资价值凸显时买进；在股市泡沫泛滥、市场投机气氛强烈时卖出的方式，熨平股市非理性波动，达到稳定证券市场的目的。平准基金一般有法定的渠道来源，如国家财政拨款、向参与证券市场的相关单位征收等，但也不排除向自愿购买的投资者配售。平准基金盘子必须足够大，才能发挥好维护证券市场稳定的作用。

（2）停牌避险。停牌是指由于某种消息或进行某种活动引起一只股票的股价连续上涨或下跌，由证券交易所暂停其在股票市场上进行交易。停牌可以减少公司股票的短期抛售压力，还可以避免将股票大量质押的股东强制平仓。但停牌本身也是一把双刃剑。上市公司大面积停牌，不但会带来新的流动性风险，而且会人为延长风险释放，在股票复牌后对市场带来二次冲击。

（3）正确引导舆论。股市舆论对于投资者的决策至关重要。主流舆论应当倡导投资者保持冷静，引导股民树立理性的投资观念，传递股市言论正能量。金融监管和宣传部门应当培养一批立场坚定、观点鲜明的网络名人对冲负面舆论的影响。同时要坚决查处股市造谣、传谣行为，情节严重的，应当绳之以法。

2. 加强金融监管，完善金融立法

股灾的发生往往暴露出监管和立法的一些缺陷，各国普遍重视利用法律来为股市发展保驾护航。股灾发生后，很多国家都会加强执法、完善立法，打击金融违法行为、抑制过度的金融创新。

首先，加强金融监管，惩治证券违法行为。公开、公平、公正是证券市场的基本原则。内幕交易、操纵股价等违法行为洗劫了广大股民的财富，损害了投资者的信心，践踏了股市的公平正义。内幕交易、操纵股价者往往也是股灾的肇事者和受益者。走出股灾需要加强金融监管的力度，培育良好的法治环境，为股市健康发展保驾护航。

其次，完善金融立法，防止盲目创新。回顾近年发生的各国股灾，几乎均有金融衍生品的推波助澜。金融衍生品的发展往往规避了现有法律的漏洞，监管部门对于新生的金融事物也缺乏了解和监管的经验。为了防范金融风险，应堵塞法律漏洞，在金融创新与防范金融风险之间寻求最佳的平衡点。同时，应督促交易所加强衍生品的风险管理，完善衍生品交易的风险预警和救援预案机制。

链接

历史上的几次严重股灾

1. 2015 年 A 股股灾

历史定格在 2015 年 6 月 15 日，那一天，既是 A 股上升的顶点，也是 A 股下跌的起点。从那天开始，短短 72 天，A 股经历了一轮过山车式的行情。上证综指从 5178 点最低跌至 2850 点，跌幅高达 45%，下跌之迅猛，幅度之大，时间之短，为 A 股历史之罕见。从 A 股下跌过程中的两个现象可见一斑：一是上证综指在 7 月 27 日一度暴跌 8.48%，创 8 年来单日最大跌幅；二是在此期间，沪深两市频繁出现单日超 2000 股票跌停的惨象。

(1) 股灾的成因

股市走牛昙花一现，几年一遇的牛市进程突然中断，其中原委值得思量。笔者认为股灾发生主要有以下几个原因：

第一，“国家牛”“改革牛” 没有成为决策层和理论界的共识，人们对于“国家牛”的种种非议从未停止。尽管前证监会主席肖钢曾指出，“改革牛”成立，市场不差钱。但部分学者却一直对“国家牛”持否定态度。对“国家牛”的看法也直接影响了决策层在股灾发生后的态度。事实上，股灾迹象初显时，决策层对于要不要救市是存有分歧的。这也使得国家队救市迟缓，贻误了最佳的救市时机。

第二，现货基础不好，而各交易所却打着金融及衍生品创新的旗号盲目创新。主要表现为：其一，巨量的杠杆资金进入股市，最多的时候，场内场外的配资高达10万亿元之巨。其二，以中证500为代表的股指期货推波助澜。中金所的成交量一度高达每天4.5万亿元，这对于尚不成熟的中国股市来说无疑是不可承受之重。

第三，监管层失误与队伍不稳。多年来，中国股市乱象的主要原因不在于投资者，恐怕主要责任应该归咎于对发行人和监管者的教育开展不够。监管者与发行人教育缺失，忽视了过度创新风险，对场外配资、杠杆炒股、内幕交易、随意改名、高管套现、内外勾结等没有引起足够的重视。在救市过程中，国家队内部出现了裂痕。

第四，股市自身的内在原因。其一，股市结构不合理，“大恐龙”与“小跳蚤”并存。一边是以大盘蓝筹股为代表的“大恐龙”，其价值被严重低估，股价不起；另一边是以创业板483家企业为代表的“小跳蚤”，其股价却被爆炒暴涨。其二，创业板平均市盈率当属世界之最，存在严重泡沫。其三，A股沦为大股东套现的机器，缺少公平与正义。从2014年5月1日至2015年7月2日，创业板大股东减持1271亿元，而同期IPO为380亿元，定增572亿元，流入实体经济的资金共计952亿元，股市失血严重。

(2) 股灾的后果

2015年的这次股灾代价非常惨重，其后遗症也很大，主要表现在以下几个方面：一是国民经济和投资者财富及国有资产迅速非正常大规模缩水，市值蒸发20多万亿元。二是政府失信于民，政府救市失败，相对于救市资金的损失，更大的是政府信誉的损失。投资者信心严重受挫，短期难以修复。三是暂停IPO，失去股市的融资功能。股市制度化建设难以正常推进，阻碍资本市场健康发展。

(3) 救市建议

这次股灾发生后，笔者与常清、胡俞越等5位教授联名强烈呼吁救市，并得到市场认同和政府重视。现将救市一文的九大建议摘录如下：

第一，对上市公司凡是持股超过30%的一股独大的大股东与高管高价变现，出台严格的限制政策，并追踪、分析2015年年初以来创业板、中小板等家族企业高价减持变现近2377亿元资金的去向。两大交易所必须明确规定，无论国有企业还是民营企业的一股独大的大股东，即便是减持一股也要提前10个以上交易日向市场披露。同时停止大股东幕后的大宗交易和转让，严格控制大股东违规减持。

第二，将现货市场与期指市场的交易制度进行统一，或者都执行T+0制度，或者都执行T+1制度。[①] 期货保证金从现在的13%提高到30%~50%。对大户恶意做空予以坚决查处，严格禁止大户超过现货头寸的过度投机做空行为，实行严格的大户报告制度。

第三，监管部门果断宣布暂缓新股发行上市和大股东超规定增。

第四，果断宣布将印花税从1‰降到0.5‰。

第五，由投资者保护基金和汇金公司等牵头成立股市平准基金，由外汇储备基金出资2000亿美元，投资者保护基金出资300亿元，公开宣布高调入市。待股市稳定时，平准基金按三公原则及时退出。全部利润，或划拨投资者保护基金，或按1997年香港盈富基金模式还富于民。

第六，极度重视目前网民和股民高度一致以及谣言、传言会引发金融系统性风险并导致社会动荡的现实，组织来自民间的专家学者、金融机构、股民形成健康力量，对网上的各种谣言和传言建立确实有效的预警防范和对冲机制。

第七，明确积极的股市政策并坚定不移地执行。组织专家学者以研讨

① T+0制度，是国际上普遍使用的一种证券（或期货）交易制度，是指成交当天办理证券（期货）和价款清算交割手续的交易制度；T+1制度，是指当日买进的证券（期货），要到下一个交易日才能办理交割与资金交收的交易制度。

会、辩论会、记者招待会的方式，针对一些不负责任唱空中国的言论，公开曝光那些给股民良好的改革预期泼冷水、唱空中国经济和中国改革的所谓专家学者，点名论战。

第八，立即组建临时中央金委，建立“一行三会一办”的联席会议制度，“一行三会”和中央网信办形成一个拳头，统一指挥，步调协调，做好长期作战的准备。中央要像指挥枪杆子那样指挥金融，最终要像成立中共中央军事委员会那样成立国家金融安全委员会，适应现代金融软战的需要。

第九，由财政部、中国人民银行、证监会联合对外宣布：秉承国务院总理指令，将向中国证券金融有限公司中国投资者保护基金、中央汇金公司、中信证券等21家证券公司，华夏基金等25家基金管理公司，提供必要充分的流动性（资金）以确保中国资本市场的持续稳定健康发展。

从当时看，九点救市建议提出后效果还是很好的，这九点建议无论是从限制大小非的减持，到降低印花税，再到政府组织中国证券金融股份公司这样的救市力量，客观上均起到了重要作用。建立中央金委的建议也得到了积极的回应。这次股市的异常波动，说明我们亟须建立与完善统一的监管框架。我们相信会在三会基础上形成统一指挥、协调行动的大金融委，例如国家金融监管与服务总局不久后也将会组建。

2. 1720年英国的南海股灾

1711年，英国南海公司成立，为了显示其雄厚的经济实力，公司不惜以巨资认购了政府1000万英镑的债券，从而获得了政府和社会公众的信用。作为回报，英国政府保证对已转换债券支付6%的利息并免征间接税。此外，南海公司还获得了英国与美洲大陆东海岸之间的贸易特权，以及英国与美洲大陆西海岸的所有贸易权。

然而，南海公司毫无商品贸易和经营管理方面的经验，经营利润微薄。1720年，南海公司决定采取对高达3100万英镑的全部国债提供资金的方式提高其声誉，此举不仅深受英国政府欢迎，也迎合了众多投机者。1720年1月1日，南海股票指数大幅上涨。南海公司采取欺诈的手段制造公司的虚假繁荣，每股价格从130英镑上涨到300英镑。4月12日，南海公司以每股300英镑的价格发行新股；5月，南海公司又发行了每股400英镑的新股；6月15日，南海公司更是以现付10%的方式再次发行新股，此时，南海公司股价已升至800英镑。

1720年7月1日，南海股票指数升至950点，并摸高1050点，较首次发行价130英镑上涨了7.08倍。南海公司股票暴涨产生了巨大的示范效应，一些企业的发起人也开始创办公司，并向股市投放大量新股，于是，大量新公司像“吹气泡”一样迅速出现。

1720年7月，英国政府为了保护南海公司的利益，维护其垄断地位，颁布了“禁止气泡公司法案”，中止了一些“气泡公司”的股票上市，并解散了一部分公司。1720年8月，南海公司一些董事和高级职员意识到南海公司股价暴涨和公司毫无起色的经营业绩完全脱钩，于是便大量抛售持有的股票。投资者识破南海公司真相后，更疯狂地抛出所持股票，南海公司股票一路狂泻，跌幅达78.04%。

受其牵连，英格兰银行股票从9月1日的227点跌至10月14日的135点，整个英国股市完全崩溃，为数众多的银行倒闭，公司破产，在以后长达一个多世纪的时间里，英国市场上的股票几乎销声匿迹。

3. 1989年日本股灾

1986年，日本人均国民生产总值（GNP）超过了美国、德国、法国和英国，日本的GNP占世界的比例也由1970年的6.4%上升到1990年的13.7%，对外纯资产额在1991年达到3830亿美元，居世界首位。在“经济繁荣”的支持下，1986~1987年，日本股市几乎呈单边上扬趋势，日经指数从1985年12月的13113点上升到1987年9月的26000点，上涨了近1倍。1989年日经指数再创新高，并在1989年12月19日达到38915点，较1985年最低点上涨了3倍多。1989年日本股票市值高达630兆日元，为当年GNP的1.6倍，而1985年，它仅占日本GNP的60%。面对日本经济的繁荣和股市的狂涨，日本国民如痴如醉，完全失去了应有的理智，纷纷投身股市。

1989年，日本政府先后5次提高官方利率，日本股市开始出现高位大幅波动。1990 年，海湾战争爆发，完全依赖石油进口的日本陷入极度恐慌之中，股价大幅下挫。日本股市从此一路狂泻，跌至 1992 年 8 月 18 日的 14304 点（2003 年 4 月最低跌至 7607 点）。累计跌幅高达 63.24%，创造了日本股市历史上最大的下跌幅度。从此，日本经济陷入深度的经济衰退之中，10 多年后仍无法复苏。

4. 1929 年美国股灾

1920~1921 年，美国发生了经济危机。之后，美国经济走出谷底，开始回升。1923 年，美国股市开始启动，稳步攀升到 1928 年的水平。美国股票市值从 270 亿美元增至 480 亿美元，增长约 78%，年均增长 13%。这一期间，美国股市基本上处于慢牛走势之中，股市和美国经济持续增长大致吻合。

受股市繁荣的刺激，1929 年，美国著名经济学家欧文·费雪提出了一个著名的观点：“股市已经达到像永久性高原那样的平稳时期。”美国到处都充满着欢乐祥和的情绪，这极大地激发了华尔街投机商的野心，他们将原先繁荣的股票交易，演变成一种疯狂的投机活动。众多投资者纷纷进入股市，美国出现了空前的全民股票热。

在此情况下，美国股市扶摇直上，道琼斯指数在 1929 年 9 月初摸高 452 点，比年初涨了 1 倍多，比 1921 年最低时上涨了 5.95 倍。

在美国股市暴涨的同时，持续增长 7 年的美国经济在 1929 年的下半年开始显露疲态，工业产量出现萎缩。

1929 年 10 月 21 日，黑色星期一，美国股市一开盘就像决堤的洪流急剧奔泻，纽约证券交易所当天共有 1600 万张以上的股票易手，是该所有史以来最大成交额；24 日，尽管美国总统发布了“经济形势平稳”的新闻讲话，但纽约股市仍被 1300 万股抛单压得直线下泄；28 日，面临崩溃的纽约股市来不及喘息，再次以空前的幅度狂跌，当天跌幅高达 12.82%，股票持有者急于抛股已到了不计价格高低的地步。

到 1932 年 7 月，道琼斯指数已跌至 58 点，较 1929 年 9 月最高点 452 点下跌 89%，市值损失了 82.3%。著名的美国通用电气公司股票价格从

396 美元跌到最低只剩下 8 美元，美国股市步入长达 5 年的漫长熊市，不仅美国经济陷入瘫痪，而且引发了长达 4 年的世界性经济危机。直到 1954 年，在事过 25 年后，道琼斯指数才重返 1929 年的峰位 452 点。

四、如何认识股市中的投机行为

（一）投机的含义

1.“投机”与“投资”

对“投机”的认识离不开与“投资”的比较，而中英文语境下的对比也可以为我们提供多维的视角。

“投机”在《现代汉语词典》中的解释有二：一是见解相同；二是利用时机谋取私利。与投机对应的英语单词是“speculate”,《牛津词典》对其释义是：invest in stocks etc. in the hope of gain but with the possibility of loss；《韦氏词典》中的解释是：to assume a business risk in hope of gain；especially to buy or sell in expectation of profiting from market fluctuations。

而《现代汉语词典》对“投资”的释义为：货币转化为资本的过程。同样,“invest”在《牛津词典》中的解释为：apply or use（money），esp. for profit；《韦氏词典》中为：to commit（money）in order to earn a financial return。

由此可见：其一，无论是中文还是英语中的“投机”（speculate）与“投资”（invest）联系密切，或者可以说“投机”在某些情况下可以视为“投资”的内涵之一，只不过“投机”意味着在某些特定的市场环境中面临更大风险的投资。其二，我们可以看到“投机”和“投资”二者之间并无优劣、贵贱之分，均属于市场经济行为。

2. 经济学中的“投机”

经济学中所说的“投机”，按照《新帕尔格雷夫经济学大辞典》的定义，是指“为了再出售（或再购买）而不是为了使用而暂时买进（或暂时售出）商品，以期从价格变化中获利的经济行为”。

美国 D·格林沃尔编写的《现代经济词典》对投机做了更具体的解

释："投机是指在商业或金融交易中，甘冒特殊风险企图获取特殊利润的行为。投机通常用于期望从价格变化中获利的证券、商品和外汇买卖活动。除了那些日常商务活动中需要外汇或商品的人所做的交易外，市场上所有的交易都具有投机性，因为以上这些项目都不支付股息或利息，只有价格变动才能产生利润。在证券市场上，投机与投资的区别在于当事人的动机和态度。投资者关心的乃是本金的安全，希望得到一笔数目不大但稳定的收入，或者还希望本金有所增长。而投机者则不考虑本金的安全，一心只想通过冒较大的风险来马上（大多数情况是这样）获得大笔收入。"

从以上的定义和解释中，我们可知投机获取的价差利润不是生产所创造的财富，因此，投机实质上是一种投入资金获取非生产性财富的行为。

3. 股市中的"投机"

"投机"一词用于股市，是指对股票未来价格预期的一种活动，事先预测其价格，寻找时机，适时地买入与卖出，以获取股票价值的行为。也就是说，股票买卖者对股票的未来行情进行预测，看多后市则买入，待股价上升后卖出；看空后市则卖出，股价下跌后购回，以此在短期内获取价差收益的股票买卖行为。

从理论上说，股票市场中的投资与投机是有明显区别的，主要表现在以下几个方面：

（1）从购买股票的动机看，投资的目的主要是获得股息，而投机则主要是为了赚取股票买卖价差；（2）从股票持有期的长短看，投资的期限一般较长，而投机的期限一般较短；（3）从承担风险的情况看，投资的风险与上市公司生产经营业绩相联系，而投机的风险则直接取决于股票价格的波动；（4）从当事人对本金和预期收益的态度看，投资者不愿承担较大的风险，希望得到一笔稳定的收入，而投机者愿意承担较大的风险，希望较快地获得大笔收入；（5）从当事人对股市变化的反应看，投资者希望股市繁荣活跃，但股价相对平稳；而投机者则希望股价大幅波动，以便从中赚取价差；（6）从当事人对股票发行公司的态度看，投资者通常较关心公司的经营管理、财务状况等综合指标和长期指标，而投机者则更关注市场短期供求状况。

然而，在现实生活中，特别是在股票市场上，投机和投资很难区分。首先，当事人购买股票的动机只有当事人自己知道，外人很难明确界定。其次，投资和投机在一定条件下可以相互转换。例如，原本为“投资”买入的股票，可能会因情况变化需在短期内卖出而变为“投机”；或者原来为“投机”买入的股票，可能会因股价大幅下跌、出售无利可图，而变为持有时间较长的“投资”。

（二）投机的分类

如何看待股票市场的投机行为，理论界有两种截然不同的观点：

一种观点对投机持肯定态度，认为在市场经济条件下，投机是市场经济的必然产物，有其存在的必然性。因为在市场上，价格始终受供求关系和价值变动等因素的影响而不断地上下波动，既然价格会波动，就必然存在希望通过低买高卖或高卖低买获取差价的投机活动，股市的价格千变万化，当然也会有投机。所以，他们认为政府对投机不应予以限制，应顺其自然。

另一种观点则将投机视为洪水猛兽和泡沫经济的根源，认为投机就是赌博，应坚决取缔或禁止。

事实上，对投机的评价不能采取极端否定的态度，不能一概而论，必须区分是合理投机还是过度投机。合理的投机活动在股票市场的整个交易活动中起着积极的作用，发挥着其特有的经济功能；但如果投机过量，也会从合理投机转变为过度投机，股票市场一旦投机过度，并且投机成为市场主导力量的话，就会带来许多严重的危害。

（三）合理投机的作用

1. 促进价格发现

投机者在市场中进行交易的目的不是获取股票红利，而是利用价格波动获取利润，因此持仓时间较短，仓位经常改变，这就要求他们必须利用各种手段收集整理有关股票价格变动的信息，分析市场行情，判断股票价格。股票市场所有投机者的互动作用使得价格趋于一个相对准确、比较真实的价位。

2. 减缓价格波动

适度的投机能够减缓价格波动，这是因为投机者总是力图通过对未来价格的判断和预测来赚取差价利润。当股票市场价格偏离均衡价格时，投机者的行为总是使股价朝着均衡价格的方向移动。例如，当股票价格低于均衡价格时，投机者判断股价不久就会上升，从而低价买进股票，增加了需求，使股票价格上涨，供求重新趋于平衡；反之亦然。

3. 提高市场流动性

股票交易能否成功，在很大程度上取决于市场的流动性，而股票市场的流动性则主要受投机行为的影响。适量投机者的介入，就像注入润滑剂一样，为股票投资者提供了更多的交易机会。投机者通过对价格的预测，形成不同的看法，有人看涨，有人看跌，交投积极，实际上增加了买卖双方的人数，扩大了交易量，使股票投资者无论是买进还是卖出都能很容易地找到交易伙伴，自由地进出股票市场，提高了市场流动性，进而提高了股票市场的效率。

4. 优化资源配置

在股票市场上，由于投机者的存在，使得股票价格对各种信息的反应非常灵活，任何影响公司经营业绩的信息都将通过价格的变动反映出来，从而引导资金流向经济效益较好的领域。

（四）过度投机的危害

首先，过度投机会导致股票市场的配置资源功能扭曲。资本市场的功能为通过竞争机制和价格机制使资源得到最有效的配置。一个健康的股市能够对资金进行一种最优的导向，通过价格信号把资金导向效益较高的企业中去，实现资源的合理配置。而股市的过度投机使投资者根本不关注股票收益的好坏，仅关心短期能否赚取差价，比如在我国股票市场上经常出现蓝筹股不涨，垃圾股大涨的怪现象，就是过度投机在作怪，导致股票市场的配置资源功能严重扭曲。

其次，过度投机直接损害了中小股东的利益。股票市场上的过度投机会助长市场的短期行为，最终获益的往往只有少数有内幕消息，资金雄厚的操纵股市的大户。而中小股东由于信息不全，势单力薄，往往是损失最大的群体。

最后，过度投机会影响国民经济稳定。过度投机会导致股价大幅上升，严重偏离均衡价格，股价大幅上升产生的财富效应可能会引起通货膨胀，加剧国民经济的虚假繁荣。但是含有大量泡沫的股票市场中的股票价格总会降下来。当价格下降过猛的时候，会引起股市的崩盘，给国民经济带来巨大的冲击，从而影响国民经济的稳定。

第四节 股市的八个基础功能

我国资本市场从诞生至今，一路起伏跌宕，一直饱受争议。我国股市起步相对较晚，受制于制度和环境的影响，发展速度一度非常缓慢。2000年以后，随着我国经济的腾飞，我国资本市场的发展也开始逐步加速，然而，争议和批判也随之而来，一度“老鼠会”“赌场论”等言论占据主流。我国股市在发展过程中，也的确出现过一些问题，具体表现在，与宏观经济的相关性一直较低，难以实现晴雨表功能，投机现象难以抑制导致定价功能扭曲等。笔者认为，我国股市的功能尽管在过去的20多年发展中没有得到正常体现，但这主要是由于不正确理论的误导和有形之手过度干预，即我国作为新兴转轨市场存在的制度性缺陷所致。这并不妨碍我们从理论上对股市的基本功能的探讨，同时我们也相信只要有正确理论的引导和监管者以及政策制定者的不断自我改革和调整，克服我国股市的内在制度缺陷，我国股市是可以逐步走上正轨的，其基本功能最终也将得以发挥。

从一般理论推论，笔者概括了股市的八个基础功能，包括：

一、资源优化配置功能

股市的资源优化配置功能主要是通过两个环节来完成的。

首先，一级市场的拟上市公司通过 IPO 融资方式实现。一级市场是发行市场，是发行人直接完成资本筹措的场所。人们通常会对能为社会和市场空白提供紧缺产品或劳务的公司有良好的预期，而这样的公司恰恰也是亟待资金配置的企业，其 IPO 就会受到投资者青睐，获得较高的市盈率定价，完成融资目标。而社会和市场饱和，产品供大于求、竞争过度的企业，投资者对其业绩预期将较差，风险预期较大，往往不会对这样的企业投资。而社会资金的配置也自然会远离这样的企业。

其次，二级市场的已上市公司通过增发、配股等再融资方式实现。二级市场是交易市场，投资者之间的交易虽然与上市公司的资源再配置无直接关系，但其股票在二级市场上的表现将直接影响该公司的再融资。因此，市场资源亟待配置的企业往往也有着良好的经营预期，顺利实现再融资；反之，在投资者“用脚投票”的前提下，其再融资将难以实现。上市公司持续融资能力的实现归根到底是社会资源优化配置功能的体现。

因此，由于资金投向和投资者利益的直接相关性，资本市场的“无形之手”会自动完成社会资源优化配置的进程，最终实现实体经济市场优胜劣汰、合理布局。

二、强化公司治理功能

首先，一家股份公司一旦上市就需要遵循严格的信息披露制度。资本市场理论和实践均说明，及时、真实、完整的信息披露，可以提高上市公司的透明度。把上市公司充分地暴露在阳光下，使之接受来自监管部门、投资者、社会媒体和行业自律机构的多方审视和监督，是改善上市公司治理的有效手段。正如英国金融监管局主席所说，“公开和透明具有决定性意义，阳光是最好的良药”。

其次，证券市场中上市公司的机构投资者大多奉行“用手投票、参与管理”的投资策略，机构投资者对完善上市公司的公司治理具有重要的作用。

最后，上市公司投资者通过“用脚投票”给管理层和大股东施压是提升上市公司治理水平的“撒手锏”，无论是大股东增发配股，还是管理层要获得期权，都与公司的股价密切相关。同时，上市公司良好的社会形象和职业经理人赖以生存的市场信誉，均以能为投资者提供良好的回报为前提。这不仅取决于良好的业绩及预期，而且更需要较好的公司治理结构，让投资者放心。良好的公司治理结构是维持投资者给公司良好的市盈率定价的基本前提。显然，股票市场公司股价的表现将直接对上市公司治理水平的提升产生持续的压力和动力，而这恰恰是股市能够强化上市公司治理功能之所在。

三、晴雨表功能

股市不仅是一个资本要素的配置场所，而且是一个国家乃至世界政治、经济、军事、文化信息的重要反映器，股票二级市场的价格对这些信息有高度的敏感性。因此，包括政府、上市公司、企业家、投资者和一般民众，都会关注各国证券市场的发展和波动情况。而一个国家、一个社会的环境变化也同样会最先从这一市场反映出来。

当市场经济进入到资本经济时代时，资本的选择是最敏感的。在市场经济推崇公平、公正、公开的交易准则下，这一信息的反映在理论上说也是最公平、最准确的。因此，资本市场的风向标和晴雨表功能从表象上看是市场经济条件下人们进行交易、判断重要的参照系，而从实质上看则反映的是社会政治、经济形势的稳定和发展，它不仅是投资者了解所投资企业的场所，而且是他们了解可能影响股价下跌的社会宏观环境的重要窗口。

尽管出于种种原因，如政策导市、机构操作等，在某些特定的时期，证券市场可能一度会出现和一个国家政治、经济形势不相吻合的走势，但从长期看，在正常情况下，股市是具有晴雨表功能的，股市价格与其价值在长期走势上应该是一致的，它与赌场的靠赌运和赌技好坏决定输赢是完全不同的。

四、融资功能

在现代金融背景下，融资有两种途径，一是建立在债权融资背景下的商业银行间接融资；二是建立在股权融资背景下的资本市场直接融资。从现代金融的发展趋势看，以商业银行为主的间接融资的货币金融时代正在转到以资本市场为主的直接融资的资本金融时代。

股权直接融资作为一种市场化的融资手段，在社会融资体系中具有极为重要的地位。上市企业通过发行股票，把分散在社会上的闲置资金集中起来，形成巨额的、可供上市公司长期使用、又不用还本付息的资本，而这种以资本形态体现的直接融资又由于投资者要承担风险而进一步促使投资者对把资金投向哪个领域、投给谁更加关注，这给予了间接融资者不可能享有的参与权。因此，直接融资在资源有效配置、产业结构优化等诸多方面具有间接融资所不具备的独特优势。股市融资的重要意义是在“储蓄如蓄水，投资如泄洪”这一基本的资本金融理念支配下化解商业银行的系统性风险。而股市的融资功能正是通过一级市场 IPO 融资和二级市场增发配股等再融资的方式实现的。

五、投资功能

资本的本性就是追逐利润，投入到股市中的资本同样以实现增值为首要目标。由于我们在前面章节已论证股票市场和股票的增值功能。因此，股票具有投资价值也就决定了股市具有投资功能。

股市不仅是一个融资市场，还是一个投资市场，融资与投资就像一个硬币的两面，二者共存的前提是必须均衡。所谓股市的投资功能，就是要让投资者的投资能够赚到钱，即投资者投入的资金可以实现增值。如果一个股市只有融资者在疯狂融资而投资者却普遍赔钱，那这个市场即使能得益于一时，也不能维持于长久。当然，股票市场的投资赚钱功能是指总体增值，并非是保证每个投资者每时每刻都赚钱。

六、价值发现功能

首先，价值发现功能是指在资本市场上一只股票的现实价值和潜在价值，而从社会的角度说，它所表现的是一家上市公司为社会和股东现实和未来的贡献度。这一功能与企业真实的信息反馈和评价密切相关。人们通过股市所反映出的综合信息进行判断和投资，指导着价格方向，进而引导资源的分配。

其次，这种价值发现使人们能够看到某一行业、某一企业的内在价值，使人们对未来做出理性判断，它并不是所谓的庄家生造出来的。如美国的高盛公司发现微软公司，这种发现一定要符合一定客观规律，所以它能推出一个概念，并且引导市场。人们承认这个概念，并用超过人们现实中采用的简单成本价值要高的潜力判断去看待它。人们在股市中趋利避害的本能以及这种发现和投资者的利益相关性，决定了这个发现过程是理性的，它标志着一个社会的理性经济走向。

最后，在市场经济条件下，个体趋利避害的无形之手引导整个市场经济的规律向前发展，因此要普及整体利益与局部利益一致的思想，市场经济承认以单一个体为本源的自然发展，倡导个体和总体利益的一致性，其奥妙在于个体在追求自身利益的同时，只要具备社会要求的理性和道德、遵守法律、恪守诚信，社会总体利益就会得到同步放大。

七、定价功能

定价功能是资本市场最重要功能之一，资本市场的定价功能既体现在国际大宗商品的期货和期权定价上，也体现在某只公司股票的现货定价上。

首先，当今世界，经济中心的转移伴随着第一资本市场中心和定价中心的转移，而国际经济的制高点——定价权的争夺就发生在资本市场领域，不仅世界一流的大公司都是上市公司，其融资过程要在资本市场发生。更重要的是，无论是石油、煤炭、大宗农产品的现货定价，还是黄金、汇率、利率的期货定价，其定价权无一不是发生在资本市场，谁拥有世界第一的资本市场，谁就拥有国际经济的定价权。

其次，股票市场对于国家乃至世界政治、经济、军事、文化信息高度敏感，投资者在消化、吸收众多可能影响资产未来收益信息的前提下，通过公开竞价方式，能够形成对某只股票较为合理的定价。股票作为某类资产未来收益的凭证，自身并无价值，但对于经济基本面、行业发展前景、公司治理和运营的未来预期都会通过较为合理的股票价格表现出来。在对股票进行合理定价的基础上，股票背后的资产价值也得以确定。

最后，在确定性的市场中，资产价格由资产未来收益按无风险收益率或回报率折现来确定。但金融市场中充满了因不确定性形成的风险，即资产价格的未来变动趋势与人们预期的差异。在不确定性条件下，资产定价必须考虑风险溢价问题，即投资者对风险的态度，还要考虑投资者在收益与风险之间的权衡，或者为了补偿投资者承受的风险而对其给予额外的报酬。资产定价的核心任务是认识与度量影响资产定价的各类因素。

无论人们从哪个角度来认识资本市场定价功能，都以不否认资本市场具有无与伦比的定价功能为前提。

八、增值功能

讨论股市是否能创造价值，是否具有增值功能，都不能就股市论股市，因为股市的功能和其他任何市场的功能一样，如果股市没有创造价值的功能，那其他市场也没有创造价值的功能，讨论这一问题就没有意义，因此，讨论股市是否具有增值功能关键是论证股票是否具有增值功能。对此本章第三节已有详述。

第五节　股市新文化建设路径

一、思想建设——市场主体教育

（一）投资者教育——正确的投资观

广大投资者要转变投资观念。不正确的投资观加上来自社会各方的偏见，使得资本市场发的是“不义之财”这一思想始终困扰着长期以来以劳动为本的中国人。这直接导致的是“不买股票为荣，买股票为耻且总是不能理直气壮”的传统观念至今仍占主导。如果中国资本市场赖以生存和发展的几千万名投资者中有相当数量在这一问题上存在模糊认识时，则是真正令人忧虑的。

开展投资者教育，建立股民的神圣使命感，通过市场这只“看不见的手”，承认人们在追逐自身盈利动机的驱使下，做出市场短线品种的选择，而这一过程也正是增加社会共同财富，推进我国改革开放事业的过程。这是一个投资者从传统的劳动参与到个人物化劳动——所形成的资本参与的进程，充分调动投资者对国家建设事业的参与意识，使参与者的盈利动机与国家经济的发展有机统一，这是对传统观念中以牺牲奉献来促进国家利益发展的重要补充。因此，在这一过程中，应该从正面去倡导这种投资者的道德与使命，而那种认为投资股市发不义之财的偏见必须被摒弃。

股民既是中国改革发展进程中的智力劳动者，也是社会财富的创造者，他们对于社会所做的贡献，并不比其他劳动者少。

当股民是值得骄傲的，不应遭非议。股票投资者应该受到保护，并且树立股票投资是光荣的这种投资理念，不能总觉得低人一等。

（二）发行人教育——正确的融资观

1. 谁是发行人？兼驳“看门人”理论

有人将券商、会计师事务所等辅助机构视为“看门人”，并将证券市场的监督责任赋予“看门人”。这一理论对监管实践产生了严重的误导。现实中“看门人”严重缺位，不仅未能将欺诈者拒之门外，反而为其大开方便之门。为此，必须正本清源，重新审视“看门人”理论，认识这一理论存在的巨大缺陷。

“看门人”理论起源于20世纪80年代的美国，“看门人”是指能够发现并通过拒绝提供服务支持的方式阻止公司上市过程中或者上市后的不当行为，使其无法通过资本市场的“大门”的证券中介机构，包括券商、会计师事务所、律师事务所、评估机构等。“看门人”理论旨在解决在公司大股东、高管与投资者之间信息不对称的情况下，信息如何有效地传递给投资者的问题。因为“看门人”被认为能够独立公正地审核并披露上市公司的信息，因此可以阻止上市公司的不当行为并使投资者有效地监督上市公司。但事与愿违，即使在“看门人”机制最为有效的美国，“安然事件”中安达信会计师事务所的造假丑闻曝光后，人们对“看门人”的作用也产生了严重的质疑。

在我国，情况比美国更加糟糕，作为“看门人”，其“看门”的作用微不足道，但“助纣为虐”的恶行却罄竹难书。这是因为“看门人”赖以发挥作用的声誉机制和法律约束都没有有效地建立起来。在美国，“看门人”希望以专业的服务和诚实无欺的品行来积累良好的声誉。而声誉又可以转化为能带来高额收益的资本，即“声誉资本”。“看门人”一旦有了好的声誉，投资者会充分地信任其所审核的信息。“看门人”也可以将自身的声誉资本出借给上市公司，为上市公司披露信息的真实性背书。看好门——好声誉——出借声誉——高收益这样的正反馈机制让“看门人”有一定的激励动机去履行好监督职责。但在中国，一方面，有些中介机构并不看重自己的声誉，而一些投资者也不关心披露信息的中介机构是否有良好的声誉，上市公司寻找的也不是声誉好的中介机构，而是有“跑部”能力、能够帮助其审核过会的机构。另一方面，对“看门人”的法律约束机制依然不完善，“看门人”违法成本极低。中国券商往往是国企，股东多为中央企业或地方政府，背景深厚。而会计师事务所、律师事务所的合伙性质，也决定了此类中介机构容易玩“金蝉脱壳”的把戏，即便机构受了处罚，几个主要合伙人也可以摇身一变重新设立一家事务所或者加入别的事务所，业务并未受影响。此外，由于大的中介机构服务的客户较多（据统计，中国前七大会计师事务所，占据上市公司审计业务的60%以上），监管机构出于投鼠忌器的考虑，也很难对此类“看门人”采取限制业务资格或吊销营业执照等严厉的监管措施。违法的收益远远大于违法的成本，导致中介机构为了获取客户肆无忌惮，甚至与上市公司形成利益同盟，协助其欺诈造假。

因此，必须对“看门人”理论进行深刻批判，重新厘清中介机构的角色定位。只有监管者才是“看门人”，中介机构应该被视为广义的“发行人”。中国股市的问题，很大程度上需要中介机构归位尽责。而“看门人”理论放松了对中介机构的监管，以致看门人监守自盗。包括中信证券在内的多家券商高管涉嫌内幕交易就足以说明问题。作为发行链条的重要组成部分，中介机构难免会与上市公司有着千丝万缕的利益关联。因此，应把中介机构当成被监管的对象，防止其监守自盗，沦为“看门贼”。

2. 开展发行人教育，树立正确的融资观

如前所述，对于谁是资本市场的发行人，可以从狭义和广义两个层面来界定。狭义的发行人特指上市公司；广义的发行人是指以上市公司为核心，以券商为龙头，包括律师事务所、会计师事务所、保荐机构等发行链条当中每个环节的辅助机构在内的发行人系统。资本市场的健康生态需要发行人系统来共同营造。尤其券商作为保荐人和承销商，是整个发行过程中最重要的牵头人和组织者。但它们对作为“主人”的中小投资者却难以具体负责，而对圈钱的发行主体却奉为“上帝”，在某种意义上还和发行主体利益均沾。

就券商自己的队伍来说，无论是对保荐代表人还是对投行的业务经理，在管理上如何让其成为符合职业道德的经理人，在这样扭曲的股市文化下也是一道难题。长期以来，发行人总是以“师爷”的身份来教育股民投资者，而投资者一方面要承担“买者自负”的风险，另一方面还得接受券商等中介机构在融资过程各环节一系列的再教育。

长期以来，“一切以发行人为中心”的服务定位使我国券商在服务立场和方向上一直存在偏差，将上市公司视为“上帝”和“衣食父母”，而缺乏对投资者最基本的保护。正是在这种思想的指导下，券商和上市公司结成利益同盟，成为上市公司重要的利益关联者，收入与上市公司融资额挂钩，上市公司募集到的资金越多，其收益就越高。在券商和上市公司的合谋下，资本市场“三高”超募、过度包装、业绩粉饰造假现象屡见不鲜。股市演变为单一的圈钱市场，股民从资本市场的主人沦为被剥夺者，岂不悲哀？

因此，无论是全社会对承销商，还是承销商内部对保荐代表人和投行业务经理人，为他们开展发行人教育，让他们在第一线把保护投资者利益放在首位，作为“上帝”的投资者才能得到保护。只有保护投资者的利益，股市才能体现公平，股市公平得到保障才能体现股市的效率。因此，在开展发行人教育过程中，对券商及其经理人的教育尤为重要。

中国资本市场甚至可以设立发行人十年问责制，将券商发行过程中的问题作为重中之重，有效且持续地落实发行人责任。监管者应将发行过程中的问题与上市后产生的问题区别对待，对于发行过程中产生的造假等问题，发行人承担责任的期限应当延续到上市后十年，只要上市后十年内发现该类问题，发行人就应承担连带责任；而对于上市后产生的问题，则可不由发行人担责。通过十年问责制度严格要求发行人，让其对发行过程中的问题负责到底，使发行人在发行过程中杜绝侥幸心理，形成资本市场良好秩序，保护投资者利益。

（三）监管者[①]教育——正确的监管观

我国资本市场的制度设计本就偏重于融资，证监会及其他中介机构的角色定位一直都是服务于发行人，围绕着发行人的保护，认为上市公司是它们的衣食父母，是主要的服务对象。这种观念造成了无论从制度设计上还是行为上都对中小投资者权益的保护不够重视，以致形成了“融资者强，投资者弱”的市场格局。而由于“资本多数决”原则的影响，公司决议的结果控制在拥有多数股份的大股东手里，因此“一股独大”现象很普遍，再加上信息渠道不畅通、投资回报机制不健全，为上市公司违法违规操作提供了可钻的漏洞，这一切都给侵占中小投资者利益创造了条件和机会。

股民才是中国资本市场的衣食父母，可是他们在承受市场风险的同时

---

① 关于交易所是在发行人范围内还是监管者范围，从目前来看，理论界颇有争议。从传统来看，交易所是证监会的延伸，是非营利机构，履行监管者职能，故暂时将其纳入监管者范围。但从国外来看，随着交易所公司化趋势，交易所追求盈利，应该被纳入发行人范围。但我们认为，应该一分为二，本书暂时将其纳入监管者范围。今后随着交易所的公司化，我们可借鉴德国证券交易所的模式，届时交易所将兼有发行人和监管者的双重身份。

还被视为投机分子和赌徒，如果对中小投资者保护不力，股民就会对中国股市彻底失去信心，中国的资本市场也必然因此而无路可走。只有保护中小投资者，不再将他们视为人人抢食的“唐僧肉”，而当作一片可持续涵养的“试验田”，资本市场才能从少数人的财富盛宴转变成多数人投融资的俱乐部，这样我们的资本市场才能保持健康的发展。

所以，监管者一定要实现从保护发行人到保护投资者的思想转变。令人可喜的是，2013年年底证监会发布的《关于进一步推进新股发行体制改革的意见》和国务院颁布的《关于进一步加强资本市场中小投资者合法权益保护工作的意见》都将保护投资者利益提升到了新的高度，但是具体保护措施的落地还有待时间的检验。

二、文化建设——科学、理性的投资理念

在正确投资观的指引下，必须普及股市运作的专业知识和法律意识，提高投资者的专业素质，形成科学的投资理念，具体包括：

（一）提高风险防范意识

所谓“投资有风险，入市需谨慎”。风险教育是投资者教育的重中之重。加强风险教育，旨在引导投资者正确认识市场风险，提高个人投资者的风险防范意识和风险控制能力。结合自身投资偏好和风险承受能力，学会选择适合自己的投资品种和投资策略，做理智的投资者。

（二）掌握证券投资基础知识

首先，关注宏观环境，把握投资时机。股市与经济环境、政治环境息息相关，经济衰退，股市萎缩，股价下跌；反之，经济复苏，股市繁荣，股价上涨，政治环境亦如此。投资前应先认清投资的宏观环境，避免逆势买卖，防范系统性风险。

其次，掌握财务分析工具，认清股票内在价值。判断上市公司质量，科学选股是价值投资理念的精髓所在。上市公司的盈利能力，所对应的净资产大小，以及未来这种盈利能力和资产变化的趋势预期，反映了股票的内在价值。股票价格围绕其内在价值长期波动，通过运用财务分析工具对

上市公司的经营状况进行剖析，可以认清股票的内在价值，发现被低估的“潜力股”，远离被高估的“垃圾股”。

最后，学习技术分析方法，预判市场波动趋势。投资者对于技术指标的含义，有必要做一定了解和学习，指标分析并不是万能的，在一定阶段可能会失效，但技术分析可以帮投资者了解市场的买卖力量对比、风险收益的平衡，可以帮助预判市场波动趋势。

（三）增强自我维权意识

投资者应当熟悉资本市场的法规政策，识别、防范各种证券违法行为，以及投资者的权利义务及保护途径，增强维权意识。

投资者的维权意识是投资者教育最为重要的内容之一。每一位投资者均是自身权利最积极的维护者，投资者在维权“自利”的同时，也会对资本市场形成一种自下而上的监管，成为行政监管、行业自律的有效补充。随着我国民事赔偿和集体诉讼制度的进一步完善，广大投资者应当积极通过司法程序追究欺诈行为当事人的责任，从而加大上市公司欺诈行为的成本，改变目前以行政处罚为主的情况下上市公司违规成本与违规收入完全不成比例的情况。

三、道德建设——诚信为本

市场经济是一种典型的信用经济。信用是资本市场的基础和生命线。良好的社会信用是现代经济金融正常运行，保障监管效率和有效防范金融风险的重要基础。信用不仅是一个经济问题，更是一个社会问题。目前我国社会主义市场经济体制已经初步建立，但旧有经济体制下的许多问题没有得到彻底解决，加上我国正处于体制转型阶段，因此，在经济运行过程中必然会产生一系列问题，从而导致我国资本市场发生了一系列“诚信危机”。

围绕资本市场建设的股市新文化建设就是以诚信为本，涉及资本市场各个参与主体的全面道德建设。具体来说，下述三个环节最为关键：

（一）政府诚信

我国资本市场是在旧的计划体制上发展起来的，这和西方资本市场的发展起源截然不同。无论是上市公司的指标配给，还是股票额度的计划安排，政府及其监管部门都发挥了重要作用。因此，政府是倡导股市诚信的第一环节。

1. 有所为有所不为

合理把握市场与政府的边界，减少政策对证券市场的过度干预，继续推进市场化进程，更多地让市场机制发挥基础性作用。在尊重市场规律、让市场发挥资源配置作用的前提下，当市场不够完善，或市场处于失灵状态的时候，政府应当谨慎地运用经济、法律手段调控，减少运用行政手段进行直接干预。同时，对于加强监管，并非要过多的行政干预，而是要把政府管得多的地方、越位的地方、应该交给市场的地方放开，因为太多的行政干预是让股票市场陷入困境的一个主要原因。

我国在推进注册制改革的过程中，一个很重要的切入点就是证监会要打破“恋权”情结，按照国际惯例，将股票发行的审核权下放到交易所，由其进行形式性、程序性和真实性的审核，只要申请上市的企业合规、符合上市的硬性要求、披露的信息真实有效，就应该允许其上市，尽量将选择权交还给市场，由投资者自己做判断。必要时证监会可以保留否决权，即在其认为上市申请人的材料存在虚假或误导性内容时，一票否决其上市申请。

这场改革只有做到了“监审分离、下放发审、保留否决、程序审核”，中国的股票发行审核制度才能发生质的变化，也才能真正地向注册制迈出坚实的第一步。

2. 保证政策法规制定的稳定性、延续性和透明度

政策预期的不明朗已成为我国资本市场中最大的风险。政策法规的制定应具有稳定性、前瞻性、延续性和透明度，将调控目标以更清晰的方式表达出来，让市场参与者对证券市场的前景有一定的预见性，这样有利于减少投资者投资决策中的非理性冲动，也有利于减少政策风险对市场及投

资者行为的冲击。

为了节省调控成本，便于广大投资者了解管理层调控思路，增加股市的透明度，管理层应将调控目标在年初用更清晰的方式表达出来。投资者行为理论研究表明，当市场参与者对市场前景具有同质性预期时，投资者的行为会趋于稳定和均衡。我国证券市场的历史比较短，政策法规的制定还不成熟、不完善，如果政策法规的制定颁布始终没有相当的稳定性和透明度，投资者自然难以判断证券市场的长期发展前景，势必产生只顾眼前的短期投机心理。所以，政策法规的制定应充分考虑各参与者的利益，坚定投资者的投资信心，这样才能培养良性的投资环境，实现多赢。

（二）上市公司诚信

上市公司的质量是中国资本市场的试金石，而诚信是其质量的主要标准。股民购买股票这一特殊的产品，是买其价值而非使用价值，而其价值完全靠其公开披露的招股书、中期报告等信息来体现，加上股票不能退、风险自负的特点，上市公司披露的各种信息关系着投资者的利益所在。因此，如何为投资提供良好的回报，而不是贪婪无休止地圈钱，自然成为对上市公司诚信的质量要求，这一要求不仅关系到公司自身的兴衰与成败，也影响到整个资本市场的信誉。

1. 完善法律监管体系

诚信建设需要有相应的法律制度做保障。所以，应当加速证券立法进程，完善、细化相关的证券法律制度，形成相互协调配合的多层次法律体系。同时，实行包括政府监管、自律性监管和市场监管在内的多层次监管模式。由证监会依法对全国证券市场实行集中统一监督管理；证券交易所按照相关法规和证监会的授权对证券市场实施一线监管；证券业协会实行自律监管；投资者协会、社会公众和新闻媒体对上市公司的行为实行市场监督。

2. 优化股权结构，完善公司治理

要解决上市公司控股股东对中小股东的侵害等问题，减少管理层的不诚信行为，最根本的就是要优化股权结构，实现内部权力的制衡。在我国，股权分置问题已经基本解决，但“一股独大”问题依然严重。通过降低股权集中度，可以形成内部股东之间的相互监督与制衡。同时，要完善公司治理机制，解决监事会和独立董事沦为“两个花瓶”的难题，从而有效防范“经理人失控”。

3. 培育职业经理人市场

目前，中国的经理人市场尚未形成，薪酬制度和激励机制都还没有完全市场化。国有上市公司经理人往往由政府直接或间接选定，民营上市公司高级管理人才则多为控股家族的亲戚朋友。同时，经理人的报酬机制过于单一，报酬由控股股东控制的董事会决定，不能与工作业绩和工作能力挂钩。所以，必须着手培育上市公司职业经理人市场，废除正式的或非正式的行政任命，建立经理人诚信档案和经理人才资源信息库，推动经理人中介行业的发展。同时，进一步推行股票期权等激励制度，使经理人与上市公司利益一体化。其中，建立职业经理人的诚信文化是上市公司诚信的关键。

（三）中介机构诚信

在现代信用经济发展中，生产者之间的关系十分紧密而且复杂，整个社会经济发展要靠信用活动的推动以及信用链条的运转才能实现。同时，错综复杂的信用关系又极易受到客观存在的信用风险的破坏，最终影响整个社会的经济秩序。

1. 加强自律管理，完善市场机制

证券市场的复杂性，法律的滞后性，以及证券管理机构超脱于证券市场之外，使得证券管理机构不能及时明察证券市场的发展变化，从而很难实现既要保持市场稳定有序，又要促进市场高效运作的管理目标。

我国在对证券市场实行全面监管的同时，应加强中介机构的自律组织建设，以法律形式确认自律机构的法律地位，赋予其制定运作规范、规划，监管市场，执行市场规则的权利；明确规定自律组织除承担日常业务管理等职能外，有权制定、执行日常业务管理规则，并行使惩戒职能。

2. 切实履行信息披露、说明义务，保护金融消费者

中介机构作为特殊的公众性、社会性很强的组织，是资源配置的枢纽，其行业特性要求其对环境和社会承担更多的责任。正因为如此，金融中介机构从其设立的那一刻起，就在追求财富增长、股东利益最大化的同时肩负着社会责任，这也是源于其企业的公众性和社会性的内在要求。

对金融消费者的保护乃中介机构社会责任的核心所在。由于金融市场本身的专业性、复杂性和技术性，多数投资者（买方）不具备获取、分析专业金融市场信息的能力。相反，实力雄厚的中介机构往往能掌握更多的市场信息，拥有更多的专业性人才。因此，信息不对称性在金融领域表现得格外明显。正是由于金融中介机构拥有相对于资金供求双方更为有利的信息及专业上的优势，才使其得以成为融资的中介，成为沟通资金供给者与需求者的桥梁，成为现代市场经济的核心。

作为一个认真履行社会责任的中介机构，能够在具体的金融交易中落实好信息披露、说明义务，无疑有助于保护金融消费者，推动理性投资活动，繁荣市场经济。

第六节　在股权文化基础上完善公司治理

一、股权文化是股市文化的基石

如果说股市文化是从资本市场的角度考虑文化和诚信问题，那么股权文化则是从公司的角度考虑文化和诚信问题；如果说股市文化涉及监管部门、中介机构、上市公司、投资者等方方面面文化和道德素养的提高，那么股权文化则是强调上市公司内部人道德水平的提高。股权文化是股市文化的基石，股权文化建设是股市新文化建设的重要内容。

（一）股权文化的内涵及意义

股权文化涵盖了对股权价值评估、投资者权益保护，以及股权投资在

人们生活中的地位等一系列价值认同。其核心在于培育道德优良、专业过硬的职业经理人，保护股东，尤其是中小股东的利益，形成良好的上市公司治理结构和组织制度。

作为2002年5月国际证监会组织（IOSCO）第27届年会的重点议题之一，人们试图用"股权文化"这一概念去推动全社会对于股东权益的尊重和保护，促进公司治理完善，增强资本市场对投资者的吸引力，进而促进资本市场的可持续发展。

1. 股权文化能够推动公司治理完善

股权文化能够从以下三个方面对公司治理完善产生巨大的推动作用：

首先，股权文化能够为投资者保护提供更高境界的理论指导。公司治理经历了多种公司治理模式的研究探索和借鉴融合之后，随着股权文化的繁荣，保护股东权益成为公司治理的中心所在。

其次，股权文化对于股东权益保护的强调，要求上市公司进行及时、真实、准确、完整的信息披露。高质量的信息披露能够有效提高上市公司透明度，促进上市公司治理的改善。

最后，股权文化推动了各国对于股权投资的重视和推崇。在经济全球化趋势下，所有国家的资本市场都面临着激烈的竞争。培育股权文化，加强公司治理，不仅是保护投资者权益的重要手段，而且是吸引外国证券投资的重要措施。

2. 股权文化能够促进资本金融发展

首先，在股权投资理念的指导下，投资者群体规模不断扩大，为股市源源不断地注入资金。同时，企业的筹资渠道逐渐从过去倚重银行贷款向发行股票等有价证券转变。全球股市总市值于1999年首次超过全球经济总产出，资本金融市场迎来了空前的繁荣。

其次，投资者队伍的壮大以及企业融资方式的调整，在促进社会资源的优化配置、产业结构和产品结构的动态调整与完善、增强国民经济的生机与活力进而可持续发展方面，起到了难以估量的作用，从而促进了资本金融的深化发展。

普利策纪实文学奖得主丹尼尔·叶尔金指出："在当今全球化盛行时期，将世界紧密联系在一起的基本动力之一是'全球股东'的崛起。技术进步为投资者提供了便捷的家庭交易平台。全球股权文化的蓬勃发展不仅仅归功于互联网。20世纪60年代美国个人养老金计划的盛行以及共同基金的兴起，首次使股票成为被广泛持有的核心资产，70年代欧洲、日本也是如此。更为重要的是，基金持股迫使公司完善信息披露，并且充分捍卫了股东权利。"

（二）股权文化的灵魂——股东权益的平等保护

1. 有关股东权益的效率与公平问题

（1）"资本多数决"原则的初衷——追求效率

股份公司属于典型的资合公司，因此股份公司普遍采用的是"资本多数决"原则。股东享有的公司股份是股东享有股东权利的前提，股东股份是股东表决权行使的依据和计算单位。不同类别股东的表决权大小与其所持股份成正比，持股越多，其表决权越大；反之则越小。公司决议只需经过多数股份所代表的表决权通过就可以形成，法律将持有多数股份的股东的意思视为公司的意思，并且多数股东的意思对少数股东产生约束力，这就是"资本多数决"原则。

"资本多数决"原则是股东（大）会运营的根本原则，同时也是公司的基本法律特征。持有公司股份的比例不同，在公司意志形成过程中的影响力也不同。"资本多数决"原则直接导致股东产生分化：一是多数派股东，他们的意志直接上升为公司的意志；二是少数派股东，他们的意志被多数派股东的意思所吸收或征服。

"资本多数决"原则的初衷在于集聚资本和提高效率。首先，通过赋予投资者与其投资数额和所承担的风险相对称的对公司事务的表决权，来保护和激发投资者的投资热情，从而使公司聚集资本的功能得到更好的实现；其次，只需多数股东的同意即可形成决议，有利于公司把握市场机会，提高决策效率，为公司实现利益最大化创造条件。

(2)“资本多数决”原则的变异——形式的平等造成实质的不平等

所谓股东平等，包括形式上的平等和实质上的平等。形式上的平等即股份平等，由此必然引申出来“资本多数决”原则。实质上的平等，是指“无论股东持有股份数量多少，基于股东地位而发生关系之场合，应给予股东平等的待遇。”实质上的平等主要包括以下几层含义：第一，股东的法律人格平等，所享有权利的类型和性质相同；第二，股东对公司享有的各种权利期待是平等的；第三，大股东对中小股东尽诚信义务，大股东不得滥用自身特定优势，通过任何途径获取股份以外的额外利益。

对公司效率的追求只有被限定在公平正义的范围内，才符合“资本多数决”原则设立的初衷。作为公司法的基本原则之一，“资本多数决”的确体现了股东地位的形式平等。然而，对该原则的绝对贯彻容易造成股东间实质上的不平等，持有多数股份的股东掌握公司事务的控制权成为控制股东，中小股东权益无法得到平等保护。

在“资本多数决”原则下，中小股东的意思被大股东的意思所吸收，其不得不遵从大股东的意愿。大股东将自己的意思上升为公司的意思，事实上享有比中小股东更为优越的权利。这种权限实际已经超过了股东为维护其自身利益所需要的权利的限度，导致股东间实质上的不平等。“资本多数决”原则使大股东追求私利最大化、损害公司和少数股东利益的滥用控制权行为合法化。

2. 以股权文化为主导，平等保护投资者利益

股权文化倡导全体股东地位平等，强调对于中小股东权益的特别保护，实现公平与效率的统一。

首先，上市公司应该“受人之托，忠人之事”。把所有股东而不仅仅是少数大股东的利益放在第一位，以为股东创造最大价值为己任，牢固树立对投资者负责，为全体股东谋利益的理念，尽心尽责地履行好受托责任。

其次，大股东应树立正确的股权文化观，诚实守信、严于律己，充分尊重全体投资者的合法权益，明确自身责、权、利的边界，放弃对上市公司的不当控制，以构建自律、和谐的股权文化。

最后，中小投资者应对其自身享有的股东权益充分认知，树立正确的维权意识，改变“搭便车”的惯性思维。

二、公司治理完善是股权文化的制度保障

股权文化核心理念的具体化需要各种制度的保障。而公司治理结构作为现代企业制度中最重要的组织结构，是对公司进行控制和管理的体系，它不仅规定了公司的各个参与者如股东、董事、监事、经理人及其他利益相关者的责、权、利，而且明确了公司决策事务时必须遵循的规则与程序。由于中小股东数量众多且处于弱势，因此中小股东的权益保护成为公司治理结构的重要议题之一。

完善的公司治理结构，可以保护和刺激股东的投资热情，提高公司的运营效率，同时防止“资本多数决”原则的变异，保护公司中小股东的权益免受不正当行为的侵害。

（一）公司治理的目标是股东利益最大化

股东作为企业的唯一所有者，同时也是公司治理的唯一主体。公司治理就是股东对经营者进行激励和约束，公司治理的基本问题或核心就是如何确保出资者得到其提供的资金的回报。因此，公司治理的目标就是保护股东权益，实现股东利益最大化。

首先，股东享有公司所有权，承担企业经营风险，具有对企业的剩余索取权和剩余控制权，因而公司治理目标应以股东利益作为保护主体；其次，从收益分配看，股东是最后得到回报的，股东利益的实现需要以保证其他利益相关者利益实现为前提，因而追求股东财富最大化实际上并不损害其他利益相关者的利益；最后，这一目标明确，易于操作，能够成为经营者决策时的明确指针。

此外，由于中小股东是公司所有者中的弱势群体，难以参与公司经营与决策，其权益更容易受到伤害，由此保护中小股东权益更是成为上市公司治理的重点。

（二）中西方不同的公司治理难题

1. 英美："经理人失控"

1932 年，美国著名学者伯利和明斯教授出版了经典著作《现代公司与私有产权》。该书指出，公司所有权与经营权的分离不利于对经营者的有效监管，经营者在经营公司过程中往往利用职权谋取私利，而置股东利益于不顾。

美国上市公司的股权结构呈现高度分散性的特征。任何单一股东所持股份比例都微不足道，因而无法对公司事务、公司管理层进行有实质意义的参与和监督。美国上市公司中最大股东控制的投票权超过 25% 的仅占 16.6%。与此同时，随着上市公司规模的扩张以及公司管理的日益专业化，管理层对于公司的掌控能力越发增强。

美国公司经历了由所有权与经营权不分到所有权与经营权分离，由"股东会中心主义"到"董事会中心主义"的发展历程。股权分散、所有权和经营权分离，成为公司制度的固有特征。股东将公司的财产和业务委托给董事经营，以利用董事更为专业的公司运营知识和经验使公司获得更好的发展，最终为自己创造更大的财富，这符合经济发展的客观规律。然而，由此带来的股东权利虚化、董事会受制于管理层、"经理人失控"问题，严重损害了公司和股东利益。面对这些问题，改革和完善以董事会为核心的公司管理体制，提高董事会的独立性和有效性，必然成为美国公司治理的重要手段。

2. 中国：大股东"一言堂"

英美公司的委托—代理问题并非是中国公司治理的核心所在。由于股权过度集中，大股东滥用权力损害公司和少数股东利益的问题，是我国公司治理中主要难题。

我国上市公司股权集中度较高，股东大会基本上被大股东所控制，中小股东无法参与公司治理，相应地其合法权益无法得到有力维护。同时，在上市公司的董事会中，内部董事一般占绝对优势，外部董事人数较少，且大部分董事的委任均受大股东影响。此外，许多公司的董事长与总经理往往由一人兼任，即“两职合一”的现象非常普遍，加剧了“大股东控制”的程度，使得上市公司董事会的功能极大地被削弱。由于公司管理层与大股东存在经济利益上的密切联系，因而管理层往往考虑大股东的利益，而漠视广大中小股东权益。

大股东与中小股东之间的主要矛盾，决定了我国公司治理以监督控制大股东的行为为己任。因此，从加强董事会的独立性方面进行努力，是解决该问题的有效途径。

（三）独立董事制度与股东权益保护

1. 独立董事制度的根本目的在于保护中小投资者

独立董事由西方国家的非雇员董事或非执行董事发展而来，是指来自公司外部，用以制衡执行董事，确保公司安全稳健运行，保护股东利益不受侵犯的董事。

由于独立于任何股东、不在公司内部任职、与公司或公司人员没有经济的或家庭的密切关系，独立董事可以不受利益的局限而公平地对待全体股东和经理人员，维护全体股东的合法权益。

设立独立董事制度的根本目的在于保护中小投资者的合法权益。中小投资者由于股权分散，加上信息不对称，只能用脚投票，但往往为时已晚。广大投资者缺乏真正的利益代表。引入独立董事制度，可以有效弥补中小投资者法律利益主体缺位的不足，切实维护投资者的合法权益。

2. 中国的“花瓶”独立董事

我国公司法在借鉴大陆法系的基础上，确立了监事会对于公司管理层的监督机制。但由于监事会权力太弱、监事的提名和选任机制不合理（操纵在董事会和管理层手中）、监事的激励机制不完善、责任不明确等缺陷，实践中，我国公司的监事会已经成为一种可有可无的摆设“花瓶”。

有鉴于此，2001 年 8 月中国证监会发布《关于在上市公司建立独立董事制度的指导意见》，正式引进了英美法系的独立董事制度。令人遗憾的是，中国的独立董事未能如愿发挥制衡和监督作用。独立董事并不独立，成为继监事会之后的又一“花瓶”。

笔者认为，两个“花瓶”保留一个足矣，但目前的过渡期可两者并存，然后根据实际运行效果取舍。

3. 中国独立董事制度的现有问题

（1）独立董事的选聘对象存在“两个误区”。合格的独立董事需要具有资本市场运作理论与经验，熟悉法律法规，懂得财务会计知识，能够做出有价值的商业判断，具有相当的企业和商业阅历等。目前，我国上市公司的独立董事大多由技术专家（如科学院院士）和经济学家担任。尽管聘请的独立董事多属“社会精英”，具有渊博的理论知识，但缺乏必需的专业知识和工作经验。此外，多数独立董事往往在上市公司是兼职，由于受到精力和时间的限制，难以履行职责。

（2）独立董事的选任机制与其目标相违背。我国的独立董事聘请存在一个“怪圈”：独立董事全部由大股东直接向董事会推荐，聘请独立董事的人正是独立董事监督的对象。因此，“独立董事”并不独立，常受到大股东左右，独立董事必须侧重考虑大股东权益，被迫忽视广大中小股东权益。显然，这与其原本定位、职能相矛盾。

（四）中国独立董事制度的完善

确保独立董事的“独立性”“专业性”，是其发挥应有作用的关键。必须推进独立董事的职业化进程，让其有权、有钱、有闲，形成一支像注册会计师、律师那样的专业队伍。具体意见如下：

1. 独立董事职业化

在中国，单凭社会声誉兼任独立董事的实际效果并不理想，因此，应由有关部门制定相应的行为操守规范和职业资格。可以考虑逐步实现独立董事的职业化，将独立董事分为两类：一类是非职业独董，由社会名流凭借个人信誉担任；一类是职业独董，通过考核持证上岗。其中，职业独立董事要在公司董事会中占三分之二以上。另外，可依据职业能力、从业经验、履职表现等对职业董事进行三级评定，直接与个人声誉和薪酬挂钩。

2. 组建独立董事公会

成立独立董事公会，其职责如下：第一，组织专业培训和职业考核，通过考核者授予独立董事资格证书；第二，建立独立董事人才库，进行档案管理，提名独立董事候选人；第三，进行自律管理，制定独董行为规范和内部惩戒措施，建立履职情况评价标准及薪酬评定体系；第四，完善保护机制，维护独立董事的合法权益，防范履职风险。

3. 独立董事公会提名，差额选举，第一大股东回避

科学的提名、选举机制是保障独立董事公正、独立的关键。独立董事公会负责对独立董事人才库的人员进行审核，并根据各上市公司所需独立董事的专业、年龄等条件要求，负责向上市公司提名独立董事候选人。选举应引入竞选机制，实行差额选举，并采取累积投票制。为了保证选举的公正性、解除独立董事履行职责的后顾之忧，第一大股东以及与其有关联的股东不得参与表决。

4. 规范独立董事薪酬制度

薪酬制度决定工作态度。独立董事的薪酬应由两部分构成，一是基础薪酬，二是激励薪酬。独立董事薪酬的支付应该有行业规定，根据不同的规模和独立董事的分类，如一、二级的分类，进行明码标价，这是基础薪酬。如果上市公司业绩都按时完成，且没有发生诈欺事件、损害事件，独立董事还应该获得一部分浮动的奖励，这是激励薪酬。

中国独立董事应该从兼职的、花瓶式的、业余的向职业独立董事方向发展。职业独立董事不仅要懂财务会计、法律等相关知识，还应该懂管理懂战略，应该是这个社会最优秀的人才。

本章小结

自中国股市建立以来，人们对股市的认识问题始终未得到解决，这主要是受中国台湾地区股市旧文化与大陆“股市赌场论”交叉产生负面影响的结果。在中国的传统文化中，人们历来对股市存有偏见。“股市赌场论”

的提出对投资者产生了误导，不仅股民无法建立正确的投资观，而且股民自卑，自认为发的是“不义之财”的观念十分普遍。排除“股市赌场论”的干扰，探索建立股市新文化，已成为我国资本市场健康发展和建设的紧迫任务。

构建股市新文化和诚信经济的资本生态，重点需要解决以下3个问题：首先是对股市旧文化进行深刻彻底的认识与批判；其次是对股市基础理论展开认真严谨的研究探讨；最后需要形成股市新文化建设的有效路径，特别是在股权文化基础上进一步完善公司治理。

在中国的传统文化中，人们对股市存有偏见，这种偏见加上我国股市建立初期无批判地借鉴台湾地区的股市赌场文字语言，导致有明显误导作用的赌场用语在大陆股市大行其道。所谓的“庄家”也并不指代我国新三板采用的Market Maker这种庄家制，而只是违法操纵股价者。因此，我们必须把庄家和违法操纵股价者分开，而不要让那些违法操纵股价者和庄家这种中性词汇混在一起，使人们难以分辨。股民才是中国资本市场的衣食父母，如果对中小投资者保护不力，股民就会对中国股市彻底失去信心。所以监管者一定要实现从保护发行人向保护投资者的思想转变。在引导股民树立理性投资观念的同时，更应该注重发行人教育和监管者教育。

股权文化是股市文化的基石，股权文化建设的核心在于培育道德优良、专业过硬的职业经理人，保护股东，尤其是中小股东的利益，形成良好的上市公司治理结构和组织制度。

第三章

资本市场的金融机构

第一节　资本市场金融机构概述

一、金融机构的含义

金融机构，是指专门从事资金融通活动的中介组织。在间接融资领域中，金融机构泛指各类银行；在直接融资领域中，金融机构则包括保险公司、证券公司和基金公司等。

与一般企业相比，金融机构具有以下特点：

（一）金融机构的经营对象是货币和信用

货币和信用是一种特殊商品，具有高度的虚拟性，可以表现为各类金融产品和金融服务。这一特点决定了金融机构较一般实体企业在产品和服务的创新方面灵活度更高，其产品和服务的异质性更低，是现代金融产业激烈竞争的内在决定因素，也是金融机构高度重视人才和信誉的根本原因。

（二）金融机构对宏观经济的发展有重大影响

资本是现代经济的血液，金融机构作为资本的汇集者和提供者，担当着为现代经济造血和输血的重要功能，与各行各业紧密联系，在现代经济中处于枢纽地位，对现代经济的组织结构及运行情况影响深远。近年来，国际市场中的金融产品交易量已经远远超过实物商品交易量，金融机构对宏观经济的影响正在日益增强。

（三）金融机构面临较大的风险

由于行业特殊性，金融机构通常以较少的权益资本运营巨额债务资本，财务杠杆比率极高。以银行系统为例，根据最新巴塞尔协议（《巴塞尔协议Ⅲ》）的规定，目前银行业仅需保持8%的资本充足率。金融资产的高持有率和权益资本的低保有率，决定了金融机构高风险的特点。

（四）金融机构属于特许经营机构

由于金融机构与现代经济命脉息息相关，且面临较高的风险，因此其设立及经营除需具备《公司法》所要求的基本条件外，往往还需要得到国家有关部门的特别许可，并在其经营活动中接受有关部门的特别监管。如根据我国2007年修改的《金融许可证管理办法》的相关规定，我国银行类金融机构须获得由银监会颁发的金融许可证方可经营。

二、金融机构的功能

金融机构承担着维持现代经济运转的重要功能，表现在：

第一，金融机构提供支付结算服务，保证了货币资金在国民经济各部门、各单位及个人之间的顺利移动，维系着经济活动中最基本的信用链条，提高了经济运行的整体效率。

第二，金融机构提供资金融通服务，通过提供多种金融工具、交易方式、投资渠道、融资形式和相关服务，有效地动员和筹集资金，合理地分配和引导资金，实现了社会资本的有效配置。

第三，金融机构通过规模经营和专业化运作，合理地控制利率、费用、时间等成本，使投融资活动能够最终以适合社会经济发展需要的交易成本进行，有助于满足迅速增长的投融资需求。

第四，金融机构在搜集、筛选、分析市场信息方面具有明显的优势，有助于改善资本市场中严重的信息不对称问题，降低金融活动中的道德风险，并为交易双方提供适当的交易机会，活跃资本市场。

第五，金融机构以其专业知识和技能为投资者提供分散、转移和防范金融风险的途径，建立有效的风险防控机制，有利于资本市场和社会经济的稳定。

三、金融机构的分类

从不同的角度，可以将现代金融体系中的金融机构划分为不同类别：

以其所从事的主要业务为标准，可以将金融机构分为银行类金融机构和非银行类金融机构。所谓银行类金融机构是指通过存款、贷款、汇兑、储蓄等业务，承担信用中介功能的金融机构；而非银行类金融机构则包含银行之外的全部金融机构，主要是指以发行股票和债券、接受信用委托、提供保险等形式筹集资金，并将所筹资金运用于长期性投资的金融机构。非银行类金融机构通常不以存贷款为主要业务。

以其所发挥的主要经济功能为标准，可以将金融机构分为融资类金融机构、投资类金融机构和保障类金融机构。融资类金融机构主要包括各类商业银行、财务公司、金融租赁公司等，其主要功能在于为各类机构或个人提供融资服务；投资类金融机构主要包括证券公司、基金管理公司、各类投资公司等，其主要功能在于为投资者提供投资对象，帮助投资者获取投资回报；保障类金融机构主要是指各类保险公司，其主要功能是为投保人或受益人提供风险保障。

本书采用第一种分类方式，把我国主要金融机构划分为银行类金融机构和非银行类金融机构。

第二节 中国资本市场中的金融机构

一、中国主要金融机构

现代金融体系中，中国的金融机构可以分为货币金融体系（银行类）金融机构和资本金融体系（非银行类）金融机构，其主要组成如图 3-1 所示。

各类金融机构数量情况如下[①]：

① 资料来源：中国证监会、中国银监会、中国保监会网站及年报。

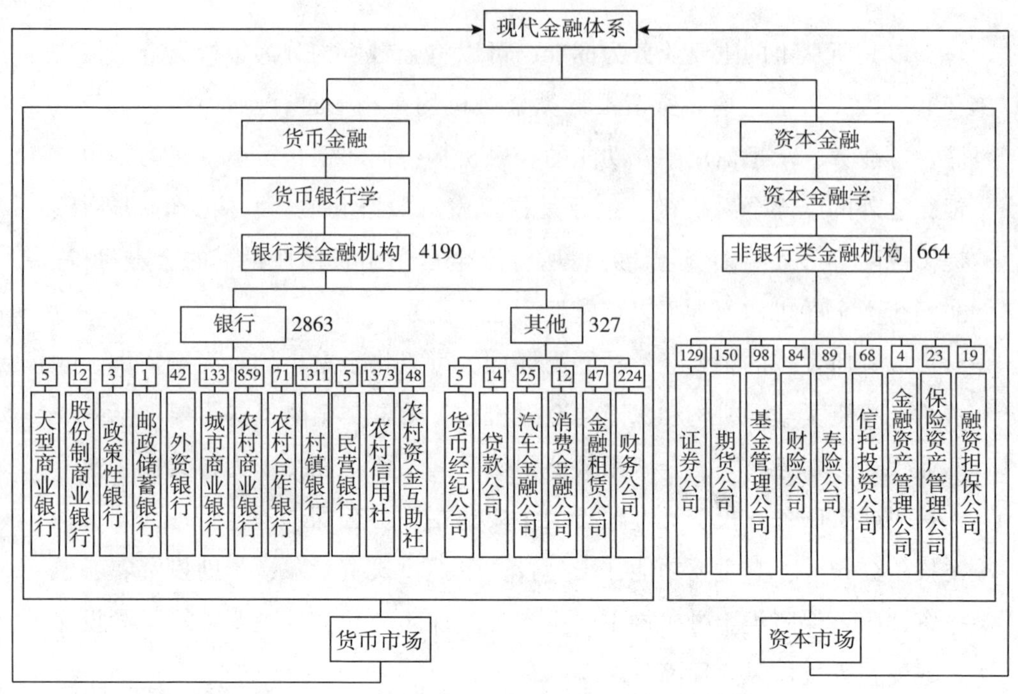

图 3-1 中国现代金融体系

注：货币金融体系数据更新至 2015 年年底，资本金融体系的数据更新至 2017 年 6 月。

（一）货币金融体系（银行类）金融机构①

截至 2015 年年底，我国银行业金融机构包括 3 家政策性银行、5 家大型商业银行、12 家股份制商业银行、133 家城市商业银行、5 家民营银行、859 家农村商业银行、71 家农村合作银行、1373 家农村信用社、1 家邮政储蓄银行、4 家金融资产管理公司、40 家外资法人金融机构、1 家中德住房储蓄银行、68 家信托公司、224 家企业集团财务公司、47 家金融租赁公司、5 家货币经纪公司、25 家汽车金融公司、12 家消费金融公司、1311 家村镇银行、14 家贷款公司以及 48 家农村资金互助社。

（二）资本金融体系（非银行类）金融机构

（1）证券类金融机构：截至 2017 年 6 月 19 日中国共有证券公司 129

① 资料来源：中国银行业监督管理委员会 2015 年报，中国银行业运行报告（2015 年度）。

家，证券投资咨询公司83家，证券资信评级机构9家，融资担保公司19家，期货公司150家，基金管理公司98家[①]。

（2）保险类金融机构：截至2017年6月19日保险集团控股公司12家，财产保险公司84家，人身保险公司89家，再保险公司12家，保险资产管理公司23家[②]。

（3）其他金融机构：截至2015年年底，中国共有金融资产管理公司4家，信托投资公司68家[③]。

二、货币金融体系（银行类）金融机构

货币金融体系（银行类）金融机构是指通过存款、贷款、汇兑、储蓄等业务，承担信用中介的金融机构，包括各类银行以及其他金融机构。

（一）银行体系

1. 商业银行

（1）商业银行概述

商业银行是指以营利为目的，以货币为主要经营对象，以存、贷款为主要业务，提供多样化服务的企业法人。

（2）商业银行的业务范围

根据《中华人民共和国商业银行法》规定，商业银行的业务范围主要包括负债业务、资产业务和中间业务3个方面，如图3-2所示。

2. 政策性银行

政策性银行是指由政府投资创办的，不以营利为目的，按照政府的意图、计划从事融资和信用活动的金融机构。我国在1994年先后设立3家政策性银行，分别为国家开发银行[④]（China Development Bank）、中国进出口

---

① 资料来源：中国证券业协会网站、中国期货业协会网站、中国证券投资基金业协会网站。

② 资料来源：中国保监会网站、中国保险行业协会网站。

③ 资料来源：中国银监会网站。

④ 2008年12月16日，经国务院批准，国家开发银行整体改制成国家开发银行股份有限公司，正式挂牌成立，注册资本为3000亿元，标志着国家开发银行由政策性银行转制为股份制商业银行，但目前仍然履行政策性银行的职责，因此本书仍将其归入政策性银行。

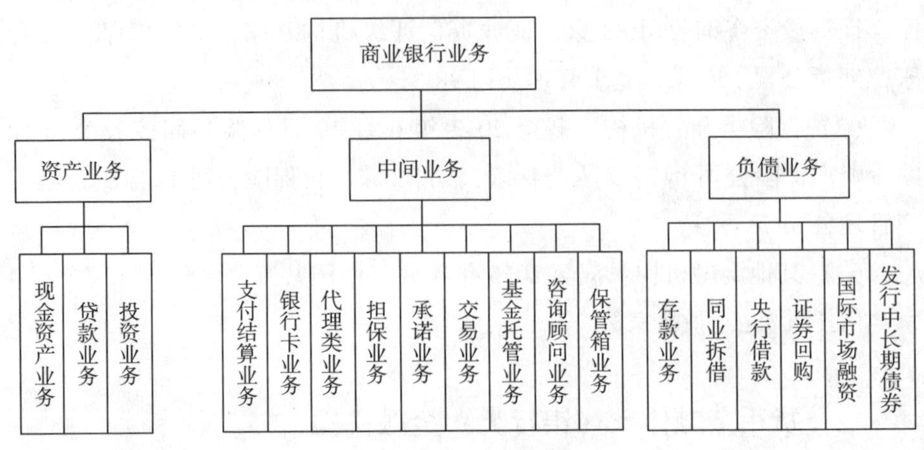

图 3-2 商业银行主要业务结构

银行（The Export-Import Bank of China）和中国农业发展银行（Agricultural Development Bank of China）。

3. 其他商业银行机构

（1）外资银行[①]

截至 2015 年年底，15 个国家和地区的银行在华设立了 37 家外商独资银行（下设分行 306 家）、2 家合资银行（下设分行 4 家）和 1 家外商独资财务公司；26 个国家和地区的 69 家外国银行在华设立了 114 家分行。46 个国家和地区的 153 家银行在华设立了 174 家代表处。38 家外资法人银行、86 家外国银行分行获准经营人民币业务；31 家外资法人银行、31 家外国银行分行获准从事金融衍生产品交易业务；6 家外资法人银行获准发行人民币金融债；4 家外资法人银行获准开办信用卡发卡业务、1 家外资法人银行开办信用卡收单业务。外资银行在我国 27 个省份的 69 个城市设立营业机构，形成具有一定覆盖面和市场深度的总行、分行、支行服务网络，营业网点达 1044 家。其中，约 17%的机构网点位于东北和中西部地区。如表 3-1 所示。

① 资料来源：中国银行业监督管理委员会 2015 年报。

表 3-1 在华外资银行业金融机构情况（截至 2015 年年底） （单位：家）

机构/类型	外国银行	独资银行	合资银行	财务公司	合计
法人机构总行	—	37	2	1	40
法人机构分行	—	306	4	—	310
外国银行分行	114	—	—	—	114
支行	23	542	15	—	580
总计	137	885	21	1	1044

（2）城市商业银行

城市商业银行是从 20 世纪 90 年代以来在城市信用社的基础上改制而成的地方性银行类金融机构，是中央金融主管部门整肃城市信用社、化解地方金融风险的产物。

（3）农村商业银行

农村商业银行是由辖区内农民和其他经济组织共同入股组成的股份制的地方性金融机构，是较为发达地区的农村信用社的升级形式。其主要任务是为当地农民、农业和农村经济发展提供金融服务。

（4）农村合作银行

农村合作银行是由辖区内农民和其他经济组织入股组成的股份合作制的社区性地方金融机构，其与农村商业银行的区别在于它是合作制，而农村商业银行是股份制，两者区别如表 3-2 所示。

表 3-2 合作制与股份制的区别

	特点	适用情形
合作制	“社员入股、一人一票、服务社员”	分散、弱小个体劳动者的经济互助，劳动的联合
股份制	“大股控权、一股一票、商业经营”	市场经济发达、商业化程度高的地区，资本的联合

（5）村镇银行

村镇银行是指经银监会批准，由境内外金融机构、境内非金融机构企业法人、境内自然人出资，在农村地区设立的主要为当地农民、农业和农村经济发展提供金融服务的银行类金融机构。

村镇银行的最大股东或唯一股东必须是银行类金融机构，且其最大银行类金融机构股东持股比例不得低于20%，单个自然人股东及关联方持股比例不得超过10%，单一非银行类金融机构或单一非金融机构企业法人及其关联方持股比例不得超过村镇银行股本总额的10%。

（二）其他货币金融体系金融机构

1. 货币经纪公司

货币经纪公司是指经批准在中国境内设立，通过电子技术或其他手段，专门从事促进金融机构间资金融通和外汇交易等经纪服务，并从中收取佣金的银行类金融机构。货币经纪公司的服务对象仅限于境内外金融机构。

经中国银监会批准，货币经纪公司可以开展境内外外汇市场、货币市场、债券市场交易以及境内外衍生产品交易。货币经纪公司一般不做自营交易，在交易中处于中立地位，我国目前共有五家货币经纪公司，第一家为2005年设立的上海国利货币经纪有限公司，另外四家分别为上海国际货币经纪有限责任公司、平安利顺国际货币经纪公司、中诚宝捷思货币经纪有限公司和天津信唐货币经纪有限责任公司。

2. 贷款公司

贷款公司是指经中国银监会批准，由境内商业银行或农村合作银行在农村地区全额出资设立的专门为县域农民、农业和农村经济发展提供贷款服务的银行类金融机构。其业务主要为以下几类：

（1）办理各项贷款。

（2）办理票据贴现。

（3）办理资产转让。

（4）办理贷款项下的结算。

（5）经中国银监会批准的其他资产业务。

贷款公司不得吸收公众存款，信贷额度较高，贷款方式灵活。贷款的投向主要用于支持农民、农业和农村经济发展。小额贷款公司是由自然人、企业法人与其社会组织投资设立，不吸收公众存款，经营小额贷款业务的有限责任公司或股份有限公司。两者区别如表 3-3 所示。

表 3-3 贷款公司与小额贷款公司的区别

对比内容	贷款公司	小额贷款公司
投资主体	商业银行或农村合作银行	自然人、企业法人、其他社会组织
组织形式	有限责任公司	有限责任公司或股份有限公司
业务	专为农民、农业和农村发展提供贷款	小额贷款，无地域限制
监管主体	中国银监会	当地政府或金融办

3. 汽车金融公司

汽车金融公司是指为汽车购买者及销售者提供贷款的银行类金融企业法人。经中国银监会批准，汽车金融公司可从事部分或全部人民币业务。

4. 消费金融公司

消费金融公司是指不吸收公众存款，以小额、分散为原则，为中国境内居民个人提供以消费为目的的贷款的银行类金融机构，包括个人耐用消费品贷款及一般用途个人消费贷款等。由于消费金融公司发放的贷款是无担保、无抵押贷款，风险相对较高，中国银监会因而设立了严格的监管标准。

截至 2016 年 9 月末，全国经批准开业消费金融公司总数已达 15 家。

5. 财务公司

财务公司是指由企业集团设立，为企业集团成员单位技术改造、新产品开发及产品销售提供金融服务，以中长期金融业务为主的银行类金融机构。

我国的财务公司是由企业集团内部集资组建的。其宗旨和任务是为本企业集团内部各企业筹资和融通资金，促进其技术改造和技术进步。

6. 金融租赁公司

金融租赁公司是由中国银监会批准并设立的以经营融资租赁业务为主的银行类金融机构。通过融通资金为承租方提供所需设备，其业务具有融资、融物双重性质。

三、资本金融体系（非银行类）金融机构

资本金融体系（非银行类）金融机构包含货币金融体系之外的全部金融机构，主要是指以发行股票和债券、接受信用委托、提供保险等形式筹集资金，并将所筹资金运用于长期性投资的金融机构。按照业务范围来划分，非银行类金融机构可分为保险公司、证券公司、证券投资基金管理公司、信托投资公司等。

随着市场经济的不断发展和经济体制改革的逐步深化，非银行类金融机构资产在金融总资产中的比重逐渐增大，对经济发展的推动日益凸显。

下面将对主要的非银行类金融机构进行简要介绍。

（一）保险公司

1. 保险公司概述

保险公司是依照我国《保险法》和《公司法》设立的专门从事经营商业保险业务的金融企业。

以被保险人为标准，可以将商业保险公司分为原保险公司和再保险公司。原保险公司是指对被保险人承担直接赔偿责任的保险公司。再保险公司是指与原保险公司分担保险责任，并从原保险公司处收取议定保险费的保险公司。目前，我国再保险公司共有 8 家，内地唯一的国有再保险公司是由财政部和中央汇金投资有限责任公司注资成立的中国再保险（集团）股份有限公司。

以所保风险为标准，又可将原保险公司分为人身保险公司和财产保险公司。

我国保险公司的分类如图 3-3 所示。

2. 保险公司的业务范围

原保险公司和再保险公司业务定位的不同决定了其业务范围不同。原保险公司的业务包括人身保险业务和财产保险业务两类。其业务范围一般如图 3-4 所示。

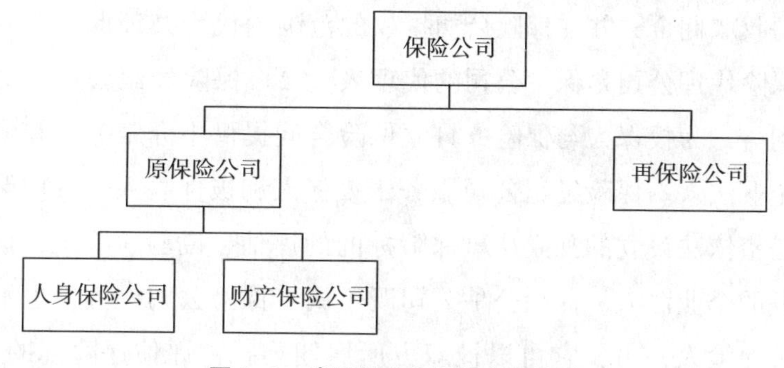

图 3-3 我国保险公司的主要类别

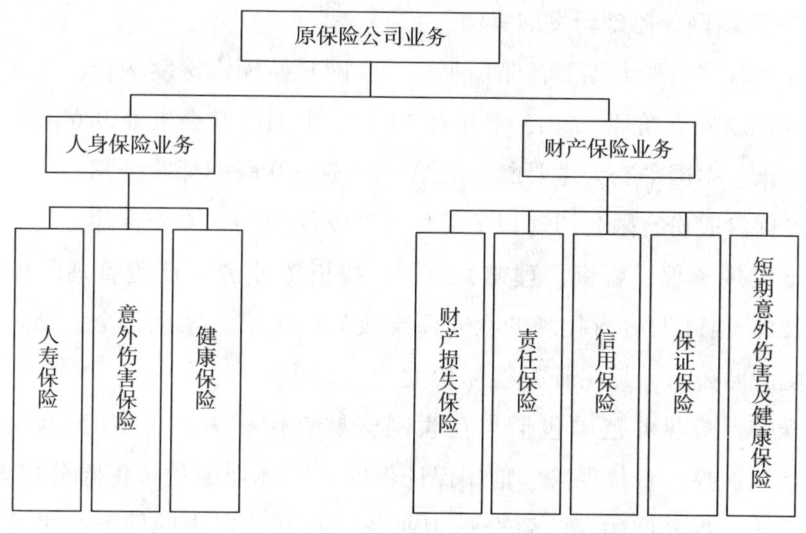

图 3-4 原保险公司的主要业务结构

除保险业务外，保险公司尚可在一定范围内经营投资业务。目前，我国保险公司可以投资于债券、银行存款、股票（股权）、证券投资基金等领域。再保险公司的业务范围，按责任限制可分为比例再保险和非比例再保险两类；按安排方式可分为临时再保险、合同再保险、预约再保险三类。

3. 保险中介机构

目前，还有一批保险中介机构在保险市场活跃着，为保险关系的建立提供各种便利。包括：(1) 保险代理公司，是指根据保险公司的委托，向保险公司收取佣金，并在保险公司授权的范围内代为办理保险业务的企业法人。保险代理公司是保险公司的代理人。(2) 保险经纪公司，是基于投保人的利益，为投保人与保险人订立保险合同提供中介服务，并依法收取佣金的企业法人。保险经纪公司服务于投保人和被保险人。(3) 保险公估公司，是指依法设立的独立从事保险标的的评估、勘验、鉴定、估损、理赔等业务的企业法人。保险公估公司既不属于保险公司一方，也不属于投保人或被保险人一方，它可以被双方所雇佣委托，评估保险标的及损失，为解决保险纠纷提供专业意见。

4. 互联网保险创新发展案例

在互联网金融大潮下，保险业与互联网开始探索深度融合，互联网保险进入创新发展阶段。2013 年 9 月 29 日，中国保监会批准设立由阿里巴巴、腾讯、中国平安为主要股东的第一家专业互联网保险公司——众安在线财产保险股份有限公司（以下简称“众安保险”）。众安保险是第一家通过网络实现承保、咨询、理赔、退保、投诉等业务全流程管理的保险公司。2013 年 11 月 6 日挂牌的众安保险成为国内第一家也是全球第一个网络保险牌照公司，其注册资金为 10 亿元人民币。

众安保险业务范围包括与互联网交易直接相关的企业/家庭财产保险、货运保险、责任保险、信用保证保险；上述业务的再保险分出业务；国家法律法规允许的保险资金运用业务以及其他经中国保监会批准的业务。在经营模式上，众安保险只在上海设立总部，不设分支机构，完全通过互联网进行销售和理赔。粗略估算，相较于传统的团队经营渠道，互联网保险的成本能够节省 58%~71%，整个保险价值链的成本可以降低 60%以上。

（二）证券公司

1. 证券公司概述

证券公司是指依照《公司法》和《证券法》的规定设立并经国务院证券监督管理机构审查批准而成立的专门经营证券业务，具有独立法人地位的有限责任公司或者股份有限公司。

证券公司是资本市场重要的中介机构，在资本市场的运作中发挥着重要作用。一方面，证券公司是证券市场投融资服务的提供者，为证券发行人和投资者提供专业化的中介服务，如证券发行和上市保荐、承销、代理证券买卖等；另一方面，证券公司也是证券市场重要的机构投资者。此外，证券公司还通过资产管理方式，为投资者提供证券及其他金融产品的投资管理服务。因此，证券公司在资本市场中扮演着重要角色。

2. 证券公司的业务范围

《证券法》和《证券公司管理办法》明确规定，我国证券公司可以从事证券经纪、证券投资咨询、证券咨询、证券承销与保荐、证券自营、证券资产管理、受托投资业务；同时，规定证券公司尚可从事中国证监会批准的其他业务，为证券公司的业务发展留出了空间。目前我国证券公司业务发展迅猛，早已超出了法律法规明确列举的业务项目，已经接近于发达国家的投资银行业务体系。

证券公司的业务范围一般如图 3-5 所示。

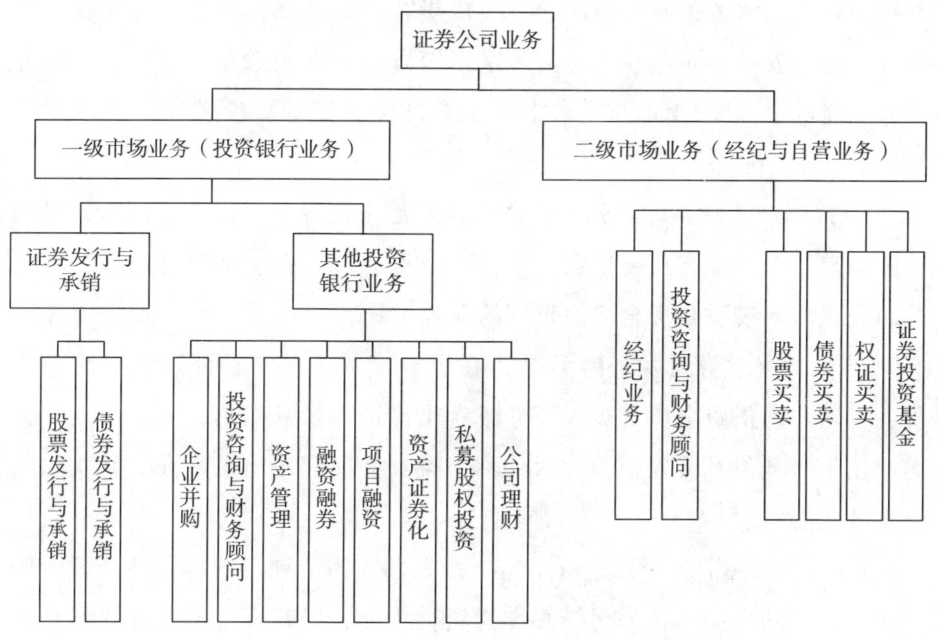

图 3-5　证券公司的主要业务结构

按照证券公司的业务性质，可以将其业务划分为一级市场业务和二级市场业务。所谓一级市场，又称证券发行市场，是指有价证券发行人将其证券销售给最初购买者的金融市场；二级市场，又称证券交易市场，是指已发行的有价证券流通交易的金融市场。

一般来说，证券公司的一级市场业务可以分为以下几类：

（1）证券承销。证券承销是指证券经营机构代理证券发行人发行证券的活动。依据证券公司在承销过程中承担的责任和风险的不同，可以将证券承销分为代销和包销两种方式。

（2）企业并购。它是企业兼并与收购的合称。证券公司在企业并购中通常担任企业并购双方的财务顾问或代理人，承担策划并购方案、选择并购对象、设计反并购措施、制定并购价格等任务。

（3）投资咨询与财务顾问。投资咨询是指证券公司接受客户委托，为客户投资决策提供专业意见的活动。其通常表现为充当私募顾问、提供证券投资咨询等形式，有时也就证券投资领域的某一具体问题向客户提供专项投资咨询。财务顾问是指证券公司接受客户的委托，为客户提供各类投融资、财务安排、企业并购、资产重组等方面的专业意见的活动。其业务内容通常包括为企业理财、改制、上市、发行证券、投融资等活动提供帮助。

（4）资产管理。证券公司的资产管理是指证券公司作为管理人，以独立账户募集、管理客户委托资金，投资于股票、债券、基金等金融工具及其组合，以实现委托资金增值目的的业务形式。

（5）融资融券。融资融券是指在证券交易中，证券公司收取客户担保，为客户出借资金供其买入证券或者出借证券供其卖出的经营活动。为客户出借资金供其买入证券的活动称为融资，向客户出借证券供其卖出的活动称为融券。

（6）项目融资。项目融资是指项目承办人为该项目的筹资和经营专门成立一家公司——项目公司，并作为贷款主体，以其现金流量和收益作为还款来源的融资方式。

(7) 资产证券化。资产证券化是将资产原始权益人或发起人的低流动性资产或可预见的未来现金流量，构造和转变为高流动性金融产品的过程。一般来说，资产证券化的过程分为资产重组、风险隔离和信用增级三个环节。

证券公司的资产证券化业务主要是指证券公司作为承销商，帮助证券发行成功。此外，在证券设计阶段，证券公司还扮演着融资顾问的角色，为发起人设计融资方案。

(8) 私募股权投资。私募股权投资（Private Equity，简称 PE），是指向具有高成长性的非上市企业进行股权投资，并提供企业管理和其他增值服务，以期在被投资企业相对成熟后通过退出实现资本增值的资本运作过程。

(9) 公司理财。公司理财是指证券公司作为金融顾问或经营管理顾问，为客户提供的财务咨询、方案设计服务等业务。

证券公司的二级市场主要业务有：

(1) 经纪业务。证券经纪业务是指证券公司接受客户委托代理客户买卖有价证券的业务。它分为柜台经纪业务和通过证券交易所进行经纪业务两种形式。我国证券公司的经纪业务以后一种形式为主。

(2) 自营业务。证券自营业务是指证券公司以自己的名义，以自有资金或依法筹集的资金为本公司买卖依法公开发行的股票、债券、权证、证券投资基金以及中国证监会认可的其他证券盈利活动。

3. 证券中介机构

除证券公司外，证券市场上还活跃着一些证券中介机构，包括：

(1) 证券投资咨询公司。它是指在证券市场上向投资者提供分析资料和专业意见，为投资者设计投资方案的中介服务机构。

(2) 证券结算公司。它是指专为证券及证券交易办理存管、资金结算交收和证券过户业务的中介服务机构。我国设有中国证券登记结算有限责任公司，由上海证券交易所和深圳证券交易所共同出资组建，并在上海、深圳和北京设有分公司，分别负责在上海、深圳两个证券交易所的证券存管、结算与交收工作。

（三）证券投资基金管理公司

1. 证券投资基金管理公司概述

证券投资基金是一种利益共享、风险共担的集合证券投资方式，即通过发行基金单位，集中投资者的资金，由基金托管人托管，由基金管理人管理和运作，从事股票、债券等金融工具投资。

证券投资基金可以分为两种：由基金管理人、基金托管人和投资者三方通过基金契约设立，通常称为契约型基金；也可以通过发行基金股份，成立投资基金公司的形式设立，通常称为公司型基金。目前我国证券投资基金的主要形式为契约型基金。

基金管理公司是经营证券投资基金的企业法人。

2. 证券投资基金管理公司的业务范围

证券投资基金管理公司的业务范围一般如图 3-6 所示。

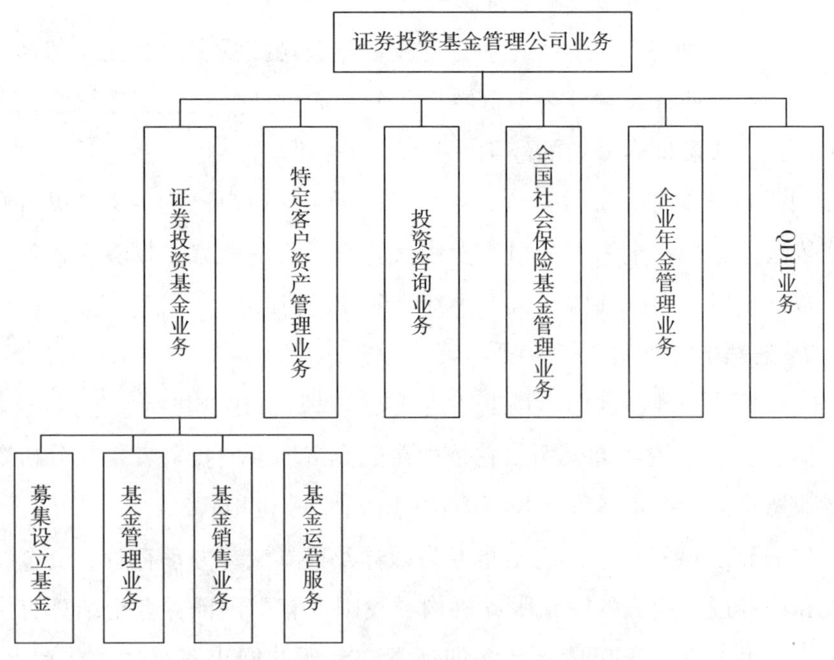

图 3-6　证券投资基金管理公司的主要业务结构

（1）证券投资基金业务。作为证券投资基金管理公司的主要业务，证券投资基金业务一般包括募集设立基金、基金管理业务、基金销售业务和基金运营服务四类。

（2）特定客户资产管理业务。特定客户资产管理业务是指证券投资基金管理公司向特定客户募集资金或者接受特定客户财产委托担任资产管理人，为资产委托人的利益，运用委托资产进行证券投资的活动。

（3）投资咨询业务。投资咨询业务是指证券投资基金管理公司根据客户的需要，为其提供投资方面的分析和建议的活动。

（4）全国社会保险基金管理及企业年金管理业务。证券投资基金管理公司根据全国社保基金理事会和相关企业委托，为其提供基金资产的投资运作。

（5）QDII 业务。QDII（Qualified Domestic Institutional Investors），即合格境内机构投资者，是指在人民币资本项下不可兑换、资本市场未开放条件下，经我国有关部门批准，有控制地允许境内机构从事境外资本市场的股票、债券等有价证券投资业务的一项制度安排。

（四）信托投资公司

1. 信托投资公司概述

信托是指委托人基于对受托人的信任，将其财产权委托给受托人，由受托人按委托人的意愿，以自己的名义，为受益人的利益或者特定目的进行管理或者处分的行为。

信托关系一般涉及三方当事人：委托人、受托人和受益人。转移财产权的人，即原财产的所有者是委托人；接受委托代为管理和经营财产的人是受托人；享受财产所带来利益的人是受益人。

信托投资公司是从事信托业务的企业法人。

2. 信托投资公司的业务范围

信托投资公司的传统主营业务是信托业务，包括个人信托、法人信托和公益信托三大类，随着信托业务的不断扩展，投资、理财、咨询、保管等业务也逐渐纳入信托投资公司的业务范围。

依《信托投资公司管理办法》的规定，我国的信托投资公司可以申请经营如图 3-7 所示的部分或者全部本、外币业务。

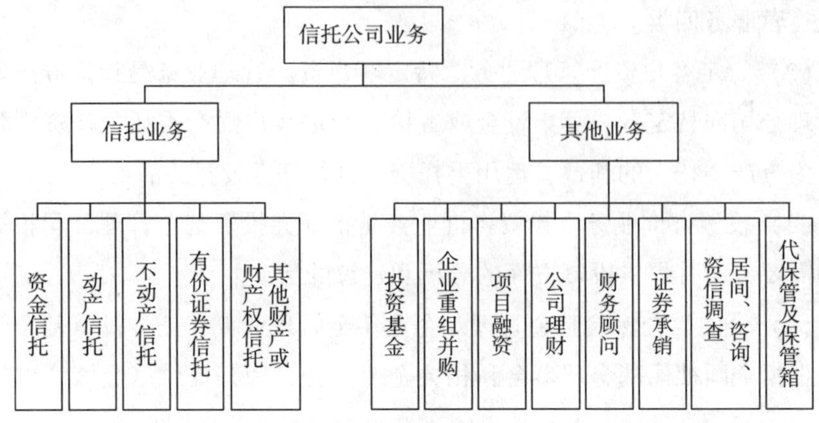

图 3-7　信托投资公司的主要业务结构

作为中国唯一能够投资于资本市场、货币市场、产品市场且具备直接融资功能的金融机构，信托投资公司与证券公司在业务上出现了交叉重合的部分。鉴于上文已经对证券公司业务做了详细介绍，本部分将仅介绍信托投资公司独有的几类主要业务：

（1）信托贷款业务。信托贷款业务是指信托投资公司接受委托人的委托，将委托人存入的资金，按其指定的对象、用途、期限、利率与金额等发放贷款，并负责到期收回贷款本息的一项金融业务。

（2）资产转让业务。资产转让业务是指信托投资公司接受委托人的委托，将委托人存入的资金，按其要求用于购买特定企业资产的业务。

（3）股权收益权信托业务。股权收益权信托业务是指股东将其所持股权中的收益权转移给信托投资公司以获取资金，由信托投资公司根据信托协议进行管理或处分的业务。该类业务的本质是以股票为标的进行的质押融资。

（4）收藏品投资业务。收藏品投资业务是指信托投资公司按客户要求，以客户资金投资于艺术品、酒类等具有升值潜力的收藏品的业务形式。一般情况下，在理财产品到期后，投资者可以选择以实物形式分配投资收益。

(5) 证券投资信托业务。证券投资信托业务是指信托机构将个人、企业或团体的投资资金集中起来，代替投资者进行有价证券投资，最后将投资收益和本金偿还给受益人，信托部门从中收取手续费的业务形式。

(6) 房地产投资信托基金业务。房地产投资信托基金（Real Estate Investment Trust，REIT）业务是指由特定的发起人（如基金公司、信托投资公司）发起，通过公司或契约的形式制订投资计划、发行基金券，向资本市场募集资金，进而形成信托资产，委托或聘请专业人员以投资组合的形式投资于房地产市场的业务。

(7) 设备信托业务。设备信托业务是指设备的所有人与信托投资公司签订信托协议，将设备所有权转移给信托投资公司换取收益权凭证，通过转让该凭证收回设备款项，信托投资公司以出租或出售该设备所得的资金支付收益权凭证持有者的业务。可以设定设备信托的设备包括交通工具、运输设备、机械设备等多种形式。

（五）资本市场其他重要金融机构

1. 期货公司

期货公司是指依法设立的，接受客户委托、按照客户的指令，以自己的名义为客户进行期货交易并收取交易手续费的金融中介机构。

从发达国家期货公司的运作模式来看，期货公司的业务可以分为四类，除了经纪业务外，还包括自营、委托理财和投资咨询业务。

目前国内期货公司的业务种类相对单一，大部分期货公司只能进行单一的经纪业务，手续费是其主要收入来源。近年来，中国证监会不断以试点的形式探索期货公司开展投资咨询业务的可行性，取得了一定进展。

2. 金融资产管理公司

广义上的金融资产管理公司，概指以独立账户募集、管理客户委托资金，投资于股票、债券、基金等金融工具及其组合，以实现委托资金增值目的的企业。此处的金融资产管理公司，特指国务院决定设立的收购国有银行不良贷款，管理和处置因收购国有银行不良贷款而形成的特定资产的国有独资非银行类金融机构。

我国有四家金融资产管理公司，即中国华融资产管理公司、中国长城资产管理公司、中国东方资产管理公司、中国信达资产管理公司，分别接收从中国工商银行、中国农业银行、中国银行、中国建设银行剥离出来的不良资产。信达是第一家由国务院批准设立的金融资产管理公司，2010 年 6 月 29 日，经国务院批准，首先完成股份制改革，中国信达资产管理公司整体变更为中国信达资产管理股份有限公司；并于 2013 年 12 月在香港联交所主板挂牌交易，开创了国有金融资产管理公司上市的先河。

3. 保险资产管理公司

保险资产管理公司是专门管理保险资金的金融机构，其主要业务是接受保险公司委托管理保险基金，目标是使保险基金保值、增值。保险资产管理公司一般由保险公司或保险公司的控股股东发起成立。

截至 2015 年年底，根据最新规定，保险资金可被用于银行存款，买卖债券、股票、证券投资基金份额等有价证券，投资不动产和国务院规定的其他资金运用形式。

四、对中国金融业混业经营趋势的思考

（一）金融分业经营和混业经营的关系

分业经营和混业经营是用于描述一国金融机构之间业务交叉程度的一组概念，也是当前金融理论界最受热议的一组概念，然而尚没有明确统一的含义。由于金融机构的形式、金融业务的范围和产品种类总是处在不断变化中，因此确定分业经营与混业经营存在技术上的困难。

一般认为，所谓的金融分业经营，是指银行、证券、信托和保险等各类金融行业之间存在明显的业务界限，不同业务应当由具有相应许可证的金融机构分别经营，彼此之间不得交叉的经营模式。然而，在实践中，无论是美国历史上的《格拉斯-斯蒂格尔法案》，还是中国严格的分业经营制度，都没有完全禁止某类金融机构兼营其他类的金融业务。从这个意义上说，彻底的分业经营在金融领域是不存在的。

所谓金融混业经营，是指银行、证券、信托和保险等各金融行业在业

务上相互交叉、彼此融合的经营模式，表现为某一金融机构同时经营多种不同性质的金融业务，如银行可以从事证券业务，信托投资公司可以参与证券发行等。

在金融发展史上，分业经营与混业经营是此消彼长、相互替代的关系。20 世纪 30 年代之前，由于金融业发展程度有限，分工和风险都不明显，各国普遍实行的是混业经营的模式。20 世纪 30 年代的“大萧条”使各国政府及金融家们看到了金融混业经营模式固有的扩大金融风险的弊端，在金融监管改革的推动下，各国金融向着分业经营发展，这一变化虽然暂时丧失了混业经营条件下的诸多优势，但由于促进了金融业务的专业化，因此在很长一段时间内保持了金融业的繁荣稳定。20 世纪 70 年代开始的金融业竞争浪潮给金融机构带来了巨大的压力，传统金融机构纷纷寻求转型以创造新的盈利点，这一时期以联邦德国全能银行制度为代表的金融混业经营模式迅速地提升了该国在金融领域的国际竞争力，显示了制度优势，成为各国效仿的对象。从 20 世纪 80 年代开始，主要发达国家开始改革自身的金融经营模式，向着混业经营的方向发展，1999 年美国《金融服务业现代化法案》的通过打破了《格拉斯-斯蒂格尔法案》所确立的分业经营模式，成为这一改革里程碑式的标志。然而好景不长，2008 年美国次贷危机爆发，迅速波及美国金融产业的各个领域，并扩散至世界各地，给全球带来金融恐慌。其重要的原因之一即是美国的混业经营模式为风险扩散提供了条件。由于实行混业经营的同时实行分业监管，美国的监管系统重叠繁复，效率低下，出现了大量的监管漏洞和监管空白，各金融行业间缺乏有效的风险隔离措施，各金融机构不断违反规定、降低标准，涉足高风险行业。因此当次级贷款市场上的违约风险出现后，衍生品市场、基金市场、证券市场、保险市场、银行间市场迅速被卷入危机，各类金融机构无一幸免，显示了混业经营模式潜在的巨大破坏力。为此，2010 年美国国会通过了自“大萧条”以来最为严厉的金融监管法案——《多德-弗兰克华尔街改革与消费者保护法案》，加强对金融业的监管。至此，对分业经营与混业经营利弊的探讨再一次成为全球金融领域热议的话题。

（二）对我国金融业混业经营的思考

金融分业经营的优势在于实现金融风险的有效隔离和分散，实行金融分业经营的国家能够利用金融行业及产品之间波动上的差异性调控金融市场，实现金融市场整体的稳定与安全；劣势在于束缚了金融创新能力，不利于金融业的蓬勃发展。而金融混业经营的优势在于能够促进金融服务和金融产品的不断创新，通过鼓励金融行业之间的联系、借鉴，实现降低经营成本、扩大经营范围、创造经济价值、繁荣金融市场的目的，为实体经济提供多样性支撑，提高金融领域的国际竞争力；劣势在于监管难度大，系统性风险高。因此两种模式各有利弊，不存在孰优孰劣的问题。关键在于要与具体某一国的经济、金融、社会发展相适应。总体上说，分业经营相对更适合金融创新过度的国家，而混业经营相对更适合金融创新不足的国家。

我国长期处于金融创新不足的阶段，主要表现为金融业务单一、金融产品相对稀缺、投资渠道匮乏、金融业产值占 GDP 比重偏低，金融领域国际竞争力低下等。因此，在中国未来大国崛起的过程中，金融发展宜采用混业经营的模式。从实践角度来看，混业经营模式已在我国初现端倪，如中信集团、光大集团和平安集团等均已开展银行、保险、证券类业务，已拥有银行、证券、期货、保险、基金、信托、租赁等相应金融牌照；从法律角度来看，2003 年和 2005 年分别对《商业银行法》和《证券法》进行修订时，以“国家另有规定的除外”的方式取消了混业禁令，肯定了金融混业经营的合法性。同时，越来越多的企业向金融各类业务全面拓展，稳步推进金融业混业经营已成大势。国家鼓励金融机构通过设立金融控股公司、交叉销售、相互代理等多种形式，开发跨市场、跨机构、跨产品的金融业务，发挥综合经营的协同优势，促进资金在不同金融市场间的有序流动，提高金融市场配置资源的整体效率。另外，从金融监管角度看，加强金融监管协调，建立健全的系统性金融风险防范预警体系和处置机制势在必行。

然而应当清醒地看到，成功的混业经营必须建立在高度的社会诚信、发达的信息技术、科学的监管体系、严密的法律制度、成熟的市场环境、有效的治理结构的基础上。混业经营的发展必须与这些条件相适应才能取得良好的效果。尽管我国金融混业经营的方向已是大势所趋，但具体的实现过程仍然需要不断探索和权衡，不宜操之过急。

本章小结

金融行为离不开金融机构，不同于传统企业经营实体物品，金融机构作为专门从事资金融活动的中介组织，经营对象是货币和信用。若以其所从事的主要业务为标准，中国的金融机构可以分为货币金融体系（银行类）金融机构和资本金融体系（非银行类）金融机构。货币金融体系金融机构是指通过存款、贷款、汇兑、储蓄等业务，承担信用中介的金融机构，包括各类银行以及其他金融机构。资本金融体系金融机构包括货币金融体系之外的全部金融机构，主要是指以发行股票和债券、接受信用委托、提供保险等形式筹集资金，并将所筹资金运用于长期性投资的金融机构。按照业务范围来划分，非银行类金融机构可分为保险公司、证券公司、证券投资基金管理公司、信托投资公司等。

随着市场经济的不断发展和经济体制改革的逐步深化，非银行类金融机构资产在金融总资产中的比重逐渐增大，对经济发展的推动日益凸显。同时，中国的金融发展还呈现出不同金融机构允许开展其他机构业务的趋势，这种银行、证券、信托和保险等各金融行业在业务上相互交叉、彼此融合的经营模式，能够促进金融服务和金融产品的不断创新，通过鼓励金融行业之间加强联系、相互借鉴，实现降低经营成本、扩大经营范围、创造经济价值、繁荣金融市场的目的。混业经营成为中国未来一段时间金融发展的适宜模式，但与此同时，一个与之配套的监管体制也亟待建立起来。成功的混业经营必须建立在高度的社会诚信、发达的社会技术、科学的监管体系、成熟的市场环境、有效的治理结构基础之上。

第四章

资本金融监管体系

第一节 资本金融监管的理论基础

资本金融监管是指政府通过其指定的监管机构对资本市场金融活动交易主体进行约束和管理，以保障资本市场健康稳定发展的各项活动的总称。本质上，它是一种政府规制行为，通常包括银行业监管、证券业监管、保险业监管等内容。

一、资本市场具有潜在的负外部性

资本市场的负外部性是指资本市场交易活动给社会带来的无法补偿的经济成本。

资本市场是现代经济的枢纽，是实现市场经济资源优化配置最重要的场所，在现代市场经济中发挥着宏观经济的晴雨表功能。现代经济能否正常运行，在很大程度上取决于资本市场是否稳定。资本市场的不稳定因素来自两个方面：一是作为虚拟经济的重要组成部分，其存在和发展严重依赖交易活动的诚信和参与主体的信心，具有较高的风险性；二是金融业的运作通常有着极高的财务杠杆，严重依赖于资产的流动性，具有内在的脆弱性。一旦金融机构破产倒闭，将会对市场信心造成重大打击，进而通过连锁反应降低整个金融系统的流动性，引起强烈的信用紧缩，破坏经济的增长，进而对社会、经济产生巨大的影响，造成高昂的社会成本。因此，资本市场具有潜在的负外部性。

鉴于多数金融机构的营利性，资本市场潜在的负外部性不适宜依靠其自身解决；而金融产业高风险高利润的特征也容易引起人们对金融机构自身冒险逐利的疑虑。历年来，世界各国的资本黑幕、经济危机都说明，资本市场自身并非合适的监管者。依靠外部力量对其进行监管，以降低资本市场潜在的负外部性势在必行。

二、资本市场具有不完全竞争性

在现代监管理论中，对于市场主体的监管主要包括两种观点：

一是依靠市场进行监管。该观点认为，市场竞争具有优胜劣汰的作用，能够充分体现市场供需关系，实现资源的有效配置。按照这样的观点，在一个充分竞争的市场中，资本会自由流向高效的市场主体，经营不善的市场主体会自动退出市场竞争，其经营者会面临失业、降级的压力，领受市场对其的惩罚。

二是依靠机构进行监管。该观点认为，充分竞争的市场是不存在的，在一个信息不完美的世界里，要实现市场的自动淘汰功能是困难的，通常要付出很大的代价，这样不利于经济稳定，以及投资者、消费者权益的保护，因此，需要由特定的机构或组织来对市场进行专门的监管，以确保市场淘汰机制能充分发挥作用。

资本市场有着强烈的垄断倾向：一方面，金融机构规模经济的特点决定了资本市场的经营模式容易由分散走向集中，从而降低经济效率；另一方面，自由竞争所导致的优胜劣汰也容易引起整个金融体系的不稳定，从而危及社会经济的总体稳定。因此，多数国家都对金融机构采取了特许经营的政策，并对金融机构间的兼并活动进行限制，这就限制了金融机构的数量，造成了资本市场竞争上的不充分。在这样的背景下，依靠市场自身进行监管很难取得效果，需要一种市场之外的力量介入，以保证资本市场的有序竞争，从而实现资本市场运作的公开、公平、公正。在总结历次经济危机经验教训的基础上，多数国家普遍采用了依靠特定机构或组织进行资本市场监管的模式。

三、信息的不完备性和不对称性

信息经济学表明，信息不完备、不对称，是市场经济不能像古典经济学和新古典经济学所描述的那样完美运转的重要原因之一。资本市场是经营虚拟经济的主要场所，虚拟经济严重依赖于信息的流畅和透明，对信息的真实性、及时性、对称性有着很高的要求。

在资本市场上，信息的重要性体现在以下两方面：

（一）信息关系着资本市场的整体稳定

资本市场风险的重要表现之一就是“羊群效应”，即投资者行为盲目从众的现象。投资者做出决策的依据是其获得的信息。利好的信息可能推动投资过热，形成泡沫；利空的信息则可能导致投资者的恐慌和抛售，造成价格暴跌。因此，合理控制信息，确保信息质量是资本市场稳定发展的重要前提。

（二）信息关系着投资主体的获利能力

无套利理论表明，资本市场上任何高于平均获利的投资机会都会因不断增加的投资者而下降到平均获利水平。因此，在资本市场上，最先获得信息往往就意味着获得超过平均水平的盈利机会或止损机会。因此，资本市场的参与者非常关注信息的发布速度和质量。

由于资本市场信息数量庞大、复杂，搜寻和信息处理的成本异常高昂，成为金融机构健康运行和投资者保护的主要障碍；而一些不法分子往往利用自身的有利条件，以非法途径获取信息，以损害公众利益的方式获取非法利益。这已经触及到了公法的层面，并非市场自身所能解决，政府及资本市场监管当局有责任采取措施，减少金融体系中的信息不完备和不对称。

四、法律的不完备性

资本金融活动属于虚拟经济的范畴，对社会诚信有着高度的依赖性，法律在促进社会诚信方面发挥着重要作用，这是资本金融活动得以顺利进行的重要保障。然而，在实际运行中，法律保障功能却因为以下四项原因而受到限制：

第一，立法者的能力。法律是实践科学，立法的质量高度依赖于立法者的实践经验、看待问题的前瞻性、对法律和社会现实的理解，以及准确表述意图的能力。而立法者却并非全知全能，其制定的法律必然受到个人认知能力的限制，不可能充分反映社会发展的全部需要，因此法律文件中的空白与疏漏不可避免。

第二，立法的高成本。立法活动涉及调研、起草、讨论、修改、审议、投票通过等多个环节，每个环节都会占用一定数量的社会、经济资源。过于追求法律的严密、完善，必定提高立法的经济成本，而立法的久拖不决又必定带来高昂的社会成本。因此，立法者通常会选择较为重大的事项做出概括性的表述，同时期待司法介入来填补法律的空白。然而，司法部门对法律的解读和填补功能受能力和权限的限制，往往不能达到立法者的预期，从而使法律长期处于不完善的状态。

第三，法律的稳定性特征。作为解决社会矛盾的最终保障，法律的公平性和权威性决定了法律必定是审慎的、稳定的，既不能朝令夕改，也不能因人而异，必须在尽可能长的时间里为社会成员提供稳定预期。然而，进入工业社会以来，社会经济和技术发展加速，各种社会新问题层出不穷，不断挑战现行的法律框架，法律的稳定性与适应性之间的矛盾日益尖锐，僵化的法律规定不仅限制了社会发展的速度和形式，也为破坏社会发展的行为提供了规避惩罚的机会。

第四，司法的滞后性特征。为保证司法的中立性和公正性，同时降低司法系统的运行成本，法庭被设计成为被动执法者，除危及国家和社会重大安全的情况外，司法机关一般不会主动介入金融活动。因此，司法机关所能够提供的安全保障通常是事后性的，并不能有效防止违法事件的发生。

以上分析表明，法律作为一种社会管理制度，其制定与执行具有不完备性的特征。

金融业是现代经济最为活跃的领域，在高速发展的同时也产生了大量的新情况、新问题，而法律的不完备性特征却决定了传统的立法手段及司法手段不能提供及时有效的解决办法。因此，金融监管机构应运而生，其作用在于弥补传统立法手段和司法手段的不足，通过行使“剩余立法权”，及时解释现有法律，制定新法规，主动监督、管理金融活动，规范金融领域的发展，成为兼具立法功能和执法功能的综合监管者。

第二节 国际资本金融监管体系概述

一、发达国家的资本金融监管体系

资本监管体系植根于各国的金融实践，在不同国家往往表现出不同特点。近年来，美国、英国和日本的监管体制改革受到世界各国的广泛关注。本节以美、英、日三国为例，对发达国家的资本金融监管体系进行简要概述。

（一）美国的资本金融监管体系

美国的资本金融监管体系可以概括为“两级多元”。“两级”是指在联邦层面和各州层面分别设立监管机构；“多元”是指各州由若干个监管机构相互协调、分工合作，共同完成监管任务。

在联邦层面，美国的资本金融监管体系如图 4-1 所示。

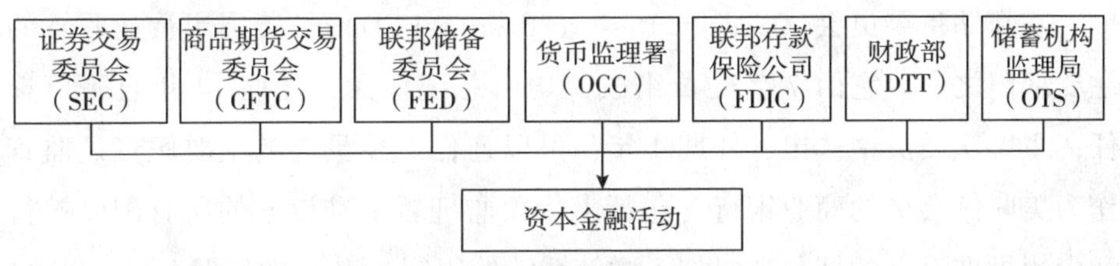

图 4-1 美国资本金融监管体系

1. 证券交易委员会

证券交易委员会（Securities and Exchange Commission，SEC）是美国证券市场监管的核心机构，由 5 名委员组成，其中 1 名任主席，所有委员均由总统任命，参议院批准，任期 5 年。委员会下设 5 个部门，分别为公司金融部、投资管理部、执法部、交易与市场部、经济和市场分析部，并设有首席会计师办公室和总法律顾问办公室等22个办公室及若干地区代表处。

主要职责：制定有关证券活动的监管政策和规章制度；管理证券发行和交易活动，维护市场秩序；组织并监督证券市场的信息收集和信息披露；调查证券违法行为，并依法对其提起诉讼或加以惩戒。

2. 商品期货交易委员会

商品期货交易委员会（Commodity Futures Trading Commission，CFTC）是负责监管美国商品期货交易市场和期权交易市场的主要机构。由5名委员组成，其中1人担任主席，5人均由参议院提名，总统任命，任期5年。委员会下设清算及中介监管部、市场监管部、执法部以及首席经济学家办公室、法律总顾问办公室、执行董事办公室、总检察官办公室、外部事务办公室、秘书办公室和国际事务办公室等机构。

主要职责：审核期货和期权合同条款；对市场进行日常监督；保证参与市场交易的组织和个人不受不正当手段操纵、滥用交易规则和欺诈行为的损害；在紧急情况下，可以向交易所下达采取具体行动措施或恢复交易秩序的命令，确保美国期货交易市场的正常运作。

3. 联邦储备委员会

联邦储备委员会（Federal Reserve Board，FED）是美国银行业监管的主要部门之一。它由7名委员组成，均由总统任命，任期14年且不可连任；主席从委员中选出，任期4年，可以连任。委员会的主要职责是监管作为美联储会员的商业银行（包括由货币监理署批准设立的所有国民银行和由州批准设立的部分自愿加入联储系统的银行）和金融控股公司，当12家联邦储备地区银行向存款机构提供服务和监管特定的银行时，联邦储备委员会还监督联邦储备地区银行的经营。

联邦储备委员会监管资本金融活动主要是基于以下两个原因：一是委员会监管金融控股公司，因而对其下属的证券、期货子公司享有监管权；二是委员会监管商业银行等储蓄机构，因而对其所从事的资本金融活动享有监管权。

4. 其他监管机构

除上述机构外，货币监理署（Office of the Comptroller of the Currency，OCC）、联邦存款保险公司（Federal Deposit Insurance Corporation，FDIC）、财政部（Department of The Treasury，DTT）、储蓄机构监理局（Office of Thrift Supervision，OTS）也在自己的职权范围内对美国的资本金融活动进行监管。

5. 次贷危机后美国监管体系的变化

2010 年 7 月 21 日，自“大萧条”以来改革力度最大、影响最为深远的金融监管改革议案——《多德-弗兰克法案》(2010）最终签署实施，该法案对美国资本金融监管体系做出了以下改革：

（1）决定成立金融稳定委员会，由财政部部长担任主席，负责关注、识别大型金融公司的系统性风险以及与此相关的金融产品和业务，研究经济形势并解释联邦储备委员会对银行控股公司的综合监管。

（2）在财政部下设立金融研究办公室，负责搜集金融数据，进行分析，将评估成果汇报国会。

（3）在美联储下设立消费者金融保护局，确保消费者获得金融产品的准确信息。

（4）扩大美联储的监管职能，系统性风险监管由美联储负责执行，银行、证券、保险业大型机构纳入美联储监管范围，企业高管薪酬也将受到美联储的监督。

（5）证券交易委员会与商品期货交易委员会将共同监管柜台衍生品交易。

（6）在证券交易委员会下设立信贷评级机构办公室，加强对信贷评级机构的监管。

（7）在财政部内设立联邦保险办公室，负责搜集保险行业信息，监管保险业系统风险。

（二）英国的资本金融监管体系

在 1997 年，英国政府提出了资本金融监管体系改革方案，将英格兰银行的监督权剥离出去，银行监管的责任人由英格兰银行转移到证券投资委员会，并将后者进一步改组为金融服务监管局（The Financial Services Authority，FSA），使之成为集银行、证券、保险三大监管责任于一身的多元化资本金融监管机构，形成了英国式的混业监管模式。

全球金融危机后，英国受到的冲击极其严重，因此它成为金融监管改革最为积极的国家之一。2009 年 2 月英国议会通过《2009 年银行法案》，规定英格兰银行在金融稳定中的法定职责和核心地位。2010 年 7 月，英国财政部公布《金融监管新方案：认识、焦点和稳定》白皮书，提出撤销金融服务监管局，在英格兰银行内部成立金融政策委员会，专门负责宏观审慎管理。

2012 年 12 月，英国颁布《金融服务法案》，该法案于 2013 年 4 月 1 日正式生效。《金融服务法案》对英国金融监管体系进行了全面改革，新设立金融政策委员会（Financial Policy Committee，FPC）、审慎监管局（Prudential Regulation Authority，PRA）和金融行为监管局（Financial Conduct Authority，FCA）3 个独立机构，新的金融监管框架如图 4-2 所示。

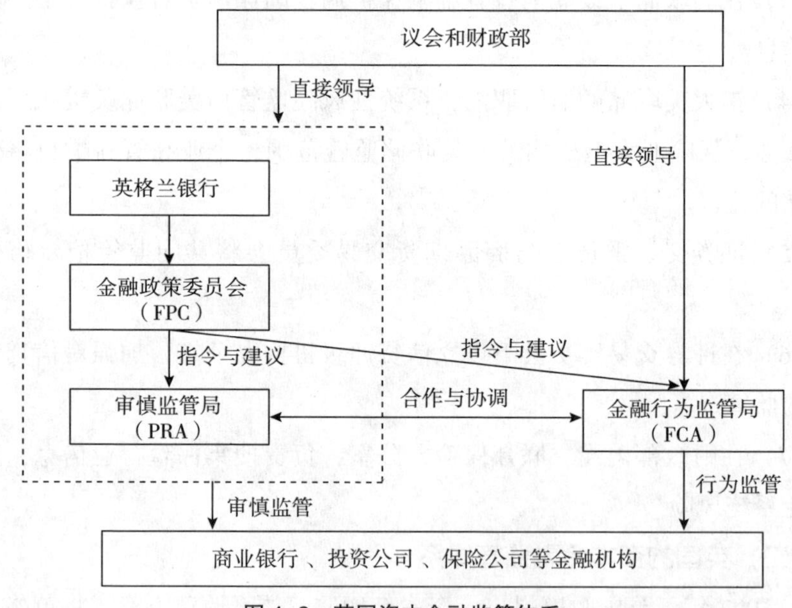

图 4-2　英国资本金融监管体系

1. 金融政策委员会

金融政策委员会以英格兰银行理事会下设委员会的形式存在，直接领导审慎管理局和金融行为监管局，由英格兰银行行长担任主席，成员包括英格兰银行副行长、金融行为监管局总裁、2 名英格兰银行执行董事、由财政大臣任命的 4 名外部成员，以及 1 名不享有表决权的财政部大臣。

金融政策委员会的主要职责包括：全面监控英国金融体系，发现影响金融系统稳定的因素，识别和评估系统性风险；向审慎监管局和金融行为监管局发出监管指令，指导开展监管工作；向英格兰银行、财政部、审慎监管局、金融行为监管局提出政策建议；编制并发布英国《金融稳定报告》，全面分析英国金融业存在的潜在风险以及应采取的防范措施。

2. 审慎监管局

审慎监管局是英格兰银行附属机构，主要负责对存款机构、投资机构、保险机构、信用合作社及其他金融机构进行审慎监管。其内部设立监管机构，成员包括主席、总裁、主管金融稳定的英格兰银行副行长、金融行为监管局总裁和其他成员。主席由英格兰银行行长兼任，总裁由英格兰银行主管审慎监管的副行长担任。

审慎监管局的主要职责包括：对金融机构的安全性与稳健性做出判断并采取行动；制定被监管的金融机构有关行为的绩效规则；通过为金融机构授权的方式对各类金融服务和金融市场活动进行监管。

3. 金融行为监管局

金融行为监管局目标在于保护消费者权益和提升公众对于金融服务业的信心。其采取有限责任公司的形式运作，设于英格兰银行外部，管治机构成员包括主席和总裁、英格兰银行负责审慎监管的副行长、国务大臣和财政部共同任命的两名成员及财政部任命的其他成员。其中董事会主席和总裁由财政部任命，金融政策委员会的主要行政长官进入其董事会，董事会非执行董事由财政部任命，运营资金由金融服务行业提供。

金融行为监管局的主要职责包括：促进有效竞争，确保相关市场正常运作；监管所有金融服务公司的行为，其中包括防止市场滥用行为；帮助消费者获得公平交易机会；同时，还负责不受审慎监管局监管的金融服务公司的审慎监管。

（三）日本的资本金融监管体系

日本的资本金融监管体系历史发展分为两个阶段。第一个阶段是金融厅组建以前，大藏省和日本银行共同承担着资本金融监管的职责，属于分业监管模式；第二个阶段是从日本金融厅组建开始，属于混业监管模式。

1998 年 6 月日本金融监督厅的组建，标志着以财政、金融分离为核心的日本金融体系改革的开始。这次改革将资本金融监管的职能从大藏省分离出来，交由金融监督厅负责，但金融制度的计划和立案仍由大藏省所辖的金融企划局负责。2000 年 7 月，日本政府合并了金融监督厅和金融企划局，成立金融厅，全面负责金融制度的计划、立案和资本金融监管；同时改大藏省为财政省，负责金融行政事务。日本进入混业监管时代。

日本金融厅主要组织结构如图 4-3 所示。

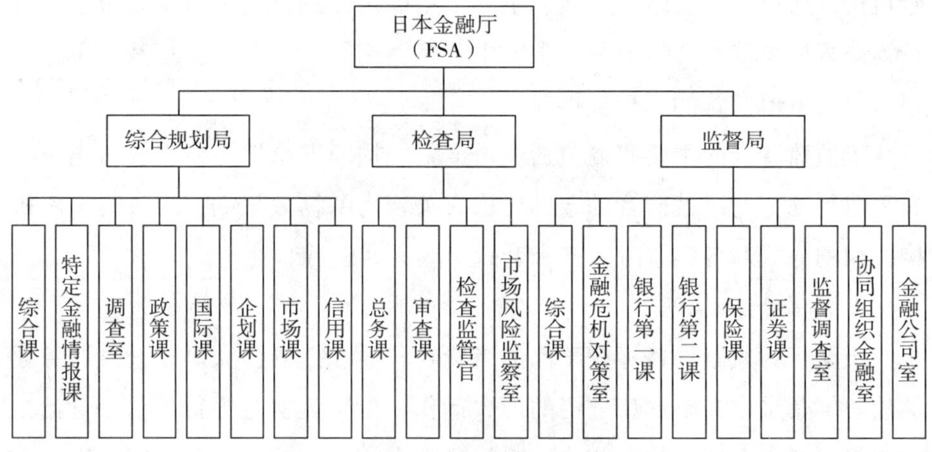

图 4-3 日本金融厅主要组织结构

金融厅的主要职责为：规划制定金融制度和政策；对银行、证券公司、保险公司等金融机构及证券交易所等进行检查和监督；制定证券市场的有关规则；制定企业会计准则，并对会计师事务所进行监督；对证券市场各项规则的遵守情况进行监视。

为加强对证券市场交易行为的公正性进行监督和检查，还建立了证券交易等监视委员会，置于金融厅内。该委员会的职责在于清除一切有损市场公正性的交易行为，揭露违法违规机构的犯罪行为，提高市场监管效率。委员会设有事务局执行其决议，事务局下设综合检查和特别调查两个处。委员会从事证券公司检查特别是对地方性证券公司进行业务检查时，可以调动财务省各地方派出机构的力量。

（四）发达国家资本金融监管体系的发展趋势

尽管各国的资本金融监管体系在形式上千差万别，但其内在的逻辑却有规律可循。按照监管权限的不同，学者们通常把资本金融的监管体系分为两种监管模式：分业监管模式和混业监管模式。

分业监管模式，是指由不同监管机构分别对其职权范围内的金融机构和资本金融活动进行监管的模式。其主要优点是：防止监管权过度集中，促进监管机构专业化，提高其监管能力；主要缺点是：监管机构设置重复，管理分散，法规不统一，容易出现权限冲突，并造成监管“真空”。次贷危机前的美国即是分业监管模式的典型例子。

混业监管模式，是指由一家监管机构对国内所有金融机构的一切资本金融活动进行监管的模式。其主要优点是：监管集中、法规统一，有助于贯彻监管指令；克服相互推诿的弊端；主要缺点是：庞大的监管机构容易产生规模上的无效率，可能使监管部门作风官僚化，滋生腐败现象。当前的英国和日本都是混业监管模式的例证。

从世界资本金融监管体系的发展历程来看，监管模式经历了一个由统到分，再由分到统的过程，具体可以划分为四个历史时期：

1. 中央银行监管时期（19 世纪中期~20 世纪 30 年代）

现代意义上的金融监管出现于 19 世纪中期。1825 年和 1837 年发生于英国的两次经济危机表明，仅仅依赖市场的作用并不能有效保证经济的平稳运行。对两次危机的深入探讨，使英国政府认识到对宏观经济加以调控的重要性，1844 年英国通过《比尔条例》，为英格兰银行行使中央银行职能、监管金融产业运行奠定了基础，成为世界资本金融监管的先驱。由于这一时期各国金融业普遍处于初步发展阶段，金融产业的分工尚不复杂，银行业居于统治地位，中央银行足以满足资本金融监管的需求。

2. 分业监管主导时期（20 世纪 30 年代~20 世纪 70 年代）

第一次世界大战和 1929 年爆发的“大萧条”给世界金融产业的发展带来了巨大的破坏。普遍发生的恶性通胀、银行挤兑、汇率下跌等现象将各国经济推向崩溃的边缘。出于恢复经济的需要，美国率先对金融业进行大规模的政府干预，取得了明显的效果，证明了政府干预金融活动的正面作用。危机结束后，美国广泛接受了金融管制的思想，于 1933 年出台《格拉斯-斯蒂格尔法案》，明确将银行业与证券业分开管理，标志着美国对金融行业分业监管的开始。受此影响，意大利、英国、日本、德国、法国等国家也相继实施了多元化的分业监管，世界金融进入分业监管主导时期。

3. 从分业监管向混业监管的转变时期（20 世纪 70 年代~20 世纪 90 年代）

20 世纪 70 年代发达国家所普遍经历的“滞胀”打破了国家干预的神话，金融自由化理论逐渐兴起；而金融行业的竞争也促使金融机构不断寻找机会突破严格监管的框架，这推动了金融业的不断创新。在利益的驱动下，金融机构不断推出新产品、新业务和新组织形式，使各国资本金融监管机构的监管范围不断扩大，呈现出从分业监管向混业监管发展的趋势。

4. 混业监管主导时期（20 世纪 90 年代至今）

进入 20 世纪 90 年代，金融行业的竞争更趋激烈，出于拓展经营能力和抵御金融风险的目的，大规模的金融机构并购浪潮席卷全球。与此同时，金融创新不断冲破市场分割，不同金融产品和服务之间的替代性增强，银行、证券、保险等行业之间的界限日益模糊，分业监管模式在区分金融业务、定义金融机构性质方面遇到了前所未有的困难。随着金融全球化的发展和金融投机活动的盛行，金融危机愈发频繁，破坏力不断升级。为应对资本金融监管面临的挑战，众多国家开始采用混业监管模式来加强资本金融监管方面的协调。混业监管模式逐渐占据资本金融监管的主导地位。

金融混业监管模式的发展并非偶然，而是适应现代金融业变革的结果。20 世纪 70 年代以来，金融机构竞争加剧，传统盈利模式面临巨大挑战。激烈的竞争产生了以下重要后果：一是金融机构间的并购风潮，产生了为数众多的巨型跨国金融集团，金融机构的业务趋于多样化；二是推动了金融自由化运动，日新月异的金融创新成为金融业发展的主要动力，带来了金融市场的繁荣；三是新兴业务取代传统业务成为金融机构的主要盈利形式；四是资本市场的地位上升，逐渐取代银行成为金融活动的主要载体。以上四种形势的发展使混业经营成为金融行业的主流趋势。混业经营模糊了银、证、保等传统金融行业间的界限，加大了风险在不同金融行业间传递的概率。适应混业经营的发展趋势，混业监管开始成为各国资本金融监管的主导模式。

相比于分业监管，混业监管有着以下优势：

（1）鼓励金融创新。分业监管模式使各个监管机构着眼于确保金融市场的局部安全而忽视了金融市场的协作功能。一般来说，适度的金融创新有助于金融机构间互通有无，取长补短，分散单一机构的金融风险，从而降低金融市场的整体风险，对于金融产业的繁荣和金融市场的稳定有着积极的作用。但基于本位主义的“门户之见”往往使各个监管机构“防卫过当”，对金融创新进行重复审查、多方核准，增加了金融创新的成本，降低了金融市场的效率。混业监管能够汇集各个监管部门的意见，对金融市场的整体风险做出评估，消除创新监管中的无谓浪费，降低创新难度，鼓励金融创新。

（2）加强监管协调。混业经营使金融机构的业务活动逐渐趋同，超出了传统单一类别金融机构的业务范围，但分业监管模式并未做到与时俱进，其监管工作依然停留在对不同类别金融机构的传统定位上，产生了对于监管对象的认识偏差，因此产生了监管权限上的争议，导致实践中出现大量的重复监管和监管空白等现象。各分业监管机构限于自身的监管范围，无法充分了解彼此的监管意图和监管需求，从而不能有效地进行协调。混业监管有助于打破分业监管导致的片面视角，从整体角度评估金融市场的监管需要，加强各监管部门间的沟通与协作。

（3）预防系统性风险。金融创新和混业经营使金融机构之间的相互交易日趋频繁，其产品、业务彼此竞争、相互渗透，形成了休戚相关的利益共同体，同时也增强了金融风险的传递能力。在混业经营的背景下，一个局部性的金融风险可能迅速蔓延至金融市场的各个角落，并通过通信技术手段引起整个市场恐慌，降低市场信心，诱发系统性风险。而政治、经济相互影响的日益加深及国际交往的日益密切，也为金融市场的发展带来更大的不确定性。在分业监管模式下，各监管机构受监管对象及监管权限的限制，往往不能对系统性风险做出有效的预警并采取适当的措施。混业监管有助于建立宏观审慎的监管模式，加强监管部门间的信息交流，对系统性风险做出准确的解读，更有效地应对金融市场的系统性风险。

（4）稳定监管政策。在分业监管模式下，监管机构“各自为政”，监管政策“政出多门”，不可避免地产生政策冲突，给被监管者带来混乱，也影响着投资者的投资意愿；而混业监管有助于消除这种冲突，实现监管政策的连续性和稳定性，稳定被监管者的“监管预期”，有助于金融市场的稳定发展。同时，混业监管机构作为“最终监管者”，有助于避免分业监管背景下各监管机构相互推诿、趋利避责现象的发生，提高监管人员的责任心，落实监管政策。

（5）提高监管效率。现代金融创新中包含了大量复杂的技术细节，对金融市场进行风险评估，需要充分的人才和技术储备。分业监管条件下，各个监管部门受到监管对象的限制，所储备的人才和技术各有长短。混业监管能够实现人才和技术的通力合作，有效应对金融风险。同时，随着金融业务规模的不断扩大，监管成本成为国家的沉重负担，混业监管能够消除监管体制中不必要的重复浪费，集中有限的监管资源，实现资源共享，提高监管效率。

次贷危机前后，以英、日为代表的发达国家普遍实现了从分业监管向混业监管的过渡，美国也在不断增强金融监管方面的协调机制，证明混业监管符合资本市场混业经营的发展趋势，代表着资本金融监管未来的发展方向。

二、资本金融监管的国际合作

20 世纪 90 年代以来，金融危机频繁爆发和金融犯罪的不断涌现，引起了世界各国的广泛关注。与此相应，各国在防范金融危机和打击金融犯罪领域积极谋求合作，资本金融监管走向国际化。美国次贷危机再一次显示了现代金融危机的巨大破坏力，成为资本金融监管合作深化的新契机。

（一）资本金融监管国际合作的背景

资本金融监管国际合作的背景是金融全球化，金融全球化有以下 4 个特点：

一是资本流动全球化。金融行业的迅猛发展带动了金融产品的不断创新，为跨国投融资提供了前所未有的机会。出于经济交往的需要和投融资的需求，各国纷纷放松了对金融的管制，资本开始逐渐在世界范围内自由流通。20 世纪 90 年代以来，国际资本以惊人的速度急剧膨胀，刺激了全球资本迅速扩张。

二是金融机构全球化。资本的自由流动推动了金融机构的蓬勃发展，跨国金融集团成为国际金融活动的主要载体。为了应对日益加剧的金融业竞争，各国金融机构竞相以扩大规模、扩展业务范围和推进国际化经营来增强自身的竞争力和风险抵抗能力。1997 年年末，世界贸易组织拟定《金融服务协议》，要求其成员允许外国在其境内建立金融服务公司并按竞争原则运行，进一步促进了各国金融业务和机构的跨国发展。

三是金融交易全球化。金融自由化趋势和金融创新将金融交易的范围扩大到全球，促进了国际金融交易的繁荣。一方面，金融交易的对象和形式呈现多样化的趋势；另一方面，这些对象和形式又被各国广泛接受，表现出趋同的倾向。全球主要国际金融中心联系日益紧密，金融资产价格的波动能够迅速反映在各金融中心的行情表中，金融市场的依赖性和相关性日益密切。

四是金融风险全球化。由于国际金融交易主体往往身处不同国家，其交易活动与结果之间又常常具有时间上的迟滞性，因此，国际金融交易中的信息不对称十分严重，容易产生金融风险。全球金融市场的密切联系又为金融风险的传播提供了便利。因此，国际金融交易在促进资本于世界范围内的有效配置，为投资者提供更为丰富的套利和避险机会的同时，也增加了全球性金融风险发生的概率。

正是在金融全球化的背景下，美国次贷危机才得以越出一国的边界，迅速席卷全球，对世界经济造成巨大破坏。在美国次贷危机的影响下，各国政府纷纷改革本国的金融监管体制，推动了全球新一轮的资本金融监管改革浪潮。

（二）资本金融监管国际合作的意义

资本金融监管国际合作有利于防范全球金融风险。一方面，它提高了金融活动的效率，消除了资本流动的障碍；另一方面，它也加大了全球金融系统所面临的风险，影响了金融系统的稳定性。

金融全球化对世界经济的负面影响表现在三个方面：

一是使金融体系脆弱性加剧。在金融全球化过程中，国际金融市场上出现了声势浩大的金融机构并购风潮，巨型跨国金融机构的大量涌现，其影响力遍及世界各个角落，深入社会的各个层面，成为金融市场矛盾的集中载体。这些机构往往兼营多项金融业务，如果不能建立有效的内部风险隔离机制，一项业务的失败就可能累及其他业务，从而使整个机构成为风险导体，对经济、社会产生巨大的负面影响。

二是使国际游资投机性增强。所谓游资，是指为追求高回报而在市场上迅速流动的短期投机性资金。与一般投资不同，游资并不具有发展实业、促进生产的功能，而是专注于金融市场的投机套利。在实践中，游资通常大量购进某一金融资产，抬高其价格后迅速抛售，赚取差价，给该资产的市场价格带来巨大波动。一般认为，国际游资的涌入会带来经济上的虚假繁荣，给流入国造成汇率和通胀压力，而国际游资的流出又会引起金融市场的剧烈震动，造成流出国房地产价格迅速回落、债券价格以及股票市场大幅震荡等问题。资本全球化在消除投融资壁垒的同时，也为国际游资的投机行为创造了条件，增加了国际金融交往中的不稳定因素。

三是使金融风险危害性加深。金融全球化使世界主要国家的金融市场融为一体，在分散金融风险的同时，也为金融风险的传播提供了渠道，形成了现代金融风险数量多、传播快、范围广、危害深的特点。源自局部地区的金融危机可能迅速席卷全球，导致世界性的金融崩溃，造成金融领域的“蝴蝶效应”。金融风险不仅通过金融机构、金融产品影响各国经济，并且通过信息的传播影响世界各国政府对于宏观经济走势的判断和各国投资者对于金融市场的信心。当前世界经济对于金融产业的依赖日益加深，金融危机的频繁爆发将会破坏世界经济发展的内在基础。

随着金融全球化趋势的发展，金融风险的诱因和影响跃出了一国的边界，在各国资本金融监管的体系之外出现了大量的监管冲突和监管空白，以单个国家为基础的资本金融监管已经不能对金融风险的产生和蔓延进行有效遏制。适应金融全球化的发展，资本金融监管国际合作成为当前资本金融监管的重要发展趋势。

（三）资本金融监管国际合作的发展现状

资本金融的国际监管离不开整个国际金融监管体系，金融监管国际组织主要有：

1. 巴塞尔银行监管委员会（Basel Committee on Banking Supervision，BCBS）。

2. 20国集团（G20）。

3. 世界银行下属的国际金融公司（International Finance Corporation，IFC）与国际货币基金组织（International Monetary Fund，IMF）。

4. 其他国际组织。例如，国际证监会组织（International Organization of Securities Commissions，IOSCO）和国际保险监督官协会（International Association of Insurance Supervisors，IAIS）。

其中，与资本金融直接关联的最重要的组织是国际证监会组织，它是证券监管领域的国际标准制定机构，负责推动国际公认证券监管准则的实施，同时积极配合20国集团与金融稳定理事会（FSB）开展全球金融监管改革方面的工作。国际证监会组织成立于1983年，秘书处设在西班牙马德里。截至2015年3月，共有203个会员机构，包括124个正式会员，15个联系会员和64个附属会员，覆盖了全球95%以上的证券市场。

中国证监会是国际证监会组织的正式会员。上海证券交易所、深圳证券交易所、中国金融期货交易所、中国证券登记结算有限责任公司、中国证券投资者保护基金有限责任公司和中国证券业协会是其附属会员。

作为专业性的国际组织，国际证监会组织致力于：制定国际公认的监管准则和执法标准并推动其得到一致实施，以保护投资者，维护市场的公平、高效、透明，应对系统性风险；通过加强在执法、市场及中介监管方面的信息交流和合作，加大投资者保护力度，增强投资者对证券市场诚信的信心；为成员在全球和地区层面进行经验交流提供平台，以协助市场发展，推动市场基础设施建设，实施适度监管。

金融监管国际合作情况如图4-4所示。

（四）资本金融监管国际合作的未来展望

美国次贷危机爆发后，各发达国家纷纷对本国的资本金融监管体制进行了大规模改革与重构，这一进程至今尚未结束。在此期间，资本金融监管的国际合作进一步深化，出现了下述重要发展趋势。

1. 混业监管模式进一步发展

次贷危机表明，在分业监管条件下，无论是以机构为导向的监管模式，还是以功能为导向的监管模式，都未能有效地防止金融危机的爆发。分业监管模式在对特定类别金融机构和金融业务实行专业化监管的同时，却对难以定性的混业经营束手无策。由于不能顺利识别该对象的性质，各监管机构无法确认自身对它的监管权限，导致要么一哄而上，造成重复监管，要么相互推诿，造成监管空白。而混业经营的金融机构却能够有效利用监管机构间的监管差异，不断创新金融产品，实现监管套利。分业监管造成了监管机构间的一种“分工僵局”：由于必须对不同监管机构的监管

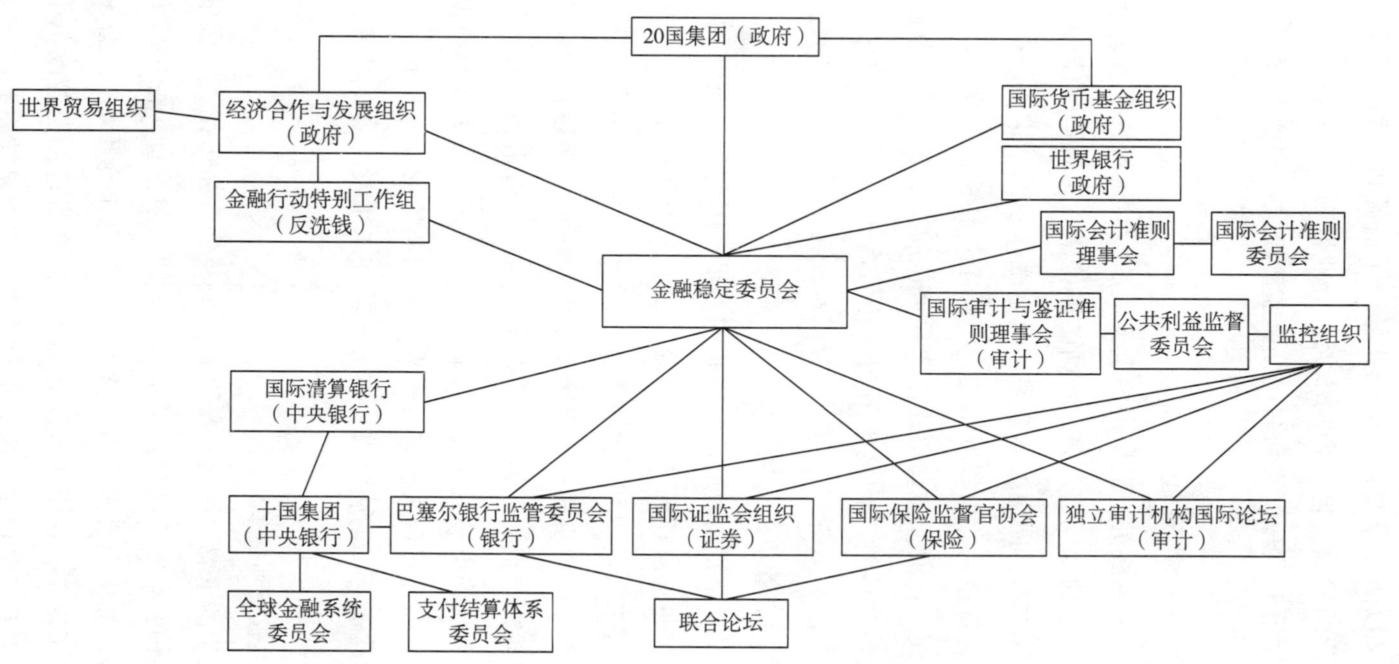

图 4–4　金融监管国际合作主要框架

资料来源：霍华德 · 戴维斯，大卫 · 格林 . 全球金融监管［M］. 中国银行业监督管理委员会国际部，译 . 北京：中国金融出版社，2009 年 5 月，作者有部分修改。

分工做出明确定义以防止监管冲突，因此导致了监管机构职能上的僵化，无法适应混业经营的发展。这种僵局不能在分业监管的条件下得到解决。因此各国纷纷采用混业监管模式来取代分业监管模式，混业监管模式进一步发展。

2. 系统性风险监管得到加强

系统性风险越来越成为金融稳定的重要威胁，对系统性风险的防范成为各国金融改革关注的重点。目前，各国已经就建立宏观审慎监管基本达成共识，强调监管重点转向金融体系整体及金融体系的结构，包括金融市场本身的结构、融资结构、投资者结构、金融工具结构、市场参与者的资产负债结构等方面。在混业监管模式占主导地位的情况下，系统性风险的监管或者由居于各个监管部门之上的超级监管者承担，或者由中央银行承担。

3. 自律机构的监管功能得到加强

次贷危机的爆发暴露出政府监管体制的不足，因此各国政府在监管改革中，一方面强调明确监管机构在危机处置中的权限和程序，授予政府监管机构以“便宜行事”的权利；另一方面也对行业自律机构进行整顿，强化其监管责任。行业自律机构是金融市场的参与主体，熟悉金融业务，了解金融机构，掌握着丰富的市场信息，对金融风险有着最为灵敏的辨识能力，是比政府监管机构更有效率的监管者。一直以来，出于各种政策或利益上的原因，行业自律机构未能有效地发挥辅助监管的作用。此次监管改革对行业自律机构进行了彻底整肃，有助于其在未来发挥自律功能，并使其成为辅助监管的重要主体。

4. 投资者利益受到更多保护

次贷危机发生的重要原因之一是以资产证券化产品为代表的金融衍生品泛滥。这些结构复杂的产品包含了错综复杂的风险信息，往往超出了投资者的理解能力，加上金融机构有意无意的“信息披露不力”，给投资者的投资决策带来了困难，甚至落入欺诈的陷阱。在最近的监管改革中，各国高度重视投资者利益的保护，为此出台了严格的信息披露制度，甚至建立专门的机构负责保护投资者的合法权益。

5. 金融高管薪酬受到限制

次贷危机发生的重要推动力之一是金融机构高管的高额薪酬。出于逐利的动机，金融高管们放松了对金融机构的风险控制，鼓励金融机构采取冒险行动，使金融机构的风险防范能力不断下降，滋生了大量的腐败现象，严重腐蚀了金融诚信的核心价值。次贷危机爆发后，德国和法国率先提出“严格限制金融机构高管薪酬”的口号，美国紧随其后提出了薪酬改革计划。限制高管薪酬、减少金融腐败已经成为全球共识。

6. 国际组织成为国际资本金融监管合作的重要平台

次贷危机爆发后，各国纷纷谋求国际合作，共渡难关。以20国集团为代表的国际组织在促进各国磋商、协作中发挥了重要作用，成为国际合作的联系纽带。今后一段时期，20国集团因其在促进国际金融合作方面的重要作用而有望发展成为一个国际化、实体化的合作平台，在统一各国资本金融监管标准、协调各国监管行动方面发挥越来越重要的作用。

第三节　中国的资本金融监管体系

一、中国资本金融监管体系概述

中国资本金融业的主要监管部门是：中国人民银行、中国证券监督管理委员会（简称“中国证监会”）、中国银行业监督管理委员会（简称“中国银监会”）、中国保险监督管理委员会（简称“中国保监会”）（合称“一行三会”），它们基于自身的职权范围，依法对中国资本金融活动进行监管。

根据我国现行法律法规的规定，“一行三会”的基本分工为：中国人民银行负责监督管理货币流通、银行间外汇市场、银行间同业拆借市场、银行间债券市场及黄金市场；中国证监会负责监督管理证券类金融机构及其业务活动；中国银监会负责监督管理全国银行业金融机构及其业务活动；中国保监会负责监督管理保险类金融机构及其业务活动。

二、中国证监会

（一）性质和基本职能

中国证监会（China Securities Regulatory Commission，CSRC）成立于1992年10月，是国务院直属正部级事业单位。其基本职能是：依照法律、法规和国务院授权，对全国证券、期货业进行集中混业监管，维护证券市场秩序，保障其合法运行。

（二）监管对象

从机构的角度而言，目前中国证监会的监管对象有：证券发行人、上市公司、证券交易所、证券公司、证券登记结算机构、证券服务机构、证券业协会、证券投资基金公司、期货交易所及其他期货交易机构和服务机构、证券期货交易高级管理人员及其从业人员、其他参与或影响证券期货活动的单位和个人。

从市场的角度而言，中国证监会监管的市场包括：股票市场、交易所债券市场、证券投资基金市场和期货市场。

（三）监管职能

依据有关法律法规，中国证监会对证券市场的监管职能有：

1. 制定市场规则

研究和拟定证券期货市场的方针政策、发展规划；起草证券期货市场的有关法律、法规，提出制定和修改的建议；制定有关证券期货市场监管的规章、规则和办法。

2. 领导监管机构

垂直领导全国证券期货监管机构，对证券期货市场实行集中混业监管。

3. 监管市场活动

监管股票、可转换债券、证券公司债券和国务院确定由中国证监会负责的债券及其他证券的发行、上市、交易、托管和结算；监管证券投资基金活动；批准企业债券的上市；监管上市国债和企业债券的交易活动；监管上市公司及其按法律法规必须履行有关义务的股东的证券市场行为；监管境内期货合约的上市、交易和结算；按规定监管境内机构从事境外期货业务；审批基金托管机构的资格并监管其基金托管业务；监管境内企业直接或间接到境外发行股票、上市以及在境外上市的公司到境外发行可转换债券；监管境外机构到境内设立证券、期货机构、从事证券、期货业务；监管证券期货信息传播活动，负责证券期货市场的统计与信息资源管理；归口管理证券期货行业的对外交往和国际合作事务。

4. 管理市场主体

管理证券期货交易所；归口管理证券业、期货业协会；监管证券期货经营机构、证券投资基金管理公司、证券登记结算公司、期货结算机构、证券期货投资咨询机构、证券资信评级机构；指导中国证券业、期货业协会开展证券期货从业人员资格管理工作；监管境内证券、期货经营机构到境外设立证券、期货机构；会同有关部门审批会计师事务所、资产评估机构及其成员从事证券期货中介业务的资格，并监管律师事务所、律师及有资格的会计师事务所、资产评估机构及其成员从事证券期货相关业务的活动。

中国证监会同时依法对其监管下各金融机构的高级管理人员进行管理。

5. 实施调查处罚

中国证监会依法对证券期货违法违规行为进行调查、处罚。

（四）组织结构

中国证监会机关设在北京，现设主席 1 名，副主席 4 名，纪委书记 1 名（副部级），主席助理 2 名；会内设 21 个职能部门，1 个稽查总队，3 个中心；在省、自治区、直辖市和计划单列市设立 36 个证券监管局，以及上海、深圳证券监管专员办事处。

中国证监会的组织结构如图 4-5 所示。

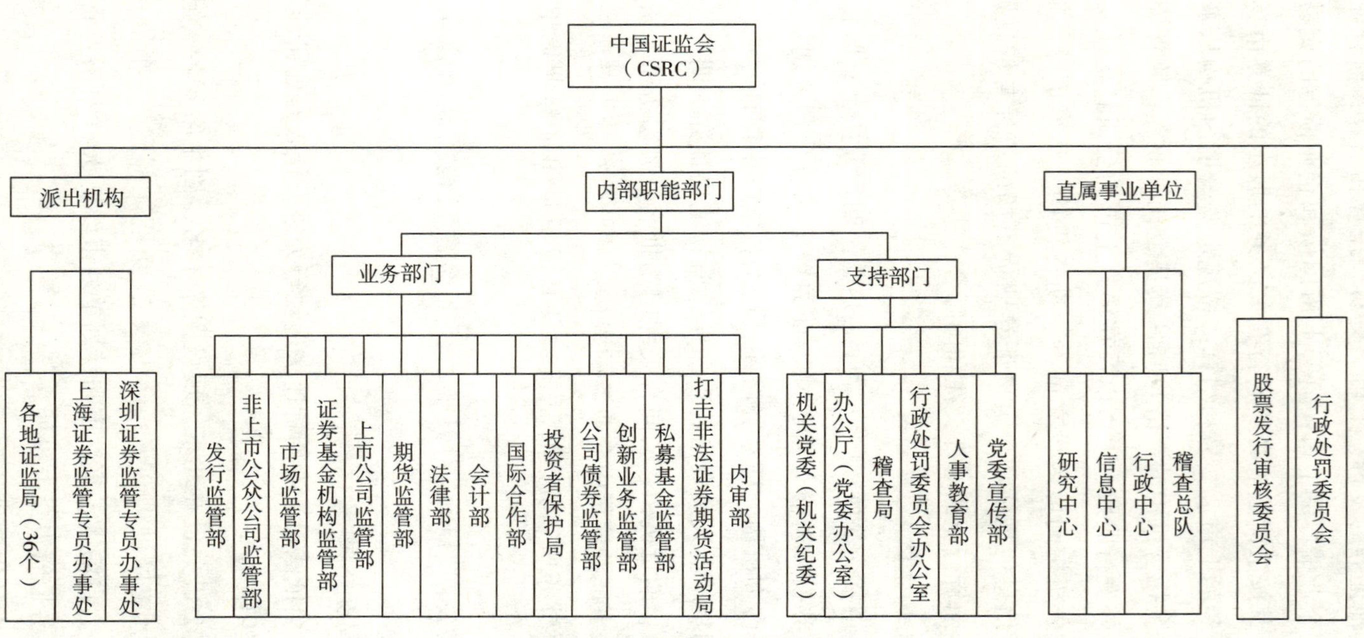

图 4–5　中国证监会组织结构

其中重要部门的职能如下：

1. 股票发行审核委员会

股票发行审核委员会负责根据有关法律、行政法规和中国证监会的规定，审核股票发行申请是否符合公开发行股票的条件；审核保荐机构、会计师事务所、律师事务所、资产评估机构等证券中介机构及相关人员为股票发行所出具的有关材料及意见书；审核中国证监会有关职能部门出具的初审报告；依法对股票发行申请提出审核意见。

2. 行政处罚委员会

行政处罚委员会的主要职责是：制定证券期货违法违规认定规则，审理稽查部门移交的案件，依照法定程序主持听证，拟定行政处罚意见。

3. 发行监管部

发行监管部负责拟定在境内发行股票并上市的规则、实施细则以及发行可转换公司债券的规则、实施细则；审核在境内首次公开发行股票的申请文件并监管其发行上市活动；审核上市公司在境内发行股票、可转换公司债券的申请文件并监管其发行上市活动等。

4. 市场监管部

市场监管部负责拟定监管通过证券交易所进行的证券交易、结算、登记、托管的规则、实施细则；审核证券交易所及证券登记、托管、结算机构的设立、章程、业务规则，并监管其业务活动；审核证券交易所的上市品种；组织实施证券交易与结算风险管理；会同有关部门管理证券市场基金；收集整理分析证券市场基础统计资料；分析境内外证券交易行情；监管境内证券市场的信息传播活动；协调指导证券市场交易违规行为监控工作。

5. 证券基金机构监管部

证券基金机构监管部负责拟定证券期货经纪、证券承销与保荐、证券期货投资咨询、证券财务顾问、证券自营、融资融券、资产管理、资产托管、基金销售等各类业务牌照管理及持牌机构监管的规则、实施细则；依法审核证券、基金、期货各类业务牌照资格及人员从事证券、基金、期货业务的资格，并监管其业务活动；拟定公开募集证券投资基金的监管规则、实施细则；依法审核公开募集证券投资基金募集注册申请；拟定合格境外机构投资者的规则、实施细则；依法审核合格境外机构投资者资格并监管其业务活动；依法审核境外机构在境内设立从事证券、基金、期货经营业务的机构并监管其业务活动；牵头负责证券、基金、期货机构出现重大问题及风险处置的相关工作；拟定及组织实施证券、基金、期货行业投资者保护的规则、实施细则；指导相关行业协会开展自律管理等。

6. 上市公司监管部

上市公司监管部负责拟定监管上市公司的规则、实施细则；监管境内上市公司并购重组活动；监管和指导证券交易所、派出机构监管境内上市公司的信息披露；监督境内上市公司及其董事、监事、高级管理人员、主要股东履行证券法规规定的义务；牵头负责上市公司出现重大问题及风险处置的相关工作等。

7. 非上市公众公司监管部

非上市公众公司监管部负责拟定股份有限公司公开发行不上市股票的规则、实施细则；审核股份有限公司公开发行不上市股票的申报材料并监管其发行活动；核准以公开募集方式设立股份有限公司的申请；拟定公开发行不上市股份有限公司的信息披露规则、实施细则并对信息披露情况进行监管；负责非法发行证券和非法证券经营活动的认定、查处及相关组织协调工作等。

8. 期货监管部

期货监管部负责拟定监管期货市场的规则、实施细则；依法审核期货交易所、期货结算机构的设立，并审核其章程和业务规则；审核上市期货、期权产品及合约规则；监管市场相关参与者的交易、结算、交割等业务活动；监管期货市场的交易行为；负责商品及金融场外衍生品市场的规则制定、登记报告和监测监管；负责期货市场功能发挥评估及对外开放等工作；牵头负责期货市场出现重大问题及风险处置的相关工作等。

9. 投资者保护局

投资者保护局负责投资者保护工作的统筹规划、组织指导、监督检查、考核评估；推动建立健全投资者保护相关法规政策体系；统筹协调各方力量，推动完善投资者保护的体制机制建设；督导促进派出机构、交易所、协会以及市场各经营主体在风险揭示、教育服务、咨询建议、投诉举报等方面，提高服务投资者的水平；推动投资者受侵害权益的依法救济；组织和参与监管机构间投资者保护的国内国际交流与合作。

10. 公司债券监管部

公司债券监管部负责拟定监管债券市场的规则、实施细则；审核债券市场的自律管理规则；审核公司债券公开发行并监管相关发行上市活动；监管公司债券非公开发行和转让活动；拟定资产证券化产品发行上市交易的监管规则、实施细则并监管其发行上市活动；协调指导证券自律组织的债券业务；审核证券资信评级机构从事债券业务的资格；监管证券中介和服务机构的债券业务活动；监测债券市场运行，负责债券市场风险处置工作；协调债券市场统一监管执法；负责债券市场部际协调工作等。

11. 创新业务监管部

创新业务监管部负责资本市场全面深化改革领导小组的日常工作；承担推进资本市场全面深化改革有关政策研究、实施协调等工作；研究证券期货市场创新发展，推动证券期货市场业务创新试点，拟定相关工作指引；研究资本市场互联网创新活动；协调制定证券期货市场中跨市场创新业务和产品的监管规则；牵头会内各部门支持各地重大经济金融改革和试点工作；承担金融创新领域的部际协调工作。

12. 私募基金监管部

私募基金监管部负责拟定监管私募投资基金的规则、实施细则；拟定私募投资基金合格投资者标准、信息披露规则等；负责私募投资基金的信息统计和风险监测工作；组织对私募投资基金开展监督检查；牵头负责私募投资基金风险处置工作；指导协会和会管机构开展备案和服务工作；负责私募投资基金的投资者教育保护、国际交往合作等工作。

13. 打击非法证券期货活动局

打击非法证券期货活动局负责拟定区域性股权转让市场的监管规则和实施细则；承担打击非法证券期货活动的有关工作，负责对非法发行证券、非法证券期货经营咨询活动等的认定、查处；承担清理整顿各类交易场所的有关工作。

14. 稽查部门

稽查部门主要由 3 个部分组成。其中，稽查局主要负责拟定证券期货执法的法规、规章和规则；统一处理各类违法违规线索；组织非正式调查；办理立案、撤案等事宜；组织重大案件查办；协调、指导、督导案件调查及相关工作；复核案件调查报告；协调跨境案件的办理；组织行业反洗钱工作；组织、协调行政处罚的执行。稽查总队主要负责承办证券期货市场重大、紧急、跨区域案件，以及上级批办的其他案件。作为派出机构的各稽查处主要负责承办区域性证券期货市场案件。三者之间无行政隶属关系，其组织协调工作主要由稽查局承担。

三、其他监管机构

（一）中国人民银行

1. 性质和基本职能

中国人民银行（The People's Bank of China，PBOC）是中国的中央银行，是国务院的组成部门，是特殊的国家机关。其基本职能是在国务院领导下制定和执行货币政策，防范和化解金融风险，维护金融稳定，促进经济增长。

中国人民银行是国务院的直属机构，是在其领导下对金融业实施调控与监管的一个职能部门，在行政上隶属于国务院。但它作为中央银行，负有制定货币政策、调控宏观经济、维护金融稳定的重大职能，因而它和其他政府部门相比，具有较大的独立性。

2. 监管对象

中国人民银行的监管职能主要体现在对信贷储蓄机构的监管方面，其主要监管内容为：监管银行间市场和黄金市场；监管作为货币政策操作基础性制度的执行情况；监管为履行金融服务职能而建立的相关制度的执行情况；监管系统性金融风险；监管有关外汇管理规定和黄金管理规定的执行情况；监管有关反洗钱法规定的执行情况等。

在资本金融领域，中国人民银行的监管职能主要体现在以下几个方面：

（1）对于进入其监管市场的证券机构所进行的经营活动有一定管辖权，主要体现在对有资格进入其主管的同业拆借市场、银行间债券市场的证券公司，或对于允许以股票作质押向商业银行进行质押贷款的证券公司，仍需要由中国证监会与中国人民银行共同商定。

（2）与证监会共同审批基金托管机构的资格并监管其基金托管业务。

（3）监管金融资产管理公司高级管理人员的任职资格。

3. 监管职能

中国人民银行在资本金融监管方面的主要职能有：

（1）起草有关法律和行政法规，完善有关金融机构运行规则，发布与履行职责有关的命令和规章。

（2）监督管理银行间同业拆借市场和银行间债券市场、外汇市场、黄金市场。

（3）防范和化解系统性金融风险，维护国家金融稳定。

（4）组织协调国家反洗钱工作，指导、部署金融业反洗钱工作，承担反洗钱的资金监测职责。

上述监管职能与货币政策的实施密切相关，与中国银监会、中国证监会、中国保监会的监管权相比具有功能性、综合性的特点。中国人民银行作为“三会”以外的金融宏观管理部门，对整个资本市场的宏观监控，发挥着重要监管作用。

4. 组织结构

中国人民银行总行设在北京，在上海设有总部。中国人民银行设有 26 个内设机构，16 个直属机构，9 家分行，2 个营业管理部和 340 家中级支行。

中国人民银行实行行长负责制。其主要组织机构如图4-6所示，中国人民银行重要组成部门如下：

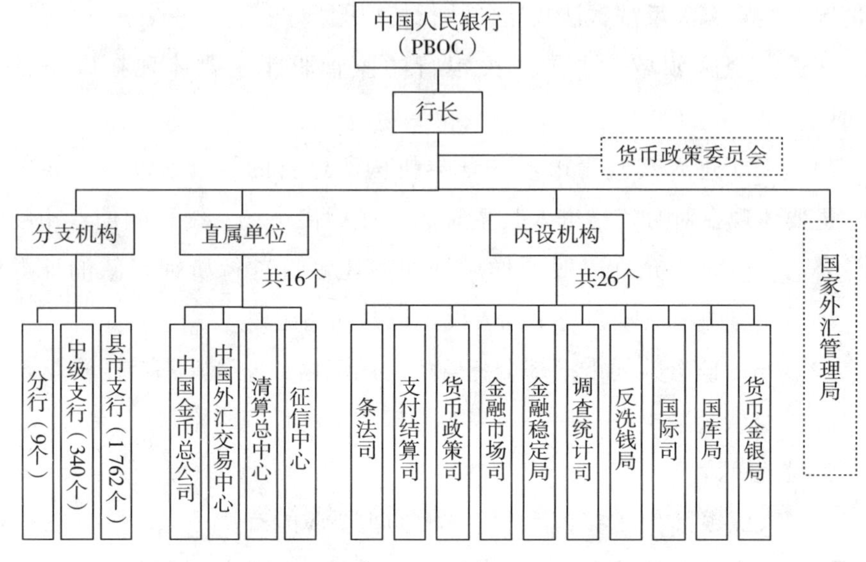

图4-6　中国人民银行主要组织结构

（1）中国外汇交易中心（暨全国银行间同业拆借中心）。负责提供银行间外汇交易、人民币同业拆借、债券交易系统并组织市场交易；办理外汇交易的资金清算、交割，提供人民币同业拆借及债券交易的清算提示服务；提供网上票据报价系统；提供外汇市场、债券市场和货币市场的信息服务；开展经人民银行批准的其他业务；交易中心总部设在上海，备份中心建在北京，目前在广州、深圳、天津等18个城市设立了分中心。

（2）货币金银局。负责拟定有关货币发行和黄金管理办法并组织实施；承担人民币管理和反假货币工作；制订现钞、辅币和贵金属纪念币的生产计划，负责对人民币现钞、贵金属纪念币的调拨、发行库管理及流通中现金的更新和销毁；管理现金投放、回笼工作和库款安全；管理国家黄金储备；承办国务院反假货币联席工作会议的具体工作。

（3）条法司。负责金融法律法规草案起草、解释、咨询、宣传工作，承担行政复议和行政应诉工作。

（4）货币政策司。研究、拟订货币政策调控方案并组织实施；拟定货币政策中介目标并组织执行；研究提出各种货币政策工具选择并组织实施；拟定并组织实施本外币存款准备金政策、本外币利率政策、再贷款再贴现政策及相关管理办法；拟定中央银行本外币公开市场操作方案和操作规程并组织实施；拟定货币政策战略，研究改进货币政策框架的政策措施，健全货币政策调控体系；承办宏观调控部门协调机制的相关工作。

（5）金融市场司。负责拟定金融市场发展规划，协调金融市场发展，推动金融产品创新；监督和管理银行间同业拆借市场、银行间债券市场、银行间票据市场、银行间外汇市场和黄金市场以及上述市场的有关衍生产品交易；分析金融市场发展对货币政策和金融稳定的影响并提出政策建议；拟定宏观信贷指导政策，承办国务院决定的信贷结构调节管理工作。

（6）金融稳定局。负责综合分析和评估系统性金融风险，提出防范和化解系统性金融风险的政策建议；评估重大金融并购活动对国家金融安全的影响并提出政策建议；承担会同有关方面研究拟定金融控股公司的监管规则和交叉性金融业务的标准、规范的工作；负责金融控股公司和交叉性金融工具的监测；承办涉及运用中央银行最终支付手段的金融企业重组方案的论证和审查工作；管理中国人民银行与金融风险处置或金融重组有关的资产；承担对因化解金融风险而使用中央银行资金机构的行为的检查监督工作，参与有关机构市场退出的清算或机构重组工作。

（7）反洗钱局。反洗钱局负责协调国家反洗钱工作；研究和拟定金融机构反洗钱规则和政策；承办反洗钱的国际合作与交流工作；汇总和跟踪分析各部门提供的人民币、外币等可疑支付交易信息，涉嫌犯罪的，移交司法机关处理，并协助司法部门调查涉嫌洗钱犯罪案件；承办中国人民银行系统的安全保卫工作，制定防范措施；组织中国人民银行系统的金银、现钞、有价证券的保卫和武装押运工作。

（8）货币政策委员会（The Monetary Policy Commission，MPC）是中国人民银行制定货币政策的咨询议事机构。主要职能是在综合分析宏观经济形势的基础上，依据国家宏观调控目标，讨论货币政策的制定和调整、一定时期内的货币政策控制目标、货币政策工具的运用、有关货币政策的重要措施、货币政策与其他宏观经济政策的协调等涉及货币政策等重大事项，并提出建议。

货币政策委员会由13~15人组成，包括：央行行长、副行长2人、国务院副秘书长1人、国家发改委副主任1人、财政部副部长1人、国家统计局局长、外汇管理局局长、银监会主席、证监会主席、保监会主席、中国银行业协会会长、金融专家1~3人。

中国人民银行行长、国家外汇管理局局长、中国证监会主席为货币政策委员会的当然委员。货币政策委员会设主席1人，副主席1人。主席由中国人民银行行长担任，副主席由主席指定。

货币政策委员会委员中的国有独资商业银行行长以及金融专家，任期2年。

（9）国家外汇管理局（State Administration of Foreign Exchange，SAFE）。国家外汇管理局是受中国人民银行管理的副部级国家局，它承担国家外汇储备、黄金储备和其他外汇资产的经营、监管责任，并有权参与起草外汇管理有关法律法规和部门规章草案、发布与履行职责有关的规范性文件以及向中国人民银行提供制定人民币汇率政策的建议和依据。

国家外汇管理局内设综合司（政策法规司）、国际收支司、经常项目管理司、资本项目管理司、管理检查司、储备管理司、人事司（内审司）、科技司8个职能司和机关党委，并设有中央外汇业务中心、外汇业务数据检测中心、机关服务中心和《中国外汇管理》杂志社4个事业单位。国家外汇管理局省级以下分支机构与当地的中国人民银行分支机构合署办公。截至2016年年底，国家外汇管理局的派出机构包括36个分局、309个中心支局和518个支局。其中储备管理司和中央外汇业务中心为一套人马，两块牌子，下设华安公司、华新公司、华欧公司和纽约交易室等4个驻外机构，负责海外外汇交易。

国家外汇管理局主要组织结构如图4-7所示。

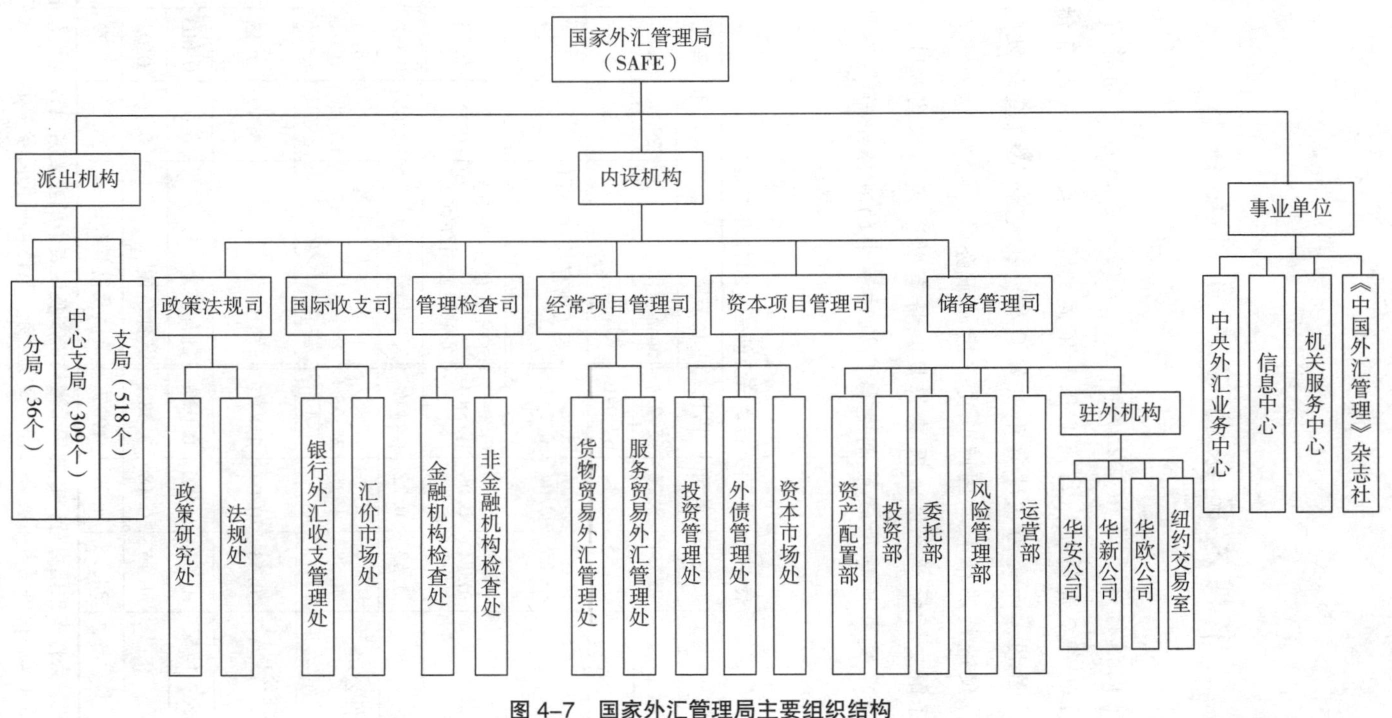

图 4–7 国家外汇管理局主要组织结构

链接

中国人民银行资产负债表分析

作为中国银行体系的核心组成部分，中国人民银行（简称“央行”）有自身独立的资产负债表，与商业银行不同的是，央行资产与负债业务的存在并非为盈利，而是为实现货币政策目标，防范和化解金融风险，维护金融稳定，促进经济增长、国际收支平衡而服务的。

通过了解央行资产负债表及其科目，将有助于我们从宏观上把握我国金融运行状况及央行货币政策制定与实施过程中的具体细节，详见表 4-1 及科目解释。

表 4-1　中国央行资产负债表（2017 年 5 月）　　单位：万亿

资产	人民币	美元	占比	负债及自有资金	人民币	美元	占比
国外资产	22.34	3.26	65.23%	储备货币	29.96	4.37	87.47%
外汇	21.55	3.14	62.92%	货币发行	7.37	1.07	21.52%
货币黄金	0.25	0.04	0.73%	其他存款性公司存款	22.58	3.29	65.93%
其他国外资产	0.54	0.08	1.58%	不计入储备货币的金融性公司存款	0.88	0.13	2.57%
对政府债权	1.53	0.22	4.47%	发行债券	0.05	0.007	0.16%
对其他存款性公司债权	8.58	1.25	25.05%	国外负债	0.08	0.01	0.24%
对其他金融性公司债权	0.63	0.09	1.84%	政府存款	3.09	0.45	9.02%
对非金融性公司债权	0.01	0.001	0.03%	自有资金	0.02	0.003	0.07%
其他资产	1.16	0.18	3.38%	其他负债	0.16	0.02	0.47%
资产合计	34.25	4.99	100%	负债及权益合计	34.25	4.99	100%

说明：此表为作者根据央行公布的货币当局资产负债表中的主要科目以及规范的资产负债表形式调整而成，仅供读者了解央行资产负债业务。具体引用仍需参考中国人民银行每月公布的货币当局资产负债表。

如表 4-1 所示，央行的资产负债表分为三个部分，即资产、负债和自有资金。

1. 资产。资产反映了央行的资金占用，其主要科目为：

(1) 国外资产：国外资产与国外负债轧抵后的净额，包括央行所掌握的国家外汇储备、货币黄金及与国际金融机构往来的头寸净值等。

(2) 对政府债权：中央政府向央行的借款。

(3) 对其他存款性公司债权：我国的存款性公司主要包含各类商业银行、各类信用社及财务公司等具有开展存款业务的金融机构。央行因对这些金融机构发放的各类融资而对其享有债权。

(4) 对其他金融性公司债权：主要指央行因对非货币金融机构发放信用贷款而对其享有的债权。

(5) 其他资产：央行获得的其他债权列入本项目，如：央行为支持老少边穷地区经济发展所发的专项贷款等。

2. 负债。负债是指央行的资金来源，其主要科目为：

(1) 储备货币：包括央行所发行的货币及各金融机构依法缴存央行的法定存款准备金和超额准备金等。

(2) 债券：央行发行的融资债券，如央行票据。

(3) 国外负债：包括央行向外国银行借款、对外国央行负债、向国际金融机构借款以及向国外发行中国人民银行债券等。

(4) 政府存款：主要是各级财政在央行账户上预算收入与支出的余额。

(5) 其他负债：除去上述四种负债之外的其他负债列入此项目。

3. 自有资金。央行资产负债表中，自有资金科目列在负债栏下，但无论是将央行的 200 亿元自有资金作为负债还是自有资本均不恰当，这一科目实际上具有央行净资产的特征，因此从资产负债表的规范用语看，将之称为净资产更便于读者理解。

应当指出的是，截至 2015 年 9 月，中国央行的总资产高达 5.13 万亿美元，而同期美联储的总资产仅为 4.50 万亿美元，中国央行成为名副其实的“世界第一央行”。当然，中国央行的“肥胖”现状是好还是坏，是否应当“瘦身”，值得我们深思，但此问题不在本书讨论范围，不再赘述。

（二）中国银监会

1. 性质和基本职能

中国银监会（China Banking Regulatory Commission，CBRC）成立于2003年4月，是国务院直属的正部级事业单位。其基本职能是依照法律、法规和国务院授权，统一监督管理全国银行业金融机构和部分非银行金融机构，促进行业稳健发展、维护公众信心、维护金融消费者的合法权益。

2. 监管对象

中国银监会负责对全国银行业金融机构及其业务活动进行监督管理。

其监管对象主要有两类：

一是银行业金融机构，包括在中华人民共和国境内设立的商业银行、政策性银行、邮政储蓄银行、外资银行、城市商业银行、农村商业银行、村镇银行等吸收公众存款的金融机构。

二是非银行业金融机构，包括在中华人民共和国境内设立的信托投资公司、金融资产管理公司、财务公司、金融租赁公司、汽车金融公司以及经中国银监会批准设立的其他金融机构。

此外，中国银监会还对经其批准在境外设立的金融机构及境内银行业金融机构在境外的业务活动实施监督管理。

3. 监管职能

中国银监会的监管职能包括：

（1）制定行业规则。制定并发布对银行业金融机构及其业务活动监督管理的规章、规则；制定银行业金融机构的审慎经营规则。

（2）行业准入监管。审查批准银行业金融机构的设立、变更、终止以及业务范围；对银行业金融机构的董事和高级管理人员实行任职资格管理。

（3）监管业务活动。对银行业金融机构的业务活动及其风险状况进行非现场监管，建立银行业金融机构监督管理信息系统，分析、评价银行业金融机构的风险状况；对银行业金融机构的业务活动及其风险状况进行现场检查；对银行业金融机构实行并表监督管理；对已经或者可能发生信用危机，严重影响存款人和其他客户合法权益的银行业金融机构实行接管或者促成机构重组；对经营管理不善的银行业金融机构予以撤销；负责统一编制全国银行业金融机构的统计数据、报表，并按照国家有关规定予以公布。

（4）实施调查处置。对有违法经营的银行业金融机构予以撤销；对涉嫌金融违法的银行业金融机构及其工作人员以及关联行为人的账户予以查询；对涉嫌转移或者隐匿违法资金的申请司法机关予以冻结；对涉嫌金融违法的银行业金融机构及其工作人员以及关联行为人的账户予以查询；对涉嫌转移或者隐匿违法资金的申请司法机关予以冻结；对擅自设立银行业金融机构或非法从事银行业金融机构业务活动予以取缔；对擅自设立银行业金融机构或非法从事银行业金融机构业务活动予以取缔。

（5）其他监管职能。会同有关部门建立银行业突发事件处置制度，制定银行业突发事件处置预案，明确处置机构和人员及其职责、处置措施和处置程序，及时有效地处置银行业突发事件；负责国有重点银行业金融机构监事会的日常管理工作。

4. 组织结构

中国银监会设有 28 个内设机构和 36 个派出机构。主要组织机构如图 4-8 所示。

其主要组成部门的职能如下：

（1）大型商业银行监管部，承办对 5 家大型国有商业银行的监管工作。

（2）全国性股份制商业银行监管部，承办对 12 家全国性股份制商业银行的监管工作。

（3）城市商业银行监管部，承办对城市商业银行、城市信用社和民营银行的监管。

（4）农村中小金融机构监管部，承办对农村商业银行等农村中小金融机构的监管。

（5）外资银行监管部，承办对外资银行的监管工作。

（6）政策性银行监管部，承办对国家开发银行、中国进出口银行、中

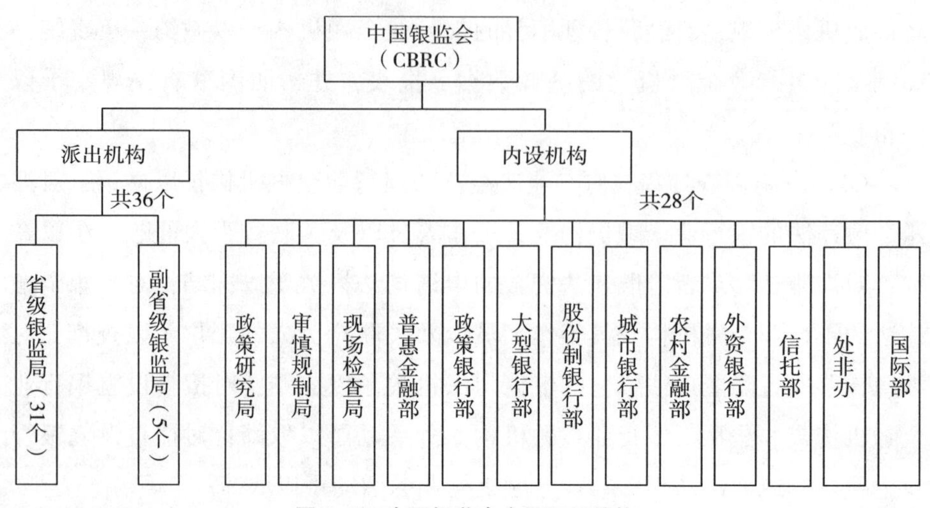

图 4-8　中国银监会主要组织结构

国农业发展银行、中国邮政储蓄银行的监管工作。

（7）非银行金融机构监管部，承办对金融资产管理公司、企业集团财务公司等非银行金融机构的监管工作。

（8）信托监督管理部，承办对信托业金融机构的监管。

（9）银行业信息科技监管部，负责银行业信息科技风险监管等。

（10）创新监管协作部，负责银行业金融机构业务创新监管协调等。

（11）银行业普惠金融工作部，负责推进银行业普惠金融工作，融资性担保机构、小贷、网贷的监管协调等。

（12）现场检查局，负责全国性银行业金融机构的现场检查。

（13）审慎规制局，负责非现场监管工作，统一负责银行业审慎经营各项规则制定。

（三）中国保监会

1. 性质和基本职能

中国保监会（China Insurance Regulatory Commission，CIRC）成立于1998年11月，是国务院直属正部级事业单位。其基本职能是根据国务院授权履行行政管理职能，依照法律、法规统一监督管理全国保险市场，维护保险业的合法、稳健运行。

2. 监管对象

中国保监会的监管对象有：

（1）中资、外资保险公司及其分支机构。

（2）保险集团公司、保险控股公司。

（3）保险资产管理公司。

（4）境外保险机构代表处。

（5）保险代理公司、保险经纪公司、保险公估公司等保险中介机构及其分支机构。

（6）境内保险机构和非保险机构在境外设立的保险机构。

（7）各类保险机构高级管理人员和保险从业人员。

（8）保险行业协会、保险学会等保险行业社团组织。

（9）其他以合法形式参与或影响保险活动的人员。

（10）非法设立保险机构和非法从事保险业务的单位和个人。

3. 监管职能

中国保监会作为全国商业保险业的最高专门监管机构，其监管职能主要包括：

（1）制定行业规则。

（2）监管市场主体。

（3）监管业务活动。

（4）实施调查处罚。

4. 组织结构

中国保监会内设 16 个职能机构和 2 个事业单位，并在全国各省、自治区、直辖市、计划单列市设有 36 个保监局，在苏州、烟台、汕头、温州、唐山市设有 5 个保监分局。其组织结构如图 4-9 所示。

保监会重要机构的职能如下：

（1）人身保险监管部，承办对人身保险公司的监管工作。

（2）财产保险监管部（再保险监管部），承办对财产保险公司的监管工作。

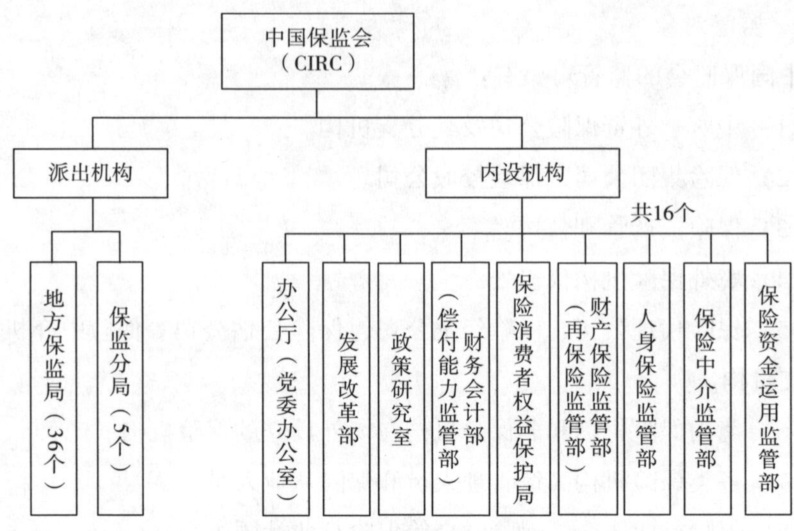

图 4-9　中国保监会主要组织结构

（3）保险中介监管部，承办对保险中介机构的监管工作。

（4）保险资金运用监管部，承办对保险资金运用的监管工作。

（5）保险消费者权益保护局，拟定保险消费者权益保护的规章制度及相关政策。

（四）资本金融自律监管组织

1. 证券交易所

我国在上海、深圳设有证券交易所，依据《证券交易所管理办法》的规定，证券交易所是实行自律管理的法人组织。

证券交易所主要有 3 项自律监管功能，包括：

（1）对证券交易活动的监管。如规定交易证券的种类和期限、证券交易方式和操作程序，交易中的禁止行为，上市证券的暂停、回复与取消交易，异常情况的处理等。

（2）对会员进行监管。如规定取得会员资格的条件和程序，席位管理办法，与证券交易业务有关的会员内部监督、风险控制、电脑系统的标准及维护等方面的要求，审查会员的业务报告，监督会员所派出的代表在交易所内的行为规范等。

（3）对上市公司进行监管。如规定具体的上市规则，证券上市的条件、申请和批准程序，上市协议与上市公告书的内容及格式，上市推荐人的资格、责任、义务，以及违反上市规则的处理等。

2. 中国证券业协会

中国证券业协会（Securities Association of China，SAC）是依据《中华人民共和国证券法》《中华人民共和国证券投资基金法》和《社会团体登记管理条例》的有关规定设立的证券业自律性组织，属于非营利性社会团体法人，接受中国证监会和国家民政部的业务指导和监督管理。

协会的宗旨是：在国家对证券业实行集中统一监督管理的前提下，进行证券业自律管理；发挥政府与证券行业间的桥梁和纽带作用；为会员服务，维护会员的合法权益；维持证券业的正当竞争秩序，促进证券市场的公开、公平、公正，推动证券市场的健康稳定发展。

协会主要承担3类职能：

（1）为会员提供学习和服务平台，依法维护会员的合法权益。

（2）制定自律规则、执业标准和业务规范。

（3）负责做好证券信息技术的交流和培训工作。

3. 中国证券投资基金业协会

中国证券投资基金业协会（Asset Management Association of China）成立于2012年6月6日，是基金行业相关机构自愿结成的全国性、行业性、非营利性社团组织，会员分为三类：普通会员、联席会员、特别会员，范围涵盖基金管理公司、银行、保险、信托、QFII（合格的境外机构投资者）、资产管理类私募公司等类型。

中国证券投资基金业协会主要承担以下职能：

（1）制定和实施行业自律规则，监督、检查会员及其从业人员的执业行为。

（2）制定行业执业标准和业务规范，组织基金从业人员的从业考试。

（3）为会员提供服务，组织投资者教育，开展行业研究、行业宣传、会员交流、国际交流与合作，推动行业创新发展。

(4) 依法办理私募基金管理人登记、私募基金产品备案。

4. 中国期货业协会

中国期货业协会（China Futures Association）成立于2000年12月29日，是根据《社会团体登记管理条例》设立的全国期货行业自律性组织，为非营利性的社会团体法人。协会由期货公司等从事期货业务的会员、期货交易所特别会员和地方期货业协会联系会员组成。

期货业协会主要承担以下职能：

(1) 制定期货业行为准则、业务规范，参与开展行业资信评级，参与拟定与期货相关的行业和技术标准。

(2) 负责期货从业人员资格的认定、管理以及撤销工作，负责组织期货行业相关资格考试。

(3) 监管会员和期货从业人员的执业行为。

5. 中国上市公司协会

中国上市公司协会（China Association for Public Companies）是依据《中华人民共和国证券法》和《社会团体登记管理条例》等相关规定成立的，由上市公司及相关机构等，以资本市场统一规范为纽带，维护会员合法权益而结成的全国性自律组织，是非营利性的社会团体法人。中国证监会为其业务主管部门。协会以“服务、自律、规范、提高”为基本职责，致力于促进提高上市公司质量，促进完善上市公司治理，推动建立良好的公司文化，竭诚打造上市公司高端服务平台，进而促进提高整个资本市场的质量。

上市公司协会主要承担以下职能：

(1) 维护上市公司合法权益，为上市公司健康发展营造良好环境。

(2) 组织对上市公司董事长、总经理和财务总监的培训，强化其法律意识、责任意识和诚信意识，提高业务水平。

(3) 推动建立科学的上市公司治理及相关评价体系，推动上市公司的治理结构和机制不断完善。

四、对我国资本金融监管体制的思考

近年来，中国资本金融监管体制不断革新，取得了长足进步，但仍然存在着一些突出问题，制约着中国金融产业的发展。次贷危机后掀起的世界性资本金融监管改革浪潮给中国带来一定的启示。中国应当从本国资本金融监管的实际情况出发，借鉴国外成功的改革经验，着力做好以下几方面的工作：

（一）完善和健全资本金融监管立法

法律法规是资本金融监管的基础，也是划分资本金融监管机构职责和权限的依据。完善的法律法规能够维护资本金融监管的客观性、保证资本金融监管的公正性、提高资本金融监管的效率。近年来，中国金融立法取得较大进展，先后颁布了《中国人民银行法》(2003. 12)、《商业银行法》(2015. 8)、《银行业监督管理法》(2006. 10)、《证券法》(2014. 8)、《信托法》(2001. 4)、《保险法》(2015. 4) 等法律及为数众多的法规、规章，初步建立了中国资本金融监管的法治框架。但在立法的理念和质量上仍存在着较大的不足，不能完全适应金融业迅速发展的需要。

完善和健全资本金融监管立法，一方面，应该加强立法的前瞻性，从宏观上把握金融业的发展趋势，同时注重立法的系统性，加快立法节奏，填补立法空白，尽快推出金融机构市场退出制度，对已经存在但尚未取得明确法律地位的金融现象加以确认和规范。另一方面，应在立法中加强对投资者保护的力度。金融法律、法规应把保护投资者利益作为自身的重要目的，但由于现行规定较为粗略，缺乏对于投资者保护责任的明确配置及问责机制，因而在实践中往往被各监管机构所忽视，并未成为资本金融监管工作的重点。同时，现代金融业具有高度的虚拟性，其运作严重依赖于信息的传播，现实金融市场上的高度信息不对称增加了投资者参与金融活动的风险。鉴于当前我国投资者保护制度尚不健全，可以借鉴美、英金融改革中的做法，通过明确立法并建立专门的监管机构作为投资者利益的代言人，承担投资者保护的职责。

（二）组建金监局，建立法治化的监管协调机构

金融活动作为现代经济的核心，受到财政政策、货币政策和资本政策的共同影响。但由于三大政策具有不同的政策目标，因此政策冲突在所难

免，如果缺乏有效的协调机制将会出现“三王共治”“朝令夕改”的局面，令被监管者无所适从。同时，“一行三会”虽然是中国法定资本金融监管机构的总称，但在法律上彼此并无隶属关系，分别独立行使监管权，并未建立起一种有效的沟通和协调机制。这些问题都将成为我国资本金融市场发展的障碍。

针对此问题，2015 年 11 月，习近平在关于《中共中央关于制定国民经济和社会发展第十三个五年规划的建议》的说明中指出，“近年来，我国金融业发展明显加快，形成了多样化的金融机构体系、复杂的产品结构体系、信息化的交易体系、更加开放的金融市场，特别是综合经营趋势明显。这对现行的分业监管体制带来重大挑战。”由此可见，在混业经营的发展趋势下，加强统筹协调，改革并完善适应现代金融市场发展的金融监管框架，实现混业监管是下一步金融改革的关键。在资本金融市场改革的大背景下，需要尊重市场的规律和选择，进而推动政府监管向自律监管转型，机构监管向功能监管转型，分业监管向混业监管转型。

这三项转型的实现需要协调“一行三会”的行动，打破“一行三会”之间的行政性壁垒，实现其在监管活动中的通力合作。而最为现实的策略莫过于建立一个高层次、实体化、法治化的专门协调机构。笔者建议，应该将三会合并为金融监管总局（简称“金监局”），统一协调各个监管机构之间的工作，统一领导和指挥金融市场的改革，如图 4-10 所示。

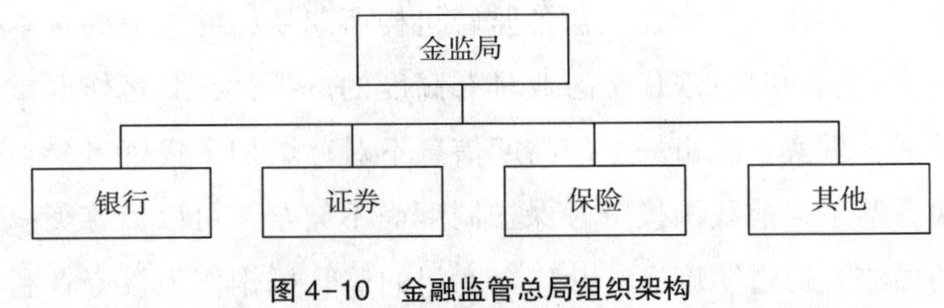

图 4-10　金融监管总局组织架构

（三）改变“重审批、轻监管”的工作模式

从内容上看，目前中国资本金融监管的内容主要集中在市场准入方面，对金融机构日常的业务运营、资产质量和财务盈亏状况缺少相应的监

管，对金融机构的市场退出监管不力，导致了明显的“重审批、轻监管”的倾向。从监管方式上看，中国的资本金融监管主要采用的是行政手段，不仅缺乏技术上的弹性，而且在具体操作中主观性强、适应力差，滋生了“重决策、轻调查”的官僚作风，鼓励了金融市场的“寻租”行为，极易导致监管腐败，破坏金融市场的公平和稳定。

监管机构是金融市场的“看门人”，其作用在于为金融活动提供公平、有效的市场环境，其工作重点应当放在监督金融活动的违规现象、促进金融市场的公平竞争方面，而非通过严格的行政审批限制金融市场的规模，人为干预金融市场的发展走向。当前中国金融监管机构普遍把“看门人”职责狭隘地理解为准入监管，过于强调准入审批权，忽视经营活动中的长期监管，导致了严重的监管错位，对金融市场的发育产生了不良影响。在未来的工作中，金融监管机构应当回归“看门人”职责的本位，综合运用经济手段、行政手段和法律手段，对金融市场活动进行全面监管，同时鼓励行业自律机构发挥自律监管功能。

（四）建立系统性风险的防范机制

所谓系统性风险是指无法通过金融市场分散的风险，它可能因基础金融变量的变化引起，也可能因法律、政策变化乃至政治、社会变动引起，通常对于金融市场有着全局性的影响。一般认为，系统性风险包括政策风险、经济周期性波动风险、利率风险、购买力风险、汇率风险等。在分业监管模式下，中国资本金融监管的着眼点主要在于防范微观层面的金融风险，缺少对金融业经营模式、金融业关联程度、金融风险的发展趋势以及世界金融发展宏观形势等问题的关注。随着中国对外经济交往的增加和国内大型金融控股集团的出现，中国金融系统的脆弱性不断增强，系统性风险发生的概率大大增加，宏观监管问题提上日程。为应对这一问题，中国应当尽快建立宏观审慎的监管框架，并通过国内协调和国际合作，建立一套针对系统性风险进行识别、预警、隔离、处置的常规机制，强化金融信息的披露力度，力求防患于未然，降低系统性风险的破坏性。

本章小结

资本金融监管是政府通过其指定的监管机构对资本市场金融活动交易主体进行监督和管理，以保障资本市场健康稳定发展的各项活动的总称。而之所以必须对资本市场进行监管，原因在于它的四个特性，即潜在的负外部性、不完全竞争性、信息不完备和不对称性、法律不完备性。

资本金融监管体系根植于各国金融实践，例如美国、英国、日本的资本金融监管体系体现了各国不同的监管体制和文化，反映了从分业监管到混业监管的转变。在资本金融发展的现阶段，混业监管具有五大优势，即鼓励金融创新、加强监管协调、预防系统性风险、稳定监管政策、提高监管效率。所以，混业监管符合资本市场混业经营的发展趋势，代表资本金融未来发展方向。

以资本流动全球化、金融机构全球化、金融交易全球化、金融风险全球化为特征的金融全球化发展带来三大负面影响，即金融体系脆弱性加剧、国际游资投机性增强、金融风险危害性加深。这种风险使得金融监管的国际合作成为必然。巴塞尔银行监管委员会、20 国集团、国际证监会组织等机构正积极推动国际协作，形成资本金融的国际监管体系。

而在中国，金融主要监管部门为中国人民银行、中国证监会、中国银监会和中国保监会，合称“一行三会”。同时还有中国证券业协会、中国期货业协会、中国证券投资基金业协会、中国上市公司协会、证券交易所等自律监管组织，形成了中国的金融监管体系。针对中国资本金融监管现状，有四项工作是当务之急，即完善和健全资本金融监管立法；组建金监局，建立法治化的监管协调机构；改变“重审批、轻监管”的工作模式；建立系统性风险的防范机制。只有这样，才能保障中国资本金融市场的健康发展。

第五章

资本金融产品

第一节　资本金融产品概述

一、资本金融产品的概念

资本金融产品作为资本市场中重要的交易媒介与载体，对人们的经济生活产生着深刻的影响。由于资本金融产品种类繁多，并且金融创新日益深入，新的资本金融产品不断涌现，要对它进行一个准确的界定也很困难。本书从法律关系的角度来定义资本金融产品：无论是传统的金融产品，还是金融衍生品，都是基于信用而产生的法律上的权利义务关系的载体。这些载体的背后反映的是金融活动参与者基于契约关系而产生的财产权，包括物权、债权和知识产权中的财产利益。因此，资本金融产品可定义为资金的需求者与供给者在资金融通过程中通过合约而产生的财产权凭证。对于发行人来说，通过发行资本金融产品融入资金；对于持有人来说，以融出资金换来资产。资本金融产品是金融交易的对象，也是持有人取得相应权益的法律依据。

二、资本金融产品的分类

按照不同的标准，可以对资本金融产品进行以下分类：

（一）基础资本金融产品和衍生资本金融产品

按照资本金融产品之间的关系，可将资本金融产品分为基础资本金融产品和衍生资本金融产品。

基础资本金融产品（Primary Financial Products）是作为基础资产而存在的资本金融产品。基础资本金融产品一般包括股票、债券等。

衍生资本金融产品（Financial Derivatives），又被称为金融衍生品（Derivatives），是指在基础资本金融产品上派生出来的，以其为交易对象的资本金融产品，主要有远期、期货、期权和互换。衍生资本金融产品诞生之初是以股票、债券等作为基础产品进行交易的，因此，逐步有了基础资本金融产品和金融衍生产品二者的区分。但随着金融创新的不断深入，人们把远期、期货、期权和互换进行进一步组合，形成了所谓的“再衍生品”，使金融衍生产品变得更为复杂。

（二）股权类资本金融产品和债权类资本金融产品

按照权利的性质，可以将资本金融产品分为股权类资本金融产品和债权类资本金融产品。

股权类资本金融产品的所有人可依法享有股东的权利，参与企业管理与经营决策活动、享有剩余索取权，但不能要求公司退回认购的股本，股东要想收回资金，只能在二级市场上交易转让。

债权类资本金融产品的所有人则是对发行人享有债权，可按照约定要求发行人按期支付本金和利息。

第二节　基础资本金融产品

基础资本金融产品亦称基础金融工具、基础金融产品，是指在实际信用活动中出具的能证明财产权或债权债务关系的合法凭证，主要有股票、投资基金等所有权凭证和债券等债权债务凭证。基础资本金融产品是金融市场上被广泛使用的产品，也是金融衍生产品赖以存在和发展的基础。

一、股票

（一）股票的概念

股票是股份有限公司为了募集资金而向股东发出的，表明其出资数额，并据此享有股权的书面凭证。股票是一种权利凭证，代表着股东对股份公司财产的所有权。这种权益主要包括对剩余的控制权和索取权。前者如直接参加公司的经营管理，或者通过参加股东大会对公司的重大决策进行表决等，后者包括收取股息、红利以及在公司解散后收回剩余资金等。股东以其所持有的股份数额为限享有对股份公司的权利，并且承担责任。每位股东所拥有的公司股权份额的大小，由其持有的股票数量与该数量占公司总股本的比重决定。

股票最早诞生于资本主义国家，自英国东印度公司发行第一只股票至今，已有400多年的历史。作为社会化大生产的产物，股票的出现有效解决了企业经营规模扩大与资金需求不足的矛盾，对促进资本主义国家的经济发展起到了积极的作用。我国是社会主义国家，为了发展社会主义市场经济，同样可以吸收和借鉴作为人类文明的成果的股份制，通过向社会公开发行股票筹集我国企业生产经营所需的资金。同时，国家也可通过控股的方式，维持公有制经济的主体地位，用有限的资金控制更多的资源。截至2016年12月底，在上海证券交易所、深圳证券交易所上市的约3000家股份有限公司中，大多数是由国家控股的公司。

（二）股票的基本特征

因资本市场金融产品的共同特征已经在上一节提到，在这里就不再赘述，只介绍股票这种资本金融产品的自有特征。

1. 风险自担

股票是一种无期限的资本金融产品，投资者一旦认购了股票，就不能再要求退股，只能通过二级市场交易转让给他人。股权的转让只影响公司的股权结构，公司资本并不减少。从期限上看，只要公司存在，它所发行的股票就存在，股票的期限与公司的存续期限一致。因此，对公司来说，发行股票是一种较为稳定的融资方式，但是对于投资者来说，股票的价格变动较为不稳定，并且尚不存在对于股票市场的投资担保制度，因此，他们要自己承担由于价格下降带来的资产贬值的风险和损失。

2. 参与决策

如前所述，股票是一种权利凭证，持有股票的股东有权出席股东大会，通过行使表决权来参与公司重大决策，对控股股东而言，还可以直接参与股份公司日常的经营管理。这是保障公司股东作为投资者经济利益的主要方式和必然要求。对于某一股东而言，其参与公司经营决策权利的大小，取决于其所持有的股份的多少。实践中，股东若想成为控股股东，掌握公司的经营决策控制权，他所持有的股票数量必须要达到能够左右经营决策所需的实际多数。

（三）股票的分类

按照不同的标准，我们可以将股票划分为不同的种类：

1. 普通股和优先股

按照股票所代表股东权利性质的不同，可以将股票分为普通股和优先股。

普通股是指对股份有限公司的剩余控制权和剩余索取权享有普通权利的股份。普通股是股份公司发行的最常见、最基本并且数量最多的股票。目前，在上海证券交易所和深圳证券交易所上市交易的股票，都属于普通股。持有普通股的股东必须在公司财产满足所有债权偿付要求及优先股股东的收益权和求偿的要求后，才能享有对企业利润和剩余财产进行分配的权利。但普通股股东与优先股股东相比，享有更多的权利，主要表现在：

（1）参与公司经营决策权。

（2）利润分配权。

（3）优先认股权。

（4）剩余财产分配权。

优先股是指股份公司发行的股东在公司的利润分配和剩余财产分配方面较普通股东享有优先权的股票。这种优先权主要表现在两个方面：

（1）无论公司经营状况如何、业绩是好是坏，优先股股东都有权先于普通股股东收取固定的股息。这在一定程度上表现出债券的特征，但与债券相比，优先股股东不能要求公司退还其认购优先股所支付的本金。

（2）优先分配公司剩余财产权。当公司终止时，优先股股东对公司剩余财产有先于普通股股东的索取权。

可见，与普通股股东相比，优先股股东的投资风险较小。但优先股股东一般无表决权，不能借助表决权参与公司的经营管理，这是其优先参与分配股息和剩余财产付出的代价。就股份公司而言，发行优先股不仅可以帮助公司清偿债务，渡过资金紧缺的财务危机，还可以在增加公司资产同时，不影响普通股股东的控制权。一些国家的公司法规定，优先股只能在公司增募新股或清理债务等特殊情况下发行。为贯彻落实《国务院关于开展优先股试点的指导意见》，加快推进资本市场改革创新，2014 年 3 月，中国证监会发布《优先股试点管理办法》，规定三类上市公司可以发行优先股。2014 年 10 月，中国银行境外优先股成功完成发行定价，成为第一家发行优先股的境内上市公司。截至 2016 年年末，共有 30 家以上的公司向中国证监会申报发行优先股，其中农行、中行、康美药业三家公司已成功发行。

2. 有面值股票和无面值股票

按照股票票面是否标明股票面值，可以将股票分为有面值股票和无面值股票。

有面值股票是指在股票的票面标明金额的股票。有面值股票上的每股金额必须一致，而且这一金额往往是股票发行的价格底线。我国法律对股票面值没有做出明文规定，实践中一般为 1 元人民币。

无面值股票，又称为比例股，是指在股票票面不标明金额，只记载其占公司股本总额的比例。持有这种股票的股东可以按照其所持全部股票占公司股本总额的比例行使权利。因此，从本质上说，这种股票与有面值股票并无不同。我国《公司法》将股票面额规定为股票的法定记载事项，因此，目前我国资本市场上发行的都是有面值股票。

3. A 股、B 股和 H 股

按照计价货币和上市地点的不同，可以将我国上市公司的股票分为 A 股、B 股、H 股。

A 股的正式名称是人民币普通股票。它是由我国境内的公司发行，供境内机构或个人（不含港、澳、台投资者）以人民币认购和交易的普通股股票。

B 股的正式名称是人民币特种股票。它是以人民币标明面值，以外币认购和买卖在境内（上海、深圳）证券交易所上市交易的股票。现阶段B股的投资者主要是上述几类中的机构投资者。B股公司的注册地和上市地都在境内，只不过投资者在境外或在中国香港、澳门及台湾。

H股，即注册地在内地、上市地在香港的外资股。香港的英文是Hong Kong，因为首字母是H，所以在港上市的外资股叫作H股。

4. 蓝筹股和红筹股

按照盈利的前景，可以将股票分为蓝筹股和红筹股。

蓝筹股的说法来源于西方，是指那些在行业内处于重要支配地位、经营良好、回报丰厚大公司的股票。“蓝筹”这个词源于西方赌场。在西方赌场中，有三种颜色的筹码，其中蓝色筹码最为值钱，红色筹码次之，白色筹码最差。投资者把这些行话套用到股票上就形成了我们所说的蓝筹股。例如，沃尔玛、微软等大公司发行的股票就属于“蓝筹股”的典型代表。需要指出的是，行业发展和公司经营等因素的变化，也会引发蓝筹股的变化。比如在20世纪初，铁路股票普遍被认为是蓝筹股，现如今由于交通运输业的发展，铁路股票已经失去了入选蓝筹股的资格。

红筹股是指业务主要来自中国内地，或者股东权益大部分具有中国大陆背景的香港上市公司的股票。由于中华人民共和国在国际上有时也被称为红色中国，因此当20世纪90年代初，一些主要业务来自中国内地，或者控股股东具有中国内地背景的公司在香港联交所上市时，投资者通常就将这些公司的股票称之为红筹股。早期的红筹股，主要是一些中资公司收购香港中小型上市公司后改造而形成的，如“中信泰富”等；而近年来出现的红筹股，主要是内地一些省市将其在香港的窗口公司改组并在香港上市后形成的，如“北京控股”等。

二、债券

（一）债券的概念

债券是发行人为了筹集资金，直接向社会公众发行的按照约定的利息率支付利息，并按约定条件偿还本金的债权债务凭证。债券的发行人就是债务人，发行人通常是政府、企业、公司和金融机构，而债券的投资者即债券的认购人。通过发行债券，债券发行人和认购人之间形成一种债权债务关系，债券发行人即是债务人，债券的投资者（或债券持有人）即债权人。债券表明发行人与认购人之间存在的债权债务合同，从本质上说，债券就是确定债权债务关系的书面证明，具有法律效力。

资本市场中的债券是一种要式证券，一般来说，债券应当具备的基本要素有发行人的名称、偿还期限、面值与利率等。

（二）债券的基本特征

债券作为一种重要的资本金融产品具有以下基本特征：

1. 期限性

债券一般都规定有偿还期限，从债券的发行之日起到约定的偿还日为止，这一期间即为债券的偿还期限。偿还期限在一年以下的为短期债券，偿还期限在一年以上的为长期债券。实践中，也曾出现过英国政府发行的不规定偿还期的永久债券。

2. 可偿还性

债券的可偿还性是指债券认购人购买债券后，发行人必须按照约定支付利息并且在偿还期限届满时向认购人偿还本金。

3. 安全性

与股票相比，债券通常规定有固定的利息率，与企业绩效没有直接联系，投资者的收益比较稳定，风险较小。此外，在企业破产时，债券持有者享有优先于股票持有者对企业剩余资产的索取权。

当然，作为一种资本金融产品，债券也具有资本金融产品本身所固有的收益性和风险性，但这两种属性不足以将债券与其他资本金融产品区别开来。债券的收益性主要表现在两个方面，一是债券可以给认购者带来相对稳定的利息收入；二是在债券价格发生变动时，投资者可以通过交易市场上买卖债券赚取差价。

同时，投资债券也存在风险，这些风险主要有：市场风险、利率风险、通货膨胀风险和信用风险等，其中，通货膨胀风险和利率风险对债券的投资回报影响较大。高的通货膨胀率会使债券投资收益不足以抵消通货膨胀所引起的资产价值贬损，而高的利息率则会使债券价格下降，投资收益也随之下降甚至出现亏损，不能实现投资获利的初衷。

（三）债券的主要种类

1．政府债券

政府债券是指由政府财政部门或者其代理机构为筹集资金，以政府的名义向社会公开发行的由政府承担还本付息义务的债券。政府债券是国家筹集资金的重要手段，主要用于弥补财政赤字、建设大型工程项目等经济建设，归还旧债以及市政建设、文化建设、公共安全、自然资源保护等社会建设方面等资金的不足。

政府债券的类型按照发行政府的级别可分为中央政府债券和地方政府债券两大类。前者由国家财政部门直接发行，所得资金列入中央政府财政预算，并由中央政府还本付息。后者由地方政府发行，所得资金列入地方政府财政预算，并由地方政府承担还本付息的义务。此外，还有一种由政府作为担保，金融机构或者企业发行的债券，通常称之为政府保障债券。

2．公司债券

公司债券是指公司依照法定程序公开发行的、约定在一定期限内还本付息的有价证券。公司债券是公司募集资金的一种重要手段，因而也可以将其称为企业债券的一种。从公司债券的定义我们可以看出：(1) 公司债券是一种“有价证券”，代表着一定的财产权利，能够在证券市场上进行买卖流通。(2) 公司债券的发行主体是公司，其他类型的企业，如个人独资企业、合伙制企业等不具备法人资格的企业，都不能发行公司债券。但尚未完成公司制改革的国有企业按照我国法律的规定可以发行专门的企业债券，就目前的情况而言，这种类型的债券已经淡出证券市场。(3) 公司债券依照法定程序公开发行。首先，我国公司债券的发行要由公司董事会制定方案，由股东会或股东大会对发行事项做出决议；其次，申请发行公司债券，应当符合法定条件，公开发行采用核准制，非公开发行需要备案加负面清单管理，由中国证监会负责监管。(4) 公司债券具有一定期限，发行人要按照约定还本付息。

需要指出的是，公司债券中有一种非常重要的类型——可转换公司债券。它的全称是可转换为股票的公司债券，是指发行人依照法定程序发行，在一定期限内可依照约定的条件转换为股票的公司债券。换言之，可转换公司债券的持有人可以选择在债券到期时要求公司还本付息，或是选择在约定转换期内按照约定的转换价格将债券转换成股票，债权人即转变为公司股东，享有股东的一切权利。可转换公司债券在转换成股份前，其持有人不具有股东资格，不具有股东的权利和义务。可转换公司债券一般要经过公司股东大会或董事会的决议通过才能发行，并且在发行时，必须在发行条款中规定转换的条件，例如转换期限与转换价格。

3. 金融债券

金融债券指银行和非银行金融机构依照法定程序发行的，并约在一定期限内还本付息的有价证券。金融债券最早诞生于日本，我国于 20 世纪 80 年代引进，当时是作为解决商业银行信贷资金不足的一种重要的金融工具。1994 年，金融债券又为国家开发银行、中国进出口银行和中国农业发展银行三家政策性银行解决了资本金和信贷资金不足的问题。此后，金融债券又成为解决证券回购中出现的问题的一种重要手段。与公司债券相比，金融债券的资信水平、安全性和收益性均较高，也具有广泛的流通性。同时，金融债券发行的条件较为宽松，其发行金额是金融机构资本金或者准备金的二三十倍，因此，它成为金融机构较为理想的长期融资工具。

在中国人民银行发布的《2010 年金融债券承销工作情况通报》中，2010 年，经人民银行核准，共有 20 家商业银行，1 家汽车金融公司、3 家金融租赁公司发行金融债券 979. 5 亿元。国家开发银行、中国进出口银行与中国农业发展银行共发行金融债券 1. 3 万亿元，汇金公司 2010 年共发行 1090 亿元，金融债券的发行主体范围进一步扩大，外资法人银行业获准发行金融债券，例如，三菱东京日联银行中国分行共发行 10 亿元金融债券，金融机构的融资渠道被进一步拓宽。2011 年，经人民银行核准，共有 28 家商业银行和 1 家金融租赁公司发行金融债券 35 只，发行金额共计

3528.5亿元；国家开发银行、中国进出口银行与中国农业发展银行共发行金融债券2.1万亿元。截至2016年12月末，我国金融债券的托管余额总规模达54.9万亿元，金融债券的规模不断扩大。

（四）债券与股票的异同比较

1. 二者的相同点

（1）债券与股票都属于融资的手段。市场主体出于对资金的刚性需求，发行有价证券的首要目的就是筹措资金。与从银行贷款间接融资相比，股票和债券是一种直接融资的手段，筹集资金数量多、时间长、成本低廉，没有贷款条件的限制，是很具吸引力的筹资手段。

（2）债券与股票都是有价证券。债券与股票是虚拟资本，本身并无价值，但作为有价证券，又代表真实的资本，投资二者都有可能获得收益，并且都能在二级市场上进行交易，实现转让与流通，它们已经成为证券市场上的两种主要交易产品。

（3）债券与股票的收益率是相互影响的。通常，单只债券或者股票的收益率差别很大，但是，总的来说，在一个有效率的市场上，债券与股票的平均收益率大体会保持相对稳定，二者的差异反映了二者的风险程度。原因在于，在资本市场自身规律的作用下，一种融资产品收益率的变动会引发另一种相关产品的收益率向相同方向运动。

2. 二者的不同点

（1）二者权利性质不同。如上所述，债券是债权债务关系的书面证明，表明债券持有人与债券发行人之间因买卖债券而产生的债权与债务。债券持有人可以按照约定，定期获得固定的利息，并且到期收回本金，但是不能直接参与公司的经营管理。股票则是一种所有权凭证，表明的是股东对公司财产的所有关系。股票持有人通常为发行股票的公司的股东，对公司享有经营管理权、收益分配权和剩余索取权，股东可以通过参加股东大会行使表决权的方式来选举公司经营管理人员，参与公司重大事项的审议并做出决定，行使对公司的经营决策权、监督权并收取股息和红利。

（2）发行的主体不同。债券的发行主体很多，中央政府、地方政府、金融机构、公司和企业等都可以成为发行债券的主体，而发行股票的主体只有股份有限公司。

（3）期限不同。债券一般有固定的偿还期，期满时债务人必须按时归还本金，因此债券是一种有期限的投资品种。股票通常是不能偿还的，一旦投资者入股并且成为股东，便不能要求股份有限公司退还本金，因此股票是一种无期投资，或称为永久性投资。但是，股票持有者可以通过在二级市场上进行转让收回投资资金。

（4）取得收益的方式不同。债券的收益通常是按照约定的固定利率支付利息。股票收益取得的方式是股息和红利，它们一般受公司经营状况和分配政策的影响而具有较强的不确定性。

（5）风险不同。一般来说，股票风险较大，债券风险相对较小。原因有三点：第一，债券的发行主体中有政府机构，相对于发行股票的公司而言，政府的信誉良好，因此利息收入较稳定。第二，就公司这一发行主体而言，债券利息是公司的固定支出，属于费用范围，无论公司经营状况如何都必须支付；股票的股息和红利则是公司利润的一部分，公司有盈利时才能支付，而且支付顺序列在债券利息支付和税收之后。如果公司因经营失败而破产，清理资产尚有余额偿还时，债券偿付在前，股票偿付在后。第三，在证券交易的二级市场上，债券因其利率固定，期限固定，因而市场价格相对稳定；而股票则因没有固定期限和利率，易受各种宏观经济因素和微观经济因素的影响，市场价格波动频繁，涨跌幅度较大。

第三节　衍生资本金融产品

一、金融衍生产品概述

（一）金融衍生产品的概念

金融衍生产品又称衍生金融工具、衍生证券，是基础金融高度发展的产物。根据国际互换和衍生品协会的描述，金融衍生产品就是“旨在为交易者转移风险的双边合约，合约到期时交易者所欠对方的金额由基础商品、证券或指数的价格决定”。可见，金融衍生产品之所以冠以“衍生”二字，是相对于决定其价值的商品、证券、指数等基础资本金融产品而言的。因此，金融衍生产品就是指其价值取决于某一种或几种标的物的资本金融产品。决定其价值的标的物可以是基础金融产品，如以货币为标的货币互换；也可以是其他衍生产品，如以期货合约为标的的期货期权。

（二）金融衍生产品的基本特征

与基础资本金融产品相比，金融衍生产品有很多自身的特点，主要包括：

1. 价值取决于基础产品

与股票、债券等基础金融工具不同，金融衍生产品本身并没有价值，它的价值决定于其基础产品。在一定范围内，金融衍生产品的价格随着其基础产品价格的变动而变动，这也正是金融衍生产品可以用来规避风险的原因。

2. 高风险高收益

金融衍生产品往往具有很高的杠杆效应，使其同时兼具高风险和高收益的特征。无论是期货交易的保证金还是期权交易的期权费，相对于其合约金额都是很少的，有的甚至不足10%，这也就意味着，金融衍生产品可以用较少的资金撬动几倍甚至几十倍的资金，从而使市场参与者有了通过杠杆作用获得高收益的可能；同时，这种杠杆效应也把市场风险成倍放大了，一旦亏损就有可能“血本无归”。

3. 特性复杂

近年来，随着世界范围内金融业的不断发展，金融衍生产品的特性越来越趋于复杂。一些金融衍生产品甚至是将多种基础标的反复拆分、组合，再用复杂的数学公式予以定价。经过反复包装以后的金融衍生产品使很多投资者甚至专家都不能完全了解其特性。而金融衍生产品的复杂性背后也蕴藏着巨大风险，以美国金融危机中的CDS合约为例，这种高度衍生的复杂的金融工具就是使次贷危机演变为美国金融危机的罪魁祸首之一。

4. 设计灵活

金融衍生产品发展迅速，种类繁多，设计灵活。这种特性使它一方面可以根据客户对时间、风险、价格等方面的不同需求，为客户量身定做，满足不同投资者的需求；另一方面也致使理论研究和制度建设远远落后于市场实践，增加了监管的难度。

5. 零和博弈

大多数传统金融工具市场是可以创造价值的，因为投资于传统金融工具的资金会流入社会生产，创造利润。例如，投资股票可以获得股利，投资债券可以获得利息。而金融衍生产品市场是一个零和博弈的市场，这个市场并不能创造出利润，一方的盈利必然是另一方的亏损。所谓的“利润”只是资金在投资者之间的来回转手。虽然金融衍生产品是零和博弈，但它并不是赌场，金融衍生产品可以用来规避风险，从而促进社会经济的健康发展，这也是金融衍生产品的价值所在。

6. 成本低廉

金融衍生产品的交易成本和交割成本都较为低廉。以股指期货为例，投资者若想通过投资组合规避风险，只需要购买股指期货即可，而不必分别购买每一只股票，大大降低了交易成本；同时股指期货的交割只需要差额交割，而不用像股票一样全额交割，这又大大降低了交割成本。

（三）金融衍生产品分类

金融衍生产品有很多种分类方法，这里只介绍三种最为普遍的分类方法：根据基础标的物、交易场所以及金融衍生产品自身交易方法和特点的不同进行划分。

1. 根据基础标的物的不同划分

根据基础标的物不同，可以将金融衍生产品划分为三类，即货币类金融衍生产品、利率类金融衍生产品、股权类金融衍生产品。

货币类金融衍生产品是指以各种货币作为基础产品而创设的金融衍生工具，是货币市场的主要衍生品种，主要包括远期外汇合约、货币期货、货币期权、货币互换等。

利率类金融衍生产品是以利率或利率的载体作为基础产品而创设的金融衍生工具，主要包括利率远期合约、利率期货、利率期权、利率互换等。

股权类金融衍生品分为以具体的股票和由股票组合形成的股票指数作为基础产品而创设的金融衍生工具，主要包括股票期货、股票期权合约、股票指数期货、股票指数期权合约等。

2. 根据交易场所不同划分

根据交易场所不同，可分为场内交易金融衍生产品和场外交易金融衍生产品。

场内交易又称交易所交易，指所有的供求方集中在交易所内，以公开竞价方式进行的交易。在这种交易方式下，交易所审批交易者的会员资格，向交易者收取保证金，同时负责清算和承担履约担保责任。此外，交易所事先设计出标准化合同，由投资者选择与自身需求最接近的合同和数量进行交易。所有交易者集中在一个场所进行交易，增加了交易的密度，从而能形成流动性较高的市场，典型的代表是期货合约。

场外交易又称柜台交易，指交易双方直接成为交易对手的交易方式。这种交易方式可以根据特定使用者的不同需求设计出包含不同内容的产品。但是，由于每个交易的清算是由交易双方相互负责进行的，交易参与者仅限于信用程度高的客户，典型的代表是互换和远期。

3. 根据金融衍生产品自身交易方法和特点不同划分

根据金融衍生产品自身交易方法和特点不同，可将金融衍生产品分为远期、期货、期权、互换四大类。

远期是指合约双方同意在未来某一时期按固定价格交换金融资产的合约，主要包括远期利率合约、远期汇率合约和远期股票合约等。

期货是指买卖双方在有组织的交易所内以公开竞价的形式形成、在未来某一特定时间交收标准数量特定金融工具的合约，主要包括货币期货、利率期货和股指期货。

期权是指合约双方按约定价格，在约定日期内就是否交易某种金融工具所达成的合约。

互换是指两个或两个以上的当事人按共同商定的条件，在约定的时间内交换一定支付款项的金融交易，主要有货币互换和利率互换。

二、金融远期合约

（一）金融远期合约的概念

金融远期合约是买卖双方签订的一个在确定的将来时间按确定的价格购买或出卖某种金融资产的协议。它通常是指在两个金融机构之间或金融机构与其公司客户之间签订的合约。其基本构成要素主要有：

1. 标的资产。远期合约中用于交易的资产，称为标的资产，又称为基础资产。

2. 多头和空头。远期合约中许诺在某一特定时间以确定价格购买某种标的资产的一方称为多头，许诺在同样时间以同样价格出售此种标的资产的一方被称为空头。

3. 到期日。远期合约所确定的交割时间即为到期日。此时，多头支付现金给空头，空头支付标的资产给多头。

4. 交割价格。远期合约中所确定的价格称为交割价格。合约签订初始时刻交割价格等于远期价格。随着时间的推移，远期价格改变，但交割价格始终相同，一般情况下远期价格与交割价格并不相等。

（二）金融远期合约的特征

作为场外交易的衍生工具，金融远期合约与场内交易的期货、期权等衍生工具相比，具有以下特征：

1. 金融远期合约是通过现代化通信方式在场外进行的，由银行给出双向标价，直接在银行与银行之间、银行与客户之间进行，不易流动。

2. 金融远期合约交易双方互相认识，而且每一笔交易都是双方直接见面，交易意味着接受参加者的对应风险。

3. 金融远期合约交易不需要保证金，风险通过变化双方的远期价格差异来承担。金融远期合约大部分交易都导致交割。

4. 金融远期合约的金额和到期日都是灵活的，有时只对合约金额最小额度做出规定，到期日经常超过期货的到期日。

5. 买卖双方易发生违约问题，从合约签订到交割期间不能直接看出履约情况，风险较大。

6. 合约到期必须交割，不可实行反向对冲操作来平仓。

（三）金融远期合约的分类

按基础资产的性质划分，金融远期合约主要有远期利率协议、远期外汇合约和远期股票合约。

1. 远期利率协议

远期利率协议（Forward Rate Agreements）是金融远期合约的一种，是买卖双方同意从未来某一商定的时期开始，在某一特定时期内按协议利率借贷一笔数额确定、以具体货币表示的名义本金的协议。远期利率协议的买方是名义借款人，其订立远期利率协议的目的主要是规避利率上升的风险。远期利率协议的卖方则是名义贷款人，其订立远期利率协议的目的主要是规避利率下降的风险。之所以称为“名义”，是因为借贷双方不必交换本金，只是在结算日根据协议利率和参考利率之间的差额以及名义本金额，由交易一方支付给另一方结算金。

2. 远期外汇合约

远期外汇合约（Forward Exchange Contracts）是指外汇交易双方成交时，双方约定将未交割的币种、金额、汇率、日期、地点于将来某个时间进行交割的远期合同，其交易一般在银行间进行。远期外汇合约约定的汇率就是指货币在未来某一定时期或一定时间交割的买卖价格。它是远期外汇合约交易的关键。双方在签订合同时，应确定好将来进行交割时的远期汇率，到期无论汇率如何变化，都应按此汇率进行交割。标准的合约期限一般为1~3个月，最长的也可超过1年。

3. 远期股票合约

远期股票合约是指在将来某一特定日期按特定价格交付一定数量单只

股票或一揽子股票的协议。

三、金融期货合约

（一）金融期货合约的概念

金融期货合约是指在交易所内达成，受一定规则约束并必须执行，规定在将来某一时间和地点交收某一特定资本金融产品的一种标准化契约。它是相对金融现货交易而言的。像金融远期合约一样，金融期货合约是两个对手之间签订的一个在确定的将来时间按确定的价格购买或出售某项金融资产的协议。与金融远期合约不同，金融期货合约通常在交易所内交易。交易所详细规定了期货合约的标准化条款。其标准化条款一般包括：

1. 交易数量和单位条款。
2. 交割地点条款。
3. 交割期条款。
4. 最小变动价位条款。
5. 涨跌停板幅度条款。
6. 最后交易日条款。

（二）金融期货合约的特点

金融期货合约具有以下特点：

1. 交易方式的规范性

期货交易是一种规范化程度相当高的交易形式。期货交易是一种集中交易，是在专门的交易所内进行的，一般不允许场外交易，交易过程有固定的交易规则和交易程序。交易对象是标准化期货合约，交易双方只需在合约上填写商品品名、交割月份、成交价格及姓名。信息披露、结算过程、合约转卖、风险处理、实物交割都是按照法律和严格的规则进行的，十分规范。期货交易的高度规范化是建立公正、公开、公平的市场环境的必要保证。

2. 交易场所的固定性

期货交易必须在有组织的期货交易所内进行，并且有固定的交易程序和规则；现货即期交易和现货远期交易的交易地点没有严格规定，既有集中交易也有分散交易。

现货交易没有特定的交易场地，交易场地完全由交易双方自行决定。而期货交易则要求必须在期货交易所内进行。交易所将交易者组织起来，通过集合竞价形成价格，使商品的价格信息和供求信息在其中汇集，这样能够有效地发挥这些信息的调配作用。

3. 交易目的的虚拟性

现货交易是为了获得或转让资本金融产品，从而取得其使用价值或实现其价值，而期货交易在发展初期是以套期保值为目的，是不愿意承担风险的经营者用以规避风险的方法。发展到后来，期货交易为越来越多的人提供了投机的可能，更多的人是在这个市场上通过买空卖空来进行投机盈利。交易者的目的并不是获得或出售资本金融产品，而是在于通过期货合约差价的变化来赚取利润。

4. 交割方式

期货交易通常不涉及资本金融产品实物的转移。成熟期货市场上实物交割的一般很少，绝大部分是通过对冲了结。所谓对冲，是指卖方通过买入同样的合约，或者买方通过卖出同样的合约来结束交易。经过对冲，卖方不需要交出实物，买方不需要取得实物，只需要计算前后两次交易的差价，亏损方补交差价款，盈利方获得差价款。由于期货交易者可以通过在合约到期以前在期货市场上作对冲操作免去到期实物交割的责任，这就使得期货交易主要成为一种买卖期货合约的交易。

5. 合约流动性

期货市场的交易是通过期货交易所来完成的。在期货交易所中，每天都聚集着大量的交易者，不停地买进卖出。由于转让的合约都是标准化的，交易商品本身并没有进入市场，而且其余额可以通过对冲来了结，使得交易的进行非常频繁，同一份合约在到期之前也许会在很多人手中交易过。期货交易所中聚集众多交易者，这些交易者不用像在现货市场中那样自己寻找交易对象，交易起来十分方便。

（三）金融期货的分类

与金融相关联的期货合约品种很多。目前已经开发出来的品种主要有三大类：

1. 利率期货

利率期货是指以各种利率的载体作为期货合约标的物的一种金融期货，其目的是以期货交易方式达到避免或获取因利率变化所引起的损失或盈利。由于在金融市场上债券是利率的主要载体，所以利率期货实际上就是附有利率的债券期货。利率期货种类繁多，几乎所有信誉高、流动性强的利率工具均可作利率期货交易，如国库券、银行承兑票据、银行同业拆借资金、商业票据、大额可转让定期存单、定期存款、政府债券、公司债券。目前，国际上主要的利率期货有以下几种：3 月期国库券期货、3 月期国内可转让定期存单期货、3 月期欧洲美元定期存款期货、90 天期英镑定期存款期货、日元长期国库券期货、英镑长期国债期货、3 月期商业本票期货、短期国库券期货。

2. 外汇期货

外汇期货又称国际货币期货，是在国际金融市场动荡不安，各国货币之间汇率大起大落的条件下，为满足人们规避外汇风险的需要而产生的。所谓外汇期货是指以特定的外币为合约标的一种金融期货，由合约双方约定在未来某一时间，依据现在约定的比例，以一种货币交换另一种货币。外汇期货合约是交易双方订立的、约定在未来的某个日期以成交时所确定的汇率交收一定数量的某种货币的标准化契约。1972 年，芝加哥商品交易所开办了世界上第一个外汇期货市场。外汇期货是浮动汇率制的产物，它能有效地转移汇率风险，也可以为投机者利用来进行外汇投机交易。目前，世界上主要的外汇期货交易所有芝加哥商品交易所、伦敦国际金融期货交易所、纽约证券交易所和 1984 年创立的新加坡国际货币交易所。

3. 股票价格指数期货

股票价格指数期货是一种将传统的商品期货交易特点和证券交易特点融为一体，将股票指数作为标的物而创新的金融衍生证券。投资者可针对整个市场进行投机，或通过购买股票指数期货合约，套补多头头寸或空头头寸以防止股票价格下跌。它是产生最晚的一种金融期货，也是金融期货中最成功的一种。1982 年开办了世界上第一个股票指数期货——“价值线”指数期货。

一般的期货交易都有一定的资产标的，而股票指数期货没有真实的资产标的，它的标的是股票价格指数，不是一种真实的资产，而是一种无形的、抽象的指标，代表着一组假设的股票资产组合，但是却不需要真正买入股票。价格指数只是一个反映市场状况的数字而已。

目前，世界上主要的股指期货品种有：标准普尔指数、纽约证券交易所股票价格指数、伦敦《金融时报》指数、东京《日本经济新闻》指数、香港恒生指数等。

（四）金融现货、金融远期与金融期货的区别

金融期货交易与金融现货交易的区别见表 5-1。

表 5-1　金融现货交易与期货交易比较

对比内容	金融现货	金融期货
交易对象	资本金融产品本身	金融期货合约
交易目的	获得或出售金融资产，满足买卖双方需求	套期保值者为了转移现货市场的价格风险，投资者为了获得风险利润
交易场所	一般不受交易地点、对象的限制，交易灵活方便，随机性强	必须在交易所内依照法规进行公开、集中交易，不能进行场外交易
交易范围	一切进入流通的资本金融产品	品种有限
结算方式	货到款清，一次或数次结清	每日无负债结算制度，必须每日结算盈亏

金融期货交易与远期合约交易的区别见表 5-2。

表 5-2　金融期货交易与远期合约交易比较

对比内容	金融远期	金融期货
交易场所	没有集中的交易地点，交易方式较为分散	在指定的交易所内交易，交易所必须能提供一个特定集中的场地

（续表）

对比内容	金融远期	金融期货
合约形式	对于交易资产的数量、交割日期等，均由交易双方自行决定，没有固定的规格和标准	符合交易所规定的标准化合约，对于交易资产的数量、到期日、交易时间都有严格而详尽的规定
结算方式	通常并不交纳保证金，合约到期后才结算盈亏	必须在交易前交纳合约金额 5%～10% 的保证金，并由清算公司进行逐日结算
违约处理	违约一方只能提供额外的优惠条件要求解约或找到第三者接替承受原有的权利义务	由于保证金交易制度及每日无负债结算制度，一般不存在违约风险
交易参与者	大多是专业化生产商、贸易商和金融机构	更具有大众意义，参与交易的可以是银行、公司、财务机构，也可以是个人

四、金融期权

（一）金融期权的概念

金融期权（Options）是一种选择权，是一种能在未来某特定时间，以特定价格（称为执行价格或敲定价格）买入或卖出一定数量的某种特定金融资产的权利。期权交易是一种权利的买卖，是期权的买方支付了权利金后，便取得了在未来某特定时间以特定价格买入或卖出某种特定商品的权利的交易方式。

1. 期权的属性

期权合约至少涉及购买人和出售人两方。获得期权的一方称为期权购买人，出售期权的一方称为期权出售人。交易完成后，购买人成为期权持有人。

期权赋予持有人做某件事的权利，但他不承担必须履行的义务，可以选择执行或者不执行该权利。持有人仅在执行期权有利时才会利用它，否则该期权将被放弃。从这种意义上，期权是一种“特权”，因为持有人只享有权利而不承担相应的义务。

期权合约不同于远期合约和期货合约。在远期合约和期货合约中，双方的权利和义务是对等的，双方互相承担责任，各自具有要求对方履约的权利。当然，与此相适应，投资者签订远期或期货合约时不需要向对方支付任何费用，而投资者购买期权合约必须支付期权费，作为不承担义务的代价。

2. 期权的标的资产

期权的标的资产是指选择购买或出售的资产，包括股票、政府债券、货币、股票指数、商品期货等。期权是由这些标的物“衍生”的，因此称为金融衍生产品。

值得注意的是，期权出售人不一定拥有标的资产。例如，出售 IBM 公司（国际商业机器公司）股票期权的人，不一定是 IBM 公司本身，他也未必持有 IBM 的股票，期权是可以“卖空”的。期权购买人也不一定真的想购买标的资产。因此，期权到期时，双方不一定进行标的物的实物交割，而只需按价差补足价款即可。

一个公司的股票期权在市场上被交易，该期权的源生股票发行公司并不能影响期权市场，该公司并不从期权市场上筹集资金。期权持有人没有选举公司董事、决定公司重大事项的投票权，也不能获得该公司的股利。

3. 期权的到期日

双方约定的期权到期的那一天称为“到期日”。在那一天之后，期权失效。

按照期权执行时间分为欧式期权和美式期权；如果该期权只能在到期日执行，则称为欧式期权；如果该期权可以在到期日或到期日之前的任何时间执行，则称为美式期权。

4. 期权的执行

依据期权合约购进或售出标的资产的行为称为“执行”。在期权合约中约定的、期权持有人据以购进或售出标的资产的固定价格，称为“执行价格”。

（二）金融期权的特点

1. 交易成本低

期权交易与期货交易相比，交易手续费及保证金更低，大大降低了投资者的交易成本。

2. 投资者风险小

对于期权交易的买方而言，其最大的损失就是买入期权所缴纳的权利金，即使期价向相反方向变动导致买入方不能履约，期权平仓时仍旧有价值，损失要小于所缴纳的权利金。

对于期权交易的卖方来说，虽然他的风险可能随期权价格的不利变动而扩大（因为卖方需要缴纳保证金，并且需每日无负债结算），但同样头寸的最大风险仍然小于相应期货风险。原因在于：期权价格变动幅度原则上小于或等于对应期货价格变动幅度；期权卖方所收的权利金中已含有额外的价值，因此增加了其抗风险的能力，只有期货价格超过损益平衡点时才会出现损失；期权卖方还可以根据期货价格的变化和持仓情况，建立相应数量的期货头寸，对持有的卖出期权头寸进行保值，故期权卖方所面临的风险相对小于单纯的买入期货或卖出期货时所面临的风险。

3. 利用期权规避现货市场风险更具优势

期权可以克服利用期货进行套期保值的弊端。买入期权不用缴纳保证金，对于一些非专业投资者而言，通过买入期权合约来规避现货价格的波动风险，不仅能够防范价格不利变动的风险，还能保留价格有利变动带来的好处，是比较理想的选择。

（三）金融期权的分类

1. 按照买方的权利来划分

（1）看涨期权。看涨期权（Call Options）是指期权的买方向期权的卖方支付一定数额的权利金后，即拥有在期权合约的有效期内，按事先约定的价格向期权卖方买入一定数量的相关期货合约，但不负有必须买进的义务。期权买方若不想买，只需让该合约到期作废即可。如有人买，也可将看涨期权转卖出去。对期权卖方来说，有义务在期权规定的有效期限内，应期权买方的要求，以期权合约预先规定的价格卖出相关的期货合约。图5-1 反映的是看涨期权执行价格与收益的关系。

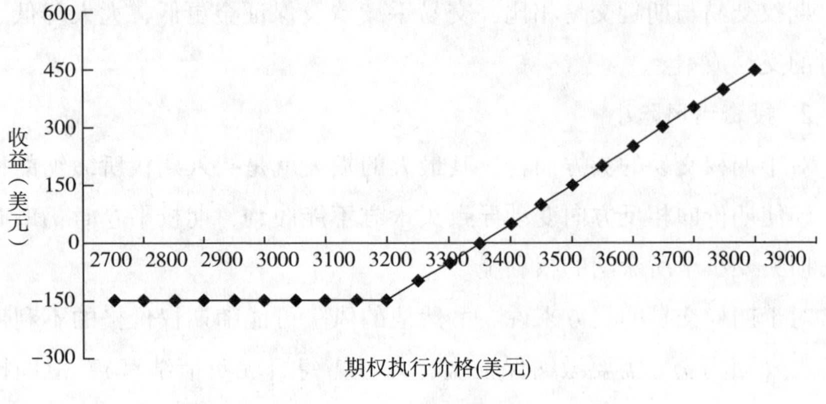

图 5-1　看涨期权

（2）看跌期权。看跌期权（Put Options）是指期权的买方向期货期权的卖方支付一定数额的权利金后，即拥有在期权合约的有效期内，按事先约定的价格向期权卖方卖出一定数量的相关期货合约，但不负有必须卖出的义务。同样的，若不想卖，可让期权到期作废，亦可将看跌期权转售给想买该期权的人。从期权卖方来说，则有按期权合约的有关规定随时买入这些相关期货合约的义务。图 5-2 反映的是看跌期权执行价格与收益的关系。

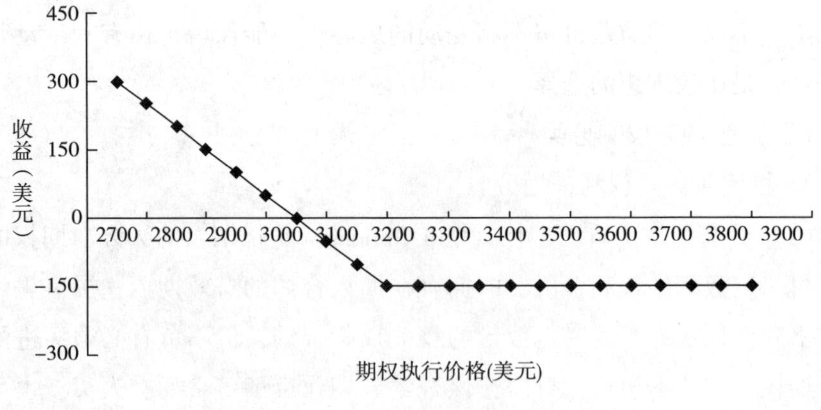

图 5-2　看跌期权

（3）双重期权。双重期权是指期权买方有权以事先确定的成交价买入，也有权选择以这一成交价卖出商品的合约。它等同于某一成交价的看涨期权和看跌期权的组合。双重期权一般出现在以下场合：期权买方相信市场有大幅波动，但又不能准确判断市场是大幅上升还是大幅下降；而卖方则相信市场价格波动是狭窄的。对买方来说，在双重期权下可两头获利，所以，期权费也略高于前两者。

2. 按照交割时间划分

（1）美式期权。美式期权是指在规定的有效期限内的任何时候可以行使权利。期权买方既可以在期权合约到期日这一天行使权利，也可在期权到期日之前的任何一个交易日行使权利。

（2）欧式期权。欧式期权是指在规定的合约到期日方可行使权利。期权买方在期权合约到期日之前不能行使权利，过了期限，期权合约也就自动作废。

美式期权与欧式期权的划分并无地域上的区别。近年来，无论在欧洲还是在美国，或是其他地区，美式期权已占据主流，欧式期权虽仍存在，但其交易量已比不上美式期权。

3. 按照执行价格与标的物市价的关系划分

实值期权：执行价格<期货价格

虚值期权：执行价格>期货价格

平值期权：执行价格=期货价格

（注：以上所指的实值、虚值和平值期权是从买入期权方的角度来说的。）

4. 按照期权合约标的不同划分

（1）股票期权。股票期权是指期权交易的买方和卖方经过协商后，以买方支付一笔约定的期权费为代价，取得一种在一定期限内按协定价格购买或出售一定数额股票的权利。它是历史上产生最早的期权交易。

（2）即期外汇期权。即期外汇期权是指交易双方按约定的汇价，就将来是否购买或出售某种外汇选择权而预先达成的合约。当汇率上浮时，买进看涨期权可以盈利；当汇率下浮时，买进看跌期权则可盈利。

（3）股票指数期权。1983 年 3 月初，芝加哥期权交易商会发明了一种既不建立在任何指数期货基础上，又不根据任何流行指数的指数期权——标准普尔 100 指数期权。紧接着，又陆续出现了纽约证券交易所综合指数期权、美国证券交易主要市场指数期权、价值线指数期权。

股票指数期权是在股票指数期货期权基础上发展起来的。1982 年股票指数期货合约期权上市后，交易者面临的风险可以预见，也可以限制（最大损失限于期权费），而且不必为外交保险费所累，但有一个重大缺陷，即在期权交易上赚的钱会被期货交易上的亏损冲抵，抑或反之。为了克服这一困难，便创造了股票指数期权。

股票指数期权因为没有任何期货基础，所以，在其期满时，若盈利，买主可向经纪人取得所得；若亏损，则须向经纪人如数补偿。

（4）利率期权。它是以各种利率相关品（各种债务凭证）或利率期货合约为标的物的期权，因其盈亏取决于利率水平而得名。其持有者有权在指定的日期，针对某一债务凭证或其期货合约接受或付出某一约定价格。目前较为流行的交易所内交易的利率期权是长期国债期货期权、中期国债期货期权和欧洲美元期货期权。

利率上升会引起债券价格下降，而利率下降会引起债券价格上升。因此，如果投资者预期利率下降，就可以考虑购买一个利率买权，以从相应债务凭证价格上升中获利；相反，如果预期利率上升，期货市场价格下降，就可购买一个利率卖权，以从相应债务凭证价格下跌中获利。

案例 5–1

巴林银行倒闭

1. 案例介绍

巴林银行是历史显赫的英国老牌贵族银行，其业务专长是企业融资和投资管理，业务网点主要在亚洲及拉美新兴国家和地区。1994 年，巴林银行的税前利润仍然高达 1.5 亿美元，伊丽莎白女王也信赖它的理财水准，并是它的长期客户。尼克·李森是国际金融界“天才交易员”，曾任巴林银行驻新加坡巴林期货公司总经理、首席交易员，以稳健、大胆著称。在日经 225 期货合约市场上，他被誉为“不可战胜的李森”。

1994 年下半年，李森认为，日本经济已开始走出衰退，股市将会有大涨趋势，于是大量买进日经 225 指数期货合约和看涨期权。然而事与愿违，1995 年 1 月 16 日，日本关西大地震，股市暴跌，李森所持多头头寸遭受重创，损失高达 2.1 亿英镑。

这时的情况虽然糟糕，但还不至于撼动巴林银行，只是对李森来说已经严重影响其光荣的地位。为了反败为胜，李森凭其天才的经验，再次大量补仓日经 225 期货合约和利率期货合约，头寸总量已达十多万手。由于这是以“杠杆效应”放大了几十倍的期货合约，当日经 225 指数跌至 18500 点以下时，每跌一点，李森先生的头寸就要损失两百多万美元。

2 月 24 日，当日经指数再次加速暴跌后，李森所在的巴林期货公司的头寸损失，已接近其整个巴林银行集团资本和储备之和。融资已无渠道，亏损已无法挽回，李森畏罪潜逃。

巴林银行面临覆灭之灾，银行董事长不得不求助于英格兰银行，希望挽救局面。然而这时的损失已达 14 亿美元，并且随着日经 225 指数的继续下挫，损失还在进一步扩大。因此，各方金融机构竟无人敢伸手救助巴林这位昔日的贵宾，巴林银行从此倒闭。

2. 案例启示

（1）金融衍生品的高杠杆给投资者带来的不仅是高收益，还有高风险。巴林银行破产的直接原因是新加坡巴林公司期货经理尼克·李森错误地判断了日本股市的走向。事情表面看起来很简单，李森的判断失误是整个事件的导火线。然而，正是这次事件引起了全世界的密切关注，金融衍生工具的高风险被广泛认识。从李森个人的判断失误到整个巴林银行的倒闭，伴随着金融衍生工具成倍放大的是投资回报率与同样成倍放大的投资风险。这是金融衍生工具本身的“杠杆”特性决定的。金融机构在利用金融衍生产品的杠杆作用获取巨额利润时，同样要注意到杠杆带来的巨大风险。

(2) 巴林银行倒闭事件折射出银行管理体制上风险控制不力的问题。巴林银行的倒闭看起来像是因为个人的越权行为所致，实际不然，巴林银行事件反映出现代跨国银行管理和内部控制体制的缺陷。从制度上看，巴林银行最根本的问题在于交易与清算角色的混淆。李森在1992年去新加坡后，任职巴林银行新加坡期货交易部兼清算部经理。作为一名交易员，李森本来应做的工作是代巴林银行客户买卖衍生性商品，并替巴林银行从事套利业务，这类业务基本上是没有太大的风险。因为交易员仅是代客操作，风险由客户自己承担，交易员只是赚取佣金，而套利行为亦只赚取市场间的差价。一般银行给予其交易员持有一定额度的风险部位的许可，但为防止交易员将其所属银行暴露在过多的风险中，这种许可额度通常定得相当有限；而通过清算部门每天的结算工作，银行对其交易员和风险部位的情况也可予以有效了解并掌握。但遗憾的是，李森却一人身兼交易与清算二职，这也是导致巴林银行倒闭的制度原因。

案例 5-2

上交所创设权证

1. 案例介绍

上海证券交易所的权证创设制度始于2005年11月21日发布《关于证券公司创设武钢权证有关事项的通知》。在权证价格暴涨暴跌已成为常态的背景下，上交所的权证创设制度自推出之日就争议不断。以宝钢权证为例，其在2005年8月上市之后的前5个交易日上涨了1.62倍，最大涨幅超过200%，然而第6个交易日则大跌15.43%。到10月17日，曾爆炒到

2元的宝钢权证更跌破1元关口。但是，从10月31日大涨46.54%开始，宝钢权证再度成为炒作对象，甚至上交所发出监察令也无法击退其疯狂，最终在8个交易日内大涨1.4倍。

在缺乏做空机制的市场中，认沽权证俨然成为做空工具的替代品，虽然这并非真正的做空，但是，在市场产品匮乏、交易成本居高不下的情况下，权证的无印花税、T+0等优惠政策，使之成为市场炒作的绝佳对象。

以南航权证为例，2007年6月21日，14亿份的南航公司股改权证上市。当天开盘价0.08元，其后数日无量拉涨停，6月26日，13.72亿份的创设权证出炉，当天达到上市以来最高价2.603元，然后一路暴跌至7月9日的1.18元，然后创设券商开始了第二轮操作，回购注销。在券商回购注销的预期下，该权证被拉高到8月24日的2.38元，然后是第二轮的疯狂创设。至2008年1月23日，券商累计创设了123.48亿份权证，价格也创出历史最低0.337元，“神秘资金”再次出手，仅用3天时间拉升至0.976元。1月29日当天的成交金额超过深圳市场的成交金额，达454多亿元。

权证价格的暴涨暴跌为创设券商带来了巨额财富，也给中小投资者带来了巨额亏损。据统计，2007年国内共计有26家券商创设了权证，合计创设数量高达165.99亿份，同时也注销了63.01亿份创设出的权证。这26家券商在权证创设这块业务上共计获利金额高达263亿元，而在权证这样一个零和交易的市场，券商的高额利润也就是中小投资者的巨大亏损。上交所权证创设制度沦为券商掠夺广大股民财富的工具。

据统计，2007年共有26家券商对15只权证进行了781次创设和注销，实现利润总计约263亿元。最夸张的是南航认沽权证，自2007年6月21日上市后的一年交易时间内，共有26家券商创设了南航认沽权证123.48亿份，竟然成交23912亿元，接近2007年我国GDP的10%。截至2008年1月25日，券商通过创设该权证共计实现利润约200亿元，其中仅中信证券一家就赚了55.4亿元。按券商手续费0.1%，上交所手续费0.0045%计算，券商手续费至少24亿元，上交所手续费收入至少1亿元。

具体各券商在相关权证的获利如表 5-3 所示。

表 5-3　券商权证获利

排名	权证名称	估计盈利（亿元）	共创设（亿份）	最高创设机构	最高创设量（亿份）	估计获利（亿元）
1	南航 JTP1	203.00	123.00	中信证券	31.70	55.40
2	招行 CMP1	42.56	44.85	中信证券	6.50	8.86
3	茅台 JCP1	3.80	4.73	中信证券	1.12	0.60
4	首创 JTB1	3.28	2.65	中信证券	0.64	0.40
5	雅戈 QCB1	1.83	3.91	海通证券	0.32	0.02

2. 案例启示

(1) 上交所权证创设制度本身有失公平

创设制度是指在权证上市交易后，部分有资格的机构可通过申请来增加与原来条款一致的权证的供应量的机制。从创设制度设计的初衷看，是为了减少权证市场泡沫、抑制极端供需失衡现象。因此，创设制度的核心是放大交易规模机制和卖空机制。例如，创设武钢认购权证必须在指定账户存放全额的武钢股票，创设武钢认沽权证必须在指定账户按 3.13 元/份存放全额现金，用于行权的履约担保，即券商准备创设 1 亿份武钢认沽权证，应将 3.13 亿元现金存放在履约担保账户中，创设申请获准后该券商将得到 1 亿份武钢认沽权证。

交易规模的放大将增大权证的市场供应量，将会导致市场交易量的大幅增加，交易金额的大幅增长，市场的整体风险将加大。在卖空机制上，由于创设权证的主体是符合资格的券商，而散户本身是不能创设的，这就是说，券商不仅可以买入权证，还可以通过创设来做空权证，券商和散户从交易机制本身上就存在着不对等，这就直接导致券商在做空时就是纯粹和散户对赌，而从资金实力和市场信息等角度看，券商得天独厚的先天优势是散户无法比拟的，在这场对赌中，散户最终的结局只能是大面积亏损。因此，我们看到创设制度本身，在平抑市场的背景下为券商提供了一个低风险盈利工具，是一把双刃剑。

（2）上交所权证创设制度存在严重缺陷

上交所推出的权证本身就具有中国特色，上交所权证是股权分置改革的产物，是非流通股股东为获得流通权支付给流通股股东的一种对价，而非单纯意义上的金融衍生品。正是由于中国权证的中国特色，权证设计时对行权价格和数量都应在股改方案中明确，且一经股东大会确定就不能随意更改，他们对权证承担的风险是预先可以接受的。但上交所的权证创设制度，让券商根据自己的意愿增加权证供给，与上市公司及其股东根本没有任何关系，改变流通股股东获得对价的收益和风险。权证市场最终发展成了券商和散户对赌的一个游戏场，由于散户的资金实力根本无法和券商相抗衡，这种无限制的创设势必会导致市场价格下跌，最终侵害的不仅是参与交易的散户利益，同时也是对流通股股东股改对价权益的损害。其结果就是导致股民财富向券商和上交所集中，绝大部分股民都成了输家。

资本市场信奉的是“三公”原则，上交所创设制度泯灭了“三公”原则，这种具有严重缺陷制度的推出，对资本市场未来长远持续健康发展带来很大的遗留问题，最严重的就是对散户、股民的打击太大。我们一直说要保护中小投资者的利益，从这个角度看，在权证创设上如果公平、公正，那就意味着散户和券商是同等的，也是可以创设权证的，否则交易结构就存在严重的失衡。因此，上交所权证创设制度是我国资本市场公平、公正缺失的集中体现，也充分说明上交所当初在推出该制度时的制度设计能力有限，交易所在新金融衍生品市场机制和内部控制上应逐步完善，不能闭门造车。

五、金融互换

（一）金融互换的概念

金融互换，简言之，可以说是金融工具（或金融商品）的交换。具体说，金融互换是一个或两个以上的个体经由专业磋商后，在金融市场上进行的不同金融工具的交换交易。用来交换的金融工具可以是不同的货币（即货币互换），也可以是计息方式不同的同种货币（即利率互换），或者是计息方式与货币二者皆不同的金融工具。

(二) 金融互换的特点

1. 品种多样化

最基本的金融互换品种是指货币互换（Currency Swap）和利率互换（Interest Rate Swap）。前者是指在对未来汇率预期的基础上，双方同意交换不同货币本金与利息的支付的协议，其要点包括：双方以约定的协议汇价进行有关本金的交换；每半年或每年以约定的利率和本金为基础进行利息支付的互换；协议到期时，以预定的协议汇价将原本金换回等。后者是指在对未来利率预期的基础上，双方以商定的日期和利率，互换同一种货币的利息支付。最基础的利率互换形式是指固定利率对浮动利率的互换，即一方用固定利率债务换取浮动利率债务，支付浮动利率；另一方用浮动利率债务换取固定利率债务，支付固定利率。在此基础上，金融互换新品种不断出现，较典型的是交叉货币利率互换，从而使互换形成完整的种类，呈现出多样化的特点。

2. 结构标准化

在金融互换发展初期，一些因素阻碍了其进一步发展。例如，互换中的信用风险难以把握、缺乏普遍接受的交易规则与合约文本等。为此，1985 年 2 月，以活跃在互换市场上的银行、证券公司为中心，众多的互换参与者组建了旨在促进互换业务标准化和业务推广活动的国际互换交易协会（International Swap Dealer's Association，ISDA），并在《国际金融法规评论》上发表了该协会会员克里斯托弗·斯托克关于互换业务标准化的著名论文，拟定了标准文本“利率和货币互换协议”。该协议的宗旨就是，统一交易用语，制定标准的合同格式，统一利息的计算方式。该协议要求交易双方在达成第一笔互换交易前（或之后）签订这样一个“主协议”，同时可对各项条款进行讨论、修改和补充。由此，在以后每一笔互换交易时，就省去了拟定、讨论文本的大量成本。在“主协议”项下，交易双方的每一笔互换交易仅需要一个信件或电传来确定互换的交易日、生效日、到期日、利率、名义本金额、结算账户等即可成交。到目前为止，世界上大多数银行、投资银行等均已成为该协会的成员，这极大地推动了互换交易标准化的进程。该协议的实施，标志着金融互换结构进入标准化阶段，为金融互换交易的深入发展创造了良好的条件，大大提高了交易效率。

3. 功能扩大化

互换交易的基本经济功能有两个：一是在全球金融市场之间进行套利，从而一方面降低筹资者的融资成本或提高投资者的资产收益，另一方面促进全球金融市场的一体化；二是互换交易提高了利率和货币风险的管理效率，即筹资者或投资者在得到借款或进行投资之后，可以通过互换交易改变其现有的负债或资产的利率基础或货币种类，以期从货币或汇率的变动中获利。

随着互换交易的发展，其功能也逐步扩大，表现在：第一，完善了价格发现机制。金融互换所形成的价格反映了所有可获得的信息和不同交易者的预期，使未来的资产价格得以发现。第二，拓宽了融资渠道。利用金融互换，筹资者可以在各自熟悉的市场上筹措资金，通过互换来达到各自的目的，而不需要到自己不熟悉的市场去寻求筹资机会。第三，投资银行家可利用互换创造证券。由于大多数互换是在场外交易，可以逃避外汇、利率及税收等方面的管制，同时互换又具有较强的灵活性，使得投资银行家能创造一系列的证券。第四，获取投机收益。随着互换的不断发展，一些专业交易商开始利用其专业优势，对利率与汇率进行正确预测而运用互换进行投机。一旦遇到市场波动幅度大，且其判断正确时，收益就会变得丰厚。

4. 定价复杂化

互换的价格主要表现为互换时所愿意支付的利率、汇率水平。在国际金融市场上，影响互换价格的因素主要包括以下五个：一是互换进行时市场总体利率水平、汇率水平及其波动幅度与变化趋势；二是互换本金数量、期限等；三是互换双方自身的资金状况与资产负债结构；四是互换伙伴的信用状况；五是互换合约对冲的可能性。由于互换价格的影响因素多，加之在其定价过程中不同的市场对收益的计算方法往往不同，因此其定价过程较为复杂，特别是互换交易的衍生品的定价更为复杂。

总体而言，互换定价方法主要有：其一，依据远期和期权合约的理论价格，远期和期权合约的具体定价技术就是互换定价过程的组成部分。利用此方法对互换产品进行定价，主要涉及远期合约的定价、期权合约的定价、反映远期和期权合约的具体数学关系的涨跌平价等定价技巧，每一方面都十分复杂。其二，通过互换交易进行资本市场套利的机会，以优于远期或期权的理论价格组织这些交易创造了机会。任何一种资本金融产品在资本市场套利所产生的优于远期或期权理论价格的价格，将在极为短暂的时间内使所有其他工具的价格也做出相应的调整，因此，各种资本金融产品的内在联系及它们之间价格不一致所产生的套利行为决定了互换定价的调整。就理论概念而言，可用远期价格和金融套利来说明金融互换的定价。但从目前看，金融套利已成为互换定价的主要方法，主要是因为金融套利能为互换的参与者节省成本。

（三）金融互换的分类

金融互换虽然历史较短，但品种创新却日新月异。除了传统的利率互换和货币互换外，一大批新的金融互换品种不断涌现。

1. 利率互换

利率互换是指互换双方同意以名义本金为基础交换不同类型的利率（固定利率或浮动利率）款项。基本特征有：(1) 互换双方使用相同的货币。(2) 在互换整个期间没有本金的交换，只有利息的交换，但名义本金在互换中是计算利息的基础。(3) 最基本的利率互换是固定利率对浮动利率的互换，即互换一方支付固定利率，另一方支付浮动利率。固定利率在互换开始时就已确定，在整个互换期间内保持不变；浮动利率在整个互换期间，将参照一个特定的市场等量利率来确定，在每期前预先确定，到期偿付。(4) 从理论上说，利率互换也可以是浮动利率对浮动利率的互换，或固定利率对固定利率的互换，即利率互换可以把某种浮动利率转化成另一种浮动利率，也可以把固定利率转化成另一种固定利率。

利率互换一般是按净额结算，即在每个支付日，把互换双方支付与收入的金额轧差，由一方把轧差后的净额支付给另一方。一般轧差的支付方是不固定的，由与互换相关的市场利率决定谁是支付方。

对于互换中的任何一方而言，互换与实际借款行为是相互独立的行为，即融资来源、形式及时间选择上都与互换行为无任何直接联系。另外，任何一个贷款者都不是互换对手，每一个借款者始终有义务对各自的贷款方偿还本金和利息。实际上，贷款者根本没必要关心其借款者是否从事了互换。互换中的每一方都承受了对方不如期支付的风险，万一一方违约，则另一方将承受不能收到对手互换支付的风险。但是互换并未使双方推卸掉其向各自的贷款方如期偿还本金和利息的义务。

2. 货币互换

与利率互换相比，货币互换不仅涉及利息支付的交换，还涉及本金的交换。货币互换是指交换具体数量的两种货币的交易，交易双方根据所签合约的规定，在一定时间内分期摊还本金及支付未还本金的利息。其基本特征是：(1) 互换双方使用的货币不同，即货币互换中存在两种货币的本金金额。(2) 货币互换在到期日必须有本金的交换，而互换初始可以没有本金的交换。(3) 货币互换中的本金交换率依据当时的市场即期汇率确定。两种货币之间存在的利率差则按利息平价原理，由货币利率较低方向货币利率较高方定期贴补。(4) 互换双方可能都是固定利率，也可能都是浮动利率；或一方是固定利率，另一方是浮动利率。

货币互换分 3 个步骤进行：初始本金交换、利息的定期支付、到期本金再次交换。

3. 商品互换

商品互换是一种特殊类型的金融交易。交易双方为了管理商品价格风险，同意交换与商品价格有关的现金流。商品互换能使交易商和保值者消除商品风险头寸，同时创造货币市场头寸；或者他们能在交易商和保值者不需要购买实际商品的情况下被用来创造商品风险头寸。

4. 股权互换

股权互换是指互换的双方中，至少有一方支付由某只股票或股指收益决定的现金流，另一方支付的现金流可以由固定利率、浮动利率或另一只股票或股指收益决定。股权互换可用来替换直接的股票交易。

股权互换的特点有：(1) 双方的支付以名义本金为基础，但实际上双方不进行任何本金交换，名义本金额被双方用于计算彼此的支付额。(2) 双方进行支付交换之前就支付的时间间隔达成协议，就互换期限或到期日达成协议。(3) 互换中，现金流的计值货币必须是指定的。双方所支付的现金流可以同一种货币计值，也可以不同的货币计值。在单一货币的股权互换中，股价或股指回报是以所选择的货币确定的。以不同货币计值的股权互换又称为交叉货币股权互换。在这样的股权互换中，交易回报不仅与股价或股指的变化有关，而且与互换中所使用的不同货币之间的汇率有关。

5. 其他互换

其他互换主要包括信用互换、气候互换和互换期权等。

六、结构化金融衍生产品

(一) 结构化金融衍生品的概念

结构化产品是以金融工程学知识为基础，利用基础金融工具和金融衍生工具进行不同的组合得到的一类金融创新产品。目前，最为流行的结构化金融衍生品主要是由商业银行开发的各类结构化理财产品，以及在交易所市场上可上市交易的各类结构化票据，它们通常与某种金融价格相联系，其投资收益随该价格的变化而变化。

一个基本的结构化产品大致包括四个基本组成部分：客户、结构化产品、固定收益产品、衍生工具。产品设计和运作逻辑是：客户将初始资金投资结构化产品，然后资金一部分投入固定收益产品，另一部分投资衍生品，在投资期限结束后，客户收回资金（赚或赔）。在客户—结构化产品的初级关系之下，是资金分布于不同资本金融产品的运动过程。

(二) 结构化金融衍生品分类

1. 按联结的基础产品分类，可分为股权联结型产品（其收益与单只股票、股票组合或股票价格指数相联系）、利率联结型产品、汇率联结型产品、商品联结型产品等种类。

2. 按收益保障性分类，可分为收益保证型和非收益保证型两大类，其中，前者又可进一步细分为保本型和保证最低收益型产品。

3. 按发行方式分类，可分为公开募集的结构化产品与私募结构化产品，前者通常可以在交易所交易。目前，美国证券交易所（AMEX）有数千种结构化产品上市交易，我国香港交易所也推出了结构化产品。

4. 按嵌入式衍生产品分类，结构化资本金融产品通常会内嵌一个或一个以上的衍生产品，它们有些是以合约规定条款（如提前终止条款）形式出现的，也有些嵌入式衍生产品并无显性的表达，必须通过细致分析方可分解出相应的衍生产品。按照嵌入式衍生产品的属性不同，可以分为基于互换的结构化产品、基于期权的结构化产品等类别。

第四节　投资基金

一、投资基金概述

（一）投资基金的概念

投资基金是一种利益共享、风险共担的集合投资，其通过向投资者发行基金单位筹集资金，并交由基金管理人从事股票、债券、外汇等金融工具投资并且进行管理，由基金管理人管理，基金托管人托管，从而获得投资收益，实现资本增值。

（二）投资基金的特征

投资基金的特征主要表现为以下三个方面：

第一，集合投资。基金的特点是将零散的资金汇集起来，交给专业机构投资于各种金融工具，以谋取资产的增值。基金对投资的最低限额要求不高，因此可以最广泛地吸收社会闲散资金。

第二，投资基金的投资者来源广泛，可以是个人、法人或非法人组织，也可以是对外投资的基金本身，如社保基金。

第三，投资基金将所筹集的资金进行分散的组合投资，将资金投向资本市场中不同的股票、债券和金融衍生工具等，可以降低投资的风险。

投资基金与股票、债券、银行储蓄的关系如表 5-4 所示。

表 5-4　投资基金与股票、债券、银行储蓄的关系

项目	投资基金	股票	债券	银行储蓄
经济关系不同	一般为信托关系	所有权关系	债权债务关系	信贷关系
资产管理者	基金经理	证券公司	证券公司	信贷经理
资金使用者	上市或非上市公司	上市公司	债券发行人	贷款人
募集方式	公募或私募	公募	公募	存款
投资方式	间接	直接	直接	直接
风险	较高	最高	较低	最低
收益	较高	最高	较低	最低

（三）投资基金的类型

按不同的标准，可以将投资基金分为四类，具体如图 5-3 所示。

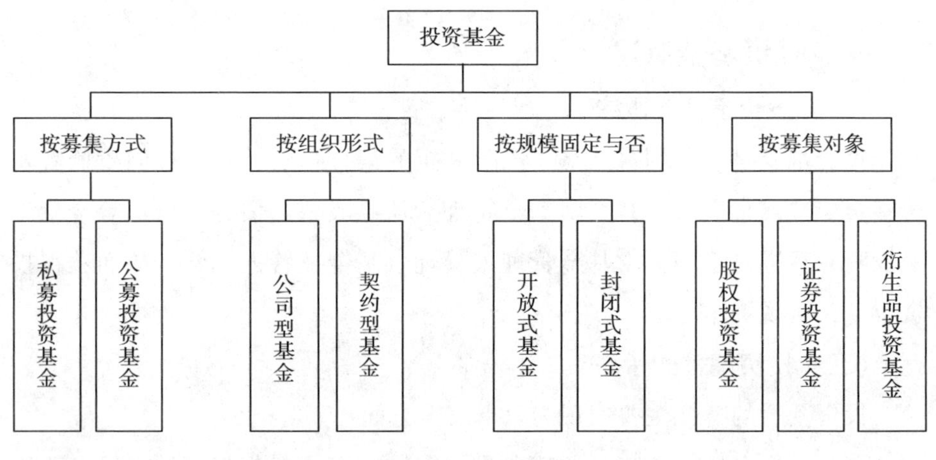

图 5-3　投资基金分类

1. 按基金的募集方式分类

按照基金的募集方式不同，可以分为私募投资基金和公募投资基金。

（1）私募投资基金（Private Offering of Fund）是指不公开发行，而是向特定投资者募集资金而设立的基金。其销售和赎回是通过基金管理人与投资者私下协商来进行的，其投资者主要是一些大的投资机构和富裕人群。

（2）公募投资基金（Public Offering of Fund）与私募投资基金相反，它是向不特定的公众投资者公开发行受益凭证募集资金的基金。由于公募投资基金所涉及的资金来源广泛，为了保护中小投资者，世界各国对公募投资基金有更强的监管措施与更具体的行为规范。

2. 按基金的组织形式分类

按照基金组织形式的不同，可分为公司型投资基金与契约型投资基金。

（1）公司型投资基金，即基金公司，是指依照基金公司章程设立，并按照股份有限公司方式运营的基金。基金公司通过发行股票或受益凭证的方式来筹集资金。投资者认购基金相当于购买了该基金公司的股票，成为公司的股东，享有股东权益，凭股票获取股息或红利、分享投资所得的收益，并以所持有的股份为限承担有限责任。美国投资公司大部分是公司型投资基金。

（2）契约型投资基金，是指投资者、基金管理人、基金托管人三方当事人，通过协商达成协议发行受益凭证而设立的一种基金。一般采取信托的方式，因此也称作信托型投资基金。由基金管理人（受委托者）经营信托资产，银行或者信托公司（托管者）保管信托资产，投资者（受益人）享有投资收益。

3. 按基金规模是否固定分类

按基金份额是否固定，可分为开放式投资基金和封闭式投资基金。

（1）开放式投资基金，是指基金份额总额不固定，基金设立后投资者可以随时购买和赎回基金单位，基金的规模不固定的投资基金。

（2）封闭式投资基金，是指基金规模在发行前已经确定，而且在规定的期限内是固定的，基金单位不能增发或赎回，投资者只能通过在证券市场上交易买卖基金份额的基金。

开放式基金与封闭式基金各有优点和缺点。开放式基金流动性强，但风险较高；而封闭式基金相对稳定，但有高的折价率。现在基金的创新产品兼有开放式基金与封闭式基金的优点。

4. 按基金的投资对象分类

按照基金的投资对象，可将基金分为股权投资基金、证券投资基金与衍生品投资基金。

股权投资基金投资于非上市公司的股权，证券投资基金投资于上市公司的证券，衍生品投资基金投资于期权期货衍生品。

三者交易场所的不同体现在，股权投资基金一般是由投资者与基金管理人进行私下协商募集和转让，没有固定的交易场所；证券投资基金以证券交易所为主要交易场所；衍生品投资基金以期权、期货交易所为主要的交易场所。

（四）我国投资基金的现状

1. 我国证券投资基金的发展现状

（1）证券投资基金的现状

经过多年的发展，我国证券市场投资基金管理规模不断扩大，并且已由股票市场扩展到债券市场。市场上的投资者也从个人投资者向机构投资者转变，机构投资者日益成为市场的新兴力量，引领证券投资基金市场的发展。截至 2017 年 4 月底，我国境内共有基金管理公司 109 家，其中中外合资公司 44 家，内资公司 65 家；取得公募基金管理资格的证券公司或证券公司资管子公司共 12 家，保险资管公司 2 家。以上机构管理的公募基金资产合计 9.53 万亿元。

继 1997 年《证券投资基金管理暂行办法》之后，2004 年我国正式施行《中华人民共和国证券投资基金法》。同时，一系列相关的行政法规、部门规章等规范性文件也随之出台，标志着证券投资基金已经成为证券市场乃至金融市场上的重要力量之一。证券投资基金市场上的法律规范逐步健全和完善，是我国基金业发展历程上的一座里程碑，对基金业的规范、发展意义深远。

(2) 阳光私募基金

阳光私募基金与公募基金相对应，是借助信托公司发行的，经监管机构备案，资金由银行金融机构托管，有定期的业绩报告并且投资于股票市场的基金。与私募股权基金不同，阳光私募基金属于证券市场投资基金的一种，更加规范、透明，而且借助信托公司发行能保证私募认购者的资金安全，具有更强的安全性。

阳光私募基金是证券市场的新兴力量，允许个人投资者进行投资，个人投资者不仅可以投资证券，也可以认购公募基金和阳光私募基金间接投资于证券市场。

中国阳光私募基金运行大致分为三种模式：一是云南国投模式；二是私募投资公司模式，也称深圳模式，是目前的主要模式；三是公募基金模式。信托公司的平台在由私募转为公募过程中起到桥梁的作用。

为了更好地了解阳光私募基金的运作模式和特点，我们将其与私募股权基金做了一个详细的比较，如表 5-5 所示。

表 5-5 阳光私募基金与私募股权基金的比较

名称	私募股权投资基金	阳光私募基金
募集方式	非公开募集	非公开募集
募集对象	少数特定的投资者，包括机构和个人	少数特定的投资者，包括机构和个人
投资领域	主要是一级市场	二级市场
流动性	3 年或更长，直到资金退出	封闭期结束后，每月开放一次，可申购和赎回
投资门槛	一般 500 万元以上	一般 100 万元以上
退出方式	多样化，如 IPO、出售、兼并收购、管理层回购、清算等	单一，如清算
盈利来源	企业成长和退出溢价	交易差价
计价货币	美元、人民币	人民币

2. 我国股权投资基金的发展现状

2004 年到 2016 年这 12 年间，中国内地及香港地区市场总共募集资金约 29500 亿元，在亚洲私募股权基金中占主导地位。2014 年专注于中国市场的私募股权基金募集资金总额约占全球总额的 9%，比 2013 年增加 3 个百分点，基本回到 2012 年的水平。尽管中国投资交易总额占全球交易总额的少数，但增势迅猛。2014 年中国投资总额较 2013 年增长 103%，而同期全球交易总额仅增长 10%。

从投资行业来看，互联网行业依旧是投资者最看好的投资领域，紧随其后的是电信及其增值行业以及信息技术行业。从投资地域来看，北京、上海、广东和浙江依旧是最活跃的投资区域。从募集资金的币种来看，依然以人民币为主导，但美元也在 2014 年内完成了几只资金规模较大的外资并购基金。

我国私募股权投资市场目前发展前景良好，国内股权投资市场出现持续升温原因有如下两点：

其一，我国多层次资本市场的发展成效显现。伴随着注册制、新三板、战略新兴板等稳定推进，行业发展出现新常态。尤其是 2015 年，新三板市场交易非常活跃，其建设推进与发展也逐步走向成熟。大量拟在 A 股市场进行 IPO 的企业纷纷转投新三板，很多拟登陆美股市场的创业企业也陆续考虑拆解 VIE 构架，快速回归新三板市场。

其二，移动互联网、智能装备等创新创造领域活跃。2015 年一年间此领域的创业气氛和投资热情明显高涨，“互联网+资讯/金融/旅游/教育/医疗”等主题投资模式备受市场青睐。

但是，由于我国股权投资基金仍处于发展阶段，我国目前尚没有一部体系完整的系统规范股权投资基金方面的法律。因为对股权投资基金没有法定的范围界定，所以产业投资基金与创业投资基金的关系也颇受争议，这不仅表现为理论上的混乱，也表现为基金业现行体系的混乱。

3. 我国私募投资基金的政策现状

2014 年 1 月，中国证券投资基金业协会发布《私募投资基金管理人登记和基金备案办法（试行）》，结束了私募基金监管真空期，私募基金登记备案从 2014 年 2 月 7 日启动。

中国证监会 2014 年 8 月发布的《私募投资基金监督管理暂行办法》正式确定了“强制备案”制度，监管机构对私募基金行业开始加强监管。截至 2016 年年末，共有超过 18300 家机构在中国证券投资基金业协会登记为私募基金管理人，管理私募基金超过 48600 只。

私募基金实施强制备案，填补了私募基金监管的空白，对行业环境、私募基金管理人、投资者均有利处：第一，将规范行业的生态环境，防范非法集资，违规的私募机构将被淘汰；第二，可以降低私募基金的部分信用成本，登记的私募基金管理人可以开立证券、期货账户，私募基金不用再为借道信托机构而支付额外的通道费，能有助于私募基金低成本扩张规模；第三，从投资者利益来看，监管规范化与信息披露透明化使得私募业绩公开可查，有利于维护投资者的权益。

二、证券投资基金

（一）证券投资基金的概念

证券投资基金是投资基金的一种，也是一种利益共享、风险共担的集合投资方式，是通过发行证券投资基金份额，集合资金并将集中的资金以投资组合的方式投资于证券市场的一种基金。证券投资基金是国际上主要的基金品种之一，在稍具规模的资本市场的国家均有所发展。但是在不同国家或地区，称谓有所不同，在美国，证券投资基金被称为“共同基金（Mutual Fund）”；在英国和中国香港，被称为“单位信托基金”；日本和中国台湾称其为“证券投资信托基金”。证券投资基金概念包含以下四层含义：

第一，投资领域为证券市场。证券投资基金主要以证券市场中的股票、债券等投资品种为投资对象。

第二，基本原则为集合投资，共担风险，共享收益。证券投资基金发行基金份额将投资者的资产集中起来，由基金管理人进行专业投资管理，所有的投资者共担风险，共享收益。

第三，通过发行证券投资基金份额募集资金。证券投资基金在《基金募集申请报告》中确定了本次募集的基金份额，然后再由投资者对份额进行认购。

第四，证券投资基金是一种独立核算的投资组织。基金份额持有人认购基金之后，将资金结算换得基金份额，基金管理人用托管于基金托管人的资金进行投资，整个申购和交易活动由基金独立进行，不需要监管机构和第三人的协助。

（二）证券投资基金的种类

根据在市场中的投资标的的不同，可将证券投资基金分为股票投资基金、债券投资基金、衍生品投资基金、混合投资基金。

1. 股票投资基金

股票投资基金是指以股票（包括优先股）为主要投资对象的基金，是基金中规模最大，品种最多、历史最为悠久，广泛被各国采用的一种基金类型。在我国，必须有60%以上资产投资于股票的基金才算股票投资基金。

2. 债券投资基金

债券投资基金是指以债券为主要投资对象的基金，其投资规模小于股票投资基金。由于债券具有收益稳定的特征，债券投资基金比股票投资基金风险更小，但收益相对较低。但是，债券投资基金与股票投资基金进行组合投资，能更好地分散投资风险。按照证监会的规定，债券投资基金必须将基金资产的80%以上投资于债券。

3. 衍生品投资基金

衍生品投资基金，是以期货、期权等金融衍生品为投资对象的基金。金融衍生产品以其套期保值特点，与股票、债券一起构成投资组合，可以起到降低基金投资风险的效果。本章第三节已对衍生品投资基金进行了详细的介绍，在此不再详述。

4. 混合投资基金

混合投资基金的投资比例介于股票投资基金与债券投资基金之间，包括偏股型混合投资基金、偏债型混合投资基金、股债平衡型混合投资基金。偏股型混合投资基金中的股票配置比例较高（一般在50%~70%），债券配置比例较低（一般在20%~40%）；偏债型混合投资基金中的债券配置比例较高（一般在50%~70%），股票配置比例较低（一般在20%~40%），与偏股型混合投资基金正好相反。股债平衡型混合投资基金的配置比例较为均衡，股票、债券所占比例均约为40%~60%。因此，混合投资基金的风险也介于股票投资基金、债券投资基金之间，比前者低，比后者高。

（三）证券投资基金的参与人

证券投资基金的参与人有基金的当事人、基金市场中介服务机构，以及基金监管机构和自律组织。

1. 证券投资基金的当事人

基金的当事人包括基金份额持有人、基金管理人和基金托管人。

（1）基金份额持有人。基金份额持有人是证券投资基金的投资者，是资产的所有人，其享有对基金收益的取得权、对基金份额的转让权和在一定程度上对基金经营决策的参与权。《证券投资基金法》规定，我国基金份额持有人的权利包括：分享基金财产收益，参与分配清算后的剩余财产，依法转让或申请赎回其持有的基金份额，按照规定要求召开基金份额持有人大会，对基金份额持有人大会审议事项行使表决权，查阅或复制公开披露的基金信息资料，对基金管理人、基金托管人、基金销售机构损害其合法权益的行为依法提出诉讼，基金合同约定的其他权利。

（2）基金管理人。基金管理人是基金产品的募集者和管理者，负责基金资产的投资运作。通过收取基金管理费用获得收益。基金管理人通常由证券公司、信托投资公司等投资机构发起设立，具有独立的法人地位。基金管理人作为受托人，必须履行“诚信义务”。基金管理人的职责目标在于有效控制风险，实现投资者收益的最大化，在基金管理中具有核心地位，因而，基金管理人不得出于未来自身利益而损害基金持有人的利益。

(3) 基金托管人。基金托管人是为了保证基金资产的安全性，对基金资产进行保管并对基金管理人的行为进行监督的机构。分别设立基金管理人和基金托管人的目的，在于使经营者互相监督、互相制约，以保障投资者的利益，防止资金被挪用。基金托管人作为基金持有人权益的代表，由依法设立并取得基金托管资格的商业银行担任，其在托管协议规定的范围内履行自己的职责并收取一定的报酬。

2. 基金市场中介服务机构

基金市场上的中介服务机构包括基金销售机构、注册登记机构、律师事务所、会计师事务所、投资咨询公司与基金评级机构。

(1) 基金销售机构。基金销售机构是受基金管理人的委托代理基金销售的机构。一般供资金规模较小的普通投资者进行基金的认购、赎回或买卖。在我国，基金的代理销售机构要经过证监会的认定。目前，商业银行、证券公司、证券投资咨询机构、专业基金销售机构等均可以申请该资格。

(2) 注册登记机构。我国目前承担基金份额注册登记工作的主要是基金管理公司自身和中国证券登记结算有限责任公司，负责基金的登记、存管、清算和交收等业务。

(3) 律师事务所和会计师事务所。律师事务所和会计师事务所作为专业、独立的中介机构，提供基金的法律、会计等服务业务。

(4) 基金投资咨询与评级机构。基金投资咨询机构向基金投资者提供投资咨询的建议，评级机构则向投资者等市场主体提供基金的评价、相关资料及数据服务。

3. 基金监管机构和自律组织

(1) 基金监管机构。基金监管机构依法行使审批或核准权或办理备案登记，对基金管理人、基金托管人及其他从事基金活动的中介机构进行监督和管理，查处违法违规行为，从而保护投资者的利益。

(2) 基金自律组织。典型的基金自律机构是证券交易所与基金行业自律组织。

证券交易所经中国证监会授权，对基金的交易投资行为承担一线监督责任，基金的募集和交易都要遵循证券交易所的规则。

基金行业自律组织是由基金管理人、基金托管人和基金销售机构等成立的同业协会，在促进自律管理和同行业发展方面起着重要的作用。

三、股权投资基金

（一）股权投资基金的概念

股权投资基金是以未上市公司的股权为投资对象的基金。

对于以未上市公司的股权为投资对象的基金并没有统一的名字。在欧美国家，一般称为 PE（Private Equity Fund），即私募股权投资基金，这里“私募”不是指以私募方式募集资金，而是指基金以私募股权而非公开交易证券为投资对象，基金本身则也是可以公募的，为避免混淆，也有人称之为“私人股权投资基金”，因此不能将 PE 与私募基金等同。此外，我国早期的“产业投资基金”也具有类似的含义。关于是采用股权投资基金、产业投资基金还是私募股权投资基金作为称呼的问题，业界一直争论不休，为了与证券投资基金相对称，本书采用“股权投资基金”的名称。

股权投资基金与私募股权投资基金既有联系又有区别。在理论上，私募股权投资基金只是股权投资基金按照募集方式进行分类的一种，另一种为公募股权投资基金。实践中，股权投资基金就是私募股权投资基金。由于非上市公司的投资风险大，政府监管不够充分，所以在公募市场的中小投资者由于信息不对称而没有足够的信心介入。因此，股权投资基金一般都是以非公开方式募集的私募基金。个别的公募股权投资基金也是从私募股权投资基金转化过来的，公募方式只是私募股权投资基金进一步发展的要求。本书将重点介绍私募股权投资基金。

私募股权投资基金有以下特点：

第一，一般是以非公开发行的方式募集资金。私募股权投资基金一般针对特定的投资者募集基金。

第二，投资于非上市企业的股权。投资对象主要是迅速成长的小企业。

第三，投资的目的是基于企业的潜在价值，通过投资推动企业发展，并在合适的时机通过各类退出方式实现资本增值收益，其投资期限一般为3~7年。

第四，投资者参与到被投资企业的经营管理之中。

（二）私募股权投资基金的种类

1. 创业投资基金

创业投资基金（Venture Capital Fund，VC），是指将募集的私募股权资本投入到高科技企业里的基金，主要投资于种子期、发展期、扩张期的具有发展潜力的企业。由于企业才刚起步还没有开始盈利，所以创业投资基金风险较大，故又称为风险投资基金。

世界第一家创业投资基金为1945年英国成立的3I（Investment In Industry）投资公司，美国在第二年成立研究开发（R&D）专门的创业投资基金组织。我国的创业投资基金起步晚但发展较快。1985年，我国创业投资出现并起步发展，国内第一家创业资本运作机构为“中国新技术创业资本基金”。2002年，中关村科技园区创业投资引导资金正式运作，并于2007年联合外部资金组建创业投资企业。

虽然同是对上市前企业的投资，但是创业投资基金不同于其他私募股权投资，主要表现在以下几个方面：

（1）投资阶段不同。如果将上市公司的成长划分为种子期、初创期、成长期、扩张期、成熟期五个阶段，那么创业投资基金主要是投资于种子期、初创期等较高的风险阶段企业，而其他私募股权投资一般投资于初创期之后的企业。

（2）投资规模不同。创业投资基金投资规模一般较大，因此能通过投资于多个创业企业来分散风险。

（3）投资理念不同。对创业企业进行投资通常是由政府组织，对行业进行扶持，对国家产业结构进行调整；其他私募股权投资基金一般没有这样的目的。

这里创业投资基金与产业投资基金容易被混淆。如前所述，产业投资基金指一种对未上市企业进行股权投资和提供经营管理服务的利益共享、风险共担的投资基金，它有广义、狭义之分。广义的产业投资基金包括投资于高新科技产业的创业投资基金在内的所有产业的投资基金；即广义的产业投资基金包括创业投资基金。狭义的产业投资基金不包括高新科技产业投向的基金。从广义层面上看，产业投资基金与私募股权投资基金、创业投资基金的关系如图 5-4 所示。

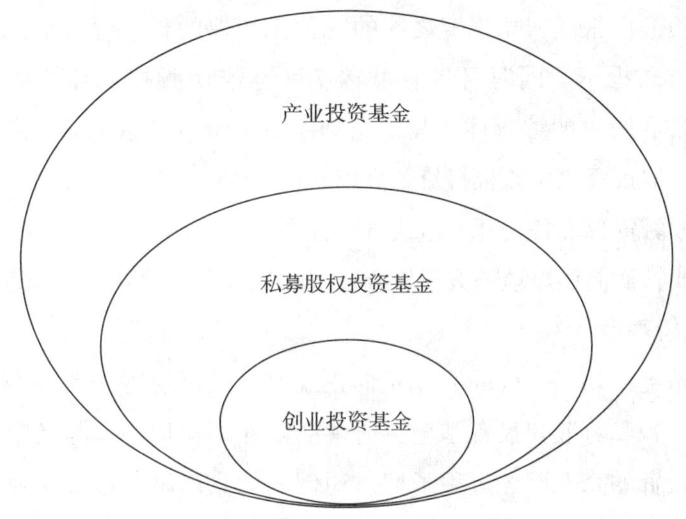

图 5-4　产业投资基金、私募股权投资基金、创业投资基金的关系

2. 并购投资基金

并购投资基金（LBO Fund，MBO Fund）是一种针对各种杠杆收购进行投资的基金。并购包括内部并购和外部并购，内部并购包括杠杆收购（LBO）和管理者收购（MBO）。

并购投资基金的投资手法是投资于并购成熟企业，获得企业股权后对其进行重整，改善经营，使其增值后再出售或上市，以获得投资收益。与其他投资不同的是，并购投资基金要获得对目标企业的控制权（持股可达 51%，甚至 100%），其参与的规模很大，通常超过 10 亿美元。

3. 重振基金

重振基金（Reorganization-driven Fund）俗称“秃鹫基金”，是利用公司重整时间来牟利的私募股权投资基金。重振基金一般投资于面临财务困难，亟须一定资金摆脱困境的公司。重振基金通常只对有实力、发展前景良好且仅是面临财务困境的企业进行投资。重振基金的管理人在投资后通过改组、重整来改善公司经营状况，帮助公司走出困境。

4. 夹层基金

夹层基金（Mezzanine Fund），是指介于低风险低回报的债券、贷款投资和高风险高回报的股票投资之间的一种无担保的长期投资形式。一般是以债权的方式投资，同时又具有可转换证券或认股权证等权益资本的性质，是债权和股权的综合体。其清偿顺序位于银行贷款之后、次级债权和股权之前，但投资收益比银行贷款高以平衡风险。夹层基金主要投资于已完成初步股权融资，准备公开上市或进行杠杆收购但初次融资不够，仍然缺乏资金的企业，从而用以填补股权资金、普通债权资金填补不了的资金缺口。

5. 过桥基金

过桥基金（Bridge Fund）是指向正式 IPO 或私募融资前的企业提供短期贷款的一种私募股权投资基金，通常期限在 1 年以内。与风险投资基金相比，其投资的企业已经过种子期、初创期的高风险阶段，企业已经达到上市水平，但是缺乏现金流。

过桥基金具有风险小、回收快的优点。过桥基金以企业资产作为担保，无论上市与否均可以收回股权，风险较小。投资股权后，除了收取一定的利息以外，在企业上市过程中，还可以用所获股权套现获利。

在规模较大的投资基金（如高盛、摩根士丹利等）的投资组合中，过桥基金也是重要组成部分。

6. 发展资本

发展资本（Development Capital）主要投资处于扩充阶段的未上市股权。通常要求企业有极强的竞争潜力，在产业中高速增长，有稳定的现金流和良好的治理结构。与收购基金不同，发展资本一般不以控股为目标，投资额约占 10%～25%，但也是通过对企业提供增值服务，以期借助企业上市、并购或股份投资获得利益。

7. 基金中的基金

基金中的基金（Fund of Funds，FOF），指投资于其他基金的一种特殊基金。FOF 是结合基金产品创新和销售渠道创新的基金品种。

私募股权基金中的基金，是一种投资于多个私募股权投资基金组合，从而间接投资于未上市企业的基金。它具有双重投资机构，从而具有更专业的基金分析及评价系统，能更有效地从品种繁多、获利能力参差不齐的投资品种中构建投资组合；同时，该基金还具有双重的风险分散系统，能更大限度地帮助投资者规避风险，获取收益。

私募股权基金各种类的比较见表 5-6。

表 5-6 私募股权基金比较

名称	投资对象	获利方式	风险和回报	特点
创业投资基金	种子期、初创期的企业	上市、股权转让、清算	风险大、回报高	资金规模较大
并购投资基金	成熟的对外并购的企业	控股、重整上市再出售	风险大、回报高	获得目标企业的控制权
重振基金	有实力、发展前景良好，仅仅是面临财务困境的企业	重振、改组	风险较小	帮助企业走出财务困境
夹层资本	初步融资之后的企业	上市、股权转让收益	风险和回报都介于债权与股权投资之间	综合股权和债权
过桥基金	正式 IPO 或私募融资前的业绩良好，但缺少现金的公司	短期贷款的利息收入，套现收益	风险小、回收快	时间短，一般一年以内
发展资本	扩充阶段的企业	不控股，增值服务后再出售	风险小	不以控股为目标
FOF	其他私募股权基金	构建投资组合获利	风险很小，收益少	双重专业理财，双重风险分散

（三）私募股权投资基金的组织形式

私募股权投资基金的组织形式主要包括有限合伙型、公司型以及信托型，其中，最常见的是有限合伙制。在美国，有限合伙制占80%以上，有限合伙企业是美国私募基金最主要的组织形式。在2007年8月27日《合伙企业法》颁布加入“有限合伙企业”的规定之前，我国私募股权投资基金主要采用投资公司的形式，在《合伙企业法》颁布之后逐渐开始采用有限合伙的形式。

1. 有限合伙型

有限合伙型私募股权投资基金是由有限合伙人（LP）和普通合伙人（GP）组成有限合伙企业，作为有限合伙型基金的外在表现形式。其普通合伙人通常为投资公司等专门机构，负责基金的设立和运营管理，承担无限责任，出资较少但收取高于投资收益的管理费；有限合伙人相当于私募基金的投资者，认缴大部分的资金、获得分红、承担有限责任，但不参与基金的日常经营管理活动。如果将管理模式划分成自我管理型和委托管理型两种，有限合伙型私募股权投资基金则属于自我管理型，是在有限合伙层面上实行自我管理的模式。

有限合伙型私募股权投资基金可以避免双重征税。对于公司型基金来说，不仅基金公司要缴纳企业所得税，基金投资者的投资回报还要缴纳所得税，企业投资者缴纳企业所得税，自然人投资者缴纳个人所得税。但是，合伙型基金不需要缴纳企业所得税。因此，有限合伙型基金就免去了25%的企业所得税，提高了投资者的投资收益。

有限合伙型私募股权投资基金的结构如图5-5所示。

2. 公司型

公司型私募股权投资基金，一般称为“投资公司”或“基金公司”，是具有独立法人资格的股份有限公司。公司型基金根据公司章程设立，基金份额持有人也是公司的股东，享有股东的权利并承担股东的义务。与普通股份有限公司不同的是，公司型私募投资基金的资产由基金管理公司代为管理。

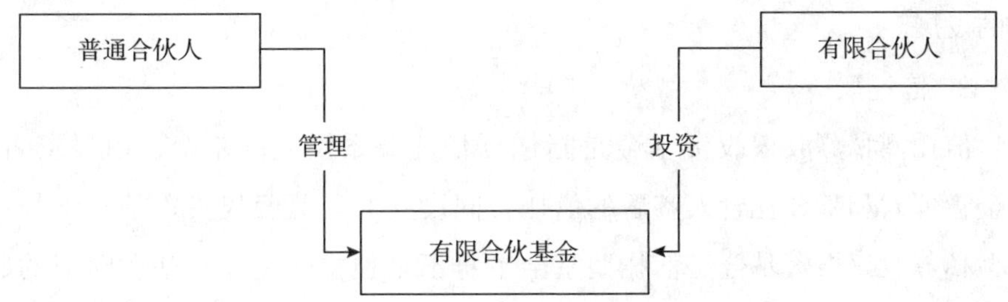

图 5-5　有限合伙型私募股权投资基金的结构

公司型私募股权投资基金的投资者成为公司的股东，与资本管理人是雇佣关系。由于公司型私募股权投资基金可以将投资管理业务委托给其他机构，所以，它的管理构架包括自我管理型和委托管理型。

（1）自我管理型。从私募股权投资基金公司层面而言，私募股权投资基金公司既设立董事会，又有管理团队，由基金公司自己管理资产。对于投资者来说，“自我管理型”私募股权投资基金本身体现的是投资者与基金管理公司的委托关系。自我管理型模式的管理构架与一般公司并没有区别，它的本质特点是在公司内部形成相互监督、相互制衡的机制，即基金公司的法人财产所有权、经营权和占有权，分别由基金公司董事会、内部聘请的管理团队和财务监督部门行使。在这种情形下，管理团队和财务监督部门作为基金公司董事会的两方代理人，按照各自职能分别对基金公司董事会负责，履行“善良管理人”的义务。

（2）委托管理型。从基金公司与其管理顾问机构之间的关系而言，私募股权投资基金公司只设董事会，不设管理团队，由基金公司另行委托一个与之独立的机构作为管理顾问机构来管理基金公司资产。雇佣机构既可以是专业的创业投资管理顾问公司，也可以是其他设有管理团队的私募股权投资基金公司。从投资者层面而言，委托管理型是一种“转委托”关系，因为它体现了由投资者委托基金公司，再由基金公司委托管理顾问机构这样的双重委托关系。

公司型私募投资基金设立方便，但面临双重纳税的问题。由于公司型私募基金存在双重征税的缺点，有限合伙型私募股权投资基金随即得到迅速的发展。

3. 信托型

信托型私募股权投资基金是指依据信托关系设立的基金。由投资者、基金管理人和基金托管人签署的信托合同设立的私募股权投资基金即为信托型私募股权投资基金。信托型基金本身不是独立的主体，基金财产的所有权属于受托人，即基金管理人，基金管理人以自己的名义进行投资运作，同时由基金托管人托管基金财产。信托型基金也不具有法人资格，投资者不能享有股东的权利和义务。

信托型私募股权投资基金的特征有以下几个方面：第一，信托财产具有独立性，由作为基金的管理人的证券公司选取一家银行作为其托管人，双方相互监督、相互制约。第二，信托资金一次到位，当募到一定数额资金后就开始进行运作。第三，具有投资者退出机制的灵活治理结构，信托型基金每个月开放一次，向基金持有人公布一次基金净值，办理一次基金赎回。第四，严格的授信制度，可以避免双重征税。证券公司作为基金管理人，根据业绩表现收取一定数额的管理费，同时契约型基金一般尽量减少手续费的收取以此来吸引投资者。与有限合伙相似，信托型基金的优点是可以避免双重征税，但是其设立与运作很难回避证券监管部门的审批和监管。

信托型私募股权投资基金的结构如图 5-6 所示。

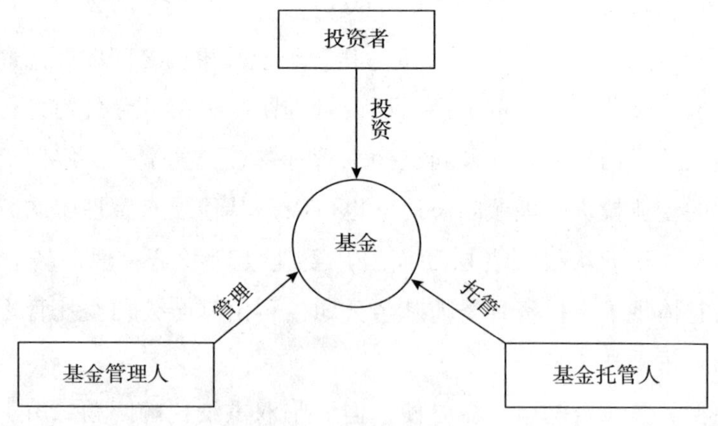

图 5-6 信托型私募股权投资基金的结构

4. 有限合伙型、公司型和信托型私募股权投资基金的比较

在私募股权投资基金中，各类组织形式的比较如表 5-7 所示。

表 5-7 私募股权投资基金各类组织结构的比较

项目	有限合伙型	公司型	信托型
基金的实质	投资有限合伙	投资公司	投资信托
税收	25%的企业所得税或 20%的个人所得税	20%的个人所得税和25%的企业所得税（暂免）	20%的个人所得税
设立成本	较低	高	低
决策机构	基金持有人大会	股东会	合伙人大会
对管理人的激励	强	较强	弱
管理	普通合伙人自我管理	自我管理或委托管理	委托管理

第五节 股权众筹

一、股权众筹的定义

（一）基本概念

众筹翻译自国外“crowdfunding”一词，从交易的本质来看，众筹就是向公众募集资金，无论通过何种媒介，都是一种向公众融资的法律行为。众筹利用科技，特别是大众媒体的力量，以达到出售创意、筹集资金的目的，为创业者提供了一个创业平台和融资基地。①

---

① 资料来源：世界银行. 发展中国家众筹发展潜力报告［R］.（*Crowdfunding Potential for the Developing World*），2013 年。

在我国，众筹发端于互联网金融的发展。《关于促进互联网金融健康发展的指导意见》[①]（以下简称《指导意见》）规定："互联网金融是传统金融机构与互联网企业利用互联网技术和信息通信技术实现资金融通、支付、投资和信息中介服务的新型金融业务模式。"现阶段互联网金融的本质是传统金融与互联网信息技术的结合。

在《指导意见》中，将股权众筹融资定义为"通过互联网形式进行公开小额股权融资的活动"。股权众筹中，众筹款作为股权出资注入公司，投资者成为众筹股东，持有公司股份。其核心要点可归结为：（1）股权众筹融资必须通过股权众筹融资中介机构平台进行；（2）股权众筹融资方应为小微企业；（3）应通过股权众筹融资中介机构向投资者如实披露企业的商业模式、经营管理、财务、资金使用等关键信息，不得误导或欺诈投资者；（4）投资者应当充分了解股权众筹融资活动风险，具备相应风险承受能力，进行小额投资；（5）股权众筹融资业务由中国证监会负责监管。

（二）股权众筹的分类

按照不同的标准可以对互联网股权众筹进行如下分类：

1. 按众筹行为的性质划分

按众筹行为的性质划分，可以分为私募股权众筹和公募股权众筹。前者把众筹行为仍界定为私募行为的股权众筹，可以说我国目前股权众筹平台都是私募性质。与之相反，像美国、英国等股权众筹发展较快国家，都是将众筹行为界定为公募性质，众筹平台可向公众进行募集。

2. 按有无担保划分

按有无担保划分，可以分为有担保的股权众筹和无担保的股权众筹。有担保的股权众筹主要是指在股权众筹业务中加入了担保元素，其规定由推荐项目并对项目进行担保的众筹投资者或机构作为保荐人，当众筹的项目在一定时间之内失败，保荐人赔付全额投资款，保荐人即为担保人；无

---

① 2015年7月18日，经党中央、国务院同意，中国人民银行、工业和信息化部、公安部、财政部、国家工商总局、国务院法制办、银监会、证监会、保监会、国家互联网信息办公室联合印发了《关于促进互联网金融健康发展的指导意见》(银发〔2015〕221号)。

担保的股权众筹则指不含担保元素的股权众筹，我国目前大多数股权众筹平台都是后者。

二、股权众筹产生的原因

（一）起源

2008 年全球金融危机之后，各国的经济普遍陷入低迷，企业融资更加困难。众筹以快速、低廉的特性成为一种日益流行的融资方式。其中的股权众筹平台鼻祖为美国股权众筹平台 AngelList（天使目录），国内第一家股权众筹平台是成立于 2012 年的“大家筹”平台。

（二）产生原因

目前，普遍存在“两难”问题：中小企业融资难、中小用户理财难。

据统计，全球有 3.1 亿~3.8 亿中小微企业（高达 67%）未能获得信用贷款。

而我们目前的银行借贷又是逆向选择的过程，银行融资与小企业属性不一致。中小企业业务发展不稳定，资产单薄，抵御风险能力差。银行出于资金稳定性和收益考虑，自然更愿意借钱给大企业。所以，银行的借贷模式先天与小企业不契合。另外，当前中国资本市场融资结构失调，直接融资比例过低，而且缺乏信用机制，这些都是中小企业走向股权众筹的现实诱因。

而就中小理财用户来看，现有的银行储蓄和房地产投资已经不能满足中小理财用户的需求。就银行储蓄而言，实际利率常年在零左右徘徊，投资者为了实现财富的保值增长，需要新的投资理财领域。相对而言，互联网股权众筹在门槛与交易方式上都占据优势，面对原始股权未来的潜在高收益，中小用户的理财投资需求也是催生股权众筹出现的重要因素。

自 2014 年商事改革实施到 2015 年 2 月底，一年左右的时间全国新登记注册市场主体 13401 万户，面对如此庞大的市场主体数量，企业融资压力异常巨大。互联网股权众筹的出现，使融资者与投资者之间的匹配难度降低。由于信息不对称，以往对中小企业的投资都是由那些专业投资者进行，但通过股权众筹平台，很多拥有闲散资金的一般人士也可以对企业进行投资，这既为巨额的民间游资找到出口，同时也为无数急切需要资金的初创企业提供“血液”。

三、股权众筹的特征

（一）产生基础：长尾理论

长尾理论认为，由于成本和效率的因素，过去人们只能关注重要的人或事，如果用正态分布曲线来描绘这些人或事，人们只能关注曲线的“头部”，而将处于曲线“尾部”的大多数人或事忽略。在信息时代，由于关注的成本大大降低，有可能关注“尾部”的总体效益甚至会超过“头部”。可以说，互联网金融的产生源于信息不对称，而互联网股权众筹平台的存在，最为显著的特征就是消除信息阻隔，构建一个面向大众的无门槛信息平台。而就这里的长尾理论而言，股权众筹平台正是面向一个非强势竞争的、更普遍的、基数更庞大的融资领域。

以股权众筹平台连接的两端，正是一个体量巨大的双边小散市场，“小主体”构成“大市场”的资本市场局面得以实现。

（二）操作模式：领投模式

领投模式最初发端于美国的股权众筹平台 AngelList。AngelList 称之为辛迪加（Syndicat），可以翻译为联合投资体模式，是指在众筹过程中，由一位经验丰富的专业投资者作为“领投人”，众多跟投人选择跟投。普通投资者作为跟投人，选择跟随某个领投人组成联合投资体，共同向领投人发掘出来的投资项目投资。领投人负责找项目、进行投资后管理，并在投资收益中获得一部分提成，作为其回报。其本质可以理解为以“抱大腿”的方式解决“小散有钱没能力”的问题。

四、中国股权众筹的现状

《2016 中国股权众筹行业发展报告》显示，截至 2016 年 12 月 31 日，全国 145 家股权众筹平台交易额达到 529.8 亿元，项目成交数量达

3266 个。

如果把 2015 年作为股权众筹元年，“大众创业、万众创新”的提出，以及对互联网金融的宽松政策，将为行业提供更广阔自由的发展空间。2015 年之前，天使汇、大家投等平台可以认为是股权众筹行业的创始梯队，而京东、阿里、平安等一些巨头及创新平台在 2015 年上半年陆续涌现，这些具有行业背景、资金实力雄厚的股权众筹平台可以看作股权众筹行业的新生力量，这同时意味着行业的发展进入专业化阶段。

但就目前而言，股权众筹在发展中依然存在不少现实困境：

第一，优质项目少。从投资界公开的数据来看，能获得投资机构投资的商业计划书的比例大约是 1%~5%。股权投资，尤其是天使期的股权投资注重项目的发展和未来，如果没有可靠的市场前景，值得信任的创业团队，足够优秀的业务模式，项目就难以获得投资者的青睐。

第二，估值定价难。首先，股权投资需要经历深入的行业调研，才可对当前项目形成一定的价值判断；其次，目前行业内仍没有一种通用、准确、标准化的价值评估方法，估值定价往往依靠创业者自己“拍脑袋”及一些平台的简单评估。在此情况下的估值定价是否科学、公平，值得商榷，这为股权众筹平台的项目融资带来了潜在的风险。

第三，建立信任久。传统的天使投资需要由投资方对投资项目和团队进行全方位的考察，股权众筹平台也会在调研阶段尽力全面地挖掘投资对象的信息，以求在不熟悉的情况下形成完善的初步判断。对项目投资者而言，其能获得的信息多来源于平台对项目的介绍，项目推介会、项目路演活动，这些间接信息无法保证投资者对项目的信心以及对创业团队信任的建立。

第四，退出周期长，流动性差。股权众筹关注的是创业项目的将来发展，不同于债权借贷拥有协定的期限与利率水平，可以进行事先约定，并且相对风险较小；而股权投资不但收益无法保证，资金回笼期限更是非常不固定。一般来说，股权投资周期，短则两三年，时间长的项目可能需要五年以上。建立资金流动和投资退出的高效渠道，成为投资者关注的焦点。

案例 5-3

天使汇——互联网投行+互联网交易所

概况：天使汇成立于2012年，运营公司是天使汇创业金融信息服务公司。天使汇对外发布的2015年1~6月运营数据显示，2015上半年创业者发布的项目数量暴增至18867个，相比2014年同期增幅高达237%。已注册投资者约3000位，创业者8万多名，项目3万多个，完成融资项目有300个，截至2015年6月30日，天使汇挂牌项目融资总金额突破40亿元。

相比传统的投融资方式，天使汇的这种形式看起来更为清晰、规范和透明，不但能够尽量减少VC① 条款中不平等条款和陷阱合约，还能帮助企业获得资金以外的战略资源。以领投人为核心的天使汇众筹融资模式如图5-7所示。

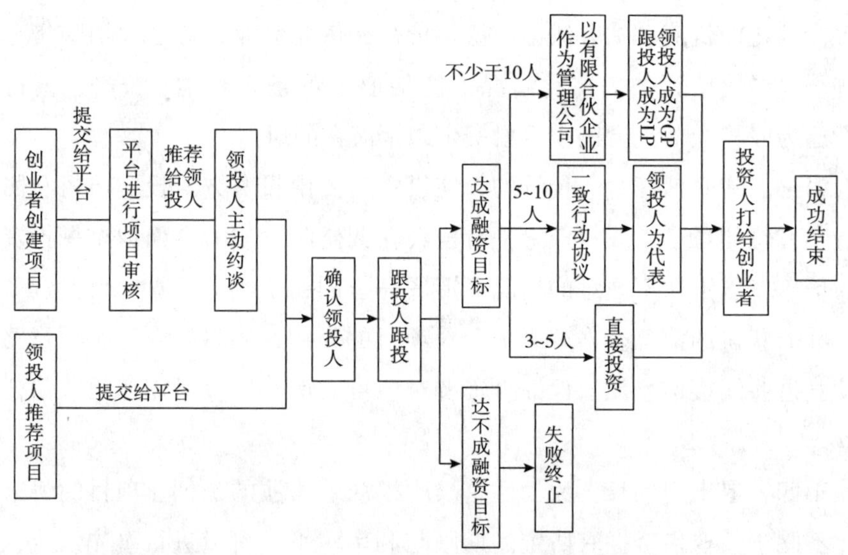

图 5-7　以领投人为核心的天使汇众筹融资模式

注：当该轮投资者少于3人，可免去领投人模式。

① 风险投资（Venture Capital），简称VC，又名创业投资。

1. 天使汇交易所服务三部曲

天使汇可提供 3 类套餐服务：挂牌（Startups Listing）、线上私募（Angel Private Offerings，APO）、O2O（线上到线下）式私募，具体如表 5-8 所示。

表 5-8 天使汇 3 类套餐服务

	挂牌	线上私募	O2O 式私募
项目宣传	快速创建，项目专属页面展示	网站首页展示持续媒体报道	中关村大屏幕挂牌敲钟全球直播
融资	自主接洽（3 人以下）	快速合投	线上报名，线下路演（私密闪，一天确定投资）
其他服务		无	一周完成工商登记、股权变更等流程
渠道	免费创建	申请合投	联系顾问
股权转让	无	可提供转让平台	

2. 天使汇融资条款介绍

就期限而言，如果在 6 个月内完成第一轮融资，可继续发起下一轮融资，直至项目估值超过 5000 万元或者单轮融资超过 1000 万元就结束。如果 6 个月内无人认购，则直接认定为项目失败，若有人认购但未完成第一轮融资，首先延长 6 个月，直至项目估值超过 5000 万元或者单轮融资超过 1000 万元。但如果延长 6 个月仍未完成，则认定项目失败。

就信息披露而言，创业者仅接受天使汇提供的创业融资服务，保证信息披露真实、有效、及时。平台不保证投资者收益，不保证信息披露的真实性。

3. 天使汇投行服务——互联网投行的雏形

在 O2O 式私募中的一对一融资指导（1 to 1 Financing Assist），其服务类型为：(1) 完善融资故事，梳理融资思路，挖掘项目亮点，完善商业模式；包装项目，用投资者理解的语言描述产品；提供商业计划书和融资

PPT 文件优化指导。(2) 设计融资方案：确定融资额度，提供财务预测；提出估值建议；设计股权架构；提供后续融资指导，优化融资工具设计。(3) 优化治理结构，确定标准的有限合伙持股主体设定、董事会议事规则、股东会议事规则、信息披露规则。

股权众筹业务可以说是较为彻底脱媒的直接融资形式，它是投行业务前端的延伸，也是股权投资基金的新业务领域。传统投行业务对于项目要求较高，而对于中小微企业来说，由股权众筹来承担融资职能，延伸了传统投行业务领域。

五、股权众筹的监管问题

(一) 监管的几大问题

1. 非法吸收公众存款罪问题

我国现行《刑法》第 176 条规定有非法吸收公众存款罪，同时《最高人民法院关于审理非法集资刑事案件具体应用法律若干问题的解释》(法释[2010] 18) 将其行为具体规定为："(1) 未经有关部门依法批准或者借用合法经营的形式吸收资金；(2) 通过媒体、推介会、传单、手机短信等途径向社会公开宣传；(3) 承诺在一定期限内以货币、实物、股权等方式还本付息或者给付回报；(4) 向社会公众即社会不特定对象吸收资金。"

在中国尚缺乏对众筹立法的情形下，众筹模式在形式上似乎已经同时满足了四个要素，即未经审批、通过网站公开推荐、承诺一定的回报、向不特定对象吸收资金。但是，众筹模式与非法集资仍有本质的区别，因为它不是由平台吸收公众存款或集资的行为，平台只是一个服务中介，嫁接项目方和出资方，构成一对多或多对多的网状结构。但必须指出，这只是一种法理上的解释和判断，由于立法尚未跟上，合法和非法往往处于一个相对模糊和不确定的状态中，尤其相关执法部门的意见往往能直接决定或影响项目的生死，法律风险犹存。

2. 向不特定对象发行证券——未来突破 200 人是否可豁免

目前股权类众筹是存在最大法律风险的众筹模式，涉及的犯罪中就有擅自发行股票罪。该罪有两条红线不能碰：一是不特定对象，二是超过200人①。

根据司法实践，基于网络社交平台进行的宣传或推广，属于公开方式。并且，目前大多股权众筹网站采用的投资模式都借了有限合伙制的壳，即投资者先组建有限合伙企业，再以整体入股创业公司，通过这种方式保证投资者人数不超出50人上限。但根据证监会新发布的《私募投资基金管理暂行办法》，可以"穿透"计算人数到自然人。

此前，有公司通过淘宝网、微博等互联网平台向公众转让股权或设立私募股权投资基金，这些行为已经被监管层明确定性为一种新型的非法证券活动。司法解释中"向社会不特定对象发行、以转让股权等方式变相发行股票"的可解释空间较大，股权众筹的融资方式按照一定的解释方法很可能会被囊括其中，面临着刑事制裁的风险。

所以，我们认为必须厘清股权众筹与擅自发行股票罪的法律界限，在承认股权众筹本身公开特性的基础上，对投资者范围加以合理限定，守住"不特定对象"的底线，试点规定豁免突破200人限制，坚持以法律制度的完善来降低交易风险成本，以促进股权众筹的健康发展。

（二）国外经验——以美国JOBS法案为例

美国证券交易委员会（SEC）在2015年10月30日通过了JOBS法案②第三部分，规范美国企业通过互联网进行股权众筹的活动，设定了这类筹资的期限和上限，并根据参投者的个人收入或资产做出相应要求，使企业100万美元以下的较小额募资更为便利，免去了初创公司200万美元以下募资的高成本。

SEC试图在保护小投资者和为小企业创造融资便利方面取得平衡。根

---

① 2010年12月出台的《最高人民法院关于审理非法集资刑事案件具体应用法律若干问题的解释》第6条规定："未经国家有关主管部门批准，向社会不特定对象发行、以转让股权等方式变相发行股票或者公司、企业债券，或者向特定对象发行、变相发行股票或者公司、企业债券累计超过200人的，应当认定为擅自发行股票、公司、企业债券罪。"

② JOBS法案，是《乔布斯法案》（*Jumpstart Our Business Startups Act*）的英文简称，2012年4月美国颁布。

据其规定，美国企业可在 12 个月内通过互联网进行不超过 100 万美元的小额股权众筹；若投资者年收入或个人资产净值少于 10 万美元，则在 12 个月内的最高股权众筹投资额为 2000 美元，即不超过其年收入或资产净值的 5%；若投资者年收入或个人资产净值大于、等于 10 万美元，可投资不超过其年收入或资产净值的 10%，且 12 个月内的最高股权众筹投资额为 10 万美元。

此前，SEC 将这类众筹的参与投资对象限定在个人资产高净值投资者范围内，而初创公司在起步阶段不得不依靠预售产品或者服务的众筹进行一定规模的融资。从这个角度说，新规向小投资者和初创公司开了方便之门。另外，很大的进步可能是：首次利用股权众筹募资的企业将不必为了正式的审计而准备自己的财务记录，这将降低不少成本。

（三）中国监管环境发展

2014 年 12 月 18 日，中国证券业协会发布《私募股权众筹融资管理办法（试行）（征求意见稿）》，批评者认为“私募股权众筹”在概念上存在自相矛盾之处，众筹意味着公开，私募又意味着非公开。把本应小额、公开发行的业务设定为私募，人为设置高门槛，完全违背了众筹的初衷。批评者在表达意见时，大多会引用美国 JOBS 法案第三部分作为对比。

2015 年 7 月 18 日，人民银行等十部委联合发布的《关于促进互联网金融健康发展的指导意见》（以下称《指导意见》）出台，首次明确界定了股权众筹融资的概念，并且对股权众筹服务对象、发起渠道、信息披露形式等进行了规范。但是，此《指导意见》并没有对信息披露的具体程度和时间频率做出明确的说明，也没有提及平台在信息披露过程中的责任和权利。

2015 年 8 月 7 日，中国证监会发布了《关于对通过互联网开展股权融资活动的机构进行专项检查的通知》，复述了《指导意见》中对于股权众筹的定义，认为由于股权众筹具有“公开、小额、大众”的特征，涉及社会公众利益和国家金融安全，必须依法监管。同时，该通知还明确了一些机构开展的冠以“股权众筹”名义的活动，是通过互联网形式进行的非公开股权融资或私募股权投资基金募集行为，不属于《指导意见》规定的股权众筹融资范围，上述业务需要在《公司法》《证券法》《证券投资基金法》《私募投资基金监督管理暂行办法》等现有法律框架下开展。随后，中国证券业协会发文，把《场外证券业务备案管理办法》中第二条的“私募股权众筹”修改为“互联网非公开股权融资”。至此，我国正式把众筹划分为“公募”和“私募”两类：过去所称的“股权众筹”现在专指“公募股权众筹”，需经审批后持牌经营，未经审批的机构不得使用“股权众筹”的字号或宣传语；而过去所称的“私募股权众筹”现改称为“互联网非公开股权融资”，受现有法律框架的管制。

本章小结

金融产品是金融交易的对象，也是持有人取得相应权益的法律依据。从法律关系的角度去定义资本金融产品，可以将其称为“资金的需求者与供给者在资金融通过程中，通过合约而产生的财产权凭证”。如果按照不同标准将资本金融产品分类，可以分为两类：一类是基础资本金融产品和衍生资本金融产品；另一类是股权类资本金融产品和债权类资本金融产品。

就当中的基础资本金融产品而言，包括股票和债券这两大类基础产品。市场主体出于对资金的刚性需求，发行有价资本证券的首要目的是筹措资金。与从银行贷款等间接融资相比，股票和债券属于直接融资。两者在概念、特征、分类上既有明显的区别，又有本质上的共通之处。

就衍生资本金融产品来说，则又是基础金融高度发展的产物。其价值取决于某一种或几种标的物的资本金融产品，决定其价值的标的物可以是基础金融产品，如以货币为标的的货币互换；还可以是其他衍生产品，如以期货合约为标的的期货期权。整体来说，可分为金融远期合约、金融期货合约、金融期权、金融互换、结构化金融衍生品这 5 种类别。

投资基金是一种利益共享、风险共担的集合投资，其通过向投资者发行基金单位筹集资金，并交由基金管理人从事股票、债券、外汇等金融工具投资从而获得投资收益。按照不同标准，可以将投资基金分为公募与私募；公司型与契约型；开放式与封闭式；股权投资基金、证券投资基金与衍生品投资基金。

股权众筹目前被定义为“通过互联网形式进行公开小额股权融资的活动”。股权众筹对降低社会融资成本，拓宽投资渠道意义非凡。但当下必须厘清股权众筹与擅自发行股票罪的法律界限，既要承认其本身公开的特性，又要限定投资者范围守住“不特定对象”的底线，并试点豁免突破 200 人限制，坚持以法律制度的完善来降低交易风险成本。

第六章

多层次资本市场体系

第一节　多层次资本市场概述

一、多层次资本市场的内涵

（一）多层次资本市场的三个维度

多层次资本市场体系是一个综合概念，资本市场的多层次化可以被理解为资本市场专业化分工的纵深发展。通常可从三个维度来细分资本市场：

（1）从证券交易组织形式看，资本市场可以分为集中交易市场（证券交易所）和场外交易市场。集中交易市场是集中、公开、规范交易的，有组织、有固定地点的有形市场；场外交易市场是通过证券营业柜台或电子交易网络完成证券交易的、分散的、无固定场所的无形市场。随着信息技术的发展，集中交易与分散交易的界限趋于模糊，集中交易市场与场外交易市场的区别更多地体现在组织形式、报价方式和交易品种的不同。

（2）从辐射空间来看，资本市场可以分为全球性市场、全国性市场和区域性市场。空间分层的原因在于信息空间分布上的不对称，而信息不对称是产生风险的重要因素。我国幅员辽阔，有必要在空间上分层展开。

（3）从交易品种来看，资本市场可以细分为股票市场、债券市场和衍生品市场等多个层次。

（二）多层次资本市场是经济发展的必然要求

多层次资本市场是经济发展的必然要求，这可以从以下几个方面得到说明：

首先，从企业融资的角度看，由于企业的发展阶段、规模、收益和风险特征的不同，要求有多层次资本市场来满足其不同的融资需求。一般而言，当中小企业因规模及发展的限制还不可能迈入高一层证券市场的门槛时，低一层证券市场则为它们的融资活动提供了渠道。同时，低一层市场对在该市场交易的企业还起着比较、选择和推荐的作用，只有那些经营业绩突出、市场表现不凡的企业才有可能被推荐到高一层的证券市场。因此，分层次的证券市场结构不仅适应了企业不同成长阶段的融资需求，而且保证了公司质量，从而奠定了证券市场健康发展的制度基础。美国的纽约证券交易所、纳斯达克市场和美国场外柜台交易市场，英国的伦敦证券交易所、英国另类投资市场（AIM）等都是适应企业不同的融资需求逐步发展起来的。

其次，从投资者的角度看，投资者可供投资的资金量不同、投资目标和策略不同、风险承受能力不同，要求形成多层次市场满足其不同的投资需求。大的机构投资者，如养老金、保险公司等，资金数额巨大、可投资的年限长、风险承受能力强，投资比较分散并追求长期收益，因此其投资组合中可以包括上市公司，也可以是风险投资。对于一般的个人投资者，由于资金量小、风险承受能力差，只能选择上市公司质量较高的交易所市场投资。不同市场的上市标准不同，可以使投资者非常直观地判断不同市场的风险状况，便于其投资决策。

再次，从市场组织者的角度看，市场细分可以更加突出主板市场的“精品”市场地位，保证主板市场的上市公司质量；而次级市场的建立又可以为主板培育上市公司。同时，由于不同规模、盈利水平的上市公司风险不同，市场细分就可以对不同市场实施不同的监管标准和方法，从而降低管理成本，有效控制风险并提高证券市场的深度和服务水平。

二、多层次资本市场的演进

（一）多层次资本市场体系形成的动力——市场竞争与制度需求

多层次资本市场体系是适应不同规模、行业、经营状况、盈利水平和发展阶段企业的融资需求而自发形成的，是市场自然演进的结果。在资本市场体系形成的过程中，政府并没有主动进行干预，只是顺应市场发展的需要，为市场发展提供良好的外部环境。

多层次资本市场体系的产生具有客观必然性，特别是从发达国家多层次资本市场的形成过程来看，它是一个自发的市场竞争导致的制度变迁过程。作为市场参与主体（即融资者和投资者）的载体，资本市场的本质属性是一种提供服务的制度安排，它应该不仅可以满足不同风险偏好者的投资选择的需求，而且还可以满足质量、规模、风险程度不同的企业的融资需求。正是基于这两种需求，才激励了初始的单一层次资本市场向多层次资本市场体系的制度发展。

（二）发达国家和地区资本市场演进的历程

从1609年世界第一家股票交易所阿姆斯特丹证券交易所诞生开始，多层次资本市场体系在世界各主要发达资本市场的发展和演变，基本都是沿着市场竞争、符合经济发展规律的路径而展开的，以下着重回顾香港证券交易所的演进历史和美国多层次资本市场的形成过程。

1. 香港证券交易所的演进

香港的证券交易最早见于19世纪中叶。到1891年香港经纪协会（1914年更名为香港经纪商会）成立时，香港才有正式的证券交易市场。香港第二家交易所——香港股份商会于1921年注册成立，香港经纪商会和香港股份商会两所于1947年合并成为香港证券交易所，并合力重建“二战”后的香港股市。此后，香港经济快速发展，促成另外三家交易所的成立——远东交易所（1969）、金银证券交易所（1971）以及九龙证券交易所（1972）。

四个交易所同时在一个城市运营在世界上甚为罕见，而且也带来行政与监管上的困难，四所合并势在必行。1980年，香港联合交易所有限公司（以下简称“联交所”）注册成立，但是经过多年筹备，直到1986年4月2日四所才正式合并成新的联合交易所，成为香港唯一的证券交易所，此后香港证券市场进入一个新时代。目前，香港联交所是唯一经营香港股市的机构，在未取得财政司司长同意的情况下，任何个人或机构不得持有联交所超过5%的股份。

根据1999年香港财政司关于市场改革方案的规定，联交所与香港期货交易所有限公司（以下简称“期交所”）实行股份化，并与香港中央结算有限公司合并，由单一控股公司香港交易所拥有。

联交所及期交所在1999年9月27日各自举行股东大会，会上分别通过有关的协议计划，并于1999年10月11日获法院批准。两所及结算公司的合并于2000年3月6日正式生效，合并后的香港交易所于2000年6月27日在联交所上市。

2. 美国多层次资本市场的演进

美国的资本市场从18世纪末开始产生，发展到今天已成为世界上最大最完善的证券市场，其分层结构最为复杂也最为合理。其主要的演变过程是从无集中交易的证券交易开始，发展到以纽约证券交易所为代表的交易所，再到以纳斯达克为代表的二板市场以及场外交易市场的不断发展，最终形成了完整的多层次资本市场体系。

在美国证券发行之初，尚无集中交易的证券交易所，证券交易大都在咖啡馆和拍卖行里进行。纽约证券交易所的起源可以追溯到1792年5月17日，当时24个证券经纪人在纽约华尔街68号外一棵梧桐树下签署了《梧桐树协议》，协议规定了经纪人的“联盟与合作”规则，通过华尔街现代老板俱乐部会员制度交易股票和高级商品，这是纽约证券交易所的诞生日。1817年3月8日，这个组织起草了一项章程，并把名字更改为“纽约证券交易委员会”。1863年改为“纽约证券交易所”（简称纽交所）。1863年10月1日，纽交所向美国证券交易委员会申请注册为一家全国性证券交易所。到20世纪末，已经有超过2000家上市公司、数千种证券产品在纽交所上市交易。2006年6月1日，纽交所宣布与泛欧证券交易所合并组成纽约—泛欧证交所公司，新公司总部设在纽约。

场内交易市场虽然发展较快，但由于受条件和容量的限制，场外市场仍保持迅速发展并且数量众多，场外交易价格的形成不是采用交易所内实行的双向拍卖系统，而是通过谈判的途径完成，分布在全国的场外交易证券商及其顾客很难确定他们是否已经得到了某种股票的最好价格。从1904年开始，全美报价局每天以手工的方法在粉红色的纸张上公布证券的价格，然后印出发往全国。但这种方法极不便利，人们得到的报价往往迟一天。这个最初级的场外市场被称为粉单市场（Pink Sheets）。1968年，自动报价系统取代了粉单市场的作用。为了提高效率，克服交易分散的缺点，1971年全美证券交易商协会（NASD）建立了纳斯达克（NASDAQ），它的成立标志着美国二板市场的诞生。NASDAQ市场对上市公司的要求标准与纽交所（NYSE）截然不同，它注重于公司的成长和预期盈利性。在NASDAQ上市的公司，普遍具有科技含量高、风险高、回报高、规模小等特征，因此，主要以高科技公司为主，包括微软（Microsoft）、英特尔（Intel）、戴尔（Dell）和思科（Cisco）等著名企业。

早在NASDAQ创立以前，美国就有场外交易市场，1968年场外交易自动化工程启动，并形成了场外柜台交易市场的雏形。1982年，纳斯达克上市公司中的佼佼者按照更高的上市标准组成全美市场体系，余下的公司则组成小型股市场体系，于是公开交易市场划分为两个层次。为了便于交易，并加强OTC市场的透明度，全美券商协会于1990年正式开通了场外柜台交易系统，并得到了美国证券交易委员会的正式批准。至此，美国的多层次市场结构得以确立，并仍在不断通过并购和新设等方式丰富这一体系。

3. 启示

从香港地区和美国多层次资本市场的演变过程可以发现，多层次市场结构逐步形成是与自发的市场竞争分不开的，同时也是与符合融资、投资需求等市场规律相一致的。无论是香港联合证券交易所由“四所合并为一所”，还是美国三层次资本市场架构的形成，都是市场自然演化的结果，而不是简单的行政指令的产物。鉴于此，对于中国内地多层次资本市场的完善和发展而言，不应该过分依靠行政指令，应当更尊重市场，加强对市场主体利益的关注，合理引导中国内地多层次资本市场的形成。

三、多层次资本市场的划分

从各国多层次资本市场发展的现状来看，主要可以划分为主板市场、二板市场和场外交易市场。

（一）主板市场

主板市场是资本市场中最重要的组成部分，它在较大程度上能够反映经济发展状况，有经济“晴雨表”之称。主板市场对拟申请上市企业要求较高，对发行人的股本大小、盈利水平、最低市值、营业期限等方面的要求标准较严格，在主板市场上市的企业多为一些规模较大、业绩较好、经营时期较长的蓝筹股（Blue Chips）。当然，严格的上市条件有利于保证上市公司的质量，降低市场风险。因此，主板市场是整个多层次资本市场中风险较小的组成部分。纽约证券交易所（NYSE）、东京证券交易所（TSE）、伦敦证券交易所（LSE）和香港联合交易所（HKEX）等均为主板市场。我国的主板市场是上海证券交易所和深圳证券交易所。

（二）二板市场

二板市场（又称创业板市场），是指为了促进中小创新企业发展而专门设立的针对中小型企业尤其是创新型企业的股票市场。该市场主要为处于初创阶段和成长阶段的中小企业，特别是中小型科技企业筹集资金，它的上市条件相对于主板市场低一些，更多地着眼于企业的未来成长潜力，而不对企业当前的盈利水平和资产规模作严格规定。但是，其在上市公司治理、信息披露、监管程度上都比主板市场的要求更为严格。从国外情况来看，发达国家资本市场都有创业板，如美国的 NASDAQ、韩国的科斯达克（KOSDAQ）、英国的另类投资市场。我国的创业板市场设立于深圳证券交易所，于 2009 年 10 月 23 日正式开板。

（三）场外交易市场

场外交易市场又称店头交易市场、柜台交易市场或三板市场，主要是指以柜台交易形式存在的区域性柜台市场，以及建立在它们基础上的全国性（或区域性）报价系统。场外交易市场的作用主要表现为：增加资本市场层次，扩大市场范围；提高市场集中度；降低资本市场整体风险，解决中小企业融资难的问题；有利于非上市公司的股权流通，有利于促进中小企业的并购重组，有利于理顺资本市场的“退市机制”。美国的 OTCBB 市场、中国的区域性股权交易市场、中国台湾的柜台交易市场都是场外交易市场的典型代表。

四、资本市场的主要交易机制

当前资本市场最主要的两种交易机制是集中竞价交易制度和做市商制度。集中竞价交易制度是在主板市场交易所内采用的交易机制，而做市商制度是随着二板市场和场外交易市场的发展逐步产生的。在此过程中，融合了两种交易机制的混合交易机制也逐步被一些市场所采用。

（一）集中竞价交易制度

一般来讲，集中竞价交易制度是指两个以上的买方与两个以上的卖方通过公开竞价形式来确定证券买卖价格的情形。在这种形式下，既有买者之间的竞争，也有卖者之间的竞争，买卖各方都有比较多的人员。集中竞价时，当买者一方中的人员提出的最高价和卖者一方的人员提出的最低价相一致时，证券的交易价格就已确定，其买卖就可成交。下述是中国目前关于集中竞价交易的主要程序。

1. 开设交易账户

依现行法规，每个投资人欲从事证券交易，首先须向证券登记公司申请开设证券账户，凭该证券账户可以从事二级市场证券交易，也可以从事一级市场网上认购；其次须向具体的证券公司（交易所会员）申请开设资金账户，存入交易资金，其限额由证券公司自行规定。依据上述开户合同，证券登记公司将为每一投资人提供证券托管、登记和交割服务；而证券公司将为投资人提供代理买卖、代理清算和资金出纳服务。立法对于投资人的开户设有身份确认程序规则。

2. 委托买卖

依现行法规，每个投资人买卖证券均须委托具有会员资格的证券公司进行，即投资人（委托人）的交易指令先报送于证券公司（或交易系统）；证券公司通过其场内交易员或交易系统将委托人的交易指令输入计算机终端；各证券公司计算机终端发出的交易指令将统一输入证交所的计算机主机，由其撮合成交；成交后由各证券公司代理委托人办理清算、交割、过户手续。

3. 场内竞价

委托人的交易指令通过证券商的代理按时间序号输入交易所计算机主机后，将通过场内竞价撮合成交。交易所场内竞价的方式分为集合竞价与连续竞价两种。

集合竞价主要适用于证券上市开盘价和每日开盘价。依此竞价方式，证交所在每一营业日正式开市前的规定时间内（9：15~9：25）为开盘集合竞价时间（深圳证券交易所的收盘价也是按集合竞价决定的，其收盘集合竞价时间为每个交易日14：57~15：00）。计算机主机撮合系统将只存储交易指令而不撮合成交。在正式开市时，主机撮合系统将对所有输入的买卖盘价格和数量进行处理，以产生开盘价格。其撮合成交原则为：(1) 可实现最大成交量的价格。(2) 高于该价格的买入申请与低于该价格的卖出申请全部成交的价格。(3) 与该价格相同的买方或卖方至少有一方全部成交的价格。两个以上申报价格符合上述条件的，上海证券交易所以未成交量最小的申报价格为成交价格；仍有两个以上使未成交量最小的申报价格符合上述条件的，其中间价为成交价格；深圳证券交易所取距离前收盘价最近的价格为成交价。集合竞价的所有交易以同一价格成交。

集合竞价结束后，交易所将开始当日的正式交易，交易系统将进入连续竞价，直至当日收市。连续竞价是买卖双方按价格优先、时间优先的竞价原则连续报买报卖的过程。依此原则，每一时点的报买价如高于或等于报卖价，即按价格顺序撮合成交；在每一同等成交价格点上，如买卖报单有时间差异，即按时间顺序使先报者成交；凡不能成交者将等待机会成交，部分成交者将使剩余部分等待成交。

我国证券市场的交易机制体现了竞价制度的特点。这种交易机制的优点是：(1) 买卖盘信息、成交信息等交易信息对整个市场透明，投资者可以共享交易信息，比做市商市场具有较高的透明度。(2) 买卖指令竞价成交，交易价格在系统内形成，在处理大量小额指令方面有显著优势。

（二）做市商制度

1. 做市商制度概述

做市商（Market Maker）是指在证券市场上，由具备一定实力和信誉的独立证券经营法人作为特许交易商，不断向公众投资者报出某些特定证券的买卖价格，并在该价位上接受公众投资者的买卖要求，以其自有资金和证券与投资者进行证券交易。买卖双方无须等待交易对手出现，只要有做市商出面承担交易对手方即可达成交易。

做市商制度起源于纳斯达克市场。美国市场上的做市商是："在有规律或持续的基础上，用自己的账户自愿买卖某特定证券的交易商。"全美证券交易商协会规定，证券交易商只有在该协会登记注册后才能成为纳斯达克市场的做市商；在纳斯达克市场上市的每只证券至少要有两家做市商。在开市期间，做市商必须就所负责做市的证券一直保持双向买卖报价，即向投资者报告其愿意买进和卖出的证券数量和买卖价位，纳斯达克市场的电子报价系统自动对每只证券全部做市商的报价进行收集、记录和排序，并随时将每只证券的最优买卖报价通过其显示系统报告给投资者。如果投资者愿意以做市商报出的价格买卖证券，做市商必须按其报价以自有资金和证券与投资者进行交易。

2. 做市商制度的分类

按照是否具备竞争性的特点，做市商制度存在两种类型：垄断型的做市商制度和竞争型的做市商制度。

垄断型的做市商制度，即每只证券有且仅有一个做市商。垄断的做市商是每只证券唯一的提供双边报价并享受相应权利的交易商，必须具有很强的信息综合能力，能对市场走向做出准确的预测，因其垄断性通常也可以获得高额利润。这种做市商制度的优点在于责任明确，便于交易所的监督考核，缺点是价格的竞争性较差。

竞争型的做市商制度，又叫多元的做市商制度。即每只证券有多个做市商，且在一定程度上允许做市商自由进入或退出，这种制度的典型代表是美国纳斯达克市场。自 1980 年以来，该市场的平均单位证券的做市商数目不低于 7 个。多元做市商制的优点是通过做市商之间的竞争，减少买卖价差，降低交易成本，也会使价格定位更准确。在价格相对稳定的前提下，竞争也会使市场比较活跃，交易量增加。但由于每只证券有几十个做市商，所以使各个做市商拥有的信息量相对分散，这样就降低了市场预测的准确度，减少了交易利润，同时也降低了做市商承受风险的能力。

3. 中国新三板做市商制度介绍

（1）新三板做市商制度概述

新三板的做市转让方式采用的是传统竞争性做市商制度，与中国台湾兴柜市场一致。做市转让与协议转让的主要区别就在于，做市转让中投资者需要通过做市商交易，而协议转让则是投资者之间直接交易。与其他市场相比，新三板做市商制度在做市商条件、做市成交方式、最低做市期限和双向豁免权等四个方面与美国纳斯达克市场和中国台湾兴柜市场存在差异，通过比较发现，中国大陆新三板市场做市商制度既借鉴了其他市场成熟经验，也有其独特之处。例如，考虑到做市商库存风险，学习我国台湾经验，给予做市商一定的双向豁免权（具体豁免标准不同）；考虑到交易成本问题，给予做市商一定的买卖差价（纳斯达克要求避免锁定或交叉，兴柜和新三板价差 5%）等。

（2）新三板做市商制度交易制度与交易规则

①交易制度。新三板的做市盘间是每天上午 9：30~11：30 和下午 13：00~15：00，只允许投资者和做市商进行交易。盘后（每天 15：00~15：30）允许做市商之间交易。

投资者可通过限价委托方式和做市商进行交易；做市商要进行做市申报，向股转系统同时报卖价与买价，差价≤卖价的 5%。例如，卖价为 10 元，买价最低为 9.5 元。新三板做市商实行双向报价豁免制度，当做市商库存股票不足 1000 股时，可不用报卖价；库存股票达到挂牌公司总股本的 20%时，可不用报买价。

②交易规则。新三板做市商的报价原则是时间优先、价格优先；报价

委托单位是 1000 股或 1000 股的整数倍；申报价格最小变动单位是 0.01 元；实行 T+0 制度，做市商做市买入的股票，买入当日可以卖出；投资者买卖股票实行 T+1 制度，投资者购入的挂牌公司股份当日不可卖出；做市商间转让实行 T+1 制度，做市商从其他做市商处买入的股票，当日不得卖出。做市场交易规则示例如图 6-1 所示。

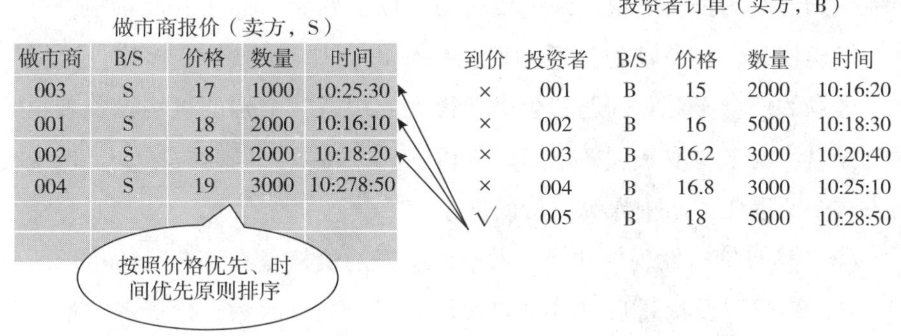

图 6-1 做市商交易规则示例

（3）企业做市的条件及券商选择做市企业的标准

①企业做市的条件。包括以下两个方面：一是企业申请挂牌前，主办券商在挂牌申请材料中表明为做市转让；二是有两家以上的做市商愿意为拟挂牌企业做市。

②做市商选择做市企业的主要标准。包括以下五个：一是企业的主要财务指标接近或超过三板挂牌公司的平均水平；二是企业未来成长空间大，增速快；三是企业属于国家重点扶持行业或高新技术产业；四是企业拥有创新型商业模式；五是企业有可产业化的核心技术。

4. 做市商制度的特点

（1）提高流动性，增强市场吸引力。在二板市场或场外交易市场上市的公司一般规模比较小，风险也比较高，投资者和证券公司参与的积极性会受到较大影响，特别是在市场低迷的情况下，广大投资者更容易失去信心。如果有做市商承担做市所需的资金，就可以随时应付任何买卖，活跃市场。买卖双方不必等到对方出现，只要由做市商出面，充当交易对手方，交易就可以进行。因此，做市商保证了市场进行不间断的交易活动，即使市场处于低谷也是一样。

（2）有效稳定市场，促进市场平衡运行。做市商有责任在股价暴涨暴跌时参与做市，从而有利于遏制过度投机，起到市场“稳定器”的作用。此外，做市商之间的竞争也在很大程度上保证了市场的稳定。最初在纳斯达克市场上市的公司股票，最少要有两家以上的做市商为其股票报价，而一些规模较大、交易较为活跃的股票的做市商往往达到40多家。这样一来，市场的信息不对称问题就会得到很大的缓解，个别的机构投资者很难通过操纵市场来牟取暴利，市场的投机性大大减少，同时也减少了传统交易方式中所谓庄家暗中操纵股价的现象。

（3）具有价格发现的功能。做市商所报的价格是在综合分析市场所有参与者的信息以及衡量自身风险和收益的基础上形成的，投资者在报价基础上进行决策，并反过来影响做市商的报价，从而促使证券价格逐步靠拢其实际价值。

5. 做市商制度和集中竞价制度的比较

关于做市商制度与集中竞价制度的不同，归纳起来可以从以下几方面来理解。

首先，在做市商制度下，证券交易的买卖价格由做市商报出，买卖交易在做市商与投资者之间完成，做市商同时充当了买者和卖者的角色；而在集中竞价制度下，证券交易的买卖价格由竞价形成，交易由买卖双方直接完成或者在交易市场根据已有的指令情况撮合完成。

其次，在做市商制度下，投资者把买卖指令报给做市商并与做市商完成交易，只有做市商全面及时地掌握买卖信息，才会把成交量和价格等交易信息发布到整个市场，这时投资者才能了解市场上相关的交易信息；在集中竞价制度下，几乎可以实现交易信息的同步传递，整个市场可同时分享交易信息。

再次，在做市商制度下，做市商有义务维护市场稳定，为了避免引起过大的波动，做市商可以推迟或者豁免发布对市场价格有很大影响的交易信息，同时由于交易是在做市商与投资者之间直接进行的，所以做市商制度在处理大额买卖指令的能力上也有明显的优势；在集中竞价制度下，由于交易信息由整个市场共享，不存在对交易信息的维护机制，同时又因为交易是在投资者之间通过买卖指令撮合而成的，在处理大额买卖指令时需要等待交易对手的买卖盘，尤其是当买卖指令严重不平衡时有可能出现交易中断的情况，这就显示出竞价制度在处理大额买卖指令的能力上有明显的不足。

（三）混合交易制度——做市商制度与竞价制度的结合

混合交易制度又称为混合型做市商制度，是指在做市商制度中引入竞价交易制度（如 1997 年以后的纳斯达克），或在竞价交易制度中引入做市商制度（如 1986 年以后的伦敦交易所）。

混合交易制度的出现突破了原有的竞价制度和做市商制度的范围，成为一种新的交易制度。与混合交易制度相比，纯粹做市商制度更显得是一种为解决流动性不足而采用的“权宜之计”。可以预计，在市场流动性有了很大提高后，纯粹做市商制度的不足将逐步暴露，通过引入竞价交易方式过渡到混合交易制度将成为必然。

混合交易机制通过以下两种途径来实现：

第一种途径是原先采用传统做市商制度的市场逐渐引入竞价交易制度，实现由竞争型做市商制度向混合型做市商制度的过渡，典型代表就是纳斯达克。自 1997 年新的委托处理规则（OHR）实施后，至今纳斯达克已经建立起了“竞价制度+竞争型的做市商制度”的混合模式。

第二种途径是原先采用竞价制度的市场引入竞争型做市商制度。在这种方式下，做市商的双边报价与投资者的委托共同参与集中竞价，交易仍然主要按照“价格优先、时间优先”的竞价原则进行，做市商或者承担连续报价的义务，或者只承担特定情况下报价的义务。这种混合型做市商制度的典型代表是 1986 年实施名为“大爆炸”（英国“BIG BANG”金融改革）的重大改革时，引入竞争性做市商制度的英国伦敦证券交易所。

第二节　海外多层次资本市场的发展

世界各国多层次资本市场发展历史具有各自的特点，也有共通之处，基本形成了主板、二板和三板的市场结构。本节以我国企业海外主要上市地美国、英国、中国香港等为例，对这几个地区的多层次资本市场体系和相关的上市条件做介绍。

一、美国

（一）美国多层次资本市场概况

美国的股票交易所共有 8 家，但是作为全国性的交易市场只有 3 家，即纽约证券交易所（NYSE）、纳斯达克证券市场（NASDAQ）和全美证券交易所（AMEX）。除了股票交易所以外的场外柜台交易市场（OTCBB）也非常著名，它实质上是由全美证券交易商协会（NASD）所管理的一个交易中介系统，带有典型的 3 层市场特征。

美国不同层次的市场以不同类型的公司为服务对象，形成了一个体系健全的“梯级市场”。多元化的市场格局使美国股票市场在组织结构和功能上形成相互递进的市场特征，上市公司在不同层次的市场之间可进行相互转换，充分发挥了证券市场的“优胜劣汰”机制。多层次的资本市场体系极大地拓展了美国资本市场的容量，不同规模、不同需求的企业都可以利用资本市场进行股权融资，获得发展的机会，这无疑有力地推动了美国经济的创新与增长。

（二）美国主板市场：纽约证券交易所和全美证券交易所

1. 纽约证券交易所

纽约证券交易所是美国乃至全世界全国性证券交易所中规模最大、组织最健全、设备最完善、管理最严密的证券交易所。它以公司制的方式组建，采取传统的议价交易方式。其股票交易额占美国上市股票总交易额的 80%以上，占全世界上市股票总交易额的 60%。2006 年 6 月 1 日，纽约证券交易所宣布与泛欧证券交易所合并组成纽约—泛欧证交所。

2005 年 12 月 14 日，我国无锡尚德太阳能电力有限公司以“尚德控股”的名义（代码：STP）成功在纽约证券交易所上市，首开中国民营企业登陆纽约证券交易所的先河。根据 WIND 资讯统计，截至 2017 年 6 月 19 日，在纽交所上市交易的中国企业达 56 家。表 6-1 列示的是纽约证券交易所的上市条件。

表 6-1 纽约证券交易所的上市条件

项　目	纽约证券交易所的上市条件
股票面值	最低市值 1 亿美元
有形资产	不少于 1 亿美元
连续盈利时间	3 年
盈利情况	3 年连续盈利，且在最后一年不少于 250 万美元，前 2 年每年不少于 200 万美元或在最后 1 年不少于 450 万美元，3 年累计不少于 650 万美元
股东人数	持有 100 股以上的股东人数不少于 5000 名
公众持股	无
信息披露要求	遵守交易所年报、季报和中期报告制度
行业和业务要求	详细说明公司所属行业的相对稳定性、公司在该行业中的地位、公司产品的市场情况等
其他	采用美国一般公认的会计准则

2. 全美证券交易所

全美证券交易所（American Stock Exchange，AMEX）是一家能同时进行股票、期权和衍生产品交易的交易所，也是一家关注于中小市值公司并为其提供一系列服务来增加其关注度的交易所，作为美国三大证券交易所之一，有超过 1200 只股票在此上市。其前身为“纽约股票证券交易场外市场联盟”，主要交易建国初期美国政府发行的债券和新成立的企业发行的股票，后来逐渐形成了完善的交易规则。1921 年，由场外交易变为场内交易。1953 年正式改名为全美证券交易所，且沿用至今，其业务包括股票业务、期权业务、交易所交易基金（ETF）业务。

全美证券交易所的交易场所和交易方式大致与纽约证交所相同，只不过在这里上市的多为中、小型企业，因此股票价格较低、交易量较小，流动性也较低。在还没有纳斯达克证券市场以前，一些现在知名的企业因为资本额小、盈利水平不高，无法达到纽约证交所的上市标准，因此就在全美证券交易所上市，像石油公司艾克森（Exxon）和通用汽车（General Motors）都是在这里成长为大企业后，才到纽约证券交易所上市的，所以全美证券交易所也可称得上是明星股的酝酿所。

全美证券交易所的上市条件比纽约证券交易所低，公司到全美证券交易所挂牌上市，需具备以下几项条件：

（1）最少要有 500000 股的股份数在市面上为大众所拥有。

（2）市值最少要在 3000000 美元以上。

（3）最少要有 800 名股东（每名股东需拥有 100 股以上）。

（4）上市前的上一个会计年度需有最低 750000 美元的税前所得。

（三）美国二板市场：纳斯达克市场

1. 纳斯达克市场简介

纳斯达克市场全名为“美国证券交易商协会自动报价系统”，由美国证券交易委员会授权民间性组织全美证券交易商协会规范，组织形式采取公司制，于 1971 年 2 月 8 日正式开始交易。它是美国科技股交易中心，也是全球第一个电子股票交易市场。它的发展速度非常快，目前仅次于纽约证券交易所而成为全球第二大股票交易市场。截至 2017 年 6 月 19 日，共有 100 家中国公司在纳斯达克上市交易。

纳斯达克市场内部也是一个多层次的股票市场构架。1982 年 4 月，纳斯达克在交易最活跃的 40 个股票基础上成立纳斯达克全国市场，这一子市场对上市公司的财务状况和交易透明度要求较高，达不到全国市场标准的上市公司形成小型资本市场。两个市场分工明确，小型市场成了专业的孵化器市场，在小型市场中得到初步成长的公司，一旦满足全国市场的相关上市条件，即可以通过简单的程序到全国市场上市。2006 年 2 月，纳斯达克宣布将股票市场分为三个层次：纳斯达克全球精选市场、纳斯达克全球市场（即原来的纳斯达克全国市场）以及纳斯达克资本市场（即原来的纳斯达克小型股市场），进一步优化了市场结构，吸引不同层次的企业上市。

2. 交易机制的演变

从纳斯达克的发展历史来看，1992 年前主要采用做市商机制，每一只在纳斯达克上市的股票，至少要有两个以上的做市商为其股票报价，一些规模较大、交易较为活跃的股票的做市商往往能达到 40~45 家。

到 1996 年 8 月，美国证监会推出了新的委托处理规则（OHR），试图彻底改变纳斯达克市场的运行方式。这一规则主要包括两方面改革：一是限价委托显示规则，要求优于做市商报价的限价委托必须在其报价中显示，或传递给另一机构显示。二是新的报价规则强制条款，要求做市商不得在纳斯达克和电子通信网络（Electronic Communications Network，ECN）中显示不同的报价，除非后者显示的最优价格能够为所有市场参与者观察到并可与之交易。

1997 年 1 月，首批 50 只股票开始执行此规则。到 1997 年 10 月 13 日，所有的股票全部适用该规则。新委托处理规则对纳斯达克市场产生了重大影响，加速了竞价交易方式在纳斯达克市场的应用，使纳斯达克由传统的竞争性做市商制度演变为做市商制度与竞价机制相结合的混合型做市商制度。

经过 15 年的发展，2006 年纳斯达克市场变更为注册的全国性股票市场（Licensed National Market），2007 年后纳斯达克市场进行交易方式改革，将做市商制度与竞价机制进行分离，做市商制度主要在其下属的小型资本市场采用，而较高层级的市场则采用竞价制度。

3. 纳斯达克证券市场上市条件

纳斯达克对不同层次市场设立了多套不同的首次上市标准。

纳斯达克全球精选市场的首次上市标准分为财务要求和流动性要求。就财务要求而言，分为三种标准，满足其中之一即可上市。

标准1：税前利润（来自持续经营的所得税前利润）前3个会计年度总和不低于1100万美元，且最近2个会计年度中均大于220万美元，且前3个会计年度中均大于0。

标准2：前1个会计年度营业收入不低于1.1亿美元，前3个会计年度现金流总和不低于2750万美元，且最近3个会计年度中均不低于0。

标准3：前1个会计年度营业收入不低于9000万美元，但做市商数量不低于4个（标准1和标准2对做市商要求是不低于3个）。

纳斯达克全球市场的首次上市标准的财务指标也分为三类。

标准1：股东权益不低于1500万美元，来自持续经营的所得税前利润（最近1年或最近3年中的2年）不低于100万美元。

标准2：股东权益不低于3000万美元。

标准3：股东权益不低于1000万美元，或上市证券市值不低于7500万美元或总资产及总营业收入不低于7500万美元；经营历史2年以上，做市商数量不少于4个。

纳斯达克资本市场的首次上市标准中的财务要求是：股东权益不低于500万美元，或上市证券市值不低于5000万美元，或来自持续经营的净利润（最近1年或最近3年中的2年）不低于75万美元；经营历史1年以上（如上市证券市值超过5000万美元则无要求）。

（四）美国场外交易市场

美国的场外交易市场由OTCBB市场、粉单市场、第三市场和第四市场构成，是主要面向广大中小企业提供股权融资的场外市场。

1. OTCBB市场

（1）OTCBB市场简介

OTCBB是英文Over the Counter Bulletin Board的缩写，是NASDAQ的管理者——全美证券交易商协会管理的柜台证券交易实时报价服务系统，是为不在NASDAQ全国板和小板市场、纽约证券交易所或美国证券交易所挂牌交易的证券提供即时报价、成交价和成交量等信息的报价服务系统。OTCBB交易的证券包括全国性、区域性和外国权益证券、认购权证、基金单位、美国存托凭证以及直接参与项目等。一般而言，任何未在全国市场上市或登记的证券，包括在全国、地方、国外发行的股票、认股权证、证券组合、美国存托凭证，都可以在 OTCBB 市场上报价交易。OTCBB 对企业没有任何规模或盈利上的要求，只要有做市商愿意为该证券做市即可。

（2）OTCBB 市场的特点

第一，它是由全美证券交易商协会设立管理，由做市商主导的证券报价市场，但是发行公司无须向 NASDAQ 或 NASD 报告。

第二，OTCBB 规模小、零散而且无烦琐的上市程序，操作费用也较低（每月只需支付 6 美元保价费）；并且发行公司没有资格限制，手续简便，申请条件低，没有财务上的要求。

第三，它不设自动交易执行体系，投资人必须经由经纪人或交易商交易。

第四，使用 NASDAQ 工作站进行所有证券的交易，不需要在 OTCBB 进行登记，但要在 SEC 登记。

第五，与发行人之间没有任何业务关系，发行人也不需要向 OTCBB 汇报任何信息，但是 1999 年 1 月 4 日生效的信息披露规则要求做市商向美国证监会或保险、银行监管机构定期报告证券发行人的财务信息。

（3）OTCBB 与 NASDAQ 的比较

NASDAQ 其实最早也是分散在各地、由券商投资建立的 OTC 交易系统，后来实现全国统一联网，成为自动报价与交易系统，所以它与 OTCBB 有许多相似之处。但是它们又有着本质的不同，具体异同见表 6-2。

表 6-2　OTCBB 与 NASDAQ 的比较

特点或要求	OTCBB	NASDAQ
挂牌公司的最低要求	无	有
对发行公司收取挂牌或维护费	否	是
维持报价或挂牌要求标准	有	有
国内证券电子即时报价	是	是
申请文件或挂牌的最少审核期限	3 天	6~8 周

2. 粉单市场

粉单市场（Pink Sheets）是由私人设立的、为未上市公司证券提供交易报价服务的市场。粉单市场专门搜集 OTC 市场中做市商对各类店头交易股票的报价信息并将其公布，在粉单市场上的证券有全国和地方股票、外国股票、认股权证、组合证券和美国存托凭证等。现在粉单市场上报价的证券有 6600 多只（其中有一部分股票是在粉单市场和 OTCBB 上双重挂牌）。总的来说，粉单市场上的证券比 OTCBB 市场上的证券信誉等级更低，挂牌公司不必向 SEC 和 NASD 披露财务信息和任何报告，比 OTCBB 市场受到的监管更少。对于没在 NASDAQ、OTCBB 和粉单市场三个系统中报价的股票，我们把它们统称为 OTC 灰色股票市场（OTC Grey Market）。

3. 第三市场与第四市场

第三市场是指由非证券交易所会员的证券经纪商，在证券交易所之外经营在交易所上市的证券买卖而形成的证券流通市场。为适应大额投资者的需要，美国在 20 世纪 60 年代创建了第三市场。第三市场收取的佣金是通过磋商确定的，通常比在交易所交易的佣金低一半，对大宗交易非常有利，所以这个市场越来越受到机构投资者的青睐。

同第三市场相似，第四市场是适应机构投资者的需要产生的，机构投资者作为买卖双方直接联系成交的市场。一般通过电脑通信网络把会员连接起来，利用该网络报价、寻找买方和卖方。通常，第四市场只涉及买卖双方，无须中间人，大大降低了交易成本，成交迅速，而且大宗交易不会对证券市场产生冲击。因此，第四市场是一个颇具竞争性和发展潜力的市场。

此外，还存在私募证券的自动报价系统（Private Offering Resale and Trading through Automated Linkages，PORTAL），PORTAL 系统是由全美证券交易商协会发起运营的，该系统可显示交易证券公司的基本信息和价格。美国证监会 144A 条规则允许合格的机构投资者在二级市场交易发行未满 1 年或 2 年的私募证券，以增强私募证券的流动性。

二、英国

（一）英国多层次资本市场概况

英国资本市场同样是条块结合，有集中、有分散的多层次市场体系。这样一个结构完整、功能完备的市场体系，有力地支撑、维护了英国在国际金融市场中的地位。其中，全国性集中市场主要是为大型企业融资服务的；二板市场的上市标准要比集中市场低，同时它还制定了几套不同的标准，由不同规模的企业自己选择适宜自己的标准进行上市融资；新兴市场（三板）则基本上取消了上市的规模、盈利等条件，把市场监管的重点从企业上市控制转移到充分信息披露上。

（二）英国主板市场：伦敦证券交易所

1773 年，英国的第一家证券交易所在伦敦柴思胡同的乔纳森咖啡馆成立，并于 1802 年获得英国政府正式批准。交易所最初主要交易政府债券，之后扩大到公司债券和矿山、运河股票的上市交易。此后，在英国其他地方也出现了证券交易所，高峰时期达 30 余家。1967 年，英国各地交易所组成了 7 个区域性的证券交易所，1973 年，伦敦证券交易所与设在英国格拉斯哥、利物浦、曼彻斯特、伯明翰和都柏林等地的交易所合并成大不列颠及爱尔兰证券交易所，各地证券交易所于 20 世纪 80 年代后期停止运作。1995 年 12 月，该交易所分为两个独立的部分，一部分归属爱尔兰共和国；另一部分归属英国，即现在的伦敦证券交易所。

2007 年，伦敦证券交易所与意大利证券交易所合并，成立伦敦证券交易所集团，截至 2014 年年末，有 1286 家公司在伦敦证券交易所上市交易。如果企业准备在伦敦证券交易所上市，那么必须满足以下条件：

（1）公司一般须有 3 年的经营记录，并须呈报最近 3 年的总审计账目。如没有 3 年经营记录，某些科技产业公司、投资实体、矿产公司以及承担重大基建项目的公司，只要能满足伦敦证券交易所《上市细则》中的有关标准，亦可上市。

（2）公司的经营管理层应能显示出为其公司经营记录所承担的责任。

（3）公司呈报的财务报告一般须按国际或英美现行的会计及审计标准

编制，并按上述标准独立审计。

(4) 公司在本国交易所的注册资本应超过70万英镑，已至少有25%的股份为社会公众持有。实际上，如想通过伦敦证券交易所进行国际募股，其总股本一般要求不少于2500万英镑。

(5) 公司须按伦敦证券交易所规范要求（包括欧共体法令和1986年《金融服务法》）编制上市说明书，发起人须使用英语发布有关信息。发行债券一般指通过伦敦证券交易所发行欧洲债券，其要求明显低于股票发行要求。因为债券的市场行情变化一般不取决于发行人的经营表现，而更多的是受利率和通货膨胀的影响。

（三）英国二板市场：另类投资市场

1995年6月伦敦证券交易所成立的另类投资市场（Alternative Investment Market，AIM）是在欧洲成立的第一家二板市场。AIM是伦敦证券交易所向新创建的小企业提供融资服务的金融市场。无论是高科技公司，还是传统的制造企业，或是第三产业的服务企业，均可在该市场挂牌上市。AIM的制度特色主要包括：

一是面向各类企业、包容性强的市场定位。目前，AIM上市公司的行业结构呈现出典型的多元化特征，包括39个行业板块、104个分板块。从市值和上市公司数量来看，位于前列的既有采矿、能源等传统行业，也有金融服务、IT等新兴行业。

二是适应中小企业融资特点的便捷上市程序。考虑到中小企业融资的时效性，AIM设计了简便快捷的上市规则。主板企业上市需要英国金融监督管理局（UKLA）的审批，而AIM企业的上市审批权在伦敦证券交易所，上市审批便捷。

三是满足中小企业需求的小额多次融资方式。AIM公司单笔融资规模并不大。1995~2002年，AIM平均单笔融资额为370万英镑，与同期的欧洲大陆新市场和香港创业板市场相比都低。AIM这种小额多次的融资方式，充分满足了中小企业的发展特征及融资的客观需求。

四是以“终身保荐人”为核心的监管制度。终身保荐人制度是指上市企业在任何时候都必须聘请一名符合法定资格的公司作为其保荐人。保荐人的职责是保证在 AIM 的上市企业遵守 AIM 制定的规则。

五是全方位覆盖的政府支持。政府承担了中小企业培育方面的大量工作。除了有意识地通过系列教育计划来培养创业者外，政府还通过一整套财税政策来刺激创业投资活动的发展。

此外，英国政府还设立了小企业服务局，在帮助新建小企业熟悉和遵循监督法规、提供贷款担保和国外市场信息，以及如何采用先进经营手段等多方面提供服务。在 IPO 和 Post-IPO 阶段，政府继续在财税政策方面给予扶持，并针对散户和机构投资者制定了不同的税收优惠政策。

（四）英国三板市场

在英国的资本市场中，除了由伦敦证券交易所创办的、为中小企业进行股权融资服务的 AIM 外，还有为更初级的中小企业融资服务的未上市公司股票交易市场——off-exchange，简称 OFEX。它是 JP Jenkins 公司为大量中小企业所提供的专门交易未上市公司股票的电子网络的注册商标。而 JP Jenkins 公司是在伦敦证券交易所登记在册的一个家族企业，是一个具有良好经营记录与信誉的做市商。

OFEX 创立于 1995 年 10 月 2 日，其目的是为那些未进入伦敦证券交易所主板市场或 AIM 挂牌交易的公司股票建立一个可出售其股票、募集资金的市场。一些在 AIM 交易的公司股票及以前在 1996 年年底关闭的“未上市证券市场”（off-exchange）交易的公司股票也可以在 OFEX 进行交易。OFEX 与 AIM 非常类似，都是为中小型高成长企业进行股权融资服务的市场，但 OFEX 的市场准入门槛更低、层次更初级，不需要经过伦敦证券交易所的批准，上市程序简洁、上市过程更短。

三、中国香港

（一）香港多层次资本市场概况

香港联合交易所允许符合注册条件的内地企业直接发行 H 股，或以红筹股的形式上市融资。除了接纳注册地为我国内地和香港的企业上市外，它还允许注册地在开曼群岛、百慕大群岛的企业发行股票上市，从而为有意间接赴港上市的内地企业打开了方便之门。由于香港地区有中西合璧的法律和经济环境，香港地区市场还是连接中国内地企业和美国、英国证券市场的桥梁，中国内地企业可以在香港地区实现股票全球发售。据统计，中国内地企业海外 IPO 总量中的近 90%是在香港地区进行的。

截至 2017 年 6 月 19 日，香港联合交易所上市公司数量为 2053 家，总市值人民币 55 万亿。其中，内地企业以 H 股形式上市的公司有 245 家，以红筹形式上市的企业有 158 家。

（二）香港主板市场

香港联交所包括主板和创业板两个平台。主板市场一般为规模较大、成立时间较长，且具备一定盈利记录的公司提供融资平台。在联交所主板上市的公司主要受由联交所执行的《香港联合交易所有限公司证券上市规则》管辖。

1. 上市基本条件

（1）每发行 100 万港元的股票，须有不少于 3 名股东，而股东的总数不低于 100 名。

（2）公司上市时的股票市值不少于 1 亿港元，公众持有股票的市值不少于 5000 万港元，并且持股量最高的 3 名公众股股东所持有的股份不得超过上市时公众持股量的 50%。

（3）除非公司的总市值超过港币 40 亿港元，否则公众持有的股份至少达到总股本的 25%（若发行人上市时的预计市值逾 10 亿港元，公众人士所持有的比例可降低至 15%~25%）。

（4）公司必须在实质相同的管理层人员的管理下有不少于 3 年的足够和合适的业绩。

（5）公司及其业务具有香港联交所认为合适上市的条件，全部或大部分资产为现金或短期证券的发行人（投资公司除外）一般不会被视为适宜上市。

（6）公司的控股股东（持有公司股份 35%或者以上者）不能拥有可能与上市公司的业务构成竞争的业务。

（7）公司须委托至少两名独立于控股股东的董事，以代表公众股东的利益。

（8）公司应有足够的管理层人员常驻香港，一般来说，至少有两名执行董事通常在香港居住（对于在香港上市的中国内地企业，有一定豁免）。

（9）在最近一个经审核的财政年度内，股权不能有重大变动。

（10）公司的秘书必须居住于香港，有足以执行公司秘书职务的知识和经验，并具有规定的专业资格（如律师、会计师）。

2. 内地企业赴港上市的附加条件

需要注意的是，联交所对中国内地企业赴港上市还提出了以下主要附加要求：

（1）上市主体必须是在中国内地正式注册或以其他方式成立的股份有限公司，且必须受中国内地法律、法规的制约。

（2）上市后最少在3年之内必须聘用保荐人（或联交所接受的其他财务顾问），保荐人除了要确定该公司是否适合上市之外，还要向该公司提供有关持续遵守联交所上市规则和其他上市协议的专业意见。

（3）必须委托两名授权代表，作为上市公司与联交所之间的主要沟通渠道。

（4）可依循中国内地会计准则及规定，但在联交所上市期间必须在会计师报告及年度报表中采用香港地区或国际会计标准。上市公司的申报会计师必须是联交所承认的会计师。

（5）必须委任1人于其股票在联交所上市期间代表公司在香港接受传票及通告。

（6）在联交所上市前要与联交所签署上市协议。另外，每个董事和监事需向联交所作规定的承诺，招股书披露的资料必须是香港法例规定披露资料。

（7）必须为香港股东设置股东名册，只有在香港股东名册上登记的股票才可以在联交所交易。

（三）香港创业板市场

香港创业板市场（Growth Enterprise Market），主要面向高速增长但可能缺乏盈利记录的公司。香港创业板市场于 1999 年 11 月成立，主要是根据美国纳斯达克股票市场的模式而设立的二板市场，是为新兴企业，尤其是为与高科技业务有关的公司提供融资的场所。创业板市场对上市公司没有行业类别及公司规模的限制，且不设盈利要求，也不需要像主板市场的上市公司一样必须具备 3 年业务记录，只需显示公司有 2 年的活跃记录，因此，不少具有发展潜力但发展历史较短的公司会通过创业板申请上市交易。截至 2017 年 6 月 19 日，香港创业板市场的上市公司达 213 家，总市值 3109 亿元。

香港创业板市场的建立，为中小企业发展提供了资金，优化了香港产业结构，为高新科技产业成为下阶段香港经济增长点提供了重要条件和支持。香港约有中小企业 28 万家，占全港企业总数的 98%，雇佣劳动力约 140 万人，占劳动人口的近 60%。目前，香港中小企业面临的最大困难在于资金缺乏，因此，设立创业板市场就为这些企业的发展及其向高科技、高增值方向转型提供一个顺畅的融资渠道，并有利于新生科技企业的创业和发展。

香港联交所主板市场与创业板市场的要求比较见表 6-3。

表 6-3 香港联交所主板与创业板的要求比较

项　目	创业板	主板
市场目的	为较小及新兴公司筹集资金	为较大型企业募资，提供股票转让机会
接受的司法地区	所有司法地区	中国香港地区、百慕大、开曼群岛以及中华人民共和国（以 H 股形式上市）
大股东售股限制	上市 2 年后才可出售股票及抵押股份	不可在上市半年内出售股份，上市半年后仍须维持控股权
接受的投资者类别	具有专业知识的投资者	各类散户及机构投资者
买卖货币	港币、美元	港币

（续表）

项　目	创业板	主板
盈利要求	无	近 3 年合计 5000 万港元（最近 1 年须达 2000 万港元）
股票市值	无具体规定，但实际不少于 4600 万港元	上市时须达 1 亿港元
最低公众持股量	3000 万港元或已发行股本的 20%（取高者），10 亿港元以上为 10%或 2 亿港元（取高者）	500 万港元或已发行股本的 25%（取高者），40 亿港元以上为发行股本的 10%
股东人数	上市时最少 100 名	上市时最少 10 名，每 100 万港元发行额不少于 3 名股东持有
豁免上市要求	创业板上市委员会决定可以豁免一些基建公司及刚创业但有前景的科技公司	由上市委员会决定，主板上市规则列明可对天然资源开发公司及工程项目公司做出若干豁免
上市后保荐期间	上市当年及今后两个完整财政年度须聘任 1 名保荐人担任顾问	上市后无须保留保荐人（H 股保留至少 1 年）
包销安排	首次公开招股不一定要有包销安排	有
会计准则	国际或香港地区会计准则	国际或香港地区会计准则
交易系统	以公告形式显示买卖兴趣	买卖盘带动

资料来源：香港联交所网站。

四、其他国际资本市场简介

（一）新加坡证券交易所

新加坡证券交易所（Singapore Exchange Limited，SGX）于 1999 年 12 月 1 日由成立于 1973 年 5 月 24 日的原新加坡证券交易所与新加坡国际金融交易所合并而成。截至 2017 年 6 月 19 日，新加坡交易所共有 765 家上市公司，总市值约为人民币 42 万亿元。在新加坡，中国概念股被称为“龙筹股”。目前，共有超过 170 家中国公司在新加坡上市，占新加坡外国上市公司的一半以上。

新加坡证券交易所上市条件相对宽松，它除了对新加坡上市的海外公司采取国民待遇外，还规定新加坡元、港币、美元都可以作为上市募集资金。因此，2003 年以来在新加坡证券交易所上市的中国企业大幅增长，其中主要是中小民营企业。目前新加坡证券交易所有两个主要的交易板，即主板市场（Main broad）和自动报价市场（The Stock Exchange of Singapore Dealing and Automated Quotation System，SESDAQ）。

（二）日本东京证券交易所

东京证券交易所创立于 1878 年 5 月 15 日，同年 6 月 1 日开始交易，第二次世界大战时曾暂停交易，1949 年 5 月 16 日重开，并更名为东京证券交易所。截至 2014 年年末，日本东京证券交易所有 3470 家上市公司，市场资本总额将近 4.4 万亿美元。2007 年中国的亚洲互动传媒公司和中国博奇公司在日本东京证券交易所挂牌交易。中国博奇是世界范围内第一家获东京证券交易所批准，首次公开发行直接登陆东京证券交易所主板的非日本公司。

东京证券交易所目前有四个市场：市场一部、市场二部、外国部和保姆部（Mother 即日本创业板），后两个市场对外国公司开放。

在东京证券交易所上市的国内股票分为第一部和第二部两大类，第一部的上市条件要比第二部的条件严格。新上市股票原则上先在交易所第二部上市交易，然后在每一营业年度结束后考评各上市股票的实际成绩，并据此作为划分部类的标准。

东京证券交易所根据企业的发展阶段，对应外国企业开设了“外国部”“Mothers”两个市场，企业根据公司的规模及企业形象可选择任意一个市场上市。Mothers 市场面向具有高成长性的公司和国外新兴企业，外国部则面向全球大型外国企业和业绩优良的外国企业。

第三节　中国多层次资本市场的演变与现状

一、中国多层次资本市场的演变

（一）早期场外交易市场的建立及整顿

20 世纪 80 年代，随着国企改革的推进及多种所有制形式的发展，一些企业开始尝试通过发行股票的方式融资，股票发行后，必然会产生流通的需求，为适应这种需求，各地出现了原始形态的股票交易。1986 年 9 月 26 日，上海工行信托投资公司静安证券营业部在我国第一次开办了股票柜台交易。截至 1989 年年底，全国有 34 家证券公司开设了柜台交易业务。20 世纪 90 年代初，还设立了全国证券交易自动报价系统（STAQ）、全国电子交易系统（NET）和 20 多家地方证券交易中心等柜台交易市场。

从 1998 年开始，中国证监会逐步对场外交易场所进行了全面清理，截至 1999 年上半年，共关闭了 41 个场外股票交易场所，场外股票交易清理整顿基本完成。

（二）上海、深圳证券交易所的建立与发展

经中国人民银行批准，上海证券交易所与深圳证券交易所分别于 1990 年 10 月和 12 月先后成立。1998 年年底颁布的《证券法》规定“经依法核准的上市交易的股票、公司债券及其他证券，应当在证券交易所挂牌交易”，排除了场外证券交易的合法性。十多年来，两个交易所市场经历了巨大的发展。2004 年 5 月，作为分步推进创业板市场建设的第一步，深圳证券交易所在主板市场内设立了中小企业板块，把符合主板市场条件的中小企业集中于该板块发行上市，为我国多层次资本市场的建设做了有益的探索。2009 年 10 月，深圳证券交易所开通创业板，基本形成了主板、中小板和创业板的多层次市场结构。

（三）全国中小企业股份转让系统（新三板）的建立和发展

我国三板市场（OTC 市场）的发展分为三个阶段。第一阶段（2001～

2006 年)，中国证券业协会开办的证券公司代办股份转让系统（老三板）。第二阶段（2006~2012 年)，中关村科技园区非上市股份有限公司股份进入证券公司代办股份报价转让系统进行股份转让试点。第三阶段（2013 年至今)，三板市场扩容至全国，全国中小企业股份转让系统（NEEQ）迅猛发展。

“新三板”最初是中关村科技园区非上市股份报价转让系统的俗称，该系统创建于 2006 年，其宗旨在于为科技园区内具备一定资质的非上市公司提供融资平台，主管机构为中国证券业协会。该系统之所以被业界称为“新三板”，是相对于“老三板”而言的。后者是指 2001 年由中国证券业协会组建的、申银万国等 6 家证券公司组成的证券公司代办股份转让系统。

“老三板”的产生、发展与我国国企改制息息相关。20 世纪 90 年代，我国国有企业进入股份制改造时期，然而当时经济领域的意识形态和理论研究远远落后于实践的发展，“股份制就是私有化”“股份制会导致国有资产流失”等论调甚嚣尘上，对改革产生了很大的阻力。为避免争论，顺利完成改革，部分有识之士提出在国有企业股份制改革中设立法人股，即向企业法人和内部职工定向募集资金，并限制该部分股份在二级市场上流通，从而消除反对者的疑虑。该举措推动了国有企业股份制改革的顺利进行，同时也导致法人股流通难的问题。为解决这一历史遗留问题，原国家体制改革委员会和中国人民银行分别批准建立了“STAQ 法人股流通市场”和“NET 法人股市场”，接受法人股挂牌，促进法人股交易，吸引了数十家上市公司。然而 1998 年亚洲金融危机爆发，监管层出于安全的考虑关闭了“STAQ”和“NET”两个系统，再次引发了法人股流通问题。2001 年 6 月中国证券业协会发布《证券公司代办股份转让业务试点办法》，建立“老三板”以接收原“STAQ 系统”和“NET 系统”中的上市企业，解决法人股流通问题，当年年底又允许主板退市企业在“老三板”挂牌，实现了该系统的扩容。在“老三板”中，各证券公司通过深圳证券交易所网络与各自的客户联网，客户通过自己的证券公司买卖其他证券公司推荐的股票。

"新三板"借用了"老三板"的平台，二者存在着历史上的渊源和形式上的派生关系，共同组成我国场外交易市场的重要部分。然而，从制度设计的角度讲，"新三板"与"老三板"又存在着很大的不同，具体体现在：

（1）定位不同。"老三板"的主要使命在于解决"STAQ"和"NET"系统遗留的法人股流通问题，并为退市企业提供股份转让平台；而"新三板"的宗旨则在于为高科技高成长企业提供投融资平台，提高挂牌公司的经营、治理和融资能力。

（2）参与者不同。"老三板"挂牌公司已经完成过股票的公开发行，而"新三板"挂牌公司则属于非上市公司；"老三板"对各类投资者开放，而"新三板"则建立了适当投资者制度，对投资者的资格进行限制。

（四）区域性产权交易市场（四板）的发展

区域性产权交易市场又称"四板"，是业内对于各地方股权交易中心的简称。自 1988 年 5 月武汉市成立第一家企业产权转让机构起至今，全国各类产权交易市场超过 200 余家。这些市场的组织形式各不相同，有的注册为事业法人，有的注册为公司法人。在隶属关系上也各不相同，分别隶属于体改委、经贸委、国资局、科技局、工商局等。目前，全国的产权交易市场发展参差不齐，个别市场的交易规模较大，经营状况较好，绝大部分的市场规模小、收入低，相当数量的市场处于亏损状态。2004 年 2 月，国资委指定上海联合产权交易所、天津产权交易中心和北京产权交易所 3 家产权交易市场作为中央企业国有资产转让的试点单位，这 3 家交易市场在获得试点机构资格后取得了较大的发展。

（五）券商柜台交易（五板）市场的发展

2012 年 12 月 21 日，中国证券业协会宣布证券公司柜台交易市场正式启动，首批包括 7 家券商，即海通证券、国泰君安、国信证券、申银万国、中信建投、广发证券、兴业证券。柜台交易业务将以协议交易为主，同时尝试开展报价交易或做市商交易机制。柜台交易产品定位为私募产品，柜台交易市场建设初期配合资产管理业务创新，以销售和转让证券公司理财产品、代销金融产品为主。交易产品种类遵循先易后难的原则，且多为券商自己创设、开发、管理的金融产品。

2014 年 8 月 15 日，中国证券业协会下发《证券公司柜台市场管理办法（试行）》(下称《办法》)，表示除特殊规定外，证券公司在柜台市场发行、销售与转让的私募产品，直接实行事后备案。同时，还发布了《机构间私募产品报价与服务系统管理办法（试行)》，这样私募产品机构间交易市场将打通。

二、主板市场

（一）主板市场简介

主板市场是多层次资本市场体系中层次最高的市场，是为成熟阶段的大型企业提供融资和股（债）权交易的平台。主板市场的上市标准最高，对上市企业的业绩与经营稳定性要求最为严格。相对而言，其市场风险比较小，其交易成本也较低，市场投资者的分布也最为广泛。由于上市企业大多具有较大资本规模及稳定的盈利能力，所以在很大程度上能反映国民经济发展状况。

目前，国内的主板市场主要由上海证券交易所和深圳证券交易所组成。截至 2017 年 6 月 19 日，上海证券交易所上市公司共计 1287 家，深圳证券交易所主板市场上市公司共计 466 家。

（二）主板市场的功能与特点

第一，主板市场上市条件要求较高，一般对发行人的营业期限、股本大小、盈利水平、最低市值等方面都有较为严格的规定。

第二，主板市场上市企业多为成熟大型企业，有良好的业绩记录和完善的公司治理机制，较长的历史存续性和较稳定的投资回报。

第三，主板市场多采用集中竞价交易制度，投资者各自提交买卖委托，经过交易中心撮合交易。

第四，主板市场对于投资者的入市标准规定较低，因此其投资者分布较为广泛。

（三）主板市场的组织形式

上海证券交易所和深圳证券交易所均成立于1990年年末，两个交易所在扩大直接融资、优化资源配置、建立现代企业制度等方面发挥了积极的作用。

1. 上海证券交易所

上海证券交易所（以下简称“上交所”）成立于1990年11月26日，同年12月19日开业，归属中国证监会直接管理。其主要职能包括：提供证券交易的场所和设施；制定证券交易所的业务规则；接受上市申请，安排证券上市；组织、监督证券交易；对会员、上市公司进行监管；管理和公布市场信息。

上交所下设交易管理部、发行上市部、公司管理部、会员部、债券基金部、国际发展部、产品开发部、市场监察部、法律部、投资者教育部、技术中心、信息中心、研究中心、财务部、稽核部、北京中心等20个部门，以及两个子公司上海证券通信有限责任公司、上交所信息网络有限公司，通过它们的合理分工和协调运作，有效地担当起证券市场组织者的角色。

上交所的组织结构如图6-2所示。

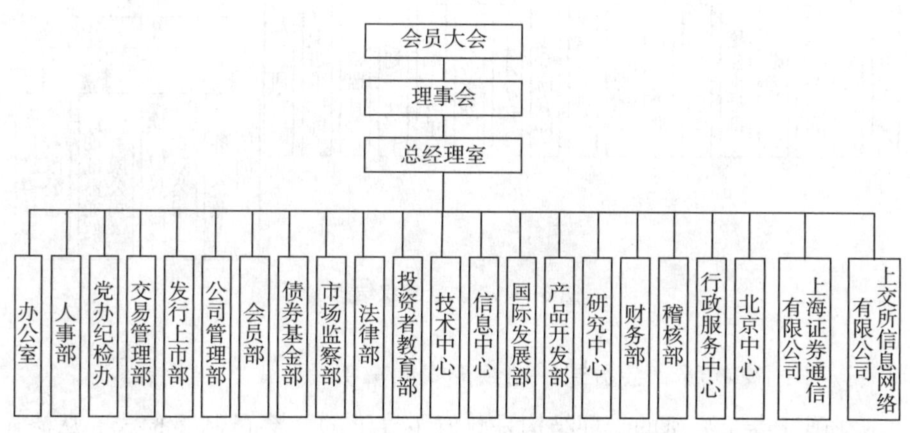

图6-2 上交所组织结构

2. 深圳证券交易所

深圳证券交易所（以下简称“深交所”）成立于 1990 年 12 月 1 日，是为证券集中交易提供场所和设施，组织和监督证券交易，履行国家有关法律、法规、规章、政策规定的职责，实行自律管理的法人，由中国证监会监督管理。深交所的主要职能包括：提供证券交易的场所和设施；制定业务规则；接受上市申请、安排证券上市；组织、监督证券交易；对会员进行监管；对上市公司进行监管；管理和公布市场信息；中国证监会许可的其他职能。

深交所以建设中国多层次资本市场体系为使命，全力支持中国中小企业发展。2004 年 5 月，中小企业板正式推出；2009 年 10 月，创业板正式启动，深交所主板、中小企业板、创业板协调发展的多层次资本市场体系架构基本确立。

深交所的组织结构如图 6-3 所示。

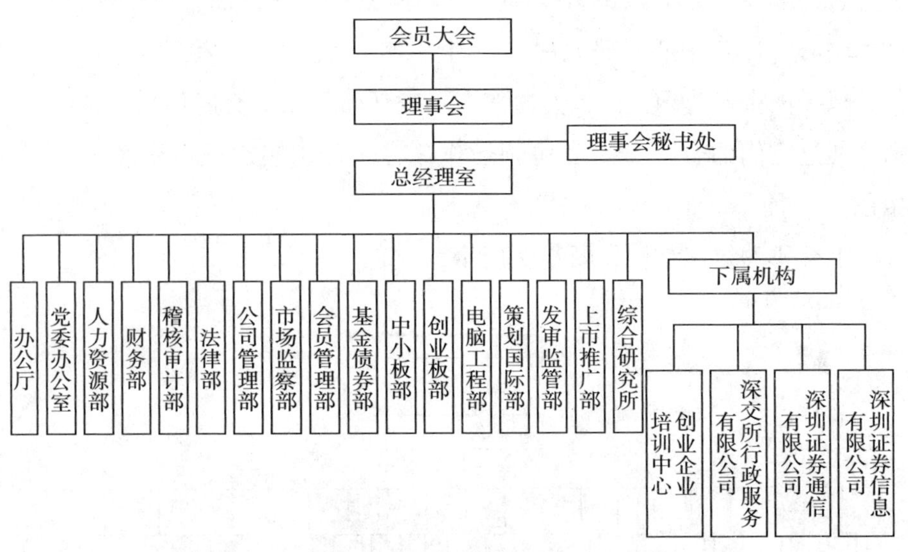

图 6-3 深交所组织结构

3. 中国交易所“会员制”组织形式的辨析

我国证券交易所的治理结构是政府主导下的“会员制”模式。从法律地位上来说，从 1990 年上海证券交易所制定的《交易所章程》、1991 年深圳市人民政府颁布的《深圳市股票发行与交易管理暂行办法》、1993年国务院证券委员会发布的《证券交易所管理暂行办法》到1997年国务院证券委正式发布的《证券交易所管理办法》，其中的条文都明确规定了我国证券交易所的“会员制”法人地位。在《证券交易所管理办法》第3条中规定，“证券交易所是指依本办法规定条件设立的、不以营利为目的，为证券的集中和有组织的交易提供场所、设施，履行国家有关法律、法规、规章、政策规定的职责，实行自律性管理的会员制事业法人”。该《管理办法》对证券交易所规定了如下的治理结构：(1) 证券交易所设会员大会、理事会和专门委员会。(2) 会员大会为证券交易所的最高权力机构；(3) 理事会是证券交易所的决策机构，由7~13人组成，其中非会员理事不少于理事会成员总数的三分之一，不超过理事会成员总数的二分之一。会员理事由会员大会选举产生，非会员理事由证监会委派。理事会设理事长1人，副理事长1~2人，理事长、副理事长由证监会提名，理事会选举产生。(4) 证券交易所设总经理1人，副总经理1~3人。总经理、副总经理由证监会任免。

虽然法律赋予了我国证券交易所的“会员制”法人地位，但是由于我国证券市场的发展历程和特点，我国的证券交易所并不是真正意义上的“会员制”法人。一方面，从发展历程来看，在交易所建立的初期，地方政府起到了积极的推动作用。但随着证券市场的飞速发展，沪、深两地的证券交易所开始出现业务上的频繁摩擦和消极竞争，证券交易所在地方政府的推动下全国“遍地开花”，导致监管机制面临极大的挑战和系统风险。为此，中央政府以统一监管架构、整顿市场秩序的方式介入证券市场的发展和管理。1997年8月，国务院决定沪、深交易所划归中国证监会直接管理，地方政府不再行使管理权。另一方面，从交易所拥有的实际控制权角度来看，我国的证券交易所并不是真正意义上的“会员制”法人。证券交易所主要领导职位的任命权和公司上市的审批权均由证监会行使和决定，会员并没有实质的话语权。以上这些方面都说明，我国的证券交易所是政府主导下的“会员制”法人，不是真正意义上的由会员进行出资、使用和控制的“会员制”法人。

（四）中国主板市场的上市条件

企业者想在上交所、深交所上市，必须符合以下条件（见表6-4）。

表6-4 中国A股市场的上市条件

项目	中国A股主板的上市条件
股本总额	公司股本总额不少于人民币5000万元
营运记录	须具备3年业务记录
盈利要求	连续3年盈利
最低公众持股量	公众股不少于总股本的25%，总股本超过4亿元，公众股不少于总股本的15%
主要股东的最低持股量	发起人认购的股本数额不少于总股本的35%
最低市值	无具体要求
公众股东最少数目	持有股票面值至少达1000元者不少于1000人
投资者保障措施	信息披露监管，保荐人制度
有关披露持续规定	招股说明书；上市公告书；定期报告，包括年度报告、中期报告和季报；临时报告，包括重大事件公告、收购与合并公告
上市费用	上市初费：以公司总股本×0.03%的金额缴纳，但最多不超过30000元 上市月费：500元

（五）证券交易所公司化与并购浪潮及其对中国的借鉴意义

1. 交易所公司化

随着全球经济一体化和信息技术的迅速发展，证券交易所逐渐由传统的会员制的治理模式向公司制转变，并最终形成了一股证券交易所公司化的浪潮。新型交易系统的出现和电子交易的兴起，消除了交易所的进入壁垒，彻底颠覆了传统会员制交易所的垄断地位。同时，外部竞争环境的加剧，使会员制一员一票决策机制的弊端和冲突日益激化。在外部竞争和内部矛盾激化的双重压力之下，公司化改革成为传统证券交易所的唯一出路。

（1）证券交易所组织形式比较分析

①会员制交易所。会员制是指证券交易所的治理结构围绕会员展开的一种治理模式，会员制证券交易所提供的产品和服务主要服务于会员，而会员一般也仅限于证券交易所的客户（主要是交易的券商）。证券交易所的决策机制是按照"一员一票"的原则确定的，证券交易所各种利益也是按照完全平等的原则分配。

②公司制交易所。公司制是指证券交易所的治理结构完全按照公司的形式展开。公司制证券交易所最主要的特征是以营利为目标，追求证券交易所利润的最大化。公司制证券交易所的股东一般是没有任何限制的，可以是市场参与者，也可以是完全与市场没有任何联系的人或机构。证券交易所的决策机制和利益分配是根据股东拥有的股份多少，按照"一股一票"的原则确定。

两种交易所组织形成的比较见表6-5。

表6-5 两种交易所组织形式比较①

项目	会员制交易所	公司制交易所
所有权	属于在交易所交易的会员	公众持股，交易所和所有权分离
交易所目标	高效、低成本的交易环境；风险最小化的结算；高质量的监管架构	股东利益最大化；盈利和股利增长；扩大产品范围和销售渠道；建立品牌声誉
董事会组成和决策制定	大部分或仅由会员组成；决策通常以"一员一票"的方式制定；董事会被赋予决策制定的权力	董事会构成较为分散；决策以"一股一票"的方式制定；董事会被赋予决策制定权，但管理层负责日常运作
购并和联盟	不是优先考虑目标	在增长最大化的驱动下，可能成为优先考虑目标
资本管理	保持较高资本储备，并满足法定要求	从股东利益最大化角度考虑

① 资料来源：杨大楷，刘伟. 论我国证券交易所的公司化战略，《财经论丛》，2003年第6期（总第106期）。

(2) 公司化改革历史

从1993年瑞典的斯德哥尔摩股票交易所率先实行股份制改革，并将其母公司的股票在斯德哥尔摩股票交易所上市，成为第一家公司制交易所起，全球各国掀起了交易所公司化浪潮。1998年，澳大利亚证券交易所不仅改制为公司制交易所，并在自己的交易所公开上市，成为全球第一家公开上市的证券交易所。在此后不到3年的时间里，新加坡、中国香港、伦敦、德国、巴黎等亚太和欧洲区内主要的交易所先后在自己的交易所公开上市。北美区两家主要的交易所纳斯达克和多伦多证券交易所也在2000年前后完成了公司制改革并公开上市。

纽交所则是通过借壳方式完成了上市，2005年4月20日纽交所宣布收购位于芝加哥全美第一家电子交易市场 Archipelago Exchange（群岛交易所，交易代号为AX）。经过双方董事会的同意，两家交易所合并，新的控股公司被命名为纽交所集团（NYSE Group Inc.），成为一家以营利为目的的上市公司。

目前，在世界证券交易所联合会注册的交易所中，绝大部分都已经公司化，并已改制成功上市，还有一些交易所在设立之初即采取了公司制。可以说，20世纪90年代开始的证券交易所公司制改革趋势，已经使公司制成为当前全球证券交易所的主导治理模式。

2. 交易所并购浪潮

(1) 背景

经济全球化深入发展是欧美证券交易所加快并购步伐的大背景。资本已突破国界、地域的限制自由流动，而全球范围的激烈竞争，迫使企业不断通过整合扩大规模，降低运营成本，增强竞争能力。作为提供企业融资及交易的特殊企业，证券交易所也不能置身企业并购大势之外。

电子交易方式的普及，极大地提高了交易速度，一个交易平台可能完成的交易量是以往根本不可想象的，而增加交易量最快的途径是并购证券交易所。经过多年的经营和积累，欧美各大证券交易所各自精心构筑了自身优势，相互竞争日趋白热化。比如，德意志证券交易所在清算结算业务上占有优势；泛欧交易所旗下的交易所遍布巴黎、阿姆斯特丹、布鲁塞尔、里斯本及伦敦；伦敦交易所是欧洲最大的现货股票交易市场，在欧洲所有的首次公开发行中，70%是通过伦敦交易所完成的。得益于先进技术的应用，纳斯达克也具有较强的竞争力，它早已不满足于以科技类股为主，开始吸纳大盘蓝筹股；而全球最著名的证券交易所——纽约证券交易所的日交易量最大，资本流动性最强。各证券交易所在寻求并购对象及合作伙伴时，非常注意优势互补。伦敦交易所之所以成为纳斯达克的竞购对象，完全是其独特优势使然，而纽交所选择泛欧交易所也是着眼其在金融衍生品领域中的特长。

（2）交易所并购的特点

第一，交易所的跨国合并成为主流，新的一轮合并皆为跨国并购。传统的几大交易所开始全球布局，这是全球经济和金融一体化的重要体现。

第二，规模化效应显现，合并后各交易所的系统性与产品的标准化（统一的交易规则、统一的交易平台、统一的结算系统）和互联性（24 小时交易）提高，减少了交易所和投资者的交易成本，吸引了更多的投资者进入市场。

第三，证券交易所和期货交易所交叉合并大量出现，金融衍生品交易所的地位明显上升，说明全球投资者避险意识增强。

（3）交易所并购浪潮回顾

自 2006 年起，全球交易所之间的并购进入了一个高潮时期，多家大型交易所跨洲的合并大大改变了全球资本市场的格局。

2006 年是全球证券交易所并购浪潮的第一波：纳斯达克收购伦敦证券交易所 18.7%的股份；纽约证券交易所与泛欧证券交易所达成总价约 100 亿美元的合并协议；澳大利亚证券交易所与悉尼期货交易所宣布合并；日本中部商品交易所和大阪商品交易所达成合并协议；芝加哥商品交易所和芝加哥期货交易所宣布合并。

时隔 5 年，2011 年资本市场再次掀起交易所合并浪潮。多伦多证券交易所集团宣布将和伦敦证券交易所集团寻求合并可能，此举将创建一个跨大西洋的、着重于资源和清洁能源类公司上市业务的集团。如果合并成功，新的交易所将成为全球最大的矿业和能源公司上市平台。

而将这场合并浪潮推向顶峰的是德意志交易所和纽约—泛欧交易所集团潜在合并交易。合并后的公司将实际由德意志交易所接管，德意志交易所的股东将持有新实体约60%的股权。公司的全球衍生品业务将由法兰克福总部领导，公司的技术部门和欧洲现金交易业务将设在巴黎，全球上市业务和美国现金交易业务将由纽约负责，合并后，新公司的股票和期货交易量将超过世界上任何一个交易所，期权交易量也将成为美国各交易所之最。但该项交易在2012年年初并未获得监管机构的批准，交易双方目前仍在申诉，希望重新达成该项合并。

2000年以来，主要的交易所并购如表6-6所示。

表6-6 2000年至今主要证券交易所并购情况

时 间	被收购交易所公司名称	被购公司国家	发起收购公司	发起收购公司国家	价值（亿美元）
2005年4月20日	纽约证券交易所	美国	群岛控股公司（Archipelago Exchange）	美国	23
2006年5月22日	泛欧交易所集团	荷兰	纽交所集团	美国	102
2006年10月17日	芝加哥期货交易所控股公司	美国	芝加哥商品交易所	美国	110
2007年4月30日	国际证券交易所控股公司	美国	欧洲期货交易所	德国	28
2007年5月25日	OMX集团（北欧证券交易所集团）	瑞典	纳斯达克股票市场公司	美国	41
2007年8月17日	OMX集团	瑞典	DIFC（迪拜国际金融中心公司）	阿联酋	33
2008年1月28日	纽约商品交易所控股公司	美国	芝加哥商品交易所集团	美国	75

（续表）

时 间	被收购交易所公司名称	被购公司国家	发起收购公司	发起收购公司国家	价值（亿美元）
2008年3月27日	圣保罗证券交易所	巴西	巴西期货交易所	巴西	103
2010年10月25日	澳大利亚证券交易所	澳大利亚	新加坡交易所有限公司	新加坡	83
2011年2月9日	TMX集团（加拿大）	加拿大	伦敦证券交易所集团	英国	30

资料来源：全球交易所掀起并购潮. 新浪财经专栏，http://finance.sina.com.cn/focus/jx-shb/。

（4）2014年全球主要证券交易所市值和挂牌公司概况（见表6-7）。

表6-7 全球主要证券交易所和挂牌公司概况

	证券交易所	所在国家或地区	上市公司总市值（万亿美元）	上市公司数量（家）
1	纽约—泛欧交易所（美国分部）	美国	19.3	2466
	纽约—泛欧交易所（欧洲分部）	欧盟	3.3	1055
2	纳斯达克交易所	美国	7	2782
3	伦敦证券交易所	英国	6.2	1286
4	东京证券交易所	日本	4.4	3470
5	上海证券交易所	中国	4	995
6	香港联合证券交易所	中国香港	3.2	1752
7	深圳证券交易所	中国	2.1	1618
8	多伦多证券交易所	加拿大	2.1	3761
9	德意志证券交易所	德国	1.7	670
10	印度国家证券交易所	印度	1.5	1708
11	澳大利亚证券交易所	澳大利亚	1.3	2073
12	巴西证券、商品及期货交易所	巴西	0.84	363

资料来源：世界证券交易所联合会（数据截至2014年年末）。

（5）2014 年全球交易所融资情况排名（见表 6-8）。

表 6-8 2014 年全球交易所融资情况排名

排名	证券交易所	融资额（亿美元）	IPO 数量（家）
1	纽约—泛欧交易所集团	734	116
2	香港联合证券交易所	300	115
3	伦敦证券交易所	278	163
4	纳斯达克证券交易所	231	170
5	澳大利亚证交所	166	84
6	日本东京证交所	87	74
7	深圳证券交易所	58	82
8	上海证券交易所	50	43
9	孟买股票交易所	44	39
10	新加坡交易所	27	28

资料来源：纽约证券交易所报告，2014 年 12 月 31 日

3. 交易所公司化与并购浪潮对我国的借鉴意义

从中国交易所改革和下一步的发展趋势展望，我国的证券交易所应向公司制转型。与会员制相比，公司制更有利于交易的公平性以及中小投资者的保护，能更有效地履行资本市场赋予的自律监管职能。在面对全球并购浪潮和我国资本市场改革深化的形势，我国证券交易所也应当加快推进公司化转型的步伐。

一方面，证券交易所参与国际竞争，特别是进行兼并收购须以公司化为前提。我国证券交易所面对全球性证券交易所集团，参与全球竞争，需要通过并购与合作，而国外资本市场悠久的历史和先进的管理是我们短时间无法超越的，要在全球竞争中占据一席之地，可以通过兼并等方式进行学习、融合和提高。然而，目前我国交易所实行的会员制事业单位的性质，带有“准政府机构”特征，使我国证券交易所不具备市场化兼并和收购的基本条件，而转型为公司制证券交易所。在并购资金一端可以灵活地

采用各种融资方式支持并购，同时也可以通过与其他公司制交易所进行换股并购的方式实现兼并目的。这是转变为公司制证券交易所的第一层含义。

另一方面，我国证券交易所在当前的证券市场监管体系中属于自律监管组织，履行对证券交易的“一线监管”职能。但随着我国证券发行制度的变革，目前的核准制上市模式将逐步向注册制模式过渡，在这个过程中，发行和上市将实现分离，证券交易所也将逐步按照设定上市最低标准的方式履行上市审核职能，淡化行政色彩。证券监管机构则更多地将证券上市审核等事前许可事项交由证券交易所完成，监管机构更专注于立法和执法工作，实现“监审分离”，确保证券市场的健康稳定发展。这一过程的重要前提是证券交易所的去行政化，而去行政化最直接的方式是实现公司化，运营成熟后，我国交易所可以借鉴纽交所和港交所等交易所的经验择机上市，接受公众投资人的监督，利用市场机制促进证券交易所业务发展和监管水平的提高。

三、中小板市场

（一）中小板市场简介

我国的中小板市场于 2004 年 6 月 25 日在深圳证券交易所正式启动，中小板市场的股票代码均以 002 开头。截至 2017 年 6 月 19 日，我国中小企业板上市公司共计 862 家。

2004 年，在深圳证券交易所停发新股 3 年之后，市场逐渐萎缩，交易陷入低迷，除了配股、增发以外，没有新鲜血液注入。深交所渐渐与上交所拉开了一定的距离，陷入逐渐被边缘化的趋势。同时，由于创业板的推出受阻，最无奈、最苦涩的莫过于深交所。为了开创业板，深交所不但做了人才、技术等各方面的准备，而且停止了主板的新股发行，可以说是破釜沉舟、背水一战。

在这种背景下，2004 年 5 月 17 日，经国务院批准，中国证监会正式发出批复，同意深圳证券交易所在主板市场内设立中小企业板块，并核准了中小企业板块实施方案。至此，一个既借鉴西方规范、又符合中国国情，“取主板之规则、创业板之规模”的中小板出台了。可以说，这是把创业板分成了几个阶段来实现。先推出一个门槛并不低、能够和核准制平滑对接的中小企业板，那些盘子小又具有成长性的企业都可以到中小企业板来上市。

（二）中小板市场的功能与特点

1. 设计原则

中小企业板的总体设计可以概括为“两个不变”和“四个独立”。“两个不变”是指中小企业板运行所遵循的法律、法规和部门规章与主板市场相同；中小企业板的上市公司符合主板市场的发行条件和信息披露要求。“四个独立”是指中小企业板是主板市场的组成部分，同时实行运行独立、监察独立、代码独立、指数独立。

运行独立是指中小企业板块的交易由独立于主板市场交易系统的第二交易系统承担；监察独立是指深圳证券交易所将建立独立的监察系统，实施对中小企业板块的实时监控，该系统将针对中小企业板块的交易特点和风险特征，设置独立的监控指标和报警阈值；代码独立是指将中小板块股票作为一个整体，使用与主板市场不同的股票编码；指数独立是指中小企业板块将在上市股票达到一定数量后，发布该板块独立的指数。针对中小企业板块的特点，深圳证券交易所在设立初期做出了相应规定。

2. 发行制度

主要安排在主板市场拟发行上市企业中流通股本规模相对较小的公司在中小企业板上市，一般总股本小于 1 亿元，并根据市场需求，确定适当的发行规模和发行方式。

3. 公司监管制度

针对中小企业板块上市公司股本较小的共性特征，实行比主板市场更为严格的信息披露制度：一是建立募集资金使用定期审计制度；二是建立涉及公司发展战略、生产经营、新产品开发、经营业绩和财务状况等内容的年度报告说明会制度；三是建立定期披露上市公司股东持股分布制度；

四是建立上市公司及中介机构诚信管理系统；五是建立退市公司股票有序快捷转移至代办股份转让系统交易的机制。

（三）中小板市场上市条件

中小板市场上市条件详见表6-9。

表6-9 中小板市场上市条件

项目	深圳中小企业板上市条件
股本总额	发行后公司股本总额不少于人民币5000万元
营运记录	须具备3年业务记录
盈利要求	连续3年盈利
最低公众持股量	公众股不少于总股本的25%，总股本超过4亿元，公众股不少于总股本的10%
主要股东的最低持股量	发起人认购的股本数额不少于公司拟发行股本总额的35%；发起人认购的部分不少于人民币3000万元
最低市值	无具体要求
公众股东最少数目	持有股票面值达人民币1000元以上的股东人数不少于1000人
投资者保障措施	信息披露监管，保荐人制度
有关披露持续规定	招股说明书；上市公告书；定期报告，包括年度报告、中期报告和季报；临时报告，包括重大事件公告、收购与合并公告
上市费用	上市初费：30000元 上市月费：总股本不超过5000万元的，每月缴纳500元；超过5000万元的，每增加1000万元，月费增加100元，最高不超过2500元

四、创业板市场

（一）创业板市场简介

创业板市场是指资本市场为了促进中小创新企业发展而专门设立的针对中小型企业尤其是创新型企业的股票市场。其主要目的是为创业期、发展期，具有“高科技、高成长性”的企业提供集资途径，助其发展和扩展业务。在创业板市场上市的公司大多从事高科技业务，具有较高的成长性，但往往成立时间较短，规模较小，业绩不突出。

全球创业板市场的发展大致经历了两个阶段：第一阶段从 20 世纪 70 年代到 90 年代中期。当时，石油危机引起经济环境恶化，长期低迷的股市对企业缺乏吸引力，各国（地区）证券市场都面临着多种危机，主要表现为公司上市意愿低，上市公司数目持续减少，投资者投资不活跃。在这种情况下，各国（地区）为了吸引更多新生企业上市，都相继建立了创业板市场，其中最有代表性的当属美国的纳斯达克市场。第二阶段是从 20 世纪 90 年代中期开始的。当时，知识经济的兴起使大量新生高新技术企业成长起来；美国纳斯达克市场的迅速发展，为各国资本市场的发展指引了一个方向；风险资本产业迅速发展，迫切需要针对新兴企业的股票市场；各国政府重视高新技术产业的发展，纷纷设立创业板市场。

在上述背景下，各国（地区）证券市场又开始了新一轮的设立创业板热潮，其中主要有：中国香港创业板市场（GEM，1999 年）、中国台湾柜台交易所（OTC，1994 年）、伦敦证券交易所高成长市场（AIM，1995 年）、法国新市场（LNA，1996 年）、德国新市场（NM，1996 年）等。第二阶段的创业板市场发育和运作远强于第一阶段，大多数发展较为顺利，其中美国纳斯达克市场和韩国科斯达克市场的交易量甚至一度超过了主板市场。

早在 2000 年年底，深交所曾公布创业板的相关规则，并进行了相关的准备，但由于时机尚不成熟，最后没有在当时推出。到了 2009 年 10 月，深圳证券交易所才正式设立创业板，首批 28 家公司在 2009 年 10 月挂牌交易。截至 2017 年 6 月 19 日，我国创业板市场上市公司共计 651 家。

（二）创业板市场的功能与特点

1. 创业板市场的功能

创业板市场旨在培育和推动成长型中小企业成长，支持科技创新，推动知识经济发展。具体表现在以下三个方面：

（1）创业板市场满足了自主创新的融资需要。创业板的设立有助于建立起风险共担、收益共享的直接融资机制，可以缓解高科技企业的融资瓶颈，引导风险投资的投向，并调动银行、担保等金融机构对企业的贷款和担保，从而形成适应高新技术企业发展的投融资体系。

（2）创业板市场为自主创新提供了激励机制。资本市场通过提供股权和期权计划，可以激发科技人员更加努力地将科技创新收益变成实际收益，解决创新型企业有效激励缺位的问题。

（3）创业板市场为自主创新建立了优胜劣汰机制，提高了社会整体的创新效率。具体体现在以下两个方面：一是事前甄别，即通过风险投资的甄别与设立资本市场的门槛，建立预先选择机制，将真正具有市场前景的创业企业推向市场；二是事后甄别，即通过证券交易所的持续上市标准，建立制度化的退出机制，将问题企业淘汰出市场。

2. 创业板市场的特点

创业板市场与主板市场的最大区别在于其极强的针对性，主要发行人为高科技领域内运作良好、成长性强的高科技企业，而对企业规模和过去的经营业绩要求较低。此外，创业板市场还有以下特点：

（1）风险较高。与主板上市公司相比，创业板市场上市公司的规模小，业务处于初期阶段，而行业竞争又较激烈，未来发展的不确定性较大，因而使投资者面临更大的投资风险。

（2）监管严格。由于风险较高，监管当局对发行人实行更严格的监管标准，在信息披露方面要求更高，以保证市场透明度和维护投资者的利益。

（3）具有明显的高新技术、高成长性导向。

（三）创业板市场的组织模式

过去20多年来，基于完善多层次资本市场的需要，推进与培育中小企业发展，满足投资者多元化投资需求，很多国家和地区均在主板（证券交易所）之外推出了自己的创业板市场。尽管称呼千差万别，但实质上都是为了推动中小型创新企业发展而专门设立的股票市场。当前国际上创业板市场的组建模式可以归纳为以下三种：

模式1（一所创业板平行式）：在现有证券交易所中设立一个创业板（Second Board），作为主板的补充，与主板一起运作，二者拥有共同的组织管理系统和交易系统，甚至相同的监管标准，不同的只是上市标准的高低，如中国香港、新加坡、马来西亚、泰国的创业板市场均属此类，二者不存在主板和创业板的转换关系。目前中国创业板市场也属于这一模式。

模式 2（一所创业板升级式）：在现有证券交易所内设立一个独立的为中小企业服务的交易市场，其上市标准低，上市公司除须有健全的会计制度及会计、法律专业人员、券商顾问和经纪人保荐外，并无其他限制性标准，如伦敦证券交易所的另类投资市场（AIM），加入 AIM 市场两年后若公司运营正常，即可申请在伦敦股票交易所挂牌。显然，主板和创业板之间是一种从低级到高级的提升关系。

模式 3（独立模式）：创业板市场本身是一个独立的证券交易系统，拥有独立的组织管理系统、报价交易系统和监管体系，上市门槛低，能最大限度地为新兴高科技企业提供上市条件，如美国的 NASDAQ，法国的 New Market 及欧洲的 EASDAQ。

（四）我国创业板上市条件

我国创业板上市条件详见表 6-10。

表 6-10　我国创业板上市条件

项　目	创业板上市条件
经营时间	持续经营 3 年以上
财务要求	最近两年连续盈利，最近两年净利润累计超过 1000 万元，且持续增长； 或者最近一年盈利，且净利润不少于 500 万元，最近一年营业收入不少于 5000 万元，最近两年营业收入增长率均不低于 30%； 最近一年期末净资产不少于 2000 万元
股本要求	发行后的股本总额不少于 3000 万元
业务经营	应当主要经营一种业务
公司管理	最近两年主营业务、董事和高级管理人员没有重大变动，实际控制人没有变更

（五）全球创业板市场的发展经验及对中国的借鉴意义

1. 境外创业板失败的教训①

（1）德国创业板。第一，德国创业板市场准入标准过低，市场缺少拥有实体业务的企业。第二，部分上市企业造假，破坏德国新市场的声誉。第三，上市企业行业结构不合理。大部分企业属于互联网等高科技行业，当美国等的网络经济泡沫破裂，德国创业板市场所受的打击严重。

（2）日本创业板。日本在创业板的建设上进行了多次尝试，先后建立多个创业板市场。进入20世纪90年代，日本创业板市场格局在全球竞争与国内金融变革的背景下发生了剧烈的变化。由于佳斯达克（JASDAQ）、玛札兹（Mothers）及大阪所的创业板市场等对市场资源定位趋同，竞争激烈，产生资源浪费，导致日本创业板市场发展不成功。

（3）中国香港创业板。第一，香港本地上市资源不足，导致信息披露不完整。第二，上市门槛较低，企业良莠不齐，监管部门监管力度不够。第三，投资者结构不合理。由于诸多原因，香港投资者对创业板信心不足。第四，上市企业行业结构不合理。过分集中于新兴的软件、电子、网络与通信等行业。网络经济泡沫的破灭，严重波及香港创业板市场。

2. 纳斯达克市场的成功经验

纳斯达克市场建立于1971年。作为世界上最大的股票市场之一，它已经成为全球支持中小企业融资和发展的一面旗帜和各国借鉴的对象，其中包括各层次市场以及场外柜台交易市场（OTCBB）之间灵活的转板机制；便捷快速的上市审核程序；为不同类型企业提供了多套IPO标准和维持上市标准；严格而灵活的退市制度以及强化上市公司治理等特色制度。

（1）各层次市场之间灵活的转板机制。在低层次市场中得到成长的公司，一旦满足高层次市场的相关上市条件，即可以通过简单的程序到高层次市场上市；不满足高层次市场维持上市标准、但满足纳斯达克资本市场要求的，可以申请在纳斯达克资本市场中挂牌。除了纳斯达克全球精选市

---

① 资料来源：柳逢春. 创业板市场国际经验及对我国的启示［J］. 科教导刊，2010-02（中）。

场、纳斯达克全球市场、纳斯达克资本市场外，受全美证券交易商协会和美国证券交易委员会监管，使用纳斯达克技术系统的美国 OTCBB 与纳斯达克也是连通的，即只要 OTCBB 的股票符合一定条件（股东超过 300 名，价格维持在 4~5 美元，净资产达到 400 万美元以上），就可以申请转移到纳斯达克资本市场；从纳斯达克退市的，也可以申请到 OTCBB 挂牌。

（2）便捷快速的上市审核程序。根据美国《证券交易法》的相关规定，注册成功的证券或者获得豁免权的证券就可以在纳斯达克实现了交易所上市。交易所将对上市申请进行审核，交易所批准后，将向 SEC 递交书面证明，证券的注册将在 SEC 收到交易所证明的 30 天后生效，或在 SEC 规定的更短时间内生效。注册一旦生效，该证券就有资格在纳斯达克交易所上市。

（3）严格而灵活的退市制度。纳斯达克市场有严格和完善的退市机制，规定了持续上市的最低标准。最低标准包括有形资产净值、总资产、市值、总收入，流通股份，最低股东数和最低买价等。严格的摘牌制度使纳斯达克实现了优胜劣汰，保证了上市公司的质量，并给上市公司带来压力。为了适应不断变化的外部环境，满足企业需求，纳斯达克先后 3 次调整持续上市的最低股价要求和宽限期。根据规定，在股价持续 30 天低于 1 美元后，原 90 天的宽限期扩展至 180 天。如果能提供符合满足主要新上市标准的证据后，可以再延长 180 天。其中，小规模市场的公司可以再延长 540 天。从全国市场摘牌的公司可以到小规模市场挂牌，而不像原来那样直接进入 OTCBB 市场。这些政策的出台，为那些遇到暂时困难的上市公司赢得了时间，避免了大批公司由于突发性的环境变化而摘牌。①

3. 对我国创业板市场的借鉴意义

我国创业板市场建立两年多来，虽然成绩可喜，但是随后出现的“三高”超募、高管离职、PE 腐败、业绩变脸等一系列问题同样值得我们关注。

---

① 资料来源：欣士. 海外创业板最新发展——英国 AIM：特色鲜明的创业板市场［J］. 深交所，2008（1）：66-70。

一方面，改革发行体制，创业板行政审批、“伪市场化”的问题亟须解决。表面上看，监管部门一直在追求发行制度市场化，但实际上由于不放开发行规模，仅仅对个股进行市场化询价，粥少僧多，必然导致询价询到天花板上，其背后则是监管部门的行政垄断和行政审批。在这样的审批制度下，企业若想在创业板上市，就要经历复杂的审批程序，千军万马过独木桥，无法真正实现为更多的中小企业提供融资服务的目标。

另一方面，加强对市场参与主体的监管，坚持责权利统一。保荐代表人、券商在获得如此巨大收益的同时应该承担相应的责任，监管部门应该紧紧抓住保荐人和承销商这一环节，对于出现的问题或者造假等现象，应该对不尽责的承销商和保荐人处以罚款、吊销执业资格，甚至对保荐人实行市场禁入，处以刑事制裁，真正做到责、权、利统一，这样才能保证券商和保荐人严格履行义务、承担法律责任。同时，应当杜绝控股股东、PE投资人利用自身的信息优势和控股优势在市场上进行内幕交易和操纵股价行为。

五、场外交易市场

（一）场外交易市场简介

场外交易市场，主要是指以柜台交易形式存在的区域性柜台市场，以及建立在它们基础上的全国性（或区域性）电话报价系统，一般又称为OTC市场。对于一国资本市场而言，场外交易市场的作用主要表现为：增加市场层次，扩大市场作用范围，提高市场集中度，这有利于降低资本市场的整体风险。因此，建立区域性场外交易市场，有利于健全现有资本市场的层次结构，解决中小企业融资难的问题；有利于非上市公司的股权流通，有利于促进中小企业的并购重组，规范中小企业的运作管理；有利于完善现代企业制度，大力推进股份制改革和理顺资本市场的“退市机制”。

（二）场外交易市场的特点与功能

1. 场外交易市场的特点

（1）场外交易市场是一个分散的无形市场，依靠信息网络，由许多各自独立经营的证券经营机构分别进行交易。

（2）场外交易市场一般采取做市商制度，投资者直接与证券商进行交易。

（3）场外交易市场以众多未能在证券交易所批准上市的股票和债券为主，每家证券经营机构往往只固定地经营若干种证券。

（4）场外交易市场采取一对一的议价方式进行证券交易，不存在公开的竞价机制。证券公司对自己所经营的证券同时挂出买入价和卖出价，并无条件地按买入价买入证券，按卖出价卖出证券，最终的成交价是在牌价基础上经双方协商决定的不含佣金的净价。

（5）场外交易市场的管理相对宽松。由于场外交易市场分散，缺乏统一的组织和章程，不易监督管理。

2. 场外交易市场的功能

场外交易市场作为主板市场和创业板市场的补充，同时又独立于主板市场和创业板市场，有着其独有的功能：

（1）打通创业投资资金的退出通道。没有退出机制的资本市场是不完善的市场，我国资本市场从建立至今，由于没有建立完善的退出机制，使得众多投资除在主板上市之外无法实现资金的转让、流通，缺乏完善的退出渠道，这大大打击了创业投资的积极性。健全、完善、活跃的场外交易市场将打通创业投资资金的退出渠道，活跃众多创业投资资金，充分利用空闲资金，从而为大量的中小民营企业服务。

（2）为中小企业提供直接融资服务。由于场外交易市场挂牌条件较低，客观上使其易于被中小企业所青睐。同时，场外交易市场作为第三层次市场，其有别于主板和创业板的功能定位也决定了它应当以中小企业为服务对象，这也正是我国设计和建立场外交易市场的初衷。长期以来，我国证券市场结构不完善，融资体制不健全，非公有制企业尤其是中小民营企业生存困难。随着民营经济的发展及其在国民经济中所占比重的逐步提高，这一问题日益突出，已经严重制约了国民经济的快速发展。为此，应当牢牢把握发展的方向，充分发挥其为广大中小企业服务的作用。

（3）为创业板、主板提供大量优质上市资源。美国纳斯达克通常被认为是最典型、最成功的创业板市场，但纳斯达克本身也是一个多层次的市场。纳斯达克市场负责托管运行全美证券交易商协会监管的全国性场外市场 OTCBB，其成功经验表明，创业板市场成功发展的基础，就在于其大部分上市企业都是从 OTC 市场转移过来。这意味着，场外交易市场不仅可以简单地接纳主板和创业板市场的退市企业，也可以被赋予转板上市的功能。

（4）为大量非上市公众公司解决股权流通问题。所谓非上市公众公司，是指已经向社会公开募集或向超过 200 人的特定投资者募集发行股票，但并未进入主板或创业板市场挂牌上市交易的公司。由于我国多层次资本市场的缺失及深沪交易所的垄断，许多已经公开招股的企业仍然被交易所拒之门外，股权无法流通，这给社会、企业和投资者都造成了众多的负面影响，阻碍了我国股份制改革的深入和推广。而解决历史遗留的非上市公众公司的股权流通问题，必须依靠强有力的场外交易市场。

（三）新三板市场

1. 新三板的现状

新三板是中国大陆第一个公司制股票交易所，注册资本 30 亿元，其经营范围即为非上市股份公司公开股份转让、融资、并购等相关业务提供服务，为市场参与者提供信息、技术服务。全国中小企业股份转让系统有限责任公司的股东单位为上海证券交易所、深圳证券交易所、中国证券登记结算有限责任公司、上海期货交易所、中国金融期货交易所、郑州商品交易所、大连商品交易所。自 2006 年设立以来，新三板市场的运行情况如表 6-11 所示。

表 6-11　2006~2016 年“新三板”运行情况

年份	挂牌公司（家）	总股本（亿股）	成交笔数（笔）	成交股数（亿股）	成交金额（亿元）
2006	10	5.8	235	0.1	0.8

（续表）

年份	挂牌公司（家）	总股本（亿股）	成交笔数（笔）	成交股数（亿股）	成交金额（亿元）
2007	24	12.4	499	0.4	2.2
2008	41	18.9	479	0.51	2.9
2009	59	23.6	874	1	4.8
2010	74	26.9	635	0.6	4.2
2011	92	32.0	612	0.6	4.2
2012	200	55.3	638	1.9	5.8
2013	356	97.2	989	2.9	8.1
2014	1572	658	92654	22.8	130.4
2015	5129	2959.51	282.13万	278.91	1910.62
2016	10163	5851.55	308.81万	363.63	1912.29

由表6-11可见，新三板在2013年扩容至全国后，新三板挂牌企业数量、融资规模、并购数量等都实现了迅猛增长。截至2016年年末，挂牌公司达10163家，总股本5851.55亿股，其中流通股本为2386.81亿股，挂牌公司股票成交363.63亿股，成交金额1912.29亿元。截至2014年年末，挂牌企业中，共有70多家股价涨幅超过10倍，共有7家公司股价涨幅超过30倍，财富效应显现。

2. 新三板挂牌条件

《国务院关于全国中小企业股份转让系统有关问题的决定》（国发［2013］49号）指出："境内符合条件的股份公司均可通过主办券商申请在全国股份转让系统挂牌。"根据《全国中小企业股份转让系统业务规则（试行）》，股份公司只要符合以下条件即可申请挂牌：

（1）依法设立且存续满两年。有限责任公司按原账面净资产值折股整体变更为股份有限公司的，存续期间可以从有限责任公司成立之日起计算。

（2）业务明确，具有持续经营能力。

（3）公司治理机制健全，合法规范经营。

（4）股权明晰，股票发行和转让行为合法合规。

（5）主办券商推荐并持续督导。

（6）全国股份转让系统公司要求的其他条件。

其与原中关村试点挂牌条件相比，有三个明显变化：首先，由“主营业务突出”改为“业务明确”；其次，取消“需取得省级人民政府确认函”的要求；最后，强调主办券商推荐并持续督导。

3. 新三板的现存问题

新三板经历了制度上的不断完善，取得了巨大的成就，但是当前新三板面临着准入门槛高、股权集中度高、交易不活跃、市场规模小、市场制度不成熟等诸多问题。

新三板挂牌企业平均股东人数只有30人，类似“夫妻店”的二人公司随处可见。同时个人投资者准入门槛提升至500万元，与机构投资者相同。在这种背景下，大部分中小投资者望而生畏，大大减少了参与新三板市场的投资者数量，影响了新三板市场交易的活跃度和交易数量的扩大，使得新三板市场交易规模虽然快速增长但仍旧很小。对投资者的门槛限制，实际上是为避免新三板在发展最初出现混乱而制定的高标准。随着市场的发展和投资者自判风险能力的提高，新三板应尽可能让投资主体参与投资，使中小投资者也能通过投资分享企业发展红利与资本市场红利。届时准入门槛的限制没有必要，也不符合公平交易原则。因而该标准一定会调整，只是会是一个从高到低、逐步调整的过程，但其最后也一定会和深沪交易所一样，没有投资者进入的门槛限制。

4. 对新三板的定位与发展战略的思考

就新三板的发展来说，如何正确处理与深沪交易所以及区域性股权交易市场的关系是至关重要的问题。

一方面，新三板需考虑如何处理与深沪交易所尤其是创业板的关系。其一，如何面对降低门槛甚至可能会无门槛的创业板。其二，在何时推出怎样的转板机制。目前，很多企业上新三板的动力是在目前主板上市难的情况下，借助将来的转板机制实现“上市三级跳”，即将新三板当作一个短暂的停靠站，而非长久的安乐窝，这显然不利于新三板的发展壮大。目前新三板面临着交投不够活跃与融资能力尚显不足的问题，如果现在贸然推出转板机制，难免会出现优质公司大量“出逃”的情况，最后落个“墙内花开墙外香”的局面。事实上，无论是从新三板本身的发展看，还是从丰富中国多层次资本市场看，借鉴纳斯达克的经验，实现内部分层并在内部建立转板机制，应该是更为可取的做法。

另一方面，如何处理与区域性股权交易市场和证券公司柜台市场，即俗称四板、五板的关系。众所周知，流动是资本的天性，企业进行了股份制改革后必然面临一个股权流动的问题，但是在中国能够上市交易股权的企业毕竟还是少数的“天之骄子”，而大量的非上市公司均面临着股权转让的问题。在这一背景下，以上海股权托管交易中心等与家地方股权交易中心为代表的四板市场规模之大、发展之迅猛，令人咂舌，如此的规模与速度也意味着四板市场终将会成为中国上市公司的孵化器，所以，新三板应该尽早考虑如何与四板市场开展合作，实现良性互动。在这里就不得不提到中国传统文化中老子的智慧，即顺势而为，善下。为什么善下呢？因为水都往低处流，水就是财，海纳百川，有容乃大。善上的结果最终不如善下，所以最终的胜利者是善下。具体到新三板的发展战略，如果新三板能够做到善下，俯下身去与四板市场合作，在全国都有“腿”，甚至插上互联网的翅膀，形成良好的转板机制，又何愁不能培育出中国的微软和沃尔玛呢？

总之，固然新三板现在的发展道路花团锦簇，也是中国资本市场不可或缺的一块拼图，但是打铁还需自身硬，只有进一步完成市场建设、完善交易机制、加强监管水平，才能够使新三板真正成为中国资本市场上举足轻重的一支力量，而这朵中国资本市场的奇葩，也才能够真正迎来自己的春天，迎风怒放。

（四）区域性股权交易市场

1. 区域性股权交易市场概述

2012 年，中国证监会出台《关于证券公司参与区域性股权交易市场的指导意见（试行）》，首次明确区域性股权交易市场是多层次资本市场的重要组成部分，是为本省级行政区划内中小微企业提供股权、债权转让和融资服务的私募市场，是我国多层次资本市场的重要组成部分，亦是中国多层次资本市场建设中必不可少的部分。它对于促进企业特别是中小微企业股权交易和融资，鼓励科技创新和激活民间资本，加强对实体经济薄弱环节的支持具有积极作用。目前，活跃的地方股权交易中心主要包括天津股权交易所、齐鲁股权托管交易中心、浙江股权交易中心、上海股权托管交易中心、深圳前海股权交易中心。

2. 我国产权交易所的功能

（1）价格发现功能。通过市场的建立而进行有组织的交易，发现相关价格的成本大大降低。产权交易所可以形成价格规范。同时，交易市场也减少了“议价成本”。

（2）信息积聚功能。产权交易市场能提供所有产权交易的信息，沟通买卖双方。

（3）中介服务功能。产权交易市场通过实行进场交易委托代理制，简化了产权交易手续，缩短了产权交易过程，提高了产权交易效率。

（4）制度规范功能。产权交易市场对产权交易过程中所发生的各种行为提供规范。

3. 全国区域性股权交易市场发展现状

截至2014年年底，全国共有31家区域性股权交易中心。除河南、黑龙江、云南及宁夏外，其余各地（除中国港、澳、台）均陆续形成了规范化的区域性股权交易中心。其中，天津股权交易所及上海股权托管交易中心由国务院批准设立，其他交易中心均由地方政府批准设立。截至2014年12月21日，全国各区域性股权交易中心挂牌企业累计近25000家，其中股权交易板块挂牌企业近2400家。

从区域覆盖来看，天津股权交易所和上海股权托管交易中心分别覆盖了29个省市和16个省市；从行业覆盖来看，工业、信息技术、消费、材料和医疗保健是挂牌企业最多的五个行业；从挂牌企业规模来看，多以资产规模 1000 万~1 亿元之间的小微企业为主。

（五）证券公司柜台交易市场（五板）

在我国多层次资本市场当中，券商柜台市场是位于“金字塔”最底端的“五板市场”，也是目前真正意义上的 OTC 市场。证券公司柜台交易是指证券公司与特定交易对手方在集中交易场所之外进行的交易，或为投资者在集中交易场所之外进行交易提供服务的行为，柜台交易业务是在证券公司柜台市场开展的。证券公司柜台交易市场明确定位于私募市场，是证券公司发行、转让、交易的平台。自 2012 年 12 月 21 日证券公司柜台交易业务试点正式启动以来，截至 2014 年年底，共有 42 家证券公司获准开展柜台市场业务试点，证券公司柜台交易市场对于完善资本市场结构，服务实体经济，满足客户多元化投融资需求以及改善证券公司盈利结构等都有促进作用。

根据中国证券业协会的专项调查，截至 2014 年年底，投资者累计开立 998497 个柜台产品账户。其中，机构投资者账户 5736 个，个人投资者账户 992761 个。2014 年共计销售各类柜台产品 9521.2 亿元，较 2013 年的 8637.6 亿元增长 10.2%。发行各类产品 3564 只，比 2013 年的 527 只有近 6 倍的增长。

（六）台湾柜台交易市场发展的经验及其对我国大陆地区借鉴意义

1. 台湾柜台交易市场发展

证券交易所最初是由柜台交易市场发展而来，台湾证券市场也不例外。台湾证券市场在经历了十几年的柜台交易后，于 1962 年正式成立了证券交易所。到 1968 年，柜台交易在《证券交易法》中被明确提出，《证券交易法》将证券交易市场交易分为两类：证券交易所交易和柜台交易，并在具体的条款中对柜台交易管理办法和业务规则进行了说明。但柜台交易的发展仍然比较缓慢，直到 1988 年台北市证券商业同业公会成立了柜台买卖服务中心才推动柜台买卖市场的发展。1989 年，第一家柜台交易公司建弘证券投资信托公司的股票正式挂牌交易。但由于柜台交易在开始时采用了做市商制度，交易不方便、流动性较差，导致柜台买卖市场名存实亡，到1994年，经过5年时间申请上柜的公司还不到30家。

1994年7月，台湾证期局成立了专门的筹备委员会来推动柜台买卖市场的发展。同年11月，由台湾证券交易所、台湾证券集中保管公司、台北市证券商业同业公会与高雄市证券商业同业公会成立了柜台买卖中心，12月，交易方式采用电子化；1995年改进了交易方式，正式公布了柜台指数。经过这一系列的改革后，柜台交易开始快速发展，到1997年在柜台买卖中心挂牌的公司突破100家，2000年突破300家，2002年6月底，柜台中心上柜公司达383家，总市值14310.70亿新台币。

在这期间，台湾地区有关部门先后出台了一系列政策推动柜台交易的发展。1996年7月柜台交易对外开放，允许侨资、外资投资上柜股票。1999年1月，上柜股票获准进行信用交易。2000年4月，柜台买卖中心推出了挂牌标准低于一般上柜股票的二类股票上柜。同年7月推出债券电子议价交易系统以进行上柜交易。2002年1月建立兴柜股票市场，将未上市或未上柜的股票纳入管理范围。

2. 台湾兴柜交易市场

由于柜台买卖中心与证券交易所的同质化问题越来越突出，柜台市场仍然难解中小企业直接融资之渴，探索设立上柜门槛比柜台买卖中心更低甚至几乎没有门槛的“兴柜股票市场”显得十分迫切。为此，台湾证期局一方面降低股份公司到柜台买卖中心上柜的门槛，另一方面则探索柜台市场内部的分层改革，即设立层次更低的柜台市场，进一步拉大集中交易市场和柜台市场公开发行标准的差距，真正让中小企业能够比较便利地登陆柜台市场发行股票筹资。

2002年1月2日，兴柜股票市场正式启动。兴柜股票必须是已经申请上市（柜）辅导的公开发行公司，在还未上市（柜）之前，经过柜台买卖中心核准，先在证券商营业处所议价买卖。拟公开发行股票的股份公司在该市场上柜的条件非常宽松，只要有两家证券商推荐即可挂牌交易。兴柜股票市场设置的主要目的，是取代以“盘商”（专门从事未上市股票交易经纪业务的无营业执照的证券商）中介为主的未上市股票交易。根据台湾柜台交易中心的数据，截至2014年年末，在兴柜股票市场交易的公司约有685家，市值约848亿美元。

3. 台湾柜台交易市场的发展对我国大陆场外交易市场的借鉴意义

（1）完善市场层级，拓宽投资渠道

台湾柜台买卖市场为广大的中小企业提供了融资和交易的平台，也增加了台湾一般投资者投资的场所。台湾兴柜股票市场为未上市但准备上市企业的股票提供了合法交易平台，从而避免了原来存在的地下非法交易纠纷，增加了未上市企业的透明度。

目前，我国大陆的投资渠道狭窄，证券市场成为风险投资者的主要投资场所。可以借鉴台湾发展柜台交易和兴柜股票市场的经验，逐步完善二板市场和三板市场，为各类不同规模的企业上市融资提供不同的资本市场，也为不同类型的投资者提供风险不同的投资品种，形成一个有梯度的证券市场结构，为不同企业提供不同的融资和证券交易场所。同时，拓宽投资者投资渠道，增加投资品种，从而改善目前主板市场上存在的一些不合理的情况。

（2）拓宽融资渠道，降低金融风险

台湾地区人口约为2300万，其中在柜台买卖开户的有800多万，实际交易大约有200多万，柜台交易在台湾已经非常普及，已经成为一个比较成熟的资本市场。在柜台买卖市场上挂牌的公司近400家，大多为中小企业。这些企业通过柜台买卖市场直接融资，一方面减轻了银行的存贷压力，降低了金融风险；另一方面降低了企业融资成本，这对中小企业在成长期的发展非常有利。

（3）完善转板机制，促进主板发展

台湾柜台买卖市场上，每年有几十家企业转为上市，兴柜股票市场在成立之初短短的半年内，就有7家公司转为上市，68家转为上柜。可见，台湾柜台买卖市场和兴柜股票市场为集中交易市场和柜台买卖市场不断培育、输送优质上市企业，从而保证台湾集中交易市场和柜台买卖市场的健康发展。

大陆证券市场建设可以借鉴台湾经验，特别是兴柜股票交易市场经验，要求申请在主板或创业板上市的企业，必须先在三板股票市场挂牌交易，强制其公开披露上市前企业经营的状况，接受投资者的监督。这样，一方面可以在上市前让投资者了解到企业的经营情况，为企业在上市后合理定价做好铺垫；另一方面，能在一定程度上防止企业在上市前突击进行财务重组，防止出现造假上市企业。

本章小结

本章深入分析了国内外多层次资本市场的建设，从产品、主体及市场的多层次三维角度入手，全面阐述了多层次资本市场的内涵、演进和交易机制。尤其是从中国资本市场发展 20 多年的建设者和见证者的角度，再现了中国资本市场从无到有、从小到大的发展历程，全面描述了中国多层次资本市场的内涵和当前发展现状，并将中国多层次资本市场划分为主板，中小板，创业板，新三板，区域性产权交易市场（四板）和券商柜台交易市场（五板），详细分析了各层次交易市场的制度设计、特点、组织形式及挂牌上市（交易）条件。理论与实战并重，既真实全面地展示了各个市场目前的发展现状，又深入分析了各个市场之间面临的机遇和挑战，也为下一步我国如何正确处理各个交易所之间的关系提出了建设性思路和建议。

第七章

公司改制与融资上市

第一节 企业融资上市概述

一、企业融资上市的意义

融资上市是一个企业发展的助推器。任何企业想要突破规模局限，获得长足的发展，都需要足够的资金支持，而上市则是一个良好的融资方式。通过上市，企业往往能够获得质的飞跃。在竞争市场中，企业总是面临着现有同业者和潜在进入者的双重挑战；如果及时实现了融资上市从而获得足够的资本支持，形成规模效应的同时提升品牌知名度，就能够有效地帮助企业在竞争中取得领先地位。一般来说，企业融资上市有以下几方面的意义。

（一）筹集到不用还又不失去控制权的资金

由于股权融资和债券融资的不同特性，债券融资意味着必须还本付息，而股权融资则不用还本付息，但要占有部分公司虚拟所有权和分红权。而对于发行上市的公司来说，证券融资比例一般占比较少，而且十分分散，不会影响公司控制权，因此企业通过上市可以募集到不用还又不失去控制权的资金。

（二）实现股份公司融资与发起人股东资本运作的双重收益

企业通过 IPO 成为公众公司后，可获得溢价的持续发展资金，而且企业上市后可以获得多样化的、持续的、低成本的融资渠道。上市公司通过 IPO 募集的资金既可用于扩大生产经营规模，也可通过并购重组实现资产经营规模扩张。通过融资上市，企业还可通过增发配股获得再融资的低成本融资渠道。此外，上市后，公司债务比率大大降低，财务风险减弱，且上市公司的信用比较好，管理严格，信息披露制度较为完善，更容易从银行等传统金融机构获得低成本资金，从而可以把握行业良好的发展机遇，实现企业的超高速成长，并借此形成良性的资金循环。而公司大股东通过发行上市，其原始股在获得资产评估、溢价发行、挂牌上市三级放大全流通时，可以获取二级市场股份溢价的超额收益，并居大股东地位进行资本运作。

（三）提高公司治理水平

企业上市后被监管部门强制要求建立完善的公司治理结构，这对促进公司建立现代企业制度和规范化运营具有积极作用。同时，监管部门对上市公司信息披露有极严格的要求，“阳光是最好的消毒剂”。通过严谨、健全的信息披露，可有效防范控股股东和管理层通过关联交易等非正当手段谋取私利、侵犯中小股东利益，这样可以提高上市公司治理水平，促进上市公司的规范化发展。

二、资本运作的本质

（一）从资产负债表看资产经营与资本经营的不同

1. 资产负债表简介

资产负债表主要体现企业的资产负债情况，具体的资产负债表如表7-1所示。

（1）资产。资产负债表的左边是资产部分。资产由四大部分组成：流动资产、长期投资、固定资产、无形资产及其他资产。

流动资产：流动资产体现一个公司资产的流动性，资产的流动性已经成为市场经济条件下企业生存和发展的重要条件。

长期投资：长期投资是母公司资产的重要构成之一，子公司的股本是母公司的长期投资，因此母公司当然是子公司的一部分。

固定资产：固定资产是企业的劳动手段，也是企业赖以生产经营的主要资产，主要指的是企业使用期限超过1年的房屋、建筑物、机器、机械、运输工具以及其他与生产、经营有关的设备、器具、工具等。

无形资产：商标、专利以及没有获得专利的技术诀窍、土地使用权都是无形资产。

表 7-1　资产负债简表

<table>
<tr><th>A 资产</th><th>L 负债</th></tr>
<tr><td rowspan="3">流动资产：
货币资金
短期投资
应收账款
预付货款
其他应收款
存货
长期投资：
固定资产：
固定资产净值
在建工程
无形资产及其他资产
无形资产
长期待摊费用</td><td>流动负债：
应付款
预收款
未交税金
预提费用
职工福利基金
长期负债：
长期借款
长期应付款</td></tr>
<tr><td>E 股东权益</td></tr>
<tr><td>股本
公积金（资本公积+盈余公积）
未分配利润</td></tr>
<tr><td>资产总计</td><td>负债及股东权益合计</td></tr>
</table>

释义：1. 总资产 = 负债+净资产；2. 净资产 = 总资产-负债；
3. 大资本（股东权益、净资产、自有资本）；4. 小资本（股本、实收资本）。

（2）负债。负债分为两大科目：一个是流动负债，一个是长期负债，流动负债指的是期限一年以内的负债，长期负债是一年以上的负债。

（3）所有者权益。所有者权益分为三类：一是实收资本或者叫股本；二是公积金，包括资本公积金和盈余公积金；三是未分配利润。

2. 企业的三种经营形态

企业在生产经营过程中，实际上存在着三种经营形态，即产品经营、资产经营和资本经营。

（1）产品经营。产品经营在最早期的商品经济时期就已经存在，主要表现为生产者和厂商提供符合人们物质及精神文化需要的产品或服务，并与消费者进行交易的过程。从某种意义上来说，产品经营也可称为商品经营。

（2）资产经营。资产经营是指企业用来生产实物或劳务产品的生产手段和要素的有偿转让过程。在企业破产或重组时期，作为生产手段的资产也可以作为一种生产要素或资源进行交易。

一个企业资产占用情况可以通过如表 7-1 的资产负债表得到反映。

在资产负债表中，左侧是企业的总资产，由四部分构成：

①流动资产。流动资产包括货币资金、库存及应收账款等。但是，无论货币资金还是库存、商品或者是库存的产成品，它们都是以一种实物形态体现的。这种形态体现为企业资产在生产一种产品当中的一种要素的中间形态。

②固定资产。固定资产具体包括车间、厂房、机器设备、土地、房屋、建筑及在建工程。企业为了生产最终产品，必然要有一些相应的生产要素。这些要素本身就是企业的一种资产形态，而且是作为使用价值形态的资产形态体现的。

③无形资产及递延资产。无形资产最重要的是指土地使用权，也包括商标、专利及没有获得专利的技术诀窍。这些科目都表现为企业所拥有的、生产本企业产品过程中的生产手段。

④长期投资。长期投资主要体现为一个母公司对其下属子公司或参股公司的一种股权控制，这种股权是以股票或股权证的形式体现的。

因此，资产负债表左侧的企业资产形态，都可以表现为实物或货币形态，这种货币形态本身，都是表现为企业的使用价值。当一个企业由于效益不好，或由于自身生产的扩张需要，需要把自己闲置的这些生产设备和手段有偿地转让给其他厂家时，就是资产经营。

资产经营的产生，实际上是对于一种生产手段或一个企业创造某种产品的必要的生产资料进行有偿转让的过程，在我国经济结构调整过程中，优势企业对于劣势企业的并购重组，或者生产能力过剩的企业在对外转让自己的生产手段和生产要素过程中发生的有偿交易行为都属于资产经营。例如，一个经营状况较好的企业兼并一个经营状况相对较差的企业，在兼并过程中，较好的企业可能努力获取较差企业的土地、生产设备、厂房等。这种属于同行业企业间发生的企业生产工具和生产要素的转让行为叫作资产经营。

一般来说，与产品经营相比，资产经营具有以下特点：

第一，购买资产是为了自用，购买者与出售者之间通常是一对一，一次性交易的关系。

第二，产品经营是围绕产品的生产、销售，资金的投入、回收展开的日常性经营活动；而资产经营则是在产品经营的基础上，借助企业资产的流动与重组而展开的战略性、超常规的经营活动。

第三，产品经营的着眼点是企业生产的商品，资产经营的着眼点则是把构成企业资产的不同生产要素整体或分开转让给他人的过程。

第四，对购买者来说，从事资产经营是扩张式的资产积聚过程。资产经营要求购买者着眼于大市场的重组，通过重组消灭竞争对手实现超常规发展。

（3）资本经营。资本经营是指通过资本的转让，赚取差价的过程。如果说资产经营是一个企业资产使用价值形态经营的话，那么资本经营则是对企业资本价值形态的经营。从某种意义上说，如果说资产经营是对亏损或破产企业而言的话，那么资本经营一定是对具有盈利能力、所转让资本具有被他人接受前提的好企业而言。

一般来说，资本经营具有以下特点：

第一，除少数战略投资者和机构投资者外，在某种意义上，大多数购买资本的人买入资本不是为了自己用或为了用这个资本去表决、参加董事会，其实是为了卖。

第二，拥有资本的人从事资本经营的过程往往是对于一个流通性或效益性很好的企业而言，而资产经营往往是对经营状况较差的企业而言。正是因为资本本身是看不见摸不着的，是虚拟的一张纸，因此这张纸的价值在于其所代表的分红权和表决权。因为好的企业的资本可以流动，可以被别人接受，所以就形成了其买入资本不是为了自己用，而是为了再卖之用。资本经营的过程不完全是“一对一”，在很多情况下是很多的资本参与者来对一个项目进行买卖的过程。

第三，资本经营的过程必须要强调流动性，由于买入资本是为了卖，因此除了考虑进入、购买的过程之外，之前还要考虑到退出问题。因此，资本经营的过程往往是连续的，不是一次性的，应该选择具有可连续性转让或者有交易能力的资本进行经营。

综上所述，资产经营和资本经营有着明显的区别：资产经营是使用价值形态的经营，资本经营是价值形态的经营；资产经营中买是为了自己用，买的主体是一对一，买的过程是间断的、一次性的；而资本经营中买是为了卖，买的主体是一对多，买的过程是连续的。

3. 三种经营的联系与资本经营时代的来临

从上述分析可知，产品经营和资本经营及资产经营分别是对企业不同的内涵而言的。对于一个企业，产品经营是指通过加工、制造之后，以实物产成品形式对外进行交换；而资产经营实际上是对一个企业“躯体”的经营，因为一个企业的骨架是由土地、机器、厂房、设备、货币资金等构成的。

如果把一个企业法人比作一个“人”的话，那么，资产经营基本上就可以说是“躯体”的经营。而资本经营恰恰是“灵魂”的经营，资本是看不见摸不着的，在资产负债表上就是一个符号，而这种符号本身就是作为一种权利的表现，是可以转让的。所以承认了资本，就等于赋予了企业这个“灵魂”。这个“灵魂”不仅是确定的、清晰的，而且还可以脱离“躯体”在市场中游荡。游荡的过程，它又可去依附别人的“躯体”，而这个过程恰恰与资本虚拟性相吻合。那么虚拟资本与股票的关系也就决定了它在资本市场上游荡的过程本身也在创造价值，而且在某种意义上说，“灵魂”决定“躯体”，因此，“灵魂”的调整，即流动，就是一个企业组织机构调整最核心的部分。

在市场经济进入到资本经济阶段之后，资本经营也就必然成了一种快速增值的手段，这是由资本的特殊性所决定的。因此，一个企业对自己所拥有的子公司的整体转让或股权调整也属于资本经营的范围。也就是说，资本经营的含义有两部分，一部分是就某一个特定的企业来说，它的股东转让这个企业的资本的过程，就是这个股东在从事着资本经营；第二部分是这个公司本身对自己的子公司（当然具体表现在这个企业的长期投资科目上）进行转让、拍卖或流动的过程，又代表着这个公司本身的资本经营。

所以，资本经营显然带来企业资产结构或组织结构、母子关系的一种巨大变化。因此，在现代社会中，企业之间的战略性重组主要表现形态就是股权的调整，而这个过程发生的主战场应该是在资本市场，于是了解资本经营及其运作的概念与方式十分重要。

（二）企业融资上市和股东资本运作的统一

企业通过融资上市获得发展所需资金，而股东通过资本运作实现财富快速积累，因此必须处理好企业融资上市和股东资本运作的关系。这就产生了两个命题：一是关于公司的运作；二是关于股东的资本运作。高水平的资本运作是企业融资上市与股东的资本运作的统一。

对于前者，在上市时应该将股份制和集团化同时构造，这不但有利于企业融资发展，也有利于股东的资本运作。具体运作方法在本章第二节股份公司和股份制改造中详述。

对于后者，必须搞清楚资本运作的主体是谁，是公司本身还是股东，这是一个关键命题，这个命题从资本运作角度看，母公司（股东）是子公司的重要组成部分，资本运作的主体是股东（母公司）。

1. 母公司（股东）是子公司的重要组成部分

(1) 公司类型划分

①总公司（General Company）。总公司又称本公司，是指依法设立管辖公司全部组织的具有企业法人资格的总机构。总公司通常先于分公司而设立，在公司内部管辖系统中处于领导、支配地位。分公司是指在业务、资金、人事等方面受本公司管辖而不具有法人资格的分支机构。总公司是相对于分公司而言的，总公司具有法人资格，分公司不具有法律上和经济上的独立地位，但其设立程序较为简单。

②控股公司（Holding Company）。控股公司是指通过持有某一公司一定数量的股份，而对该公司进行控制的公司。控股公司按控股方式，分为纯粹控股公司（Pure Holdings）和混合控股公司（Operating Holdings）。纯粹控股公司不直接从事生产经营业务，只是凭借持有其他公司的股份，进

行资本营运。混合控股公司也叫营业控股公司，除通过控股进行资本营运外，本身也进行生产经营贸易活动。

③母公司（Parents Company）。母公司是指拥有其他公司一定数额的股份，或根据协议能够控制、支配其他公司的人事、财务、业务等事项的公司。准确理解母公司需要理解两个关系：其一是母公司与总公司的关系，一般来说，母公司是就子公司而言的，总公司是相对于分公司而言的，如果一个公司既有分公司，又拥有自己的子公司，则它本身就是一个兼具总公司和母公司两者特征的公司；其二是母公司和控股公司的关系，从严格意义上讲，母公司指的是混合型控股公司。母公司最基本的特征，不在于是否持有子公司的股份，而在于是否参与子公司业务经营。

④子公司（Subsidiary）。子公司是指受母公司控制，但在法律上独立的法人企业。其独立性表现在：子公司拥有自己的名称和章程，有自己的资产负债表，可以独立召开董事会和股东会，有独立的财产并以此承担有限责任，可以以自己的名义进行各类经济业务和民事诉讼活动。

⑤集团公司（Group Company）。企业集团中具有绝对控制地位的核心企业应被定义为集团公司，由于企业集团几乎都是以股份制为联结纽带，因此集团公司也被称为集团控股公司（Group Holding Company）。集团公司与母公司、控股公司相比，其特点有三：第一，集团公司是一个相对稳定的公司集团中的母公司，同时它必须有一定数量以上的子公司；第二，集团公司对子公司的控制不一定都是通过股权控制，也可以是依靠签署支配性协议进行；第三，无论是在纯粹控股公司还是混合控股公司集团中，控股公司均可以被称为集团公司。

⑥分公司（Branch Company）。分公司是指总公司在国外或国内异地（指与总公司非同一纳税地）设立的生产型或销售型分支机构。分公司在法律上和经济上均无独立性，不是独立的企业法人。具体表现为：没有自己独立的名称，需在公司名称后加上某某分公司；受（总）公司委托开展经营活动；没有独立的章程和董事会，其全部资产都属于（总）公司。（总）公司则必须以其财产对分公司的债务负责。

⑦关联公司（Affiliated Company）。关联公司是指被其他公司持有一定比例的股份，但未过控制界限的公司。关联公司在西方各国的公司集团普遍存在，但各集团对其关联公司持股比例划分标准并不一致。从我国实际情况看，关联公司可以定义为被其他公司持有股份但未达到控制界限的公司，通常情况下对关联公司的持股比例不超过20%。

（2）母公司（股东）与子公司的关系

根据公司在控制与被控制关系中所处地位的不同，可以划分为母公司和子公司。实际控制其他公司的公司是母公司，受其他公司实际控制的公司是子公司。它们都具有法人资格。常见的四种关系如下：

①A 公司拥有 B 公司一半以上的普通股股本。

②A 公司拥有相对控制 B 公司多数表决权的股本。

③B 公司是 A 公司所拥有的子公司的子公司。

④A 公司没有 B 公司股票但能实际控制 B 公司的董事会。

一般来说，母子公司通过资产负债表中的长期投资、股本等科目建立联系，因此，从这个角度上看，母公司是子公司的重要组成部分。母子公司的关系如图 7-1 所示。

母公司资产负债表

资产	负债
流动资产 长期投资 固定资产 无形资产及其他	流动负债 长期负债
	所有者权益
	股本 公积金 未分配利润
资产合计	负债及所有者权益

子公司资产负债表

资产	负债
流动资产 长期投资 固定资产 无形资产及其他	流动负债 长期负债
	所有者权益
	股本 公积金 未分配利润
资产合计	负债及所有者权益

图 7-1 母公司和子公司的关系

2. 股东的资本运作

公司股东（主要是母公司）通过各种手段的资本运作推动上市公司股价不断升高、股本权益不断增加，在这个过程中，母公司获得产品经营无法比拟的超额收益。

例如，某上市公司总股本为2亿股，股价为10元/股，其中集团公司占比50%。集团公司某块培育成熟的资产作价4亿元注入上市公司（其中2亿元现金、2亿元获得2000万股上市公司股票），资产注入后上市公司股价上升至20元/股，如表7-2所示。

表7-2 通过资产注入实现上市公司、控股股东、其他股东多赢局面

项目	上市公司	集团公司（控股股东）	其他股东
持股比例	—	50%	50%
总股本	2亿股	占有1亿股	占有1亿股
股价	10元/股		
资产注入代价	4亿元（2亿元现金+价值2亿元的上市公司股权2000万股）		
获得资产	有利于上市公司发展的某价值4亿元成熟资产	—	—
资产注入后股价	20元/股		
现金收益	—	2亿元	—
新增股权收益	—	2000万股×20元/股=4亿元	—
股价上涨带来原有股权超额收益	—	1亿股×（20元/股-10元/股）=10亿元	1亿股×（20元/股-10元/股）=10亿元
收益合计	某价值4亿元成熟资产	16亿元	10亿元
超额收益	1. 某价值4亿元的成熟资产 2. 股价上涨，公司价值上升	1. 现金（16亿元-4亿元）=12亿元 2. 控制力增强	10亿元

通过表 7-2 的计算可知：

（1）上市公司获得有利于上市公司发展的某价值 4 亿元的优质成熟资产，且股价上涨带来公司市值增加，有利于企业证券市场再融资或直接融资。

（2）集团公司获得三部分超额收益：一是 2 亿元现金；二是 2000 万股股票价值 4 亿元（2000 万股×20 元/股）；三是集团公司原有 50%股权即 1 亿股股价上升的收益为 10 亿元［即 1 亿股×（20 元/股-10 元/股）］，三者合计 16 亿元，超额收益 12 亿元（16 亿元-4 亿元）；而且控制权增强（增加 2000 万股）。

（3）其他股东通过集团公司资产注入获得超额收益为 10 亿元［即 1 亿股×（20 元/股-10 元/股）］。也就是说，公司通过资本运作呈现多赢局面。

3. 企业融资上市与股东资本运作的统一实现共赢发展

通过上述分析可以看出，股东（母公司）是子公司的一个组成部分，正是由于这种纽带联系，使得股东可以通过资本运作实现股东利益和公司利益的统一。因此，从这个意义上说，资本运作就是企业的融资上市与股东的资本运作的高度统一，通过这种统一，企业在资本市场获得发展所需资金，而股东通过资本运作获得超额的股权收益，从而实现共赢发展。这是企业资本运作的本质。

三、企业融资上市过程中资本的三级放大

企业在发展过程中必须以“产品经营为体，以资本运作为用”。一般而言，企业融资上市过程中资本具有三级放大效应，具体包括：资产评估、一级市场溢价发行和二级市场挂牌增值三个环节，而且在第三个环节即挂牌上市增值后，可以使大股东的原始股权最终实现“画饼变真”的套现。

具体以虚拟的某公司股改融资上市为例说明，该公司上市股改前总资产为 2 亿元，负债 1 亿元，净资产 1 亿元，其三级放大过程如下：

第一步，资产评估增值。该公司总资产从 2 亿元变为 2.8 亿元，2.8

亿元中包含 8000 万元增值，此时负债 1 亿元不变，净资产由 1 亿元增至 1. 8 亿元，资产评估实现了一级放大。

第二步，一级市场溢价发行增值。假设该公司 IPO 以 6 元/股的发行价，发行了 5000 万股 A 股股票，总计筹得资金 3 亿元。需要指出的是，该公司以每股 6 元溢价发行的成功，也标志着该公司发起人股东经资产评估放大后的 1. 8 亿股相应地实现了每股从 1 元到 6 元增值的飞跃，增值到了 10. 8 亿元，实现了第二级放大。

第三步，二级市场挂牌上市增值。假设上市后该公司的股票涨到 10 元/股，这意味着，该公司发起人股东的 1. 8 亿股也增值到每股 10 元，总计 18 亿元。在成功实现三级放大的同时，大股东的原始股画饼变真，在股票全流通的背景下，大股东卖一股就能兑现 10 元，这三级放大就是发起人进行资本运作实现快速增值的全过程。

三级放大体现了资本的魅力，也调动了企业家创业和进行股份制改造的热情。通过三家放大，公司获得了大量的发展资金，而公司股东也可以通过出售股票获得数十倍的超额收益，实现公司融资、股东资本运作的双向收益。三级放大原理充分体现了产品经营为体、资本经营为用，虚实结合的资本金融时代的特点。

案例 7-1

华谊兄弟上市案例[①]

1. 案例介绍

创业板自成立之日起就成为中国民营企业家实现“造福梦”的宝地，而第一批登陆创业板的企业无疑是中国资本市场的幸运儿，在这 28 个幸运

① 本案例数据主要来源于《华谊兄弟创业板首发招股说明书》，股权比例计算数字为约数。

儿中，有一家企业不仅成为第一批上市创业板的企业，也创下了多个第一：第一家境内上市的民营影视娱乐企业，第一家明星持股的企业，而其创始人——王氏家族也通过资本市场的三级放大效应，成为中国资本市场家族造福的典型，这就是华谊兄弟。这一案例背后的三级放大效应原理无疑值得研究。

2004 年 11 月，华谊公司的前身浙江华谊，由华谊投资和刘晓梅投资设立。华谊投资的股东分别是王中军、王中磊兄弟（简称“王氏兄弟”）；而浙江华谊的股东王中军与刘晓梅系夫妻关系，此时的浙江华谊是一个“纯正”的家族企业。其初始股权结构如图 7-2 所示。

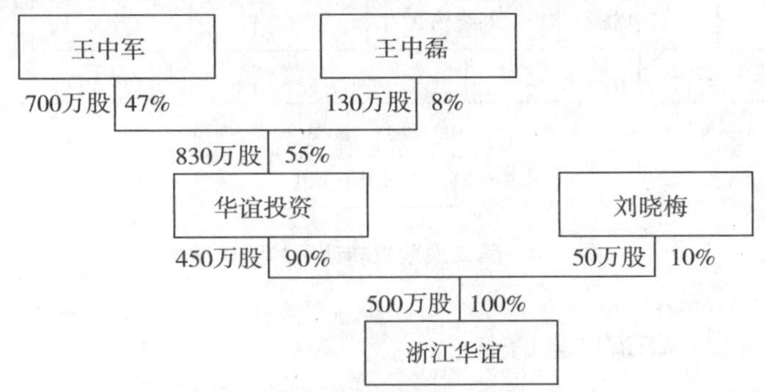

图 7-2　浙江华谊初始股权结构

2. 第一步：中间层退出，王氏兄弟直接持股

2005 年 9 月，华谊投资将所持有的浙江华谊全部股权转让给周石星、王氏兄弟二人，刘晓梅将 15 万股股权转让给汪潮涌。此后，王氏兄弟直接持股，王氏家族持股比例下降至 70%。此次即第一次股权转让后股权结构如图 7-3 所示。

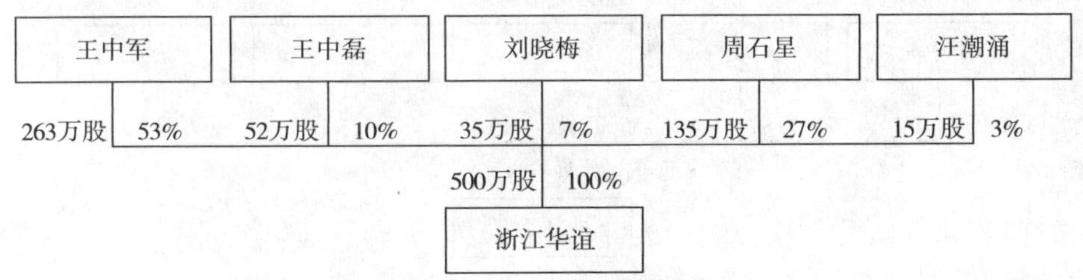

图 7-3　第一次股权转让后的股权结构

3. 第二步：引入马云持股

2006 年 6 月，周石星、汪潮涌等 5 人分别将部分股权转出，引入了资本市场的红人马云与华谊广告，其中华谊广告又由王氏兄弟二人绝对控股。此次股权调整既借助马云在资本市场的影响力，又通过中间层的构造变相增加了王氏兄弟的持股比例，调整后王氏家族持股比例不降反升，占比达到 77%。此次即第二次股权转让后股权结构，如图 7-4 所示。

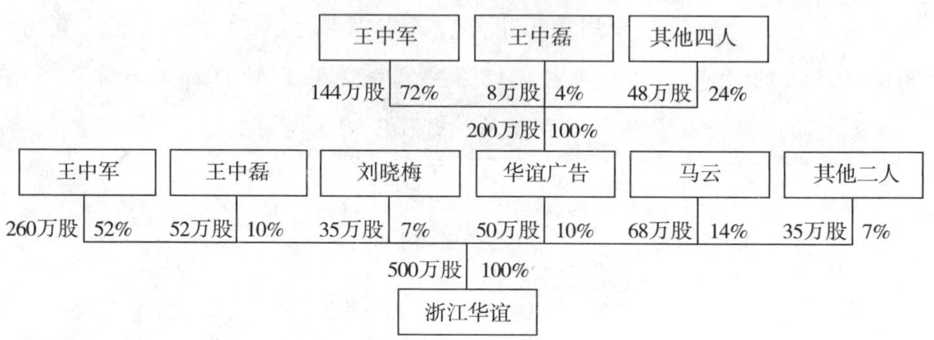

图 7-4 第二次股权转让后的股权结构

4. 第三步：华谊广告增资

在第二次股权转让中，伴随王中军将其持有的浙江华谊全部股权转让给刘晓梅，自己完全隐身到华谊广告之中。随后，华谊广告对浙江华谊增资 4500 万元，注册资本达 5000 万元，增资以注册资本 1 : 1 的价格，华谊广告成为第一大股东。此次增资后的股权结构如图 7-5 所示。

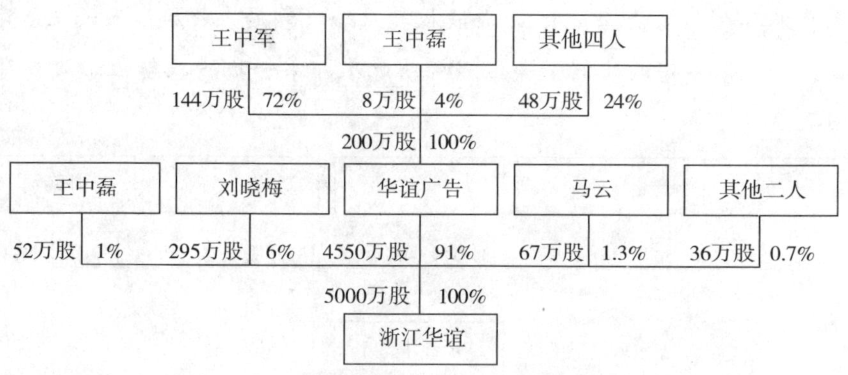

图 7-5 增资后的股权结构

5. 第四步：明星持股模式初步形成

2007 年 11 月，华谊广告和刘晓梅将所持有的浙江华谊全部股权转出，转让对象包括冯小刚等娱乐明星在内，明星持股的模式基本形成，这为其将来在资本市场制造话题埋下了伏笔。

同时，王中军以 2000 万元价款增资 264 万股，注册资本增至 5264 万股，王氏兄弟持股比例达到 50.5%，股权结构如图 7-6 所示。

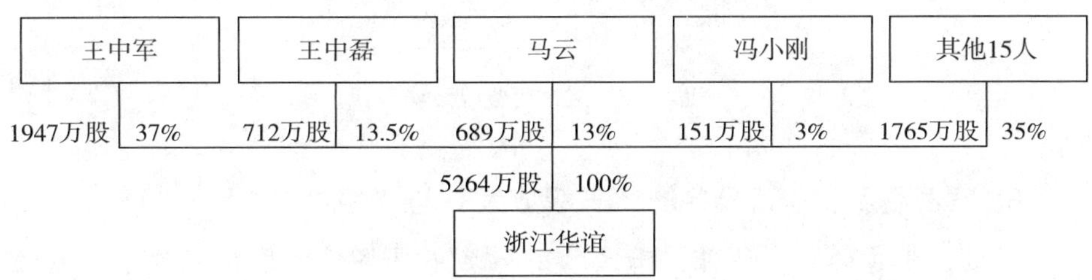

图 7-6　明星持股后的股权结构

6. 第五步：向重要艺人定向增发

2008 年 1 月，华谊有限整体变更为华谊股份。2007 年 11 月，华谊有限净资产 11665 万股，按照 1∶0.86 折成 10008 万股。

2008 年 2 月，华谊股份对周迅等 62 名重要艺人员工实施股权激励，以 3 元/股增资 2592 万股，注册资本增至 12600 万股。此次调整后，王氏兄弟最终持股比例为 45%，股权结构如图 7-7 所示。

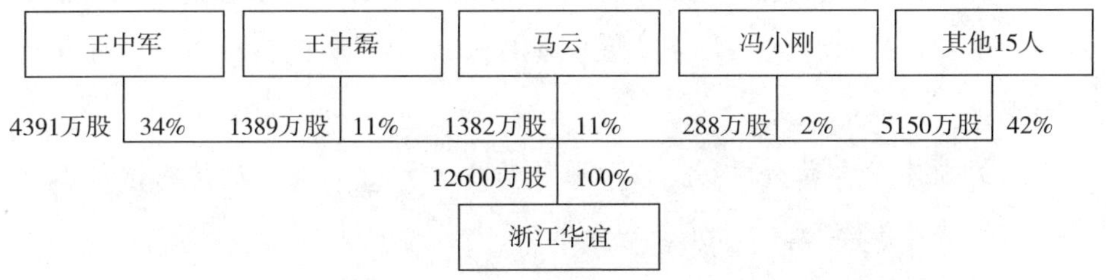

图 7-7　定向增发后的股权结构

7. 第六步：华谊股份上市，王氏兄弟跃居富豪之列

2009 年 10 月 30 日，华谊股份以高达 70 倍的市盈率，29 元/股的发行价在创业板成功上市，发行后总股本 1.68 亿股，实际募集资金 12 亿元，

超募6.2亿元。上市后股权结构如图7-8所示。

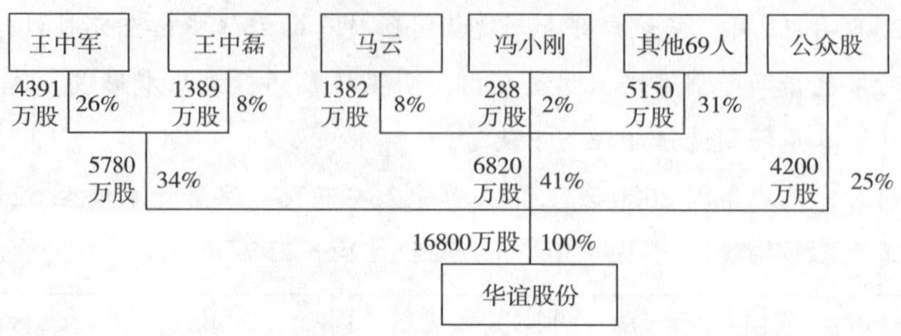

图7-8　上市后股权结构

8. 案例启示：华谊兄弟的“三级放大”与“烙饼变真”

通过一步步的资本运作，王氏兄弟从名不见经传的民企大股东，通过资本市场的三级放大效应，合法地从股民口袋中转移了大量的财富。具体看来，王氏兄弟是通过以下三步获得大量财富的。

首先，一级放大——资产评估。华谊有限整体变更为华谊股份时，对拟投入股份公司的全部资产评估，其中净资产评估增值0.3亿元，增值率33%。

其次，二级放大——溢价发行。华谊有限的发行价为29元，增发0.42亿股，发行后总股本为1.68亿股，其中王氏兄弟持股比例为34%，即持股约0.58亿股。上市后王氏兄弟增加的财富由两部分组成，一部分是存量股份增值的财富，一部分是溢价发行后计入资本公积的部分，计算方式如下：

(1) 资本公积获得财富：以每股股价1元计算，发行后的溢价计入资本公积，共计12亿元。计算公式如下：

资本公积：0.42×（29-1）=12（亿元）

王氏兄弟占有：12×34%=4（亿元）

(2) 存量股增值获得财富：王氏兄弟原有存量股0.58亿元，每股由原来的1元增值到发行后的29元，增值28元。通过存量股增值，王氏兄弟共获得12亿元。计算方式如下：

增值总量：(29-1) × (1.68-0.42) = 35（亿元）

王氏兄弟占有：35×34% = 12（亿元）

通过 IPO，王氏兄弟共获得 16 亿元，加上其本身拥有的股份原始价值（0.58 亿元），王氏兄弟上市后财富约为 16.6 亿元。

最后，三级放大——上市交易。以首日收盘价 71 元计算，王氏兄弟在上市后获得 41 亿元。计算方式如下：

王氏兄弟财富：71×0.58 = 41（亿元）

大股东禁售期过后，迄今为止，王氏兄弟先后通过在二级市场抛售套现 7.16 亿元，可谓“一夜暴富”。这就是中国资本市场的创富故事，这样一个个“合法剥夺”的股市也一次次印证着资本市场三级放大的魅力与魔力。

第二节　股份公司和股份制改造

股份所有制（Share Holding Ownership）是以股权方式确定企业财产权，是指以入股方式，把分散的、属于不同人所有的生产要素集中起来，统一使用，合理经营，自负盈亏，按股分红的一种经济组织形式。

股份制的基本特征是生产要素的所有权与使用权分离，在保持所有权不变的前提下，把分散的使用权转化为集中的使用权。用股份制（Share Holding System）把市场改革和企业改革相结合，最终实现在微观上转换企业机制，在宏观上实现存量资源优化配置的双重目标。要实现这一目标，必须把中国国情和国际规范有机结合起来，同时注意避免两种倾向：其一，不顾国际规范，过于强调中国特色，最终导致某些改革措施成为今后的障碍；其二，盲目照搬西方所谓规范而不顾中国国情，简单重复西方国家几百年前的历史起点。我们需要的是借鉴国际规范为中国国情所用，最终找到一条能够快速、平稳过渡到现代企业制度和成熟资本市场的捷径。

在这样的认识基础上，中国的企业产权制度改革最终在20世纪90年代初期，即中国的经济改革推进12年之后，在承包制、租赁制和资产经营责任制等改革模式不断试错之后，找到了用法人股份制的方式来改革中国企业产权制度的模式。而就股份制的定义来说，它包含公司、股票和股票市场三个基本要素。股份制改革一头连着企业的产权制度变革，另一头连着资本市场体系的建立和完善。因此，通过股份制来推动中国的产权制度变革，是中国30年改革最重要的成就。

一、股份公司概述

股份有限公司（或称股份公司），是指其全部资本分为等额股份，股东以其所持股份为限对公司承担责任，公司以其全部资产对债务承担责任的企业法人。股份有限公司在英美称为公众公司或公开公司。

（一）股份公司的设立

1. 股份公司的设立条件

设立股份公司应当具备以下三类条件：

（1）主体条件

发起人必须符合法定人数。应当有2人以上（含2人）为发起人。国有企业改建为股份有限公司的，发起人可以少于2人，但应当采取募集设立方式。

发起人的资格。股份公司须有过半数的发起人在中国境内有住所。这个对中国公民来说，是指其户籍或经常居住地在中国境内；对外国公民而言，是指其经常居住地在中国境内；对法人而言，是指主要办事机构在中国境内。

（2）财产条件

资本最低限额。股份有限公司注册资本的最低额为人民币500万元。法律、行政法规对股份有限公司注册资本的最低限额有较高规定的，从其规定。

资本构成要求。股份有限公司的资本应划分为等额股份，目前我国绝大多数的每股面额是 1 元人民币。例外情况，紫金矿业公司每股面值为 0. 1 元。

（3）组织条件

组织条件主要包括公司名称、类别、住所、经营范围等的选定以及公司的组织机构等。这些内容均为公司章程的主要内容，也是公司登记的主要事项，对公司的经营活动有着重要的影响。

股份有限公司的内部组织机构分为股东会、董事会和监事会等。股东大会是股份公司的权力机构，由公司的股东组成；董事会对股东大会负责；监事会由股东代表和适当比例的职工代表组成，具体比例由公司章程规定。

发起人制定公司章程，并经创立大会通过。公司章程是公司最重要的法律文件，发起人应当根据《公司法》《上市公司章程指引》《到香港上市公司章程必备条款》或《到境外上市公司章程必备条款》及相关规定的要求，起草制定章程草案。章程草案须提交创立大会表决通过。发起人向社会公开募集股份的，须向证监会报送公司章程（草案）。

2. 股份公司设立方式

股份公司的设立一般有“发起设立”和“募集设立”两种方式。

（1）发起设立

发起设立是指由发起人共同出资认购全部股份，不再向社会公众公开募集的一种公司设立方式。在发起设立中，认购首期发行股份的人必须是发起人，其他人不参加到股份认购之中，而且发行人必须认购发行的全部股份。

发起设立股份有限公司可以采用以下方式：一是原企业改制设立，二是新设设立，三是有限责任公司依法整体变更。对以上市为目的的股份公司设立来看，有限责任公司依法整体变更为股份有限公司是主流方式。

（2）募集设立

募集设立是指由发起人认购公司应发行股份的一部分，其余部分向社会公开募集而设立公司的一种方式。募集设立一般分公开募集或者定向募集。

（二）股份公司合并

股份有限公司合并是指两个或两个以上的公司，依照《公司法》规定的条件和程序，通过签订合并协议，共同组成一个公司的法律行为。公司合并可分为吸收合并和新设合并。

1. 吸收合并

吸收合并也称存续合并，是指将一个或一个以上的公司并入另一个公司，达到公司合并目的的行为。公司合并后，主体公司吸收其他公司而继续存在，其他各公司主体资格消灭。合并方通过企业合并取得被合并方的全部净资产，合并后注销被合并方的法人资格，被合并方原持有的资产、负债，在合并后成为合并方的资产、负债。

吸收合并一般通过以下两种方式进行：

一是合并方用资金购买被合并方的全部资产或股份，被合并方以所得货币资金付给原有公司股东，被合并方股东因此失去其股东资格。

二是合并方发行新股以换取被合并方的全部资产或股份，被合并公司的股东获得存续公司（合并方）的股份，从而成为存续公司的股东。存续的公司仍保持原有的公司名称，并接受被合并公司的全部资产和负债。

吸收合并示意见图 7-9。

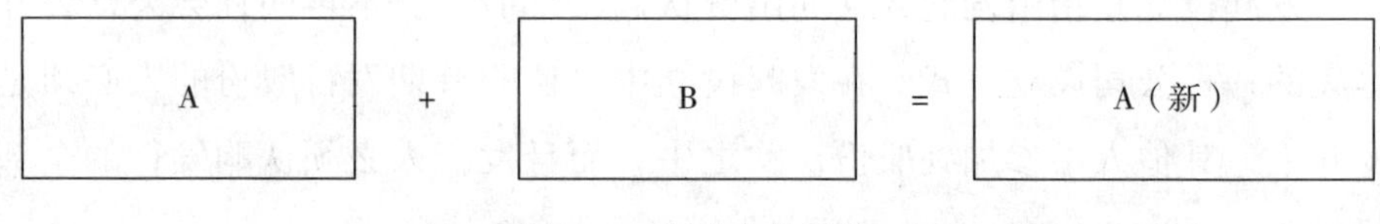

图 7-9　吸收合并示意

2. 新设合并

新设合并是指两个或两个以上的公司以消灭各自的法人资格为前提而合并组成一个公司的行为。在新设合并后，参与合并的各企业均丧失了法人地位，只有新设立的企业具有法人资格。1996 年上海著名的两家证券公司申银和万国组成申银万国证券公司，就属于典型的新设合并。

新设合并具体表现为：A 公司+B 公司=C 公司。

新设合并示意见图 7-10。

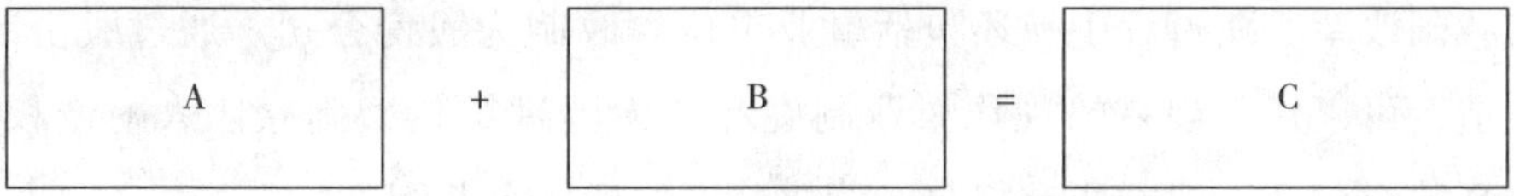

A	+	B	=	C

图 7-10 新设合并示意

（三）股份公司分立

股份有限公司分立是与公司合并相反的行为，它是指原有的一个公司分成两个或两个以上独立公司的法律行为。股份公司分立可以分为新设分立和派生分立。

1. 新设分立

新设分立是指股份有限公司将其全部财产分割为两个部分以上，另外设立两个公司，原公司法人地位消失。新设分立示意如图 7-11 所示。

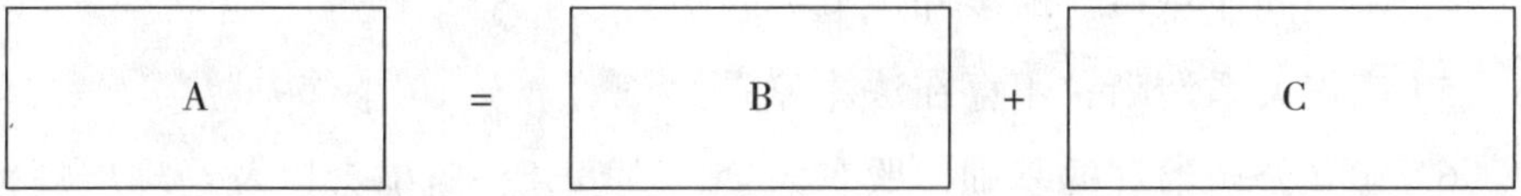

A	=	B	+	C

图 7-11 新设分立示意

2. 派生分立

派生分立是指原公司将其财产或业务的一部分分离出去，设立一个或数个公司，原公司继续存在。实践中，总公司为了实现资产扩张、降低投资风险，往往把其分公司改组成具有法人资格的全资子公司，此时总公司亦转化为母公司，仅以其投资额为限对新设子公司债务承担有限责任。派生分立示意如图 7-12 所示。

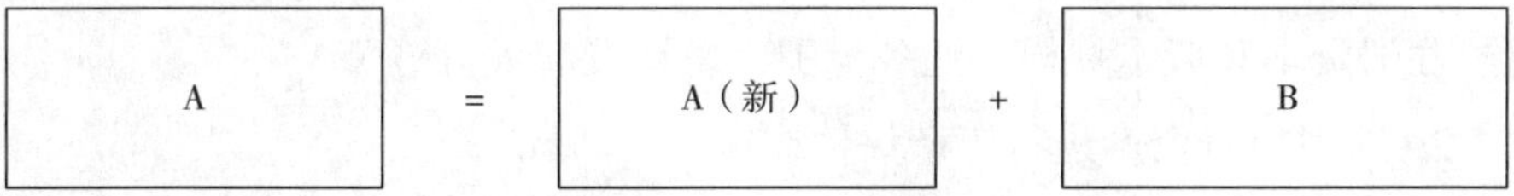

A	=	A（新）	+	B

图 7-12 派生分立示意

二、股份制改造概述

股份制改造是指由有限公司、独资企业变更为股份有限公司的过程。在我国改革实践过程中，还包括事业单位等改制为股份公司。通过股份制改造，可以建立规范的现代企业制度和法人治理结构，确立法人财产权，实现政企分开，建立所有权与经营权分离的现代企业制度。

一般来说，股份制改造的主要目的是服务于企业融资上市，因此本书下文所提到的股份制改造特指企业融资上市过程中的股份制改造阶段。

（一）通过股份制改造具备上市的基本条件

符合企业上市的所有基本条件（除业绩及行业条件外）都应该是股份制改造要达到的目标。具体目标包括以下九类：

1. 符合股份公司设立的基本条件，如发起人数量、注册资本等。

2. 形成清晰的业务发展战略目标。

3. 突出主营业务，形成核心竞争力和持续发展的能力。

4. 避免同业竞争，减少和规范关联交易。

5. 产权关系清晰，不存在法律障碍。

6. 建立公司治理的基础，股东大会、董事会、监事会以及经理层规范运作。

7. 具有完整的业务体系和直接面向市场独立经营的能力，做到资产完整、人员独立、财务独立、机构独立、业务独立。

8. 建立健全财务会计制度，会计核算符合相关法规的要求。

9. 建立健全有效的内部控制制度，能够保证财务报告的可靠性、生产经营的合法性，以及营运的效率与效果。

（二）股份制改造的基本程序

1. 主发起人拟订设立股份有限公司方案，确定设立方式、发起人数量、注册资本和股本规模、业务范围、邀请发起人等。

2. 对拟出资资产进行资产评估或审计。

3. 签订发起人协议书，明确各自在公司设立过程中的权利和义务。

4. 发起人制定公司章程。

5. 由全体发起人指定的代表或者共同委托的代理人向公司登记机关申请名称预先核准。

6. 法律、行政法规或者国务院决定规定设立公司必须报经批准，或者公司经营范围中属于法律、行政法规或者国务院决定规定在登记前须经批准的项目的，以公司登记机关核准的公司名称报送批准，履行有关报批手续。

7. 发起人按公司章程规定缴纳出资，并依法办理以非货币性财产出资的财产权的转移手续。

8. 聘请具有证券从业资格的会计师事务所验资并取得验资报告。

9. 选举董事会和监事会，由董事会向公司登记机关报送公司章程、验资证明，以及法律、行政法规规定的其他文件，申请设立登记。

（三）股份制改造中应重点关注的问题

1. 中介机构的选择

选择合适的中介机构非常重要，这在一定程度上决定了全盘的成败和效率、质量。主要的中介机构包括财务顾问、会计师事务所、律师事务所等。一般来说，拟改组企业首先选择一个合适的全程财务顾问，在财务顾问的帮助及建议下，由拟改组企业选择其他中介机构。

2. 股份制改制总体方案的拟订

拟订总体方案，对未来事项做出安排和策划。总体方案关系到设立工作的成败，务必全面，能为各方接受，并有可操作性。

3. 产权和股权结构的明确

依据股份有限公司的一般规定，股东的出资方式可采用现金出资、实物出资和无形资产出资等方式，但在我国企业发展历程中，往往产权和股权结构会存在或多或少的问题，因此在设计股权结构时，应回顾企业发展历史，将产权和股权结构清晰化。

4. 业务规划方案的设计

业务规划方案的可行性及对广大投资人的吸引度很大一部分来自业务规划方案，拟改组上市企业应该在财务顾问及各中介机构的协助下重点关注业务规划方案的优劣，对方案进行全面审核和改进。这里应坚持以下原则：主营业务必须具有足够大的市场空间；主营业务必须具有持续创新能力和高附加值；主营业务必须具有较高的成长性；主营业务必须符合将来上市的需要。

三、企业股份制改造和融资上市的模式选择

（一）一步实现整体上市

一步实现整体上市就是将集团内所有业务一次性整体上市，建行、工行就是属于一步整体上市。实践证明，一步整体上市一方面不利于公司潜力的挖掘，另一方面也不利于新资产的培养。

如果进行一次整体上市，大股东未来将没有可以培育的资产，而只能通过分红和减持股份来获得收益，可持续的资产放大能力消失。在整体上市时由于资产规模大而导致净资产收益率较低，即使是在 IPO 时也无法获得很好的溢价水平，不利于大股东利益的充分挖掘。

一步整体上市以后，由于资产全部注入了上市公司，公司未来的资本运作题材告罄，在中国目前市场条件及股市文化中，很难获得投资者的长期青睐。

综上所述，我们可以看出，一步整体上市对大股东、对投资者都不是最好的选择。

（二）分步实现整体上市

分步实现整体上市是根据上市过程中对上市公司业绩和资产负债结构的要求，按照地区或业务，以优质资产为主，承袭原企业的历史及业绩，并在此基础上组建上市融资的股份公司的上市模式。在分步上市中，公司将辅业和非优质主业资产分立出来，由新成立的集团公司作为续存企业所有和管理，同时集团公司是股份公司的大股东。集团公司一方面把剥离出来的辅业和企业办社会的功能及冗员一步一步地实现社会化，另一方面又可根据上市的股份公司的先进管理和经验，有步骤、有计划地改造和提升未进入上市公司的非优质的其他主业资产。培育一个收回一部分资金，继

续改造和提升新的目标，而上市的股份公司逐步壮大，最终分步实现整体上市的目标。

分步实现整体上市理论借鉴国际规范并遵守中国大型金融企业的实情，逐步实现“老树发新枝”，并逐步提高“新枝”比例，最终完全脱胎换骨，与中国改革开放所遵循的渐变稳定、逐步转轨的思路一脉相承。在改革的方法论上，可进可退，回旋余地大，难度小，风险小。

从总体看，采用分步整体上市模式，融资数额高，且集团公司可回收更多的资金。无论是从初期的优质资产构成的上市公司的 IPO 价格看，还是从日后集团公司不断改造提升劣质资产为优质资产后评估放大，再卖给上市公司时的 IPO 价格，都可获得更高的融资额和转让金额。

20 世纪 90 年代初，玉柴、万向钱潮开始采用分步上市，后来这个经验被迅速推广。如中石油、中石化、中国人寿、宝钢公司等，几乎所有上市公司都是采用分步上市模式。尽管在这种模式下出现了一股独霸（如大股东占用上市公司资金）及违规关联交易等现象，但这是由于我国资本市场上长期以来为国企脱困的错误政策和监管不力造成的，而并非分步上市模式本身带来的。如果政策和监管到位，分步上市模式完全可以避免这一现象。把避免一股独大和关联交易作为回避分步上市的理由是不成立的。

目前，分步整体上市主要有以下三种方式：

1. 换股 IPO 模式

换股 IPO 模式是指集团公司与所属上市公司公众股东以一定比例换股，吸收合并所属上市公司，同时发行新股。例如，2004 年 1 月，TCL 集团吸收合并子公司 TCL 通讯，同时发行新股，TCL 通讯的流通股份以 1∶4.96478873 的比例置换为 TCL 集团的股份，TCL 通讯则被注销。该模式较适合处于快速发展时期的集团公司，这样既能满足集团公司在快速发展阶段对资金的需要，又能使集团公司资源得到整合。

2. 换股并购模式

所谓“换股并购”模式，即将同一实际控制人控制的各上市公司通过换股的方式进行吸收合并，完成公司的分步整体上市。例如，2004 年 11

月，第一百货公司通过向华联商厦公司股东定向发行股份进行换股（换股比例1∶1.114），吸收合并华联商厦，第一百货更名为百联股份。该模式没有新增融资，较适用于集团内资源整合，主要便于集团内部完善管理流程，理顺产业链关系，为集团的长远发展打下基础。

3. 增发收购模式

所谓“增发收购”模式，即集团所属上市公司向大股东非公开发行或向公众股东增发股份融资，收购大股东资产以实现分步整体上市。目前这种模式应用较为广泛，武钢公司、宝钢公司等均是向大股东非公开发行与社会公众股东增发相结合，募集的资金用以收购集团相关资产；鞍钢等是通过向大股东非公开发行融资收购大股东资产。该模式主要适用于实力强大的企业集团整体上市，便于集团实施统一管理，理顺集团产业链关系。

（三）一步实现整体上市与分步实现整体上市的模式选择

在上文论述的基础上，我们可以对一步实现整体上市与分步实现整体上市进行对比，详见表7-3。

表7-3　一步实现整体上市与分步实现整体上市的比较

项　目	一步实现整体上市	分步实现整体上市
适用条件	大股东没有未来盈利性好的可培育处女地资产	大股东有未来盈利性好的可培育处女地资产
处女地资产注入方式	一次性注入	多次分批注入
盈利模式	分红和减持股份	培育的处女地资产增值、资产评估的放大、分红和减持股份、概念制造和二级市场的高抛低吸
融资额	收益率低，融资额小，无法获得高溢价	发行价高，融资额大，易于获得高溢价
成长性	未来缺乏资本运作题材，成长性差	未来资本运作题材丰富，成长性好
控制力	未来增发及大股东减持均会削弱控制力	将培育后的处女地资产注入上市公司，可以提高大股东实际持股比例，不会削弱控制力
灵活性	资本运作缺乏灵活性	资本运作灵活性大

通过对两种模式进行比较分析，不难发现，分步实现整体上市更符合我国国情的战略选择。

首先，从总体看，分步实现上市融资数额高。例如，中国银行和中国建设银行在港的发行市净率为 1.9 倍，发行价格分别仅为 2.95 港元和 2.35 港元。而早在 1992 年，中国最初在港上市的 9 家 H 股公司，如上海石化公司、北人公司等，哪一个企业的发行价也没有低于 3 元，平均市盈率大都在 15 倍以上，除青岛啤酒外，它们均是沿着渐变改革思路采用分步实现上市模式进行运作的，先分拆再整体，同时构造集团公司。通过分拆，把优质资产优先上市，这种优质资产能为上市公司带来较好的业绩，从而提高每股收益；对非经营性资产和非优质经营性资产的剥离，使公司在 IPO 时扩大了融资规模，获得较高的 IPO 价格。与我们具有金融垄断权的商业银行相比，这 9 家制造业公司都发到了不低于 3 元的价格，这和中行、建行的发行价形成了鲜明的对比。通过发行价格的对比，可以看到整体上市产生的弊端。大型国有银行改制上市，如果采用先分拆后整体的分步上市模式，IPO 的融资规模一定会高得多，就不会出现社会质疑国有银行是否贱卖的问题了。

其次，在分拆上市过程中出现的大股东非法占用上市公司资金等治理结构方面的问题，并不完全是分拆上市的模式造成的。这些问题之所以存在，一方面是因为当时股市要为国企脱困服务，监管当局对国有上市公司有特别的利益照顾，另一方面是因为我国的制度建设不力。不应该将罪过全部推到分拆上市的头上，而是应该建立良好的投资者保护机制，加强证券市场的制度建设。

再次，从上市后募集的资金运用来说，一步整体上市一次募得资金数量过大，上市公司不能有效地统筹资金的运用，造成资源的闲置。而分步实现整体上市，每次募得相对较高数额的资金，并且有计划有步骤地为上市公司制造收购题材，为进行资产重组提供了安排上的便利。每次募得资金进入集团公司后，又能为尚未上市的非优质资产和非营利性资产“打扮”一番，重新把它们注入上市公司，最终实现整个集团的整体上市。

综上所述，相较一步实现整体上市，分步实现整体上市更符合我国国情，更能够推动企业的长远发展。因此，我国企业在上市模式选择中，必须要走出一步实现整体上市的误区。

第三节　公司股票发行上市

首次融资上市，即首次公开募股（Initial Public Offering，也称 IPO），指公司首次向社会公众公开招股的发行方式。

一、境内股票发行上市体制

我国的发行制度经历了一系列复杂的变迁，无论监管制度、发行方式还是定价制度都是如此。目前，随着市场的成熟，各种国际上通行或者被证明有利于证券市场稳定有序发展的发行制度，正在不断地充实我国的发行制度。

（一）中国股票发行制度

1. 发行监管

新股的发行监管制度主要有三种：审批制、核准制和注册制，每一种发行制度都对应一定的市场发展状况。其中，审批制是完全计划发行的模式，核准制是从审批制向注册制过渡的中间形式，注册制则是目前成熟资本市场普遍采用的发行体制。

（1）审批制。审批制是我国在股票市场的发展初期，为了维护上市公司的稳定和平衡复杂社会经济关系，采用行政和计划的办法分配股票发行的指标和额度，由地方或行业主管部门根据指标推荐企业发行股票的一种发行制度。审批制下公司发行股票的竞争焦点主要是争夺股票发行指标和额度。证券监管部门凭借行政权力行使实质性审批职能，证券中介机构的主要职能是进行技术指导。然而实践证明，这样无法保证发行公司不通过虚假包装，甚至伪装、做账达标等方式，达到发行股票的目的。

1998 年以前我国新股的发行监管制度以审批制为主，每年先由证券主管部门下达公开发行股票的数量总规模，在此限额内，各地方和部委切分额度，再由地方或部委确定预选企业，上报证监会批准。

（2）核准制。核准制则是介于注册制和审批制之间的中间形式。一方面，它取消了指标和额度管理，并强化证券中介机构的责任，判断企业是否达到股票发行的条件；另一方面，证券监管机构同时对股票发行的合规性等条件进行实质性审查，并有权否决股票发行的申请。在核准制下，发行人在申请发行股票时，不仅要充分公开企业的真实情况，而且必须符合有关法律和证券监管机构规定的必要条件，证券监管机构有权否决不符合规定条件的股票发行申请。证券监管机构对申报文件的真实性、准确性、完整性和及时性进行审查，还对发行人的营业状况、财务状况、发展前景、发行数量和发行价格等条件进行实质性审查，并据此做出发行人是否符合发行条件的价值判断和是否核准申请的决定。

（3）注册制。注册制是在市场化程度较高的成熟股票市场所普遍采用的一种发行制度，证券监管部门公布股票发行的必要条件，只要达到所公布条件要求的企业即可发行股票。发行人申请发行股票时，必须依法将公开的各种资料完全准确地向证券监管机构申报。证券监管机构的职责是对申报文件的真实性、准确性、完整性和及时性做合规性的形式审查，发行公司的质量则留给证券中介机构来判断、决定。这种股票发行制度对发行人、证券中介机构和投资者的要求都比较高。

2. 发行方式

我国的股票发行方式变动比较频繁，大约可以分为两个阶段。

第一阶段：从 1984 年股份制试点到 20 世纪 90 年代初。这个阶段股票发行的特点是：（1）面值不统一，有 100 元的，有 200 元的，一般按照面值发行。（2）发行对象多为内部职工和地方性的公众。（3）发行方式多为自办发行，没有承销商，很少有中介机构参加。

第二阶段：20 世纪 90 年代初至今。这一阶段，股票发行方式基本上充分利用了交易所的电子交易系统，也有在交易所外的发行方式。1991~1992年，股票发行采取有限量发售认购证方式。1992年，上海率先采用无限量发售认购证摇号中签方式。这种方式基本避免了有限量发行方式的主要弊端，但是认购量的不确定性会造成社会资源不必要的浪费，认购成本过高。

1993年8月18日，国务院证券委颁布的《关于1993年股票发售与认购办法的意见》规定，发行方式可以采用无限量发售申请表和与银行储蓄存款挂钩方式。

1996年12月26日，证监会规定，发行方式可采用上网定价、全额预缴款、与储蓄存款挂钩的方式。

1998年8月11日，证监会规定：公开发行量在5000万股以上的新股均可向基金配售；公开发行量在5000万股以下的，不向基金配售。1999年7月28日，证监会规定：公司股本总额在4亿元以下的公司，仍采用上网定价、全额预缴款或与储蓄存款挂钩的方式发行股票。公司股本总额在4亿元以上的公司，可采用对一般投资者上网发行和对法人配售相结合的方式发行股票。2000年4月，取消4亿元的额度限制，公司发行股票都可以向法人配售。2000年2月13日，证监会颁布《关于向二级市场投资者配售新股有关问题的通知》，在新股发行中试行向二级市场投资者配售新股的办法。该方式是指在新股发行时，将一定比例的新股由上网公开发行改为向二级市场投资者配售，投资者根据其持有上市流通证券的市值和折算的申购限量，自愿申购新股。2006年5月20日，深、沪交易所分别颁布了股票上网发行资金申购实施办法，股份公司通过证券交易所交易系统采用上网资金申购方式公开发行股票。

上述方式中，有限量发行认购证方式、无限量认购申请表摇号中签方式、全额预缴款方式和与储蓄存款挂钩方式属于网下发行，这些方式都存在发行环节多、认购成本高、社会工作量大、效率低的缺点。随着电子交易技术的发展，这类方式逐步被淘汰。

上网竞价方式和上网定价方式属于网上发行，这类方式的主要缺点是：吸收居民储蓄资金作用不如网下发行明显，大部分申购资金都是证券市场存量资金和机构资金。

3. 发行对象

（1）向战略投资者配售。首次公开发行股票数量在 4 亿股以上的，可以向战略投资者配售股票。发行人应当与战略投资者事先签署配售协议，并报证监会备案。发行人及其主承销商应当在发行公告中披露战略投资者的选择标准、向战略投资者配售的股票总量、配售股份占本次发行总量的比例以及持有期限限制等信息。战略投资者不得参与首次公开发行股票的初步询价和累计投标询价，并应当承诺因本次配售获得的股票持有期限不少于 12 个月，持有期自本次公开发行的股票上市之日起计算。

（2）向参与网下配售的询价对象配售。发行人及其主承销商应当向参与网下配售的询价对象配售股票，并应当与网上发行同时进行。公开发行股票数量少于 4 亿股的，配售数量不超过本次发行总量的 60%；公开发行股票数量在 4 亿股以上的，配售数量不超过向战略投资者配售后剩余发行数量的 70%。其中，应安排不低于本次网下发行股票数量的 40%优先向通过公开募集方式设立的证券投资基金和由社保基金投资管理人管理的社会保障基金配售，安排一定比例的股票向根据《企业年金基金管理办法》设立的企业年金基金和符合《保险资金运用管理暂行办法》等相关规定的保险资金配售。

（3）向参与网上发行的投资者配售。这种方式是指通过交易所交易系统公开发行股票。投资者参与网上发行应当遵守证券交易所和证券登记结算机构的相关规定。首次公开发行股票达到一定规模的，发行人及其主承销商应当在网下配售和网上发行之间建立回拨机制，根据申购情况调整网下配售和网上发行的比例。

根据规定，发行人及其主承销商网下配售股票应当与网上发行同时进行。投资者参与网上发行，应当按价格区间上限进行申购，如最终确定的发行价格低于价格区间上限，差价部分退还给投资者。发行人和主承销商必须在资金解冻前将确定的发行价格进行公告。

目前，上海证券交易所规定每一申购单位为1000股，申购数量必须是1000股的整数倍。深圳证券交易所规定每一申购单位为500股，申购数量必须是500股的整数倍。

4. 发行定价

发行价格决定各方利益，是股票发行过程中最核心的问题之一。

股份制改革初期，我国公司发行价格大部分按照面值发行，定价没有管理制度可循。20世纪90年代初期，公司在股票发行数量、发行价格和市盈率方面完全没有决定权，基本上由证监会确定，采用相对固定的市盈率。

从1994年开始，我国进行股票发行价格改革。在发行前由主承销商和发行人在国家规定的范围内，根据市盈率法来确定新股发行定价。

从2005年1月1日开始，我国股票发行实行询价制度。首次公开发行股票的公司及其保荐人应通过向询价对象询价的方式确定股票发行价格，这标志着我国首次公开发行股票市场化定价机制的初步建立。

2006年9月11日，证监会审议通过《证券发行与承销管理办法》，自2006年9月19日起施行。该办法细化了询价、定价、证券发售等环节的有关操作规定。后经几次修改中国证监会于2013年10月8日通过了最新的《证券发行与承销管理办法》，确定了目前的股票定价机制。首次公开发行股票，应当通过向特定机构投资者（以下称“询价对象”）询价的方式确定股票发行价格。

5. 几种特殊的发行方式

（1）绿鞋机制——超额配售选择权。证监会于2001年9月3日发布《超额配售选择权试点意见》（证监发［2001］112号），以规范证券公司在拟上市公司及上市公司向全体社会公众发售股票中行使超额配售选择权的行为。

超额配售选择权俗称“绿鞋”机制，也叫绿鞋期权（Green Shoe Option），是指发行人授予主承销商的一项选择权，获此授权的主承销商按同一发行价格超额发售不超过包销数额15%的股份，即主承销商按不超过包销数额115%的股份向投资者发售。在该次增发包销部分的股票上市之日起30日内，主承销商有权根据市场情况选择从集中竞价交易市场购买发行人股票，或者要求发行人增发股票，分配给对此超额发售部分提出认购申请的投资者。

在超额配售选择权行使期内，如果发行人股票的市场交易价格低于发行价格，主承销商用超额发售股票获得的资金，按不高于发行价的价格从集中竞价交易市场购买发行人的股票，分配给提出认购申请的投资者；如果发行人股票的市场交易价格高于发行价格，主承销商可以根据授权要求发行人增发股票，分配给提出认购申请的投资者，发行人获得发行此部分新股所募集的资金。

（2）回拨机制。回拨机制是指在同一次发行中采取两种方式发行时，为了保证发行成功和公平对待不同类型投资者，先人为地设定不同发行方式下的发行数量，然后根据认购结果，按预先公布的准则在两者之间适当调整发行数量。通俗地说就是，在网上申购极为踊跃时，将更多发行比例向网上倾斜，反之向网下倾斜。

回拨机制主要适用于发行量在8000万股以下且坚持使用法人配售发行方式的情况。发行人和主承销商在招股意向书中，规定拟向法人配售的比例，同时规定当一般投资者上网申购的超额认购倍数达到不同倍数时，对法人投资者和对一般投资者相应的股票分配量。对法人投资者的配售量最低可调减至0股。对于一般投资者上网申购超额认购倍数及股票分配比例，由发行人和主承销商在充分分析市场情况的基础上确定并报证监会核准。一般来说，分配比例如表7-4所示。

表7-4 回拨机制下超额认购倍数对应的分配比例

超额认购倍数	至少占发行总量的比例（%）
50~100倍	20
100倍以上	40

当网上投资者有效申购倍数超过150倍时，回拨后网下发行比例不超

过本次公开发行股票数量的10%。

（二）我国发行制度的发展趋势

虽然我国现行发行制度保障了证券市场的运转，但依然存在着一些弊端。具体表现在：

第一，对中小投资者的利益保护不足。在对中小投资者没有基本配售保障的情况下进一步放宽新股申购上限，使得新股申购的中签率进一步降低，中小投资者申购新股的热情受到抑制。

第二，造成大量的资金浪费。由于大量资金进入，但最后只有少部分资金“中签”，其他庞大的平均95%以上的资金被冻结闲置在账户中，造成了大量资金浪费。

第三，易引发赌博心理。由于大量的资金囤积在一级市场里上演千军万马过独木桥的“打新”游戏，造成了大量资金浪费，也容易引发一些投资者的赌博心理及一夜暴富心理。

由于存在上述几点弊端，为了与日益发展的资本市场相匹配，我国的发行制度势必要吸收其他国家和地区的先进经验，不断改革完善。具体而言，我国发行制度的发展趋势主要体现在以下两方面：

1. 引入“红鞋”制度

“红鞋”制度是香港股市发行新股时的一种制度，即只要参与申购，每个账户就能得到一定数量的新股，而不是按照资金量分配号码来确定中签率，这样就能尽量保证每个申购账户都可以得到一手新股。

在香港证券市场中，资金申购环节有两个非常鲜明的特点：其一，在申购新股时，无论资金大小、中签与否，每一个有效申购账户至少配售1000股的份额；其二，实行证券抵押贷款制度，散户若对某只新股感兴趣，只需提供认购额的一成资金，即可通过资金放大10倍来申购新股。

沪深交易所发布的《资金申购新股办法》中并未借鉴香港市场的经验，对中小投资人的申购意愿考虑不够，这一点最突出地表现在投资者对新股申购上限的放宽上。

新股发行制度改革的重点，就是要解决长期以来由新股询价形成的发行价与上市交易价背离太大的问题。深、沪新股发行制度改革方向应该向广大投资者的利益倾斜，并可以考虑引入香港市场新股发行的“红鞋”制度，向中小投资者的利益倾斜。

2. 走真正的市场化道路

我国资本市场发展至今，发行制度的改革始终是资本市场制度变迁的核心问题之一。如何把握好市场化改革的方式与方法，在一定程度上直接影响着我国资本市场的发展预期。以创业板为例，单一个股询价市场化、没有规模市场化，以及理念上没有建立一个面对大众“平民”的创业板，而是走了一个“精品店”路线，导致创业板发行价格非常高，而这种高价是难以为继的。

因此，我国的发行制度必须走真正的市场化道路，而理解什么是真正的市场化是实现这一目标的前提条件。对市场化的理解不能浮于形式，我们必须清醒地认识到，在发行制度没有根本性变革的情况下，看似市场化的询价制度只能是一种“伪市场化”；在数量没有放开的情况下，询价的结果必然是市场的失衡与价格的畸高。因此，我们应该走真正的市场化道路，让投资人选择上市公司，从根本上改变现有的不合理的发行制度，从而推进我国资本市场的进一步完善和发展。

二、企业境内融资上市的基本条件

股票上市后，股份公司的一举一动都和亿万公众投资者的利益密切相关，因此各国都对股份公司上市做出了严格的规定，我国亦是如此。

根据我国《公司法》《证券法》及其他相关法律法规的规定，股份公司申请股票上市必须符合下列基本条件，详见表 7-5。

表 7-5 主板与创业板上市条件的对比

项 目	主 板	创业板
上市主体资格	持续经营 3 年以上的股份有限公司	持续经营 3 年以上的股份有限公司

（续表）

项　目	主　板	创业板
盈利要求	（1）最近3个会计年度净利润均为正数且累计超过人民币3000万元，净利润以扣除非经常性损益前后较低者为计算依据 （2）最近3个会计年度经营活动产生的现金流量净额累计超过人民币5000万元；或者最近3个会计年度营业收入累计超过人民币3亿元；最近一期期末无形资产（扣除土地使用权、水面养殖权和采矿权等后）占净资产的比例不高于20%，且不存在未弥补亏损	（1）最近两年连续盈利，最近两年净利润累计不少于1000万元，且持续增长 （2）或者最近1年盈利，最近一年营业收入不少于5000万元。净利润以扣除非经常性损益前后孰低者为计算依据。(此为选择性要求，满足其一即可) （3）最近一期期末净资产不少于2000万元，且不存在未弥补亏损
管理层要求	董事及管理层最近3年内未发生重大变化，且最近3年内实际控制人未发生变更	董事及管理层最近2年内未发生重大变化，且最近2年内实际控制人未发生变更
上市发行后股本要求	向社会公开发行的股份不少于公司股份总数的25%；如果公司股本总额超过人民币4亿元的，其向社会公开发行股份的比例不少于10%	发行后股本总额不少于3000万元

三、公司股票发行上市程序

从目前我国股票发行的过程来看，其发行一般要经过以下四个阶段：

（一）前期准备及股份制改造阶段

1. 设立股份有限公司。我国的法律法规规定发行股票的企业必须是股份有限公司，因此企业要想发行股票必须首先设立股份有限公司。

2. 聘请中介机构。主要是聘请有财务顾问、证券从业资格的会计师事务所、律师事务所和有主承销商资格的证券公司。

（二）辅导阶段

股票发行与上市辅导是指有关机构对拟发行股票并上市的股份有限公司进行的规范化培训、辅导与监督。我国的上市辅导工作开始于1995年。

1. 辅导步骤

上市辅导工作主要步骤包括：

首先，向证监会派出机构报送辅导协议、辅导计划等材料。

其次，进行为期一年的辅导。

最后，辅导机构对拟上市公司进行辅导的期限满一年后，经辅导机构申请，证监会派出机构对拟上市公司的改制、运行情况及辅导内容、辅导效果进行评估和调查，并出具调查报告。

2. 辅导时间

拟公开发行股票的股份有限公司应符合《公司法》的各项规定，在向证监会提出股票发行申请前，均须由具有主承销资格的证券公司辅导，辅导期限为一年。

3. 辅导内容

签署辅导协议，制订辅导工作计划，进行辅导备案登记。辅导协议应明确双方的责任和义务。辅导费用由辅导双方本着公开、合理的原则协商确定，并在辅导协议中列明，辅导双方均不得以保证公司股票发行上市为条件。辅导计划应包括辅导的目的、内容、方式、步骤、要求等内容，辅导计划要切实可行。

4. 辅导程序

企业上市辅导程序见表 7-6。

表 7-6 企业上市辅导程序

第一阶段（第 1~3 月）： 由辅导机构协助股份公司制定三会议事规则、独立董事制度等，建立规范运作的治理基础；协助公司高级管理人员全面系统掌握《公司法》《证券法》《刑法》《上市公司治理准则》等法律法规和证券市场的基础知识；协助公司财务人员熟悉《会计法》《企业会计制度》等法规政策；协助高级管理人员和财务人员增强法制观念和诚信意识。
第二阶段（第 4~6 月）： 辅导机构检查“五分开”① 的执行情况，协助公司完善财务管理制度、内部控制制度，健全财务会计机构和内部审计机构。

① “五分开”是指上市公司与大股东应实行业务、资产、人员、机构和财务分开，各自独立核算，独立承担责任和风险。

（续表）

第三阶段（第7~9月）： 由辅导机构协助公司建立和完善信息披露、规范的内部决策和控制制度，形成有效的投资以及内部约束和激励制度，规范公司与控股股东及其他关联方的关系。
第四阶段（第10~12月）： 由辅导机构协助公司制定明确的业务发展目标和未来发展战略计划，并制定可行的募股资金投向；组织公司有关人员进行法律法规考试；制作辅导工作汇总报告，向所在地证监局申请辅导验收并通过验收。

6. 辅导有效期

辅导有效期为3年。

（三）材料制作及申报阶段

1. 申报材料制作阶段

股份公司成立运行一年后，经证监会地方派出机构验收符合条件的，可以制作正式申报材料。申报材料由主承销商与各中介机构分工制作，然后由主承销商汇总并出具推荐函，最后由主承销商完成内核后并将申报材料报送证监会审核。会计师事务所的审计报告、评估机构的资产评估报告、律师出具的法律意见书将为招股说明书有关内容提供法律及专业依据。

2. 材料申报阶段

材料申报阶段流程见图7-13。

图7-13　材料申报阶段流程

（1）报送申请股票发行文件。拟上市公司和所聘请的证券中介机构，按照证监会制定的《公司公开发行股票申请文件标准格式》制作申请文件，由主承销商推荐向证监会申报。证监会收到申请文件后在5个工作日内做出是否受理的决定。

（2）初审。证监会受理申请文件后，证监会对发行人申请文件的合规性进行初审，并在30日内将初审意见函告发行人及其主承销商。主承销商自收到初审意见之日起10日内将补充完善的申请文件报至证监会。

（3）发行审核委员会审核。证监会对按初审意见补充完善的申请文件进一步审核，并在受理申请文件后60日内，将初审报告和申请文件提交发行审核委员会审核。发行审核委员会按照国务院批准的工作程序开展审核工作。委员会进行充分讨论后，以投票方式对股票发行申请进行表决，提出审核意见。

（4）核准发行。依据发行审核委员会的审核意见，证监会对发行人的发行申请做出核准或不予核准的决定。予以核准的，出具核准公开发行的文件。不予核准的，出具书面意见，说明不予核准的理由。

（5）复议。发行申请未被核准的企业，接到证监会书面决定之日起60日内，可提出复议申请。证监会收到复议申请后60日内，对复议申请做出决定。

（四）股票发行及上市阶段

股票发行申请经发行审核委员会核准后，取得证监会同意发行的批文后，就可以进入正式发行与上市阶段了。

1. 发行股票。发行人在获得证监会核准其公开发行股票的文件以后，就可以按照核准的发行方案发行股票。

2. 路演、询价与定价。取得证监会同意发行的批文后，企业在指定报刊上刊登招股说明书摘要及发行公告等信息，证券公司与发行人进行路演，向投资者推介和询价，并根据询价结果协商确定发行价格。

3. 上市交易。股份有限公司发行股票后，申请其股票上市交易，必须报经国务院证券监督管理机构核准。国务院证券监督管理机构可以授权证券交易所依照法定条件和法定程序核准股票上市申请。股票上市交易申请经国务院证券监督管理机构核准后，其发行人应向证券交易所提供核准文件及有关文件。证券交易所自接到该股票发行人提交的文件之日起，在6个月内，安排该股票上市交易。

四、公司股票定价与发行

（一）股票定价

股票发行价格指股份有限公司将股票公开发售给特定或非特定投资者所使用的价格。《公司法》规定，股票不得以低于股票票面金额的价格发行，所以股票发行价格可以分为面值发行与溢价发行。

1. 影响股票定价的因素

一般来说，影响股票发行价格的因素主要有：

（1）净资产。国有企业依法改组设立的公司，发行人改制当年经评估确认的净资产所折股数可作为定价的重要参考。

（2）盈利水平。公司的税后利润水平直接反映了一个公司的经营能力和上市时的价值，每股税后利润的高低直接关系着股票发行价格。

（3）发展潜力。公司经营的增长率（特别是盈利的增长率）和盈利预测是影响股票发行价格的又一重要因素。在总股本和税后利润量既定的前提下，公司的发展潜力越大，未来盈利趋势越确定，市场所接受的发行市盈率也就越高，发行价格也就越高。

（4）发行数量。一般情况下，若股票发行的数量较大，为了能保证销售期内顺利地将股票全部出售，取得预定金额的资金，价格应适当定得低一些；若发行量小，考虑到供求关系，价格可定得高一些。

（5）行业特点。发行公司所处行业的发展前景会影响到公众对本公司发展前景的预期，同行业已经上市企业的股票价格水平，剔除不可比因素以后，也可以客观地反映本公司与其他公司相比的优劣程度。

（6）二级市场的环境。二级市场的股票价格水平直接关系到一级市场的发行价格。在制定发行价格时，要考虑到二级市场股票价格水平在发行期内的变动情况。同时，发行价格的确定要有一定的前瞻性，要给二级市场的运作留有适当的余地。

2. 发行定价确定方法

一般来说，常见的确定发行价格的方法有：

（1）市盈率法。市盈率是指股票市场价格与盈利的比率。计算公式为：

$$市盈率=股票市价/每股收益$$

$$发行价格=每股收益\times发行市盈率$$

$$每股收益=税后利润/股份总数$$

通过市盈率法确定股票发行价格，首先应根据注册会计师审核后的盈利预测计算出发行人的每股收益；然后可根据二级市场的平均市盈率、发行人的行业情况（同类行业公司股票的市盈率）、发行人的经营状况及其成长性等拟定发行市盈率；最后依发行市盈率与每股收益之乘积决定发行价。

（2）净资产倍率法。净资产倍率法又称资产净值法，指通过资产评估和相关会计手段确定发行人的每股净资产值，然后根据证券市场的状况将每股净资产值乘以一定的倍率或一定折扣，以此确定股票发行价格的方法。其公式是：

$$发行价格=每股净资产值\times溢价倍率（或折扣倍率）$$

（3）现金流量折现法。现金流量折现法通过预测公司未来盈利能力，据此计算出公司净现值，并按一定的折扣率折算，从而确定股票发行价格。该方法首先是用市场接受的会计手段预测公司每个项目未来若干年内每年的净现金流量，再按照市场公允的折现率，分别计算出每个项目未来的净现金流量的净现值。公司的净现值除以公司股份数，即为每股净现值。由于未来收益存在不确定性，发行价格通常要对上述每股净现值折让20%~30%。

国际主要股票市场对新上市公路、港口、桥梁、电厂等基建公司的估值和发行定价一般采用现金流量折现法。这类公司的特点是前期投资大，初期回报不高，上市时的利润一般偏低，如果采用市盈率法发行定价则会低估其真实价值，而对公司未来收益（现金流量）的分析和预测能比较准确地反映公司的整体和长远价值。

（4）市销率法。市销率是股票市场价格与每股经营收入的比值。计算公式为：

市销率=股票市价/每股经营收入

发行价格=每股经营收入×发行市销率

每股经营收入=经营收入/股份总额

通过市销率法确定股票发行价格，首先，应预测发行人的每股经营收入；然后，可根据发行人的行业情况（同类行业公司股票的市销率）、发行人的盈利状况及其成长性等拟定发行市销率；最后，依发行市销率与每股经营收入之乘积决定发行价格。

市销率估值法一般适用于处于高速发展期、尚未实现盈利的高科技公司，典型的如互联网企业。此类企业由于行业特性，在发展早期需要大量的资金投入，所以往往在融资阶段仍处于亏损状况，比如互联网企业早期一般需要牺牲盈利来获取大量用户流量，等获得可观流量后才考虑盈利问题，如知名电商企业亚马逊即便在上市后的十几年内都处于亏损状态。对于此类企业，一方面，传统的估值方法并不能适用；另一方面，市场对于这种有增长前景的企业往往又极为欢迎，市销率法就被创造出来，京东、新浪微博等国内互联网公司在海外上市均采取此类估值方法。

（二）股票的发行及认购方式

根据《证券发行与承销管理办法》，首次公开发行股票可以根据实际情况，采取向战略投资者配售、向参与网下配售的询价对象配售以及向参与网上发行的投资者配售等方式。

股票发行认购是指发行人发行股票和投资者认购股票的具体方式，其主要流程如图 7-14 所示。

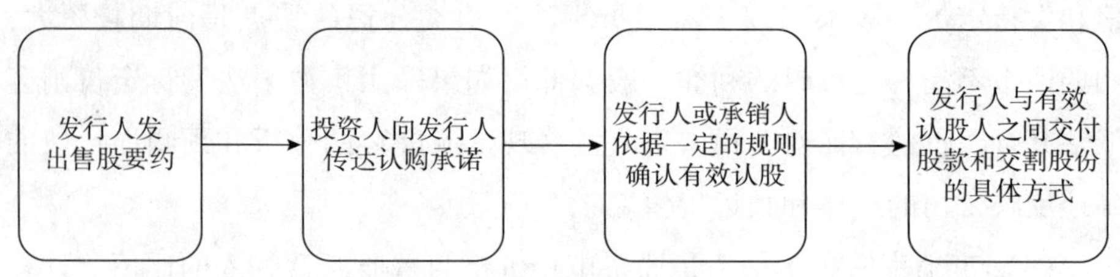

图 7-14　股票发行认购流程

五、招股说明书解读

（一）招股说明书概况

股份有限公司的招股说明书是供社会公众了解发起人和将要设立公司的情况，说明公司股份发行的有关事宜，指导公众购买公司股份的规范性文件。

公司首次公开发行股票，必须制作招股说明书。招股说明书有效日期为6个月，自招股说明书签署之日起计算。发行人不得使用过期的招股说明书发行股票。发行人在招股说明书有效期内未能发行股票，必须修订招股说明书，补充最新的财会资料和其他信息。这些修改、补充的信息，须先经保荐承销商以及与该等信息有关的中介机构（如律师、注册会计师或资产评估人员）的认可，报证监会审核后，发行人方可发行。

（二）如何解读招股说明书

一般来说，阅读招股说明书应该重点关注风险因素、历史沿革、业务与技术、管理层讨论与分析、募投方向等内容，具体应关注以下内容：

1. 了解本次发行的状况：例如，本次发行的价格，发行的数量多少，流通股多少，法人股多少，并以流通股的大小，判断该股市值规模大小。

2. 关注该次发行股票的目的：看看资金都流向了什么项目，是用于技术改造？还是投资生产新产品？或者是用于开发新技术？募集资金与公司发展和产业发展方向相符程度，对未来业绩增长的支撑，用以判断公司以后的发展。

3. 了解公司的概况：如公司所属行业、所生产的主要产品、规模大小、所有制性质、地理位置、公司的管理层状况等，通过这些，可以根据常识判断公司的成长性、盈利性以决定是否购买。

4. 风险因素与对策说明：了解公司存在的风险及公司的应对之策是否有效。

5. 发行人股本的有关情况：了解公司发起人、重要持股人的持股情况。

6. 发行人在过去至少3年来的经营业绩：以此来判断公司经营的稳定

性；招股说明书中的财务报表须仔细阅读，主要是公司前 3 年的资产负债表及利润表，各种财务报表是公司经营状况的晴雨表。

7. 盈利预测：盈利预测直接关系到公司股票的发行情况。一般而言，上市公司更愿意乐观预测盈利，将盈利数字说得大一些。

8. 公司发展规划说明：这是表明公司管理层对公司未来发展所做出的重要规划；一份好的规划应该是严谨、科学、实事求是的。

9. 股利分配政策：了解公司上市后对股民的股利回报计划。

10. 发行人认为对投资者做出投资判断有重大影响的其他事项。

六、融资上市的时间、费用及参与的中介机构

（一）企业发行上市所需时间

企业自改制到发行上市的时间应视具体情况而定。一般来说，如果二级市场情况较好，政策面稳定，发行上市速度会较快；企业各方面基础较好，需要整改的工作较少，发行上市的时间可相应缩短。

正常情况下，各阶段的大致时间为：

1. 从筹划改制到设立股份公司，6 个月左右，规范的有限责任公司整体变更为股份公司时间可以缩短。

2. 保荐机构和其他中介机构进行尽职调查和制作申请文件，约 3~4 个月。

3. 证监会审核到发行上市约 3~4 个月。

（二）企业发行上市过程中承担的费用

企业自股份制改造到发行上市需要承担一定的费用。一般来讲，企业发行上市的成本费用主要包括中介机构费用、发行费与交易所费用以及推广辅助费用三部分。

1. 中介机构费用。中介机构费用包括改制设立财务顾问费用、保荐与证券承销费用、会计师费用、律师费用、资产评估费用等。

2. 发行费与交易所费用。发行费与交易所费用主要包括网上发行费用、交易所上市初费和年费等。

3. 推广辅助费用。推广辅助费用主要包括印刷费、媒体及路演的宣传推介费等。

上述三项费用中，中介机构的费用是发行上市成本高低的主要决定因素，其金额的变化直接决定了上市成本的高低，其余两项费用在整个上市成本中所占的比例不大。

以上费用项目中，占费用主要部分的证券承销费用在股票发行溢价中扣除，并不影响企业的成本费用和利润。

从目前实际发生的发行上市费用情况看，我国境内发行上市的总成本一般为融资金额的12%，远低于境外10%~25%的标准。

（三）与企业直接上市相关的中介机构

在企业上市融资过程中，需要有合适的中介机构。从一定意义上说，中介机构决定了上市融资的成败。下面将就中介机构的工作内容及相关事项进行详细叙述。

股票发行上市一般需要聘请以下中介机构：财务顾问、保荐机构（承销机构）、会计师事务所、律师事务所、其他中介机构。

1. 财务顾问

财务顾问一般在股票上市发行中担任总协调人，其主要职责为：制定股份制改组、上市公司设立方案；协调企业与政府、中介机构的关系；协助企业完成股份公司设立、上市公司发行工作，并报有关政府部门、证监会批准；参与制定股份制改制、上市公司设立方案；参与协调与政府、中介机构等各方关系；参与对企业尽职调查，并分析论证其价值；全程参与协助企业发行上市过程；参与制定整体设计方案；参与协助企业与其他中介机构及其他事项的谈判；参与上报有关政府部门和证监会的文件；参与协助企业发行上市及相关工作。

2. 保荐机构

保荐机构在股票上市发行中的主要职责为：参与对企业尽职调查，并分析论证其价值；协助企业拟定改制重组方案和设立股份公司；根据《保荐人尽职调查工作准则》的要求对公司进行尽职调查；对公司主要股东、董事、监事和高级管理人员等进行辅导和专业培训，帮助其了解与股票发行上市有关的法律法规，知悉上市公司及其董事、监事和高级管理人员的法定义务和责任；帮助发行人完善组织结构和内部管理，规范企业行为，明确业务发展目标和募集资金投向等；组织发行人和中介机构制作发行申请文件，并依法对公开发行募集文件进行全面核查，向证监会尽职推荐并出具发行保荐报告；组织发行人和中介机构对证监会的审核反馈意见进行回复或整改；负责证券发行的主承销工作，组织承销团承销；与发行人共同组织路演、询价和定价工作；在发行人证券上市后，持续督导发行人履行规范运作、信守承诺、信息披露等持续督导义务。

3. 会计师事务所

股票发行上市必须聘请具有证券从业资格的会计师事务所承担有关审计和验资等工作。其主要工作如下：

参与对企业尽职调查，并分析论证其价值；负责企业财务报表审计，并出具3年一期的审计报告；负责验资，并出具验资报告；负责企业盈利预测报告审核，并出具盈利预测审核报告；负责企业内部控制鉴证，并出具内部控制鉴证报告；负责核验企业的非经常性损益明细项目和金额；对发行人主要税种纳税情况出具专项意见；对发行人原始财务报表与申报财务报表的差异情况出具专项意见；提供与发行上市有关的财务会计咨询服务。

4. 律师事务所

企业股票公开发行上市必须依法聘请律师事务所担任法律顾问，其主要工作包括：参与对企业尽职调查，并分析论证其价值；对改制重组方案的合法性进行论证；指导股份公司的设立或变更；对企业发行上市涉及的法律事项进行审查并协助企业规范、调整和完善；对发行主体的历史沿革、股权结构、资产、组织机构运作、独立性、税务等公司法律事项的合法性进行判断；对股票发行上市各种法律文件的合法性进行判断；协助和指导发行人起草公司章程等公司法律文件；出具法律意见书；出具律师工作报告；对有关申请文件提供鉴证意见。

5. 其他中介机构

所谓其他中介机构，主要是指评估事务所以及其他在股票发行上市过程中用到的公关机构、广告宣传机构等。企业申请公开发行股票涉及资产评估的，应聘请具有证券从业资格的资产评估机构（评估事务所）承担，资产评估工作一般包括资产清查、评定估算、出具评估报告等。

七、企业境内间接上市

（一）境内买壳上市

买壳上市是指非上市公司购买一家上市公司一定比例的股权来取得上市的地位，然后注入自己有关业务及资产，实现间接上市的目的。

1. 买壳上市的步骤

首先是买壳，即收购或通过其他途径获得股权。收购股权有两种方式：

一是收购未上市流通的股票。这种收购方式的成本较低，但是困难较大。要同时得到股权的原持有人和主管部门的同意。场外收购或称非流通股协议转让是我国买壳上市行为的主要方式，证券公司和投资公司涉足买壳上市的现象也日益增多。

二是通过二级市场直接购买上市公司的股票。这种方式在国外成熟市场流行，但是由于中国的特殊国情，只适合于流通股占总股本比例较高的公司或者“三无公司”（即无国家股、无法人股和无内部职工股）。二级市场的收购成本太高，除非有一套详细的炒作计划，方能从二级市场上取得足够的投资收益，来抵消收购成本。

其次是换壳，即资产置换。将壳公司原有的不良资产剥离出来，卖给关联公司，再将优质资产注入壳公司，提高壳公司的业绩，从而达到配股资格，实现融资目的。

最后是价款支付。一般来说，价款支付有六种方式，包括现金支付、资产置换支付、债权支付方式、混合支付方式、零成本收购、股权支付方式。其中，现金支付、资产置换支付及债权支付是主要方式。但是现金支付对于买壳公司实在是一笔较大的负担，很难一次短时间内拿出数亿元现金。所以目前倾向于采用资产置换支付和债权支付方式，或者加上少量现金的混合支付方式。随着经济发展水平的不断提高，创新的支付方式也在不断推出。

2. 买壳中“壳”的选择

根据1997年以来深、沪股市大量资产重组案例，壳公司有以下一些共同的特点，这些特点也被证明是选择壳的基本条件：

（1）所处的行业不景气或处于夕阳行业。尤其是纺织业、冶金业、零售业、食品饮料、农业等行业，本行业没有增长前景，只有另寻生路。股权原持有人和主管政府部门也愿意转让和批准。

（2）盈利能力薄弱。营业务增长缓慢，盈利水平微薄甚至亏损。

（3）股本规模较小。小盘股具有收购成本低、股本扩张能力强等优势。特别是流通盘小，易于二级市场炒作，获利机会较大。

（4）股权结构相对较单一。由于二级市场收购成本较高，而且目标公司较少，因此大都采取股权协议转让方式。股权相对集中的公司股份易于协议转让，而且保密性好，便于为二级市场的炒作创造条件。

（5）有配股资格。证监会规定，上市公司只有连续3年平均净资产收益率在10%以上（最低为6%）时，才有配股资格。买壳上市的主要目的就是配股融资，如果失去配股资格，也就没有买壳上市的必要了。

3. 买壳上市的利弊

买壳上市为企业带来的利益和直接上市其实是相同的，都能为企业带来资金和社会知名度。但买壳上市融资成本高、收益较直接上市低。总体而言，买壳上市的成本是呈逐年上升趋势的。

买壳上市获取收益的主要途径是配股融资，现在国家对再融资控制得比较严格、融资难度较大，当然买壳企业也可以通过二级市场炒作获取收益，但收益较为有限。

案例 7-2

大港油田买壳上海爱使股份

1. 买壳背景

（1）爱使股份概况：爱使股份创办于 1985 年 1 月，于 1990 年上市，是上证所最早上市的“老八股”之一，全部股本 1.2 亿股皆为流通股。爱使股份 1997 年的净利润为 2086 万元，净资产收益率为 10%。该公司 1998 年上半年的经营业绩明显下降，净利润仅为 112 万元，净资产收益率仅为 0.54%。从资产收益率看，该公司即将恢复配股资格，是我国股市少有的三无（即无国家股、无法人股和无内部职工股）概念股之一。该公司 1997 年年报显示前十大股东中只有第一大股东延中实业（现改名为方正科技）持股 4.18%，其余都在 1% 以上。爱使股份股权分散、业绩下降、较易恢复配股资格，并无重大债务、法律纠纷，正如来自大港油田的新任爱使股份董事长李遵义所说：“是理想的购并对象。”

（2）大港油田概况：大港油田由大港石油管理局改制而成，是一家国有独资集团公司，是国务院确定的首批 100 家现代企业制度改革试点单位。在全国 21 个陆上油气田中，按原油产量、油气当量排序，大港油田分别列第 6 位、第 8 位。在竞标爱使股份过程中，直接从股票二级市场大量购股的 3 家企业都是大港油所属的关联企业，大港油田对它们都拥有控制权。这 3 家企业分别为天津炼达集团、天津大港油田重油公司和天津市联港联股份公司。从大港油田与上述 3 家关联企业的产权关系，以及事后大港油田向爱使股份派驻高层管理人员的情况看，此次大港油田及其关联企业买壳上市运作的第一角色为大港油田，第二角色为炼达集团。

2. 二级市场收购

由于爱使股份的股份全部为流通股。1998 年 7 月 1 日，大港油田集团及有关企业发布公告，称该集团下属天津炼达集团与天津大港油田重油公司两家子公司已合并持有上海爱使股份有限公司发行在外的普通股的5%。此时，原控股股东延中实业只持有4.14%的股份，大港油田已经成为爱使股份的第一大股东。7月4日，大港油田下属港联石油产业股份有限公司购入爱使2%的股份，这样与大港油田相关企业合并持有爱使股份7%的股份。7月17日，大港油田集团与相关企业再次公告，增持爱使股份2%的股份，共持有爱使股份流通在外股份的9%。8月8日宣布，截至7月31日，大港油田所属关联企业所持爱使股份达总股本的10.0116%，获得了提议召开临时股东大会的权力。

爱使股份董事会于10月1日公布公告称，决定于10月31日召开临时股东大会，大港油田同意增补董事而不是重新选举董事会，说明双方都做出了让步。

3. 资产重组

大港油田入主爱使股份的长期步骤如图7-15所示。

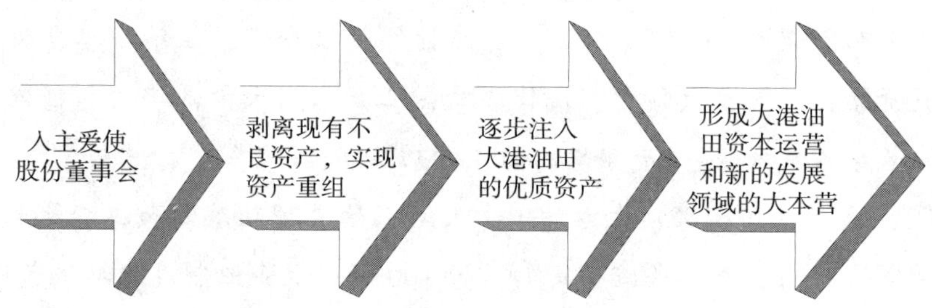

图7-15 大港油田入主爱使股份步骤

11月30日，爱使股份公告将收购大港下属港润石油高科公司70%的股权，标志着业务重组工作开始。12月16日，爱使股份公告，将持有的众多上市公司不能流通的法人股股权，转让给天津市科学器材集团公司，共获得2293万元，这给爱使股份带来一大笔现金，并有助于该公司1998年的业绩。

4. 案例启示

对于股权分散化比较严重的上市企业，可以通过二级市场收购达到买壳上市的目的。

买壳成本包括在二级市场大量购股的成本，以及取得壳后恢复其配股资格的成本。考察壳企业是否是一个好壳，成本问题必须慎重考虑。

买壳以及从此拥有一家上市公司所产生的广告效应，大港油田利用爱使股份进驻上海等都会有利于大港油田今后的发展。

（二）境内借壳上市

借壳融资上市，是指上市公司的母公司（集团公司）通过将主要资产注入上市的子公司中，来实现母公司的上市。

强生集团借子壳是借壳上市的典型案例之一。强生集团由上海出租汽车公司改制而成，拥有较大的优质资产和投资项目。强生集团充分利用控股的上市子公司——浦东强生的壳资源，通过3次配股融资，先后将集团下属的第二分公司和第五分公司注入浦东强生之中，从而完成母公司借壳上市的目的。

1. 借壳上市的步骤

第一步，母公司先剥离一块优质资产上市。

第二步，通过上市公司大比例的配股筹集资金，将母公司的重点项目注入上市公司中去。

第三步，再通过配股将母公司的非重点项目注入进上市公司实现借壳上市。

2. 借壳上市与买壳上市的异同

借壳上市和买壳上市的共同之处在于，它们都是一种对上市公司壳资源进行重新配置的活动，都是为了实现间接上市。

它们的不同点在于，买壳上市的企业首先需要获得对一家上市公司的控制权，而借壳上市的企业已经拥有了对上市公司的控制权。

另外与借壳上市略有不同，买壳上市可分为买壳——借壳两步走，即先收购控股一家上市公司，然后利用这家上市公司，将买壳者的其他资产通过配股、收购等机会注入进去。

案例 7-3

兰陵集团借壳环宇股份

1. 案例介绍

(1) 双方概况

山东环宇股份有限公司位于山东省临沂市，是一家以经营批发零售业务为主的商业类公司。1988 年定向募集设立，于 1996 年 7 月 26 日在上交所上市，公司股本为 8757.225 股，其中国家股占 51.9%，社会公众股占 48.1%。前几年由于率先进行了股份制改造，公司取得了较好的经济效益。随着该市 40 多个专业批发市场的迅速崛起，市场形势发生了较大变化，给环宇股份的经营造成了很大冲击；再加上公司内部管理不善，经营机制没有及时转变，公司经营每况愈下，销售收入和利润连年下降，1994 年利润为 1678 万元，1995 年为 773 万元，1996 年为 106 万元，1997 年上半年亏损达 441 万元，公司最基本的运转都难以维持。1996 年每股收益仅为 1 分钱，净资产收益率为 0.8%，而 1997 年中期每股收益为 0.048 元，净资产收益率为 3.2%，环宇股份已失去了配股条件。环宇股份为摆脱困境，在经营管理上做了种种努力，但无力回天。公司试图寻求通过资产重组来扭转局面。

山东兰陵集团位于临沂市苍山县，是一家以酒类生产为主的大型企业集团，总资产为 10 亿元，年产饮料和酒 13 万吨，是全国最大的酿酒企业之一，经济效益和知名度俱佳。兰陵集团效益指标连续 10 年以 40% 的速度递增，1996 年实现利税 2.25 亿元。该公司年纳税额占临沂市财政收入的 20% 以上，是当地政府的财政支柱。集团列中国工业企业综合最优 500 家最大工业企业的第 251 位，具有雄厚的资金、管理、人才优势。为谋求企业的更快发展，兰陵集团正积极实施资本运营，寻求上市途径。

(2) 重组过程

一家拥有宝贵的壳资源，抱着金碗要饭吃；另一家则业绩良好，实力雄厚，苦于找不到上市途径。两家公司一拍即合，迅速达成共识。由南方证券担当重组财务顾问，于 1997 年 9 月开始了重组工作。

首先，争取政府支持，省市国资局确定环宇股份中的国有股无偿划转给兰陵集团持有。

其次，对环宇进行资产评估，按照评估确认的资产净值 14521 万元转让给兰陵集团。

最后，兰陵集团将其优质资产——所属两家全资公司平邑酒厂和郯城酒厂及其控股的兰陵美酒股份公司进行评估。

兰陵集团将两家酒厂评估后的净资产分别作价 3631 万元和 3765 万元，并将占兰陵美酒股份 20.6%的净资产作价 7116 万元，然后与环宇进行等价置换。环宇股份将几乎全部经营性资产人民商场、鲁南大厦、国贸公司等评估确认后，以净值作价 14521 万元出售给兰陵集团，然后购得兰陵集团所属两家全资子公司优质资产和一家控股股份公司 20.6%的股份；主营业务由原来的批发零售商业变更为饮料酒和酒化工品的生产和销售。兰陵集团与环宇股份资产置换过程如图 7-16 所示。

股东大会还将公司更名为“山东兰陵陈香酒业股份有限公司”，选举产生了新一届董事会，聘任了新的经理班子。至此，一家上市刚一年多的公司，在资本市场上，就通过无形之手更换了主人，“兰陵陈香”则跻身于上市公司，登上了证券市场的舞台。兰陵美酒股份公司总股本 13000 万股，公司成立 3 年间经济效益不断上台阶，致力于具有 3000 年悠久历史的营养酒的生产开发。

2. 案例启示

(1) 要充分发挥政府在资产重组过程中的积极作用。政府的大力支持是此次重组成功的关键。环宇股份是临沂市唯一的一家上市公司，为保证上市公司的壳资源不流失，各有关部门通力合作，同时严格按照有关政策法规，规范运作。证监会在接到环宇重组材料后，3 天之内就审查批准同

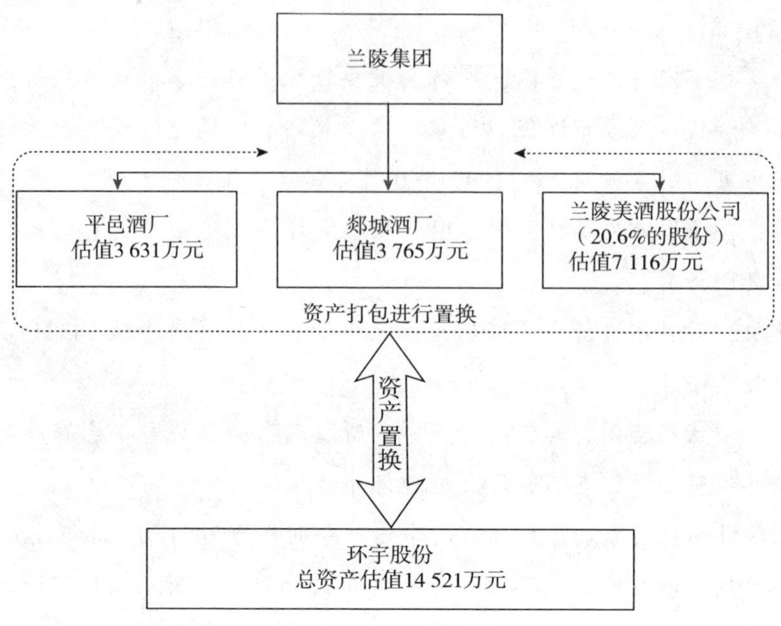

图 7-16　兰陵集团与环宇股份资产置换情况

意，表现出政府支持资产重组的决心。因此，在资产重组过程中，应充分发挥政府的积极作用，促进资产重组的推进。

(2) 资产置换对提高上市公司的质量具有重要意义。上市公司通过资产重组把原来的主营业务完全换成了一种新业务，而上市公司作为一种壳资源仍然存在，但其中的肉已全部换了。这种化腐朽为神奇的置换过程，对提高上市公司的质量具有非常重要的意义。

(3)“借壳”能够产生良好的社会效益。案例中的“换壳”对于环宇、兰陵和广大投资者都有好处。具体而言，对于环宇来说，卖出不良资产，购进优质资产，能够摆脱困境，进入一个新天地；对于兰陵集团来说，通过资产置换，低成本取得了宝贵的壳资源，实现了借壳上市，从而进入了资本市场，为企业的持续快速发展创造了契机；而对于广大投资者来说，重组后的环宇资产质量明显提高，盈利能力大大增强，也给投资者带来了更好的收益。

本章小结

企业融资上市本质上是一种资本运作，与传统资产经营不同在于：资本经营是价值形态的经营，买是为了卖，买的主体一对多，买的过程是连续的。融资上市是企业发展的助推器，通过融资上市，可以实现股份制公司融资与发起人股东资本运作的双重收益，还可以提高公司治理水平。同时，企业在融资上市过程中可以实现资本的三级放大，这一原理充分体现了产品经营为体、资本经营为用，虚实结合的资本金融时代特点。

股份公司是将其全部资本分为等额股份，股东以所持股份为限对公司承担责任，公司以全部资产对债务承担责任的企业法人。股份公司的设立需要满足主体条件、财产条件和组织条件。设立方式包括发起设立和募集设立。股份公司的合并包括吸收合并和新设合并。

股份制改造是由有限公司、独资企业变为股份有限公司的过程。其目的在于使被改造公司具备上市的基本条件。改造过程中除遵循基本程序外，还应注意中介机构的选择、股份制改造总体方案拟订、产权和股权结构的明确、业务规划方案设计等问题。企业股份制改造与融资上市模式可分为一步实现整体上市和分步实现整体上市，相比而言，后者在改革的方法论上，回旋余地较大，难度小、风险小，符合我国国情。

而对于股票发行上市，则需注意：在境内发行上市方面，理论上有审批制、核准制和注册制三种发行监督体制，而对于公司股票发行上市的程序，公司股票定价与发行，招股说明书的制作，融资上市的时间、费用及参与的中介机构等问题。我国相关法律、规定也都有明确指引，需要予以关注。现有的发行机制仍存在明显的不足，如对中小投资者保护不足，易引发赌博心理等问题。在此背景下，我国发行制度发展趋势主要体现在两方面，即引入“红鞋”制度和走真正的市场化道路。企业除了在境内直接发行上市外，还可选择在境内间接上市，通过境内买壳上市，境内借壳上市的方式“曲线救国”。

第八章

企业境外融资上市

第一节　企业境外融资上市概述

一、我国企业境外融资上市概述

境外融资上市，又称海外上市或跨境交叉上市（Cross - Broader Listing），是指国内股份有限公司直接或间接向境外投资人发行股票，并在境外公开的交易场所流通转让。它是企业在国际资本市场直接融资的重要方式。

境外融资上市的含义有广义和狭义之分。从广义上讲，境外融资上市是指国内企业利用自己或关联企业的名义向境外投资人发行证券进行融资，并且该证券在境外公开的证券交易场所流通转让。而狭义的境外融资上市则是指国内企业仅以自己的名义向境外投资者发行股票，该股票在境外公开的证券交易所流通和转让。

1992 年 10 月 9 日，华晨汽车在美国纽约证券交易所成功上市，开启了中国企业在境外上市的先河，1992～1999 年，国企纷纷在境外上市，掀起了境外上市的第一次浪潮。

1999 年侨兴环球在纳斯达克上市，拉开了民营企业境外上市的序幕。民营企业成为境外上市第二次浪潮的主力军。

2006 年，商务部等六部委联合发布《关于外国投资者并购境内企业的规定》(简称《规定》)，对各种红筹模式境外上市控制越来越严格，各家拟境外上市企业绞尽脑汁绕过此《规定》实现上市，如瑞金矿业、SOHO 中国等。近几年，由于我国互联网产业、教育产业的大发展，大量企业通过协议控制模式实现上市，由此拉开了境外上市的第三次浪潮。优酷网、土豆网都是通过这种方式实现了在美上市。

截至 2015 年年底，共有 233 家境内公司到境外上市筹资总额 2905

亿美元，其中在中国香港主板上市207家（其中在中国香港、纽约同时上市10家，在中国香港、伦敦同时上市4家，在中国香港、纽约、伦敦同时上市1家），在中国香港创业板上市24家，在新加坡单独上市2家。境外上市公司中有89家已发行A股，1家发行A、B股，1家发行B股。[①]

二、企业境外融资上市的意义

20年来，尽管中国境外融资上市之路波折起伏，但中国企业走向国际资本市场的趋势已不可逆转，所取得的巨大成功也有目共睹。境外资本市场融资的作用已不可小觑。

首先，境外融资上市所带来的大量资本不仅成为我国引进外资中的一个重要部分，而且拓宽了企业的筹资渠道。同时，大量企业通过股份制改造，在境外发行H股、N股，既解决了企业急需的发展资金，又改善资本结构，扩大了竞争优势。

其次，企业通过资本运营实现境外融资上市的目的，加速了中国企业国际化的进程，也是企业走向国际市场，实现国际化成长的一种标志。

再次，相比国内证券市场上市过程的不确定性大、持续时间长等弊端，国际证券市场程序更为透明，手续较为便利，审发时间较短，直接成本较为固定。因此，境外融资上市有着比国内融资上市更优的综合成本收益比。

最后，中国企业境外融资上市对我国证券市场的发展也有诸多贡献。一方面，它可以推动国内的证券市场与监管体制的进一步完善；另一方面，它为国内证券市场参与者提供了良好的学习范本，进而促进了我国各项制度与国际的接轨。

① 资料来源：中国证券监督管理委员会年报（2015）。

三、我国企业境外融资上市存在的问题

（一）法律监管问题

1. 我国企业境外融资上市法律监管发展历程

（1）监管起步阶段（1992~1999年）。监管的起步是一个渐进的过程。1993年，国务院发布的《关于暂停收购境外企业和进一步加强境外投资管理的通知》，成为我国对境内企业海外上市进行监管的开端。1997年6月20日，国务院发布《关于进一步加强在境外发行股票和上市管理的通知》（也被称为"红筹指引"），规定境外注册的中资企业以境内资产境外上市时，其必须实际拥有该境内资产3年以上，并需得到省级政府或国务院有关主管部门同意；并规定境内企业资产通过收购、换股、划转等方式转移到境外公司并在境外上市，需经中国证监会审核；明确禁止境外买壳上市。1999年中国证监会明确表态，鼓励民营企业直接上市，不提倡间接上市，更反对绕道行为。1999年7月14日，证监会发布《关于企业申请境外上市有关问题的通知》，将海外上市的条件明细化，"456条款"[①] 由此出台。由于这个阶段并没有民营企业境外上市，因此主要规范的是国企的境外上市。

（2）"法律无异议函"的审批阶段（2000~2003年）。这一阶段的标志性规范是证监会于2000年6月9日发布的《关于涉及境内权益的境外公司在境外发行股票和上市有关问题的通知》（简称证监会"72号文"），自此，国内企业海外间接上市必须经由中国律师出具法律意见书，并由中国证监会函复，只有取得了证监会出具的《中国法律无异议函》的企业，才能在境外证券市场发行股票或上市。

（3）畅通无阻阶段（2003~2004年）。2003年4月1日，中国证监会发布的《关于取消第二批行政审批项目及改变部分行政审批项目管理方式的通知》，取消了海外上市企业必须有《中国法律无异议函》的规定，为

① "456条款"是指申请境外上市的公司，净资产不得不少于4亿元人民币，过去一年税后利润不少于6000万元人民币，并有增长潜力，按照预期市盈率计算融资额不得少于5000万美元。

境内企业顺利实现境外上市扫清了部分障碍。同年 11 月 20 日，证监会“72 号文”正式废止，海外上市进入畅通无阻阶段，境内企业间接海外上市达到了一个高潮，盛大、灵通、蒙牛等企业均在这个时期海外上市。

（4）从严监管阶段（2004~2006 年）。2004 年 10 月 9 日，国家发改委颁布了《境外投资项目核准暂行管理办法》和《外商投资项目核准暂行管理办法》，给企业海外间接上市的道路设置了很多障碍。2005 年 1 月 24 日，国家外汇管理局发布了《关于完善外资并购外汇管理有关问题的通知》，从此，民营企业必须得到外汇管理局审批后才能在境外设立公司。同年 4 月 8 日，国家外汇管理局颁布《国家外汇管理局关于境内居民个人境外投资登记及外资并购外汇登记有关问题的通知》，规定了境外公司收购境内公司股份的必经程序，同时增加了境内公司及个人获得境外公司股权的登记申报程序，给打算海外间接上市的中国企业设置了障碍。这两个文件的出台，致使很多中国企业推迟或者暂停了海外上市计划。

（5）严厉监管阶段（2006~2011 年）。2006 年 8 月 8 日，商务部、国资委、国家税务局、工商管理总局、证监会以及国家外汇管理局六部委联合颁布了修订的《关于外国投资者并购境内企业的规定》，加大了对外国投资者收购境内企业和资产以及海外间接上市的监管力度，企业境外上市举步维艰。

（6）放松监管阶段（2012 年至今）。针对民营企业境外上市门槛过高问题，为鼓励企业境外直接上市，中国证监会于 2012 年 12 月 20 日发布了《关于股份有限公司境外发行股票和上市申报文件及审核程序的监管指引》，自 2013 年 1 月 1 日起实施。同时《关于企业申请境外上市有关问题的通知》将从同日起废止，这标志着持续十二年半的境外上市“456 条款”门槛成为历史。

2. 我国企业境外上市的法律监管问题

首先，从发展历程来看，我国企业境外融资上市的法律监管总是落后于情况的变化，经常发生用制度创新来认可既成事实的违规行为，这在很大程度上影响了外国投资者对中国法律监管的信心，影响了我国政府的信誉。

其次，上市公司的业务调整和资本运作需向上级主管部门报批，在等待批复的过程中，就有可能失去有利的市场机会。以股票回购为例：适时回购部分股票对公司今后的发展将产生积极的影响，尤其是股价较低时，公司可动用较少的资金将其购回封存，待股价回升或高涨时再伺机卖出。但因国内在这方面的法律和规定不明确，证券回购需经过证券监管部门、外汇管理部门、经贸委等多个部门的审批，很容易错过最佳时机。

最后，法律对民营企业境外融资上市限制较多。1997 年前出台的各项政策大多针对国企海外上市而制定，没有给民企足够的关注。等民营企业逐渐成长起来后，通过上市融资帮助国有企业解困又成了当时的指导思想，民营企业再次被忽视。为拓宽资金来源渠道，民营企业只有采取注册离岸公司，再将国内公司资产注入离岸公司，然后用离岸公司到海外上市的办法，来避开证监会复杂的申请程序和较高的上市要求。但当裕兴电脑注册离岸公司绕道上市时，证监会改变了以前的模糊态度，明确规定绕道上市也必须经过中国证监会审批。虽然将民企国企一视同仁，但是如此高的门槛，实际上是增加了众多民企海外融资上市的难度。

（二）外汇管制问题

我国对企业融资上市前的资本运作、资金回调以及境外投资用汇都做出了严格规定，这给公司的海外融资上市进程带来了一定的影响。

1. 上市前资本运作用汇管制过严

公司上市前一般都要进行一系列的资本运作，例如，准备到海外上市的公司一般要通过反向收购的方式进行造壳上市。海外上市的资本运作往往伴随着大量的外汇资金流动，境内公司常以借贷的方式支付到境外壳公司账户，而境外壳公司再通过股权收购或资本收购的方式将外汇资金打入境内公司的账户。

此前，国内对于间接上市企业前期的资本运作行为并无具体的法规规定，但国家外汇管理局《关于境内居民通过境外特殊目的公司融资及返程投资外汇管理有关问题的通知》的颁布，无疑将上述各步骤都纳入了外管局的核准范围，目的在于卡住境外造壳上市的用汇途径，对境外造壳上市的用汇产生很大的影响。

2. 境外融资上市资金回调管制过严

我国现行的外汇管理体制是一种不平衡的外汇管理体制，对资本出境的监管严于对资本入境的监管。根据《国家外汇管理局关于境外上市外汇管理有关问题的通知》的规定，境外上市外资股公司和境外中资控股上市公司的境内股权持有单位存放境外的外汇资金，仅可用于支付给境外保荐人、承销商、律师、审计师、评估师等境外中介机构和服务性机构，以及上市费用、托管费用（仅限于发行境外存托凭证）、印刷费以及为境外发行上市支付的其他合理费用，或用于购买开户银行发行或销售的保本型结构性产品、招股说明书规定的用途及经外汇局批准的其他支出。该规定表明，我国对境外融资上市公司在境外募集的资金管制依然严格。

3. 境外投资用汇管制成本过大

根据《中华人民共和国外汇管理条例》的规定，境内机构向境外投资，在向审批主管部门申请前，由外汇管理机关审查其外汇资金来源，经批准后，按照国务院关于境外投资外汇管理的规定办理资金汇出手续。由此可见，我国现行的外汇管理体制对境外资本项目投资的限制很大，境内机构对外投资仍需经过审批。资本流动性是实现资本收益性的前提，而我国法律规定的审批程序使资本的流动陷于停滞状态中，在等待审批的过程中，不但可能丧失商机，而且审批结果的不确定性对投资者更是一种风险。出于这些原因，境内企业更愿意选择以间接上市的方式在境外融资，然后，将境外募集到的资金在境外进行运作。由于境外壳公司一般都设在外汇流动较为自由的离岸金融中心，所以壳公司受到的法律约束相对较小，它可以自由支配该公司的外汇资金，以方便企业在境外进行投资。

（三）信息披露问题

1993 年颁布的《公开发行股票公司信息披露实施细则（试行）》，开我国信息披露制度之先河。国务院在 1993 年颁布的《股票发行与交易管理暂行条例》中明确规定，公开发行股票必须制作招股说明书，并必须记载《股票发行与交易管理暂行条例》规定的16项重要事项，新修订的《公司法》和《证券法》也将上市公司信息披露的要求提到了更为科学合理的水平。但纵然如此，我国上市公司的信息披露仍然存在诸多问题，如信息披露不真实、不完整、不充分、不及时等。新浪网、中国人寿、中航油、前程无忧、中华网、UT斯康达、网易等公司都因信息披露问题而曾引发海外集体诉讼。产生信息披露问题的原因如下：

一是海外上市公司在信息披露的观念和人员设置上没有达到上市地信息披露制度的要求。有的公司上市“圈钱”意识太浓，把上市募集的资金看作是“永远不必还本的无息贷款”，对各种信息披露的要求怀着应付或者抵触的心态，使用盈余管理等手段弄虚作假，虚构业绩、财务等信息，瞒天过海，以免被证监会、交易所“罚牌下场”。许多在海外上市的公司都曾因信息披露问题导致股价发生震荡，严重的还会受到当地证券监管部门的警告甚至停牌。

二是我国证券发行制度与外国证券发行制度存在差异。比如美国对上市公司高管报酬披露的规定就与我国规定不同。美国证券交易委员会要求公司应详细披露报酬汇总表，包括所有首席执行官（CEO），及除CEO外的前四位获得最高报酬的高管人员的工资、奖金、股票期权、限制性股票奖励等，而我国证监会仅要求上市公司披露报酬总额、报酬区间及相应人数。美国对证券发行采取的是注册制，我国则采用核准制。注册制的实质是完全信息披露，证券市场对信息披露的要求非常高，甚至到了吹毛求疵的程度。总之，美国的信息披露的严格性、规范性、覆盖面和违法信息披露的惩罚力度都远远优于我国。

2002年，美国国会通过的《萨班斯-奥克斯利法案》(*Sarbanes Oxley Act*）对公司信息披露提出了更加严格的要求。在美国上市的外国公司从2006年7月15日起，必须执行作为该法案核心条款之一的404条款，从这一天起，在美国上市的中国公司必须按照《萨班斯-奥克斯利法案》的要求提供财务报告，它要求上市公司的首席执行官和首席财务官应对公司财务年报和季报的真实性和完整性提供个人签字的书面保证，同时将公司的内部控制信息纳入强制披露的信息范围，并要求对企业内部控制信息的披露要由注册会计师出具验证报告。首席执行官和首席财务官需要就有关披露控制程序的有效性发表声明，保证定期财务报告中的财务报表和信息披露是适当的，所有重大方面都公正地报告了公司的运营和财务状况。这种高水准的信息披露要求必然给在美国上市的中国公司带来很大的负担和挑战。

四、企业境外融资上市现状对我国资本市场改革的启示

由于中国国内融资渠道的不顺畅，境内企业赴海外上市已经成为一道靓丽的风景线，前有百度、腾讯，后有新浪、京东，互联网巨头的每一次出走都会引起社会上的巨大反响。2014 年 8 月，阿里巴巴赴美上市，更引发了海外资本市场的讨论热潮，也再次让中国资本市场的改革成为社会的焦点。

（一）从阿里巴巴“湖畔合伙人制度”看中外上市监管理念差别

在赴美上市的大潮中，阿里巴巴集团在美国的整体上市无疑引起了各界的关注，而整个过程中影响最大的无疑是中国香港证监会将阿里巴巴“拒之门外”的事情。在此期间，港交所的掌门人李小加就屡次奔走呼告，试图让香港证监会接受阿里巴巴的上市申请，但最终仍是徒劳，这在旁人看来是雾里看花之事，厘清这件事情发展的来龙去脉，无疑对中国资本市场改革借鉴意义重大。

1. 阿里巴巴“湖畔合伙人制度”分析

港交所将阿里巴巴拒之门外的主要原因是阿里巴巴集团有一种特殊的管理模式，即“湖畔合伙人制度”。与传统意义上的合伙人不同，此合伙人体制是阿里巴巴集团独创的一种管理体制。在该管理体制下，阿里巴巴集团的核心管理层掌握了董事会半数以上董事的提名权，却将股东大会架空，严重违背了《公司法》的“一股一权原则”。

理解“湖畔合伙人制度”首先要理解另一个特殊股权制度安排，即 AB 股制度，又名双重股权制度。该制度肇始于美国资本市场，即将公司

发行的股份分为A股、B股两种，其中B股的表决权是A股的10倍甚至更多。在此制度安排下，创始人牢牢把控了公司的控制权，而架空了股东大会。以京东为例，刘强东持有股份仅占19%，而在1∶20的AB股制度安排下，其手中的表决权却高达84%。

可见，阿里巴巴的"湖畔合伙人制度"与AB股制度的核心用意均是保证创始人对公司的控制权，堪称异曲同工，甚至由于前者直接否认了股权，威力更大。

2. AB股制度监管现状比较分析

历史上，AB股制度一出现就争议巨大，SEC以及三大交易所对AB股制度的态度也经历了一个"放任—反对—默认"的过程，直到现在，尽管美国监管层表示允许公司自行设立不同种类的股权，但是也仅限于发行的新股，却不能限制已经登记在册的股东权利。

学术界对于AB股制度的态度则更为谨慎，虽然很多学者认为AB股制度有助于克服股东理性冷漠问题，充分发挥创始人的企业家才能，但是一味地巩固创始人的权利，会增加大股东侵犯小股东权益的概率，也会放大创始人决策错误的概率，给公司带来不好的后果。而从国际监管现状看，真正放开双重股权制度的国家也是少之又少，国际几大交易所中，除了美国的三个交易所外，伦敦、中国香港、东京、德国等地交易所均禁止了双重股权制度的采用，监管层的谨慎可见一斑。

美国之所以敢于放开对AB股制度的限制，是由于美国严密的监管、成熟的市场以及高度成熟的投资者群体。具体而言，高度市场化的发行体制使得企业股票发行成功与否完全取决于投资者，故而如果投资者对于AB股制度心存顾虑，就不会选择该公司；有效的执法监管则来自SEC的严格执法与美国有效的司法体系，美国活跃的集团诉讼与高效的司法体制更赋予了投资者用以保护自己的利器；就投资者结构而言，美国机构投资者占比远超世界其他国家，这使得投资者无论是在估值抑或在自我权利保护方面均极具优势。

港交所、欧盟诸国也恰恰是由于不具备如此的土壤，才对AB股制度极为谨慎。所以，中国创业板试图引入AB股制度，更是要考量中国股市的国情，在认清自己的制度土壤的前提下再进行谨慎改革。

（二）阿里巴巴上市对中国资本市场改革的启示

需要认识到，中国资本市场的改革不是一朝一夕之功，切不可因为一时的舆论喧嚣就盲目地对西方的监管制度进行照搬照抄。在未来的改革中，以下两个问题是需要注意的：

第一，要认识到中国资本市场需要改革的不仅仅包括上市标准这一道明门槛，更包括行政审批这一道隐门槛。长期以来，中国证监会热衷于“选美”，工作重心偏重于核准，这不仅使得交易所丧失了对上市企业的选择权，造成上市资源的稀缺进而使得中国企业远走他乡，更是使得证监会饱受诟病，出力不讨好。所以，改革的方向应该是将审批权下放到交易所，实现监审分离，而不仅仅是纸面上的上市标准的改变。

第二，要认识到如果资本市场的公平无法实现，股民权益无法保证，资金不流入市场，那么以中国目前股市的规模，根本无法承受诸如阿里巴巴集团这样的巨大融资体量。更何况，如果改革中贸然引入过多的创新制度，而配套制度不到位，使得投资者利益进一步受到损害，那么改革只能再一次违背初衷。

在某种程度上，中国企业的境外上市对中国资本市场会产生一种倒逼改革的压力，使得监管者重新审视自己，不断地改善制度环境，但是要认识到，改革固然必需，但方向也很重要，把好脉才能迎来中国资本市场的下一个春天。

第二节　企业境外融资上市的模式

从总体上看，根据上市地点的不同，企业上市可以分为境内上市与境外上市；企业境外融资上市有许多模式可供选择。从具体的上市模式看，可以分为直接上市与间接上市，而间接上市又可以通过买壳上市、借壳上市、造壳上市等多种模式实现。每一种上市模式都有其自身的优点与劣势，在实际操作中，需要根据企业的具体情况选择合适的模式。

一、境外直接上市

（一）境外直接上市的含义

境外直接上市是指国内公司以自己的名义直接向境外证券主管部门申请登记注册，并发行股票，向当地证券交易所申请挂牌上市交易的行为。通常所说的在香港上市的H股、新加坡上市的S股、美国纽约上市的N股等，都是境外直接上市的表现形式。

（二）境外直接上市的利弊

境外直接上市的优点在于，它不但能扩大股票发行的范围，尽可能地提高股票的价格，而且严格的审批和监管有利于公司获得良好的声誉。但境外直接上市也存在难点：首先，在公司设立、股票发行和上市交易上各国法律有很大差异；其次，用于编制信息披露财务报表的会计准则上的差异也会给境外直接上市增加难度；另外，境外直接上市审批程序复杂，历时较长。

但是，由于公司注册地仍在内地，实质上是中外合资公司的外资股部分在境外上市，而且上市募集的资金仍需返回境内，所以中国证监会的政策指引是鼓励的，“成熟一家，批准一家”。我国大型国有企业境外上市大都采用的是IPO的模式。

（三）我国企业境外直接上市的条件

长期以来，我国企业境外直接上市面临的门槛较高，这主要是源于前述中国证监会于1999年7月14日发布的《关于企业申请境外上市有关问题的通知》中的“456条款”这样的高门槛将很多有融资需求的企业挡在了境外直接上市的大门之外。

但是2012年12月20日晚，中国证监会发布《关于股份有限公司境外发行股票和上市申报文件及审核程序的监管指引》，自2013年1月1日起实施。同时《关于企业申请境外上市有关问题的通知》将从同日起废止，这标志着持续十二年半的境外上市“456条款”门槛成为历史。而根据《关于股份有限公司境外发行股票和上市申报文件及审核程序的监管指引》，只要是依照《中华人民共和国公司法》设立的股份有限公司，在符合境外上市地上市条件的基础上，就可以自主向中国证监会提出境外发行股票和上市的申请。

（四）我国企业境外直接上市的基本程序

境外直接上市都是采取IPO方式进行。它要求打算境外直接上市的公司与中介机构密切配合，制定出符合境内外法规及交易所要求的上市方案。境外直接上市的工作主要包括两大部分：国内重组、审批和境外申请上市。其具体步骤如下：

1. 企业应根据自身发展规划和具体运作情况来判断境外上市的可行性，然后选择上市的地点和上市的方式，确定募集资金的数额。

2. 向国家有关主管部门提出进行股份改制和到境外上市的申请立项，同时聘请中介机构开展工作。如拟写企业重组的法律文件、设立公司的章程等，拟定股票发行方案和招股说明书、对国有土地使用权评估等。

3. 企业要开展资产清产核资和存货盘点工作，对资产进行评估，涉及国有资产的还应报各级政府核准，对企业财产历史遗留问题提出处理建议。

4. 向国家有关主管部门申报公司重组报告。

5. 申报发起设立公司，在资产评估、财务审计和公司重组方案等工作完成的基础上，向省级人民政府或国务院有关部门申报发起设立公司并向境外证券交易所递交上市申请文件。

6. 召开公司创立会议。设立公司工作报告委员会，通过公司的章程选举公司董事、监事及委任公司法定代表。

7. 进行工商登记，领取营业执照，取得法人资格，股份有限公司正式成立。

8. 申报股票发行及上市方案。

9. 选择和聘请境外上市中介机构，制订境外上市方案计划。

10. 向证监会递交上市申请文件，申请境外上市。

11. 证监会就有关申请是否符合国家产业政策、利用外资政策以及有关固定资产投资立项规定，与国家发展改革委员会和国家商务部会商。

12. 经初步审核，证监会发函告知公司是否同意受理其境外上市申请。

完成境内审批后，在境外上市的工作主要由境外上市企业的主承销商会同上市公司及其他中介机构完成。其具体程序，各国规定不同，其中最重要有三个程序：一是向境外证券交易所提出上市的正式申请（进行聆讯）；二是公司进行路演；三是在境外证券市场公开发行股票挂牌上市。

案例 8-1

大唐发电境外上市[①]

1. 案例介绍

1994 年 12 月，大唐国际发电股份有限公司（以下简称“大唐”）注册成立。上市之前，3 家发起人对大唐进行了重组活动：华北电力集团公司经营的主要发电业务及发电厂划归大唐名下；重组协议使大唐可优先选择开发、兴建及经营在华北电力集团公司服务地区内未来的所有发电厂项目，以及专为北京供电而开发且华北电力集团公司拥有开发权的所有项目；规定华北电力集团公司不得与大唐同业竞争，使大唐拥有了比较宽松的经营空间；3 家发起人公司则分别获得相应的内资股股份。这次重组使大唐获得了运营保证，从能源来源到产品出售都有相当细致的规定。而协议确立的关联交易的一些准则，也为大唐境外上市打下了良好的基础。

① 资料来源：大唐 H 股招股说明书。

同时大唐聘请摩根士丹利亚洲有限公司和西敏证券香港有限公司分别担任其全球协调人、主承销商、保荐人和联合保荐人。1997 年 3 月 24 日，大唐在香港成功上市，发行 12.44 亿境外上市股，每股发行价为 2.52 港元，筹资总额超过 31 亿港元；扣除包销费用，净得 29.95 亿港元，可谓是大获全胜。大唐并没有满足这些，而是利用香港地区和英国在文化、制度上的接近性和 1995 年中英签署证券监管合作备忘录的独特背景，同时远征伦敦上市，成为我国首家同时两地成功上市的大型国有企业。

2. 案例启示

(1) 成功重组有助于优化资产规模和能源结构。作为联合发起人的华北电力集团公司、河北建投公司以及北京建投公司，于 1994 年 12 月 13 日为筹备大唐公司上市对企业进行了重组，华北电力集团公司经营的主要发电业务陡河（一至四期）、高井、下花园及张家口（第一期 3 号、4 号机组）发电厂划归大唐名下。根据重组协议，华北电力集团公司授予大唐优先权利，由其自主选择开发、兴建及经营在华北电力集团公司服务地区内未来的所有发电厂项目，以及在范围更广的华北电网服务地区内专为北京供电而开发且华北电力集团公司拥有开发权的所有项目。根据该协议，对于那些处于其服务地区之外的不是为北京地区供电的项目，电力集团公司保证不与大唐竞争。通过以上一系列的企业重组，给大唐提供了一个较宽松的经营环境，有效地避免了关联方的同业竞争。

(2) 高水平公司治理使得大唐区别于其他公司而崭露头角。1997 年在海外上市后，公司先后被《欧洲货币》《亚洲金融》《财富》《银行家》等国际金融杂志评选为“中国最佳治理公司”“中国最佳管理公司”“最佳投资者关系”“中国最佳财务公司”等。2004 年 5 月，中国大唐集团公司总经理、大唐国际发电股份有限公司董事长翟若愚荣获“年度中国杰出 CEO”大奖，这也是中国企业在历次“亚洲最佳商业领袖”评选中首次获奖；也正是其专业的治理模式，使大唐成为海外投资者竞相看好的最有发展潜力的公司。

(3) 企业上市应该选择比较有利的时机。为了保证上市成功，大唐在上市前认真研究市场气候和外部环境，把握行业优势，提高决策准确性。其较好地利用了宏观环境优势，在1994年与1997年两个非常关键的时间点，整合资源，将机遇转化为优势。当时，中国证监会对海外上市的企业是持鼓励态度的，而“成熟一家、批准一家”的倾向更增加了大唐这种强势企业的优势。同时，整个20世纪90年代，我国投资氛围很热，对电力的需求非常大，电力产业蓬勃发展，处于非常有利的地位。大唐正是抓住了这些有利的“中国因素”脱颖而出。

(4) 选择合适的承销商可以加大企业成功上市的概率。大唐电力最初请美国所罗门兄弟公司担任财务顾问和上市主承销商，并拟在1996年11月进行巡回路演。可是就在路演前夕，财务顾问提出的股票定价方案使大唐电力难以接受。根据财务顾问意见，当时国际股市不太看好中国电力股，因此大唐电力应以19%的年盈利为基础，在华能国际二级市场价格的基础上打三成以上的折扣。这样一来，上市总集资只有两亿多美元，华北电力集中起来的优质电力资产实际上在贱价出售。正在此时，始终关注此次发行的美国摩根士丹利公司提出了另一套方案。凭借电力股本融资的丰富经验，摩根士丹利的投资银行家对大唐电力的市场前景较为看好。据其分析，大唐电力股东华北电力集团不仅是大批发电站的拥有者，而且是电网的拥有者和运营者，这种模式在国际投资者中比较受欢迎，因此大唐电力完全可以在华能国际二级市场价格的基础上定价，也应以1997年盈利为前提进行定价。大唐电力及其上级主管在关键时刻做出决策，解除与所罗门兄弟公司的合同，改聘摩根士丹利为主承销商。摩根士丹利接手大唐项目后，又对电价协议做了某些修改，并调整了财务模型。1997年2月，正式赴境外招股，并登陆香港、伦敦两地股市，每股价格为2.50港元，市盈率12倍，达到计划中的上限定价，筹资4.67亿美元，获得了极大的成功。因此，领导层及时改变策略，选择合适的承销商，既帮助大唐化解了财会编制的难题，也为其顺利进入香港和伦敦提供了技术保障；同时提高了自己的影响力，给海外投资者以巨大信心。

二、境外买壳上市

（一）境外买壳上市的含义

境外买壳上市又称为反向并购（Reverse Merger），是指国内公司通过收购在境外已上市公司的大部分股份后以此公司作为壳公司获得上市地位，但公司被收购后，仍继续存在，只是将大部分或相对多数股权交由收购公司所有，然后并购公司通过定向配股方式注入国内资产和业务管理，也可以通过发行新股和债券迅速获得资金，从而达到境外上市的目的。

1999 年 11 月 3 日，北京世纪永联软件技术有限公司在美国 OTCBB 买壳上市，这是我国首家在该市场上买壳上市成功的企业。其买壳的 NOTY 股票也在 10 日内上涨 200%，被推荐为该周的明星股。

买壳上市的关键是找到一个“干净”的适合企业的壳。理想的“壳”资源应该具有以下特点：首先，股本规模较小，股价较低；其次，负债较低，并且业务与拟上市业务接近，结构简单；最后，不应涉及任何法律诉讼。

（二）境外买壳上市操作流程

一般来说，境外买壳上市操作流程如图 8-1 所示。

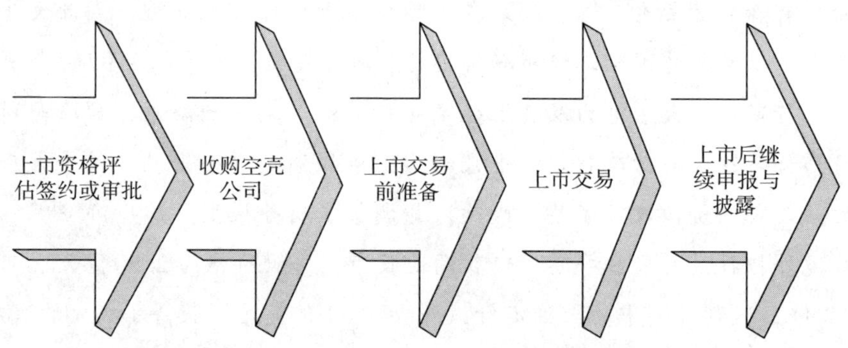

图 8-1　境外买壳上市操作流程

（三）境外直接上市与境外买壳上市特征比较

上面分析了境外直接上市与境外买壳上市，两者特征比较见表 8-1。

表 8-1 境外直接上市与境外买壳上市特征比较

对比内容	境外 IPO	境外买壳上市
上市方式	直接发行	买壳后融资
	低市盈率 高上市成本	高市盈率 低上市成本
重组方式	全部资产	优势资产
	融资效果低 资源开放性强，容易被他人控制 流动性差	可获取高市值 优势先行，培育存量新增长 消化存量，渐进发展
战略视野	一次发行	分步发力
	战略收缩余地较小 资本运营手段单一 公司价值低，对外并购重组位势低	可实施多种战略意图 可充分发挥资本运营的能量 公司价值高，有实力实施大并购

三、境外造壳上市

（一）境外造壳上市的含义

境外造壳上市是指，在境外百慕大群岛、开曼群岛、库克群岛、英属维尔京群岛等避税天堂注册公司（或收购当地已经存续的公司），用以控股境内资产，而境内则成立相应的外商控股公司，并将相应比例的权益及利润并入境外公司，以达到上市目的。

公司采取境外造壳上市方式，主要有两方面原因：一是为了规避政策监控，使境内企业得以金蝉脱壳，实现境外上市；二是利用避税岛政策，实现合理避税。

中国联通、盛大公司都是采用造壳模式上市的。

以联通公司为例，2000 年，中国大陆注册的联通集团公司在英属维尔京群岛（BVI）注册了联通 BVI 公司（联通红筹公司），然后把北京的联通实体运营公司注入联通红筹公司中，并通过向海外公众发放 23%的股份后在香港挂牌上市；2002 年，联通集团公司又将其持有的联通红筹公司77%股份中的51%股权（即146亿股权和400万元货币资金），在北京注册成立了纯粹控股公司性质的联通股份公司，并将其在上海挂牌上市；而联通集团公司余下的联通红筹公司的26%股权（77%-51%），则通过另一新注册的联通BVI公司来持有。由此形成了联通集团公司通过联通股份和联通BVI公司持有77%联通红筹公司的事实，形成了一个联通实体运营公司，支撑在香港和上海两个上市公司的双重上市模式（详见图8-2）。

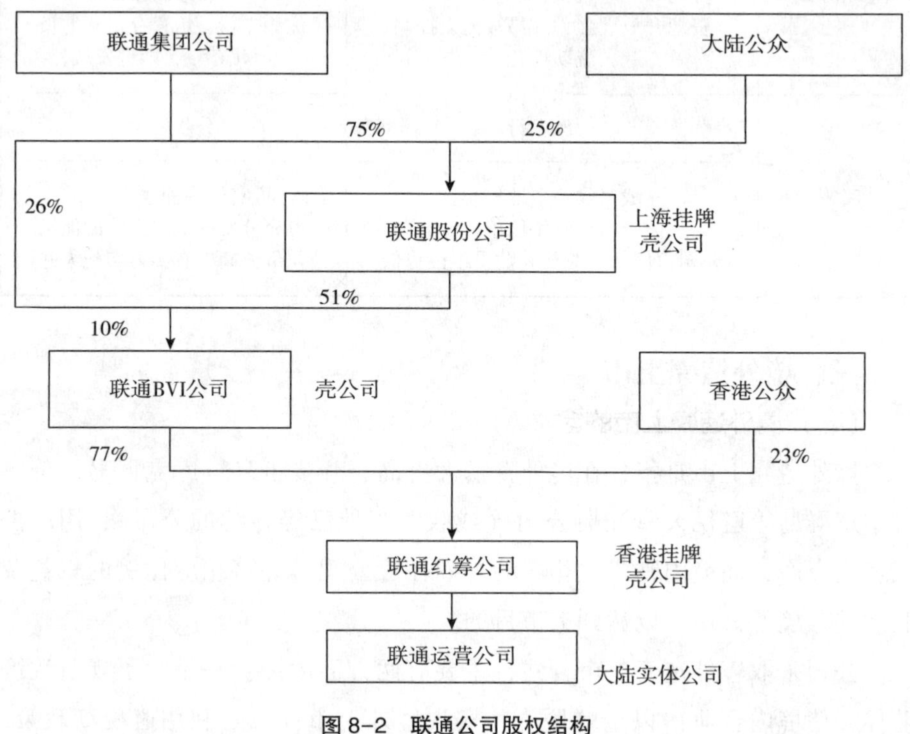

图8-2 联通公司股权结构

（二）境外造壳上市的形式

境外造壳上市，按境内企业与境外公司关联方式的不同，又可分成四种形式：控股上市、附属上市、合资上市、分拆上市。这四种形式的主要特点见表8-2。

表 8-2　控股上市、附属上市、合资上市和分拆上市的特点

不同形式	举例	特点
控股上市（反向收购）	广西玉柴	在境外注册公司，该公司是境内公司的控股股东，以该控股公司名义申请上市
附属上市	四通集团	在境外注册附属机构，该附属机构与国内企业形成母子关系，由该附属公司申请境外挂牌上市
合资上市	易初摩托	国内的中外合资企业，由合资的外方在境外的控股公司申请上市
分拆上市	富益工程	跨国公司或在境外已设有分支机构的国内企业，由从现有的境外公司中分拆出子公司申请上市

（三）境外造壳上市操作流程

从总体上说，境外造壳上市大体可以分为决定海外上市、注册离岸壳公司、跨境资产和业务注入、申请境外上市、募集资金调回境内五个步骤，具体操作流程如图 8-3 所示。

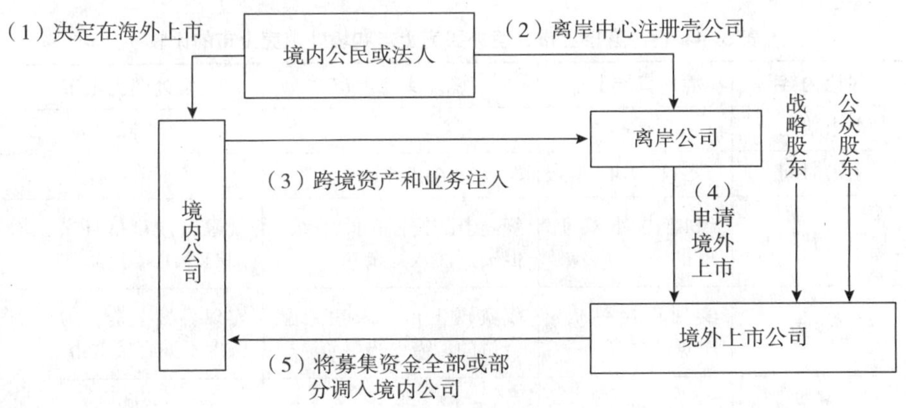

图 8-3　境外造壳上市操作流程

（四）境外造壳上市与境外买壳上市的区别

一般来说，境外造壳上市与境外买壳上市的区别如表 8-3 所示。

表 8-3 境外买壳上市与境外造壳上市的区别

对比内容	境外买壳上市	境外造壳上市
国内企业股权变动	不改变国内企业本身的产权结构	可能会改变国内企业原有的产权结构
境外壳公司地位	国内企业是控股子公司	壳公司是控股股东
对壳公司要求	筹集资金、能使上市公司业务渗透到其所在地市场、可壮大上市公司规模和提高知名度	筹集资金支持国内企业经营
壳公司选择	发展前景好、负债包袱小 股本不大、股权分散、股价被低估	只需符合上市地的上市规则
上市目的	筹集资金、实现间接上市、开拓国际市场、拓展业务范围进入新领域、组建企业集团成为跨国集团或行业垄断组织	筹集资金、实现间接上市

（五）境外直接上市、境外买壳上市和境外造壳上市的优缺点对比

通过分析境外直接上市、境外买壳上市和境外造壳上市三种模式，可以简单总结比较其优缺点（见表 8-4）。

表 8-4 境外直接上市、境外买壳上市和境外造壳上市的比较

对比内容	境外直接上市	境外买壳上市	境外造壳上市
上市费用	高	低	低
上市时间	1~2 年	6~9 个月	1 年左右
上市便利程度	经国内外双重审批	规避国内外审批手续，但资产注入复杂	规避国内审批环节，增加国外注入手续
融资额	实现直接融资，融资额度高	仅实现上市，未达到融资目的，需要再融资	实现直接融资，但融资额度不如直接上市
知名度	高	低	低
上市操作过程	透明度高	透明度较低，可能会遇见壳公司财务欺诈	透明度较高

案例 8-2

上海实业造壳上市

1. 案例介绍

上海实业集团有限公司（以下简称“上实集团”）1981 年在香港注册成立，管理着上海市在香港的企业（永发印务、上海二维制药等），并开展贸易、投资等业务，是上海市政府在香港的窗口企业。1996 年 1 月 9 日，上实集团先在香港造壳，成立了上海实业控股有限公司（以下简称“上海实业”），准备申请成为上市公司。

为成功上市，上实集团精心准备了上市的战略方针：

1995 年 11 月 28 日，上实集团的全资附属公司与上海家化联合公司组成中外合资企业，占 51%股份。1996 年 5 月 17 日，上实集团将其拥有的股份转让给上海实业。1995 年 11 月 28 日，上实集团的全资附属公司与上海三维有限公司组成中外合资企业，占 51%的股份。1996 年 5 月 17 日，上实集团将其拥有的股份转让给上海实业。

经会计师、评估师和律师对重组后企业资产的重新评估确认，并经香港联交所审查通过，上海实业于 1996 年 5 月 30 日正式上市。发售和配售的新股为 12900 万股，占其全部已售股份的 25%，售价为 7. 28 元。招股结果是：超额认购 159 倍，冻结资金达 260 亿元，总共集资达 13 亿元。上市第一天，股价上升至 9. 80 元，交投活跃。

上海实业上市大获成功，继而带动红筹股一路飙升，加上此时正为 1997 香港回归前夕，股市连创新高。

在市场形势趋热的背景下，上海实业接连大举注资，1996 年 11 月一举注入五项资产：上海汇众汽车合营公司、上海交通电器、上海光明乳业、上海东方商厦部分权益，以及上海延安路高架桥 50. 2%的权益。1996 年年底，上海实业股价升至 24. 4 元，1997 年 4 月再升到 45 元，11 个月的升幅达6.2倍，市值已逾370亿元。

1997年4月，上海实业再次配售新股，集资47亿元，用于购入上海内环高架道路和南北高架道路35%的权益。

经过这几次注资，上海实业已经成为上海高架桥道路的最大业主，并成功地将“支柱产业概念”和“基础设施概念”汇入到“上海概念”中，使“上海概念”具有了多层次的内涵。

具体过程可见图8-4。

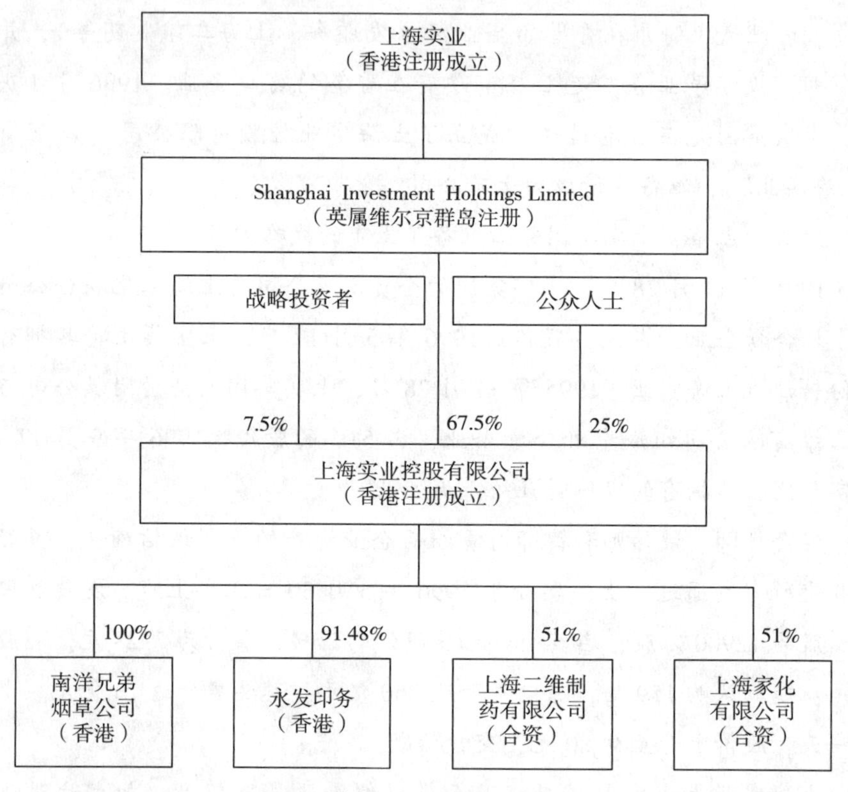

图8-4 上海实业公司案例

2. 案例启示

(1) 优质资产重组是成功上市的基石。上海实业造壳上市模式的特殊性在于其上市之日就打出了上海实业的牌子，推出“上海概念”，利用具有深厚发展潜力的地方形象，整合当地优质资产。同时重组的部分资产形成“上海概念”中的“消费品工业概念”，利用国内的宏观调控对消费品市场的较小影响，获得境外投资者的信任。

(2) 以政府支撑为依托是获得投资者信任的最佳途径。为了使香港和国际资本市场认识和了解上海实业，上海市政府明确表示，支持上海实业在香港上市，支持其今后的发展计划，支持在适当的时候将优质资产注入上海实业集团（包括上实控股），并保证基础设施项目的回报率不低于15%。徐匡迪市长在访问英国期间，亲自发表演讲，介绍上海实业和上市公司，增加了海外投资者的信心。

(3) 积极的推荐工作可以提升企业的知名度。上海市和上海实业集团精心组织力量，赴美国、欧洲、新加坡等地，向有关基金、财团推荐上市公司。由于推荐工作做得好，使原来对中国企业兴趣不大的基金改变了看法，争相认购。

(4) 强大的资本运作能力有助于吸引外资。上海实业整个资本运作都是以香港公司或者英国公司为主体进行，属于典型的海外造壳上市资本运作模式。其香港注册、英属维尔京注册、吸引香港战略投资者、大笔注资等方式，都展现了它强大的资本运作能力，最大限度地吸引了外资，为国内企业海外上市树立了良好典范。

(5) 企业应该切实把握宏观调控政策。上海实业的上市思路非常清晰，而且对时机把握得非常准确，选择营造的概念也都是因时因地制宜，对我国宏观调控政策的理解非常到位，对香港回归所带来的影响效果也利用得恰到好处。在1997年香港回归前夕市场形势趋热的背景下，上海实业接连大举注资，一举获得上市成功。

四、境外存托凭证上市

（一）存托凭证上市的含义

存托凭证（Depositary Receipt，DR），是指在一国证券市场流通的，代表外国公司有价证券的可转让凭证。存托凭证上市一般是指，某国的上市公司为使其股票在外国流通，将一定数额的股票，委托某一中间机构（通常为一银行，称为保管银行或受托银行）保管，由保管银行通知外国的存托银行在当地发行代表该股份的存托凭证，然后存托凭证开始在外国证券交易所或柜台市场交易。

利用存托凭证间接上市融资具有很多优势：一方面，利用存托凭证上市，可以避开当地法律对外国公司在注册手续、财务报表和信息披露等方面的严格要求，从而较方便地进入当地证券市场；另一方面，发行存托凭证可以避免公开交易中超过发行公司所在国的外国股权投资比例的限制的情况。但是它的发行规模往往受到限制，并且在交易费用中要加上托管费用。

（二）存托凭证分类

目前，发行人可以使用的存托凭证的种类主要有两种：美国存托凭证（American Depositary Receipt，ADR）和全球存托凭证（Global Depositary Receipt，GDR）。其中，根据发行公司进入美国资本市场的程度的不同，ADR 分为一级 ADR、二级 ADR、三级 ADR，以及根据《证券法》144A 规则进行私募发行的 ADR 四种形式，其特点见表 8-5。

表 8-5　四种 ADR 的特点

种类	特点
一级 ADR	不涉及新的证券发行； 在美国柜台市场发行； 不需要遵守证监会公开募集的注册审查制度、交易所上市规定和证监会的持续披露等要求
二级 ADR	不涉及新的证券发行； 在美国证券交易所上市； 需遵守证监会的持续披露等要求，并且其报告需遵守美国公认会计准则的要求
三级 ADR	发行新的证券； 在美国证券交易所上市； 遵守美国《证券法》关于公开招募需遵守持续披露等规定
根据 144A 规则进行私募发行的 ADR	20 世纪 90 年代初颁布的《证券法》144A 规则发行避免了公开招募所造成的大量的文件准备和披露负担

（三）存托凭证发行的规定

一般，调整 ADR 发行的规定包括四个部分：ADR 本身的发行规定，公募发行规定，私募发行规定和国际发行规定。

1. ADR 本身的发行规定

根据美国《证券法》的规定，在美国发行 ADR 必须符合下列条件：

第一，必须保证 ADR 的持有者有赎回权。

第二，被存托的证券必须是根据证券法规定进行等级注册被批准发行的证券，或者法律规定不用注册批准的证券。

第三，发行公司必须根据美国法律和交易所的要求向证监会、交易所和投资者提供有关发行公司的信息，主要是定期报告。

2. 公募发行的规定

三级 ADR 涉及公募发行，公募发行既包括存托凭证本身的发行，也包括所存托证券的发行，二者几乎同时进行。所以，存托凭证的发行要遵守上述有关规定，证券的发行则遵循 1933 年《证券法》有关证券发行的规定。同时，所发行的存托凭证上市则要符合 1934 年《证券交易法》的持续披露要求，以及所上市的交易所的上市规则。

3. 私募发行的规定

144A 规则下发行存托凭证与公募发行 ADR 比较，相对减少了很多文件准备和披露工作。首先，不需要根据《证券法》对所存托的证券和所发行的存托凭证向证监会等级注册；其次，不需要遵守美国通用会计准则的要求；再次，无须遵守有关交易所的上市规则；最后，不需要遵守 1934 年《证券交易法》的持续披露要求，并且发行时间也比公募发行的时间短。

4. 国际发行的规定

GDR 既在美国境内发行，也在美国境外发行，因此在国际上发行 GDR，需要遵守美国和所发行上市国家证券发行的有关规定。通常的做法是发行人在美国境外（主要是欧洲）采取公开发行并上市的形式，在美国境内采取根据 144A 规则私募发行的形式。相对来讲，欧洲国家证券发行和上市的规则比美国宽松。

由此可见，公募发行是要求最为严格的，因此很少被运用，比较常用的是私募发行 ADR 和国际发行 GDR。

案例 8-3

中国石化通过发行存托凭证上市

1. 案例介绍

中国石油化工股份有限公司（以下简称“中国石化”）是一家上中下游一体化、石油石化主业突出、拥有比较完备销售网络并在境内外上市的股份制企业。2000 年 2 月 28 日，中国石化以独家发起的方式成为股份制企业。中国石化股份有限公司的独家发起人——中国石油化工集团公司成立于 1998 年 7 月，是国家组建的特大型石油石化企业集团，为国有独资公司，在 2000 年美国《财富》杂志评选的世界 500 强企业中，按销售收入排名位居第 58 位。

中国石化的境外上市之路是通过发行存托凭证在美国申请上市的。选择发行存托凭证主要基于两个方面的考虑：筹集资金和商业运作。其优点在于：(1) 进入海外资本市场；(2) 全方位提高公司在海外市场的知名度；(3) 可增加其有价证券的流动性，易于维持或提高其价格；(4) 提供了一个募集资金或收购兼并的途径。

2000 年 10 月 18 日上午 9 时，中国石化发行的初始股在美国正式上市。尽管 18 日道琼斯指数以跌破万点收盘，但中国石化的股票当日却以上扬收盘，其发行价为 20.645 美元，收盘价为 20.75 美元，全天表现活跃，交易量为 1157 万股。

2. 案例启示

(1) 企业要与国际接轨才能得到国际资本市场的认可。中国企业需要“走出去”的标志，就是要得到国际资本市场和国际投资者的认可。中国石化集团进入国际资本市场后，产权结构、所有制结构发生了根本改变，由国有独资企业，变成外资占股20%的企业，经营机制也开始与国际接轨。正是这些努力，使得其股票在国际市场的舞台上成为投资者们开始关注的新星。

(2) 企业要在海外上市过程中不断提高其竞争力。中国加入世贸组织后，中国市场进一步开放，中国石化与国外石油石化巨头的竞争日趋激烈。但由于石化行业原先具有一定的垄断地位，在政策长期保护伞下已经习惯了计划经济带来的安逸，在各个方面都与国外对手存在较大差距。有了这次海外上市的锤炼，中国石化对市场竞争有了更深刻的理解，有利于其在全球竞争中占得一席之地。

(3) 企业上市可利用多种方式进行筹资。1993年以来，我国也有公司在美国发行ADR，包括在上海证券交易所上市的“轮胎橡胶”“氯碱化工”“二纺机”，以及在深圳证券交易所上市的“深深房”，上述四家公司发行的都属于一级ADR，仅限于柜台交易，无筹资功能。此后，“中国华能国际”“山东华能”则以三级ADR公开募集并在纽约证交所上市。此次中国石化以其首日发行募股的成功和在海外市场的反响，将中国企业利用ADR的水平推到了一个新的高度。

(4) 新经营理念与成功上市相辅相成。通过上市，形成了“扩充市场，增加回报”的思路，公司的经营宗旨也与“公司最大化，股东最大化”相吻合。经营机制向外部市场化、内部紧密化转变。在企业文化语言上，由“爱我中华，振兴石化”变成“永不满足，各得其所”，提高了获得资本市场认可的程度。

五、VIE 模式上市

(一) VIE 模式概况

VIE（Variable Interest Entities，直译为“可变利益实体”）模式，在国内被称为“协议控制”，是指境外注册的上市实体与境内的业务运营实体相分离，境外的上市实体通过协议的方式控制境内的业务实体，业务实体就是上市实体的 VIEs（可变利益实体）。由于新浪是第一个使用 VIE 模式的公司，因此也被称为"SINA 模式"。

根据我国当时电信法规的规定：禁止外商介入电信运营和电信增值服务。而当时信息产业部的政策性指导意见是，外商不能提供网络信息服务，但可以提供技术服务。为了海外融资的需要，新浪找到了一条变通的途径：外商投资者通过入股离岸控股公司 A 来控制设在中国境内的外商独资技术服务子公司 B，B 再通过独家服务合作协议的方式，把境内具有 ICP 牌照的电信增值服务公司 C 和 A 连接起来，达到 A 可以合并 C 公司报表的目的（见图 8-5）。

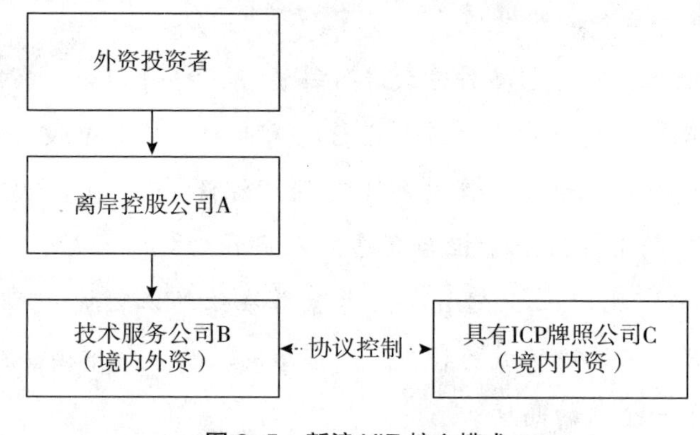

图 8-5 新浪 VIE 核心模式

2000 年，新浪以 VIE 模式成功在美国实现上市。新浪模式随后被一大批中国互联网公司效仿，搜狐、百度、腾讯、阿里巴巴等均以 VIE 模式成功登陆境外资本市场。除了互联网，十余年来，到境外上市的传媒、教育、消费、广电类企业，如新东方公司、凤凰新媒体公司等，也纷纷采纳这一模式。而随着 VIE 模式的风行，美国通用会计准则（GAPP）也专门为此设计了"VIE 会计准则"，允许在美上市的公司合并其在中国国内协议控制的企业报表，这一举措解决了困扰中国公司的财报难题。

（二）VIE 模式的特点

1. 实质上规避了 10 号文。《关于外国投资者并购境内企业的规定》（以下简称"10 号文"）第 11 条规定："境内公司、企业或自然人以其在境外合法设立或控制的公司名义并购与其有关联关系的境内的公司，应报商务部审批。当事人不得以外商投资企业境内投资或其他方式规避前述要求。”VIE 模式由于不涉及股权投资关系，因此实质上规避了 10 号文对外资并购的规定。

2. 规避了外汇监管，可以向境外逐步转移资产。由于只要若干协议即可实现收益的实质性转移，企业通过该模式上市后，可以通过境外资本市场获得收益，从而使得资产实质性地向境外转移，同时完全规避了外汇监管政策。

3. 规避了外资行业准入限制。我国在互联网、电信领域对外资有明确的限制措施，但该模式实际上绕过了该限制。

（三）VIE 模式的一般结构

一般来说，通过 VIE 模式上市的公司，其设置都有一些特殊性，具体见图 8-6。

在 VIE 模式中，除了境外上市主体外，另外一个重要的角色就是 BVI 公司。通过在直接上市的海外控股公司的上下层面中合理设置 BVI 公司，可以起到的作用主要有：方便大股东对上市公司的控制；可以使公司管理层及某些股东绕开禁售期的限制；可以享受 BVI 公司所得税低税率的待遇；当公司业务有变时，可通过出售 BVI 公司的形式放弃原有业务，享受 BVI 公司的税收待遇。而且拟上市主体开曼公司上层一般情况下都会有 BVI 公司，除了上述比较优惠的政策外，还有一个很重要的原因就是：如果开曼群岛上层直接是实际控制人，那么股东在上市公司的分红按照“75 号文”① 必须在 180 天之内汇入境内，而如果中间有 BVI 公司，那么就可以规避这一规定，至今这都是一个灰色地带。另外，BVI 公司的股东可以相对不是很透明，在隐藏问题股东方面也有很好的优势。

（四）VIE 模式中各地区 SPV 公司特点分析

1. 在开曼设立公司的优势：（1）免税收优势；（2）股份转让低成本优

① “75 号文”是指《关于境内居民通过境外特殊目的公司融资及返程投资外汇管理有关问题的通知》（汇发［2005］75 号）。

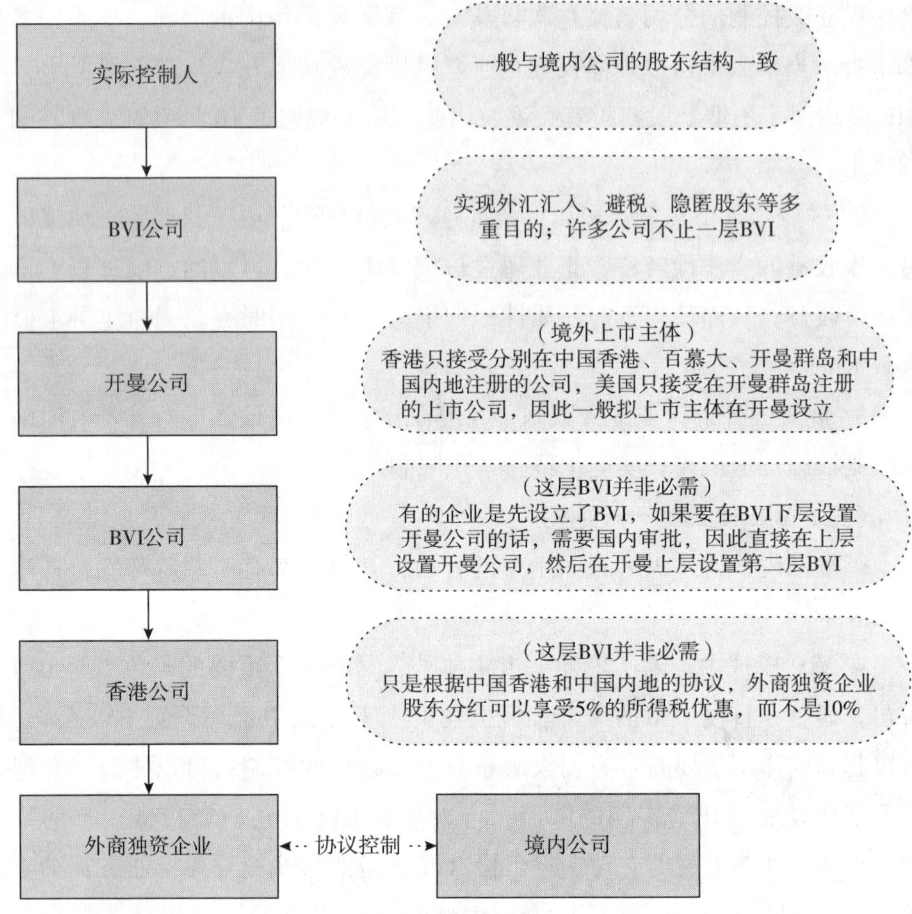

图 8-6　VIE 模式上市模式中的公司设置

势；（3）可以在中国香港和许多国家地区申请挂牌上市。

2. 在 BVI 设立公司的优势：（1）免税收优势；（2）资料完全保密，不要求公开财务状况或股东数据；（3）注册较为简单，只需要股东和董事各一名（可以是同一个人），15 天左右的时间就注册完成。但 BVI 公司基本不被任何国家接受上市。

3. 在中国香港设立公司的优势：（1）具体业务操作方便；（2）运营有关的税费比较低。

（五）VIE 模式的实施步骤

一般来说，通过 VIE 模式上市，其实施步骤包括：

1. 公司的创始人或是与之相关的管理团队设置一个离岸公司（BVI），主要是在维尔京群岛。

2. 该公司与创业投资者或股权投资者及其他的股东，再共同成立一个公司（通常以开曼为注册地），作为上市的主体。

3. 上市公司的主体再在中国香港设立一个壳公司，并持有该香港公司100%的股权。

4. 香港公司再设立一个或多个境内全资子公司（WFOE）。

5. 境内全资子公司与国内运营业务的实体签订一系列协议，达到享有 VIE 权益的目的，同时符合证券监管部门的法规。

具体可见图 8-7。

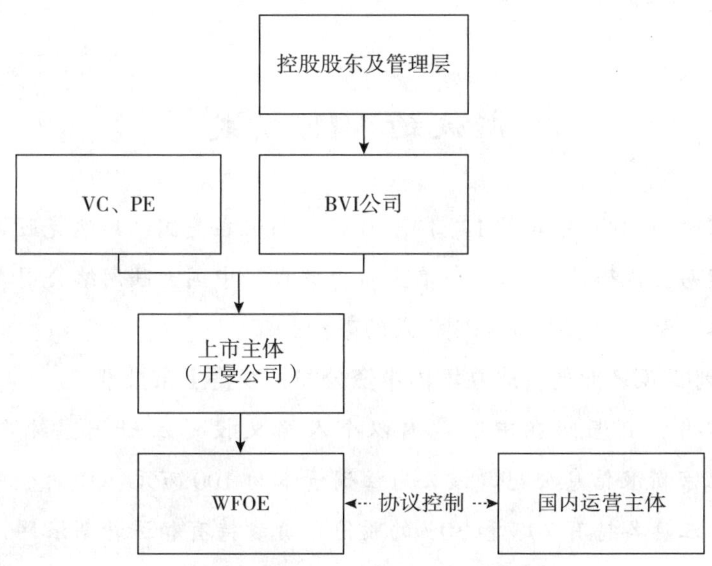

图 8-7　VIE 模式上市模式中的实施步骤

（六）VIE 协议的主要组成部分

通常，WFOE 往往会与 VIE 实体签署六类协议以实现上市主体对 VIE 的控制，具体如下：

1. 贷款协议：由 WFOE 贷款给 VIE 的股东，股东将资金注入 VIE。

2. 股权质押协议：VIE 股东将其持有 VIE 的股权完全质押给 WFOE。

3. 独家顾问服务协议：由 WFOE 向 VIE 提供排他性的知识产权及技术顾问服务，而后者以其全年税前净利润作为费用支付给前者。

4. 资产运营控制协议：此类协议一般会规定 VIE 公司资产的重大交易要由 WFOE 或者将国内 VIE 的资产运营完全委托给 WFOE。

5. 优先认股权协议：当法律政策允许外资进入 VIE 所在领域时，WFOE 有优先提出收购 VIE 股权的权利。

6. 投票权代理协议：VIE 股东将其投票权委托给 WFOE，WFOE 实际上可以任命董事或者做出股东决议。

案例 8–4

新浪的 VIE 模式

北京时间 2000 年 4 月 13 日晚 10 时，新浪在美国纳斯达克股票市场正式挂牌交易，代码是 SINA。新浪上市，完成了中国大陆网络公司在境外上市的破冰之旅。新浪上市 VIE 模式的架构如下：

1. 剥离 ICP 业务，成立境内中资公司，获得上市批准

1997 年，新浪网在中国境内以个人名义投资注册一家纯内资的公司——北京新浪信息公司。该公司注册资本为 100 万元，由两个中国公民王志东、汪延各持有 70%和 30%的股份，负责持有和运营新浪网，拥有中国的 ICP（Internet Content Provider）、新闻及 BBS（Bulletin Board Service）许可等执照，是整个新浪体系中最有价值最核心的部分。根据我国的电信法规和信息产业部当时的政策性指导意见，外商不能提供网络信息服务（ICP）。

2. 成立离岸公司及境内公司，完成上市公司及控股的公司的架构

香港利方投资有限公司（以下简称“香港利方”）成立于1993年3月，同年，香港利方和四通集团下属的北京四通电子公司合资成立了北京四通利方信息公司（以下简称“BSRS”），香港利方控股97.29%，主要提供中文平台软件，同年12月开始运行。BSRS将作为新浪上市的WFOE公司（见图8-8）。

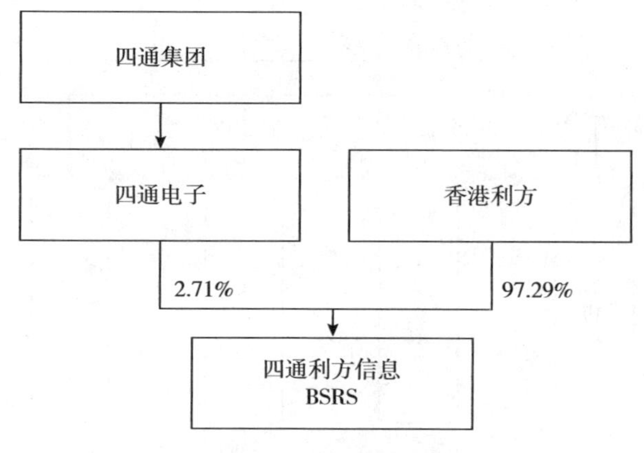

图8-8　新浪公司上市步骤一

1997年7月，新浪拟上市主体在开曼群岛注册成立，全资控股香港利方投资有限责任公司（RSIL），其拥有四个全资子公司：香港利方公司、香港新浪公司、北美新浪公司，以及在英属维尔京群岛注册的新浪有限公司（SINA.com Ltd.）（见图8-9）。

另外，在国内注册成立了一家北京新浪广告公司，其中BSRS拥有25%的股权，其余75%为王志东（后转让给汪延）个人控股。

3. 签订一系列协议，控制北京新浪信息，并将北京新浪信息和新浪广告的利润转移到新浪上市公司

根据招股说明书，在北京新浪信息、新浪广告、BSRS和新浪上市公司之间有多个商业协议，包括：

（1）BSRS向北京新浪信息提供技术服务，包括维护和升级服务器及软件，北京新浪信息以双方商定的价格购买服务。

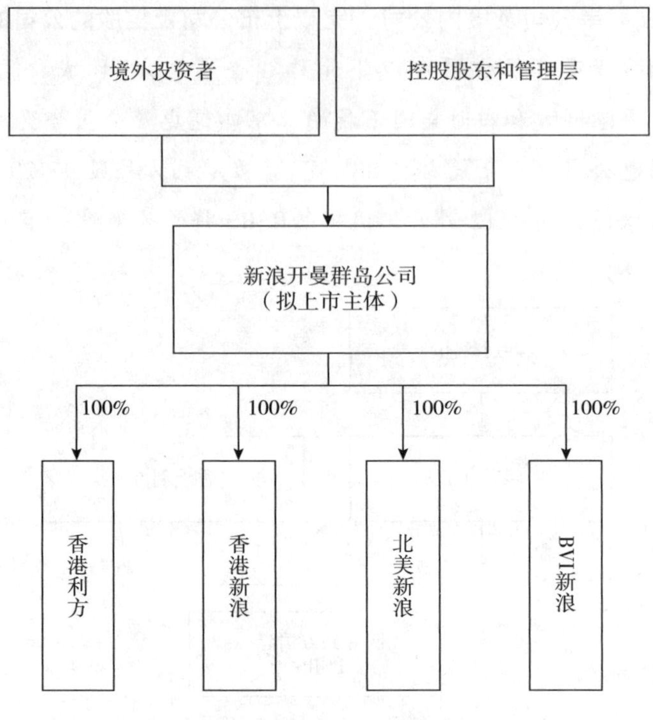

图 8-9　新浪公司上市步骤二

（2）BSRS 为北京新浪信息的网站运行以一定的价格转让某些设备。

（3）新浪广告将以双方协定的价格购买北京新浪信息的广告空间。

（4）在新浪广告和 BSRS 之间，后者将为前者提供收费咨询服务；新浪上市公司将是国内广告公司在境外市场的独家广告代理机构。

通过上述协议，新浪上市公司通过 BSRS 控制中国境内的北京新浪信息和新浪广告，并将北京新浪信息和新浪广告的利润转移到新浪上市公司。具体而言，新浪广告购买北京新浪信息的广告空间，新浪广告可以将广告卖给其他公司以获取利润，并通过新浪上市公司代理其境外广告业务实现其境内外的广告收入，再通过向 BSRS 支付咨询费的方式将利润转移至 BSRS；同时通过北京新浪信息与 BSRS 的技术服务等协议，将北京新浪信息的利润转移至 BSRS。而新浪上市公司间接控制 BSRS 97.29%的股权，最终可以获取北京新浪信息和新浪广告的利润。因此，新浪上市公司实际上并不拥有北京新浪信息的股权，仅仅通过协议控制北京新浪信息和新浪广告，并根据一系列协议拥有向北京新浪信息和新浪广告提供技术服务、咨询服务而收取报酬的权利。这一系列协议也为后来境外上市的公司所借鉴和效仿，业内称之为“新浪协议”。最终架构如图 8-10 所示。

（七）VIE 模式风险分析

VIE 模式存在的风险主要有两类，一类是合同本身有违民法基本理论而导致合同签订方单方违约后，权利被侵害方不能得到法律保护的风险，即违约风险；另一类是由于 VIE 与现有的行业准入限制与返程投资规定相矛盾而产生被认定为无效合同的风险，即政策风险。

1. 合同违约风险

在 VIE 协议的六类核心协议中，由于有关利益输送的协议（诸如独家顾问服务协议）显失公平，借款协议存在债权人对于利益输送行为行使撤销权的风险；借款协议涉及企业间彼此拆借资金的问题，也可能会被认定为无效；在现有法律框架下，股权质押必须登记才有法律效力，而协议控制模式中商务部极有可能以外商投资限制为由拒绝登记股权质押，使得质押协议无效；而贷款协议、股权质押协议与股权回购协议有流质协议之嫌，可能会被认定为无效；实现母公司股东对于子公司董事会控制权的代理协议属于委托协议，作为被委托方的 VIE 运营实体的实际控制者在被起诉后可主张法定解除权，也使得上市主体的股东在权利被侵犯后救济无门。

2. 政策风险

由于中国官方一直没有对 VIE 表明态度，协议控制一直处于国内监管政策的灰色地带，VIE 协议主要与现有的产业准入、外资并购、外汇管理、境外上市监管政策冲突，故而为了规避现有法律制度而产生的 VIE 架构本质上是一种监管套利行为，虽未明确违背现有法律，但却有“以合法手段实现非法目的”之嫌，极易被认定为无效合同。现实中，2006 年信息产业部出台的《关于加强外商投资经营增值电信业务管理的通知》与 2011 年商务部发布的《商务部实施外国投资者并购境内企业安全审查制度的规

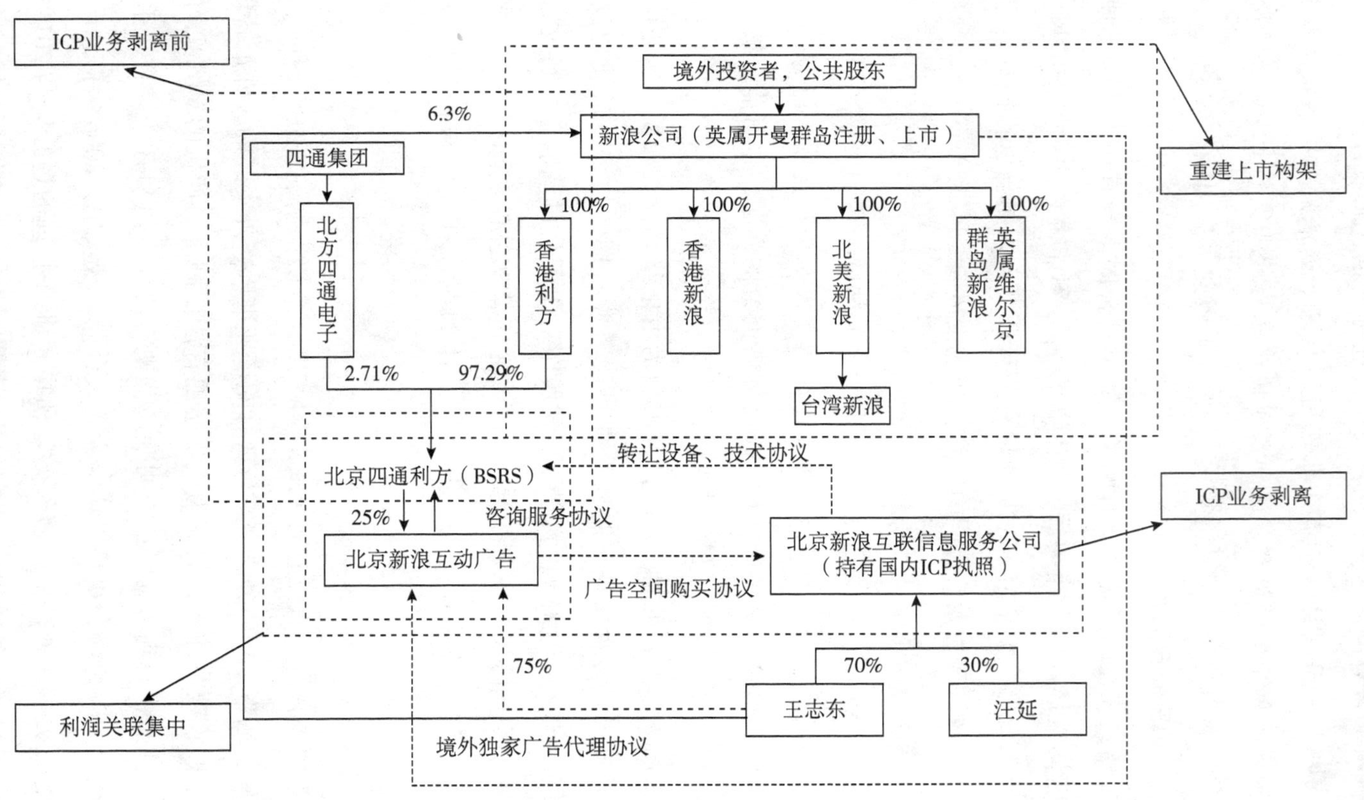

图 8-10　新浪公司上市路径

定》第九条均明确规定外国投资者不得以协议控制方式实质规避并购安全审查。该规定虽未正面对协议控制的效力进行否定，但是却首次确立了"重实质、轻形式"的指导思想，使得 VIE 协议进入了一个较为尴尬的境地。尽管相关部门的监管态度模棱两可，但司法实践中也有先例可借鉴。2013 年，曾经引发市场恐慌的民生华懋案中，最高法将委托投资协议认定为"以合法方式掩盖非法目的"，进而认定其无效。尽管委托投资协议名义上并非 VIE 协议，但由于委托投资协议本身是为了绕过国内对于金融行业的外资准入限制，从产生原因与实际效果上来讲与 VIE 协议均无本质区别，这从某种程度上可以预见监管层对 VIE 协议的态度。

案例 8-5

支付宝事件

2012 年支付宝事件的爆发使得 VIE 模式的风险第一次直观地呈现在公众面前，也给马云带来了无数的非议，直到两年后阿里巴巴集团以 VIE 模式在美国整体上市，还仍有不少人以此质疑马云的人品与阿里巴巴集团上市架构的稳定性。

1. 案例介绍

总体上，支付宝事件分为三个阶段：

（1）2005~2008 年：马云与雅虎相安无事。

2005 年 8 月，雅虎 CEO 杨致远在与马云的一次谈话后，决定以 10 亿美元的现金对价以及雅虎中国的所有业务、品牌和技术在中国的使用权入股阿里巴巴，持股比例高达 40%，并成为第一大股东。2005~2008 年，由于杨致远与马云的私交甚笃，对马云的决策一般很支持，不太干预。阿里巴巴集团迅速发展。

（2）2009~2010 年 8 月：马云与雅虎新 CEO 摩擦不断。

2009 年，杨致远辞去雅虎 CEO 的职务，由巴茨接替，而新 CEO 巴茨与马云屡屡发生摩擦，并且指责马云在经营雅虎中国的过程中对阿里巴巴有利益输送的嫌疑。值得注意的是，雅虎入股时签订的“不得辞退马云的条款”将于 2010 年到期作废。

在此背景下，2009 年 6 月，马云、谢世煌二人控制的内资公司浙江阿里巴巴电子商务有限公司以 1.67 亿元收购了支付宝 70%的股权；2010 年 8 月前者再次以 1.65 亿元收购了支付宝剩余的 30%股权。至此，支付宝在阿里巴巴集团旗下正式成为马云的私产，具体如图 8-11 所示。

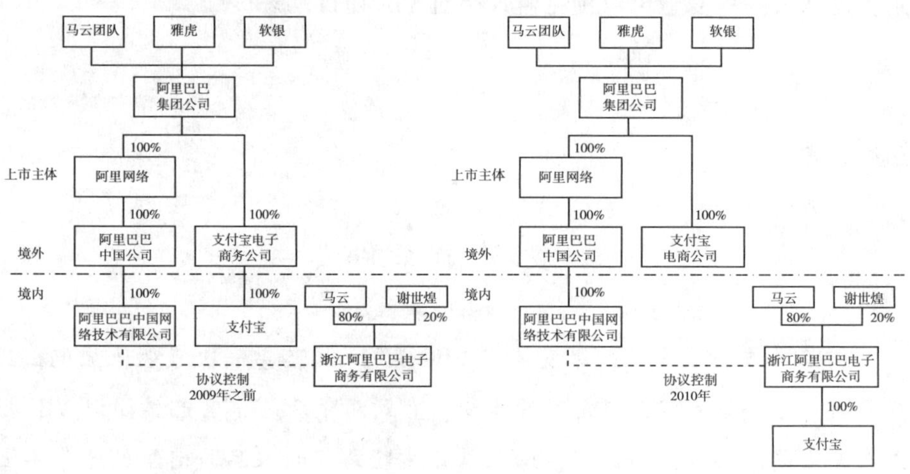

图 8-11　支付宝两次股权转移示意

（3）2011 年年初~2011 年 7 月：支付宝事件爆发。

2011 年年初，马云对外表示由于担心支付宝的外资身份无法获得第三方支付牌照，单方面终止了浙江阿里巴巴电子商务有限公司与阿里巴巴网络技术有限公司的 VIE 合同。具体如图 8-12 所示。

同年 5 月，雅虎发表声明谴责马云在其不知情的情况下私自将支付宝“装入自己的腰包”。马云回应称股东大会与董事会对此事之前均是知情的。几番口舌之争后，7 月，马云与软银、雅虎三者达成补偿协议，规定支付宝将全年利润的 49.9%上缴阿里巴巴。至此，支付宝事件尘埃落定。

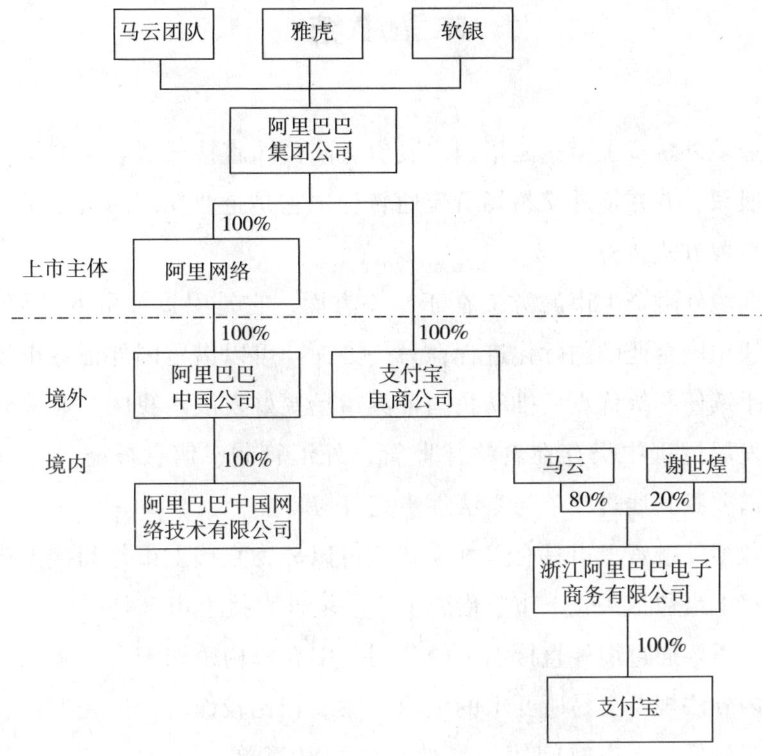

图 8-12 撕毁 VIE 协议后的支付宝股权关系

2. 启示

该事件十分突出地表现出 VIE 模式的风险问题。尽管马云声称主要是担心支付宝“洋孩子”的身份会影响其获得第三方支付牌照，可是事实上两次资产转移后支付宝从股权归属上讲已经是纯粹的内资公司，在央行的文件中更是只字未提协议控制会被另眼相待，所以该理由根本站不住脚。通过上述的分析可以看出，一方面，支付宝事件发生的深层次原因是巴茨与马云的摩擦不断以及马云不解聘条款的到期失效，这就使得原本的雅虎与马云利益高度一致的局面被打破；另一方面，支付宝事件爆发后，雅虎仅仅是在公开场合谴责马云，获取舆论支持，却并未采取任何法律手段，很难讲不是 VIE 模式无法可依的原因。

本章小结

企业境外融资上市，是指国内股份有限公司直接或者间接向境外投资者发行股票，并在境外交易场所流通转让。它是企业在国际资本市场直接融资的重要方式。

企业境外融资上市的意义在于，一方面，它是引进外资的重要部分，可以加快中国企业的国际化进程；另一方面，可以借鉴国外证券市场程序透明、手续便利等优点，推动我国证券市场更好发展。我国企业境外融资上市在发展过程中仍存在着法律监管、外汇管制、信息披露等方面的问题。这需要我国通过改革与立法逐步完善与解决。

企业境外融资上市具有多种模式，可以分为直接上市与间接上市，常规的间接上市包括买壳上市、借壳上市。境外直接上市都是采取 IPO 方式进行。它需要通过境外直接上市的公司与中介机构密切配合，来制定出能符合境内外法规及交易所要求的上市方案。相比较而言，借壳上市、买壳上市费用较低，上市时间短，审批程序相对简单，但同时存在知名度较低、高风险等问题。

除此之外，还有企业境外存托凭证上市和 VIE 模式上市两种模式，具体来看，利用存托凭证间接上市融资具有一定优势：一方面，利用存托凭证上市可以避开当地法律对外国公司在注册手续、财务报表和信息披露等方面的严格要求，从而较方便地进入当地证券市场；另一方面，发行存托凭证可以避免公开交易中超过发行公司所在国外国股权投资比例的限制。而 VIE 模式是指境外注册的上市实体与境内的业务运营实体实行分离，境外的上市实体通过协议的方式控制境内的业务实体，业务实体就是上市实体的 VIEs（可变利益实体）。这一模式利用巧妙的协议设计规避法律监管，但同时也有着较大的法律风险和合同违约风险。

第九章

上市公司并购重组

第一节 上市公司并购重组概述

一、并购重组的概念

（一）并购的概念

并购一词源于兼并与收购，如表 9-1 所示。所谓兼并，指的是两家或两家以上企业通过合并而成为一家企业的情形，这通常发生在一家具有优势地位的企业与另一家或几家企业之间；收购指的是一家企业通过各种支付方式来购买另一家企业的股票或资产，从而达到获取另一家企业控制权或所有权的目的的活动。

表 9-1 并购的概念

项目	类型	含义
兼并（Merger）	吸收合并（Consolidation Merger）	合并方取得被合并方的全部净资产（A+B=A）
	新设合并（Statutory Merger）	两个企业合并，成立新的公司（A+B=C）
收购（Acquisition）	资产收购（Asset Acquisition）	企业与企业之间的资产交易
	股份收购（Stock Acquisition）	企业与企业股东之间的交易

其中，上市公司并购是指在证券交易所挂牌上市的企业，通过证券支付或其他合法的途径进行交易而取得另一家上市公司控制权的过程。

（二）重组的概念

企业重组是对企业现有的各类资源（如技术、资金、品牌、管理能力、渠道等），运用经济、行政、法律手段进行拆分、整合与重新组合的过程。企业重组是存量的资源要素在不同企业间的再分配，如果资源配置得到优化，重组后的主体将会获得增量经济效益；如果由于管理、文化、本位主义等各种原因导致整合期过长，重组也可能使资源配置产生负的经济效益。

从广义来看，重组可分为四种模式，分别为扩张型重组、收缩型重组、公司控制型重组、所有权结构变更型重组，具体如表 9-2 所示，而并购是重组类别中的一项内容。

表 9-2　企业重组模式

类别	具体分类
扩张型（Expansion）	兼并收购（Merger & Acquisition）
	联营公司（Joint Venture）
收缩型（Contraction）	资产剥离（Divestiture）
	分拆上市（Equity Carve-Out）
	公司分立（Spins-Offs）
公司控制型（Corporate-Control）	溢价购买（Premium Buy-backs）
	争夺代理权（Proxy Battle）
	修订反接管条件（Anti-takeover Amendment）
	停滞协议（Standstill Agreement）
所有权结构变更型（Change in Ownership Structure）	股票回购（Share Repurchases）
	私有化（Privatization）
	交换发盘（Exchange Offers）

在实践中，企业重组现象的发生往往源于并购行为，同时企业的并购大多伴随着重组的发生，二者在实践操作中密不可分。因此，并购和重组这两个概念在文献及实际应用中经常被统称为“并购重组”，来指代现实中资本市场上活跃的并购重组现象。

二、并购的分类

上市公司并购可以从企业关联性、目标公司态度、支付方式、并购方式、控制方式、控制目的这六个方面进行分类，如表 9-3 所示。

表 9-3 上市公司并购分类

分类依据	类型	特点
按关联性划分	横向并购	并购双方行业相同
	纵向并购	并购双方行业同类、不同阶段产品
	混合并购	行业不相关
按目标公司态度划分	敌意并购	管理层反对并购
	善意并购	友好协商达成一致
按支付方式划分	现金并购	以现金为支付对价
	股票并购	以股票工具为支付对价
	混合并购	现金并购与股票并购相结合
按并购方式划分	协议并购	不通过交易所，直接联系目标公司
	要约并购	对目标公司所有股东发出并购要约
按控制方式划分	直接并购	直接控股目标公司
	间接并购	控制目标公司大股东
按控制目的划分	战略性并购	长期持有，优化产业链
	财务性并购	短期内溢价退出

（一）按关联性划分

按照进行并购的企业与并购目标企业关联性的不同，我们可以把并购分成横向并购、纵向并购以及混合并购。

1. 横向并购

所谓横向并购即指并购的双方处于同一市场层级的并购，并购双方的产品、经营领域之间存在着一定的竞争重合关系。

横向并购的直接作用在于能增加企业的规模，从而使企业获得规模效应。但另一方面，企业规模的扩大不可避免地会产生管理混乱、协调难度加大以及文化冲突等诸多问题。

2. 纵向并购

与横向并购相对应的是纵向并购，即并购双方处于同一产业链的上下游，两者之间更多的是一种互补的关系而非纯粹竞争关系。企业通过纵向并购获得纵向一体化，对企业的良性发展有很好的促进作用，能在很大程度上降低企业的成本，提高整体抗风险能力。

3. 混合并购

混合并购并不是横向并购与纵向并购的简单混合，而是企业出于多元化的目的，对处于不同产业的企业进行的并购，这种并购的双方在生产销售等各个方面都不存在特别的关联，是一种跨行业的并购方式。

混合并购的目的在于实现公司的多元化，这是公司发展到一定阶段的选择。但由于是跨行业并购，所以这种并购不可避免地面临文化整合、产业整合以及人员整合的难题。混合并购的运作难度较横向并购和纵向并购都要大。

回顾美国产业史，19 世纪末的并购以横向并购为主，产业集中度得以提高，从而形成一批具有竞争力的垄断企业；20 世纪初的并购以纵向并购为主，通过对产业链上下游资源、技术、市场的整合，为跨国公司的形成奠定基础；20 世纪 60 年代后，随着职业经理人逐渐获得对大公司的控制权，加之华尔街对并购活动的推波助澜，混合并购成为一种常态，但盲目追求多元化和规模带来了诸多的公司治理问题，甚至在一定程度上导致了 20 世纪七八十年代美国经济整体滞胀，并推动了以分拆、剥离等方式进行“去非核心业务”运动。KKR 等专业并购基金正是于这一阶段兴起，通过准确判断价值被低估的投资标的，采用杠杆收购并剥离非相关业务，同时加强对经理层的激励使其与股东利益一致的方式，获得了价值管理的超额利润，促使美国公司兴起一场价值再造的革命。

（二）按目标公司态度划分

按目标企业对待并购的态度不同，可以把并购分成善意并购与敌意并购。

1. 善意并购

善意并购是指目标公司的实际控制人与并购方就有关的并购事项达成共识，目标公司配合并购方开展各项工作的并购模式。善意并购的一个重要特点是并购双方达成合意，并购过程以及之后的重组过程都较为平稳。

2. 敌意并购

敌意并购是指并购人与目标公司在并购前不能达成合意，并购人强行对目标公司进行并购的并购模式。敌意并购因双方的不合意会产生许多负面效果，如并购时，目标公司对并购方的各项工作的抵制与阻挠，并购后并购方与目标公司管理层之间产生隔阂甚至仇视等。

（三）按支付方式划分

按照并购时支付的对价不同，可以把并购分为现金并购、股票并购以及混合并购三种。

1. 现金并购

现金并购指的是并购方通过支付现金的方式，购买目标公司的股票或其他资产以控制目标公司的并购模式。这种模式深受目标公司的欢迎，因其能为目标公司提供大量的现金流，但相对并购方却面临现金流不足的风险，因此对并购的成功与否有很大影响。

2. 股票并购

股票并购是指并购方以其股票作为支付工具，按一定折算比例换取目标公司的股票，从而达到控制目标公司的并购模式。

股票并购的优势很明显，对于并购方而言，其有可能不花任何现金而取得目标公司的控制权，这对于并购方的发展有很正面的影响；而对于目标公司而言，其在无任何现金收入的情况下丧失了公司的控制权，所以这种并购模式一般不被目标公司所喜爱，除非并购方的折算比例对目标公司很有利。

3. 混合并购

现金并购与股票并购各有其优点和缺点。在现实中，一般采用现金并购与股票并购相结合的模式，即混合并购模式。在混合并购模式中，并购过程采取股票与现金以及其他资产形式作为交易的对价。这种模式能在一定程度上解决并购过程中有关现金流的问题。

（四）按并购方式划分

按照并购所采取的方式的不同，可以把并购分为协议并购和要约并购。

1. 协议并购

协议并购是指并购企业不通过证券交易所，而是直接与目标企业取得联系，通过谈判、协商达成共同协议，据以实现目标企业股权转移的收购方式。协议并购通常是善意并购，通过取得目标企业的理解与合作，降低收购活动的风险与成本。

2. 要约并购

要约并购是指并购方按照一定的书面条件向目标公司的股东公开发出要约，按照书面所设定的条件收购并购方所持有股权的并购模式。国际上通行做法是，当并购方获得一定数量的目标公司的股权时，必须依法向目标公司股东发出要约以购买其所持有的股权。

（五）按控制方式划分

根据并购方是否直接收购目标公司的股票划分，可将并购划分为直接并购和间接并购。

1. 直接并购

直接并购是并购方采用直接购买目标公司股权的形式完成并购，并以目标公司股东的身份行使控制权。

2. 间接并购

间接并购是并购方采用控制目标公司的大股东等形式，并购完成后并购方不直接成为目标公司的股东，而是通过目标公司大股东等间接方式行使控制权。

（六）按并购目的划分

按并购目的的不同，可分为产业战略性并购与财务性并购两类。它们的特点如表 9-4 所示。

表 9-4 战略性并购与财务性并购的比较

项目	战略性并购	财务性并购
特点	具备较强的实业背景，有利于业务拓展；关注长期战略协同价值，积极参与公司管理，投入资金稳定	有专业的投资管理技术和丰富的资本运作经验；较少参与公司管理；更关注流动性
收益方式	主要来自分红	主要来自资本增值
投资周期	长	中短
并购目的	优化企业产业链，提高企业价值	改善目标公司业绩，提高目标公司的资信等级以拓宽其融资渠道，主要目的是在短期内获得溢价退出
退出机制	大宗转让，对象为其他战略投资者与投资机构	目的是获取财务收益

案例 9-1

平安的财务性并购与中铝的战略性并购

1. 案例介绍

2008 年美国次贷危机引发全球金融海啸，我国也未能幸免。2008 年年底连续传出我国两家大型企业在海外并购中失手导致巨额亏损的报道。

其一是中国平安保险公司在 2007 年 11 月以平均每股 19.05 欧元买入比利时富通集团 1.12 亿股，总投资额约合 238 亿元①。2008 年 12 月 4 日，富通集团股价收 0.63 欧元，相比 19.05 欧元的买入价，跌幅达 97%，所持股权价值约合人民币 8 亿元，亏损达 230 亿元。

其二是中国铝业公司在 2008 年 2 月 1 日以 137 亿美元（按当日汇率计

① 资料来源：万得资讯，彭博资讯。

算约合人民币920亿元)、每股58英镑收购力拓9%的股权[①]。2008年11月25日，必和必拓宣布放弃并购力拓的计划，导致力拓股价大跌37%，当日以每股15.5英镑收盘，相比10个月前中铝公司58英镑的买价，跌幅达74%，所持股权价值约合38.7亿美元。

表面上看，中国平安和中国铝业的投资都产生巨额浮亏，跌幅分别达97%和74%。巨额浮亏表面的背后，我们应看到中国平安投资的是金融机构，支撑金融机构更多的是特许经营权、人力资本和品牌等软资源，一旦出现富通集团公司这样的巨亏，人力资本流失、品牌失信，除了被收购重组和破产外，没有其他选择，这两种情况都使股东基本上将血本无归；而中铝公司投资的是大型资源类跨国公司，力拓的背后蕴藏着具有极高价值的全球最优质的矿产资源，金融危机后这些资源依然以实物形式存在，没有丝毫减少。可以说，平安公司属于财务投资者，中铝公司是战略投资者。这些才是引发我们如何看待中国平安公司和中铝公司并购得与失的真正本质所在。目前，我国为化解外汇储备的风险和利用人民币升值的机遇出现了两种大公司“走出去”的模式，一种是以中投公司和平安公司为代表，投资于欧美国家巨型金融机构的股权，另一种是以中铝公司和华能集团等大型央企为代表，投资于海外大型优质资源公司和能源公司的股权，两种模式都以股权收购为前提，分析比较两种模式的特点和优劣，尤具现实意义。

2. 中铝公司并购力拓公司的启示

(1) 启示1：中铝收购过程中的亮点

①收购时机与收购价格恰到好处

2007年11月8日，必和必拓公司提出以该公司3：1的比例和力拓公司换股。力拓公司股份上涨高达30%，尽管该项收购提议由于被力拓公司认为低估了其股价而遭到拒绝，却给我们极大的警示：若力拓公司被并购，“两拓合并”成为全球矿业无法撼动的巨无霸，中国作为未来若干年内

① 资料来源：万得资讯，彭博资讯。

矿产资源需求量最大的国家，在今后的市场竞争中无疑将处于更加被动的处境。

正是在这样的背景下，为打破国际矿业巨头的进一步垄断，变被动为主动。2008 年 2 月 1 日，中铝公司联合美铝公司，通过在新加坡的全资子公司 Shining Prospect Pte.Ltd 斥资 149 亿美元从伦敦市场并购力拓公司 9% 的股份。从操作角度看，无论并购时机还是并购价位都可谓恰到好处。首先，从并购时机上看，必和必拓公司对力拓公司的要约截止日是 2 月 5 日，中铝公司在提前 3 个月准确判断的前提下，经过场内场外收购同时并举的方式，终于赶在 2 月 1 日完成了 9%的股权的收购，并成为力拓公司单一第一大股东，这基本上等于获得了对两拓合并的否决权。其次，从收购价格上看，回避了完全采用场内收购价格从而使价格急剧上升、无法控制的风险，而是采用前期用较低的价格在场内收购，最后时刻果断采用溢价 20% 从场外大宗受让的方式，最终得以以 58 英镑/股均价的成本完成收购，而这一价格让必和必拓公司十分被动，其 1250 亿美元的预算已无法实现整体要约并购，最终被迫放弃了原全面要约收购的方案，而改为收购 50%的控股权，同时提价 13%为代价的新方案。正是中铝公司的“搅局”，抬高了必和必拓公司的并购成本，使原方案无法进行。

最终在 2008 年 11 月 25 日，必和必拓公司正式撤回了对力拓公司的并购，而且按相关法律规定，必和必拓公司在未来 12 个月内将不得再次发出收购要约。这意味着中铝公司阻击“两拓合并”取得了成功。当然正是在这样的背景下，才有了 2008 年 11 月 26 日力拓股价大跌 37%，当日以每股 15. 5 英镑收盘的出现。2009 年 2 月 12 日，中铝公司再次斥资 72 亿美元用于认购力拓公司发行的可转债。寻求整体持股的增加与力拓公司董事会的非执行董事席位，进一步体现了战略收购的一贯性（但后来由于澳大利亚政府阻挠，未增持成功）。

②相比于直接买资源，直接购买股权是一种好方式

我国央企国际化战略是直接购买资源产品的物权，还是购买跨国公司的股权？这也是目前有代表性的争议性观点。以并购方式收购著名跨国公

司一定数量以上的股权并由此获得控制权，就像中铝公司此次以9%的股权成为力拓公司单一第一大股东，未来有可能获得控制权的方式更好。这是因为：

第一，收购国际矿业巨头的股权可由此获得定价话语权和垄断收益权。

采取直接在国际市场购买铜、铝、金、锌等矿产资源，中国企业还是摆脱不了被国际矿业巨头牵着鼻子走的被动局面，现在无论是哪种资源，只要中国一买对方就涨价。以铁矿石为例，我国40%的铁矿石来自澳大利亚，必和必拓公司与力拓公司是主要供应方，由于我国没有定价话语权，不得不接受铁矿石进口价格一次次大幅上涨，2005年上涨71.5%，2006年上涨19%，2007年上涨9.5%，中国钢铁企业深受其害。

同时，力拓公司、必和必拓公司、淡水河谷等矿业巨头早已对全球矿业资源进行瓜分，现在已经很难买到品位高的资源。由于其已形成垄断，控制着全球矿产价格，导致我国资源战略安全受到严重威胁。反观日本走过的历程，其矿产资源完全依赖进口，但日本在购买国际矿产资源的同时，也在积极并购、参股国际矿业巨头，仅在澳大利亚24个主要铁矿中，日本企业就重点投资了8家，参股16家，进而争取对日本企业有利的贸易条件，同时作为股东分享矿业公司产品价格上涨所带来的股权分红收益。同样，中铝公司并购力拓公司并成为其第一大股东，有利于增强中国企业在资源价格方面的议价能力，即便矿产价格上涨，也能从矿业企业的分红中获取收益。

第二，购买成熟公司股权比直接购买资源产品具有流动性的优势。

直接购买外国矿产公司资源产品，由于不像股权那样具有流动性，转手困难，通常在市场环境瞬息万变的情况下会砸在手里。例如，2008年年初，由于矿产资源品价格的持续上涨，国内钢铁企业由于担心铁矿石价格进一步上涨，储藏了8000万吨进口矿石，但由于国际金融危机，一方面导致钢铁市场的需求大幅下降，铁矿石原材料积压，同时要付出巨额的运输费用和港口仓储费用；另一方面铁矿石的价格暴跌也导致难以转让出手。

而购买跨国公司股权，不仅具有更好的流动性，该出手时可以出手；而且拿在手中作为长期投资，又可避免资源运输和仓储的成本费用支出。

第三，购买成熟公司股权较买矿就地建厂更有优势。

从央企国际化战略资源储备投资的方式上看，我国央企的国际化主要以两种方式进行，一种是直接购买矿产资源储备丰富的国家未开采的矿产资源物权，如矿山，采取买矿就地建厂开发的方式；另一种是像中铝公司这样并购资源储备丰富国家成熟矿产和能源公司的股权。

就中铝的收购来说，目前国际上几大矿业巨头已基本完成对矿产资源的瓜分，即使中铝公司采取买矿就地建厂的方式，也难以获得高品位的矿产资源。同时，买矿开采就地建厂不仅需要较长的建设期并支付高昂的开发成本，而且具有较大的开采风险，并受到当地国家政治、宏观经济、法律、文化等诸多不确定因素的影响和制约。

相比之下，购买跨国公司股权，则可规避上述买矿开采建厂的风险和建成后一系列的管理成本过高的问题，而且通过资本经营与管理独特的杠杆效应，以小搏大，还可直接向国际一流的矿产公司学习公司治理、运营等各方面的经验。此次中铝公司仅占有力拓公司9%的股权，就成为单一第一大股东，应该说是一次不可多得的机会。

（2）启示2：战略资源性投资比单纯财务性投资更适合我国当前国情

力拓公司的股价从中铝公司收购后开始下跌，主要是由于国际金融危机所导致的矿产资源价格的普遍下跌和必和必拓公司撤销收购要约所导致的。前者是国际所有资源性大公司的股价都不可避免的系统性风险，而后者则正是代表中国国家利益的中铝公司进行此次收购成功的标志。而最重要的是，中铝公司收购的力拓公司丰富的矿产资源储备并没有因为股价的下跌而减少。

力拓公司储藏了多种高品位的矿产资源，储量包括铁矿石124亿吨、煤炭76亿吨、铝土矿38.9亿吨、铜3500万吨、黄金5000万盎司、白银3.24亿盎司、铀22万吨。以2008年6月底的同类资源价格计算，力拓公司资源储量总价值约为3.5万亿美元。即便按目前最低的各种资源综合价格做最保守估计，力拓公司的资源储量总价值仍在2万亿美元之上，从这点来看，中铝公司以140亿美元的成本持有力拓公司9%的股权，实际获得近1800亿美元的资源价值，而且还成为力拓公司单一第一大股东，是物有所值，股有所值的。况且，金属资源属于长周期商品，不应以一时的最低价格来衡量。这也表明了收购资源性公司股权和收购虚拟经济基础上的金融机构股权的差别所在。

近年来，我国在对外战略资源性投资上，无论是农产品，还是矿产资源类产品，中国买什么，什么就涨价。所以中国在实现大国崛起的时候，既要充当世界经济的领跑者，也要防止树大招风，国际跨国公司和金融机构围绕中国的生产和制造能力，利用其手中的定价权操控市场价格，对我国进行有针对性的垄断定价。所以，我们对外战略性投资应高度重视打破国际矿业巨头对矿业资源的垄断，提高产品的定价话语权。

目前操控市场价格的有两种力量：一种是国际大型金融机构，如对冲基金在对期货等衍生品价格进行控制；二是像“两拓”和淡水河谷这种矿业巨头公司，利用其垄断地位操控市场价格。从国家经济安全角度看，前者最好由金融机构来应对，后者则应该通过培育我国的资源产业型跨国公司来抗衡。

中铝公司并购力拓公司成功阻击了“两拓合并”，打破了国际矿业巨头的垄断，保护了我国铝、铜、钢铁等重要支柱型产业的国家利益。必和必拓公司若成功并购力拓公司，在铁矿石、铜、氧化铝、铀及镍的市场份额将分别达到30%、14%、19%、21%和14%。“两拓合并”的综合性高度垄断趋势大大加强，详见表9-5。

表9-5　必和必拓与力拓公司市场份额

矿产资源	必和必拓		力拓公司		合并后市场份额（%）	行业龙头市场份额（%）		与行业龙头市场份额之和（%）
	产量	市场份额（%）	产量	市场份额（%）				
铁矿石（万吨）	9820	13	13300	17	30	淡水河谷	39	69
钻石（万克拉）	320	2	3500	22	24	戴比尔斯	45	69

（续表）

矿产资源	必和必拓		力拓公司		合并后市场份额（%）	行业龙头市场份额（%）		与行业龙头市场份额之和（%）
	产量	市场份额（%）	产量	市场份额（%）				
铀（吨）	3500	8	5700	13	21	卡明克	23	44
氧化铝（万吨）	450	6	870	13	19	美铝	21	40
铜精矿（万吨）	130	8	80	5	14	智利铜公司	12	28
镍（万吨）	18.6	14	—	—	14	俄镍	20	34

资料来源：美国地质局以及英国知名矿业和金属咨询机构 BrookHunt，2008。

目前来看，我国金融机构从实力上还无法和国际金融巨头抗衡，迫切需要培养一批像中铝公司这样的大型央企，通过收购股权，制约与控制海外大型跨国公司的垄断定价权，这要比通过金融机构去控制国际金融市场的期货、期权等衍生品价格更符合实际和国情。

（3）启示3：要重视股权收购，并以单一第一大股东作为收购的战略目标

2009 年 2 月 12 日，中铝公司再次斥资 195 亿美元向力拓公司注资，其中 123 亿美元用于收购其铁、铝、铜三大板块的八大核心资产，72 亿美元用于认购力拓公司发行的可转债，票面净利率为 9%，中铝公司可在转股期限为 7 年的任何时候转股，虽然最终未能成功交割，但这一交易结构设计体现出中国企业对海外战略资源并购理解的不断加深。

中国央企国际化战略对中国参与世界资源的分配和合理布局具有重要意义，有利于我国的可持续发展。同时，对于增强企业国际竞争力，推进我国产业结构升级，提高对外开放水平，维护国家经济安全和长远利益都具有十分重大的现实意义。在资源型海外扩张上，我国大型央企产业集团扮演着重要角色，如中铝、华能、宝钢、中石油、中海油等已积极地迈出了国门。

中铝公司作为战略投资的典型案例，并购力拓公司股权并成为单一第一大股东，其战略意义尤为重大。这次并购完全按国际惯例进行操作，不

但为我国央企国际化积累了非常宝贵的经验，提高了国际化经营水平和核心竞争力，而且中铝公司也通过这一并购成为世界矿业有影响力的跨国公司和知名品牌，这既是解决国内矿产资源紧缺的有效应对措施，也是我国央企向国际一流跨国公司发展的必然选择，从长远看，它符合我国经济崛起必然要实施的大公司国际化发展战略的长远需要。

三、上市公司并购动因

（一）超越内涵式发展的快速发展模式

当今社会经济快速发展，对于市场中的主体企业而言，要在激烈的竞争中生存下来，持续发展与转型必不可少。不同的企业有不同的发展路径，但归结起来我们可以发现，企业的发展途径无非两条，即内因作用的途径和外因作用的途径。企业靠自身经营积累而发展的途径是内因作用的途径，而与之相对应的企业发展的外因作用的途径，即为企业通过并购取得发展。

企业并购往往会引起一个问题，就是为什么企业不自己建立一个新的企业而要选择并购这样一种高风险高成本的方式。托宾（Tobin）的理论能很好地解释这一问题。托宾的“Q”值[①]可以表示企业新建一个实体和并购一个实体哪种方式的成本较低，尽管这个“Q”值只能得出一个不甚精确的结果，但它为我们的问题提供了理论支持。如果企业认为并购的方式比新建的方式更节省成本，企业必然选择进行并购而非新建。

如果说早期企业通过不断内生进行发展，在成长后则更多地依赖并购进行外延发展。率先实现产业整合的企业不仅在产业链上拥有竞争实力和抗风险能力，而且能在价值链上增强议价能力，能够获取产业更迭中的增量价值。

下面，我们主要讨论企业的第二条发展路径，即企业通过并购而发

---

① 经济学家托宾于1969年提出了一个著名的系数，即“托宾Q”系数（也称托宾Q比率）。该系数为企业股票市值对股票所代表的资产重置成本的比值。在西方国家，Q比率多在0.5~0.6波动。因此，许多希望扩张生产能力的企业会发现，通过收购其他企业来获得额外生产能力的成本比自己从头做起的代价要低得多。

展。比较而言，并购是一条比较高效的发展途径，原因有以下三点：

第一，并购可以充分利用经验—成本曲线效应。所谓经验—成本曲线指的是在生产过程中不断积累经验，由此生产成本会由于经验的不断积累而呈现下降的趋势。在实践中，目标企业由于已经进行了长期的某种生产活动，积累了与之相关的大量经验，并购方并购目标企业，不仅能获得有形资产，同时也能获得无形的经验资产，这对并购方的发展极为有利。

第二，并购可以降低进入某个新领域的壁垒。一般而言，企业在进入某个新领域时，不可避免地会面临一系列问题，例如，同领域内现存企业的垄断、进入阻止措施，以及信息技术资金等各方面的问题。并购方通过收购能迅速地渗透到新的领域中，能迅速地解决新领域中所必须面对的信息、成本、技术等难题。

第三，并购能使企业迅速获得稀缺资源（如产能、人才、技术、品牌、渠道等），从而降低企业发展的风险和成本。企业如果投资新建一个企业，那么其不可避免地要花大量的时间去寻找原材料及销售渠道，同时也要解决技术运用，资金有效使用等问题。而通过并购一个企业，并购方能规避新建一个企业所需要面对的问题，从而较快地获得特定资源，降低风险和成本。

（二）协同效应

协同效应（Synergy Effects）是指并购后竞争力增强，导致净现金流量超过两家公司预期现金流之和，或合并后公司业绩比两个公司独立存在时的预期业绩高。

协同效应的获得主要源于以下三个方面：一是范围经济，并购者与目标公司核心能力的交互延伸；二是规模经济，合并后单位产品成本随着采购、生产、营销等规模的扩大而下降；三是流程、业务、结构优化或重组，减少重复的岗位、重复的设备、厂房等而导致的成本节省。在通常情况下，与成本降低相关的协同效应较易取得，与收入增加相关的协同效应则需要大量有效的整合工作才能实现。一般来说，并购产生的协同效应包括：经营协同效应（Operating Synergy）和财务协同效应（Financial Synergy）。

1. 经营协同效应

经营协同效应是指通过并购活动而使并购后的企业获得更高的生产效率，也就是并购后企业的总体效益大于并购前两个企业效益之和。之所以能产生经营协同效应，其原因有：

第一，企业通过并购能对目标企业进行重组，从而能提高目标企业与并购方的效率，使总体效率得到提高。并购之后所形成的企业，无论企业规模、生产能力、原材料需求还是销售渠道等，都不是原来的企业能比的。通过降低谈判成本、融资成本、生产成本以及原材料成本等，企业能比并购之前获得更多的利润。

第二，并购能形成专业化生产，从而降低生产成本提高生产效率。并购后的企业有能力调整各个下属企业的生产安排，从而使得各个单独企业有可能专业化地生产一种产品，从而获得专业化所带来的收益。

第三，并购能使企业实现优势互补，使得并购后的企业能内部化大量的成本。通过并购前后的成本对比，我们可以发现，并购后的企业由于其能调动更多的资源，从而能用较少的成本实现优势互补，这种情况在纵向并购中特别明显。

2. 财务协同效应

财务协同效应指的是并购完成后，由于税法、会计处理规定等形成的效益，这种效益不是由于效率的提高而造成的，而是通过并购巧妙地规避或减少了某些规定的影响而形成的。财务协同效应主要表现在以下三个方面：

第一，有效的并购与整合可以提高证券价格。这是因为并购前后，人们对于并购双方的预期是不同的。并购前经营状况一般或陷入困境的企业，如果被具有较好资源的企业并购，那么通常市场对于企业的预期会上升，这种上升表现为并购后企业的证券价格的上升。

第二，通过并购可以实现合法避税。企业通过并购能在一定程度上利用税法中的某些条款进行避税。企业并购之后，由于并购企业的重组等工作，企业有可能会产生亏损，通过税法中的亏损递延条款，企业就能达到减少纳税的目的。

第三，通过并购能使并购方的影响力上升，对外传递一种正面的信息，获得更多的财务资源。企业通过并购，展现了自己的实力，由此企业在以后进行其他经济活动的时候就有可能获得无形的优势，因为市场预期相信企业有能力承担责任。直接体现为一个具有较高财务评级的大型企业收购一家评级较低的中小型企业，后者有机会享受到更充裕的贷款信用等财务资源，从而反向改善经营基本面。

（三）市场份额效应

市场份额效应指的是并购方通过并购使得并购后的企业在相关市场中的份额上升，达到一定程度的垄断，从而能获取垄断带来的更多收益。这种效应在横向并购的情况下最为明显。

在横向并购中，并购方通过并购，一方面，减少了行业中竞争者的数量，降低了行业竞争的激烈程度，为成为行业领导甚至垄断奠定了基础；另一方面，并购方在不提高市场产量的情况下，获得了更大的市场份额，避免了新建企业可能形成的市场产量的增长大于市场需求的增长的情况。

当然，纵向并购中也存在市场份额扩大的情况，这是由于并购后的企业控制了产业链中的上下游，从而形成完整的产业链，由此企业能以更低的成本、更大的控制力度来进行生产，以获取更多的利润。具体如前文所述的中铝公司并购力拓等。

（四）多元化

上述有关动因的分析多集中在横向并购和纵向并购之间，下面讨论的是混合并购的动因，即多元化。

企业发展到一定阶段就会面临一定的瓶颈，这是由于边际成本上升所造成的，如何解决这个问题呢？有两种方法，一是改进技术，从而降低企业的边际成本，但这种方法难度较大，毕竟技术的改进不是一朝一夕的事情。二是通过多元化从而在其他方面寻找利润增长点。这就是混合并购产生的动因。进行混合并购，企业能进入一个全新的领域，使得企业获得一个新的利润增长点。

一方面，企业通过混合并购实现多元化的战略，使得企业面临的行业周期风险下降，毕竟如果只专注于单一产业，企业所面临的市场风险会很大，而通过并购能降低市场风险的影响。另一方面，多元化并购也是对管理能力的考验，如果说改革开放30多年以来中国经济属于结构变迁经济，企业的增长更多依赖“抢资源”，那么未来30年随着产业结构的升级，将逐步过渡到运营与技术经济，企业的核心竞争力将在“抓管理”和“重技术”上。在这一背景下，囫囵吞枣的混合并购需要对行业具有深刻理解的专业化团队来配合，才能充分实现收购后的公司价值提升。

（五）怎样判断并购的价值

马克·斯诺（Mark Sirower）曾经给出一个判断并购价值的公式：

并购战略的价值=取得的协同效应-为目标企业支付的溢价

所谓溢价，是并购者付出的超过公司内在价值以外的价格。如果溢价为零，那么并购价值与协同效应相等。如果没有协同效应，那么并购溢价就是并购方送给目标公司的礼物。并购战略价值可通过图9-1进一步得到说明。

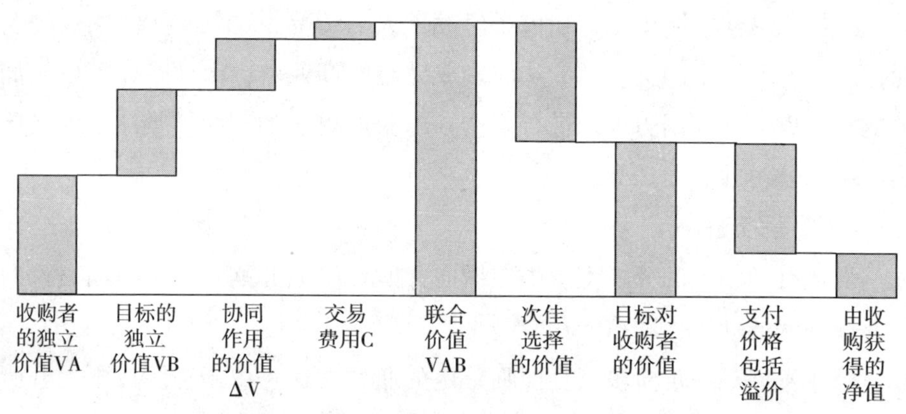

图9-1 并购战略价值示意

并购战略最大的挑战之一是：付出的溢价是事前的和固定的，但协同效应却存在高度的不确定性。而并购战略一旦失败，无论是在金钱还是声誉方面，都要付出高昂的代价。

所以，在成熟的资本市场中，股东或投资者判断一项并购对自身利益影响的两个关键指标，就是潜在的协同效应和并购溢价。当并购方的出价远高于公司的内在价值，而溢价又没有潜在协同效应来支撑的时候，投资者、社会公众以及其他利益相关者就会怀疑并购方的并购动机。并购方一旦不能给出合适的解释就会遭受质疑。在涉及跨国并购时，由于目标公司政府会综合考虑政治、经济、法律、社会效益等因素，因而在审批中经常给大型交易带来一定的不便。近期的中铝、五矿赴澳并购就面临着澳大利亚冗长的审批程序，而这背后是对其自身国民经济安全的担忧，如果无法化解澳方对此类并购的担忧，企业间的并购成功概率将会降低。

案例 9-2

复星集团的混合并购①

1. 复星集团发展历程

1992 年，郭广昌、梁信军创立广信科技公司，从事咨询业；1994 年，复星实业（复星医药的前身）和复星集团成立，并进入房地产业和医药行业；1998 年，复星实业在上交所挂牌上市，同时成立复地集团；2002 年，投资建龙集团，介入钢铁业；同年，收购豫园商城 20%的股份，成为其第一大股东，进入商业零售业；2003 年，复星投资宁波钢铁、国药控股，成立南钢联、德邦证券，医药平台和钢铁平台成形；2004 年，从事房地产业务的复地集团在香港上市；同年，复星国际在香港成立，购入复星集团全部股权；2007 年，复星国际在香港实现整体上市。经过 15 年发展，复星集团成为拥有医药、钢铁、商业、房地产四大产业投资板块与金融、矿业、能源等财务投资板块的大型混业集团。复星集团股权结构见图 9-2。

① 该案例来自公开资料与中国政法大学资本研究中心研究报告。

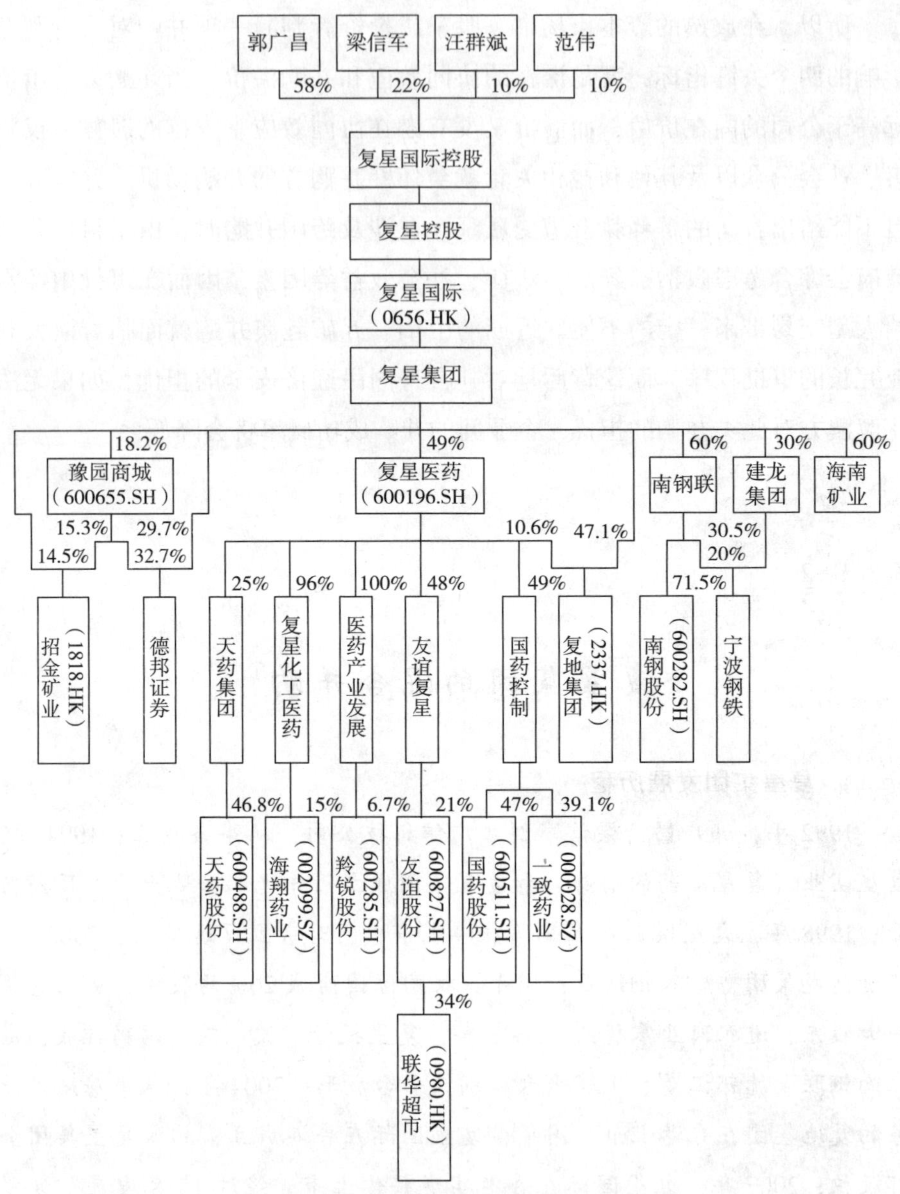

图 9-2　复星集团股权结构

2. 复星集团并购整合模式

(1) 并购方式 1：成立合资公司

通过与上市公司母公司成立合资公司的方式，复星集团以现金注资，对方以所持上市公司股权出资，从而间接实现对上市公司的控制。如与南钢集团成立南钢联从而实现对南钢股份的收购，与国药集团成立国药控股，从而实现对国药股份的入股，与友谊集团成立友谊复星控股从而实现对友谊股份的控制。

下面具体介绍复星集团对国药股份的并购与整合。

①成立国药控股：2003 年 1 月，复星集团子公司复星产业投资公司出资 5.04 亿元与国药集团成立合资公司国药控股公司，注册资本 10.3 亿元。国药集团以其所属部分企业的净资产出资，所占股权为 51%。

2004 年 3 月，复星产投以 5.32 亿元的价格向复星医药及其子公司复星药房转让国药控股的 49%的股权。具体见图 9-3。

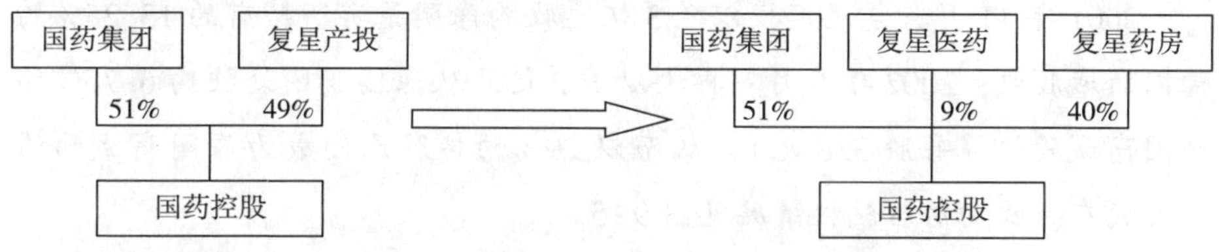

图 9-3 复星产权转让国药控股 49%股权

②国药控股增资扩股收购国药股份：2006 年 4 月，国药集团、复星医药对国药控股公司增资扩股，其中国药集团以其直接持有的占国药股份总股本 58.7%的股权（7804 万股）作为出资，作价 3.1 亿元；复星医药及其子公司复星药房分别以 5687 万元、2.5 亿元认购 5482 万元、2.4 亿元的新增注册资本额。

增资后，国药控股直接持有国药股份 58.7%的股权，成为其第一大股东。

增资前后股权情况见图 9-4。

（2）并购方式 2：直接收购股权

以股权转让的方式直接从上市公司母公司处收购股权，实现对上市公司的收购或控制。如先后分两次从豫园集团共计收购豫园商城 20%的股权从而成为其单一大股东。

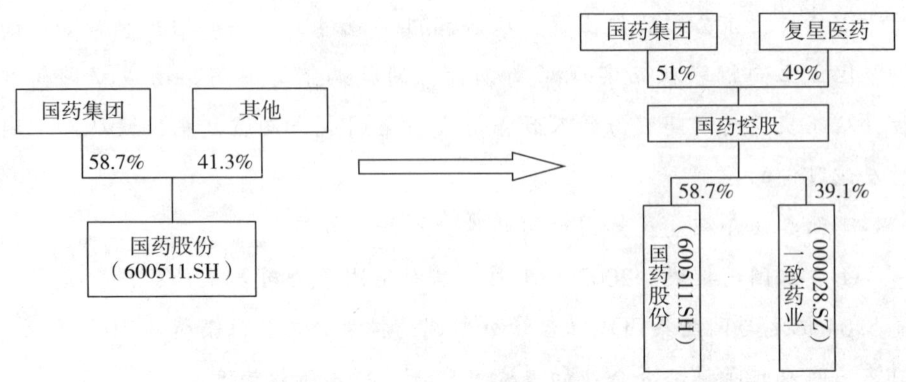

图 9-4　国药控股增员收购国药股份

下面具体介绍复星集团对豫园商城的并购与整合。

2001 年 11 月，复星产投以 2.3 亿元收购豫园旅游所持有的 13.25%的豫园商城股权；2002 年 6 月，再次以 1.2 亿元从豫园集团处收购 6.75%的豫园商城股权（每股 3.8 元），从而以 20%的持股比例成为豫园商城的第一大股东。收购前后股权情况见图 9-5。

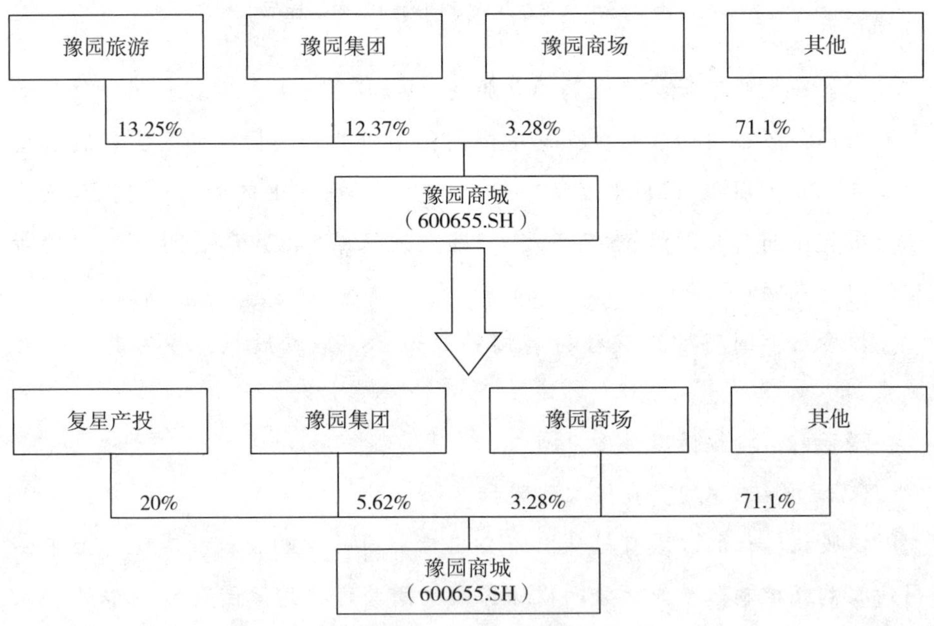

图 9-5　复星产投收购豫园集团所持豫园商城股份

（3）并购方式3：联合投资、间接控股

对与主业相关的非上市企业投资或进行财务型投资时，以集团下属产业投资子公司或者复星医药及其下属投资子公司为平台，联合其他关联企业共同进行投资，争取控股权。如对德邦证券和招金矿业的投资都曾联合豫园商城。下面具体介绍对招金矿业的投资。

2004年4月，招金矿业成立。山东招金集团以夏甸矿业、河东矿业、金翅岭矿业等三家矿业的全部资产（包括实物资产、采矿权和土地使用权）出资，占股55%；复星产投、豫园商城、广信投资和老庙黄金共注资3.62亿元，占招金矿业的45%（每股1.5元）。

重组及并购后，仍保留原有管理层，对其实施“领地激励制度”，即在收购后，通过让原管理层持有该公司部分股权的方式来达到整合的目的；同时，派出出资人代表，通过财务、法律等方面的服务控制投资企业的财权，保证信息对称。

3. 复星集团混合式并购的启示

归纳复星多元化发展与混合并购的成功，可以发现以下特点：

“反周期”——在行业低谷或者起步阶段进入，比如2002年、2003年投资建龙集团及南钢联，介入钢铁行业，以及2004年投资招金矿业。

多元互补——集团在加强已有产业相关公司实力的同时，进行多元化布局，同时注重新介入行业与原有布局在成长周期、收益特性等方面的互补。

“中国动力”——所介入行业最好能受益于2~3个“中国动力”（指巨大的人口总量等能推动行业或整个经济发展的一些因素）。

投资“团队”——所投资对象应该具有一个优秀且稳定的领导团队。

四、中国上市公司并购重组的特点

（一）中国上市公司并购重组的政策环境

2014年3月，国务院发布《国务院关于进一步优化企业兼并重组市场环境的意见》（国发［2014］14号）。此后，中国证监会于同年7月和10

月分别修订和发布了《上市公司重大资产重组管理办法》(第 109 号令)、《上市公司收购管理办法》(第 108 号令)，并于 2016 年 9 月进一步修订和发布了《上市公司重大资产重组管理办法》(第 127 号令)，对进一步优化并购重组的市场环境、规范上市公司重大资产重组行为、增强上市公司并购重组程序的可操作性意义重大，具体体现在以下六个方面。

第一，并购重组程序简洁化。修订案大幅取消对上市公司重大购买、出售、置换资产行为的审批，对不构成借壳上市的上市公司重大购买、出售、置换资产行为，取消审批；此外，取消要约收购事前审批及两项要约收购豁免情形的审批。

第二，并购定价市场化。此次改革还拓宽了发行股份定价方式，并且可以根据市场情况进行调整。具体来说，修订案完善了发行股份购买资产的市场化定价机制，对发行股份的定价增加了定价弹性和调价机制规定。这充分考虑了交易双方对交易价格的真实意愿和当前市场的规范发展水平，解决了并购交易中发行股份定价过于刚性、商业谈判空间不足的问题。同时，为防止标的资产的估值虚高，修订增加了详细披露相关资产的市场可比交易价格，同行业公司的市盈率、市净率等定价参考的要求。

第三，并购融资工具多样化。此次修订进一步丰富了并购重组支付工具，为上市公司发行优先股、定向发行可转换债券、定向权证以作为并购重组支付方式预留制度空间，为上市公司根据自身需求设计支付方式提供多样化选择。

第四，降低要约收购成本。此次修订丰富了要约收购履约保证制度，强化了财务顾问责任。在履约保证金制度基础上，增加银行出具保函、财务顾问担保并承担连带保证责任两种保证形式的选择，收购人可以根据自身需求选择保证形式，提高了资金流动性。

第五，监管取向尊重市场化博弈。修订案取消向非关联第三方发行股份购买资产的门槛要求和相应的盈利预测补偿强制性规定，鼓励交易双方经协商签订符合自身特点、方式更为灵活的业绩补偿协议。

第六，强化对借壳上市的监管。《上市公司重大资产重组管理办法》（第127号令）针对市场借壳上市行为，完善和细化了认定标准、监管配套、中介机构责任等方面内容，以遏制壳资源炒作、壳公司股价扭曲等现象。

并购重组愈发成为我国上市公司资本运作的一种重要手段，且随着监管体系的日渐成熟更趋于理性务实，"忽悠式""跟风式"和盲目跨界重组行为减少。2016年，沪市共完成594起并购重组案例，涉及交易总金额8500亿元；深市共完成并购重组案例212起。在上市公司并购重组活动日渐重要的背景下，并购重组程序的优化和规范将进一步消除上市公司并购与重组障碍，并促进资本市场健康发展。

（二）中国上市公司并购重组的主流方式

中国资本市场上的并购重组主要为封闭型，近年来，虽然开放型并购重组在增加，但封闭型并购重组仍占主流。所谓的封闭型并购重组，是指关联公司之间或者政府主导的同一管辖范围内企业之间的并购重组，而开放型并购重组则相反。可以说，中国上市公司并购重组主要有两种方式，一是母公司主导的并购重组，二是政府主导的并购重组。

1. 母公司主导的并购重组

母公司主导的并购重组是指母公司通过并购重组将其非上市的资产注入上市公司或将上市公司的资产剥离，以实现上市公司资产规模增加、质量改善、结构优化等目的，或者实现主业整体上市与法人整体上市。宝钢集团、鞍钢集团的主业整体上市都属于母公司主导的封闭型并购重组。

此外，当资本市场相对低迷时，采用二级市场增发，会使投资者以较低的价格获得上市公司控股股东的股本，摊薄归属于控股股东的收益。相反，大股东资产注入、定向增发，却能以较低的价格提高持有上市公司的比例，未来在二级市场股价回暖后进行再融资，控股股东由于控股权的提高而将享受更大的利益。结合经营业绩、资产培育程度与市场环境，市场环境不好时，大股东资产注入或收购其他资产；市场环境好时，增发融资成为控股股东增加权益市值的捷径。

2. 政府主导的并购重组

政府主导的并购重组是指政府鼓励其管辖范围内的企业进行某种方式的重组整合，尤其是针对国资领域内的国有企业。一些地方政府甚至通过行政划转的方式划拨上市公司国有股权，以推进区域内的结构调整。

这类并购重组有政府做后盾，有时候比较容易完成交易，但是有时候可能与市场利益形成冲突，反而难以成功。2007 年，政府曾经试图推动京东方、上广电等国内几大液晶生产企业重组整合，但是由于难以协调企业利益而错过了企业的重组时机。

第二节　上市公司并购程序

一般情况下，企业的并购行为从仅有一个模糊的并购意向到成功地完成并购，需要经历四个阶段，即前期准备阶段、并购策略设计阶段、谈判签约阶段、交割和整合阶段。

一、前期准备阶段

企业根据自身发展战略的要求制定并购策略，初步勾画出拟并购的目标企业的轮廓，制定出对目标企业的预期标准，如所属的行业、规模大小、市场占有率、竞争态势等。据此在证券市场搜寻捕捉并购对象，或通过产权交易市场发布并购意向，征集企业出售方，再对各个目标企业进行初步比较，筛选出一个或少数几个候选目标，并进一步就目标企业的资产、财务、税务、技术、管理、人员、信息系统等关键信息深入调查，同时充分考察收购方与被收购方之间是否具备协同效应，以及协同效应的大小。

（一）设定并购战略并组建团队

并购战略的确定必须与企业的发展战略相一致。企业并购策略的选取必然要符合企业的长远利益，实现企业利益最大化。具体而言，包括企业成本的节省、企业收入的增加以及管理水平的提高。

具体而言，并购的战略无非包括三种情况，即扩张、收缩和转型。扩张的并购战略目的在于占据更多的市场份额；收缩的并购战略的目的在于舍弃亏损或将要亏损的企业部门达到利益最大化的结果；转型的并购战略目的在于促使企业能以较小的成本实现企业的部分转型或全部转型。

并购战略的确定往往伴随着并购团队的组建，毕竟再好的战略也要求人来完成。团队的组建要符合企业的具体的并购战略。团队的具体人员组合要与企业并购战略目的相吻合。

（二）并购对象的选择

当设定了并购战略以后，合适的并购对象的选择就提上了议程。目标公司的选择必然要与公司战略相一致，在这一点上往往有很多公司会迷失。

具体而言，选择目标公司必须量力而为，毕竟“蛇吞象”的情况是很少见的。吞并一个自身无力消化的目标公司，往往会造成并购方后续发展乏力，整合失败。

并购双方的状况以及所处的环境条件都是所要考虑的因素，并购面临大量的法律问题，如果是一个具有外资背景的公司并购国内的国企或私企，其所面临的法律监管等方面的问题是截然不同的，目标的选择有利于优化并购过程、降低并购成本、提高并购收益。

目标公司的治理情况以及企业文化是必须重点考虑的因素。一个拥有完善企业架构的目标公司能使并购的整合难度降低，文化差异的大小直接影响并购后企业的效率以及融合。

目标公司所处的市场以及其所受政策的影响程度，也是一个必须考虑的因素。相对于一个政策敏感型的企业，一个政策影响较小的企业才是一个更优的选择。

国际上成熟的理论通常通过模型来对目标公司进行分析筛选，分析方法一般包括 SWOT 分析，即分析企业的战略方向，从而分析何种目标企业最为合适。类似的还有 BCG（波士顿矩阵）模型、GE（通用电气）模型，以及杜邦财务分析体系等方法，它们的核心都在于分析并购方的战略以及目标公司的契合度与投资价值。

在中国的实践中，目标公司的发现更多来源于人际关系网络，这是由于我国文化以及市场发展不成熟所造成的。这其中涉及一系列法律财务等问题，通常需要采用团队合作（即高管、律师、会计师等的组合）方式来解决。

（三）并购主体的选择

上市公司在开展对外并购投资时，并购主体的选择至关重要。选择何种并购主体对并购规模、并购节奏、并购后的管理以及相配套的资本运作行动均有十分重大的影响。

并购方在并购主体上可以有四种选择：第一，以上市公司作为投资主体直接展开投资并购；第二，由上市公司大股东成立子公司作为投资主体展开投资并购；第三，由上市公司大股东出资成立产业并购基金作为投资主体展开投资并购；第四，由上市公司出资成立产业并购基金作为投资主体展开投资并购。上述四种并购主体的优劣势比较详见表 9-6。

表 9-6　并购主体选择

并购主体	优势	劣势
上市公司	1. 直接由上市公司进行股权并购，无须使用现金； 2. 利润可直接在上市公司报表中反映	1. 在企业市值较低时，对股权稀释比例较高； 2. 牵扯上市公司的决策流程、公司治理、保密性、风险承受、财务损益等
大股东设立的子公司	1. 不稀释上市公司股权； 2. 可根据资本市场周期、股份公司业务经营情况有选择地将资产注入上市公司，更具主动权	1. 成立全资或控股子公司需大股东出资较高金额； 2. 项目业绩不能对上市公司报表产生积极影响
大股东成立的产业并购基金	1. 除具模式二的优势外，可撬动更多社会资本或政府资本； 2. 通过与专业的投资管理公司合作解决并购能力问题、投后管理问题等	1. 可募集资金额规模受大股东品牌力、信誉、影响力的约束； 2. 对大股东的出资额有一定的要求

（续表）

并购主体	优势	劣势
上市公司出资成立的产业并购基金	1. 除了具有模式二、三的优势外，可利用上市公司的品牌力、影响力、信誉等撬动社会资本与政府资本； 2. 不直接在上市公司层面稀释股权； 3. 可通过股权比例和结构设计将目标公司业绩纳入上市公司合并报表	1. 上市公司大股东很少是基金投资人，不能形成产融互动； 2. 与私募基金合作成立并购基金渐成趋势，并由并购基金扮演上市公司产业孵化器的角色，待培育成熟后再注入上市公司

（四）风险分析

收购活动往往具有高风险，这一方面是由于市场因素，更普遍的是信息不对称所带来的负面结果。并购方与目标企业之间存在极大的信息不对称，并购方的选择需要非常慎重。并购方需要对目标公司进行详尽合理科学的估值以及尽职调查，同时还要分析全行业以及宏观经济的运行、法律环境等因素。

（五）尽职调查

如何避免并购的高风险，如何能准确地对企业进行估值，以及如何在谈判中占据有利地位，这都需要并购方对目标企业有一个尽可能详尽准确的了解，也就是掌握必要的信息。尽职调查就是达到这个目的的手段，也是并购中不可缺少的部分。

下面仅举一例，简要说明非银行类工业企业的尽职调查类别，详见表9–7。

表9–7 尽职调查简表

一、行业发展状况	1. 本行业的基本情况 2. 该行业的国际地位 3. 企业在本行业中的地位
二、企业基本情况	1. 企业历史沿革 2. 企业基本情况 3. 同业竞争和关联交易 4. 关于定向募集公司 5. 预计改制方案（适用拟改制企业）

（续表）

三、财务状况	1. 企业财务会计制度 2. 主要财务状况 3. 基本财务指标
	4. 财务指标异常状况：对纵向比较变动超过 30% 以上的指标简要说明原因 5. 关联交易 6. 重大合同 7. 企业税收政策 8. 公司对外投资情况 9. 重大债权、债务关系
四、研究开发与知识产权	
五、业务、产品及市场	
六、规范、独立运作情况	1. 业务 2. 资产 3. 人员 4. 机构 5. 财务
七、发展规划	
八、其他关注问题	

二、并购策略设计阶段

基于上一阶段调查所得的一手资料，设计出针对目标企业的并购模式和相应的融资、支付、财税、法律等方面的事务安排。

（一）公司价值评估

公司价值评估是并购的核心环节，估值程序的好坏直接影响到并购方的出价以及后续的谈判等一系列问题。准确、科学地评估目标企业的价值，能为后续的各个程序提供支持。估值是一项技术性很强的工作，主要有绝对估值法（以自由现金流折现法为代表）、相对估值法（以乘数估值法为代表）以及市场法（以可比交易价格法为代表）、清算法（如价值基础法）几类。

现金流折现法指的是把企业未来的收益进行折现，从而得出企业现今的价值。这种方法相对于上述两种方法更为科学与合理，被广泛地采用。在业界通常被采用的是自由现金流折现法，自由现金流是股东评估公司价值的一个重要测量工具。它是公司给付所有现金开支以及运营投资后所持有的剩余资金，是公司为各种求偿权者尤其是股东所能提供的回报。

自由现金流=（税后净营业利润+折旧及摊销）-（资本支出+营运资本增加）

自由现金流量不受会计方法的影响，受到操纵的可能性较小，可在很大程度上避免净利润和经营活动现金净流量指标在衡量上市公司业绩上的不足，并结合多方信息，综合股东利益及企业持续经营的因素，能够反映上市公司基于价值创造能力的长期发展潜力，在美国市场的实证中，也与企业价值有较高程度的相关性。但是这种方法也存在实践上的缺陷，因为具体的现金流的估计以及折现率的估计都是一个不容易精确获得的问题，尤其是该模型假定企业在成长期之后会持续经营，永续部分通常占据了企业价值的相当部分，这样易引发企业价值的高估或低估。

乘数估值法指的是设定某个标准然后在此标准的基础上设定一个乘数，两者的积即为企业的价值。具体而言，乘数可以通过如托宾的“Q”值以及市盈率或者其他一些乘数来表示，但都不可避免地面临低准确度以及乘数难以获取的问题。

市场法主要通过列举市场上可比公司的交易价格，设定交易的价格区间，这样做的优点是，交易是真实发生的，具有说服力，避免了会计处理时对资产价格的非市场估计；而难点在于，考虑到市场规模、业务类型、管理风格、战略定位、组织能力，没有一笔交易是完全可比的，况且容易受到市场环境的干扰，因此该方法通常只作为参照。

价值基础法指的是按照企业的账面净资产和清算价值来估算企业价值的方法。我国的国有企业之间转让，多采用这种以净资产为其价值的方法进行，至少这在账面上是符合公平原则的。但这个方法没有被广泛接受，原因就在于随着证券市场的波动，企业的账面价值是不停变动的，当证券市场处于低谷时，此时企业利用价值基础法完全不能体现其应有的价值。同时，这一方法无法体现企业的一些无形价值，如销售网络的优势、品牌知名度等。

（二）并购融资

在并购的过程中，资金来源是关系到并购是否成功的重要因素。如何获得资金，如何低成本且快速地获得资金，这是并购程序研究中的一个重要问题。

所谓股权融资，即通过向公众或私人发行出售一定量公司的股权而获取所需的资金；所谓债权融资，是公司通过向银行借贷的方式或者发行公司债券的方式筹集资金，表现在公司资产负债表是指公司负债的上升。这两种方式各有其优劣。对于股权融资而言，优点在于企业无须背负大额负债，有利于企业的长远发展，但问题在于企业的股权结构发生了变化，存在股权转移的可能，这是企业的实际控制人所不愿意看到的。但对于债权融资而言，将不会出现企业控制权旁落的问题，但是由于企业为了并购而背负了大额的债务，所以企业在未来将会面临较大的资金压力。

对于如何快速获得资金的问题，实际操作上具有较大困难，原因在于难以衡量什么是低成本和高速度，并且在实际操作中可操作性较低。一般而言，采用债权融资的成本比股权融资的成本要低，但是如果采用部分股权融资使得企业所有权结构以及资本结构更加合理，那么企业将能以较低的成本获得债权融资。也就是说，这两种融资有相辅相成的作用，如何能使企业利益最大化，关键在于实际操作时对于市场融资工具的把握能力。

而融资速度问题，往往也是决定一个企业并购成败的关键。资金的获取是有成本的，有关成本的问题在前面已经讨论过，而融资速度也影响融资的成本。融资所需的时间越长，意味着融资所投入的越多，成本越大。选择哪种融资方式，关键在于成本与速度因素的相互作用的结果。

（三）选择并购方式

选择并购的方式，重点在于考虑成本与收益的不同。不同的并购方式会带来不同的成本以及收益，同时对企业并购的成功与否，以及企业后续的重整等也有重要的影响。

1. 要约并购与协议并购

这两种并购模式在前文已经提及。协议并购是指并购方与目标公司就并购条件、价格等事项达成协议，并购方按照协议并购目标公司。而要约并购指的是并购方按照一定的书面条件向目标公司的股东公开发出要约，按照书面所设定的条件收购并购方所持有股权的并购模式。比较两者可以看出，协议并购往往是善意的，双方达成一定的协议，并购过程较为顺利，成本较低；而要约并购却不一定是善意的，当公司实际控制人对并购进行抵制时，目标公司进行反收购，而并购方进行敌意收购，这往往会使得双方付出高额的成本。这是并购方不得不慎重考虑的问题，因为两种并购模式成本和收益也非常不同。

2. 股权收购与资产收购

资产收购（Acquisition of Assets）是指收购者只依自己需要而购买目标公司部分或全部资产，属于一般的资产买卖行为，因此不需要全部承受被收购公司的债务。

股权收购（Acquisition of Stock）是指发起并购的公司直接或是间接购买目标公司部分或全部股权，认购所发行的新股，或是征求委托书以主导该公司的经营权，使目标公司成为收购者之被投资企业，而发起并购的公司需承受目标公司的一切权利与义务、资产和负债。

二者的区别主要有以下五个方面：

（1）主体和客体不同。股权收购的主体是收购公司和目标公司的股东，客体是目标公司的股权。而资产收购的主体是收购公司和目标公司，客体是目标公司的资产。

（2）经营延续性不同。股权收购不影响日常经营，合同不必重签。而资产收购由于资产的转让，需要与客户、供货商重签合同，停工成本较高。

（3）负债风险差异。股权收购后，收购公司成为目标公司控股股东，收购公司仅在出资范围内承担责任，目标公司的原有债务仍然由目标公司承担，但因为目标公司的原有债务对今后股东的收益有着巨大的影响，因此在股权收购之前，收购公司必须调查清楚目标公司的债务状况。对于目标公司的或有债务在收购时往往难以预料，因此，股权收购存在一定的负债风险。

而在资产收购中，资产的债权债务状况一般比较清晰，除了一些法定责任，如环境保护、职工安置外，基本不存在或有负债的问题。因此，收购公司只要关注资产本身的债权债务情况就基本可以控制收购风险。

（4）税收差异。在股权收购中，纳税义务人是收购公司和目标公司股东，而与目标公司无关。除了合同印花税，根据《关于企业股权投资业务若干所得税问题的通知》的规定，目标公司股东可能因股权转让所得缴纳所得税。

在资产收购中，纳税义务人是收购公司和目标公司本身。根据目标资产的不同，纳税义务人需要缴纳不同的税种，主要有增值税、营业税、所得税、契税和印花税等。

（5）政府审批差异。股权收购因目标企业性质的不同，政府监管的宽严程度区别很大。对于不涉及国有股权、上市公司股权收购的，审批部门只有商务部门及其地方授权部门，审批要点主要是外商投资是否符合我国利用外资的政策、是否可以享受或继续享受外商投资企业有关优惠待遇。对于涉及国有股权的，审批部门还包括国资监管部门及其地方授权部门，审批要点是股权转让价格是否公平、国有资产是否流失。对于涉及上市公司股权的，审批部门还包括中国证监会，审批要点是上市公司是否仍符合上市条件、是否损害其他股东利益、是否履行信息披露义务等。

对于资产收购，因目标企业性质的不同，政府监管的宽严程度也有一定的区别。对于目标企业是外商投资企业的，我国尚无明确法律法规规定。

此外，若转让的资产属于曾享受过进口设备减免税优惠待遇并仍在海关监管年限内的机器设备，根据《对外商投资企业进出口货物监管和征免税办法》的规定，必须首先得到海关的许可并且补缴关税后才能转让。对于目标企业是国有企业的，资产收购价格一般应经过审计和政府核准。对于上市公司重大资产变动的，还应按照《关于上市公司重大购买、出售、置换资产若干问题的通知》的规定报证监会批准。

（四）选择支付方式

在并购过程中，支付的方式可分为现金支付、股票支付以及混合支付三种，不同的支付方式产生的成本是不同的，而且往往对企业长远发展有极为重要的影响。

现金支付是指并购方通过支付现金的方式购买目标公司的股票或其他资产以达到控制目标公司的并购模式。这种模式能为目标公司提供大量的现金流，能够让原股东一次性变现而增加收购吸引力，但并购方却面临现金流不足的风险，这对于并购之后的重组等一系列的问题有较大的影响。

股票支付是指并购方以其股票作为支付工具，按一定折算比例换取目标公司的股票，从而达到控制目标公司的并购模式。股票支付的优势是并购方有可能不花任何现金而取得目标公司的控制权，这对于并购方的后续发展有利；而对于目标公司而言，其却有可能在无任何现金收入的情况下丧失公司的控制权。但如果双方存在显著的协同效应，目标公司可以通过接受股票支付来分享未来公司成长与市值提升的收益。

混合支付是采用现金支付与股票支付相结合的方式，这在现实中最为常见。在混合支付模式中，并购过程采取股票与现金以及其他资产形式作为交易的对价。一方面能使并购方以及并购后的企业无须面临极为巨大的资金压力，另一方面目标公司能够获取现金，有利于目标公司对并购做出善意的回应。

也有学者将并购进一步细分为资产收购和股权收购两种，再往下细分还有“以现金购买资产式并购”“以现金购买股票式并购”“以股票换取资产式并购”“以股票换取股票式并购”等四种形式，原理与上述相同。

案例 9-3

联想收购 IBM 个人电脑部门的交易安排

1. 案例介绍

2004 年 12 月 8 日，联想集团以总价 12.5 亿美元收购了 IBM 全球 PC 业务，正式拉开了联想全球布局的序幕。

联想收购 IBM 个人电脑，是近年中国企业在海外进行的最大规模的收购案之一，在全球财经界引起了强烈震撼。联想成功收购 IBM 个人电脑业务部门以后，不仅促进了联想集团在中国个人电脑市场的发展，还使联想集团在全球个人电脑市场的份额增加了两倍，由收购前的 3%扩大到 9%。更重要的是，联想集团通过收购，可以成为一个拥有全球营销网络和知名品牌的跨国个人电脑厂商，并获得核心开发技术优势。而对 IBM 而言，随着向服务与系统供应商的战略转型，全球 PC 部门已成为非核心业务，剥离此部门有助于其回收部分资金，用于支持核心部门的发展，所以从联想并购 IBM 看，是符合双方利益的。

联想集团为什么要采用“6.5 亿美元现金+6 亿美元联想股票”的支付方式呢？这种支付方式背后隐含着怎样的策略呢？

2. 启示

（1）启示 1：单纯采用现金收购将显著恶化联想资金链

假如全部用现金收购，联想需一次性支付 12.5 亿美元的现金，如此巨额的现金将给联想资金链带来巨大压力，经营性现金流将全部支付并购交易，而没有足够资金用于改革、整合乃至扩张。

（2）启示 2：单纯采用股权收购将使联想失去对上市公司的控股权

假如全部换股，按照 6 亿美元的联想股票相当于 18.5%左右的股份来计算，全部换股后，IBM 将持有联想集团 38.5%的股份，联想控股所拥有的股份将减少为 25%。在这种情况下，不是联想并购了 IBM 的 PC，而是

IBM吃掉了联想。

(3) 启示3：混合并购中现金与股权的比例安排是税收筹划的结果

那么，联想为什么不出“5.5亿美元现金+7亿美元的联想股票”或“4.5亿美元现金+8亿美元的联想股票”呢？主要原因是税收。事实上，在任何一场并购案中，并购企业在选择并购目标及其出资方式前都需要进行税收筹划，设计最优的成本结构[①]。比如，6亿美元的联想股票相当于18.5%的联想股份时，6.5亿美元的现金，恰好相当于联想市值的20%，而在国际上，20%的股权通常是避税的节点。例如在中国，当合并企业支付给被合并企业或其股东的收购价款中，除合并企业股权以外的现金、有价证券和其他资产（简称非股权支付额）不高于所支付股权票面价值（或支付股本的账面价值）20%的，可以不计算所得税[②]。

由此可见，并购可以选择“税盾”类公司。并购企业若有较高盈利水平，为改变其整体的纳税状况，可选择一家具有大量净经营亏损的企业作为并购目标。通过盈利与亏损的相互抵销，实现企业所得税的减少。对于联想来说，IBM不仅具有品牌优势，而且具备技术实力和市场份额，仅是由于自身冗长的决策链和高额的人工成本陷入困境，而这又是联想通过重组有望扭转的，因此收购IBM不仅有业务整合带来的战略意义，也有巨额税盾带来的财务意义，联想可以通过收购在相当时期内摊销成本，降低企业所得税支出。

(4) 启示4：擅用战略投资者将降低自有资金压力

2005年3月31日，联想集团与全球三大私人股权投资公司得克萨斯太平洋集团（Texas Pacific Group）、泛大西洋集团（General Atlantic）及美国新桥投资集团（Newbridge Capital LLC）达成协议，三者向联想集团提供3.5亿美元的战略投资，其中得克萨斯太平洋集团投资2亿美元、泛大西洋集团投资1亿美元、美国新桥投资集团投资5000万美元。这3.5亿美元

① 资料来源：马伟超. 联想并购IBM策略及效用分析［J］. 现代商业，2008（30）。

② 资料来源：《国家税务总局关于企业合并分立业务有关所得税问题的通知》（国税发［2000］119号）。

将用于收购IBM全球PC业务，其中约1.5亿美元将用做收购资金，余下约2亿美元用做日常运营。根据投资协议，联想集团将向三者发行优先股及认股权证：发行共27万余股非上市A类优先股，以及可用做认购2亿多股联想股份的非上市认股权证。这些优先股将获得每年4.5%的固定累积优先现金股息（每季度支付），并且从交易完成后第7年起，联想或优先股持有人可随时赎回。在这种融资方式下，这3家投资者将最终共同拥有约12.4%的股权。这3家投资方还为联想吸纳了20家银行提供的5年期6亿美元的银行贷款。对于联想而言，引入3家战略投资者如此巨额的战略投资既是一个被动的选择，也是“一举三得”的决策。第一，联想集团并没有足够的全球经营经验，只有依靠必要的外来支持才可能度过全球化经营最为艰难的时期；第二，从提供并购融资到成为战略投资者，资本交易的安排保证了双方利益的逐步对接；第三，并购融资可以减少联想自身的资本投入，同时化解财务风险。

三、谈判签约阶段

确定并购方案之后，可以此为基础制定并购意向书，作为双方谈判的基础，并就并购价格和方式等核心内容展开协商与谈判，最后签订并购合同。

谈判的技巧很重要，因为它往往影响到并购的过程以及并购协议的签订。通过谈判，主要确定的是对价方式、价格、支付时间等。谈判签约的过程很重要，有时候甚至影响到并购的成功与否，以下以国美苏宁并购大中的争夺战来分析这个问题。

以国美收购大中为例，2007年4月9日，苏宁电器公告收购大中电器事项，12月初，苏宁人员开始进驻大中并开始并购前的准备。为何苏宁足足拖了8个月才进入大中进行并购前的准备呢？可以说这是由于苏宁的过度自信，在苏宁看来，国美对于并购大中不会有兴趣，因为大中在北京的门店布局与国美重复率太高了，国美如若收购大中，将面临极高的整合成本，苏宁认为，来自外部的风险不存在；同时苏宁认为来自交易双方内部的风险也不存在，苏宁拥有足够的支付能力，而大中除了出售给苏宁外，根本没有其他哪一个电器零售企业可以接盘。苏宁采取了尽量稳妥的措施，为收购做了大量准备措施，迟迟不能进入比较实质的收购行动。然而，12 月 13 日苏宁突然发出放弃收购大中的公告。紧接着国美在 12 月 14 日公告收购大中，在没有对资产进行评估的情况下立即签订了收购协议。

苏宁对于收购过度自信，使其谈判与签约过于冗长，从而最后国美乘虚而入。这不仅是实力的较量、机遇的把握，同时也是谈判与签约过程重要性的体现。苏宁的失败造就了国美的成功，同时也说明，注重谈判与签约的过程才能使得并购更顺利。

四、交割和整合阶段

双方签约后，将进行产权交割，并在业务、人员、技术等方面对企业进行整合，整合时要充分考虑原目标企业的组织文化和适应性。整合是整个并购程序的最后环节，也是决定并购能否成功的关键环节。

（一）交易报批

根据《企业国有资产监督管理暂行条例》第二十三条的规定，国有资产监督管理机构决定其所出资企业的国有股权转让。其中，转让全部国有股权或者转让部分国有股权致使国家不再拥有控股地位的，报本级人民政府批准。企业如果并购国有资产，则需要国有资产管理委员会的审核与批准。

（二）信息披露

根据《中华人民共和国公司法》《中华人民共和国证券法》以及《上市公司股东持股变动信息披露管理办法》等的规定，我国对投资者和目标公司进行保护，使得证券市场的秩序得以维持。

（三）登记过户

并购的完成是以股权转让登记为标志的，当股权完成转让登记，并购方才能最终完成并购的所有程序，取得法律上的认可。及时进行过户登记对保护各方利益都有好处。

（四）重组整合

在完成并购后，对标的公司的人、财、物权进行重组整合，以促进被收购公司尽快融入现有体系，充分发挥协同效应。对于许多跨国收购而言，重组才是最消耗资源的过程，由于整体战略、企业文化、部门利益等各种因素导致的重组不顺畅、久拖不决，常常给收购方带来不佳的后期市场表现。

第三节　上市公司反并购策略

一、反并购的概念及动因

反并购的实质是对公司控制权争夺的行为，具体是指公司实际控制人为了预防或挫败并购者敌意收购公司而获得公司控制权的行为而采取的行动。根据定义，反并购的核心即为保住公司的控制权，反并购成功与否的关键在于公司控制权是否转移。反并购可分为两大类，即预防并购者并购的事前策略和阻止并购者成功并购的事后策略。

反并购的动因主要包括以下几个方面：一是实际控制人不愿意丧失控制权；二是实际控制人认为，出价过低不能达到收益最大化，从而采取反收购以获取更高出价；三是公司存在升值潜力，实际控制人不愿意出售公司；四是管理层不愿意丧失现在的利益而反对并购；五是员工认为自身利益受到损害而集体反对并购。

二、事前策略

（一）驱鲨剂

驱鲨剂策略是指公司为了抵御敌意收购而在公司章程里设立一些阻碍敌意收购的条款，这些条款包括交错式董事会条款、绝对多数条款、限制大股东表决权条款以及订立公正价格条款。

交错式董事会条款是指公司通过章程规定董事任期交错制度，即每次董事换届只能更换一部分董事。通过这种制度设计，使得尽管敌意收购方取得足量股权，却不能在短时间内对公司的最高决策进行干预，原来的董事可以有足够时间通过增发等措施稀释敌意收购方股权，从而达到反收购目的。

绝对多数条款是指公司通过章程规定，对于可能影响公司控制权的重大事项需要经过绝大多数表决权表决通过，通常设定所需的表决权高达60%以上。通过这种手段，敌意并购方的并购难度大大上升，而目标公司可以达到抵御敌意并购的目的。

限制大股东表决权条款指的是直接限制大股东的表决权和累计投票法。但限制大股东表决权条款在我国是不合法的，因为我国《公司法》规定，股份公司由股东组成股东大会，股东出席股东大会时，所持的每一股份都有一表决权。

订立公正价格条款指的是有些买方使用“歧视性出价”，如以现金先购股51%，另外再用债券等非现金形式交换剩下的49%的股票，使得支付的现金最少，并购方付出的成本最小。这种歧视性出价在我国是违法的，我国《证券法》规定，并购要约中提出的各项并购条件，适用于被并购公司所有的股东。

在实践中，许多公司也制定了反并购的事前策略，下面以美的修改章程以及银泰系并购百大集团为例说明。2006年美的董事会在修改公司章程时制定了一系列的反并购策略，包括设置分级分期董事制度，给潜在的并购方制造了障碍，提高了进入门槛。并购方即使获得了美的的控股权，也很难向董事会派驻在数量上足以控制公司重要决策权的董事。

“银泰系”2005年意欲进入百大集团董事会，提出议案向其派驻董事，并提议扩大公司董事会。但由于百大集团的公司章程中有“候选董事及由股东担任的候选监事由公司最大股东或其他超过公司10%表决权的股东提名，并征求公司前十大股东意见后产生”等条款，使“银泰系”在此后的相当长一段时间内不能顺利进入董事会。

（二）相互持股

相互持股策略是指目标公司与另一家关系密切的公司互相向对方出让一部分股份的策略安排。这是一种反并购的重要策略，通过这种策略安排两公司可以结成战略联盟，从而共同抵御未来的敌意并购行为。当一家公司面临敌意并购时，另一家公司可以通过所掌握的股权对敌意并购方进行阻拦或实行其他防御策略，达到抵御敌意并购的最终目的。

（三）友好持股

友好持股指的是与相互持股较为类似的一种手段，目标公司把股份放在友好的人的手中，以使在面临被并购时能与友人一起行动从而加大并购者的并购难度。其与相互持股的区别在于，相互持股可能占用大量现金以获取目标公司股票，而友好持股可以通过邀请友人一起组建公司或者让利益相关人变为股东等手段进行。

（四）员工持股计划

员工持股计划是把股票作为一种对员工的激励使员工持有，使得公司股份在一定程度上得到分散，同时，当公司面临被并购时，员工所持有的股票就能成为公司强大的后援，使得并购方的并购难度加大。

（五）金降落伞

金降落伞策略是指目标公司的高管通过合同的形式与公司约定，如果公司被并购且高管们被解雇，那么高管们能按合同约定获得高额的补偿费用，包括退休金、股票期权以及其他。这种策略的作用在于使得敌意并购方对目标公司付出高额的补偿费用，从而在一定程度上抵御敌意并购。但也有观点认为，如果规定的补偿费用足够高，那么目标公司的高管有可能促成并购以获取高额利益，也就是说，金降落伞策略未尝不是一种进行并购的策略。

与此相对应的还有与中层管理人员对应的“银降落伞”，以及和普通员工对应的“锡降落伞”策略。这些策略与“金降落伞”策略相似，在提高敌意并购方并购代价阻碍其进行敌意并购的同时，它也是一种进行并购的策略。

下面以华润并购万科为例说明。2006年股改后，华润股份公司通过增持流通A股使得对万科A持股比例上升至13.35%，为万科A第一大股东。万科A在其首期《限制性股票激励计划（草案修订稿）》中，对管理层进行了类似“金色降落伞计划”式的利益保护。

（六）“毒丸”策略

“毒丸”策略的实质是通过大幅提高敌意并购方的成本来达到阻止敌意并购的目的。最常见的毒丸包括“负债毒丸”和“人员毒丸”。

“负债毒丸”是指为了降低其对于敌意并购方的吸引力，公司进行高额的负债计划，从而降低自身的价值。这种方式与反并购的事后策略中的焦土战术有异曲同工之妙。

“人员毒丸”是一种捆绑战术，公司高管约定当公司被并购之后，如果公司的某一高管被降职解雇，那么其余高管都将集体辞职。这个“毒丸”给敌意并购方设定了巨大的整合难度，从而降低了目标公司被敌意并购的机会。

案例9-4

新浪的毒丸计划与盛大、复星入股的不同策略

以盛大并购新浪为例，为了打造网上娱乐帝国，利用新浪作为国内门户网站的庞大客户群和媒体资源，盛大及其关联方在2005年2月披露其已拥有新浪已发行普通股19.5%的股权，成为新浪单一第一大股东，处在被并购旋涡之中的新浪，决定启动俗称的“毒丸”计划，也就是“股权摊薄反并购措施”，如果盛大及关联方再并购新浪0.5%或以上的股权，购股权的持有人（并购人除外）将有权以半价购买新浪公司的普通股。现有股东可以行使权利以半价增持新浪股权，再加上交错式董事会的安排，让盛大感觉好似吞下毒丸，最终实现反并购的目的。最终使盛大的恶意并购无功

而返，于后3年中将其持有的新浪股份陆续出售，获取财务收益。

以复星并购分众间接控股新浪为例，2008年12月，新浪公司和分众传媒集团宣布双方达成协议，新浪将合并分众旗下的户外数字广告业务。根据协议，新浪将增发4700万普通股，用于购买分众传媒旗下的分众楼宇电视，框架广告以及卖场广告等业务相关的资产。分众传媒将保留其互联网广告业务、影院广告业务以及传统户外广告牌业务。双方合并后，将形成覆盖率仅次于CCTV（中央电视台）的“新媒体帝国”。

然而，真正精妙的，是在这一交易安排后复星国际的动向，他们利用了新浪与分众合并的时机，以历史低点价格入股，并回避了新浪的“毒丸计划”，同时成为新浪和分众的单一第一大股东。

复星集团准备将资金重点投向轻资产领域，这是因为复星的核心业务中对周期性行业和重资产已有较高配置，通过投资弱周期、现金流好、抗跌性强的轻资产，比如新媒体产业、动漫娱乐业等，可以增强复星的整体抗风险能力。另一方面，在金融危机股价暴跌背景下，并购海外上市公司将是良好的机会，复星集团并购已在美国上市的分众传媒的股份，也是这一策略的体现。

复星国际在2008年11月17日至2009年2月5日期间，在纳斯达克公开市场以总代价约2.6214亿美元购买了31420967份分众传媒美国存托股份，相当于分众传媒已发行股本总额的24.26%。

需要注意的是，启动毒丸计划的前提是：于股权确认日当日记录在册的每位股东，均获得一份购股权。一旦新浪10%或以上的普通股被并购，购股权的持有人（并购人除外）将有权以半价购买新浪公司的普通股。如新浪其后被并购，购股权的持有人将有权以半价购买并购方的股票。而复星并不实际持有新浪的股份，不是新浪的股东，所以“毒丸计划”无从谈起。

（七）发行特种股票

所谓特种股票，指的是相对于一般的股票而言，其具有更多的权利或者更少的权利，主要包括一票多权、一票少权以及分级股票三种情况。所谓的一票多权与一票少权，指的是赋予特种股票比一般股票更多或更少的权利；而分级股票指的是把所有权和控制权分开的特种股票。通过上述设计，使得在外发行的股票所包含的权利实质上由目标公司自己控制，减少被并购的风险，从而增加并购方的并购难度。

三、事后策略

（一）绿色邮件

绿色邮件策略是指为了避免被敌意并购，目标公司以一定的溢价对敌意并购方所持有股份进行回购。这种策略的合法性有很大争议，原因在于通过这个策略，敌意并购方可以通过假意并购来达到掠夺公司财富的目的。目前，我国《公司法》实际上禁止定向股份回购，也即禁止了绿色邮件策略，从而制止了由其引起的不公平。

（二）帕克曼防御

“帕克曼”一词源于20世纪80年代的一种录像游戏，其含义在于没有吞下对手的一方将被消灭。理解了这个词源我们可以得出“帕克曼”战略的真正含义是目标公司通过反并购敌意并购方而阻止敌意并购的策略。也就是目标公司与并购方相互较量，对双方的实力如融资能力决策能力等都有很高要求。实践证明，采用此策略的结果很大可能是两败俱伤。

（三）白衣骑士

白衣骑士是指与目标公司关系良好的公司。当公司遭受并购风险而自身无力对抗时，邀请与自身关系良好的公司提出较高的报价来阻止敌意并购。采用这种策略时，如果敌意并购方出价不高，则目标公司被拯救的机会很大，而如果敌意并购方出价很高，则白衣骑士的策略也难以奏效。

（四）焦土战术

焦土战术是反并购策略中典型的两败俱伤的策略。目标公司通过如低价出售公司的优质资产或者大量举债买入劣质资产或者其他的措施，以降低公司的价值，从而减少公司的吸引力。通过这些方式，敌意并购方如仍然要并购目标公司则其必然受损，而目标公司通过上述操作也必定受到损失，这是典型的自残策略。在实践中，这种策略很有效，但是对于公司后续的发展、股东的利益以及公司的竞争力都有负面影响。

（五）股份回购

股份回购指的是目标公司或其董事监事及其他高管，为了阻止并购的成功而回购自己公司股票的行为。各国对于此行为的规定不一，日本、中国香港等禁止这种行为，而英美等国对于此种行为则持支持态度。

（六）死亡换股

死亡换股与股份回购的实质其实是一致的，目的都是减少在外流通的股票数量，以提高并购方的并购成本以及并购难度。其具体指的是目标公司通过发行公司债以及其他特殊证券的形式，回购发行在外的普通股，从而减少流通的普通股。但这种策略存在一定的危险，因为发行不同的特殊证券最终都会导致公司的债务上升，债务的上升会使得普通股价格下降，从而抵消掉因股份减少而提高股价的因素；另一方面，尽管普通股的数量减少了，但是由于需要并购的股份数量也减少了，所以并购方所付出的并购成本不一定上升。

（七）诉讼

根据实践数据可以得出，诉讼是最常用的反并购策略。这里所指的诉讼是指目标公司向法院或其他证券监管部门提出有关敌意并购方违犯法律规定的控诉，通常包括信息披露不充分，或者存在某些欺骗性的行为以及其他规定。诉讼的目的在于通过诉讼争取更多的时间，以寻求阻止敌意并购的方法，或者通过诉讼迫使敌意并购方提高并购价格。

本章小结

企业重组是对企业现有的各类资源运用经济、行政、法律手段进行拆分、整合与重新组合的过程，可分为扩张型重组、收缩型重组、公司控制型重组、所有权结构变更型重组。并购就是扩张型重组的一种。上市公司并购是指在证券交易所挂牌上市的企业通过证券支付或其他合法的途径进行交易而取得一家上市公司的控制权的过程。按照不同的标准，可以对并购进行分类，如按照关联性划分可以分为横向并购、纵向并购和混合并购，按照并购方式分可以分为协议并购和要约并购等。

上市公司选择并购的动因在于，并购是上市公司超越内涵式发展的快速发展模式，同时可以产生经营与财务上的协同效应、市场份额效应，以此促进企业多元化发展。2014 年以来，国务院和中国证监会发布多项文件，优化了并购重组的市场环境，增强了上市公司并购重组程序的可操作性。具体体现在程序简洁化、定价市场化、工具多样化，降低要约收购成本、监管取向尊重市场化博弈等。中国上市公司并购重组的主流方式为母公司主导的并购重组和政府主导的并购重组。具体的上市公司并购程序可分为前期准备阶段、并购策略设计阶段、谈判签约阶段、交割和整合阶段。

在一定情况下，被收购公司并不愿意被并购，如实际控制人不愿意丧失控制权；实际控制人认为出价过低不能达到收益最大化；实际控制人不愿意出售具有升值潜力公司；管理层不愿意丧失现存利益而反对收购等。在以上情况下，上市公司可以实施反并购策略，反并购的实质是对公司控制权争夺的行为，具体是指公司实际控制人为了预防或挫败收购者敌意收购公司而获得公司控制权的行为而采取的行动。反收购可分为两大类，即预防收购者收购的事前策略和阻止收购者成功收购的事后策略。

第十章

证券投资分析

第一节　证券投资分析概述

证券投资是投资者（法人或自然人）购买股票、债券、基金等有价证券及其衍生产品，以获取红利、利息及资本利得的投资行为。证券投资分析是指投资者通过特定分析方法，分析影响证券价值或价格的信息，以便进行投资决策的行为。证券投资分析的目标是实现科学投资和效用最大化。

一、证券投资主要分析方法和策略

（一）证券投资分析方法

证券投资分析方法主要有两大类：基本面分析法和技术分析法。基本面分析法，是指根据经济学、金融学、财务管理学等基本原理，对决定证券价值及价格的基本要素，如宏观经济指标、行业发展状况、公司销售和财务状况等进行分析，评估证券的投资价值，指导投资决策的一种分析方法。技术分析法，是指从证券的市场行为来分析证券价格未来变化趋势的方法。证券市场行为可以有多种表现形式，其中，证券的市场价格、成交量、价量关系是市场行为最基本的表现形式。

基本面分析法注重宏观环境，对长期投资者十分重要，此方法有助于投资者进行投资选择，应用简单明了，但预测的时间跨度相对较长且侧重于价格长期走势；相比之下，技术分析法对待问题比较直接，见效快、周期短，但由于经验性较强，所得出的结论带有明显主观性。两种分析方法各有利弊，投资者需要将其结合起来分析并进行投资决策。

（二）证券投资策略

证券投资策略是指导投资者进行证券投资时所采用的投资规则和方案

的总称，综合反映了投资者的投资理念、风险控制以及投资期限等因素，通常包括证券选择、风险管理、资产组合等内容。证券投资策略主要分为战略性投资策略和战术性投资策略。

1. 战略性投资策略

战略性投资策略也称长期资产配置策略，是指在较长投资期限内追求收益与风险最优化的投资策略。因其投资期限较长，故不会随市场行情的短期变化而轻易变动。常见的长期投资策略包括以下三类：

（1）买入持有策略，是指确定恰当的资产组合后，在投资期内一直维持这种组合。买入持有策略具有被动性，不对环境的变化做出主动调整，交易成本和管理费用较低。

（2）固定比例策略，是指保持投资组合中各类资产占总市值的比例固定不变。在各类资产市值变动时进行相应调整，买入下跌的资产，卖出上涨的资产。

（3）投资组合保险策略，是指将一部分资金投资于无风险资产从而保证资产组合最低值的前提下，将其余资金投资于风险资产并随着市场的变化调整风险资产和无风险资产的比例，同时不放弃资产升值潜力的一种动态调整策略。

2. 战术性投资策略

战术性投资策略，是指一些基于对市场前景预测的短期主动型投资策略。常见的战术性投资策略包括以下三类：

（1）交易型策略，是指根据交易中的规律性现象，制定投资策略。代表性策略主要包括均值—回归策略、惯性策略。均值—回归策略通常假定证券价格或收益率走势存在一个正常值，高于或低于此均值时会发生反向变动，投资者可以依据该规律进行低买高卖。惯性策略，其基本原理是“价格沿趋势移动”，投资者买入当前表现强势的证券，希望其沿着趋势继续移动。

（2）多—空组合策略，是指投资者为了对冲市场风险，买入看涨的资产同时卖出看跌资产的交易策略。

(3) 事件驱动型策略，是指投资者根据不同的特殊事件（例如国家政策变动、公司结构变动、公司年度报告）的驱动，制定相应的投资策略。

二、证券投资分析的信息来源

信息是证券投资分析的基础。信息质量的高低直接影响证券投资分析的效果。从信息发布主体、信息来源的角度考虑，信息主要涉及以下六个方面：

（一）上市公司

上市公司是信息披露的法定主体。上市公司通过定期报告和临时公告等形式向投资者披露其经营状况的有关信息，如公司股权结构变动、盈利水平、公司股利政策、资产重组等重大事宜。

（二）政府部门

政府部门是国家宏观经济政策的制定者，经济政策直接影响证券投资的大环境。针对我国资本市场运行情况，对市场运行阐释直接有影响的部门主要包括国务院、中国人民银行、财政部、中国证监会、国家发展和改革委员会、国务院国有资产管理委员会、商务部、国家统计局等。

（三）证券交易所

《证券法》规定，证券交易所是为证券集中交易提供场所和设施，组织和监督证券交易，实行自律管理的法人。证券交易所向社会公布的按日制作的证券行情表以及就市场内成交情况编制的日报表、周报表、月报表与年报表等是证券分析中的重要信息来源。

（四）中介机构

证券中介机构是指为证券市场参与者如发行人、投资者等提供专项服务的特殊机构。中介机构人员通过专业知识和技能撰写的研究报告，也是一种重要的信息来源。

第二节　基本面分析

一、基本面分析的基本方法及主要内容

在证券投资过程中，股票内在价值的确定是关键环节，而基本面分析就是利用经济学、金融学、财务管理学、投资学等基本原理，对决定股票价值和价格的宏观经济走势、行业发展情况、公司基本情况等方面进行分析，评估股票的内在价值，从而做出投资决策。

基本面分析假设条件有二：一是“股票的价值决定其价格”，二是“股票的价格围绕价值波动”。在这两个前提下，市场必然会存在一个纠错机制，使股票价格向其内在价值回归。因此，基本面分析就是首先确定股票内在价值，然后寻找被错误定价的股票，并做出相应的投资选择。

基本面分析偏重长期分析，主要遵循从宏观、中观再到微观的分析顺序，主要包括：宏观经济分析、行业分析、公司分析三个方面。

二、宏观经济分析

宏观经济分析主要探讨国际、国内宏观经济运行形势，以及宏观经济政策对市场、行业、上市企业的影响。宏观经济运行走势主要通过经济指标来反映，这些指标一般可以分为三类：超前指标、同步指标、滞后指标。

超前指标：指标变动领先于股票市场的价格变化，对股票价格变化具有先导作用。主要包括货币供应量、利率水平、汇率、消费预期、工业企业投资规模、生产资料价格等指标。

同步指标：指标变动基本与股票市场的价格趋于同步。主要包括GDP、失业率等指标。

滞后指标：指标的变动落后于股票市场的价格走势。主要包括银行未收回贷款规模等指标。

宏观经济分析一般通过上述经济指标对经济周期和经济政策进行分析，从而得出一定时期内股票市场或相关产业的整体运行走势。

（一）经济周期分析

从经济发展历史看，经济周期不可避免，经济的繁荣和衰退总是交替出现，并呈现周期性波动。由于上市公司盈利能力、盈利水平与宏观经济总体呈现正相关关系，因此，股票价格会伴随经济周期相应波动。

随着美国次贷危机的影响，全球经济陷入衰退，直至2008年年底经济开始触底回升，进入了复苏通道。这是一个典型的经济周期。而从图10–1可以看出，我国的股票市场（上证综指）基本与经济周期同步。2005~2007年11月，上证综指快速上涨至6124点，达到最高点；随后，随着经济快速陷入危机，股票市场的衰退开始蔓延，企业的盈利能力下滑，2008年，我国开始出台大规模刺激经济的政策，到2008年年底股市和经济终于一同触底回升，进入了复苏通道。

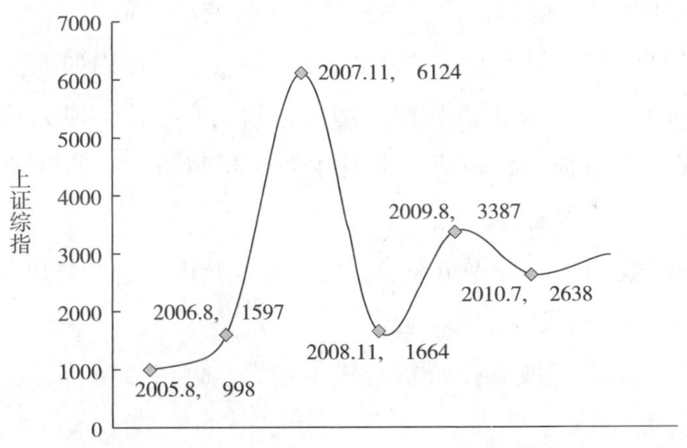

图10–1 2005~2010年7月我国上证综指走势情况

（二）货币政策分析

货币政策是指中国人民银行为实施特定的经济目标而采取的各种控制、调节货币的政策措施，是政府调控宏观经济的重要手段之一。

货币政策分为扩张性和紧缩性两种：扩张性货币政策主要通过提高货

币供应速度来刺激总需求，一般在这种政策下利率会走低，信贷宽松；紧缩性货币政策主要通过降低货币供应量来降低总需求，一般在这种政策下利率会走高，信贷紧缩。

货币政策和股市之间存在较为密切的互动关系，货币政策对股票市场与股票价格的影响非常大。货币政策的主要工具有：法定存款准备金率、再贴现率、公开市场业务、利率、汇率等。下面将具体分析：

1. 货币供应量

货币供应量一般与股票价格呈正相关关系。货币供应量增大使得实体经济资金充裕，企业盈利能力增长，而且充裕的资金会流入股市，两者共同推动股票价格上涨；反之，货币供应量减少使得实体经济资金不足，企业盈利能力下降，股市资金匮乏，股票价格下降。

2. 利率

利率是重要的货币政策调整工具，股票市场及股票价格对利率的反应十分直接和敏锐。一般而言，利率变动与股价变动呈负相关关系，利率下降时股票价格上涨，利率上升时股票价格下跌。主要原因如下：

（1）利率上升，公司借款成本增加，利润率下降，股票价格自然下跌。特别是那些负债率比较高，而且主要靠银行贷款从事生产经营的企业，这种影响将极为显著。

（2）利率上升，将使得负债经营的企业经营困难，经营风险增大，从而使公司股票价格下跌。

（3）利率上升，股票投资机会成本增大，价值评估降低，导致价格下跌。

（4）利率上升，吸引部分资金从股市转向储蓄，导致股票市场资金量减少，股票需求下降，价格下跌。

3. 汇率

随着全球化进程的不断深入，汇率变动对我国经济影响越来越大，对股市影响也十分直接、明显。由于汇率的复杂性，对股市的影响效果并不确定，有时候汇率上升，股票价格上升；有时候汇率上升，股票价格反而下跌。关于汇率对股市的影响，要具体问题具体分析。

一般来说，汇率主要通过三个途径影响股市：

一是汇率上升，人民币升值，我国依赖出口的行业企业竞争力下降，相关股票价格下跌，对进口依赖较多的企业竞争力上升，相关股票价格上涨，如航空、造纸等。

二是汇率上升，资本由于其逐利属性流入我国，进入股市和实体经济，推高股票价格。

三是汇率上升，央行为稳定汇率，通过公开市场买入外币资产，人民币供应减少，导致股票价格下跌。

（三）财政政策分析

财政政策是政府为实现宏观经济目标而通过财政支出与税收政策来调节总需求的政策措施。财政政策一般分为扩张性财政政策和紧缩性财政政策。

扩张性财政政策一般措施为减税或增加财政支出规模，如2008年金融危机以来，我国就采用了扩张性的财政政策；紧缩性财政政策一般措施为加税或减少财政支出规模。

一般来说，扩张性财政政策会导致股票价格上升，而紧缩性财政政策会导致股票价格下降。

以扩张性财政政策为例分析。如果减税，会导致企业在同等情况下盈利水平增加，进而再投资或股票投资旺盛，股票价格上涨。

如果增加财政支出规模，意味着社会总需求上升，政府通过购买和公共支出增加商品和劳务的需求，直接刺激相关企业的生产，并促使这些企业盈利能力和盈利水平的提高，从而使股票价格上涨。

（四）股市政策分析

股市政策是金融危机后开始逐步提出并越来越受到重视的一项政策措施，它的本意是通过提振股市，发挥资本市场的资源配置功能，以支持我国产业结构升级。目前，我国的股市政策还没有受到决策层足够的重视。股市政策主要包括：资本市场开放与准入政策、证券交易印花税以及新近开始的打击内幕交易等政策。以下以证券交易印花税为例进行分析。

证券交易印花税是调控股市的重要直接手段，通过调整印花税，直接体现决策层对股市发展的预期，并直接影响投资者的收益。一般来说，印花税上升，股票价格下降。我国印花税的历次调整大都对股票市场影响甚大。

1992年6月，国税总局和体改委发文征收0.3%证券交易印花税，一个多月内股市从1100点跌到300多点。

1997年5月，印花税从0.3%调高到0.5%，两个月内股市跌幅超过20%。

1999年6月，为活跃B股交易，将B股交易印花税从0.5%降低到0.3%，一个月内B股涨幅达到50%。

2007年5月30日，印花税由0.1%调高到0.3%，上证综指开盘暴跌近300点。

2008年4月，印花税由0.3%下调至0.1%，上证综指上涨超过9%，同年9月，印花税改为单边征收0.1%，股市却再度暴跌。

由上述分析可以看出，股市政策对股市的影响直接、剧烈，在进行股票投资分析时，要高度重视分析股市政策。

三、行业分析

行业发展情况分析是基本面分析中极为重要的组成部分，因为在我国目前处于全面产业结构升级过程中，有些产业在市场和政策的双重支持下获得了飞速的增长，同样在股票市场上也具有十分强的竞争力。

我国证监会将上市公司分为13个门类，90个大类，288个中类。13个门类包括：(1) 农林牧渔；(2) 采掘业；(3) 制造业；(4) 电力、煤气及水的生产和供应；(5) 建筑业；(6) 交通运输、仓储业；(7) 信息技术业；(8) 批发零售和贸易；(9) 金融保险；(10) 房地产；(11) 社会服务；(12) 传播与文化产业；(13) 综合类。

（一）行业类型分析

根据行业和经济周期之间的关系，可以把行业分为增长型行业、周期型行业和防御型行业三类。

1. 增长型行业

增长型行业的增长动力来自技术进步、新产品和优质的服务，其运动状态与经济活动总水平的周期关系较小。增长型行业的股票具有长期持有价值，可获得长期持有收益。

2. 周期型行业

周期型行业生产的产品多为收入弹性较高的产品，因此，此类行业的运动状态与经济周期呈正相关，即随经济周期的上升而扩张，随经济周期的衰退而衰退。如有色金属、采掘就属于强周期行业，此类行业的股票随着经济周期的波动而波动。

3. 防御型行业

防御型行业生产的产品收入弹性较小，需求稳定，较少受经济周期的影响。对其投资属于收入投资，而非资本利得投资。如基建、交通设施就属于防御型行业，在经济处于低谷的时候具有较高的持有价值。

（二）行业周期分析

任何行业都会经历初创、成长、成熟和衰退四个阶段。每个阶段销售收入的增长速度有所不同，见图 10-2。

1. 初创阶段

行业初创阶段一般面临开发费用高、市场狭小、投资风险大等困难，企业盈利通常不明显，股价一般较低。

2. 成长阶段

成长阶段的行业生产技术提高、生产成本降低、市场需求扩大，投资者蒙受经营失败而导致投资损失的可能性降低，分享增长带来的收益的可能性大大提高；但同时行业竞争日渐激烈，呈现出高风险与高收益并存的态势。因此股价往往表现出大起大落。

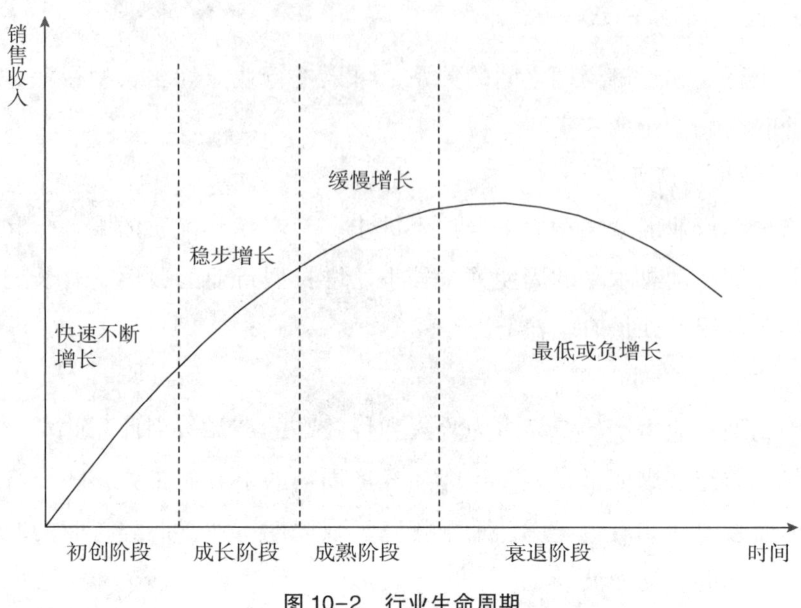

图 10-2 行业生命周期

3. 成熟阶段

成熟阶段的行业通常由少数大厂商垄断，利润较高，而风险却比较稳定，行业增长速度降到一个合适的水平。这一阶段企业利润的提高主要取决于企业经营规模的扩大，利润增长比较平稳，股价基本上是稳定上升的。

4. 衰退阶段

随着产品的更新换代和产业的升级变迁，行业会进入衰退期，此时其增长率逐渐降低，市场潜力和企业利润空间随行业增长率下降而萎缩，股价表现平淡或者下跌，有些行业甚至因为产品过时而被淘汰，对股价造成严重影响。

（三）产业政策分析

产业政策是指国家根据一定时期国民经济发展的内在要求，通过各种直接、间接的政策手段，调整产业结构，引导产业发展。一般包括产业结构政策、产业组织政策、产业技术政策、产业布局政策等。其中产业结构政策和产业组织政策是主要内容。产业政策对证券市场价格的影响是局部性的和结构性的。

局部性影响是指当产业政策向某一行业、某种产业组织倾斜时，国家通常会采用财政政策和货币政策来配合实施。此时，该行业或产业组织往往会获得财政、信贷、税收、进出口方面的优惠，从而促进其利润水平的上升和投资收益率的提高，使其股价上涨；相反，国家要限制某行业的发展，就会动用相应的经济杠杆阻碍其发展，导致其股价下跌。

结构性影响是指产业政策只是对相关行业或产业的企业股票价格产生影响，而对相关企业债券的影响甚微。这是因为，企业效益的提高将增加该企业股票的内在价值，最终导致股票价格上扬；但对于发行在外的债券，由于其票面利率已定，只是提升了信用等级，价格并不必然上涨。

近年来，我国陆续推出一些产业政策，2012 年 7 月发布了《"十二五"国家战略新兴产业发展规划》，并针对各新兴产业陆续推出发展规划，未来我国战略新兴产业发展将是股市关注的焦点之一。

例如，国家能源局 2013 年 10 月发布了《页岩气产业政策》提出将页岩气开发纳入国家战略性新兴产业。这对页岩气板块股价产生实质性利好，板块集体走强。此消息发布当日，页岩气板块大幅上涨，整体涨幅居前。受积极产业政策影响，战略性新兴产业上市公司 2014 年一季度营业收入同比增速达 10.9%，高于上市公司 6.4% 的平均增速，利润同比增长 15.4%，成为股市表现最为亮丽的板块。

（四）行业市场结构分析

市场结构就是市场竞争或垄断的程度，根据一个行业中企业数量的多少、进入限制程度和产品差别，行业基本上可以分为四种市场结构：完全竞争、垄断竞争、寡头垄断、完全垄断。

1. 完全竞争

完全竞争型市场是指竞争不受任何阻碍和干扰的市场结构。其特点有三：第一，生产者众多且产品是同质的；第二，企业是价格的接受者且生产者可以自由进出市场；第三，市场信息对买卖双方均畅通。

2. 垄断竞争

垄断竞争型市场是指垄断与竞争并存的市场结构。在垄断竞争型市场上，每家企业都具有一定的垄断力，但又存在激烈的竞争。其特点有二：第一，生产者众多但产品之间存在差异；第二，由于产品差异性的存在，生产者可以树立自己产品的信誉，从而对其产品的价格具有一定的控制力。

3. 寡头垄断

寡头垄断型市场是指少量的生产者在特定产品的生产中占据很大市场份额从而控制了行业供给的市场结构。该市场得以形成的原因有二：第一，这类行业初始资本较大，阻止了大量中小企业的进入；第二，这类产品只有在大规模生产时才能获得良好的效益，这将在竞争中自然淘汰大量的中小企业。在寡头垄断的市场上，由于这些少数生产者的产量非常大，因此他们对市场的价格和交易具有垄断能力。

4. 完全垄断

完全垄断型市场是指独家企业生产某种特殊产品的情形，即整个行业市场完全处于一家企业所控制的市场结构。完全垄断可分为两种类型：一是政府完全垄断，通常在公用事业中居多，如邮电、铁路等部门。二是私人完全垄断，如根据政府授予的特许经营或根据专利生产的独家经营以及由于资本雄厚、技术先进而建立的排他性的私人垄断经营。完全垄断型市场结构的特点有二：第一，市场被独家企业所控制且产品没有或缺少相近的替代品；第二，垄断者能够根据市场的供需情况制定理想的价格和产量。

四、公司分析

公司分析是基本面分析中非常重要的环节，股票投资特别是长期投资的投资收益，在很大程度上取决于公司基本面。公司分析包括公司基本分析、公司经营及财务分析。

（一）公司基本分析

1. 公司历史沿革

公司的历史沿革勾勒出了公司的成长历程。通过对公司历史沿革的分析，不仅能了解公司的实际变化过程，而且还能了解公司过去发生的重大事项以及公司管理层当时的应对态度和能力。考察公司的历史应当与当时的经济形势、同行业的动向等外部环境相联系，既要重视公司的成功经验，也要考察公司失败的教训。

2. 公司行业地位及区位经济

分析公司行业地位的目的是判断公司在所处行业中的竞争地位。行业地位决定了一个公司盈利能力高于还是低于行业平均水平，决定了其在行业内的地位。衡量公司行业竞争地位的主要指标是行业综合排序和产品的市场占有率。

区位分析是指将公司的价值分析与区位经济发展结合起来，以分析公司未来的前景，确定公司的投资价值。主要包括区位内自然条件与基础条件分析、区位内政府的产业政策分析，以及区位内的经济特色分析三个方面。

3. 公司股权结构、治理结构分析

股权结构是公司法人治理结构的基础。规范的股权结构有三个标准，一是股权集中度适中，二是流通股权适度集中，三是股权的普遍流通性。

公司的管理机构分为董事会、经理层和职能部门三个层次，即决策层、管理层和操作层。决策层主要是对公司经营方向、筹资方式等重大方针做出决定；管理层主要是贯彻决策层的意图，完成既定的目标和计划，协调各部门的工作，进行日常的全局管理；操作层负责执行管理层的决定，完成日常工作。

4. 公司主营业务发展前景

公司主营业务一般是公司主要的收入来源，是公司赖以生存的基础。公司主营业务的前景取决于公司主营业务的成本、质量和生产技术的比较优势。

主营业务的成本优势可以通过规模经济、专有技术、优惠的原材料价格、低廉的劳动力价格、科学的管理、发达的营销网络等来实现。

技术优势是指公司拥有比同行业其他竞争对手更强的技术实力和研究

开发新产品的能力。

质量优势是指公司的主营业务以高于其他公司同类业务的质量赢得市场，从而取得竞争优势。

主营业务的市场占有情况是衡量主营业务竞争力的重要指标，包括公司主营业务地域分布情况和公司主营业务在同类业务市场的占有率。

分析公司的主营业务前景，还应当分析公司的业务品牌。

（二）公司经营及财务分析

1. 资本结构

资本结构指标主要包括资产负债比率和长期负债比率。

（1）资产负债比率。资产负债比率是负债总额与资产总额的比值，它反映企业偿付长期负债的能力，并衡量其举债经营的限度，其计算公式为：

$$资产负债比率=负债总额\div资产总额\times100\%$$

资产负债比率越小，企业举债融资的潜力越大，企业经营安全性越高；反之，企业举债越困难，经营安全性越低。

（2）长期负债比率。长期负债比率是长期负债与资产总额的比值，其计算公式为：

$$长期负债比率=长期负债\div资产总额\times100\%$$

长期负债比率过高，意味着股东权益比率较低，公司的资本结构风险较大，稳定性差，在经济衰退时会给公司带来额外风险。

2. 偿债能力

偿债能力指标主要包括流动比率、速动比率、现金流动负债比和利息支付倍数。

（1）流动比率。流动比率是流动资产与流动负债的比值，其计算公式为：

$$流动比率=流动资产\div流动负债$$

流动比率越高，公司偿债能力越强；反之则公司偿债能力越差。

（2）速动比率。速动比率又称“酸洗实验”比率，反映用流动程度较

高的流动资产来偿还流动负债的能力，其计算公式为：

速动比率=（流动资产-存货）÷流动负债

一般认为，速动比率大于1表示公司偿债能力较强；反之，则公司偿债能力较弱。

（3）现金流动负债比，现金流动负债比是公司现金及现金等价物资产总量与当前流动负债的比率，其计算公式为：

现金流动负债比=（现金+有价证券）÷流动负债

一般而言，现金流动负债比越高，短期债权人的风险越小，但如果负债比过高，则反映了公司不善于利用现金资源。

（4）利息支付倍数。利息支付倍数是企业经营业务收益与利息费用的比率，用以衡量偿付借款利息的能力，也叫利息保障倍数，其计算公式为：

利息支付倍数=息税前利润÷利息费用

一般来说，公司的利息支付倍数至少要大于1，否则就难以偿付债务及利息。

3. 经营效率

经营效率主要指标包括存货周转率、应收账款周转天数和总资产周转率。

（1）存货周转率。存货周转率是指公司某一特定期间的销售成本与存货余额的比率，计算公式为：

存货周转率（次数）=销售成本÷平均存货余额

存货周转率越高，表明公司存货管理越有效率。

（2）应收账款周转天数。应收账款周转天数是用360天除以当年的应收账款周转率；应收账款周转率是销售收入与平均应收账款的比值。应收账款周转天数的计算公式为：

应收账款周转天数=360÷应收账款周转率

一般认为，应收账款周转天数越少，公司的财务运作效率越高。

（3）总资产周转率。总资产周转率反映公司投入的全部资产创造收入的相对效率，其计算公式为：

总资产周转率=主营业务收入净额÷平均资产总额×100%

该指标反映总资产的周转速度，周转越快，表明销售能力越强。

4. 盈利能力

盈利能力指标主要包括销售毛利率、销售净利率、净资产收益率和主营业务利润率。

（1）销售毛利率。销售毛利率是毛利占销售收入的比重；其中毛利是销售收入与销售成本之差，其计算公式为：

销售毛利率=（销售收入-销售成本）÷销售收入×100%

销售毛利率越高，说明在销售收入中，销售成本所占的比重越小，产品获利能力越高。

（2）销售净利率。销售净利率是指净利与销售收入的百分比，其计算公式为：

销售净利率=净利÷销售收入×100%

“净利”一词在我国会计制度中指税后利润。销售净利率指标反映每1元销售收入带来的收益水平。

（3）净资产收益率。净资产收益率是净利润与年末净资产的比率，其计算公式为：

净资产收益率=净利润÷年末净资产×100%

净资产收益率反映了所有者权益的投资回报率，净资产收益率越高，表明所有者权益的投资回报率越高。

（4）主营业务利润率。主营业务利润率是指企业一定时期主营业务利润同主营业务收入净额的比率，其计算公式为：

主营业务利润率=主营业务利润÷主营业务收入×100%

该指标反映公司的主营业务获利水平，只有当公司主营业务突出，即主营业务利润率较高的情况下，才能在竞争中占据优势地位。

5. 投资收益

投资收益指标主要包括每股收益、股息发放率、市盈率、每股净资产和每股经营活动净现金流量。

（1）每股收益。在我国，每股收益是公司本年税后与普通股股本的比值，其计算公式如下：

每股收益=税后利润÷股本

该指标反映普通股的获利水平，数值越大，表明每一股可分得的利润越多，股东的投资效益越好，反之则越差。

（2）股息发放率。股息发放率是每股股利与每股收益的百分比，其计算公式为：

股息发放率=每股股利÷每股净收益×100%

股息发放率的高低并不能表明公司盈利能力的高低。一些公司股息发放率低，是为了将大量利润用于再投资，这意味着，公司尚有增加股利派发的潜力，股票也有升值的机会。最理想的公司是每股股息很高，而股利支付率却很低。

（3）市盈率。市盈率是每股市价与每股收益的比率，也称本益比，其计算公式为：

市盈率=每股市价÷每股收益

市盈率反映的是投资者为每元收益所愿意支付的价格。这一比率越高，意味着公司未来成长的潜力越大，公众对该股票的评价越高。

（4）每股净资产。每股净资产是股东权益与股本总数的比值，其计算公式为：

每股净资产=股东权益÷股本总数

这个指标反映每一股所含的资产价值。每股净资产越高，表明股票市价中有实物作为的部分比重越大。

（5）每股经营活动净现金流量。每股经营活动净现金流量是指经营活动净现金流量与总股本之比，用来反映企业支付股利和资本支出的能力，其计算公式为：

每股经营活动净现金流量=经营活动净现金流量÷总股本

一般而言，该比率越大，证明企业支付股利和资本支出的能力越强。

第三节　技术分析

一、技术分析的基础理论

（一）技术分析的定义

技术分析是针对证券市场的市场行为所做的分析，它利用数学方法对历史成交数据进行统计、分析和研究，从而绘制成容易识别的各种图表，编制具有一定含义的技术指标，并根据图表的走势和技术指标的高低，研究市场的过去和现在的行为反应，以预测未来的价格走势。

（二）技术分析的三大假设

作为一种投资分析工具，技术分析是以一定假设条件为前提的：(1) 市场行为包容一切；(2) 价格以趋势方式演变；(3) 历史会重演。

1. 市场行为包容一切

技术分析认为影响证券价格的任何因素——证券市场内在的、外在的、国际的、国内的、基础的、政策的、消息的、心理的以及其他任何方面的因素——最终都反映在市场行为中，即反映在成交价格和交易量上。因此，分析证券的价格走势不必过多关心影响价格的具体因素，而只需研究这些因素对市场行为的影响效果。因此，市场中的买卖行为、价格变化、成交量的多少以及供求关系状况，就是技术分析研究的目标。

2. 价格以趋势方式演变

这是技术分析方法存在的根本和核心。技术分析认为，证券的价格走势是有一定规律的，在无特殊的内在和外在因素的影响下，证券价格会在一定时间内保持原来的趋势（升势、跌势或横盘）。技术分析的目的就是尽早识别趋势的开始和结束以及反转，以便及时跟进和退出，其基本思想就是“顺市而为”。如果市场中价格的变化是完全随机而没有规律的，那么技术分析也就没有存在的必要。

3. 历史会重演

技术分析认为证券市场的买卖行为是多空双方激烈争斗的结果，是证券市场供求关系的表现形式，它与市场行为学和人类心理学有着千丝万缕的联系。证券价格的不同走势形态反映了人们对市场看多、看空的不同心理，并且这些形态经常会重复出现。因此，通过对证券价格历史的分析，找出典型的价格走势形态，以帮助分析和识别即时的价格走势和预测未来的价格走势。

技术分析的三个假设有合理的一面，也存在一定的局限性。例如，市场行为包容一切是理想情况，但市场在反映信息时信息损失又是必然的；又如，证券市场千变万化，每一个交易日均不尽相同，因此历史会重演的假设也不尽完善。因此，在使用技术分析方法时，不能固化和教条地套用，需要与其他分析方法结合使用。

（三）技术分析的要素（量、价、时、空）

技术分析以上述三个基本假设为依托，以市场中的价格、成交量、时间和空间为基本要素，以价格走势图表分析和技术指标分析为手段，来预测未来的市场走势。

成交量是指单位时间内在某一价格或某一价格区间内成交的数量，因此，有分时交易量、日交易量、周交易量和月交易量之分。时间、价格和成交量是描述市场的基本要素，市场中某一时刻，在某一价位的成交量反映了买卖双方在这一时点上的共同市场行为，是双方暂时的均衡点。一般来说，成交量的大小反映了多空双方在该时刻对该价位的认同程度，也反映了市场的活跃程度。而空间则是指在一定时间范围内，价格上升或下降的幅度。时间和空间是用来衡量趋势延续长度和价格波动范围的。

（四）技术分析的理论基础——道氏理论

道氏理论是技术分析的鼻祖，它是由美国人查尔斯·道（Charles Dow）在100多年前提出的，他与爱德华·琼斯创立了道琼斯指数（DJI）。道氏理论主要原理包括以下几点：

1. 市场平均价格指数可以解释和反映市场的大部分行为。

2. 市场具有三种趋势：主要趋势、次要趋势和短暂趋势。主要趋势是指那些持续1年或1年以上的趋势；次要趋势是指那些持续3周至3个月的趋势，是对主要趋势的调整；短暂趋势持续时间不超过3周，其波动幅度证券投资分析更小。

3. 主要趋势可分为三个阶段。在多头市场中，第一个阶段是累积阶段。这个阶段一般处在熊市的尾部，此时市场氛围通常非常悲观，有些投资者甚至暂时离开了市场不予关注，但是有远见的投资者已觉察到了底部的来临，便会分期分批地逐步买进。第二个阶段是上涨期。此时市场开始稳定上升，而绝大多数顺应趋势的技术性投资者开始跟进买入，从而使价格快速上扬。最后是第三个阶段。此时，整个市场交易沸腾，利好消息不断，投资者不断追加投资，最后就连没有投资价值的低价股的价格也急速上升。就在大家都纷纷买入、不断追涨的狂热氛围中，精明的投资者已开始逐步抛出平仓。第三个阶段结束的标志是下降趋势，并又回到累积期。

4. 多种价格指数必须相互验证。在确认趋势时必须利用多种指数进行相互验证，单一指数不足以确认趋势的成立。

5. 交易量必须验证趋势。交易量的变化必须支持主要趋势的走势。通常，在多头市场中，价格上升，成交量增加；价格下跌，成交量减少。在空头市场中，价格下跌，成交量增加；价格反弹，成交量减少。

6. 横盘可以代替次要趋势。横盘是指价格仅在约±5%的范围内波动，一般会持续2~3周，有时会达数月之久。一般来说，横盘的时间越长，价位越窄，突破后的能量越大。横盘常发展为重要的顶部和底部，但是，它们更常出现在主要趋势的调整阶段，在这种情形下，它们取代了次要趋势。

道氏理论对大形势的判断有较大的作用，但是对于每日每时都在发生的小波动则显得无能为力。尽管道氏理论存在很大局限性，但它仍是许多技术分析方法的基础。

（五）技术分析框架

在价、量历史资料的基础上进行统计、计算和绘图是技术分析的主要手段。从这个意义上讲，技术分析方法可以有多种。一般来说，可分为以下两大类：形态类技术分析和指标类技术分析。技术分析框架见图10-3。

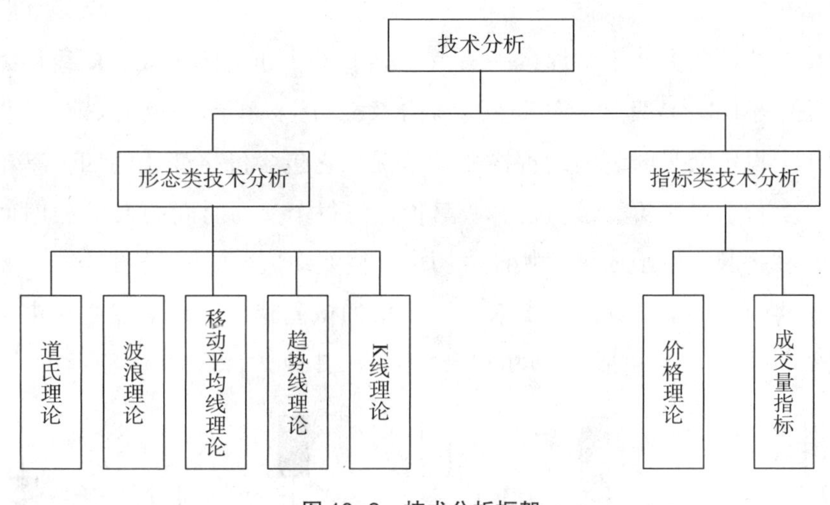

图 10-3　技术分析框架

1. 形态类技术分析

形态类是根据价格图表中过去一段时间走过的轨迹形态来预测未来趋势的方法。典型的形态有 M 头、W 底、头肩顶（底）等。

2. 指标类技术分析

指标法通过对市场行为各个方面的深入分析，建立相应的数学模型，以此计算出体现市场某个方面内在实质的数据，即技术指标。指标的具体数值和相互关系，直接反映了市场所处的状态，可以为我们的操作行为提供方向性指导。具体的技术指标因有不同的数学模型而种类繁多，本书将介绍常用的主要技术指标，如随机指标（KDJ）、平滑异同移动平均线（MACD）、相对强弱指标（RSI）等。

二、形态技术分析理论及应用

（一）K 线理论

K 线图源于日本，当时日本米市的商人用其来记录米市的行情与价格波动，后被引入到证券市场，其英文名称为 Candlestick（蜡烛图），是技术分析最基本的分析方法之一。利用 K 线图，可以完整地记录市场的价格变化情况。

K 线的形状类似于蜡烛，一般由上、下影线和实体组成。K 线根据计算单位的不同，一般分为日 K 线、周 K 线、月 K 线和分钟 K 线。一根 K 线记录了设定交易时间内的价格变动情况，它包含价格变化的四个基本参数：开盘价、最高价、最低价和收盘价，将每个交易时间的 K 线按时间顺序排列在一起，就组成了反映证券历史价格变动情况的 K 线图。

K 线图反映了市场内买卖双方对价格的认同状况，多空双方在市场中不同的争斗结果会表现为不同的 K 线形状，其种类如图 10-4 所示。

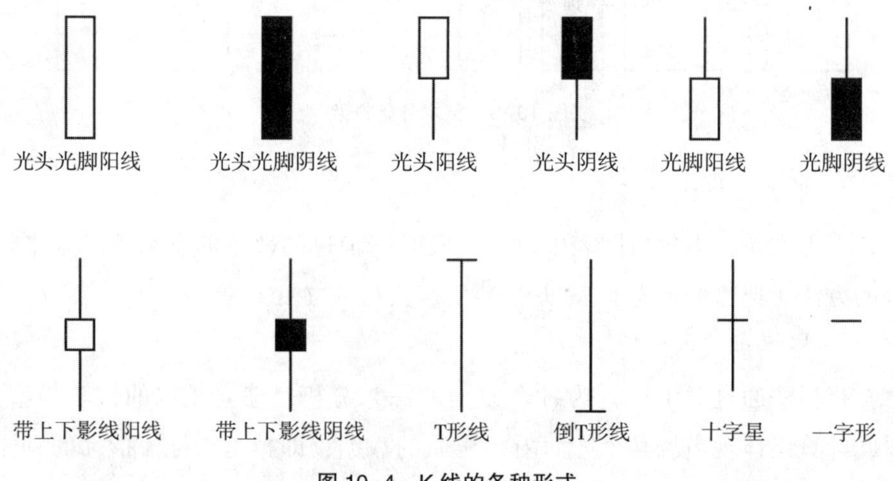

图 10-4　K 线的各种形式

光头光脚阳线：以最低价开盘，以最高价收盘，交易期间多方始终占据优势和主动，实体越大，说明买方的实力越强。该图形一般出现在升势中，预示后市续涨的可能性较大。

光头光脚阴线：以最高价开盘，以最低价收盘，交易期间空方始终占据优势和主动，有可能形成恐慌性抛盘，实体越大，说明卖方的实力越强。一般在跌势中出现，预示后市续跌的可能性较大。

光头阳线：开盘后一度走低，到达一定价位（当日最低价）后，受到多方的强力支撑和反击，最后一路上升，以高于开盘价的最高价报收。显示低位买盘积极主动，下影线越长，实体越大，说明下方支撑越强，反击能量越大。一般出现在跌势后期或升势的调整过程中，预示后市上涨的可能性较大。

光头阴线：以当日最高价开盘，开盘后一路走低，到达一定价位（当日最低价）后，受到多方的买盘支撑，使得跌幅变窄，最后价格反弹至开盘价以下报收。下影线越长，实体越小，说明下方支撑越强，反弹能量越大。一般出现在跌势过程中，预示后市可能会出现小幅反弹。

光脚阳线：开盘后一路上涨，到达一定价位（当日最高价）后，受到空方的卖盘打压，使得升幅变窄，最后价格回落至开盘价以上报收。上影线越长，实体越小，说明上涨压力越大。一般出现在升势过程中，预示后市可能会出现小幅回调。若实体比上影线长很多，表明多方在高位遇到的阻力主要是部分多头获利回吐所致，买方仍占据市场的主动，后市仍然看涨。

光脚阴线：开盘后一路上涨，到达一定价位（当日最高价）后，受到空方卖盘的强力打压，最后一路下跌，以低于开盘价的最低价报收。上影线越长或实体越大，表明上涨压力越大。一般出现在升势后期，预示后市下跌的可能性较大。

带上下影线阳线、阴线：交易中最为常见。上影线的长度代表空方的实力，下影线的长度代表多方的实力，实体的大小代表多空双方争斗的结果。上影线越长，说明上涨压力较大，继续上涨的可能性越小；下影线越长，说明下方的支撑越强，继续下跌的可能性越小；实体为阳线，表明多方实力占优，阳线实体越大，表明多方实力的优势越大，短期内上涨的可能性越大；实体为阴线，表明空方实力占优，阴线实体越大，说明空方实力的优势越大，短期内下跌的可能性越大；阳线或阴线的实体很小，说明多空双方势均力敌，还将继续争斗。

T形线：以最高价开盘，盘中受沽售影响一度创出盘中最低，最后在买盘的努力下以开盘价报收。如果该线出现在低位，说明沽售已尽，探底成功，后市有望止跌回升；如果该线出现在高位，说明面对沽售虽然遇到了多方的顽强抵抗，但多方实力并不占优，后市下跌回调的可能性较大。

倒T形线：以最低价开盘，盘中在买盘的推动下一度创出盘中最高，最后在卖盘的打压下以开盘价报收。该线出现在高位的可能性较大，说明上方压力很大，上涨乏力，后市下跌的可能性较大。

十字星：开盘价与收盘价相同，说明多空双方势均力敌，区别只是上下影线谁长谁短。一般出现在高位或低位，意味着出现反转的可能性较大。

一字形：此形为四价同一。一般出现在涨、跌停板中。说明一开盘就封在了涨停或跌停中，整日交投清淡。

以上仅是各种K线的基本理解思路，实际情况还要具体分析，并且经常需要连续几根或多根K线综合分析。

（二）切线理论

技术分析的三大假设中的第二条明确说明价格的变化是有趋势的，价格将沿着趋势继续运动。道氏理论中也阐述了市场有主要、次要和短暂三个趋势。这些学说为切线理论提供了基础。顺势而为，不逆势而动，已成为投资者的金玉良言。市场的变动有一定的趋势，在长期上涨或下跌的过程中，会出现短暂调整，投资者应把握长期趋势，切线理论就是帮助投资者识别市场主要变动方向的方法。

1. 支撑线和压力线

支撑线是指当价格在某个价位时，出现买方增加、卖方减少的情况，使价格停止下跌。支撑线能起阻止价格继续下跌的作用。压力线又称阻力线，是指当价格在某个价位时，出现卖方增加、买方减少的情况，股价暂缓上涨，甚至回落。压力线能起阻止股价继续上升的作用。

支撑和压力，主要由投资者的持有成本、筹码分布以及投资者的心理因素所决定。当股价下跌到投资者的持仓成本价位附近，或股价下跌到一定程度，都会出现买盘增加的情况，使价格在该位置站稳，从而形成支撑作用；当股价上升到某一历史成交密集区，或当股价从较低的价位上升到一定程度时，会导致大量解套盘和获利盘的抛出，形成股价继续上升的阻力，如图 10-5 所示。

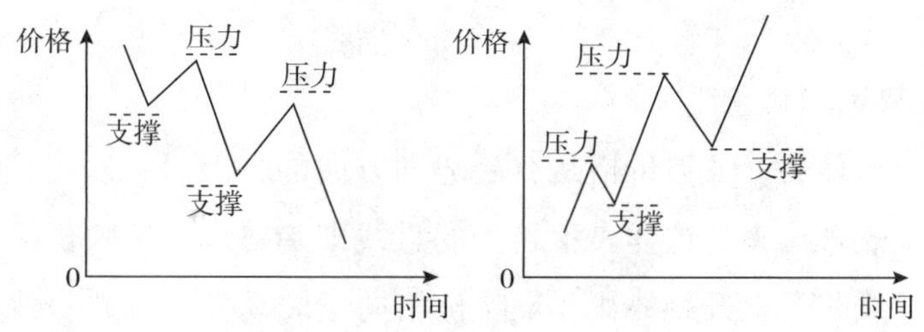

图 10-5　支撑线与压力线

股价的变动是有趋势的，要维持这种趋势，保持原来的变动方向，就必须冲破障碍，因此，支撑线和压力线都是暂时和相对的，都有被突破的可能。支撑线和压力线之间在一定情况下能够相互转化，在很大程度上是心理因素的影响。证券市场中主要有三种投资者：多头、空头和旁观者。旁观者又可分为持股者和持币者。假设股价在一个区域整理一段时间后突破压力区域向上移动，则在此区域买入股票的多头们认为自己决策正确，并对没有多买入些股票而感到后悔。在该区域卖出股票的空头们认识到自己决策失误了，他们希望当股价再跌回他们卖出的区域时，将他们卖出的股票补回来。而旁观者中持股者的心情和多头相似，持币者的心情同空头相似。无论哪一种投资者，都有买入股票成为多头的愿望。这样压力线就转化为了支撑线。

正是由于投资者决定要在下一个买入的时机买入，所以股价稍一回落就会受到大家的关注，他们会或早或晚地进入股市买入股票，这就是价格根本还未下降到原来的位置，新的买进大军自然又会把价格推上去，使得该区域成为支撑区。在该支撑区发生的交易越多，说明越多投资者在这个支撑区有切身利益，这个支撑区就越重要。

以上的分析过程对于压力线也同样适用，只不过结论正好相反。

一般来说，一条支撑线或压力线的重要性主要依据三个因素：一是支撑或压力区域距离当前时间远近；二是股价在区域内成交量大小；三是股价在区域内停留时间长短。显然，支撑区域或压力区域距离现在越近、伴随的成交量越大、停留的时间越长，则这个支撑或压力区域对当前的影响就越大；反之，则越小。

2. 趋势线和轨道线

技术分析认为，证券价格是有趋势和方向的，因而可以用直线将这种趋势直观地表现出来，这样表示趋势的直线即趋势线。反映价格向上波动发展的趋势线称为上升趋势线，反映价格向下波动发展的趋势线称为下降趋势线。由于股票价格的波动可分为长期趋势、中期趋势和短期趋势，因此，描述价格变动的趋势线也分为长期趋势线、中期趋势线和短期趋势线三种。由于价格波动经常变化，反映价格变动的趋势线不可能一成不变，而是要随着价格波动的实际情况进行调整。

连接特定时间内价格波动的高点或低点可画出一条趋势线。在上升过程中，将两个低点连成一条直线，即得到上升趋势线；在下降趋势中，将两个高点连成一条直线，即得到下降趋势线。上升趋势线属于支撑线，起支撑作用；下降趋势线属于压力线，起阻力作用。

趋势线必须经过多方面的验证。首先，确定趋势必须存在，在上升趋势中确认两个依次上升的低点，在下降趋势中却始终确认两个依次下降的高点，以便确认趋势的存在。然后，趋势线得到第三个点的验证，方能确认是有效的。所画出的直线被触及的次数越多，其作为趋势线的有效性越能得到确认，用它进行预测就越准确有效。趋势线如图 10-6 所示。

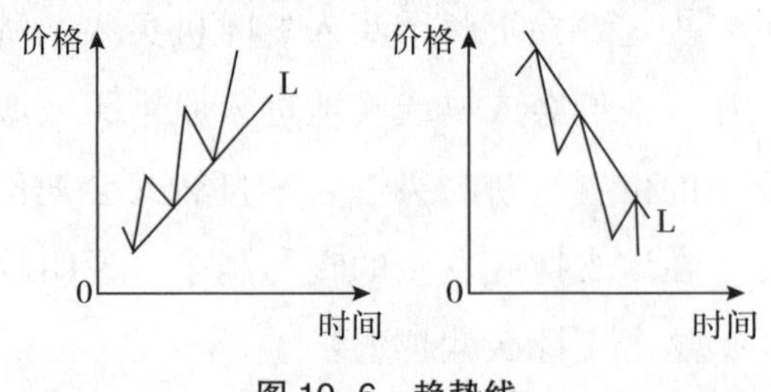

图 10-6　趋势线

轨道线，又称通道线，是以趋势线为基础的切线方法。在已经得到了趋势线后，可以画出这条趋势线的平行线，这条平行线就是轨道线，如图10-7所示。两条平行线组成一个轨道，即上升和下降轨道，轨道起到限制股价变动范围的作用。

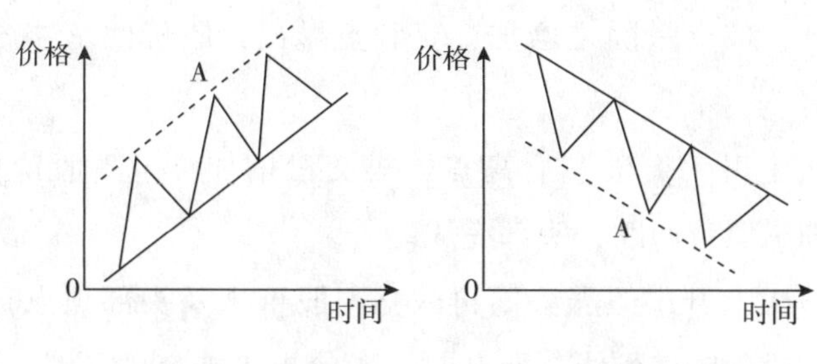

图 10-7　轨道线

切线为我们提供一种趋势预测方法。但是，支撑线、压力线都是相对的，都有被突破的可能，它们所反映的价位只是一种参考，并不是万能的工具。

（三）形态理论

K 线理论解释了判断今后股价变动方向的方法，但其更注重短线操作，为了弥补这种不足，我们增加了 K 线组合中所包含的 K 线根数，这样，众多的 K 线组成了一条上下波动的曲线，这条曲线就是股价在这段时间移动的轨迹。形态理论正是通过研究股价轨迹，探索多空力量变化，进而做出投资决策。

多空力量变化可以用下面的流程来表达，即：

持续整理、保持平衡→打破平衡→新的平衡→再打破平衡→寻找新的平衡

股价的移动就是按这一规律循环往复。根据股价运动的规律，我们可以把股价曲线的形态分成两大类型：整理形态和突破形态。前者保持平衡，后者打破平衡。

1．突破形态

（1）头肩形态。头肩形态是著名的反转突破形态，分为头肩顶和头肩

底。以头肩顶为例进行具体介绍：头肩顶形态是一个可靠的卖出时机，包括三个部分，三次起落，三个局部高点。在头肩顶形态中，中间的高点比另外两个都高，称为头；左右两个相对较低的高点，称为肩。这便是头肩顶形态名称的由来。头肩顶形态的形成过程大体如下：

股价上升，成交量随之增加，获利盘抛出，股价回落，成交量下降，随即形成左肩。

股价再次上升，突破左肩高点，成交量增加，但高股价使持股者恐慌，抛盘增加，股价回跌，头部完成。

股价第三次上升，但涨势不再凶猛，股价未及头部顶点，右肩形成。再次下跌时，股价跌破颈线，回升时，股价也未能突破颈线，然后形成下跌趋势，头肩顶形态宣告完成。

头肩顶与压力线、支撑线有密切关系。如图 10-8 所示，图中直线 L_1 和直线 L_2 是两条支撑线。从 C 点到 D 点，突破直线 L_1 说明上升趋势中遇到了阻力，E 点和 F 点之间的突破则是趋势的转向。另外，E 点的反弹高度没有超过 C 点，也是上升趋势出现问题的信号。图 10-8 中的直线 L_2 是头肩顶形态中极为重要的直线——颈线。在头肩顶形态中，它是支撑线，起支撑作用。股价走到了 E 点并掉头向下，只能说是原有的上升趋势已经转化成了横向延伸，还不能说已经反转向下了。只有当股价走到了 F 点，即股价向下突破了颈线时，才能说头肩顶反转形态已经形成。

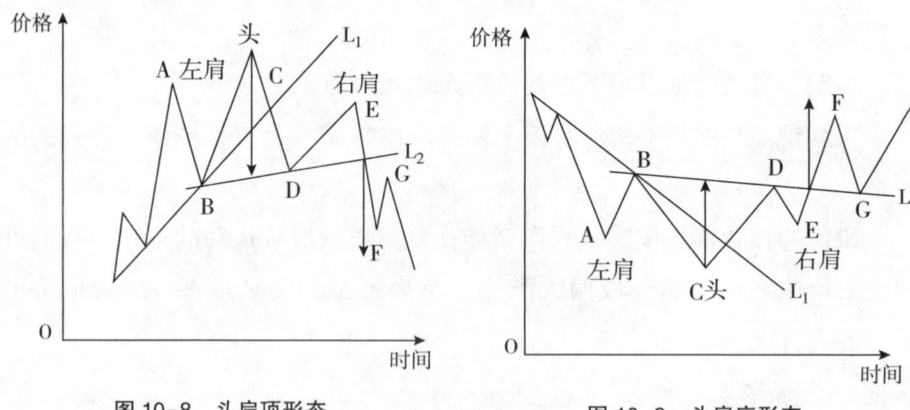

图 10-8　头肩顶形态

图 10-9　头肩底形态

颈线也存在真假突破的情形。一般而言，以下两种为假突破：第一，当右肩的高点比头部还要高时，不能构成头肩顶；第二，股价在颈线回升，而且回升的幅度高于头部，或者股价跌破颈线后又回升到颈线上方，需进一步观察，不易轻易断定为头肩顶形态。

头肩底是头肩顶的倒转形态，是一个可靠的买进时机，如图 10-9 所示。

（2）双重顶、底形态。双重顶、底就是众所周知的 M 头（如图 10-10 所示）和 W 底（如图 10-11 所示）。它在实际中出现得非常频繁，与头肩顶相比，只是缺少头部，由两个基本等高的峰或谷组成。双重顶（底）一共出现两个顶（底），也就是两个相同水平的高点（低点），下面以 M 头为例说明双重顶的形成。

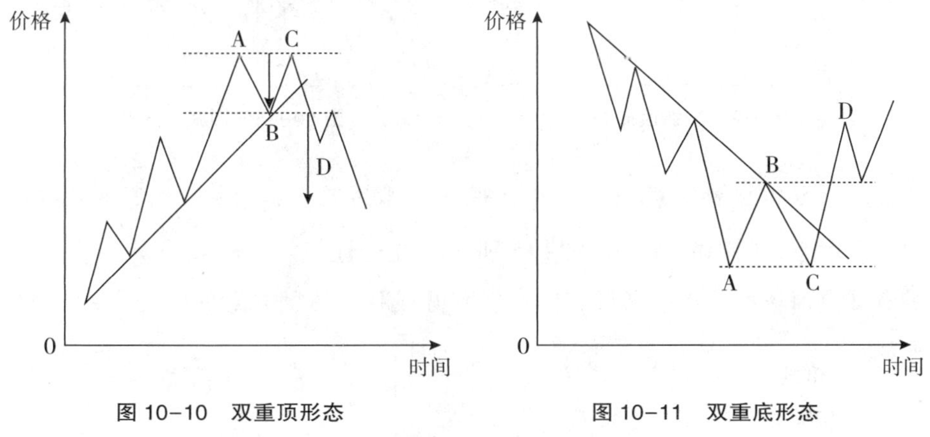

图 10-10 双重顶形态

图 10-11 双重底形态

在上升趋势过程的末期，股价上升到第一个高点 A 后受阻回落至 B 点，在峰顶处出现大的成交量，随后成交量随股价下跌而缩小；股价受上升趋势线的支撑，回落至 B 点后转而上升，又回至前一峰顶附近 C 点，成交量增加，但不能达到 A 点的成交水平，上升遇阻后股价掉头向下，即形成了两个高点。M 头形成后，有两种可能：一是回落至未突破 B 点的支撑位置，股价在 A、B、C 三点形成的狭窄范围内上下波动，演变成整理形态；二是突破 B 点支撑位置继续向下，形成真正的反转形态。连接 AC 形成一条直线，过 B 点画出 AC 连线的平行线，便得到了颈线，起支撑作用。

双重底是双重顶的相反形态，只需反过来理解即可。

（3）圆弧形态。将股价每个局部的高点用折线连起来，我们有时可以得到一条弧线，盖在股价之上，即形成圆弧项（如图 10-12 所示）；将每个局部的低点连在一起也能得到一条弧线，托在股价之下，即形成圆弧底（如图 10-13 所示）。圆弧顶或圆弧底形态的形成过程中，成交量两头多，中间少，越靠近顶或底，成交量越少；圆弧形态形成的时间越长，今后反转的力度就越强。

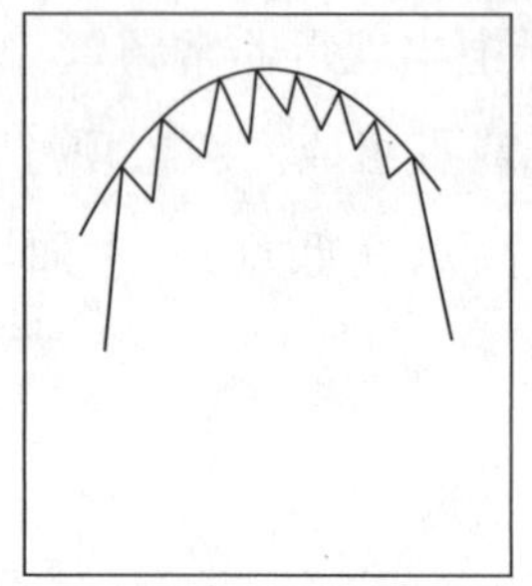

图 10-12　圆弧顶形态

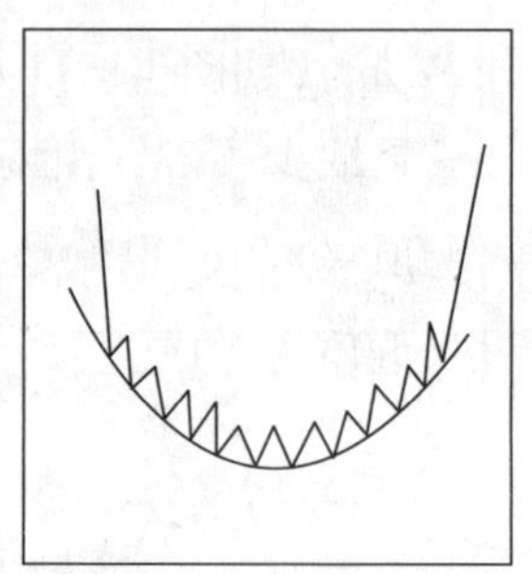

图 10-13　圆弧底形态

（4）V 形反转。V 形走势往往形成于市场剧烈的波动之中，V 形顶、V 形底形态如图 10-14、图 10-15 所示，往往让投资者感到突如其来。就沪深证券市场而言，V 形反转同突发利好或利空消息的出现往往有关。

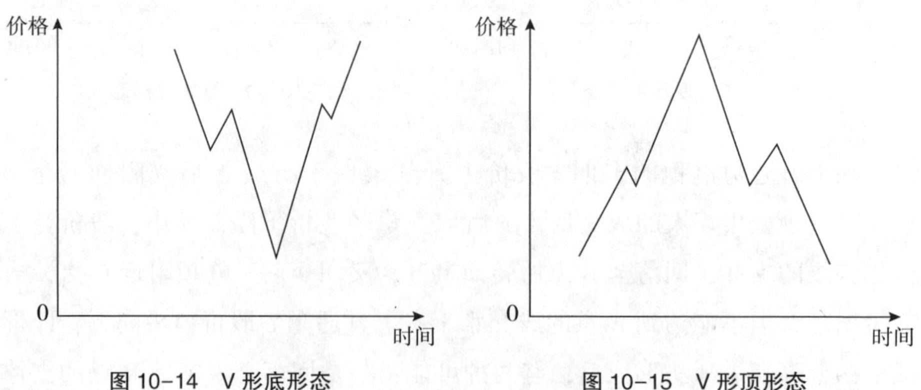

图 10-14　V 形底形态　　图 10-15　V 形顶形态

2. 持续整理形态

与突破形态不同，持续整理形态是股价向一个方向经过快速运行后，不再继续原趋势，而在一定区域内窄幅波动，等待整理后再继续原趋势。

这种股价变动所留下的轨迹即成为整理形态。整理形态又分为三角形、矩形、旗形等几种形态。

（1）三角形。三角形整理状态主要分为上升三角形（如图 10-16 所示）和下降三角形。以上升三角形为例，三角形下方线为价格支撑线，上方线为压力线，压力和支撑都是逐步加强的，一方是越压越低，另一方是越撑越高。上升三角形中，股价上升意识强烈，通常以向上突破压力线作为上升三角形终止的标志。上升三角形在突破压力线时，需有大成交量的配合。

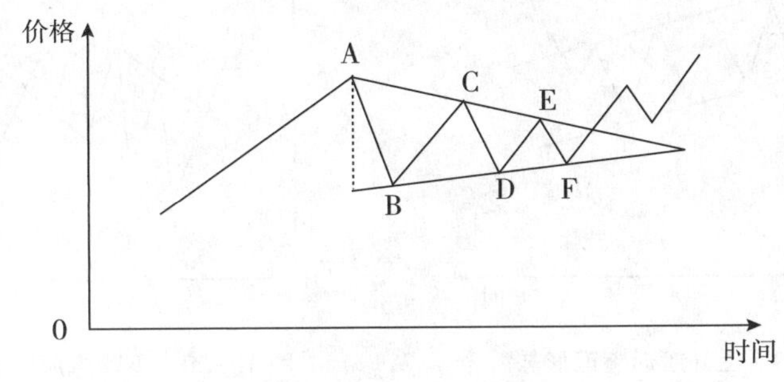

图 10-16　上升三角形整理形态

下降三角形同上升三角形正好反向，是看跌的形态。

（2）矩形。矩形又称箱形，是指股票价格在两条横向直线之间上下波动，呈现横向延伸的运动，两条直线中一条为支撑线，一条为压力线。矩形形态具有明显的上下界限且能够保持原有趋势。由图 10-17、图 10-18 可以看出，矩形在形成过程中易演变成三重顶（底）形态。因为这两种形态之后的走势完全相反，所以交易中需完全确认后才可做出决策。

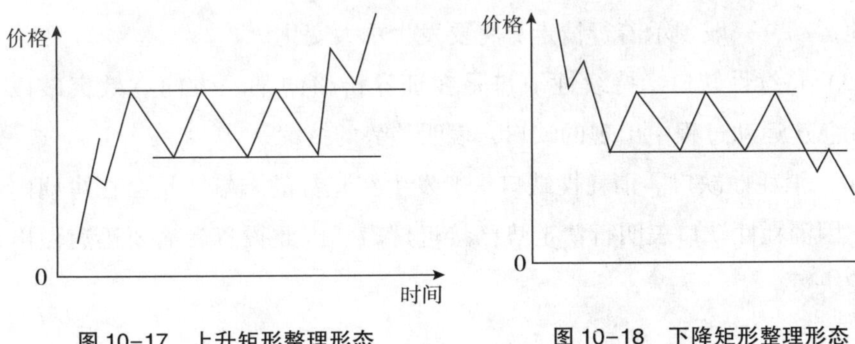

图 10-17　上升矩形整理形态

图 10-18　下降矩形整理形态

（3）旗形。旗形大多发生在市场波动剧烈的情况下，股价运动近似直线上升或直线下降。旗形走势的形状如一面挂在旗杆顶上的旗帜，因此得名。它可分为上升旗形（如图 10-19 所示）和下降旗形（如图 10-20 所示），旗形的上下两条平行线起着压力和支撑的作用。在市场急速而又大幅的波动中，股价经过一连串紧密的短期波动后，形成一个与原来趋势成相反方向倾斜的长方形，便是旗形走势。

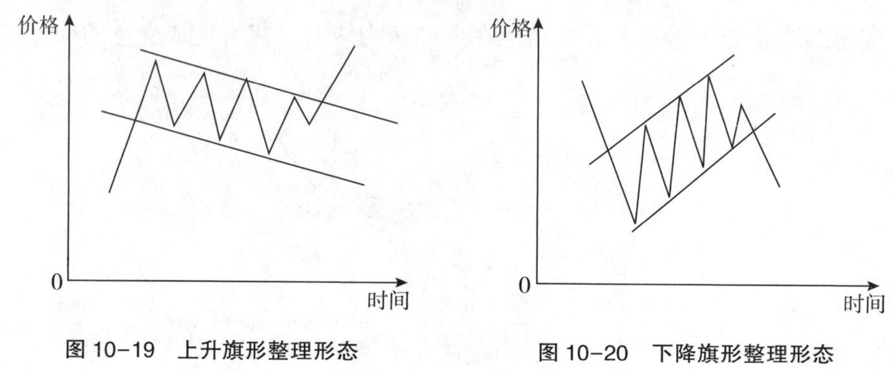

图 10-19　上升旗形整理形态

图 10-20　下降旗形整理形态

3. 缺口

缺口，通常又称为跳空，是指价格没有留下任何交易的一段真空区域。缺口产生于某个方向的运动强动力。缺口的宽度表明价格波动的强弱。缺口越宽，动能越大；反之，则越小。

（1）普通缺口。普通缺口经常出现在股价整理形态中，因此，在形态内的缺口并不影响股价短期的走势，但其一般会在短期内回补。

（2）突破性缺口。突破性缺口蕴含较强的动能，反映了价格向某一方向急速运动，一般预示着行情走势将要发生重大变化。

（3）持续性缺口。持续性缺口是在证券价格向某一方向有效突破以后，在急速运动过程中出现的缺口，表明趋势的持续。

（4）消耗性缺口。消耗性缺口一般发生在趋势的末端，且会在短期内回补。因消耗性缺口表明行情走势已接近尾声，因此投资者需要迅速做出买卖的决策。

（四）波浪理论

波浪理论的全称是艾略特波浪理论（Elliott Wave Theory），由美国人艾略特（Elliott）于1934年创立。

波浪理论认为，由于证券市场是经济的晴雨表，而经济发展具有周期性，所以股价的上涨和下跌也应该遵循周期发展的规律。波浪理论以周期为基础，一个大的运动周期分成时间长短不同的各种周期。一个大周期之中可能存在一些小周期，而小的周期又可以再分为更小的周期。每个周期无论时间长短，都是以一种模式进行，即每个周期都是由上升（或下降）的5个过程和下降（或上升）的3个过程组成。这8个过程结束以后，一个周期结束，进入另一个周期。新的周期仍然遵循上述模式。波浪理论如图10-21所示。

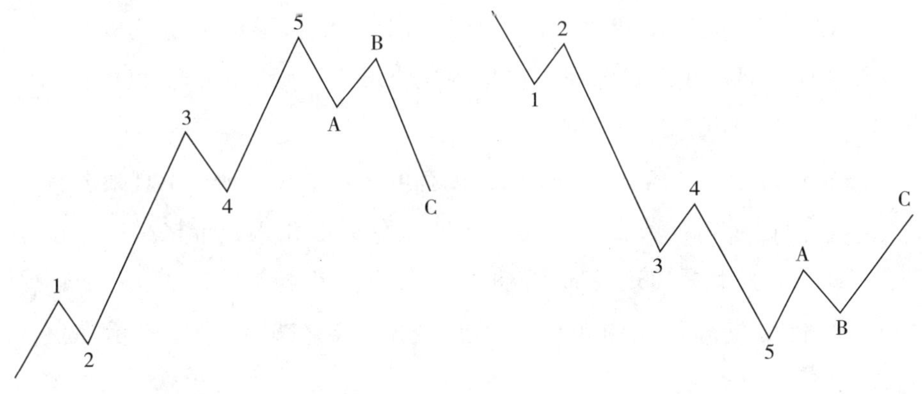

图10-21 波浪理论示意图

波浪理论难在应用，主浪和调整浪的变形、大浪套小浪、浪中有浪的多层次结构会让投资者难以分析；同时，对待一个形态，不同人看法不同，如一个下跌浪可以被当作浪，也可以被当作A浪[①]。因此，如果教条

① 参照图10-21，在一个上升趋势八浪结构中，前五浪为上升周期，其中1、3、5浪为上升主浪，1~3浪、3~5浪之间存在两个调整浪（下降浪）即2浪和4浪；后三浪为下跌周期，其中A浪和C浪为下跌主浪，A~C浪之间存在调整浪即B浪（上升浪）。

地固守和套用波浪理论，必然导致损失。

（五）量价关系理论

在技术分析中，研究量与价的关系极为重要。成交量是推动股价上涨的原动力，市场价格的有效变动必须有成交量配合。

成交量与价格趋势关系的本质是：资金流入，成交量增加，价格上涨；资金流出，成交量减少，价格下跌。具体来说，成交量和价格有以下几种关系：

（1）价升量增：在涨势初期，若成交量随价格上涨而放大，则涨势已成，投资者可跟进；若价格经过一段大涨后，突然出现极大的成交量，价格却未能进一步上涨，说明多方转弱，行情随时可能会逆转。

（2）价升量缩：呈量价背离状态，表明价格偏高，跟进意愿不强。此时，需对日后的成交量变化加以观察。若日后价格继续上涨且成交量增加，则说明前日的价升量缩属于惜售现象；反之，则应减仓，以免在高位套牢。

（3）价升量平：若在涨势初期，极有可能是昙花一现，不宜跟进。

（4）价稳量增：若在涨势初期，显示有资金介入，价格随时可能攀升，可跟进。尤其是出现底部巨量时，说明有大资金介入。

（5）价稳量缩：表明投资者仍在观望。若在跌势中，表示在逐渐筑底。

（6）价稳量平：表明多空双方势均力敌，将继续呈盘整状态。

（7）价跌量增：在连跌一段时间后，价微跌、量剧增，可视为底部；若在跌势初期，则表明跌势的开始，日后将快速下跌；若在持续的上涨过程中，则可视为转势的信号。

（8）价跌量缩：若在跌势初期，表示跌势不改；若在长期下跌后，此时量已缩小到了一定的极限，表明行情有止跌回稳的可能。

（9）价跌量平：表示价格开始下跌，应减仓；若已跌了一段时间，底部可能出现，应密切注意后市发展。

当前，在涨跌停板制度下，涨跌幅最大值确定，极易形成单边市，在股票接近涨幅或跌幅限制时，很多投资者可能禁不起诱惑，挺身追高或杀跌，形成涨时助涨，跌时助跌的趋势。而且涨跌停板限制的幅度越小，这种现象越明显。

在涨跌停板制度下，如果在涨停板时，成交量稀少，说明卖主目标价更高，股票惜售买方买不到，因此下一个交易日买方追买热情高，会出现续涨，虽然没有出现价增量升，但同样是较强的上涨信号。若涨停后中途反复打开且成交量放大，说明卖出的投资者增加，买卖力量发生变化，可能出现下跌。跌停板时反向理解即可。

在涨跌停板制度下，上涨或下跌趋势的保持由成交量、涨跌停中打开次数，涨跌停的时间，封住涨跌停板的数量决定。涨跌停中成交量越小，打开次数越少，从开市到涨跌停的时间越短，封住涨跌停板的数量越大，决定了保持上涨或下跌趋势的量能越大。反之，量能越小。

三、指标技术分析理论及应用

技术指标法，是指应用一定的数学公式，对原始数据进行处理，得出指标，将指标绘成图表，从定量的角度对股市进行预测的方法。技术指标的本质是通过数学公式产生技术指标，这些指标反映了股市在一方面的深层次内涵，这些内涵通过原始数据很难看出。技术指标是一种定量分析方法，克服了定性分析方法的不足，提高了操作的精确度。

在使用技术指标进行分析时，要注意指标的适用范围和条件，盲目地相信技术指标是不可取的，从另一个角度，也不能因为技术指标可能出错就完全否定技术指标的作用。在应用时，应当采用若干个具有互补性指标进行综合分析，提高决策水平。

常用的技术指标主要分为：趋势型指标、超买超卖型指标、人气型指标和大势型指标。

（一）趋势型指标

1. 移动平均线

移动平均线（Moving Average，MA）是按照时间顺序递推地连续计算设定天数市场收盘价的算术平均值，并将其连成一条线。移动平均线的本质是计算指定天数的市场平均价格，从而消除偶然因素对市场价格变化的影响。

根据计算期的长短，MA 可分为短期、中期、长期三种，通常以 5 日、10 日线观察证券市场的短期走势，称为短期移动平均线；以 30 日、60 日线观察中期走势，称为中期移动平均线；以半年线和年线研判长期趋势，称为长期移动平均线。

一般情况下，投资者可利用短期和长期两种移动平均线的交叉来决定买进和卖出的时机。当价格站稳在长期与短期 MA 之上，短期 MA 又向上突破长期 MA 时，为买进信号，此种交叉称为黄金交叉（如图 10-22 所示）；反之，若价格位于长期与短期 MA 之下，短期 MA 又向下突破长期 MA 时，则为卖出信号，此种交叉称之为死亡交叉（如图 10-23 所示）。

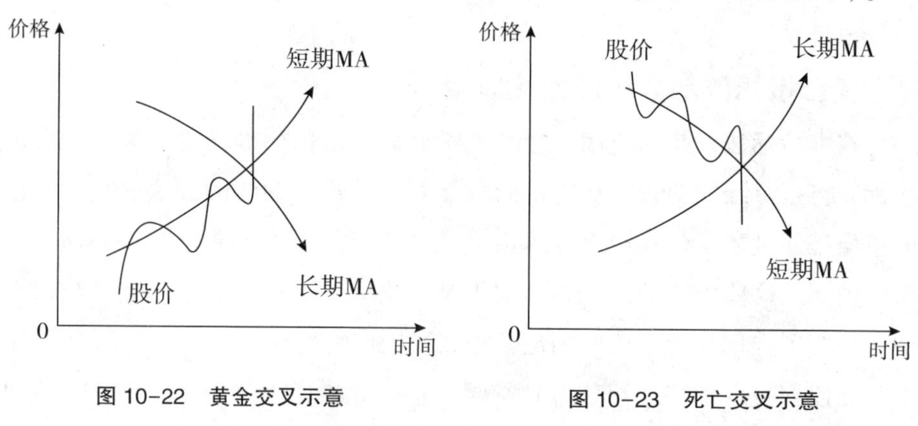

图 10-22 黄金交叉示意

图 10-23 死亡交叉示意

移动平均线也存在一些盲点，特别是在趋势中途休整以及局部反弹或者回落阶段。另外，MA 只是作为支撑线和压力线，处于某线之上，当然有利于价格上涨，但并不是说一定就会上涨，支撑线和压力线都可能被击穿。

2. 平滑异同移动平均线

平滑异同移动平均线（Moving Average Convergence and Divergence，MACD），是通过计算两条不同速度（长期与中期）的指数平滑移动平均线（EMA）的差离状况（DIF）来作为研判行情的基础。由于考虑到 DIF 的可靠性问题，因此对 DIF 进行进一步处理，计算 DIF 若干周期的平滑移动平均线，即得到离差平均值（DEA）指标。用 DIF 减去 DEA 就得到了 MACD 指标。在平滑异同移动平均线指标的实际使用中，同时给出 DIF、DEA 和 MACD 三个指标，而且，通常 MACD 以围绕零轴线波动的柱形图给出。通过观察快速（DIF）与慢速（DEA）移动平均线的聚合与分离来研判买入与卖出的时机和信号。

DIF 是快速移动平均线与慢速移动平均线的差值，通常以 12 日 MA 为快速移动平均线，26 日 MA 为慢速移动平均线，即 $DIF=MA$（12）$-MA$（26）。DEA 为 DIF 的 9 日移动平均值，今日 $DEA=$（2×今日 DIF+8×昨日 DEA）÷10（在 MACD 的指数平滑移动平均线计算公式中，一般增加 T+1 交易日的份量权值）。

在持续上涨中，短期移动平均线位于长期移动平均线上方，其间的差值即 DIF 变大；反之，在跌势中，差值变小甚至为负且其绝对值变大。行情转换时，差值缩小。在 MACD 中，还有一个指标为柱状线（BAR），$BAR=$（$DIF-DEA$）×2。

MACD 的应用法则如下：当 DIF 和 DEA 均为正值时，属于多头市场，DIF 向上突破 DEA，是买入信号；DIF 和 DEA 均为负值时，属于空头市场，DIF 向下突破 DEA，是卖出信号。DIF 向下跌破零轴时，表示短期移动平均线与长期移动平均线发生死亡交叉，为卖出信号；DIF 向上穿过零轴时，表示短期移动平均线与长期移动平均线发生黄金交叉，为买入信号。

MACD 由移动平均线发展而来，它继承了移动平均线较易掌握趋势变动方向的优点。移动平均线在盘整的行情中给出的信号频繁而不准确，MACD 不但克服了移动平均线假信号频繁的缺陷，而且能确保移动平均线最大的战果。

（二）超买超卖型指标

1. 威廉指标

威廉指标（WMS），由威廉姆斯（Williams）于 1973 年首创。该指标通过分析一段时间内股票的高低价位和收盘价之间的关系，来度量股市的超买超卖状态，依次作为短期投资信号的一种技术指标。

$$WMS(n) = \{(H-C)/(H-L)\} \times 100$$

其中，H、L 分别代表 N 日内的最高价和最低价，C 代表当日收盘价，n 为选定的时间参数。WMS 的含义是当天的收盘价在过去的一段时日内全部价格范围所处的相对位置。如果 WMS 的数值比较小，则当天的价格处在相对较高的位置，要小心回落；如果 WMS 的值比较大，则说明当天的价格处在相对较低的位置，要注意反弹。WMS 的取值范围为 0~100。

2. 随机指标

随机指标（Stochastic），又称 KDJ 指标，由乔治·莱恩（George Lane）创立。其主要理论依据是：当价格上涨时，收盘价倾向于接近当日价格区间的上端；相反，在下降趋势中，收盘价趋向于接近当日价格区间的下端。KDJ 以未成熟随机值（RSV）为基础。

$$RSV(n) = \{(C-L)/(H-L)\} \times 100$$

其中，H、L、C 与在 WMS 指标中含义相同。对 $RSV(n)$ 进行 3 日指数移动平均，得到 K 值，今日 K 值=（2×昨日 K 值+1×今日 RSV）÷3，对 K 值进行 3 日指数移动平均，得到 D 值，今日 D 值=（2×昨日 D 值+1×今日 K 值）÷3，J 指标是 D 指标加上一个修正值，$J=3D-2K=D+2(D-K)$。在反映股市价格变化时，WMS 最快，K 指标次之，D 指标稍慢。

KDJ 的应用法则：K、D 的取值范围都是 0~100，其中 80 以上是超卖区、20 以下是超买区，其余为徘徊区；切线理论、形态理论同样适用于 K 线和 D 线，K 线和 D 线同样存在黄金交叉和死亡交叉的情况。J 线本意为 K 与 D 的乖离情况，J 值的指标可以超过 100 或低于 0，分别为超买或超卖。

随机指标在设计中综合了动量观念，强弱指标和移动平均线的一些优点，充分考虑了价格波动的随机振幅和中、短期波动的测算，使其短期测市功能比移动平均线更准确有效，在市场短期超买超卖的预测方面，又比强弱指标敏感。因此，随机指标作为市场的中短期技术测市工具，颇实用有效。

（三）人气型指标

1. 能量潮

能量潮（On Balance Volume，OBV）直译为平衡交易量，是美国分析师李·格兰维尔（Lee Granville）发明的。能量潮的理论基础是“能量是因，价格是果”，即市场价格的变动必须有成交量配合，通常，价格上升所需的成交量总是较大；下跌时则成交量较小。若价格升降，而成交量不相应升降，则市场价格的变动难以继续。能量潮主要利用量价关系间的内在联系，来预测价格的未来走势。

OBV 的计算公式如下：

$$今日\ OBV = 昨日\ OBV + sgn\ 今日成交量$$

其中，sgn 是符号函数，当今日收盘价≥昨日收盘价时，其值为 1；当今日收盘价<昨日收盘价时，其值为-1。能量潮指标需要结合量价关系理论使用。

2. 心理线指标

心理线指标（Psychological line，PSY），是从投资者的买卖趋向心理角度，将一定时期内投资者看多或看空的心理事实转化为数值，来研判股价未来走势的技术指标。

PSY 的计算公式如下：

$$PSY = A/N \times 100$$

其中，N 为天数，是 PSY 的参数，A 是 N 天之中股价上涨的天数，如 $N=15$，15 天中有 6 天上涨，9 天下跌，则 $A=5$，PSY（15）= 40。PSY 的取值范围是 0～100，以 50 为中心，50 以上为多方市场，50 以下是空方市场。

（四）大势型指标

大多数技术指标都是既可以应用于个股，又可应用于大盘指数，而大势型指标主要是对整个证券市场的多空状况进行描述，它只能用于研判证券市场整体形势。

1. 涨跌比指标

涨跌比指标（Advanced/Decline Ratio，ADR），是根据股票的上涨家数和下跌家数的比值，来推断证券市场多空力量的对比，进而判断出证券市场的实际情况。

ADR 的图形以 1 为中心上下波动，波动幅度取决于参数的选择，参数选择得越小，ADR 波动的空间越大，曲线的起伏就越剧烈；参数选择得越大，ADR 波动的幅度就越小，曲线上下起伏就越平稳。ADR 在 0.5~1.5 之间是常态情况，此时，多空双方处于相对均衡状态；若超过了常态上下限，表示上涨或下跌的势头过于强烈，价格有回头的可能。

2. 超买超卖指标

超买超卖指标（Over Bought Over Sold，OBOS），是运用上涨和下跌的股票家数的差距对大势进行分析的技术指标，与 ADR 相比，含义更直观，计算更简便。

OBOS 的计算公式如下：

$$OBOS(N)=\sum N-\sum A$$

其中，$\sum N$ 为 N 日内上涨股票家数的总和，$\sum A$ 为 N 日内下跌股票家数的总和。OBOS 的多空平衡位置是 0，也就是 $\sum N=\sum A$。当 $OBOS(N)>0$ 时，多方占优势；当 $OBOS(N)<0$ 时，空方占优势。

本章小结

证券投资分析中常用的方法有两种：基本面分析法和技术分析法。基本面分析偏重长期，遵循从宏观、中观再到微观的分析顺序，主要包括：宏观经济分析、行业分析、公司分析三个方面。宏观经济分析主要探讨宏观经济运行形势、经济周期、经济政策对市场的影响；行业分析立足于行业类型、行业周期、行业政策、行业市场结构等信息，分析其对特定行业公司的影响；公司分析包括公司基本分析、经营及财务分析，主要针对公司的主营业务、经营状况和财务比率进行研究。

技术分析以三大假设为基础，以价、量、时、空为四大基本要素，对交易日价格走势进行预测。技术分析者主要利用价格走势演化出的技术形态和技术指标对股价的未来变化进行分析。技术形态中包括 K 线理论、切线理论、波浪理论等，常用的技术指标主要包括：趋势型指标、超买超卖型指标、人气型指标和大势型指标。

基本面分析注重宏观环境，偏重于长期走势；技术分析见效快、周期短，但具有明显的主观性。两种分析方法各有利弊，投资者在证券投资中需利用不同的方法综合分析，树立正确的投资理念，做一个理性的投资者。

后　记

20世纪90年代初起，我就参与了中国资本市场的早期创建，作为股份制和公司问题专家，二十多年来我主持了海尔集团、海南航空、万向钱潮、李宁公司、国家电力公司等270多家企业的股改融资上市、公司战略、重组等方案设计，被媒体称为“企业股改第一人”。我也有幸与中国改革开放的三十七年相伴，并始终在资本金融理论和现代大公司组织与战略创新的理论与实践中打拼，这使我具备了写资本金融学的实践基础。

2005年以来，我在高校开设了资本金融学课程，受到学生们的欢迎和喜爱。无论是在他们求职的过程中，还是在走上工作岗位后，都从此课程中受益良多，这也在一定程度上说明了无论从实践还是从理论研究上都对资本金融有迫切需求，这促使我产生了将多年的资本金融实践与教学研究感受进行归纳总结系统化的想法，于是《资本金融学》一书就从愿望变成了现实。

应该说，这本书是我在十九年实践经验、十一年教学、三易其稿基础上写成的，是我近二十年来理论研究和实践经验总结的结晶。特别需要指出的是，在这本书的写作过程中，我的学生们也与我教学相长，共同切磋，并对我的演讲稿做了系统整理和案例收集等大量基础工作。在这里我要感谢我的学生王晶晶、曾斌、李征、陈楠、谭文亮、喻强、刘冰、刘超明、刘洋、孙立平、莫丹、韩卓然、孙航、刘作琼、龚若舟、林蔚然、岳凯凯、冯娜、刘彪、刘志强、何广亮、刘驰、王康睿，他们为本书的出版做出了重要贡献。

同时，还要感谢东方出版社的编辑袁园、李文婷，她们不仅对出版本书付出了很多艰辛的劳动，而且提出了很多中肯的建议。

早在20世纪90年代，我就和中国证券市场研究设计中心（“联办”）

的一位老朋友李青原共同畅想“45岁教书、50岁写书、60岁种树”的人生理想。从目前来看，我正在一步一步实现愿望，而这本《资本金融学》是继我在出版了“刘纪鹏改革论著三部曲”——《大道无形》《路径选择》《大船调头》之后的又一著作，它同样是我在完成个人人生目标规划中值得一提的成果。

本书重在提出“资本金融”这一概念，并初创其学科体系，这一概念若能被各界认同，并相继有他人进一步完善这一学科体系才是最重要的，为此我将期盼第三本、第四本《资本金融学》能够早日问世，并以本书能够成为这门学科的第一块铺路石而骄傲。

刘纪鹏

2017年7月

参考文献

著作类

1. [美] 戴维·哈丁，萨姆·罗维特. 兼并之道：决定公司并购成败的四个关键决策 [M]. 胡中祥，胡枫，译. 北京：商务印书馆，2006 年 12 月.

2. [美] 霍华德·戴维斯，大卫·格林. 全球金融监管 [M]. 中国银行业监督管理委员会国际部，译. 北京：中国金融出版社，2009 年 5 月.

3. [美] 罗伯特·阿克赛尔罗德. 合作的进化 [M]. 上海：上海人民出版社，2007 年 1 月.

4. [美] 罗伯特·阿克赛尔罗德. 合作的复杂性：基于参与者竞争与合作的模型 [M]. 梁捷，高笑梅等，译. 上海：上海世纪出版集团，2008 年 4 月.

5. [美] 罗伯特·J·席勒. 非理性繁荣 [M]. 廖理等，译. 北京：中国人民大学出版社，2001 年 4 月.

6. [美] 乔治·P·贝克尔，乔治·大卫·斯密. 新金融资本家：KKR 与公司的价值创造 [M]. 孙经纬，译. 上海：上海财经大学出版社，2010 年 1 月.

7. 曹凤岐. 中国资本市场创新 [M]. 北京：北京大学出版社，2003 年 5 月.

8. 陈小宪. 风险资本市值 [M]. 北京：中国金融出版社，2004 年 8 月.

9. 陈文. 中外资本市场法律制度——企业上市融资必备 [M]. 北京：法律出版社，2008 年 4 月.

10. 戴小平. 商业银行学 [M]. 上海：复旦大学出版社，2007 年 2 月.

11. 丁邦开，周仲飞. 金融监管学原理［M］. 北京：北京大学出版社，2004 年 11 月.

12. 丁建臣，付东升，朗俊义. 金融监管典型案例教程［M］. 北京：对外经济贸易大学出版社，2008 年 4 月.

13. 高德步、王廷. 世界经济史［M］. 北京：中国人民大学出版社，2011 年 11 月.

14. 关景欣. 公司并购重组操作实务［M］. 北京：法律出版社，2007 年 3 月.

15. 姜波克. 货币替代研究［M］. 上海：复旦大学出版社，1999 年 6 月.

16. 何杰. 证券交易制度论［M］. 北京：经济日报出版社，2001 年.

17. 黄达. 金融学［M］. 北京：中国人民大学出版社，2009 年 1 月.

18. 黄嵩，李昕旸. 兼并与并购［M］. 北京：中国发展出版社，2008 年 10 月.

19. 金永红. 证券投资与资本运营案例［M］. 北京：中国致公出版社，2007 年 6 月.

20. 江晓美. 雾锁伦敦城——英国金融战役史［M］. 北京：中国科学技术出版社，2009 年 11 月.

21. 江晓美. 海上马车夫——荷兰金融战役史［M］. 北京：中国科学技术出版社，2009 年 7 月.

22. 孔令学. 中国金融控股公司制度研究［M］. 北京：经济日报出版社，2005 年 10 月.

23. 李成. 金融监管学［M］. 北京：科学出版社，2006 年 4 月.

24. 李德林. 高盛阴谋［M］. 北京：北方联合出版传媒（集团）股份有限公司、万卷出版公司，2010 年 6 月.

25. 李涤非，颜蓉，罗新宇. 企业并购实务［M］. 上海：上海交通大学出版社，2009 年 1 月.

26. 李国华，张凯. 期货与期权市场简明教程［M］. 北京：经济管理出版社，2010 年 5 月.

27. 李晓峰. 中国私募股权投资案例教程［M］. 北京：清华大学出版社，2010 年 6 月.

28. 李亚非. 我国多层次资本市场的构建与国际启示［D］. 复旦大学硕士论文，2008.

29. 李扬等. 新中国金融 60 年［M］. 北京：中国财政经济出版社，2009 年 9 月.

30. 李扬，胡滨. 金融危机背景下的全球金融监管改革［M］. 北京：社会科学文献出版社，2010 年 11 月.

31. 林辉. 保险中介理论与实务［M］. 北京：清华大学出版社，2006 年 6 月.

32. 北京市道可特律师事务所，道可特投资管理（北京）有限公司. 直击新三板［M］. 北京：中信出版社，2010 年 8 月.

33. 刘纪鹏. 路径选择——中国资本市场发展之路［M］. 北京：中国经济出版社，2009 年 1 月.

34. 刘纪鹏. 大道无形——公司法人制度探索［M］. 北京：中国经济出版社，2009 年.

35. 罗文志. 上市公司并购法律实务［M］. 北京：法律出版社，2007 年 6 月.

36. 栾华. 投资银行学［M］. 北京：高等教育出版社，2011 年 3 月.

37. 梅君. 上市公司并购与重组［M］. 北京：中国人民大学出版社，2008 年 5 月.

38. 穆怀朋，蔡洁仪. 利率和汇率政策协调与维护国家经济安全［M］. 北京：经济科学出版社，2001 年 7 月.

39. 阙紫康. 多层次资本市场发展的理论与经验［M］. 上海：上海交通大学出版社，2006 年.

40. 尚福林. 证券市场监管体制比较研究［M］. 北京：中国金融出版社，2006 年 8 月.

41. 邵祥林，董贤圣，丁建臣. 信托投资公司经营与管理［M］. 北京：中国人民大学出版社，2004 年 6 月.

42. 石善冲，齐安甜. 行为金融学与证券投资博弈［M］. 北京：清华大学出版社，2006 年 9 月.

43. 王广谦. 金融中介学［M］. 北京：高等教育出版社，2011 年 6 月.

44. 王国刚. 建立多层次资本市场体系研究［M］. 北京：人民出版社，2006 年 9 月.

45. 王国忠. 虚拟经济稳定性研究——基于经济虚拟化的探讨［M］. 北京：经济科学出版社，2007 年 10 月.

46. 王明夫. 投资银行并购业务［M］. 北京：企业管理出版社，1999 年 5 月.

47. 魏燕慎. 国际金融体制与监管变革［M］. 北京：社会科学文献出版社，2011 年 7 月.

48. 吴庆田，杨丽. 中央银行学［M］. 南京：东南大学出版社，2005 年 8 月.

49. 吴世亮，黄冬萍. 中国信托业与信托市场［M］. 北京：首都经济贸易大学出版社，2010 年 7 月.

50. 夏斌. 创新金融体制——30 年金融市场发展回顾［M］. 北京：中国发展出版社，2008 年 11 月.

51. 徐洪才. 中国多层次资本市场体系与监管研究［M］. 北京：经济管理出版社，2009 年 12 月.

52. 徐卫东. 商法基本问题研究［M］. 北京：法律出版社，2002 年 10 月.

53. 袁剑. 中国证券市场批判［M］. 北京：中国社会科学出版社，2004 年 12 月.

54. 袁远福，缪明杨. 中国金融简史［M］. 北京：中国金融出版社，2005 年 4 月.

55. 张虹，陈迪红. 保险学教程［M］. 北京：中国金融出版社，2005

年1月.

56. 张陆洋，傅浩. 多层次资本市场研究：理论、国际经验与中国实践［M］. 上海：复旦大学出版社，2009年.

57. 张维. 金融机构与金融市场［M］. 北京：科学出版社，2008年5月.

58. 张志元. 投资银行学［M］. 北京：机械工业出版社，2009年3月.

59. 朱大旗，金融法［M］. 北京：中国人民大学出版社，2007年5月.

60. 庄宏献. 交易利益论［M］. 上海：上海三联书店，2006年4月.

61. 邹德文，张家峰，陈要军. 中国资本市场的多层次选择与创新［M］. 北京：人民出版社，2006年11月.

62. 中国保险监督管理委员会. 中国保险市场年报（2010）［M］. 北京：中国金融出版社，2011年8月.

63. 中国证券监督管理委员会. 中国资本市场发展报告［M］. 北京：中国金融出版社，2008年1月.

64. 中国证券监督管理委员会. 中国证券期货统计年鉴（2010）［M］. 北京：学林出版社，2010年9月.

65. 中国证券监督管理委员会. 中国资本市场二十年［M］. 北京：中信出版社，2012年2月.

66. 中国证券业协会. 中国证券市场发展前沿问题研究（2001）［M］. 北京：中国金融出版社，2001年5月.

67. 中国证券业协会. 证券投资基金（2011证券业从业人员资格考试教材）［M］. 北京：中国财政经济出版社，2011年6月.

68. 中国证券业协会. 证券发行与承销（2011证券业从业人员资格考试教材）［M］. 北京：中国财政经济出版社，2011年6月.

69. Fabozzi, Frank J.; Franco Modigliani. *Capital Markets: Institutions and Instruments: 4th edition*. Prentice Hall, 2009.

70. Frank J. Fabozzi; Franco Modigliani; Frank J. Jones. *Foundations of*

Financial Markets and Institutions: *4th edition*. Prentice Hall, 2009.

71. Frank J. Fabozzi. Bond Markets, *Analysis and Strategies*: *7th edition*. Prentice Hall, 2009.

72. Zvi Bodie, Robert C. Merton and David Cleeton. *Financial Economics*: *2nd edition*. Prentice Hall, 2009.

论文类

1. 曹凤岐. 建立和健全多层次资本市场体系 [J]. 中国金融, 2004 (5).

2. 陈岱松. 我国多层次资本市场的制度建构——基于国际比较的视角 [J]. 东北财经大学学报, 2008 (4).

3. 陈东征. 构建多层次资本市场服务与和谐社会建设 [J]. 证券市场导报, 2006 (1).

4. 戴天柱. 多层次资本市场的结构研究 [J]. 财经论坛, 2006 (1).

5. 过文俊. 台湾发展场外交易市场的经验及其对大陆的启示 [J]. 当代亚太, 2005 (12).

6. 何兴强, 周开国. 牛、熊市周期和股市间的周期协同性 [J]. 管理世界, 2006 (4).

7. 胡继之, 孔翔. 海外创业板市场比较研究 [A]. 深圳证券交易所综合研究所研究报告 [C]. 2000 年 9 月.

8. 胡昌生, 蔡芳芳. 过度自信与市场泡沫 [J]. 数量经济技术经济研究, 2003 (3).

9. 扈文秀, 韩仁德, 卢妮. 中国金融资产定价中无风险利率的选择研究 [J]. 经济问题探索, 2005 (6).

10. 黄继平, 黄良文. 中国股市波动的周期性研究 [J]. 统计研究, 2003 (11).

11. 姜波克. 论开放经济下中央银行的冲销手段 [J]. 金融研究, 1999 (5).

12. 鞠敬，沈冬军. 非互助化证券交易所监管权的法律配置［J］. 西南民族大学学报（人文社会科学版），2010（12）.

13. 李冀峰、郎莹梅. 美国的粉红单市场［J］. 产权导刊，2005（9）.

14. 李燕. 我国多层次资本市场体系下的场外交易市场建设研究［J］. 经济问题探索，2009（10）.

15. 李由. 我国多层次资本市场发展问题的思考［J］. 西南金融，2007（7）.

16. 李学峰，秦庆刚，解学成. 场外交易市场运行模式的国际比较及其对我国的启示［J］. 学习与实践，2009（6）.

17. 廖华. 顺潮流而动抑或逆之——也论我国证券交易所法律性质的选择［J］. 法商研究，2009（3）.

18. 刘汉民. 所有制、制度环境与公司治理效率［J］. 经济研究，2002（6）.

19. 刘鸿儒. 借鉴英国 AIM 成功经验尽快推出我国创业板市场［J］. 深交所，2006（12）.

20. 刘金石，王贵，周文. 构建出租车公司与司机方合作博弈基础上的利益协调机制——基于增强工会组织谈判势力的一个分析［J］. 财贸经济，2010（5）.

21. 刘岩，丁宁. 美日多层次资本市场的发展、现状及启示［J］. 财贸经济，2007（10）.

22. 马达. 美国场外交易市场的发展历程及启示［J］. 金融教学与研究，2008（2）.

23. 麦小茹. 推进多层次资本市场的建设［J］. 特区经济，2004（10）.

24. 青木昌彦. 对内部人控制的控制：转轨经济中公司治理的若干问题［J］. 改革，1994（6）.

25. 钱颖一. 中国的公司治理结构改革和融资改革［J］. 经济研究，1995（1）.

26. 施东晖. 证券市场层次化：国际经验和我国的选择［J］. 改革，

2001（5）.

27. 王力，徐慧贤. 全球创业板市场发展模式和经验借鉴［J］. 中国金融，2009（8）.

28. 王国忠，王群勇. 经济虚拟化与虚拟经济的独立性特征研究——虚拟经济与实体经济关系的动态化过程［J］. 当代财经，2005（3）.

29. 王松奇，徐义国. 多层次资本市场构想［J］. 税务与经济，2004（4）.

30. 吴林祥. 我国证券市场引入做市商制度的思考［J］. 证券市场导报，2005（1）.

31. 谢魁星，吴姚东. 论中国公司治理改革与机构投资者的发展［J］. 经济评论，2002（5）.

32. 肖立见. 海外股灾若干问题研究［J］. 深圳证券交易所综合研究所，2007（5）.

33. 欣士. 海外创业板最新发展——英国 AIM：特色鲜明的创业板市场［J］. 深交所，2008（1）.

34. 许宏强. 去芜存菁，发挥内部人控制的优势［J］. 上海经济研究，1996（6）.

35. 杨大楷，刘伟. 论我国证券交易所的公司化战略［J］. 财经论丛，2003（6）.

36. 柳逢春. 创业板市场国际经验及对我国的启示［J］. 科教导刊，2010（2）（中）.

37. 杨树明，张平. 重塑公司法人治理基础新理念［J］. 现代法学，2002（5）.

38. 张霓. 百年证券交易所：改革、发展及启示［J］. 国际金融研究，2001（12）.

39. 张元萍，张蓓. 中国大陆与亚洲新兴 OTC 市场动态比较［J］. 亚太经济，2009（4）.

40. 章美锦，万解秋. 我国区域性资本市场发展路经研究［J］. 财贸经济，2008（1）.

41. 郑红梅. 美国 OTC 多层次市场的发展与借鉴［J］. 特区经济，2007（8）.

网站类

1. 中国证券监督管理委员会网站，http://www.csrc.gov.cn/.

2. 深圳证券交易所网站，http://www.szse.cn/.

3. 上海证券交易所网站，http://www.sse.com.cn/.

4. 中国金融期货交易所，http://www.cffex.com.cn/.

5. 中国证券业协会网站，http://www.sac.net.cn.

6. 香港证券交易所网站，http://www.sehk.com.hk/.

7. 台湾证券交易所网站，http://www.tse.com.tw/.

8. 伦敦证券交易所网站，http://www.londonstockexchange.com/.

9. 纽约证券交易所网站，http://www.nyse.com/.

10. 美国纳斯达克网站，http://www.nasdaq.com/.